R
M
A

第二十二卷　第一期　　主编　王杰

Research on Marxist Aesthetics

马克思主义美学研究

中文社会科学引文索引（CSSCI）来源集刊

《中国学术期刊（光盘版）》CNKI 中国知网入选期刊

上海人民出版社

《马克思主义美学研究》编委名录

（第22卷第1期）

名誉主编	刘纲纪
主编	王　杰
副主编	徐　枫
编辑部主任	赵　敏
编辑部副主任	王　真
编辑	石　然　廖雨声　雀　宁
	史晓林　卢幸妮　阳玉平
	连晨炜　许诺晗　高晓芳
英文编辑	戴维·马格利斯　赵　敏　孟凡君

《马克思主义美学研究》
由浙江大学传媒与国际文化学院、
浙江大学当代马克思主义美学研究中心 主办

Volume 22 Issue 1

Research on
Marxist Aesthetics

Editor-in-Chief   Wang Jie

Shanghai People's Publishing House

Hosted jointly by the College of Media and International Culture, ZJU
&
Center for Contemporary Marxist Aesthetics, ZJU

Editorial Board

(Alphabetized by last names)

目 录

中国当代文艺理论建设

美学与当代艺术批评

学术访谈

　　王　杰　肖　琼

　　悲剧的批评力量：马克思主义与作为一种批评形态的悲剧美学

书评与综述

　　向　丽

　　美学的身体与介入的力量

　　李艳丰

　　在对话与融通中推进马克思主义文论的当代发展

　　赵　敏

　　现代社会系统中的文化经济与文化经济化

　　史晓林

　　苏　展

　　建设21世纪马克思主义文论的路径选择

　　俞圣杰

　　守正创新是建构当代文艺学话语体系的必由之路

Contents

Volume 22 Issue 1

RESEARCH ON AESTHETIC IDEOLOGY

CONTEMPORARY CHINESE LITERATURE AND ART THEORY

AESTHETICS AND CONTEMPORARY ARTISTIC CRITICISM

Research on
Marxist Aesthetics

ACADEMIC INTERVIEW

REVIEWS

卷首语
审美现代性与百年文化中国

    2019 年是一个重要的年份，是五四运动 100 周年，也是新中国成立 70 周年，这 100 年与 70 年中国文化的发展变迁在学术上值得重视和认真研究。

    中国社会的现代化是从文化变革开始的，不是因为技术革命或政治革命，而是从文学、文化和艺术的变革开始的。文化，特别是文学艺术所带来的"审美的革命"是中国现代化过程的一个突出特征。《新青年》的创办和五四运动的爆发，20 世纪三四十年代以上海和延安为中心的新文化运动，80 年代关于美学问题的大讨论以及"新美学原则"的崛起，到近 20 年来中国当代艺术的迅速发展，产生了强大的文化冲击波，是中国社会迅速发展变化的重要原因之一。我们可以明显地感受和观察到"文化中国"在中国社会现代化过程中的重要性。也许在理论上我们可以论证，文化，特别是文化的核心部分，如文学、美术、音乐和哲学等，在中国现代化的过程中所产生的作用。

    在五四运动 100 周年之际，从百年文化中国的角度来研究和思考中国社会的现代化，研究和阐释"中国审美现代性"的内在结构和文化特殊性，是从学理上分析当代中国发展奇迹的一个角度。由于中国社会历史和文化传统的特殊性，审美活动在中国社会的现代化过程中释放出巨大的情感力量。当大众性的情感力量指向一个大致相同的方向时，情感的力量就转化成为改变社会和变革现实的物质力量。关于百年文化中国，李泽厚先生曾经提出影响巨大的"启蒙与救亡的双重变奏，救亡压倒启蒙"的基本判断。这个判断在政治学和社会学的基础上是基本正确的。但是，在哲学形而上学或者说哲学人类学的意义上，这个判断是不够准确的，因为，中国社会的现代化过程中的内在危机，其实质不是政治学和社会学的问题，而是中国文化中的"形而上学"和学理上的哲学人类学问题，即在社会现代化过程中，人的情感和精神的依托问题或者说信仰问题。从人类学的角度看，甲午海战之后，中国社会最大和最深刻的危机不仅仅是制度、知识和启蒙的缺失。一个社会的全面失败和危机最内在和最根本的是信仰危机和伦理危机，这是一种文化本体的危机，从甲午海战失败之后就出现了。

作为一种没有严格意义上的宗教传统的文化，中国文化从一开始就有自己的形而上学层面，或者说哲学人类学层面的存在，这也是中国能够成为伟大的文明古国的根本原因。甲午海战的惨败，中国文化中形而上学的层面发生严重断裂，因此，重塑中国文化的脊梁，重新形成中华文化富有凝聚力、可以支撑现代化的强大冲击的"内核"，是百年文化中国的根本。

从审美现代性的角度看，中国审美现代性的基本内核可以形象地归纳为一个双螺旋结构，由根源于中国传统文化机制的"乡愁乌托邦"和从欧洲、苏联传入的"红色乌托邦"所构成。这两种乌托邦在历史哲学维度上分别指向"过去"和"未来"。这个由两条乌托邦文化链构成的双螺旋结构，成为中国进入现代化过程以来的基本情感结构。我们在中国现当代文学、艺术中可以观察到十分强健有力的乡愁乌托邦传统和社会主义理想信念的存在，及其在中国文化更新过程中的特殊作用。我们认为，中国审美现代性的双螺旋结构，就是百年文化中国基本的基因图谱，当然，在文化的大系统和文化机制的复杂运行过程中，这个中国审美现代性的双螺旋结构的表征机制以及在不同语境呈现出来的不同审美意义，是我们作为当代中国文化的研究者、守护者、阐释者要进一步在学理上分析和论证的。

2018年10月，本刊编辑部与俄罗斯圣彼得堡大学合作举办了第七届"国际马克思主义美学论坛"；12月，与延安大学合作举办了"共产主义观念及其在当代艺术中的表征"国际学术研讨会；2019年1月，我们举办了"当代中国艺术批评：理论建构的可能性"学术研讨会。本期的一批重要论文来自这三个研讨会。今年11月，我们将举办第八届"国际马克思主义美学论坛"，会议的主题是"当代美学问题：理论与艺术批评"，敬请关注。

除了三个会议的论文外，本期刊物还刊发了2017年9月我们与比利时安特卫普大学、中国浙江传媒学院合作举办的"美学与人类学：时尚研究"国际学术研讨会的三篇论文，也十分精彩，值得一读。

本期"重大项目专栏"刊发了兰州大学文学院王大桥教授组织的一组论文，对当代美学的基本问题从不同角度展开了讨论，可以视为中国美学话语当代建构的一种努力。我们将认真办好这个栏目，向学界推荐优秀的最新研究成果。

审美意识形态问题是新中国美学发展过程中不断讨论的问题，也是中国马克思主义美学的基本问题，本刊在这一期刊发了两篇译稿和三篇论文，从不同角度对这个问题作出思考和研究。本刊十分欢迎在这个问题上的继续讨论。2019年，本刊将开设"新中国美学70年"栏目，为学界同仁提供发表的平台。

关于当代艺术批评，本刊已经刊发了当代中国电影中的美学问题相关的系列研究文章和田野工作记录。本期我们也安排了一组论文和学术访谈。当代艺术批评中的理论问题是当代美学理论的生长点之一，我们十分欢迎美学、艺术学、设计学、时尚研究的学者们给我们投稿，以推进当代中国美学的建设和发展。

新的一年，新的开始。本刊自今年起改由上海人民出版社编辑、出版和发行，我们在此向曾经编辑出刊《马克思主义美学研究》集刊的广西师范大学出版社，中央编译出版社，中国出版集团东方出版中心，中国出版集团研究出版社表示我们衷心的感谢并致以崇高的敬意！

王杰

2019 年 3 月 12 日

SPECIAL SECTION

专家特稿

作为"共产主义发展起点"的俄国公社形式

——马克思关于俄国的晚年写作

［美］凯文·B. 安德森 *

（美国加利福尼亚大学）

漆 飞 译

【内容摘要】

马克思晚年关于俄国的写作构成了其思想谱系中的一个重要组成部分。凯文·B. 安德森关注到马克思晚年与俄国革命者往来通信的三个阶段，由三次通信组成，分别是与米哈洛夫斯基的通信、给查苏利奇的回信以及与恩格斯合著《共产主义宣言》俄文第二版的"序言"，其内容有关俄国革命的发展前景与作为"共产主义发展起点"的俄国公社形式。通过对马克思晚年关于俄国笔记的研究，安德森试图阐明马克思晚年非欧洲中心主义的研究倾向，并揭露对非资本主义社会、非西方社会研究中的多线性视角和人类学转向。

【关键词】

马克思；俄国革命；公社模式；共产主义

---

* 凯文·B. 安德森（Kevin B. Anderson），美国加利福尼亚大学圣巴巴拉分校教授，社会学家和马克思主义人类学家。主要研究方向：社会学、政治理论及女性研究，是马克思晚年著作的重要考证者。著有《列宁、黑格尔和西方马克思主义》(1995)、《马克思在边缘：论民族主义、族群和非西方社会》(2010)等。

　　这本书中讨论的诸多主题在马克思晚年关于俄国的写作中（1877—1882）得到了回应。首先，马克思从含蓄的单线性模式中做出了最大程度的转变，即《共产主义宣言》中展现的那样。其次，马克思在这里提出了更加明确的内容而不是像在别处那样，即非资本主义社会根据其本土的公社发展模式，拥有直接转变为社会主义社会的那种可能性，并且不经过资本主义的阶段而直接过渡到社会主义。但是该模式有其重要的条件，正如马克思和恩格斯在1882年俄文版《共产主义宣言》前言中提到的那样：只有当他们与工业发达的西方社会中的初期工人阶级革命联系到一起才会实现该新型模式的成功。

　　在该章讨论的另外一篇文章中，马克思关于俄国的晚年写作中包含了部分摘录的笔记并偶尔附带了他自己的评论。这些都是非常关键的材料。1875年至1876年，马克思在学习了一段时间的俄语之后，开始着手摘录并书写一系列笔记，主要关注自1861年以来俄国社会和政治的发展状况。在19世纪80年代，马克思相继在其他一些笔记中提到俄国。在这些文章中有两篇出现在MEGA IV/27中：一篇是关于俄国农业的简要研究，另一篇则是关于尼古拉斯·托马罗夫（Nikolai Kostomarov）《历史的专题著作》的长篇笔记，后者关注的是史丁卡·雷进（Stenka Razin）对17世纪晚期发生的哥萨克人之反抗起义的研究。

　　但是马克思关于俄国的写作并不局限于摘录的笔记，其间偶尔夹杂着他自己的声音。这其中还包括往来信件、手稿和一篇发表了的文章，即前面提到的《共产主义宣言》中的"序言"。其中大部分写作是关于俄国公社形式的，至少是马克思所生活年代那个时期的俄国革命景象。尽管这些关于俄国的笔记等材料并不是非常长，在为我们所熟知的版本中大约近30页，但其陈述的结论是马克思从俄国公社形式中的研究所得。从更广泛的层面来看，这些材料为我们打开了一扇窗户去审视马克思是如何将1879年至1882年间的摘录笔记加以吸收并发展为其研究大量非西方社会的有效材料的。

第一阶段：与米哈洛夫斯基的通信

如之前提到的，马克思对俄国重新提起兴趣是 1872 年将《资本论》翻译为俄文版本时激发的。俄文译本是第一版非德语的译本，随之引发了广泛的讨论，一个事实是东欧边界上的俄国社会还未深受资本主义的影响。在随后发表的 1873 第二版俄文译本中，马克思比较了他视为意识形态的回应，在重农业的俄国，政治在野党主要受民粹主义的控制，民粹主义发起了农业革命，认为其可以避免西方资本主义及其发展的侵袭而拥有俄国自己独特的发展道路。

1877 年，马克思草拟了一份针对《资本论》不同声音的答辩信，以回应由俄国社会学家及民粹主义领导人尼古拉·米哈洛夫斯基（Nikolai Kostomarov）发表在俄国进步期刊《祖国纪事》（*Otechesvennye Zapiski*）上的这篇论战文章。米哈伊洛夫斯基对马克思表示赞同；事实上，他文章中的不同声音也来自另一位对《资本论》发出尖锐批判的俄国人，即尉犁·茹科夫斯基（Yuli Zhukovsky）①。使马克思感到苦恼的是，抨击他的米哈洛夫斯基将其理论描述为一种单线性的人类历史发展理论，并将其他社会注定要遵循英国发展模式，成为资本主义社会的发展理论联系到一起。米哈洛夫斯基写道：

> 在《资本论》第六章有一个部分，即所谓的"原始积累"。这里，马克思提出了历史描绘的第一步即资本主义生产的过程，但是他给我们许多太宏观的东西，即一个整体的哲学—历史的理论。总之这个理论非常有趣，尤其对我们俄国人来说非常有趣。②

---

① 茹科夫斯基，一位资本主义的自由主义支持者，曾对劳动价值理论做出过批判。

② Nikolai Konstantovich Mikhailovsky, "Karl Marks pered sudomg. Yu. Zhukovskogo"［Karl Marx Before the Tribunal of Mr. Yu. Zhukovsky］, In *Polnoe Sobranie Sochinie*，4：165—206，St. Petersburg：M.M. Stasiulevich,［1877］1911, pp.167—168.

令马克思同样感到不满的是米哈洛夫斯基关于辩证法的开放式态度：

　　如果你从《资本论》中拿出繁重的、不得体的、没有必要的黑格尔式的辩证法，然后独立地找出该著作的其他优点，我们将会看到它极好地为了普遍问题的解决方案而作，这些问题与形式的、其存在的物质条件有关，以及在详尽的范围内对这些问题进行完美的构想。①

马克思对于刊登在《祖国纪事》的论争一文，首要回应的是论争点在于米哈洛夫斯基指出的 "《资本论》深深扎根于 '一个整体的哲学—历史的理论'" 中②。

在信中，马克思重述了发生于 19 世纪 80 年代的俄国事件："为了对俄国经济做出准确的判断，我学习了俄语并常年研究一些与此问题相关的官方的和其他刊物发表的文章"③。马克思在这里第一次写到，尽管还未意识到自己的态度已经发生变化，他已经愿意接受民粹主义者尼古拉斯·洛马洛夫的争论，即超越资本主义的发展阶段而直接朝着社会主义前进的另一条路径："我已经得出了结论，即俄国如果继续延续自 1861 年以来的发展道路，她将失去历史提供给人民的最好的机会，并且遭受所有资本主义体制所带来的灾难性变迁"④。作为一种试探性论证的标志，马克思以一种消极的语气陈述它。根据车尔尼雪夫斯基和其他民粹主义者所描述的，马克思强调在 1861 年解放奴隶制之后，资本主义制度如何渗透到农村公社中并迅速地切断一切可选择性。

马克思否认他已经计划着去描述俄国的未来以及其他《资本论》中的非西方

---

① Nikolai Konstantovich Mikhailovsky, "Karl Marks pered sudomg. Yu. Zhukovskogo"［Karl Marx Before the Tribunal of Mr. Yu. Zhukovsky］, In *Polnoe Sobranie Sochinie*, 4：165—206, St. Petersburg：M.M. Stasiulevich,［1877］1911, p.186.

② 马克思的这封信用法语写作，其中夹杂着部分俄语，是一封未完成的稿件。马克思决定不将这封信寄出，是因为科瓦罗夫斯基曾警告过他这将伤害到《祖国纪事》编辑部。

③④ Teodor Shanin ed, *Late Marx and the Russian Road：Marx and the "Peripheries" of Capitalism*. New York：Montly Review Press, 1983, p.135.

社会："'原始积累'这一章仅仅追溯了西方欧洲的发展道路，资本主义经济秩序出现在封建经济秩序的发源地"①。为了证明该断言，马克思引用了 1872—1875 法文译本，如前一章所讨论的，马克思转变了其文章的讨论倾向，即朝着一种更加多线性的视角，他提到"农业生产者的征收"："以一种激进的方式仅仅在英国完成了……但是所有的西欧国家却经历着相同的发展"②。

马克思仅仅对尼古拉斯·洛马洛夫的回信做出简单而又模棱两可的应答，这是回信的第二要点，即指责关于"黑格尔的辩证法有严重的限制性"。就这一点而言，马克思在该问题的讨论结尾处提到了《资本论》中的"原始积累"，其中他写到资本主义生产的历史化趋势"据说构成的事实是它'产生了其自身对残酷的自然过程的否定'；并且其自身创立了新的经济秩序的构成要素"③。在该书的结论处，资本将被劳动者的反叛而"否定"，这个过程马克思称之为"否定的否定"：

> 占有的资本主义模式，遵循生产的资本主义模式，构成了个人私有财产的<u>第一重否定</u>，其是独立的和个体劳动力的必然结果。但是资本主义生产本身产生了其自身的否定，这是一个不可避免的自然过程。这就是否定的否定。它并没有重建工人个体的私有财产所有制，但是其个人财产根据资本主义时期的成就：被叫做协作和各种生产方式的普遍占有，包括土地。④

反黑格尔派的人经常抱怨马克思对黑格尔核心概念"否定的否定"的使用，同时伴随一些声明，称马克思武断地通过黑格尔的三段论来证明其经济规律。在 1877 年一封信的拟稿中，马克思回应道："此时此刻我没有提供任何证据，因为最好的原因是这种陈述仅仅以简要的文字遮蔽了深刻的阐述，而这些在前面'资本

---

①②③　Teodor Shanin ed，*Late Marx and the Russian Road*：*Marx and the "Peripheries" of Capitalism*，p.135.

④　Karl Marx，*Le Capital*，Livre I，Sections V à VIII. Traduction de J.Roy. Préface de Louis Althusser，Paris：Éditions Flammarion，［1872—1875］1985，p.207.

主义的生产'这一章中已经做出说明了"①。因此，马克思从黑格尔辩证式语言中汲取来的资源在这个节点上并不是专门为提供证据而出现的，而是作为一种方法论的标志来告诉读者，他关于资本主义生产的完整论述和其最终的瓦解扎根于黑格尔的辩证法中，尽管他在发展其论述时并没有体现出任何对黑格尔的明确的参考。

在马克思给《祖国纪事》杂志编辑部的回信中，第三要点关注的是一种比较的历史参照。马克思写到"如果俄国打算成为像西欧国家一样的资本主义国家"，唯有：①它将剥夺农民阶级的所有权并使他们成为没有任何资产的无产阶级；②其他方面"进入资本主义体制的裂隙中"，之后它将在其冷酷无情的"规律"中到来②。在这一点上，他给出了类似于资本的原始积累的发展轨迹，但是并未在资本主义中终结。这就是原始的罗马：

> 如《资本论》中展示的那样，我已经暗指了降临在原始罗马平民身上的命运。起初他们是自由的农民，每个人都拥有代表其自身利益的耕地。但是在罗马的历史进程中他们的财产被一一剥夺。相似的革命运动将其从生产方式与生存之道中分离出来，不仅包括大量的土地所有权还涉及大量的金钱资本。一方面，自由的人民被剥夺了一切除了自身的劳动力，另一方面，为了剥削其劳动，占有所有的财富。发生了什么？罗马的无产阶级到来了，不是雇佣劳工，而是游手好闲的"暴徒"，他们比过去在美国南部被叫做"贫穷的白人"还要赤贫、可怜；而且一直伴随着他们的不是资本主义而是奴隶的生产模式。③

---

① Teodor Shanin ed，*Late Marx and the Russian Road*：*Marx and the "Peripheries" of Capitalism*，p.135.

② Ibid.，p.136. 事实上，马克思1879年关于非西方社会和前资本主义社会的笔记，包括科瓦罗夫斯基关于公社形式的笔记和有关印度历史的历时性笔记，同时也包括四位历史学家有关古罗马的研究笔记，其中这些问题恰好被重新审视。

③ Teodor Shanin ed，*Late Marx and the Russian Road*：*Marx and the "Peripheries" of Capitalism*，p.136.

尽管马克思在古罗马和南美之间建立了勾连，而其分析走向了另一个维度，即罗马和现代资本主义社会模式之间的显著差异。

马克思的核心观点并非像米哈洛夫斯基宣称的那样，即发展了一整套关于社会的"哲学的—历史的理论"，该理论对所有时代和所有地方都具有普遍概括性：

> 这些显著的具有相似性的事件，在不同的历史语境中发生，最终导致了不同的结局。通过独立地研究每一种发展模式，那么就可以轻易地发现这种现象的关键，但是永远不会达到关于普遍的历史—哲学理论的最核心要点，其最重要的品质在于不断地超越历史。①

对于米哈洛夫斯基，马克思抱怨道，"他坚持将我对西欧资本主义起源所作的历史化概述转化为强加于任何民族的历史的—哲学的普遍过程，而从不考虑他们所处的任何历史环境"②。

因此，马克思所否认的是：①他创立了一种单线性的历史理论；②他对于社会发展模式采用决定论；或者说③俄国必定会演化为西方资本主义的发展方式。在某些程度上而言这些争论是新颖的，但它却产生于运动变化着的多线性框架，这种趋向从《政治经济学批判大纲》就已经开始形成了。

通过以上马克思对其争论所做出的辩护，可以发现他分析的这些条件不仅适用于俄国也同样适用于印度，以及其他一些现代非西方、非工业化社会。印度与俄国一样拥有其农村公社模式，克拉德曾写下对马克思的评价，他认为马克思"对印度和俄国农村公社制度保持着可选择的开放性态度"③。印度尼西亚、阿尔及利亚和拉丁美洲，也被纳入 1879—1882 年的笔记中加以讨论，其都拥有农村公社

---

①② Teodor Shanin ed, *Late Marx and the Russian Road: Marx and the "Peripheries" of Capitalism*, p.136.

③ Lawrence Karder, *Introduction to Ethnological Notebooks*, by Karl Marx, 1—93, 2nd ed, Assen: Van Gorcum, 1974, p.29.

模式。相较于俄国，这些国家因为经历了殖民主义而更直接地受到资本主义的影响。尽管如此，我们可以揣测马克思对这些反资本主义的发展模式是感兴趣的，有点类似于他对俄国的描述。

第二阶段：与维·伊·查苏利奇的通信

在 1877 年给《祖国纪事》的回信中，马克思强调了他的多线性立场，但是并未对俄国社会做出更多具体的分析，就像《资本论》第一卷那样。在 1881 年 3 月，马克思草拟了一封回信，写给俄国女革命家维·伊·查苏利奇（Vera Zasulich）。在这封信中，马克思以多线性的视角来描述俄国社会发展的道路应该是什么样子，最后在 1877 年的回信和法文版的《资本论》中提出。大卫·史密斯（David Smith）表明此时俄国正处于紧要关头，对马克思而言的社会结构仍是亚洲社会模式的一个部分："马克思对'亚细亚'模式的独特变形，不仅帮助我们区别马克思融合了多个进化的阶段而形成的理论，其曾经一度伪装为'马克思主义的唯物主义'好多年，同时也使我们看到马克思关于后资本主义社会的概念，与他过去的概念相比都是多线性的"[1]。在 1881 年 2 月 16 日，查苏利奇在来信中表明她是"俄国社会党"的成员，她向马克思发出提问，即"农村公社是否有可能走上社会主义道路"，或"公社是否会灭亡"，以及俄国社会主义者需要去等待资本主义发展的到来，无产阶级的诞生等等问题[2]。马克思在俄国的追随者们都持有信中的这种观点，查苏利奇在《祖国纪事》期刊中详细谈及了这些论争并请求马克思为其做出答复。

---

[1] David Norman Smith, "The Ethnological Imagination", In Dittmar Schorkowitz ed, *Ethnohistorische Wege und Lehrjahre eines Philosophen*: *Festschrift für Lawrence Krader zum 75. Geburtstag*, 102—119. New York: Peter Lang, 1995, p.113.

[2] Teodor Shanin ed, *Late Marx and the Russian Road*: *Marx and the "Peripheries" of Capitalism*, p.98.

在 1881 年 3 月 8 日给查苏利奇的回信中，马克思再一次引用了《资本论》法文译本中对西欧原始积累的讨论（用方括号标出），在结论之前："该进程的'历史必然性'［fatalité 必然性］被明确地限制在西欧国家"①。他补充道，西欧从封建主义所有制向资本主义所有制的转变，"实则是从一种财产私有制形式转向另外一种私有制形式"，但是资本主义的发展需要俄国的农民"将公社所有制变为私有制"②。因此，《资本论》中对于俄国的未来发展问题是未知的。马克思在回信的结尾做了一些尝试性的断言：

> 对俄国的研究如此独特以至于使我坚定地认为，这种农村公社是俄国社会新生的支点；可是要使它发挥这种作用，首先必须肃清从各方面向它袭来的破坏性影响，然后保证它具备自由发展所必需的正常条件。③

正如 1877 年那样，马克思指出其他可选择的道路或许也适合俄国。马克思基于其判断即俄国农村社会结构中的显著性差异，其拥有公社社会模式以及中世纪的西欧农村。除此之外，他坚信"农村公社是俄国社会新生的支点"。④

在马克思给查苏利奇准备的大量回信草稿中，他深度剖析了这些方面以及真正回信之外所忽略的一些内容。他探讨了俄国历史环境的特殊性，俄国作为东欧边界上的大国："并没有从现代世界中隔离开来而独自发展；也没有逐渐衰落，就像东方的印度沦为外国征服者统治下的殖民地。"因此，或许可以将俄国原始的农村公社形式与现代科技联系起来，相比在资本主义的统治之下这是一种受到较少剥削的模式。

在这一方面，必须强调的是马克思提出的不是自给自足的方案，而是一种新型的将原始与现代相融合的方案，人们可以看到资本主义现代性高度发展的成就中的有利条件：

---

①②③④ Teodor Shanin ed，*Late Marx and the Russian Road*：*Marx and the "Peripheries" of Capitalism*，p.124.

　　有幸于俄国环境中这种独特的结合，农村公社已经在全国较大范围内建成，或许可以逐渐地摆脱其原始的特征并且直接在全国范围内发展集体生产。恰逢同时代都是资本主义生产，因而农村公社或许可以拥有适合其发展的道路并取得肯定性的成就，并不用经历灾难性的变迁……如果俄国人都赞赏资本主义道路而将社会主义的发展模式否定为仅仅是理论上的可能性该如何？那么我将询问他们以下的问题：在俄国可以使用机械、轮船和铁路等等之前，其必须经历漫长的西方机械化工业模式吗？再让他们解释一下，俄国人如何计划去引进整个交易的机械（如银行、信用公司等等），它们都是本世纪西方发展的产物。①

　　以上强调都是关于社会发展这一章相互矛盾与辩证的章节，以用来反对任何单线性的决定论。从客观层面来看，西方资本主义现代性的存在意味着俄国农村公社可以通过实现其自身的方式共享文明成果。从主观层面来看，比起那些早期前资本主义社会中出现的革命运动，俄国的农村公社模式开创了一种极为不同的历史境遇。

　　手稿中的第二个主题并未表现在马克思给查苏利奇的回信中，而是关于其所摘录的人类学笔记中印度对俄国的反映之间的关系。马克思暗指道，比如在摩尔根关于未来的观念中，西方文明可以在更高级的形式中复兴那些原始的共产主义。马克思同样强调了在诸多世纪中得以留存的公社模式。他写道：

　　最近的研究已经足以预见性地来证明①与闪米特人、古希腊、古罗马等社会相比的话，原始公社形式拥有无法比拟的强大生命力，更不用说那些现代资本主义社会了；②它们衰落的原因可归结于经济条件，即经济条件阻碍

---

① Teodor Shanin ed, *Late Marx and the Russian Road*: *Marx and the "Peripheries" of Capitalism*, pp.105—106.

其在某一层次发展中继续超越，这在历史语境中并不完全地类似于当前俄国的农村公社。①

马克思同样列举了一些最近研究中反公社的偏见，他再一次抨击了梅恩（Maine）：

> 当人们读到资产阶级作家写的关于原始积累的历史时，不得不对其产生提防的心理。人们在虚伪的谎话面前并不畏缩。比如亨利·梅恩是一位满腔热情的英国政府勾结者，对印度公社施行了惨绝人寰的破坏行为，却假惺惺地确保我们政府所做的一切高尚的努力都是为了维持公社的发展，使其屈服于经济规律的自发性力量之下！②

在这样的反公社的意识形态之下，以及真正施行于印度农村公社之上的一系列破坏行为正是通过强加英国式的私有制而得以实现。马克思争论道，人们可以从现今留存的公社形式中找到证据。

或许是基于对卡瓦洛夫斯基的借鉴，马克思创设了一种通过广泛多样的社会形态来研究公社形式的新的类型学。最早的形式依赖于氏族，不仅包含对土地的公共分配，同时也包含"土地自身被氏族所有成员所共同耕种"③。这些早期形式依赖于氏族社会结构中的血亲关系："一个人不能加入除非他是自然的或者收养的"④。在后来的发展阶段，这种原始的形式转变为农村公社，其所依赖的是居住权而非亲属关系。马克思坚持认为这就是后来的发展形式并展示出其强大的"自然生命力"。其中，"可动的土地，不可剥夺的普通财产在农村公社中都被周期性地

---

①② Teodor Shanin ed, *Late Marx and the Russian Road*：*Marx and the "Peripheries" of Capitalism*，p.107.

③ Teodor Shanin ed, *Late Marx and the Russian Road*：*Marx and the "Peripheries" of Capitalism*，p.118.

④ Teodor Shanin ed, *Late Marx and the Russian Road*：*Marx and the "Peripheries" of Capitalism*，p.119.

予以分配给公社成员"①。

后来的"农村公社"包含着重要的二元论。公社的土地所有权被收集到一起，马克思写到，"然而同一时期，房屋和院落是作为个人所有的家庭资产，以及小规模的农场和其果实的私有化分配都表现出一种个性化的且与那些最原始的公社不相容的特征"②。然而它却构成了一种社会形式长久性与生命力的源泉，最终这种二元论"可以转变为农村公社瓦解的种子"③。小规模的土地私有制可以被扩大，这构成了其中一个因素。然而更基础性的是产生于生产模式中的劳动关系的转变：

> 最关键的因素是零散的劳动作为私有占有的资源。它使可动财产的积累不断增加，比如家畜、金钱有时候甚至是奴隶。这些可动资产不屈从于集体的管控，向个体交易以及大范围的欺骗与机会敞开，使整个农村经济承受非常之重的压力。这就是原始经济和社会平等的瓦解。④

然而这些破裂、瓦解绝不是必然发生的。手稿中的第二个主题聚焦于俄国农村公社的普遍性特征以及当时其他地方的一些类型。可以确定的是，马克思并未发展出一种关于俄国社会发展与改革的理论，没有涉及已经被殖民化的地方诸如亚洲、非洲或者拉丁美洲。除此之外，他详尽地比较了政治上独立的俄国与殖民地印度："俄国的发展并没有与现代世界隔离开来；同时也没有沦为现代资本主义的牺牲品，就像东印度那样沦为外国征服者的殖民地"⑤。这种比较并不是绝对的，而是相对的，因为二者之间也有许多共性，最主要的是在这两个较大的农业社会中都存在着农村的公社形式。这意味着印度和俄国拥有相同的境地，现代资本主义私有制的发展是必然的，其中涉及的不是从类似的封建农民土地私有制中发生

---

① Teodor Shanin ed, *Late Marx and the Russian Road：Marx and the "Peripheries" of Capitalism*，p.119.
②③④ Ibid.，p.120.
⑤ Ibid.，p.106.

转变，而是从公社所有制中发生转变。回忆 1877 年的手稿和 1881 年的著作，马克思将《资本论》中原始积累的规律限定在西欧的土地中，而没有限制殖民地的土地。在这个历史性的关键节点，至少在某些方面，马克思将印度和其他一些非西方社会置于资本主义现代性的逻辑之外。

当把马克思在 1881 年的手稿中对公社形式作出历史化的分类研究与他在 1879 年对休厄尔（Sewell）和卡瓦洛夫斯基关于印度的摘录笔记放在一起时，另一个问题随之产生，即印度的公社形式是作为反对殖民主义、反对资本的潜在性源泉而存在。对卡瓦洛夫斯基的摘录笔记表明，在印度、阿尔及利亚和拉丁美洲等地存在的公社形式依然保持着生命力，虽然没有马克思形容俄国那么多。当我们回忆马克思从卡瓦洛夫斯基那里摘录的一篇文章时，马克思关注了康沃利斯之后的印度："然而在这些形式中依然存在着某种联系，遥远地暗示着早期农村公社中的地主族群"①。同样也可以唤起马克思对休厄尔的摘录笔记，他强调了印度人民对殖民者——穆斯林和英国人的持续性反抗，这些笔记散落在对卡瓦洛夫斯基的摘录中，关注的正是那些公社形式。

手稿中的第三个主题，即在查苏利奇的回信中关注了俄国革命的景象以及革命所要采取的形式。这里马克思权衡了俄国公社模式对抗其所面对资本和国家威胁的力量。伴随着"国家的巨大扩张"与对其展开的"中央集权统治"，它们同样也被隔离在农村中，尽管如此，俄国公社拥有某种强大的生命力②。尽管现存的国家促使了其分离，但是一旦当政府的枷锁被解开，困难很快就会被克服。然而没有革命发生的话一切都不会发生："因此只有普遍的起义才能打破'农村公社'的分离局面，在不同的公社之间缺乏联系，简言之，公社的存在是作为一种局部的缩影而否定了历史的主动性"③。

---

① Karl Marx，"Excerpts from M.M.Kovalevskij（Kovalevsky）"，In *The Ssiatic Mode of Production*: *Sources*, *Development and Critique in the Writings of Karl Marx*，tans. Lawrence Krader，343—412，Assen：Van Gorcum，［1879］1975，p.388.

② Teodor Shanin ed，*Late Marx and the Russian Road*: *Marx and the" Peripheries" of Capitalism*，p.103.

③ Ibid.，p.112.

这样的革命想要取得成功并非易事，当时间因为农村公社而被耗尽："能够威胁到俄国公社生命的既非历史必然性也非一种理论；而是由资本主义的闯入者所制造的强有力的国家与剥削统治之下的镇压，是以牺牲农民的利益为代价"①。然而从国际性层面来看，其他客观因素起到了积极的作用："同时代的西方生产统治着整个世界市场，促使俄国也加入资本主义制度之下所取得的全部积极成果中，而没有经过羞辱的供赋。"另外，被分散的公社可以通过更大的民主化过程而得到缓解，移除中央集权制的国家："所有的一切都是必须的，去重新配置那些小行政区域，即一种政府的机制，农民以公社的单位聚集到一起并选择通过一个经济的、行政的团体来为其自己的利益服务"②。这种过程将与西方保持平行，即资本主义制度为其自身而建立，"在西欧和美国，工人大众之间矛盾时有发生，为的是科学或者是它所产生的生产力——简言之，通过其自身的消除危机将会结束，即通过让现代社会返回到更加高级的拥有集体所有制和生产的'原始'类型的形式中"③。

很有必要在这里做出说明的是，由于在马克思关于俄国的晚年写作中提到了一种占据主要地位的外部主观条件，即在西欧和北美所产生的自发性的、有组织的工人阶级运动。伴随着资本主义现代性所取得的客观成就，这种主观条件也同样适用于俄国。

那么俄国革命的特征将会是什么？并且它将如何影响到俄国以外诸多社会的未来发展？

为了保存俄国农村公社，一场俄国革命是必须的。另外，俄国政府与"社会的新生支点"尽其最大的努力来为这场大灾难做准备。如果这场革命能够在最恰当的时机出现，如果它能够用其最大力量来保证农村公社的解放，不久之后其自身就会演变成一个新生的俄国社会的基础，以及超越其他被资

① Teodor Shanin ed, *Late Marx and the Russian Road: Marx and the "Peripheries" of Capitalism*, pp.104—105.
② Ibid., p.110.
③ Ibid., p.111.

本主义体制所奴役的国家的基础。①

　　这是马克思关于俄国本土革命的潜在性较为清晰的一段陈述。但是尽管如此旗帜鲜明地支持以农民为基础的公社的可能性，但是非资本主义社会的秩序并不能被视作是一种独立的俄国社会主义的论据，因为就像在手稿其他部分也即给查苏利奇的回信中表明的那样，马克思认为只有在囊括更加广泛的西方工人阶级的社会变革中，这种新的制度才会出现。

第三阶段:《共产主义宣言》俄文第二版"序言"

　　马克思有关俄国研究的最后一个部分是与恩格斯合著的《共产主义宣言》的"序言"，即 1882 年《共产主义宣言》俄文第二版序言，这也是马克思于 1883 年 3 月逝世之前出版的最后一个译本。在 1882 年 1 月 21 日，马克思和恩格斯应普列汉诺夫（Plekhanov）的请求回信，被翻译为俄文并立即发表于《人民的意愿》（*People' will*）上，该杂志是俄国民粹主义的刊物，次年由普列汉诺夫重新翻译《共产主义宣言》②。马克思和恩格斯起初在最原始的版本中既没有谈及俄国也未谈及美国，而且根本没有一个部分是谈论共产主义运动的。之后，他们对美国不断出现的危机做出了简要的分析，认为危机是由被资本压榨的小型独立的农民引发的。至于俄国，他们谈及了当俄国革命运动出现之时，其余欧洲国家仍是风平浪静的景象："俄国是整个欧洲革命运动的先锋队伍。"③

　　那么俄国革命将采取怎样的形式？马克思和恩格斯在俄国农村的公社形式中

---

① Teodor Shanin ed, *Late Marx and the Russian Road: Marx and the" Peripheries" of Capitalism*, pp.116—117.

② 普列汉诺夫，俄国社会民主工党总委员会主席，是继马克思之后重要的马克思主义思想家，广泛关注前资本主义社会。1881 年着手翻译《共产党宣言》俄文译本，于 1882 年完成《共产党宣言〈序言〉》的俄译本。

③ Teodor Shanin ed, *Late Marx and the Russian Road*；*Marx and the "Peripheries" of Capitalism*, p.139.

考量了其革命的可能性：

> 或者说就如同西方历史的发展那样，俄国公社也必须先经历同样的解散
> 过程？如今只有一个可能性的答案：如果俄国革命能够成为其他西方无产阶
> 级革命的信号并与之相互补充，那么如今的俄国土地公社所有制便能成为共
> 产主义发展的起点。①

　　这一段话包含两个层面的意义。第一，最后一句话澄清了马克思曾经给查苏
利奇复信中的问题：俄国革命依赖于其农村公社形式是必须的，但却不是一种对
于发展现代共产主义的充分条件。而所需要的帮助仍然是来自外界的主观性条件，
即西方工人阶级的革命运动。只有与其互补才能够利用西方各国革命所提供的资
本主义文明成果来补充俄国集权的、科技欠发达的劣势，而不是以剥削人民的方
式。主观性条件也可以在其他一些方面中起作用：俄国革命没有必要去追随西方
国家的模式；事实上，它可以成为西欧无产阶级革命的"起点"。第二，在给查苏
利奇的回信中模棱两可的观点在这里也被厘清：即俄国革命可以走向"共产主义
的发展模式"。俄国没有必要去经历一个独立的资本主义发展阶段以此来实现现代
共产主义的果实，前提是其革命能够在更加民主化和科技化的发达西方世界引发
工人阶级起义的浪潮。比起马克思曾经在 19 世纪 50 年代对中国经济危机将引发
整个欧洲革命的论断，或关于印度民族起义将成为西方工人阶级的同盟军这一论
断，目前关于俄国革命的论断是比以上诸种都要更加不同而且激进的论述。在 19
世纪 50 年代，马克思看到了发生于中国和印度的国际性反抗运动，认为其至多能
够为这些地方的民主化转变带来一些潜在的可能性。到了 19 世纪 70 年代，马克
思也看到了爱尔兰民族革命，但其未发展成共产主义，而是作为英国发生共产主
义转变的一种先决条件。到了晚年关于俄国的写作中，马克思指出，现代共产主

---

① Teodor Shanin ed, *Late Marx and the Russian Road*: *Marx and the "Peripheries" of Capitalism*, p.139.

义的转变在农村公社形式中是可能的，像俄国这样科技欠发达的国家，如果自身的本土革命能够与西方工人阶级运动相互补充的话，由此在合作的基础上便可以共享西方现代性的文明成果。

那么在马克思同一时期对印度农村公社做出研究的同时，是否意识到在印度这样的国家也有相似的可能性？马克思本人对该问题并没有做出明确的解释。正如我们在查苏利奇的复信中看到的那样，马克思有时候强调俄国的特殊性，但有时也会强调印度和其他非西方殖民地之间的共性。尽管如此，我想要指出的是，根据这一章所讨论的关于马克思的摘录笔记中的一些占有优势的证据，马克思并未打算将其新的见解仅仅限制在依赖于俄国农村公社形式的共产主义革命中。

译者简介：漆飞，兰州大学文学院文艺学博士研究生，主要研究方向为西方当代美学。本文选自《马克思在边缘：论民族主义、族群和非西方社会》(*Marx at the Margins*：*On Nationalism*，*Ethnicity*，*and Non-Western Societies*，2012）一书第六章。

（责任编辑：阳玉平）

文化创意的增殖
——数字资本主义与知识共享间的文化经济

［德］海克·菲尔德纳*

（英国卡迪夫大学）

史晓林 译

【内容摘要】

从 20 世纪末走到当代，资本主义的发展面临着经济危机的循环。在这一背景下，海克·菲尔德纳对作为经济发展、繁荣和增长的新自由主义范式的"文化经济"（CE）进行了更深入的研究。在将 20 世纪 70 年代的滞胀危机与 2008 年的经济衰退联系起来的历史上，它扮演了什么角色？除了人类劳动的增殖之外，它还能促进其他形式的社会综合吗？这种实际上可以想象的，而且确实是克服资本主义劳动社会危机所必需的合作形式会不会像政治哲学家汉娜·阿伦特（Hannah Arendt）所预测的那样，会不经意地滑向文明的深渊？本文通过价值批评的主要概念来探讨这些问题和其他问题，即当代对马克思作为资本主义劳动社会无意识矩阵的劳动价值形式批判的重新

---

* 海克·菲尔德纳（Heiko Feldner），英国卡迪夫大学意识形态批判和齐泽克研究中心副主任，布卢姆茨伯里派历史写作系列总编，伦敦皇家历史学会和皇家艺术学会会员。目前正聚焦于 2008 年全球经济危机撰写一部资本主义未来史，书名为《1989 年的意义》（*The Meaning of 1989*）。

表述。

【关键词】

马克思；文化经济；资本主义；经济危机

资本维持自身生存的增殖机制存在着系统性短视，它以三个强有力的神话形式有效地展现和延续着自身：首先，"1989 年"的宏大历史叙事将欧洲共产主义的突兀性消亡解释为自由市场经济和自由民主的胜利；第二，在一个"创造性破坏"的经济神话中，只有一种新的、进攻性的科学科技才能把我们从 2008 年的全球经济危机中解救出来；第三，自由主义的"工作社会的终结"的话语促使当代工作社会分解为一个超越工作的后资本主义世界的蓝图。在否认资本主义作为一种生产方式和生活方式的历史有限性的同时，这些神话给了我们保护，使我们免受在我们眼前以不可思议的慢动作展开的深度的生态经济灾难的创伤性行为的伤害。

在这个背景下，我的论文对作为经济发展、繁荣和增长的新自由主义范式的"文化经济"（CE）进行了更深入的研究。它与上述神话有何关联？在将 20 世纪 70 年代的滞胀危机与 2008 年的经济衰退联系起来的历史上，它扮演了什么角色？除了人类劳动的增殖之外，它还能促进其他形式的社会综合吗？这种实际上可以想象的，而且确实是克服资本主义劳动社会危机所必需的合作形式会不会像政治哲学家汉娜·阿伦特（Hannah Arendt）所预测的那样，会不经意地滑向文明的深渊？本文通过价值批评的主要概念来探讨这些问题和其他问题，即当代对马克思作为资本主义劳动社会无意识矩阵的劳动价值形式批判的重新表述。我将在我即将出版的《1989 年的意义》一书中充分阐述这一论点，其内容可归纳如下：

（1）作为经济发展、繁荣和增长的典范，文化经济是重振自 70 年代以来一直困扰着全球经济各领域的资本增殖动力衰减的战略实践的重要组成部分。没有理由去神秘化它。"创意产业""无形资本"或"非物质劳动"等概念，模糊了它与其他新自由主义薪酬策略的关系。与"新经济""知识经济"或"服务经济"一样，文化创意的增殖是资本增殖制度瓦解的征兆。

（2）同时，文化经济也是一种"妥协形式"，借用西格蒙德·弗洛伊德对梦的解释。与整个新自由主义的意识形态和实践一样，为了发挥效力，文化经济必须至少在某种程度上反映和纳入许多人的雄心和利益，无论它有多么的扭曲。至今为止，文化经济不仅仅是经济发展、繁荣和增长的典范，也就是说，因为它超越并摆脱了它的新自由主义框架，它就可能在向一个既可取又可能的后资本主义替代品的转型中发挥重要作用。

在本文的简要概述中，我将重点讨论第一个方面：文化经济是资本增殖经济解体的征兆。

重读马克思：作为无意识矩阵的价值形式

在《资本论》中，马克思设想的社会总体比经验可证实的世界更大。这种表征性策略的对象是一个抽象概念，它引入了一种消极的客观性，即一组我们既看不见也摸不到的力和作用，但却知道它们对我们的存在有本质的影响。这个概念的设计，以执行这种表征策略是"价值"。它指明了我们社会存在于资本主义中所假定的特定历史形式，虽是无形的，但它的存在却是可以真切体验的。价值在经验上表现为货币和产生货币（资本）。它的社会象征实质是人类劳动。

相反，传统阅读——马克思着手捍卫作为创造财富的永恒力量：劳动的尊严，因此，通过现代化的替代路径，揭示了资本主义剥削的秘密，从而将劳动从异化的形式中解放出来——资本主义社会再生产的价值形式的神秘故事，对资本和劳动的批判，讲述了一个病态膨胀失调的故事。用福柯式的行话来说，我们可以把价值形态称为资本主义劳动社会的历史优先级——一种无意识的社会母体，它预先构造和编码我们所熟知的现代世界。

闪回 2008：从救助勒索到紧缩政策

近年来最不寻常的意识形态策略之一，是强加于社会的紧缩政策。也即是几年前（2008 年秋季），人们被勒索去为拯救银行系统的共同努力，让自己深陷债务泥潭。一旦国家信贷（救助和刺激计划）、"量化宽松"和接近于零的利率等"灵丹妙药"纠正了这种状况，并让我们重返增长之路，金融危机很快就会结束，复苏现象就会出现。

2011 年 2 月，人们记忆中企业国库最大规模地遭掠夺的第一阶段将要结束，英国《金融时报》首席经济评论员马丁·沃尔夫（Martin Wolf）冒险对这场危机进行了历史回顾（Wolf 2011）。从 2008 年到 2011 年，15 万亿美元的鲕鱼掏空了公众的钱包以应对危机，导致主权债务的总额高达 39 万亿美元，而到 2018 年 10 月底已经进一步上升到 60 万亿美元①——一个发人深省的记账，因为这是我们能想到的最有效的经济体系。既然我们为第二波危机的到来做好了防范——全球经济萎缩与激烈形式的货币贬值即将出现——难道这还不是去背弃一个由原本效率很高的体系的扭曲而造成危机的童话式描述的时机吗？

"新自由主义革命"是个错误吗？

无论我们如何看待过去 40 年的新自由主义转变，这不仅仅是一个"错误"。尽管新自由主义的确催生了一种通过"不生产的获利"②实现"金融剥削我们所有人"的制度，但它并没有使一个高效的体系失衡或扭曲。我们有充分的理由将新自由主义转向对 70 年代工业资本主义历史性危机的理性回应，而不是将危机妖魔

---

① Economist, "World Debt Comparison", https://www.economist.com（accessed：11-11-2018）.

② Costas Lapavitsas, *Profiting without Producing*, London and New York：Verso, 2013.

化，将引发危机的经济体系归化，并寻找替罪羊。全球化、私有化、放松管制和金融化（经济重心从生产转向金融）不仅仅是可以逆转的"巨大智力错误"[1]的一部分，而是对不可逆转的利润紧缩的功利主义反应。

让我们简单回顾一下 70 年代的结构性危机。当工业社会的福特主义增长模式达到缓冲时，苏联集团的国家资本主义经济陷入崩溃，而在西方，凯恩斯主义的统治以滞胀（增长停滞和通胀上升的双重约束）告终。无论如何，事实证明，政府补贴缺乏实际增长的努力是不可持续的。"新自由主义革命"的时刻已经到来。

结果，节约生活方方面面并服从企业底线（包括文化创造力、教育和关怀）的改革运动对社会结构造成了很大损害，但却无法恢复战后繁荣的增长活力。经济合作发展组织各经济体的增长率继续从 60 年代平均每年 5.3% 的增长率下降到 70 年代 3.7%、80 年代 2.8% 和 90 年代 2.5%。此外，对劳动力市场的放松管制加剧了购买力下降的问题，而反政府的狂热破坏了长期盈利所需的公共基础设施。新自由主义的阶级战士们陶醉于自己意识形态的标志性信念：金钱不过是"物物交换的面纱"，他们只是把债务问题从国家转移到了金融市场。此后 25 年的债务融资增长，更多的是基于没有（价值）实质的资金。

靠借来的时间生活

当 2008 年债务泡沫破灭时，对回归凯恩斯的怀旧情结导致了一种矛盾的混合，即一种自由主义凯恩斯主义的最后回应。随着纾困和刺激计划将债务问题重新推回到政府手中，金融市场的危机演变成了一场主权债务危机，只不过比 70 年代高得多，没有回旋余地重复金融驱动型增长的操作。正如经济学家努里埃尔·鲁比尼（Nouriel Roubini）恰当的表述，他们注定要陷入僵局的努力中，政

---

[1] Will Hutton, "Mervyn King didn't grasp the crisis then—and he doesn't now", *The Observer*, 6 May 2012, p.34.

策制定者终于"黔驴技穷,不能再凭空想出任何政策妙计"。我们一直生活在借来的时间里,而且我们还在继续这样做,因为公司债务的国有化是由国家资源支付的,而这些国家的资源还没有发明出来。后者的成功依赖于未来剩余价值的创造,其规模之大是历史上最不可能实现的。然而,如果没有这种前景,债务可持续性的问题变得更加棘手。资本主义社会的意识形态契约本身已变得毫无意义,因为资本主义作为一种社会伙伴关系的接受与美好生活的承诺有着千丝万缕的联系。

当我们现在坚持政治领导时,有必要回顾一下,国家不是某种守护天使,而是资本循环中的一个元素。以其物质能力去行动,它不仅受评级机构和金融市场的摆布,还要在资本增殖(通过竞争性地榨取货币利润,扩大了经济的再生产)经济的点滴中持续下去——就像我们每天都被提醒的"持久的经济增长的基础"。

一种新的危机,还是一切照旧?

那么,当前这场危机与之前的几次危机——19世纪最后25年的"长期萧条"、20世纪30年代的"大萧条"以及70年代的滞胀危机——有什么不同呢?要回答这些问题,我们需要放下后现代小说中无限延展性的现实。通过生产商品和服务的方式,资本主义创造了一种历史动力,这种动力既是物质的、客观的,也是有方向的、不可逆转的。尽管我们可能不顾一切地希望光明像往常一样出现在隧道的尽头,但我们没有理由相信,资本主义被赋予了永远自我更新的神秘能力。当前的危机并不仅仅标志着一种特定增长模式的终结,这种增长模式迟早会催生一种新模式,只要我们足够聪明。

换句话说,我们今天目睹的基本不是资本主义后现代或新自由主义变体的结构性危机。它也不仅仅是凯恩斯—马克思主义传统意义上的资本主义系统性危机,即建立在私有财产、市场无政府状态和阶级统治基础上的经济体系，导致普遍的过度积累 / 消费不足动态和资本盈余吸收问题①。相反，我们今天所经历的，极有可能是资本主义劳动社会的生产矩阵全面危机的开始，即社会再生产的价值形式危机。

可以肯定的是，资本主义正受到一个日益严重的资本盈余吸收问题的困扰——即以货币利润形式产生的盈余，无法被资本增殖经济有效吸收。正如我在其他地方讨论过的那样，这是一个具有灾难性影响的真正的僵局②。然而，它不是我们今天面临的这场危机的核心根本问题。过去几十年的定义不是吸收问题，而是不可逆转的剩余价值创造问题，这是我们陷入困境的根源③。

引爆点

在一系列深刻的分析中，批判理论家和危机研究者罗伯特·库尔茨（Robert Kurz）以过去250年现代化历史为背景，研究了当代资本主义的危机④。使当前危机与众不同的是，人类劳动力空前的规模——新剩余价值的唯一来源，也就是说，增长——因科学合理化而变得多余。每当我们从自动取款机上取钱或使用自动结账机支付日常购物费用时，我们都能看到技术取代人类劳动的证据。

汉娜·阿伦特（Hannah Arendt）、诺伯特·维纳（Norbert Wiener）和约翰·梅纳德·凯恩斯（John Maynard Keynes）等名人早就预料到了这一点。35年前，经

① David Harvey, *The Enigma of Capital and the Crises of Capitalism*. London：Profile, 2011. Bellamy Foster, John and Robert McChesney, *The Endless Crisis.* New York：Monthly Review Press, 2012.
② Heiko Feldner, "Collapse without Salvation？", in: Heiko Feldner and Fabio Vighi, *Critical Theory and the Crisis of Contemporary Capitalism*. London and New York：Bloomsbury, 2015, pp.9—32.
③ Michael Hardt and Antonio Negri, "The Power of the Exploited and the Social Ontology of Practice", *Triple C：Communication Capitalism and Critique*, 2018, pp.415—423.
④ Robert Kurz, *Das Weltkapital*, Berlin：Tiamat, 2005.
——, *Schwarzbuch Kapitalismus*, 2nd edition. Frankfurt on Main：Eichborn, 2009.

济学家瓦西里·莱昂蒂夫（Wassily Leontief）写道，"人类作为最重要的生产要素的作用必然会减弱，就像马在农业生产中的作用先是减弱，然后被拖拉机的引入消除一样"[1]。这一点以技术自动化和失业复苏的形式得以实现。随着数字革命的到来，我们已经达到了历史的临界点：过剩劳动力首次超过了通过市场扩张战略重新调动的劳动力。

换句话说，像格陵兰冰盖融化一样，资本的社会实体——劳动力——无法获得新的生命。这对一个绝大多数人只能通过雇佣劳动获得生存手段的社会来说是一种厄运。新自由主义经济政策对这种困境的回应，是一种没有（价值）实体的增长工程，这一点在 2008 年暴露无遗。本应是一件幸事，却因此变成了一场噩梦：资本增殖经济无法将前所未有的生产率增长回报给我们，因为我们可以在减少工作时间的同时，创造性地利用空闲的可支配时间。恰恰相反，今天被广泛引用的"第三次工业革命"[2]导致了社会达尔文主义的"24/7"和我们的公共和私人生活的野蛮化（"紧缩"）。

没有增殖的积累

通常，20 世纪的批评和文化理论往往无法摆脱人们普遍持有的一种假设，即资本主义将创造一个富裕的社会，因为它永久性地改革了生产力量。事实上，在 70 年代以前，西方似乎无法想象，有一天我们可能不仅要面对非人道影响的"太多"，而且更重要的是，还必须面对缺乏剩余价值的致命后果。资本价值化的经济将不再能够复制维持社会生活基本坐标所需的社会经济基础设施。

今天，我们必须摆脱资本主义本身就能创造富裕的迷信思想，只要它管理得

---

[1] Wassily Leontief，"National perspective"，in：*The Long-Term Impact of Technology on Employment and Unemployment*，Washington，D.C.：National Academy Press，1983，pp.3—7.

[2] Jeremy Rifkin，*The Third Industrial Revolution*，New York and Basingstoke：Palgrave Macmillan，2011.

当。这种误解将五六十年代"经济奇迹"期间少数国家的超常发展与资本主义作为一种社会形态的整个历史混为一谈。尽管资本将继续积累相当长一段时间，随着新型虚拟资本被创造出来，并被热切地视为能够产生利润的"金融工具"，但它将越来越缺乏价值增殖（通过竞争性地从人力劳动中提取剩余价值来扩大资本再生产）。新的剩余价值的缺乏将最终破坏资本的积累，使整个社会的再生产在地方、国家和全球各级成为一种实际的不可能（"无法负担"）。成长或死亡社会的历史即将结束。唯一的问题是如何灭亡。

当社会形态衰落

然而，当社会形态衰退时，幻象的储存是取之不尽的。贾雷德·戴蒙德（Jared Diamond）非常清楚地解释了玛雅人和维京人这样的历史社会是如何崩溃的 [①]。不管他们具体的发展轨迹如何，他们都有一个重要的共同点，就在人们意识到他们的生存条件已变得岌岌可危的时候，他们开始加强所有那些在此之前看来是成功的战略和做法。它们继续在过去的经验和实际理由的基础上运作，而它们的生存条件已经发生了根本的变化。

同样，今天，虽然越来越多的人预感到，当前的危机可能不仅仅是另一场为经济扩张的新推动力奠定了基础的熊彼特式的"创造性破坏"事件 [②]，但人们仍然坚信，新的文化、科学和技术攻势将拯救我们。坚信"当创新和良好的资本主义的组合重新被点燃，西方的增长……将恢复" [③]，然而，这是毫无根据的，正如相信新一代的新技术将增强"新的增长模式，可以像早期的铁路、电力、汽车那样改

[①] Jared Diamond, *Collapse*. London：Penguin, 2006.

[②] Joseph Schumpeter, *Capitalism*, *Socialism and Democracy*. London and New York：Routledge, 1942.

[③] Will Hutton, "Britain's future lies in a culture of open and vigorous innovation", *The Observer*, 14 October 2012, http：//www.guardian.co.uk（accessed：15-10-2012）.

变我们的经济和社会"①。尽管提出它们"可以开辟增长和就业的新来源"②——这一观点得到了全球经济学家和政策顾问的认同③，但它们也做不到。

文化、科学和前进的技术能让我们安全吗?

在19世纪和20世纪的很长一段时间里，铁路、电气化和福特汽车工业确实对就业和增长产生了巨大的推动作用，但这在历史上是无法重复的。为什么? 因为开启后工业时代的数字革命的影响是完全不同的。前所未有的经济合理化潜能不仅是分解国家中心的综合体资本增殖经济（凯恩斯主义和苏联国家资本主义模式工党政权）的重要因素，他们也转向新自由主义的技术驱动和随之而来的逃避现实模拟（资本驱使）增长，造就了今天的我们。

无论我们如何看待"良好的资本主义"或"可持续增长"，资本主义都无法回到拥有劳动密集型生产线和充分就业的技术基础设施。只要我们坚持再生产取决于剩余价值创造的专制社会，将唯我论的企业锁定在全球内战的"竞争"中。那么，不论技术如何盲目提高，社会就业不足、贫困、经济紧缩和收入萎缩的后果都无法停止。随着每一项技术革新，我们对所处的整个社会依然无可奈何。

从我们今天所处的情况来看，一种新的文化、科学和进步的技术所能产生的预期效果，只能是短期的，只能是部分的，而直接或间接地把其他一切都拔掉。那些能够通过经济（共同市场和货币区）和经济外暴力（全球治理和战争）增强技术竞争力的国家，将控制剩余的繁荣岛屿。最终，任何"新政"——无论是绿色的、文化的还是其他的——都注定要失败，只要它只是延长了偷偷摸摸的自由

---

①② Nicholas Stern，"The economic crisis and the two great challenges of the 21st century"，2009，http：//www.lse.ac.uk（accessed：06-09-2009）.

③ OECD（2015），*Towards Green Growth*，Paris：OECD Publishing. Mazzucato, Mariana（2018）. *The Value of Everything*. London：Allen Lane. Schwab, Klaus，*The Fourth Industrial Revolution*，2nd edition，Cologny/Geneva：World Economic Forum，2018.

主义的前进——逃向一个借时间的种族隔离政权。

从系统性短视到知识共享?

然而,考虑到资本积累在很大程度上已经是虚构的(即绝不是"想象"的,而是不真实的),我们为什么还要继续把货币利润的经济提取作为衡量我们认为"现实""有效"和"负担得起"的标准?只要"文化经济"只是将这一尺度的应用扩展到社会生活的新领域,从而将其纳入价值形态的瓦解逻辑(新圈地、内外殖民、通过剥夺积累),它只不过是文化创造力价值平衡的一种矛盾委婉语。这进一步加剧了当代危机管理的系统性短视特征(后视镜下的决策)。只要它超越和扬弃了价值形式的逻辑,就可能有助于建立以我们可称之为"知识共享"的东西为中心的另一种社会秩序。

译者简介:史晓林,浙江大学传媒与国际文化学院博士研究生,主要研究方向为西方马克思主义美学、悲剧美学。本文为国家社科基金重大项目"当代美学的基本问题及批评形态研究"(15ZDB023)的阶段性成果。

(责任编辑:卢幸妮)

考德威尔与《幻象与现实》

［英］戴维·马格利斯 *
（英国伦敦大学）
卢幸妮　译

【内容摘要】

克里斯多弗·考德威尔是正统的马克思主义者，也是英国马克思主义文论的奠基人。《幻象与现实》是考德威尔的代表作品。在这部著作中，考德威尔从历史唯物主义出发，对诗歌的本质特征和功能进行了探讨。本文在简要回顾考德威尔的生平及其与马克思主义渊源的基础上，介绍了《幻象与现实》这部作品的创作经过及考德威尔在其中表达的主要思想，同时对考德威尔所使用的重要术语的含义进行了澄清。

【关键词】

《幻想与现实》；考德威尔；马克思主义

---

* 戴维·马格利斯（David Margolies），艾塞克斯大学博士，伦敦大学金史密斯学院荣休教授。主要研究方向是马克思主义文学批评，莎士比亚研究以及考德威尔研究。

一、考德威尔简介

克里斯托弗·考德威尔（Christopher Caudwell）为了给同伴在贾拉玛战役（Battle of Jarama）中撤退做掩护，死于保卫西班牙共和国的战斗中。他死的时候才29岁，但他已经出版了五本航空学的书和七部犯罪小说，他的真名是斯普里格，而他最重要的作品——写在考德威尔笔名之下的《幻象与现实》（Illusion and Reality），在他去世的时候出版了。《幻象与现实》以及随后发表的《论垂死的文化》（Studies in a Dying Culture），在战争和战后的民主氛围中被广泛地阅读和赞美。对于那些关心创造一个更公平、更美好的世界的人来说，考德威尔的作品具有强烈的吸引力。他认为世界上的问题不是人类所固有的，而是容易改变的，他的散文充满了吸引人的能量和乐观情绪。今天，在越来越多的合作占主导、不稳定的民主和不断上升的右翼民粹主义的影响下，考德威尔的分析不仅显示了文化是如何被时代的社会经济结构所塑造的，而且还显示了文化在塑造公众态度方面的重要性。他的解释在人类经验的层面上是言之成理的。

考德威尔是一个自学成才的人。他15岁离开学校，自学了大量的科学和文学知识。当他离开学校时，他和父亲一起从伦敦搬到布拉德福德，他的父亲是一个事业正在走下坡路的记者。父亲在《约克郡观察家报》担任文学编辑，而克里斯托弗本人作为同一家报纸中的年轻记者，偶尔也撰写书评。这对父子在寄宿家庭中过着不安定的生活，这在考德威尔的一些最好的短篇小说中有所反映。其中有一个故事表明，为了赢得自己的空间，考德威尔只能不断地埋首书堆。1925年，他回到伦敦，加入他兄弟所在的航空书籍出版社。对于一个对文学文化如此着迷、自认为是诗人的人来说，这种选择似乎有些奇怪，但这并非偶然。考德威尔兄弟俩都对工程和技术创新有着浓厚的兴趣，而且飞行仍然是具有激情的、开创性的行业。除了撰写技术评论，克里斯托弗还获得了自己的驾驶执照，并写了五本关于飞行的书。

对他来说，飞行绝不仅仅是一种交通工具手段。"飞行中有一种震颤，世界上没有什么东西能像飞机一样，当所有的空气就在你面前，你有信心让那个灵敏的生物——飞机，完全处于你的控制之下，让它服从你的意志"，他在《让我们学会飞翔》（*Let's Learn to Fly*）中写道。一些专家认为他最好的犯罪小说把场景设在飞行俱乐部里，并传播了飞行的吸引力。飞机设计和生产涉及当时最先进的工程技术，他正在探索新的领域，"在这一切背后，是人类对最新困难——空气的海洋——的征服带来的激动。"（*Let's Learn to Fly*）在飞行中有冒险的经历，"老飞行员……是真正的空中英雄"，他写道，"尽管人们对他们的工作少有耳闻。他们面临着 20 世纪 20 年代早期商用航空的所有危险，他们乘坐的飞机摇摇欲坠、喜怒无常，引擎不稳定，几乎没有地面组织相联系。这正是他们的光辉传统，并由后来的年轻飞行员所继承"（*Let's Learn to Fly*）。也许正是因为这种对测试机器和人类极限活动的共同欣赏，成就了考德威尔和他的搭档克莱姆·贝克特（Clem Beckett）之间的友谊，他们两人都死在机枪上。克莱姆·贝克特是摩托车比赛的民族英雄，他在欧洲巡回演出时受到了观众的欢呼，演出报酬颇高，他同时也组织了高速公路车手联盟。知识分子和蛮勇之人之间的亲密关系看似不可思议，但他们都选择了冒着生命危险去对抗法西斯主义，一个在他成名的巅峰，一个在他快要被认可之时。他们都被速度强烈地吸引着，他们想知道事物是如何运作的，对勇气也青睐有加。

考德威尔对实践问题的重视是他理论工作的中心。他关心的是对事物如何运作的具体解释，而不是其哲学含义。航空学是这其中的一个明显方面，正如他 1929 年在《汽车工程师》（*Automobile Engineer*）杂志上发表的文章《自动齿轮：运动支点在设计确定中的作用》（"Automatic Gears：The Function of the Moving Fulcrum in Determining Design"）。但同时，他也经常忙于心理学、人类学和社会学，以及社会经济组织学，想要弄明白事物在更大的范围内如何运作。当他说任何人都可以在一夜之间写一部犯罪小说，接受了在两周内写出一篇小说的挑战并成功时，他开始参与犯罪小说写作，继而创作了其他六部作品。犯罪小说是他对实践关注的一部分。对他来说，写小说不仅仅是巧妙地将线索相连结、将破碎片段相粘合，而关乎个人的心理在社会背景下如何运作。作为一名犯罪小说作家，他非常成功，大部分书都由美国一家犯罪小说俱乐部出版。这些书给了他一个发表社会评论的平台。最初，在《肯辛顿犯罪》（*Crime in Kensington*，1933）中，他将自己笔下的角色定位为一位司法体系的评论者，这种司法体系的狭隘性忽视了犯罪的背景。凶手是一名年长的妇女，她杀害了两名勒索她女儿的人，但她以不泄露信息为条件，决定放过另一名可能暴露女儿身份的女人。即将被释放的受害者回忆起了将她俘虏的人："从根本上说，她并不是一个杀人犯，而是一个受人骚扰的母亲，她的目的是为了使她的女儿在那么娇弱的年龄不受侵扰。"同样发表于1933年的《舰队街惨案》（*Fatality in Fleet Street*）讲述的是一桩霸凌谋杀，一个好战的媒体大亨的故事。

考德威尔认为1936年的《这是我的手》（*This My Hand*）是一本严肃的小说，并且署名考德威尔（他母亲的娘家姓），而不是斯普里格，因为他开玩笑说他不可能冒着失去作为一个犯罪小说作家声誉的风险。作为一个出色的心理学案例，小说受到了好评。不幸的是，它读起来就像一个案例研究。小说中的人物通常以一种外部分析的视角呈现，没有太多的对话，无法将他们个性化，而且写作也缺乏那种赋予犯罪小说个性的轻快、时尚的基调。然而，在整个过程中，都有强烈的阶级不公正感，并且通过可以指摘的主人公、监狱工作人员和州长的反应，提出了反对死刑的有力论证。

考德威尔的犯罪小说颠覆了殖民主义、帝国、阶级和性别的传统观点。在当时看起来不同寻常的是，他在所有的小说中都表现出了原始的女权主义色彩。犯罪小说中的女性被赋予了强力的角色，她们从来都不是男性利益的附属，她们与男性平等，有时甚至比男性优越。因此，《一名飞行员之死》（*Death of an Airman*，1934）的女主人公是一名毒贩，一名熟练的飞行员，聪明而勇敢。在《带有晒伤面孔的尸体》（*The Corpse with the Sunburnt Face*，1935）中，考德威尔嘲笑伯克郡小皮鞭村的牧师基于种族主义和性别歧视做出的错误判断，而种族主义和性别歧视的假设在这个教区很普遍。在他的第一本飞行指南中，名义上的合著者戴维斯上尉写了一个典型的带有性别歧视的前言："……一个真正优秀或可靠的女飞行员是极其罕见的。大多数通过测试的人似乎在失明、无意识的鲁莽和失去理智之间摇摆不定。"但是考德威尔在飞行方面不区分性别，正如他在《一名飞行员之死》中所表明的那样，他相信女性可以和男性一样胜任飞行员的工作。

二、考德威尔和马克思主义

尽管考德威尔受到的正规教育有限，但他无疑是一名知识分子，而他的自我教育也让他有所优势。他很少接受那些受过系统教育的人的灌输，而这些人的学习是在接受意识形态的背景下进行的，是关于世界的共同假设。这使他能够自由地形成自己的想法，并在没有压力的情况下建立自己的知识关联。这并不是否认从更正规的教育中可以有所收获，也不是说他完全不受主流意识形态的影响。只是因为他在体制性的学习之外，他才得以逃过那些说教，不必使自己的思维符合当时人们所接受的模式。考德威尔有一种能力，他以一种不同的方式看待世界，这被证明是一种强大的力量。再加上他对事物实际运作方式的关注，超乎寻常的创造性思维由此而生。

考德威尔对马克思主义的研究是他创造性视野的重要一步。在1934年，在一个社会充满剥削和失业、法西斯主义抬头和军事扩张的时期，马克思主义认为资本主义将自我毁灭的观点，显然是有道理的。但马克思主义吸引考德威尔，还有可能是因为他有了解事物是如何运作的渴望。考德威尔意识到，作为一个经济体系，资本主义有其固有的设计缺陷：它失败不是因为个人的贪婪，也不是因为它的目标是创造个人财富，而是因为它的基本原则产生了与它所希望的正好相反的东西。失业、苦难和战争本不应该是资本主义的特征。马克思主义给了他解决这一复杂矛盾的钥匙。马克思主义提供了一种统一的社会制度的愿景，这对"诗人考德威尔"也同样重要，马克思主义为他提供了一个了解诗歌在社会中地位的向导。在《幻象与现实》的导论中，他写道："只有一种正确的社会学，它揭示出社会意识形态产物之间普遍的生动关系及其与具体生活的关系——这就是历史唯物主义。"① 因此，历史唯物主义是他研究的基础，他的研究对象是英国诗歌的历史发展，研究方法是历史唯物主义，用马克思主义对历史发展与社会经济结构的关系进行考察。

当"马克思主义者"这个术语涵盖了如此多样的智力行为，而简单地说考德威尔是一个马克思主义者，是不够的。许多人对马克思主义的认识来自大学课程，把马克思主义抽象为一种哲学，而忽视了马克思本人认为的基本要素——实践。马克思最著名的表述之一是他《关于费尔巴哈的提纲》第 11 条："哲学家们只是用不同的方式解释世界，而问题在于改变世界。"和其他许多人一样，考德威尔认为这是一个行动的号召。但是，与众不同的是，他也把它作为分析的原则。他根据与"改变"的关系来看待社会过程。人类的本性就是以一种积极的方式来与这个世界打交道，去改变事物。考德威尔在航空学方面的经验和他作为一个作家的工作效率，意味着"行动"在他的思想中处于基本的地位，并且他在《幻象与现实》对诗歌的关注强调了它与物质生活的关系。他说"诗是诵读时产生的"②，这是他积极观点的升华。他认为，具体性和社会实践是马克思思想发展的基础："对马克思来说，对具体生活的理解，比对具体生活的产物的理解更为重要。"③ 也就是说，考德威尔继马克思之后提出，如果你想了解人们创造了什么、从事了什么，如果你想了解他们的诗歌，你必须了解他们是如何生活的。当然，人们的想法是个人的，但这只是在一定程度上；在塑造思想的共同的社会条件下，我们需要将焦点从个人转移到阶级上。

对马克思来说，"阶级"是以下这段文字的核心：

---

① Christopher Caudwell, *Illusion and Reality*, London：Lawrence & Wishart, 1946.
　　译文参考陆建德等译《考德威尔文学论文集》，南昌：百花洲文艺出版社，1995 年，第 6 页。
② 同上，第 27 页。
③ 同上，第 3 页。

人们在自己生活的社会生产中发生一定的、必然的、不以他们的意志为转移的关系，即同他们的物质生产力的一定发展阶段相适合的生产关系。这些生产关系的总和构成社会的经济结构，即有法律的和政治的上层建筑竖立其上并有一定的社会意识形式与之相适应的现实基础。物质生活的生产方式制约着整个社会生活、政治生活和精神生活的过程。不是人们的意识决定人们的存在，相反，是人们的社会存在决定人们的意识。①

对于考德威尔来说，这意味着诗歌必须与阶级和个人动机联系起来理解。在他的改写中，他摘录了一个简单的、经验性的阶级概念：

按照马克思主义观点，一个阶级就是生活经验基本相似的一个群体，它内部的生活经验上的平均差别小于它和其他阶级的人在生活经验上的差别。不同阶级生活经验上的差别当然有经济的基础，有一个源于经济生产必然条件的物质原因。因此，艺术家必须结合新的经验，道出他自己的阶级——即经验大致与他相像的群体——的声音。②

考德威尔认为，文学具有分享意识和传递阶级价值的功能。就传统文学研究而言，这显然是革命性的：他不仅摒弃了文学课堂上专注于个人作品并把它们看成是独立的这种陈规，而且他还向人们展示了文学具有实用功能。同样，"问题在于改变世界"。

考德威尔在语言方面也有类似的立场，他拒绝了哲学那种认为语言仅仅是断言事实的论断。他说，语言不仅仅是提供信息："语言作为生活的拓展，其任务是

---

① 译文参考《马克思恩格斯选集》第 2 卷，北京：人民出版社，1995 年，第 32 页。
② Christopher Caudwell, *Illusion and Reality*. 译文参考陆建德等译《考德威尔文学论文集》，第 205 页。

决定哪些事实值得肯定或否定……"① 作为一种社会活动的产物，语言必然会获得情感上的内容：

> 正因为语言表达感情，不但描画了部分的现实而且传达了某种判断，所以它是有价值的。语言不仅仅表达了现实的本来面目（现实的本来面直接地呈现于人们面前），它还表达了人们可以如何对待现实——即现实的隐藏的内在规律；以及人们想如何对待现实——即人自身的无意识的必然性。语言是一种工具，它揭示出对于人，对于具体的而非抽象的人来说世界是怎样的。②

语言也是改变世界的一部分。知识生产植根于实践，其目的和发展与物质世界的活动联系在一起。

三、从《诗歌与数学》到《幻象与现实》

关于他的写作，早在考德威尔创作《诗歌与数学》（*Verse and Mathematics* 未完成未发表）时，他对马克思主义的恪守已经可见一斑。这本书写于《幻象与现实》之前，在不同的知识领域——心理学和想象——中对情感和理性的平衡进行了广泛的研究。它为《幻象与现实》奠定了基础，但因考德威尔心中正在上升的马克思主义信仰，这部作品在分析和政治上都发生转变。在对诗歌的形式特征和科学与艺术之间的关系的分析中，以及较少融入考德威尔把文学作为行动的部分，我们最明显地看到了《诗歌和数学》的影子，这部分原创性较弱，与我们今天关

---

① Christopher Caudwell, *Illusion and Reality*. 译文参考陆建德等译《考德威尔文学论文集》，第 196 页。
② 同上，第 197 页。

注的当代问题联系并不那么密切，因此没有被纳入本章讨论。对于从《诗歌与数学》到《幻象与现实》这种方向上的转变，一个更加直接的刺激因素是代·刘易斯（C. Day Lewis）1935 年 7 月发表在《左派评论》（*Left Review*）的文章《革命者和诗歌》（"Revolutionaries and Poetry"）。刘易斯认为，写诗不仅是满足个人欲望，而且具有社会作用："几个世纪前，这首诗代表了对人类现实的最清晰的认识，诗人被尊为他的社会团体的发言人，他表达了他们作为一个群体和同时也作为一个个体的感受。"①

这就是诗歌作为历史证据的价值，"即使没有被马克思和列宁强调……它在情感上向我们公开自然界中隐秘的联系，就像科学在智力活动上所做的一样。"② 虽然考德威尔明确表示诗歌不是宣传，但它仍然具有社会效应；因为诗歌所具有的独特的品质，它在读者的情感中徘徊。

> 诗歌是原始生活的必须。我们发现农民仍然运用着最生动、最诗意的语言。现在，出于对寒冷和饥饿的恐惧，这些情绪和一万年以前一样强烈：因为日益复杂的经济条件，它们也变得更加复杂了，但它们的来源是相同的。诗歌是原始人类的主要工具之一，通过表达情感，他获得了对抗那些引起人们情绪波动的经济条件的力量。因此，它与我们的情感生活息息相关，那种认为我们与我们的祖先相比，不那么需要诗歌的看法，似乎是毫无来由的。③

刘易斯的文章篇幅很短，只有六页，但它提供了考德维尔所需要的观点来支撑他自己的论证：诗歌给予人们处理和改变现实的情感力量。当然，随着现实的变化，诗歌也需要随之调整。

借鉴马克思和刘易斯，考德威尔发展了他的功能理论，即文学不仅仅是世界

①② C.D. Lewis, "Revolutionaries and Poetry", in Albert Gelpi and Bernard O'Donoghue（eds）, *The Golden Bridle*: *Selected Prose*, Oxford University Press, p.50.

③ Ibid., p.55.

的一种反映，也是一种对世界想象性的改造，即一种让人产生改变的冲动的"幻象"。这一理论是革命性的，完全是马克思主义的。但是，尽管他相信，人类历史上大部分的诗歌都是关注社会态度的重要工具，但在 20 世纪 30 年代中期，诗歌的受众变得太小了。太专业的诗歌不能成为改变的有效动因。没有理由反驳这一结论，但诗歌创作并不是创造"幻象"的唯一形式，它可以帮助改变世界。电影被列宁和墨索里尼视为现代社会极为重要的社会工具，但却遭到考德威尔的忽视。他的理由可能是，正如副标题所指出的，《幻象与现实》是关于诗歌起源的研究。幸运的是，他为诗歌所提出的原则在一般水平上适用于大多数艺术，除了特定的诗歌技巧外，对理解电影和诗歌也有帮助。

四、快速发展的问题

考德威尔是一个写作速度非常快的作家，这很大程度上归功于他作为记者的工作，他同时承担几份写作任务或几份编辑工作。他在《英国马来亚》(*British Malaya*) 上以各种笔名进行编辑和写作工作。他和他的兄弟一起在航空书籍出版社工作，就在他写作空气动力学方面的书籍期间，他编辑或为《航空公司》(*Airways*) 和《飞机工程》(*Aircraft Engineering*) 杂志撰稿。我们知道他在两周内完成了他的第一部犯罪小说，在他写《诗歌与数学》的时候，他给一个朋友写信说，他的想法已经以每天 4000 到 5000 字的速度倾吐出来了，但这种思考已经发酵了很长一段时间。他写信给他的兄弟说，"这些碎片在我脑海里已经很久了。它融合了我在过去几年里在阅读过程中形成的所有生物学、心理学等方面的理论。"尽管这些想法酝酿多年，但在一年多的时间里，写作就完成了。他告诉他的兄弟，他每天平均要写 4000 个单词，还不包括赖以维持生计的写作。在这种情况下，不太可能会有太多的修改，这有助于解释为什么有时考德威尔的意思表达不清，而且偶有重复。

考德威尔也使用了很多他在不同领域的阅读中获得的专业表达，他没有对这一点做出解释（这在本章未收录的、《幻象与现实》其他章节中更常见）。有些术语意思不甚明了，因为它们早已过时。考德威尔死于 1937 年，他的大部分阅读当然是在更早的时候。但是，他使用半科学术语也可能是一种防御措施。也就是说，考德威尔，作为一个自学成才的人，一个商业作家以及庸俗侦探小说作家（用他自己的话），也许并不希望被人们认为会触及重要的理论问题，在这种情形下，他对自己的作品被观众所接受的程度抱有某种不安就是可以理解的。他在给兄弟的信中描述了他的这种工作，以他一贯的诙谐风格，"这是一篇极具技术含量的文学评论，太基础了，太具有革命性了，博学得让人作呕。"在给朋友的另一封信中，考德威尔写道，他给《幻象与现实》开了一份令人印象深刻的参考书目，包括 200 或 300 本已读过的书（主要是为了在评论家的心中制造恐怖）。

同时，在考德威尔的作品中，也存在着重要术语含义发生转变的问题，尤其是"资产阶级"和"幻象"。因此，他写道，英格兰是典型的资产阶级社会："并非偶然，也就是这个国家，英国，它对近代诗的贡献无论数量上还是多样性上都很突出。"[①] 早期在《幻象与现实》中对"资产阶级"的使用，是指一个向前看的阶级，以一种积极的方式改造社会。最初，它似乎将使所有人受益，使他们摆脱封建主义的束缚，但当资本主义、资产阶级经济结构停止发展时，它就成为社会的一种阻碍，产生与其追求相反之物。不是自由，而是奴役、浪费、萧条和战争。当他在写《论垂死的文化》中的论文时，资产阶级不再让人联想到一个向自由的方向发展的阶级，而恰恰相反，是一个带有个人主义意识形态、阻碍了自由实现可能的阶级。这显然还是那个阶级，但在不同的语境中，考德威尔的考量有不同方面的侧重。

考德威尔对"幻象"这个词使用的改变，可以更好地借助他对"资产阶级"的价值的改变来理解。当他在一个前工业化的背景下解释诗歌的功能时，"幻象"

---

① Christopher Caudwell, *Illusion and Reality*. 译文参考陆建德等译《考德威尔文学论文集》，第 51 页。

是一种视觉，一种幻觉，一种不是物质现实的东西。他把它当作一种准技术中性的术语，与部落的精神状态，前工业化的诗歌音乐舞蹈的超现实体验相关。然而，当考德威尔进入到他自己所处的时代，焦点就从形式转换到内容。它仍然是一个愿景，但现在它所设想的是错误的。因此，它获得了一种消极的意义。它仍然是无形的和幻想的，但误导了更多的"错觉"而不是简单的"幻觉"。这种混乱导致德国《幻象与现实》的翻译者将 Bürgerliche（资产阶级）添加到标题的"幻象"中。这当然误解了考德威尔的意思，诗意的幻象有一个一般的功能。它并不与资产阶级意识捆绑在一起。它是一种愿景，有助于创建意识和团结，不仅提供了一个可共享的、普通的对现实的描摹，同时又让其更易于传播。而且有助于，比如，在愿景中使"现实"成真。正是这种充满情感、指向现实的视觉过程，考德威尔将其视为诗歌的一般功能。

另外两个可能会产生一些混乱的术语是"辩证法"（dialectics）和"决定"（determined）。辩证法已变得神秘，它是一个既有魔力，但应用又含糊不清的术语。考德威尔用辩证法来传达在运动和语境中学习事物。运动或变化是事物的自然状态，而在现实生活中，总是与语境相连。辩证法认为事物之间的相互作用是必然的，其中一个元素的变化必然涉及其他元素的改变或在整体结构中的重新定位。在最简单的层次上，抽象的辩证法关系到前后、内外等的关系，当主体涉及人而不是抽象事物的时候，变量就会更大，因此事情就会变得更加复杂。如果有一个宏观的主体（社会或经济体系），变量就会大量增加，更加不稳定，以不同速率、在不同方向上变化。整个过程变得极其复杂。这就是为什么，比如，经济预测被人们认为在一个真实的世界中是不可能准确的。但在大众媒体中，有一种抽象的习惯，即减少真实因素的数量，或将他们的运动缩减成简单的印象。这种简化是伪造的。现实世界是在不断变化的，这就是辩证法所要解决的问题。

考德威尔在转向马克思主义之前，就表现出了一种辩证的思维。他发明了一种基于移动支点的自动装置，就说明了这一点。大多数人可能在小学数学或科学中学到了一些关于支点的理论，在实际的层面上，通过跷跷板对支点有所了解。平衡的问题在跷跷板上不是一个复杂的问题，因为构成要素很少，也因为支点固定不动，所以唯一的变量就是重量和力臂。然而，我们很容易想象，如果支点移动，问题就会变得复杂。从物质的角度看辩证法并不能使它变得简单，但却能消除神秘主义。

对于考德威尔来说，那种决定论的普遍偏见，即决定论否定了自由意志的可能性，乃是一种神秘化。它有效地否定了控制的可能性，把本可能解释的事物变得神秘。考德威尔用不同论点反对宗教的神秘化。信仰本质上是神秘的，因为它拒绝给证据一席之地，但考德威尔的理性主义所关注的更多的是一种反科学的态度。因果关系是物质世界的一个方面。每一种结果都有其原因，如果归因于随机或偶然，只表示原因尚未确定。没有未造成的结果的原因，有果也必有因。如果我们理解因果关系，那么就有可能对结果做出一些选择。但是如果我们拒绝因果关系，那么我们就不能做出有意义的选择。科学和理性决定一切（Science and rationality are determinist），我们可以从《幻象与现实》中恩格斯的那句"自由就是对必然性的认识"中清楚地看到考德威尔的观点。

五、构成的秩序

我们从他的信中得知，考德威尔先写了《幻象与现实》，不久之后，在去西班牙之前，写了《论垂死的文化》中的文章。然而，《幻象与现实》在学术上成就更高，尽管《论垂死的文化》更有序，似乎也更完善。我认为，对此的解释在于考德威尔提出了两种不同的需求。他用《幻象与现实》的大部分篇幅，解释他的艺术功能理论，但在最后一章谈到当前状况时，他改变了他的语调和方向，他转向了政治说服。他从住在萨里的哥哥和嫂子那里搬到了东伦敦白杨区的工人阶级聚居区，并加入了共产党。他和其他同志一起住在一所房子里，分担着卖《每日工人报》(*Daily Worker*)等党的工作。他成了一名活动家,他的生活现在以政治斗争的方式组织起来。

"诗的未来",《幻象与现实》的最后一章,考德威尔颂扬了苏联作为后资本主义社会的未来典范。考德威尔还指出,所有学科的艺术家和专业知识分子都在无产阶级人民阵线下联合起来,这是一个反法西斯人士的保护伞。这一章实现了政治职责,但却遭到了关于苏联民主以及作家必须怎么做来履行其政治责任的争论。考德威尔为所有资产阶级革命者写了一篇演说,并通过有觉悟的无产阶级演讲出来。要求接受无产阶级纪律的逻辑是有点抽象的,但是这种表达观点形式的变化是惊人的和显著的:在非小说中,他居然通过一个人物的声音说话,这是极不寻常的;但它的笨拙也暗示了争论的一些困难。演说的结论是:"你现在不'只是一位艺术家'(这实际上意味着资产阶级艺术家);你们已成为无产阶级的艺术家了。"① 虽然考德威尔知道在艺术界应该做些什么,但他也看到艺术家们与目标并不匹配,他陷入无望之境。对于诗歌来说,时间是脱节的:诗人不能成为革命的领导。"因为受到异己的价值观念的压迫,他的世界已成为真实世界的过于狭小的一部分,而革命的一部分任务就是要使他的世界扩大起来"。②

考德威尔的分析方式,即经济结构的发展塑造了文化艺术的生产和功能,的确是革命性的。但是很明显,在《幻象与现实》的最后一章中,他已经认识到,法西斯主义的兴起,对一套不同的秩序有所要求。现在的问题是迅猛的,需要更直接的方式。在《论垂死的文化》中,他再次聚焦于更激进的姿态,更好地利用他作为新闻记者的技巧。文章论述了当前资产阶级文化中存在的问题。它比《幻象与现实》有更好的节奏,陈述更犀利、更清晰。考德威尔在这里也更适应于其他人看待事物的方式;他意识到,他的任务不仅仅是构建一个能说服人的论点,而且是实际上说服人们,说服那些很可能以一种不同的方式看待世界的人。他作

---

① Christopher Caudwell, *Illusion and Reality*. 译文参考陆建德等译《考德威尔文学论文集》,第 297 页。
② 同上,第 304 页。

为一个评论家的理论，引导他走向了不同的实践。他的《论垂死的文化》中蕴藏的能量得到了很好的传递，这是一个有力的论证，能引起人们阅读兴趣。它仍然与我们这个危机四伏的时代相关，对此，我们不应感到惊异。

译者简介：卢幸妮，浙江大学传媒与国际文化学院博士研究生，研究方向：审美人类学。本文为国家社科基金重大项目"当代美学的基本问题及批评形态研究"（15ZDB023）的阶段性成果。

（责任编辑：许诺晗）

在科技飞速发展的时代，"人类"意味着什么？
——问题与挑战

［美］乔治·范·登·阿布比里 *
（美国加州大学欧文分校）

赵 敏 译

【内容摘要】

人类自身创造的科技对世界的影响越来越大，人类物种的命运成了一个广受关注的话题。"人类"与机器之间的界限变得越来越模糊，人类优越性存在的基础也逐渐消失。在一个科技快速变革的时代，"人类"意味着什么这一问题的真正答案，更多地与我们作为人类的社会存在状态（政治动物）的改变有关，而不是取决于从第一个能人到各种各样的工匠人，再到前途未卜的智人以来，我们与技术的长期共同进化的关系本身。

【关键词】

"人类"；科技；变革；关系

---

* 乔治·范·登·阿布比里（Georges Van Den Abbeele），美国加州大学欧文分校哲学与古典学系英语、法语和比较文学教授，人文学院名誉院长。

人类自身创造的技术进步对世界的影响越来越大，人类这一物种的命运最近似乎已成为一个广受关注，甚至引发焦虑的话题。我们要注意的是，著名物理学家史蒂芬·霍金（Steven Hawking）在接受英国广播公司采访时发出警告："完全的人工智能的充分发展可能会导致人类的终结"，"人工智能脱离束缚，以不断加速的状态重新设计自己。人类因受到缓慢的生物进化的限制，无法与之竞争，因而终将被取代"①。在一个普通的、不那么危言耸听的层面上，经济学家们认为，自动化程度的提高和机器人的使用是未来劳动力面临的最大威胁。它不仅在传统工厂和制造业，甚至在许多"白领"岗位上也都将造成裁员②。至少，一位大学校长就曾出版了一本书，详细论述了高等教育应该如何应对这些发展，使在大学里所学的东西可以"防范机器人"（robot-proof）③。这一愿景相应地暗示了一种相当悲观的观点，即当前的高等教育只提供基本可由机器替代的"技能"。笼罩着人类的幽灵可能不再是卡尔·马克思150多年前设想的共产主义，而是50年前斯坦利·库布里克在电影《2001：太空漫游》中设想的超级计算机海尔。如果人类妨碍了机器智能完成其被设计来执行的项目，它将很乐意并且有能力杀死效率低下和难以捉摸的人类。

① Stephen Hawking, "The Development of Full Artificial Intelligence Could Spell the End of the Human Race". Interview with BBC, December 2, 2014, https://www.bbc.com/news/technology-30290540.
② Martin Ford, *Rise of the Robots: Technology and the Threat of a Jobless Future*, New York: Basic Books, 2015.
Carl Benedikt Frey and Michael Osborne, "The Future of Employment: How Susceptible are Jobs to Computerisation". *Working Paper*, Oxford Martin Programme of Technology and Employment, 2013. https://www.oxfordmartin.ox.ac.uk/downloads/academic/future-of-employment.pdf.
Ewan McGaughey, "Will Robots Automate Your Job Away? Full Employment, Basic Income, and Economic Democracy." Centre for Business Research, University of Cambridge, Working Paper, 2018, no. 496. https://papers.ssrn.com/sol3/papers.cfm?abstract_id=3044448.
③ Joseph E. Aoun, *Robot-Proof: Higher Education in the Age of Artificial Intelligence*, Cambridge, MA: MIT Press, 2017.

同时，大量的哲学和批判性思维在过去半个世纪一直关注于质疑人类智慧对其他物种，以及各种人类的代理人如半机械人、机器人、智能机器的特权①。随着经典的人文主义被后人文主义压倒，概念和技术环境都发生了变化。令人惊奇的是，在这种情况下，"'人类'究竟意味着什么"这个问题不仅没有得到解答，而且似乎也很少被提及。这一问题不仅有关人们在其物种特殊性及现实性的基础上试图确定之物，也至少与我们人类的理想层面相关。因此，使我们成为人的东西，常常与那些使我们"具有人性的"（humane）（或者你也可以说符合伦理的）——与我们的生活经历和预期存在方式中的交换性相对的——东西混为一谈。

同时，作为人类，我们既感觉到科技进步的速度和程度造成的威胁，又对我们的种族身份愈加矛盾，在人类的傲慢、残忍和破坏性与伴随着我们的谦逊、仁慈和关怀中摇摆不定。这一矛盾部分地来自不断加剧的怀疑主义，正如让-弗朗西斯·利奥塔近 40 年前在他的《后现代状况》中警告的那样，把对进步的叙事看作我们作为一个物种习惯上认为自己从中产生和受益的过程②。现在，我们更加不确定，科技的发展对于美德是否必要，是否无可非议地伴随着并有助于我们道德和政治上的改善。

---

① Donna Haraway, "A Cyborg Manifesto: Science, Technology, and Socialist Feminism in the Late Twentieth Century," in *Simians*, *Cyborgs*, *and Women*: *The Reinvention of Nature*, New York: Routledge, 1990, pp.149—182; also in *The Companion Species Manifesto*, Chicago: Prickly Paradigm Press, 2003.

Jean-François Lyotard, *The Inhuman*, trans. Geoff Bennington and Rachel Bowlby, Minneapolis: University of Minnesota Press, 1991.

N. Katherine Hayles, *How We Became Posthuman*: *Virtual Bodies in Cybernetics*, *Literature*, *and Informatics*. Chicago: University of Chicago Press, 1999.

Carey Wolf, "What is Posthumanism?", in *Zoontologies*: *The Question of the Animal*, Minneapolis: University of Minnesota Press, 2003.

Jacques Derrida, *The Animal that Therefore I Am*, trans. David Wills, New York: Fordham University Press, 2008.

Rosi Braidotti, *The Posthuman*. Cambridge, UK: Polity Press, 2013.

② Jean-François Lyotard, *The Postmodern Condition*, trans. Geoff Bennington and Brian Massumi. Minneapolis: University of Minnesota Press, 1984.

相较于找到并提出正确的问题，通过促进或谴责技术进步来给出一个现成的答案或许并不重要。在何种程度上人类这一物种与技术相关？今天我们与技术的关系有何不同？我们所说的机器"智能"是什么意思？以及它们与人类智能有何相同与不同之处？我们所说的智能概念本身是什么意思？"自然的"或"人工的"与意思是相反的吗？在接下来的演讲中，通过提出使这一问题形成有效讨论的一些必要问题，我将试着描述，生而为人在一个科技快速进步的时代意味着什么。

有趣的是，通过技术发展促进人类进步，这种叙事的广泛扩散可以追溯到现代早期。那个时候，技术——尤其是交通和复制技术（或者你也可以说轮船和书籍）——的迅猛发展造成了怀疑论的一次危机①。笛卡尔、培根和其他理性主义者对怀疑论的反驳同时也认为科学研究是一项从不确定性到更多知识的进步运动。随后，人类种族在道德和政治上的进步被重新塑造为一种类似的走出黑暗、走向"启蒙"的进步，理性叙事也把人道置于独一无二的主导地位。在我们改进自身并掌握我们所生存的世界的同时，它最终被塑造成一个神像。一个区分人类与动物、人类与机器的创造性方法是，把动物想象为由前置的本能驱动，缺少精神构成和判断力的机器（笛卡尔）②。事实上，自然世界的整体很快被想象成为一个巨大的机器般的存在。它的根本法则可以通过仔细观察和实验被提取出来。在流行的观点中，世界就像一个巨大的计时器，上帝将它设计好之后就让它自己运行，而不需要更多的干涉。与此观点相似，启蒙运动认为"人"存在于观察到的自然世界之外，拥有独特的感知——如果不是改进——上帝的伟大设计的能力，又一次确认了人类自封的神圣地位。

今天，我们再次进入了一个技术快速变化的时代。在这个时代，怀疑论也在不断发展，不仅仅对于利奥塔的宏大叙事本身，也针对整个知识领域。与此同

---

① Richard H. Popkin, *The History of Scepticism From Erasmus to Descartes*, Assen：Van Gorcum，1960.

② René Descartes, "Discourse on Method", trans. John Cottingham, Robert Stoothoff, and Dugald Murdoch in *The Philosophical Writings of Descartes*, Cambridge：Cambridge University Press，1985，I：111—51.

时，区分人与动物、人与机器的界线越来越难以维持。从拉米特利颇具煽动性的《人是机器》① 到马克思主义的不同流派，从后马克思主义到后结构主义，唯物主义的思考在科技的进步中发展自身的同时，也消解了将人类从我们存在的世界中区分出来的那种特殊性。我们近年来对许多种动物的认知能力、记忆力和个体间交流的研究，例如猿类、大象和海豚等，都发现了非常适用的——在一些案例中显示出特别的适应性的——特征和意识。一些动物的能力在很多情况下甚至优于人类 ②。

并且，我们越来越依赖于复杂的修复技术，从眼镜、助听器、心脏起搏器到植入传感器等等。尽管人类与机器之间的界线越来越模糊，但我们并没有就人工智能本身和数不清的智能设备提出问题 ③。正如唯物主义、女性主义研究和精神分析强调了我们内部身体的——因而也是动物的——存在，修复技术的扩散说明，我们内部的机器成分已经不允许我们再简单地把技术看作完全外在于我们的工具。或许我们对于机器人和人工智能的恐惧就像童年时害怕"狮子老虎和熊"一样，只是我们的胡思乱想。这并不是说野生动物和不加约束的技术对于我们来说不是真正的危险和威胁，而更因为机器人早已寄居在我们体内，就像我们已经是自然界中最可怕的动物一样。正如唐娜·哈拉维很早以前提出的，我们已经是半机器人和毫无疑问的野兽与动物的复合体 ④。或许对于这两者的奇异的恐惧只是我们对

---

① Jean Offray de La Mettrie，［*L'homme machine*］*Machine Man*，trans. Ann Thompson. Cambridge：Cambridge University Press，1996.

② Donna Haraway，*The Companion Species Manifesto*，Chicago：Prickly Paradigm Press，2003.
　 Frans de Waal，*Are We Smart Enough to Know How Smart Animals Are*？New York：W. W. Norton and Company，2017.

③ Donna Haraway，"A Cyborg Manifesto：Science，Technology，and Socialist Feminism in the Late Twentieth Century"，in *Simians*，*Cyborgs*，*and Women*：*The Reinvention of Nature*，New York：Routledge，1991，pp.149—82.
　 David Wills，*Prosthesis*，Palo Alto：Stanford University Press，1995.
　 Horst Albert Glaser and Sabine Rossbach，*The Artificial Human.* Frankfurt：Peter Lang，2011.

④ Donna Haraway，"A Cyborg Manifesto：Science，Technology，and Socialist Feminism in the Late Twentieth Century"，pp.149—182.

在镜子中看到的人或者事物的换位体验。

值得一再重复的是，人类与技术之间的关系和我们的种族一样古老，不仅仅是宽泛的人类学意义上的工匠人，也包括了特定考古记录中的能人（原始人类属中最早的人类祖先）。这些早期人类因为留下了大量熟练制造工具的证据而得名（虽然一些考古学家争辩说，这些生物应该被看作南方古猿的最后成员，而不是最早的真正人类，但无论如何，分类上的争议并不影响能人制造工具的能力的创新性及其促进前人类进化的关键作用）①。总而言之，人类这一物种，甚至整个种属都是根据其与技术——不管是简单的燧石斧，还是复杂的信息网络——的关系而定义的。可以说技术定义了我们，就像我们认为的我们规定技术是什么以及如何为我们服务一样。没有技术就没有人类，至少对于我们所理解的我们是谁和是什么来说是这样。离开技术谈人性是难以想象的，这并不意味着技术是独属于人类，或人类种属的。虽然自古以来——至少是从蒙田到现在——的人类哲学家都如此傲慢地认为，但动物界中却存在着无数工具制造、建造和工具化能力的反例②。更重要的是，我们被技术所塑造和转化的程度，和我们通过技术制造物品以及转化世界和我们自身的程度一样。如果我们注定会成为半机器人，那就可以说我们从来都是"后"人类，如同我们仍旧保留的，与我们从之进化而来的灵长类动物的联系使我们一直是"前"人类。

即便如此，任何关于技术进步的价值是积极还是消极的问题，都必须首先考虑到人类与技术之间的本质性联系。价值的问题可以追溯到柏拉图的《斐德罗篇》。在这本书中，苏格拉底批评了作为记忆技术的写作，认为它只会降低人类后

---

① Bernard Wood，"Fifty Years after *Homo Habilis*，" *Nature*，2004（April 3）：31—33.
② Michel de Montaigne，"Apology for Raymond Sebond"，in *Essays*，trans. Donald Frame，Stanford：Stanford University Press，1958，pp.318—457.
George Boas，*The Happy Beast in French Thought of the Seventeenth Century*，Baltimore：Johns Hopkins University Press，1933.
Frans de Waal，*Are We Smart Enough to Know How Smart Animals Are*？，New York：W. W. Norton and Company，2017.

代的记忆能力，同时会导致人类智慧和社会福祉的衰退 ①。在哲学历史的另一端，海德格尔认为技术表现为真理的一种可疑的形式——解蔽（aletheia）。它既揭示又隐藏了它所"摆置"（gestellen）的存在，通过把它转变为供人类使用的"持存物"（Bestand），导致了存在的进一步的抽离，以及对作为询问存在问题的存在的人类命运——也即"此在"（dasein）——的偏离 ②。与此类哲学上抗拒科技的历史相对的，也有一些人认为技术进步会对人类进步产生积极的支持作用，例如自笛卡尔之后的理性主义者们。

技术应该被看作是有害还是有益于我们认为是人性的东西，这一争论在任何历史时刻都会且一定会持续发生。但毫无疑问的是，我们的人性一直与技术一起进化。无论是好还是坏，技术都已经是人类生态中必不可少的一部分。在我们用技术改变世界的同时，技术也在并会继续改变我们。我们，无论我们把自己看作什么，都将在技术高度发达的未来变得非常不同，就像如今的我们不同于10000年前，新石器革命之前的同类，或者更近一些的，100年前现代远程通信、交通和信息技术发明之前的祖先。

随着技术日益快速的变化，目前的争论将对这些冲突的关注推向了新的高度。一方面，我们改造世界的能力已经到了世界由人类行为决定的程度——至少在它仍然保有可持续的未来的情况下是如此。由此还命名了一个新的地质时代，所谓的"人类纪"。另一方面，当前的技术已经远远超出了它本质上作为人类肉体的工具性延伸的理解，形成了接替（并隐晦地取代）人类思维能力的威胁。这同时也有关本文开头提到的人工智能的角色和功能的争论。一个关于智能的问题是，是自然的还是人工的智能，改变了今天我们与技术的关系，并使我们人类担负起想

---

① Plato, *Phaedrus*, trans. Alexander Nehamas and Paul Woodruff, in John M. Cooper, ed., *Plato*: *Complete Works.* Indianapolis: Hackett, 1997, pp.506—556.

Jacques Derrida, "Plato's Pharmacy", trans. Barbara Johnson, in *Dissemination*, Chicago: University of Chicago Press, 1983, pp.61—171.

② Martin Heidegger, *The Question Concerning Technology*, trans. William Lovitt. New York: Harper. 1977, pp.3—35.

象一个未来社会的责任？在这个未来里，我们曾经认为独属于我们的智力已经不再是人性的决定性特征。

在她近期的作品《智力的蜕变》中，凯瑟琳·马拉布详细地叙述了智力这一术语的近代史。作为一种可以计量和遗传的人类品质，智力最早是在 20 世纪由心理学和优生学定义的。随后，所谓的"自然的"和天生的智力被看作一种遗传特性，认为其总体上可以通过对人类繁衍的控制来"选择"，其目的是"改进"人类这一物种。这一概念所定义的智力至今还被人用一些声名狼藉的计量手段来测量，例如 IQ 测试等。当然，在这里智力已经不再是人类与动物或机器的存在相对比的共同特征，而是通过弱化种族主义和排外主义最有害的形式，从而被激进地限定在一部分人类身上。优生学的可怕历史已经广为人知并被记录在案。正如玛拉布巧妙地记录的，知识分子对于优生学的抵抗在之后引起了"渐成性学说"——一种关于智力的更恰当的理论的产生。这一理论在基因性潜力和限度的基础上，强调对于外部环境的表型适应。在这一改良的理论中，根据个体有机体在世界上遭遇的现实生活的环境，基因会被"关闭"或"开启"。这意味着，作为神经网络的大脑模型的结构可以通过不断的反馈环路而改变。这也是通过体验进行学习的过程，包括了在个人当下的经验存在中解决问题时重新评估过去的经验。在这种情况下，使人类大脑与众不同的，是它在思考我们如何生活在当下，我们如何联系过去，以及我们如何期待未来时的"灵活性"或"可塑性"。

正如玛拉布所知，人工智能的不断进步带来的威胁正是随着芯片设计的当代变革而出现的。在这一革新中，"智能"机器可以通过硅的可塑性改变自己的程序，以对它所存在环境的改变作出反应。这样，人类在智力方面的独特性就值得严重怀疑了。像霍金一样恐惧机器掌控世界，看起来也至少有了一些合理性。玛拉布看到了一个更积极未来：持续发展的重要的人机互动会产生更民主的集体智能，和对政治统治和标准化思维模式的不断破坏和干扰。同时，她也承认，通过不断扩张的超智能模式的人工智能，异质思维具有潜在的统治可能性。

但是，人工智能是否真的代表了那些与"自然"智能（例如人类智力）同等的自主竞争者仍有待揭晓——但这并不影响上文中各种分析的力度。这并不是说人工智能在大多数定量评估中的表现——就像机器能够在各种游戏和思维任务中打败人类那样——不够令人印象深刻。我必须得承认，第一次看到邻居的"自动驾驶"汽车时，我非常惊奇。它自己从车库里倒出来并开上车道，而那时我的邻居却根本不见踪影。但是，究竟是什么使21世纪的技术魔法顺利进行的呢？在我看来，我们讨论的似乎并不是人工"智能"本身，而是由安装在大型数据集合上的传感设备所产生的超级复杂的反馈环路。这一反馈过程是通过强大的数据算法实现的，使机器具有或多或少的"可塑性"，可以对它的外部环境作出反应，并在完成可编程目标的过程中（例如从A地点驾驶汽车到B地点）校正自己。虽然这些成就在各个方面都令人瞩目，但我并不像其他人一样确信我们确实在与某种形式自主的、更少竞争性的智力打交道。但是我会把这一评估留给计算机工程和设计领域那些更加能干的同事们来完成。也许在未来的某一时间，人工智能的"奇点"会出现，并给人类生存带来无限的可能和威胁 ①。

这种情况下出现的两个其他的后果，帮助我们绕回到我们之前提出的问题：生而为人在今天——基本的状态是人类在野兽与机器之间的存在引起的，但它们之间的差别又在逐渐互相渗透——意味着什么？第一个后果是，我们必须理解我们的精神生态是怎样从根本上被改变的。1972年，格雷戈里·贝特森在他的著作《走向精神生态学》的"控制论与认识"一节中，借人类技术如何在一个人砍树时发挥作用而讲述了一个颇具启发性且令人惊讶的先知寓言：

根据上一次砍伐在树上留下的切面，斧子的每一次挥舞都经过调整和校正。这一自我校正的（精神）过程是通过由树——眼——大脑——肌肉——斧头——挥舞——树构成的整体系统引起的；这个整体系统也具有内在的精神特征。……但这并不是普通西方人看待树木被砍倒这一事件发生顺序的方式。他说，"我砍倒了这棵树。"他相信是一个有限的代理人，"自我"，对一个有限的对象实施了有限

---

① Ray Kurzwell, *The Singularity is Near*: *When Humans Transcend Biology*, New York: Viking Books, 2005.

的"目的性"行动①。

贝特森坚持的广义的"系统"将对于意愿的个性化认知转化为控制论生态学，即持斧者"受到系统中信息的控制，不得不改造自己的行动，使其适应于时间特性与他过往行动的影响"。

随着斧头的每一次击打，砍伐者必须根据前一次击打中树木材质的阻力来调整他的下一击，从而建立起一个贯穿系统各点的回路。因此，在任何具有精神特征的系统中，任何部分都不能单方面控制整体。换句话说，系统的精神特征是内在的，不局限于某些部分，而是存在于系统整体之中。智能，这个语境中提供的这个词，只出现在任何系统的各个部分之间的信息控制网络中。智能就像贝特森说的，是"人加上环境"。这个结论会让他对相关的问题做出否定的回答，如"电脑会思考吗？""思维存在于大脑中吗？"。我冒昧地引用贝特森的另一段长篇大论来阐述他的观点，这句话在他写下这些话半个世纪后仍然与当前情况惊人地相关：

> 计算机在某些内部变量方面是自我校正的。例如，它可能包括温度计或其他受其工作温度差异影响的传感元件，而该传感元件对这些差异的反应可能会影响风扇的动作，而风扇的动作又会纠正温度。但是，如果说计算机的主要业务——将输入差异转化为输出差异——是一个"精神过程"，那就错了。计算机只是一个更大电路的环路，这个电路总是包含一个人（原文如此——作者注）和一个环境，从这个环境中接收信息，并对来自计算机的传出消息产生影响。这个完整的系统，或者说整体，可以合理地说显示了精神特征。它通过反复试验来运行，因而具有创造性。②

在贝特森看来，马拉布看到的未来人工智能的集体智能和互动适应，一直

---

① Gregory Bateson, *Steps to an Ecology of Mind*, New York：Chandler Publishing，1972，pp.317—318.
② Ibid，p.318.

都存在于人类与技术关系——哪怕是简单的斧头（就像能人使用的各种燧石一样）——的历史深处。这种人类/技术/世界的生态及其中复杂的信息传播的控制论认识论的后果是，"人类必须是一种其学习具有分层间断特征的动物"①。人类学习被各种干扰所催化。根据贝特森的观点，这是人类创造力和各种疾病的源头，包括精神分裂症和成瘾症状，或者我们还可以加上孤独症患者的不均衡的才能与麻痹现象。

在《非人》一书中，让-弗朗索瓦·利奥塔得出了一个有关学习和人类儿童状态的类似结论："儿童的言语贫乏，不能直立，对自己感兴趣的事物犹豫不决，不能计算自己的优势，对共同的理性不敏感。他是非常典型的人，因为他的痛苦预示着并承诺了可能发生的事情"②。那么，考虑到贝特森和利奥塔德的分析，人们不禁要问：人工智能机器能否感受到这种"痛苦"以及作为一种既有风险又有希望的存在状态的学习的"分层间断"？

所有这些导致了第二个结果。在贝特森观点的基础上，我们对人与技术之间的关系的思考，需要超越它在此类讨论中常见的个性化术语中所具有的含义。半机器的人类/机器个体，或是贝特森所说的个人+环境的系统的重要性，都比不上马拉布对约翰·杜威的经典作品——尤其是《人性与行为》③——的改写所唤起的更广泛的集体主义。这是因为，在一个技术快速发展的时代，思考着生而为人意味着什么的，集体的和总体的种族的"我们"正处于危险中。

大约15年前，我在加州大学戴维斯分校组织了题为"数字鸿沟：在电子文化时代保持人性"的会议。正如会议的题目所反映的，我们讨论得出的结果是：迅猛的技术发展和大规模的自动化和人工智能的出现所带来的风险，不在于孤立地影响人机交互（当然，这取决于人体工程学适应这个技术世界的完整计算），而

---

① Gregory Bateson，*Steps to an Ecology of Mind*，p.252.

② Jean-François Lyotard，*The Inhuman*，trans. Geoff Bennington and Rachel Bowlby. Minneapolis：University of Minnesota Press，1991，pp.3—4.

③ John Dewey，"Human Nature and Conduct"，in Thomas A. Alexander and Larry A. Hickman，eds.，*The Essential Dewey*. Bloomington：Indiana University Press，1998，2，pp.24—49.

是在于不同程度的技术获取、操纵和剥削而导致的大规模的社会不平等的广泛加深。这些就是会议名称中真正的"数字鸿沟"。如果工具制造仍然是人类的一种决定性的品质,那么我们应该认识到我们这一物种在参与复杂和大规模社会组织时的特定能力。我们是"政治动物",或是在亚里士多德 ① 之后马克思 ② 反复强调的"zoon politikon"(政治动物——译者注)。这一论断并不是说我们是唯一的此类动物(但是,即使在声明我们在动物世界中的特殊性时,我们的动物性也被重申)——因为我们可以想到许多群居的动物,如蜂房、羊群或牛群——但是生活在有组织的社区是人类的一个基本特质。因此,无论我们作为一个物种的命运如何,我们将要面对的正是作为一个物种的命运。少数有资格的个人(被赋予超人类或后人类地位)的神圣化损害了绝大多数人的利益,这对人类作为政治动物的意义来说不是一个积极的结果。

从这个意义上说,马拉布在杜威之后设想的民主集体智慧,不能仅仅以自由互联网的概念为模型。在互联网中,人类和机器输入的各种不和谐声音,将最有效地导致更好的理解、道德和智力的提升。但是,随着人工智能的发展以及各种形式的机器人化和自动化的发展,我们需要发展决策的民主形式以承受在技术发展的新阶段中产生巨大的经济、政治和文化后果。获得巨大财富和权力的机会不可低估,事实上,或许这些发展带来的真正威胁将会是加剧的不平等和猖獗的剥削,而不是被大肆宣传的机器人"接管"世界的场景——就像霍金忧虑的那样。事实上,如果引起的不平等足够严重,我们完全可以想象,通过把丰富的人性减化成为当前的野兽/机器状态,机器将被完全地合法化。对机器控制的恐惧引发了如此生动的幻想。从中我们可以发现,或许控制问题才是最关键的——不一定是人与机器之间的控制,更可能存在于人与另一些人之间的控制。

---

① Aristotle. *Politics*, in Jonathan Barnes, ed., *The Complete Works of Aristotle*, Princeton: Princeton University Press, 1984, vol. 2, pp.1986—2129.

② Karl Marx, *Grundrisse: Foundations of the Critique of Political Economy*, trans. Martin Nicolaus, New York: Vintage Books.

或者，如果大多数工作（脑力上和体力上的）最终都由智能机器来完成，那么失业者的命运将会怎样呢？正如 19 世纪大规模制造业的发展推动了社会主义和工人运动的兴起，以对抗工厂条件下产生的新形式的剥削。因此，工作的消失也可能产生更强烈的反应，需要提供一些肯定生活意义和满足心理需求的东西来替代它[①]。高等教育机构通过教授所谓的"防范机器人"技能来更新课程可能还不够，我们完全可以想象，新的技术创新逐渐地、渐进地蚕食这些技能，从而使未来的机器人能够执行它们目前无法完成的操作。更大的问题可能要求我们集体想象力的一次真正的飞跃，来构想一个可持续和无工作条件下的人类社会。毫无疑问，个人和集体自我表现的新形式将会出现。我们对自身存在意义的新苦恼和新忧虑，以及在一个必要性已被难以想象的自由所取代的世界中，"美好生活"意味着什么，这些问题也都会出现。"美好生活"由什么构成的这一古老的哲学问题，在抵抗这一情景中较为可怕的方面时，可以是真正的保护堡垒和灵丹妙药，也可以有力地激励其幸福的方面，包括对有益于学习的"痛苦"的需求。

无论其后果如何，财富的再分配将毫无疑问地再次表现为关键的愿望，尤其是在当前语境下，人工智能的开发者将获得巨额收入，就像硅谷企业家随着互联网发展而积累的不成比例的财富和伴随的不平等一样。无论如何，为了能公正地利用人工智能世界最乌托邦的方面（人性从繁重的体力劳动中解放出来），我们必须在人工智能世界之前，对人类的意义和我们共同人性的价值进行广泛的讨论。同时，我们也要防止敌托邦可能的出现：在一个充满着无意义和痛苦的不人道的世界中，绝大多数人被边缘化，而只有极少数人从智能技术所带来的好处中获益。

或许我们可以得出一个临时的结论："在一个技术快速变革的时代，'人类'意味着什么"这一问题的真正答案，更多地与我们作为人类的社会存在状态（政

---

① David Thompson, "A World Without Work", *The Atlantic*, July-August, 2015, pp.50—61.

治动物）的改变有关，而不是取决于从第一个能人到各种各样的工匠人，再到前途未卜的智人以来，我们与技术的长期共同进化的关系本身。

译者简介：赵敏，博士，讲师，浙江大学传媒与国际文化学院博士后。

本文为国家社科基金重大项目"当代美学的基本问题及批评形态研究"（15ZDB023）的阶段性成果。

（责任编辑：卢幸妮）

现代社会的文化与全球化的神话话语

［俄］彼得洛夫·V. 亚历山大*
（俄罗斯圣彼得堡国立大学）
连晨炜　译

【内容摘要】

作为现代社会的发展成果，文化已经被视为是全球化的一种表征方式。全球化被视为是一种创建美好社会乌托邦的神话话语，然而真正的全球化变迁证明了全球性神话话语在现代社会体系以及资本主义全球经济之中最终掩饰了真实的社会矛盾。本文试图揭示这一矛盾现象，并且重新思考现代文化的真正内涵。

【关键词】

全球化；文化；话语；神话话语

　　什么是全球化的话语？要回答这一问题我们必须首先明白话语及其所意指的实践含义。综合语言学理论、文学理论和社会语言理论来看，话语意味着社会整

---

*　亚历山大·V. 彼得洛夫（Alexander V. Petrov），俄罗斯圣彼得堡国立大学社会学系教授，俄中研究中心主任。

体的语言汇集（此处它是一个动词）并且应用于某一具体学科知识的社会实践之中，如法律话语、科学话语、政治话语，以及宗教话语等等。关于话语的社会语言学理论由法国著名的社会理论学家米歇尔·福柯在其《知识考古学》一书中提出。在该书中他指出，话语"本质上是一组序列、符号，在由它们所构成的对话中被宣扬、陈述"。此后，以福柯的观点和论著为基础，话语的另一个更为复杂的定义被创造出来。这种对话语的定义作为一种思维体系包含了观念、态度、神话、行动、信仰、实践等系统性构成了人们日常谈话的社会实践内容。福柯试图将话语的角色定义在一个更广阔的社会进程体系之中，强调对当今思想和实践的建构，以及维持其中所构成的社会关联。

在我看来，全球化意味着全球性的对乌托邦或反乌托邦（敌托邦）的知识化构建。作为乌托邦，它包含了一系列社会神话。这些神话看上去非常正面，在现代世界鼓励了许多人。在高度复杂且周期延长的现代社会体系之中，包含着许多根深蒂固且实际上不那么积极的变化。因而，这些神话仅仅反映了其中表现在外最明确展露出的那一部分正面内容。此外，这一乌托邦长期以来甚至主张一种新的、普世性的全球神话话语，企图证明地理政治学中"传统"工业化国家在新机遇下持续扩张，以及"资本主义国家"对经济秩序的统治具备合理性。

如同任何其他神话话语那样，全球化的神话话语也根植于一系列神话。这些神话在社会意识中广泛扩散并且根深蒂固。例如，其中一个神话指出在过去的二三十年间，全球化在彻底强化跨越边界的社会关联的过程中证明了自身意义。这一进程对于文明的发展而言意味着一个全新的社会阶段，它将最终使人类在历史上第一次将自身确立为相互依赖的社会中的共同联合体。由此全球化作为"大众文化"的一种传播过程，作为"文明式生活"的普世性标准构建了新的"全球性文化联盟"或"有关文明社会的全球文化"。然而，最为常见的全球化神话的内容还是它通过新的信息技术的发展以及"全球性信息社会"的创建对民族国家以及经济的一体化整合。在这种结合中，"全球性发展与现代化"中国家的界限被打破。全球化的发展进程试图逐渐减少国家市场的分量以打造一个"免费的"全球市场。这一新的市场将使得世界金融中心（为了在世界经济体系中"公平"分配资本投资、货物及资源）与跨国组织（"提升"了创新性及生产与管理方面的成就在世界的传播，最终形成全球性"包罗万象的"科技进步）得以"有效运转"。因此，这就提出了一个重要的问题：如何在国家政府的政治活动中实现自我真实性。对这些现代国家的要求只有一项——不要干涉全球化的整合，将国家公共管理的权力授予秉持"新自由主义"的国际性经济与政治组织。这些组织（它们的形成要感谢"全球新自由主义现代化"与具有"普世性"价值的"大众文化"的传播）最终可以将权力从类似"国族认同"和"国家的政治与经济倾向"这样的"旧式权威力量残余"传递到整个社会。因此，全球化的神话话语以社会与国家间"自然"且"不可避免的"持续增长的关联性（这一关联性包含在现代国际性关联的体系中）为基础，通过抹去国家差异性、侵蚀传统的"关于国家地位这一政治领域"的理念来实现。20世纪90年代早期，冷战结束，苏联解体，"资本主义民主"成为构成"单极"国际关系体系的首要因素。这些改变给世界带来了乐观的政治情绪和地理政治学的改变，形成了一种新的社会意识，并成为这种神话话语强劲发展的基础。

经济全球化（由于多种因素）被视作是全球化的通常表现方式，涵盖了诸多极为矛盾的进程，这对现代社会和现代资本主义体系中的所有国家而言都将导致一种不确定的结果。这些结果由现代全球经济关联中各国在劳动力分配和协调自身所处位置中扮演的角色所决定。这些角色和位置广泛受到来自全球政治、社会文化以及社会分层的影响，对理解全球化经济进程的基本矛盾而言也很重要。然而，研究经济全球化的现代学者正在影响着数十亿的人口，他们共同揭示出全球化的基本矛盾，并摧毁了将全球化视为一种对共同体、国家、经济体加以全球性整合的"客观"以及"相对有益的"进程这一神话叙事（在所有它体现出的"形式"上）。

长期以来为全球化的辩解集中于它能"重塑我们的生活"。在一些特定的情况下这一情况也得到了证明，包括了国际经济流动与运转，工业的全球化（或资本的跨国化），全球自由贸易的扩展，全球信息与自由主义政治的关联等。在许多年里，这些发展中的进程已经被神话化了，并且也成了全球化这一社会乌托邦的基石。

多年以来金融的全球化实现了对资本更"有效的"分配，并应用于全球经济体系各个领域的资本投资中。国际化（或跨国化）的工业使得发达国家能够降低成本与价格（对跨国企业生产出产品的全球化消费）。而许多卷入跨国化进程中的发展中国家一旦在其中实现"最佳投资环境"，就可以给这些国家带来科技进步、固定资产投资现代化、生产增长、创设新工作岗位、提升企业的国际竞争力，实现经济的可持续增长等积极影响，并在最后完成解决所有第三世界国家可能面临的问题。国际贸易的不断增长与自由化进程（包括了作为全球性自由主义教义的自由贸易、组织体的联合、商业的法律标准、OECD、WTO、IMF 等国际性经济与政治组织的积极行动等要素）在建立单独的"自由"世界市场，增强全球商品生产者间国际竞争的"健康度"这些方面作出了重要贡献，同时也传播了消费的国际标准以及"文明化"的生活方式。信息全球化的进程有助于加快资本与货物投资的流动性，促进国际间智力资本的交流。智力资本已经成为全球社会经济发展的引擎，在全球范围内构建了超现代的"信息经济"和"知识经济"。国家间紧密相连的全球自由主义，借由对所有国际"自由化"政治结构"规则"的不断加强的服从而得以实现，确认并提升了"民主"治理的原则，以及关于经济和政治活动的普世制度框架的建构。同时，在 90 年代后期也导致了"国际紧张感"的持续降低和不同国家间"和谐"关系的形成。例如，在安东尼·吉登斯看来，"冷战"结束之后大多数国家之间已经不存在敌对关系了。

然而，现代全球化进程的实际情况摧毁了曾经将全球化视为是新社会乌托邦和神话话语的基础这一幻觉。这一进程所导致的社会性后果构成了全球化本质及其副作用的暴露与表现。这与全球化中各国日渐增长的"独立性"以及由创立的"相对有益的"全球性企业所构成的联合体系等基本特征相去甚远。资本流动的迅速增长仅仅有助于促进那些从真实的资产流动中脱离出来的虚拟资本的积累，而这将导致形成全球性的金融与经济危机，对发展中国家和世界生产带来一系列经济上的破坏。跨国化进程的另一面还在于发达国家那些经济萧条地区由于大量货物进口所带来的失业人口增加和"社会秩序"的瓦解。对于发展中国家来说，由国外投资增长、依赖世界经济中心和跨国企业所完成的跨国化进程增大了这些置身全球金融体系中的国家在经济周期性不稳定等方面产生的问题。跨国公司对新科技的引介并不鼓励发展中国家对这些技术进行自我创新，由此带来了对国家智力资本的侵蚀（表现为"智力干涸"的过程）。跨国化导致了跨国公司在面对高度利润化的产业和那些它们不感兴趣产业（因而成为全球性市场中不需要的内容）时的差异性态度，对于前者它们加快了参与跨国化的步伐（这也因此构成全球性市场的实质内容）。由此，跨国化只有对那些大的跨国资本而言才能产生利润，立足本国的商品生产者则并不喜欢它。贸易与经济的全球性自由化以联合体的构建为基础，构成联合体的标准强化了国内市场中本国居民与非本国居民的差异性。本国居民失去了竞争力，因为他们不符合全球性联合体的构成标准。非本国居民则在符合全球性标准的现代公司所形成的绝佳投资气候中获得了额外的竞争优势。这一情形导致了民族性企业的死亡，在全球性标准之下引起了严重的失业问题。全球贸易的自由主义也导致了全球性标准以及消费社会价值观的传播。这是构成无产阶级生活基础的传统劳动伦理坍塌的原因之一。信息全球化从根本上改变了劳动的本质。作为社会意识的一种现象，劳动美学构成了如下的观念系统：劳动过程中对自我认同的创建，以及既定的社会历史条件里物质生活发生转换的可能性和必要性。正如之前所提到的那样，经济全球化的进程给普通劳工的自我认同形成了不利的社会历史条件。信息全球化加深了"实体"（面向本国市场的生产）经济和"虚拟"（世界的金融中心）经济的区别（全球性和民族性的），增强了"示范效应"的影响。信息全球化与金融全球化、跨国化，以及贸易自由化共同制造了导致全球性瓦解、贫穷国家工人边缘化的条件，新的交流困境也由此出现。

全球化是一种特殊的话语，当人们谈论全球化问题如经济全球化时，我们不仅谈论的是客观、现实的社会或经济过程，而且谈论的更是有关全球化的话语实践。马克思主义认为，社会存在决定社会意识。这意味着任何社会过程总是反映在社会意识中，社会意识则在话语实践中得到自证。因此，对话语实践的研究也有助于社会学家如那些研究文化社会学、艺术社会学、文学社会学的学者去理解现代社会发展的本质和内在矛盾，因为文化、艺术与文学能够反映出现代社会的话语实践。

来自社会学的严谨分析表明，全球化给世界上的普通大众、工人和农民以及全球发展、地方社会与文化的关系都带来了更多的问题。全球化，或更确切地说，经济全球化是一个非常复杂的概念，它不能仅仅被视为是一种关于全球一体化的渐进过程，何况这一变化的过程中还包括有各种矛盾。因此，我们可以用辩证唯物主义的方法来分析全球化。当我们将研究建立在辩证法的基础上，就能发现全球化的内部充满了来自社会与经济方面的矛盾要素。这主要表现在全球化抽象的社会观念、它神话式的社会话语以及全球转型的具体表现形式三者之间的复杂关系上。这些矛盾导致全球化这一概念非常模糊，尽管在 15 年前它还是一个被广泛使用的流行术语。如今，对近 20 年来全球社会经济和政治进程转变的原因和后果的探究成了当代社会科学讨论的重要部分。但是关于全球变化的研究越多，政治家和记者谈论这种变化的频率越高，人们对"全球化"这一术语的理解反而越说不清楚。

全球化曾长期被主流学术界视为是西方社会演进过程的自然结果，它构建了现代性的西方世界，因而其具有普世性，能够"客观的"适用于所有现存的"现代"社会。在民族和国家身份的再生产的基础上，它取代了普遍意义上的所谓"民主全球治理"制度，并将迅速摧毁"旧"的世界秩序。然而，这不过是全球化所表现出的假象。事实上，在 2006 到 2010 年期间，世界范围内经历了"破坏全球一体化的意识形态模式"——为了"一般意义上生存的"人类的普遍福祉而推动一体化——逐渐消除"全球一体化"——在可预见的未来里有可能实现"全球统一"幻想的这一系列相互关联的认识模式。在传统认知里全球化是一种包含了统一的社会、政治、经济制度等构成新"文明世界"的标准，这种标准延续了 20

世纪最后 15 年间各主权国家广泛认可的走向"新世界秩序"的倾向，不过如今它已受到了人们的怀疑。

全球化问题已经成为一个越来越重要的研究领域。对它的研究旨在重建并维护社会与民族认同，并为人类的可持续发展提供先决条件。特别是在如今复杂、差异巨大，且高度不稳定的现代国际社会政治经济体系中，对全球化的研究可能具有更不一样的意义。如果我们考察当代社会研究的结果就可以发现，全球化能够定义为人类历史上几百年间发生的、不断形成以适应现代社会复杂通信系统的具有多样化和模糊性特点的集合。这一进程事实上远不足以将全球化理解成为一个构成现代社会乌托邦的神话，它们是如此矛盾和互相排斥。换言之，要形成一个构成某种统一体的基础就要首先明白不同国家间有着截然不同的地缘政治利益，不同的商业系统与经济体系，以及不同国际角色、文明所影响的独特的社会文化生活方式。这就使得完全意义上的全球化无论是现在还是在不久的将来都是不可能实现的。

还有一点需要注意的是，文化全球化对民族文化的侵蚀和对劳动的传统认知的破坏。有研究人员认为，民族文化在西方文化和娱乐工业的影响下被日渐侵蚀。这表现在许多方面，如公共生活、日常文化交流、社会组织消费风气的改变等。但这些变化尚未对多数人的文化认同和伦理产生重大影响，它主要涉及那些在经济上有机会对来自富裕消费社会的风格、符号和模式进行可持续、长期模仿的社会群体。其余的社会群体则只能消费他们所能得到的东西，这些大众群体内部最为流行的"文化生产"领域包括了互联网、大众媒体、音乐、电影和时尚。

由此看来，全球文化的统一也是一个神话。退而求其次，人们只能追求市场化在形式上对全球化的替代作用以及在此过程中民族文化部分性的被置换，正是这两个过程真正形成了文化全球化的本质。而从另一个方面来看，地方文化（也是民族文化）的市场化就是把那些原本不能"出售"的价值观、符号和人造物变成商品的过程。这些在"全球文化市场"流通中的价值与符号向商品的转变导致了来自"传统主义者"（无论是在发达国家还是在发展中国家）的强烈反对。这种置换是民族文化向反文化转化的过程，并将越来越严格和积极地反对"大众文化"占据主导地位的影响。这些反文化对于仍在努力维护其文化认同，不愿向全球性转型的各个社会群体来说是最后的机会。

关于全球性的神话话语最初作为一个美丽的社会乌托邦被创造出来，但是它在实际的发展中并不像最初所描绘的那么美好。真正的全球化变迁证明了全球性的神话话语在现代社会体系以及资本主义全球经济之中被精心设计，最终掩饰了真正的社会矛盾。它反对创新劳动和积极、真实的文化这些传统式伦理价值的代表，这种后天人为形成的特殊观念与视野体系使得长期以来构成一个人劳动和活动的精神基础发生了变形，这就是为什么对现代人而言找寻自我认同是如此重要的准确原因。这种完成自我认同的方式深深植根于民族的哲学和文化传统之中，现代全球性的文化在这些严密的框架中发展起来，使得生存需求被日常消费所取代。从根本上讲，这就是全球化最终可以被解释为是一种社会敌托邦的原因所在。

译者简介：连晨炜，上海交通大学人文学院博士研究生。

本文系国家社科基金重大项目"当代美学的基本问题及批评形态研究"（15ZDB023）阶段性成果。

（责任编辑：赵　敏）

反偶像与恋偶像主义之间的乌托邦传统

［斯洛文尼亚］欧内斯特·曾科 *
（斯洛文尼亚普林摩斯科大学）
高晓芳　译　许诺晗　校

【内容摘要】

在托马斯·莫尔的《乌托邦》出版 500 周年之际，对乌托邦的研究与讨论层出不穷。而从古至今，对乌托邦的理解莫衷一是。欧内斯特·曾科教授认为，正确理解乌托邦的含义不论是对于过去、现在还是未来，都有重要的意义。通过对乌托邦的来源和历史传统进行梳理，并对不同时期的乌托邦理想进行辨析，他试图阐明，相较于将乌托邦进行简单的概念化，乌托邦和乌托邦主义必须通过多重二元对立、矛盾或悖论来理解，并指出当代乌托邦主义最具挑战性的问题是对未来的积极态度（被理解为希望）与对未来的消极态度（在恐惧的意义上）之间的矛盾。乌托邦精神的关键在于给人类带来希望。

---

* 　欧内斯特·曾科（Ernest Ženko），斯洛文尼亚普林摩斯科大学人文学院教授，科学顾问。研究方向：文化哲学、美学、视觉媒体理论、批判理论、理论精神分析、科学哲学。

【关键词】

托马斯·莫尔；逃离式乌托邦；政治乌托邦

一

在托马斯·莫尔的《乌托邦》第一版出版 500 周年之际[①]，关于乌托邦主义及其无数或是众所周知或是鲜为人知的形式的讨论、会议和出版物层出不穷。围绕这一话题的所有讨论大体呈现出两个方面的内容：一方面，便是在 21 世纪初，学术界对乌托邦有着浓厚的兴趣，乌托邦研究蓬勃发展，研究人员定期出版关于乌托邦的书籍和文章；而另一方面，至少在发达国家，过去几十年来反乌托邦的趋势越来越强，并且"乌托邦"成了一个贬义词———一种侮辱某人政治倾向的方式。

表面看来，这是一个很矛盾的状况。当乌托邦在我们的社会中变得越来越不重要时，它却越来越完全地成为研究主题。但是，对乌托邦和乌托邦主义的讨论，很少是清晰直接的，总是充满矛盾和悖论。在莫尔的《乌托邦》出版五个世纪之后，不光是对这本书的正确解释，甚至对乌托邦主义本身的起源都仍存在着争议。乌托邦主义属于所有历史时期，可以在已知的大多数文明中找到，因此其超越了时间和空间的界限并揭示了一个清晰的人类学倾向。然而，将整个乌托邦传统简单地视为一个或多个特定的人类心理特性，这是一种过于简单化的说法。而下面这样的表达：乌托邦主义源于人类所共有的某种渴望或特定欲望，这似乎看起来可靠，但也缺乏严谨。

乌托邦研究主要学者之一露丝·莱维塔斯（Ruth Levitas）认为，最有用的乌托邦概念应当是这样的：这种概念足够广泛，"不会从乌托邦研究领域中排除任何目前正在被实践者定义为该领域一部分的相关问题"，并且因此提供了乌托邦的定

---

① 拉丁语初版本出版于 1516 年。Thomas More, *Utopia*, London：Casell & Company, 1901.

义，它恰恰认识到了"渴望一词所表达的共同因素"①。因此，"乌托邦是对渴望更好的存在方式的表达"②。乌托邦问题领域的另一位重要学者——弗雷德里克·詹姆逊（Fredric Jameson），他在他的著作《未来的考古学——乌托邦欲望和其他科幻小说》③中指出了"欲望"作为统一和典型概念的重要性。

相较于将乌托邦用一个包罗万象的定义进行简单的概念化的处理方式，我将在本文中论证，乌托邦和乌托邦主义本身充其量只能通过多重二元对立、矛盾或悖论来理解。我们需要进行进一步的研究，在几千年前到 20 世纪、21 世纪的乌托邦方案中，乌托邦总是具有矛盾的倾向。乌托邦的这种矛盾性质，不仅是我们理解现在的关键，而且可能是理解人类历史中即将到来的未来的最重要的部分。而找到这种两分法的最好方法是回顾过去。

二

莱布尼茨曾经指出：无论在何种时代、何种文化或文明中，我们的世界是所有可能世界中最好的世界，而这很难成为一种共同信念。在大多数历史时期，人类认为自己的时代不如过去和未来，在托马斯·莫尔之前就有很多关于更好的未来的描绘，而托马斯·莫尔给了这种追求一个合适的名称。

然而，所有这些努力并没有一个共同的重点或可以实现的共同目标。正如刘易斯·芒福德（Lewis Mumford）在 20 世纪初指出的那样，乌托邦可以分为两大类："逃离式乌托邦"和"重建式乌托邦"④。这两个类别都出现在早期的乌托邦思想中，并一直持续到今天。然而，对于一些评论家来说，只有第二种类型才有资

---

① ②　Ruth Levitas, *The Concept of Utopia*, Hampstead: Syracuse University Press, 1990, p.8.

③　Fredric Jameson, *Archeologies of the Future: The Desire Called Utopia and Other Science Fictions*, London & New York: Verso, 2005.

④　Cf. Lewis Mumford, *The Story of Utopias: Ideal Commonwealths and Social Myths*, London: Harrap, 1923.

格称为乌托邦，因为第一种"是指在没有考虑限制条件的情况下投射的欲望"①，并主要关注身体的快乐，通常指有充足的食物、饮料和性。在某些情况下，这种"逃离式乌托邦"或"身体乌托邦"不是社会虚构，而只是私人和自我中心的幻想，只关注于个人的实现，并经常被当成是原始的、过度的和危险的。如果我们认识到这类乌托邦也可能以狂欢节、愚人节或农神节的形式出现，而且它们可以立即反对既定的政治或宗教制度，这样也许会更容易理解。

几个世纪以来，世界各地不同文化中出现的经典民间神话常常采取"逃离式乌托邦"的形式。圣经对伊甸园的描述，黄金时代或天堂的故事，都有这种乌托邦。不仅是希腊和罗马文化，在其他古代文明中也有类似神话，例如在中国的"桃花源"也有"逃离式乌托邦"②。它们可能在不同的文明发展层次上有差异，但仍然存在许多共同的特征。例如，许多故事都始于一个地方，在那里，神和人彼此接近，正如我们在赫西俄德（公元前8世纪）那里所读到的：

> 他们活得就像神一样，他们的心中没有任何悲伤，只有他们自己，没有辛劳和痛苦；他们没有悲惨的晚年；他们的手和脚没有改变。他们以节日为乐，过着无忧无虑的生活。他们死的时候，就好像睡着了一样。所有的物品都是他们的。肥沃的谷地也将让他们收成。伟大而丰富。他们在美好中，随意而为，默默无声地完成自己的工作。③

正如另一位有影响力的乌托邦学者托尔·萨金特（Tower Sargent）所指出的那样，希腊诗人赫西俄德（Hesiod）与罗马作家奥维德（Ovid）（前43至17/18）之间存在重大差异。在赫西俄德那里，美好的生活就是丰富、平等和快乐。他的

---

① Levitas，op. cit.，p.15.

② Lyman Tower Sargent，*Utopianism*：*A Very Short Introduction*，Oxford & London：Oxford University Press，2010，p.48.

③ Hesiod，*Works and Days*；quoted in Doyne Dawson：*Cities of the Gods*：*Communist Utopias in Greek Thought*，New York & Oxford：Oxford University Press，1992，p.13.

故事看起来完全过时了，并没有反映出任何社会历史现实。奥维德的诗歌则给人留下了深刻的印象，影响了中世纪对黄金时代的看法，同时也强调了当代政治问题的紧迫性。因此，他对黄金时代的描述首先是出于对他所处时代的负面印象：

> 最初是黄金时代，没有惩罚的威胁，没有法律，那时人们自愿地做正确的事，保持诚信。没有什么可怕的刑罚，没有树立起任何带着法律诉讼威胁的铜版，也没有一群急于求饶、在法官面前战栗的作恶之人。甚至根本没有法官，人们安然居住……世界上所有的人不受任何恐惧的困扰，过着悠闲和平的生活，不需要士兵。①

许多逃脱式乌托邦都以类似的方式解决当时的问题，其中很多也对天堂式的美好生活是如何变成了无尽的苦难做了解释。

在对乌托邦的含义做出正确的定义之前，我们还需要对这些神话作出两项重要的修正，这两项修正都可以追溯到罗马作家维吉尔（Publius Vergilius Maro，前70—19）。第一个修正与"eucronia"的概念有关，与"eutopia"指的是最好的地方，"eucronia"指的是最好的时代。在《第四牧歌》中，维吉尔可能是第一个认为黄金时代存在于未来而不是从前的人。人们必须向前看，而不是向后看，因为黄金时代将在未来的某个时候出现②。

并且，维吉尔的第二个重要修正是在这个更美好的未来世界，而不是神的恩赐。在未来的乌托邦中，人们仍然需要工作，尤其是农民。他们过着简单的生活，但会很开心。维吉尔的两项修正，无论是未来导向的乌托邦主义，还是简单的乡

---

① Quoted in Tower Sargent, op. cit., p.55.
② 在现代乌托邦传统中，爱德华·贝拉米的贡献在这个意义上可能是最大的。他将理想社会与相对遥远的未来相联系，而不是像他的前辈如莫尔、培根、康帕内拉等那样与某些地图上未标明的地点相联。Cf. Edward Bellamy, *Looking Backward 2000—1887*, Oxford & New York：Oxford University Press，2007［1888］.

村生活，在众多现代乌托邦中，都扮演着重要的角色。例如瓦尔特·本雅明的文化悲观主义、雷蒙德·威廉姆斯的逃避主义以及后现代怀旧观念。

芒福德提出的"逃离式乌托邦"和"重建式乌托邦"之间的区别可以被修正，形成一个类别列表，扩大我们对乌托邦概念的理解，以区分各种乌托邦设想的细微差别。在这个意义上，最重要的是在神话、幻想和弥赛亚主义与政治乌托邦主义之间的作出区分。

正如多伊恩·道森（Doyne Dawson）[1] 所指出的那样，这种差异主要是基于现实主义的概念；政治乌托邦比神话或幻想更现实，尽管只是在一定程度上——真正的政治乌托邦之所以被称为乌托邦，不是因为它们是可实现的，而是因为它们的不可实现性。"政治乌托邦"的概念需要进一步细化，因为并非所有的政治乌托邦的含义都是一样的，其中的某些比较现实。

道森借鉴了古希腊复杂的乌托邦传统，提出了政治乌托邦主义的划分，包括以下两类 [2]：

（1）"低级"乌托邦主义。这一主义的核心是一个理想城邦国家的综合计划，该计划旨在付诸实践，但与此同时也是对现有事态的批评。这个类别被称为乌托邦，是因为它的目标超越了常规的政治改革，并专注于激进和全面的政治转型。重要的是，它被称为是"低级"的，是因为该设想仍旧是一个真实、实用的计划。换句话说，与（真正的）乌托邦相比过于真实。

（2）"高级"乌托邦主义。也被称为"古典乌托邦主义"，或正确意义上的乌托邦主义。这一主义的核心是为一个理想城邦制定一项计划设想，但并不照搬付诸实施。它可能包括批评和改革计划，但只是通过间接的方式。其计划在现实中无法实现；因此，可以被理解为真正的乌托邦。

"逃离式乌托邦"的传统从过去和世界各地都可以找到模糊的追溯，与之相

---

[1] Dawson, op. cit., p.14.

[2] Ibid., p.7.

反，政治乌托邦主义则是一种独特的希腊传统，出现在公元前 5 世纪晚期。因此，最早的"低级"和"高级"乌托邦的例子都可以在古希腊作家的作品中找到。"高级"乌托邦主义的例子可以在柏拉图的《法律篇》、亚里士多德的《政治学》、前柏拉图乌托邦作家法里亚斯（Phaleas）和希波丹姆（Hippoamus）以及其他一些作家的作品中找到。另一方面，尽管在斯多葛派和犬儒派的传统中有几个"高级"乌托邦主义的例子，但政治乌托邦主义最重要的例证无疑是柏拉图的《理想国》。

柏拉图最著名的作品往往被认为是西方乌托邦主义的真正起源①，对于一些评论家来说，这也是古典乌托邦文学最具影响力的著作，其重要性甚至超越了莫尔的《乌托邦》本身。然而，对于其他人来说，西方乌托邦主义始于文艺复兴，是"犹太—基督宗教信仰与希腊神话中理想城邦，这两种理想的有机混合物"②。在这样的框架下，柏拉图（前 427—前 347）并不被视为乌托邦作家，尽管他在乌托邦传统中的（至少是间接的）地位仍然是不可否认的。

《理想国》中描述的社会是"最接近理想社会的社会"③，但仍然只是一种近似；因为它是由人类创造的，它只能是理想的反映。正如托尔·萨金特（Tower Sargent）指出的："这里重要的不是这个理论本身，而是它背后的这样一种基本观点：不可能存在完美的社会或人类。我们能够取得的最好成就是不断接近完美，而这种近似仍面临不可避免的崩溃。"④

柏拉图在《理想国》中描述了本质的和最终失败的乌托邦，这矛盾的因素是它为什么被视为"高级"乌托邦的原因。柏拉图和其他希腊乌托邦作家都认为，理想社会是一个大社会，在这样的社会里公民不能定期会晤和讨论重要政治议题是不可想象的。亚里士多德（前 448—380）甚至提出，在一个乌托邦中，公民生

---

① Cf. Tower Sargent, op. cit., p.56.

② Cf. Frank E. Manuel & Fritzie P. Manuel, *Utopian Thought in the Western World*, Cambridge, MA：The Belknap Press, 1997, p.15.

③④ Cf. Tower Sargent, op. cit., p.57.

活在彼此认识的人口和地域范围内，自给自足。

许多评论家将柏拉图在《理想国》里描述的理想城邦与希腊城市斯巴达联系起来，柏拉图写这本书的时候雅典正在跟它发生战争。斯巴达是一个建立在公民平等基础上的军事政权，公民将完全献身于国家——这是后来许多乌托邦叙事的一个特点。在普鲁塔克（Plutarch）的著作中，他描述了斯巴达政体的创始人吕枯耳戈斯（Lycurgus），其背后的想法非常激进。对于吕枯耳戈斯（Lycurgus）来说，法律的部分改变不足以引发真正的社会变革；公民应该被视为患病的人，所需要的是"通过药物和清洗的方式，引入一种全新的不同的政体，来消解和改变现有的性格"①。

"这个陌生的社会从未停止吸引世界"，并在西方乌托邦传统中扮演着重要的角色。然而，它的秘密并不在于相对普通的斯巴达政治制度，而在于"斯巴达社会和经济结构独特的集体主义特征"②。有两位希腊作家对这个斯巴达神话的创立作出了贡献，即克里提亚斯（Critias）和色诺芬（Xenophon），主要是克里提亚斯，他们都认为斯巴达独特的集体主义实践是他们政治和军事成功的关键。色诺芬指出，他们"在需要时共享彼此的马、狗、仆人和食物；他们为了繁衍后代而自由地共享妻子，把所有的孩子都当作自己的孩子；他们同质的生活方式和对赚钱的限制减少了贫富之间的差距，使公民团结起来"③。直到今天，许多乌托邦作家仍借鉴着斯巴达模式，尤其是斯巴达模式中的平等主义、集体主义或共产主义特征，柏拉图只是其中之一，但绝不是最后一个。

斯巴达社会、《理想国》，以及通常不被视为乌托邦作家的亚里士多德，都有着关于平等的一个共同观点。理想的社会应当为公民提供好的生活，但要实现这一目标，它需要非公民（或实际上是奴隶）的存在，从事有损尊严的劳动，并将公民从劳动中解放出来。因此，乌托邦只有在将很大一部分人口被排除在外的情

---

① Quoted in Tower Sargent, op. cit., p.50.
② Dawson, op. cit., p.28.
③ Ibid., p.29.

况下才有可能实现，而这种不平等是为平等所付出的代价①。现代乌托邦通常把劳动问题作为关注的中心，与之相反，柏拉图和亚里士多德根本不认为这是一个真正的问题②。

　　然而，古希腊文化不仅创造了一个形式意义上的乌托邦，而且还创造了其重要的对立面：反乌托邦。第一个重要的反乌托邦主义者是阿里斯托芬（Aristophanes，前445—375）③，他是一个著名的喜剧作家，与乌托邦作家同时写作，并研究类似的主题。从这个意义上说，他最重要的戏剧是《议会中的妇女》（希腊语为 Ecclesiazusae）。在这部戏剧中，阿里斯托芬描述了这样一种情况，一群妇女成功地接管了议会（即立法议会）并实行了一种共产主义形式。

　　在剧情的发展中，阿里斯托芬给了我们一个拒绝乌托邦的标准理由。女性立法失败了，但它失败并不是因为它不好或不理性，而是因为它需要利他主义才能发挥作用。然而，利他主义是人类所不能做到的，任何建立在共产主义基础上的乌托邦都是注定要失败的，因为利己主义总是赢家。阿里斯托芬在另一部名为《财富》（Plutus）的戏剧中使用了类似的策略。在那里，失明的财神恢复了视力。当他看见世上的不平等和那些罪有应得的时候，他重新分配了财富，在人民中实现平等。然而，与前一出戏类似的是，阿里斯托芬指出，平等不可能永远持续下去——人类的贪婪很快就会取而代之并重新造成不平等的财富分配。

三

　　柏拉图和阿里斯托芬的时代与托马斯·莫尔之间，相隔近两千年。在此期间，

---

① 一个在乔治·奥威尔的《动物农场》中被重申的主题。

② Cf. Mumford，op. cit.，p.23.

③ Aristophanes，*The Complete Plays*，New York：New American Library，2005.

至少在西方世界，乌托邦在文学中大部分消失。当然也有一些例外，比如西塞罗的《论国家》、奥古斯丁的《上帝之城》，但也有一些出现在各种形式的"逃离式"乌托邦中，中世纪的狂欢节、愚人节，以及各种各样的神话故事，例如安乐乡的故事：

> 宽阔的河流里流淌着细腻的
> 油，牛奶，蜂蜜和葡萄酒；
> 水不供应任何东西
> 除了观赏和洗涤。①

如上文节选所示，这些是类似于在古代和世界其他文化中发展起来的逃避现实和面向过去的乌托邦。

在基督教时期，社会乌托邦主义出现了一个特殊的也许可以称为转折的转变。在刘易斯·芒福德的描述中，"基督升天后的头一千五百年的乌托邦，被称为天国。这显然是一个逃避现实的乌托邦：人的世界充满了罪恶和灾难，除了悔改罪过，在死后的生活中寻求庇护，没有别的办法"②。从天堂和逃避现实的乌托邦到世俗和社会的乌托邦的转变，发生在中世纪的衰落和文艺复兴、宗教改革的开始时期。这种变化的第一个表现是 1516 年托马斯·莫尔的《乌托邦》。

然而，指望这本以整个传统命名的小书协调各种相互矛盾的方面并回答我们关于乌托邦主义的所有问题是不现实的。恰恰相反，理解《乌托邦》是"一件复杂的工作，莫尔更是一个复杂的人"③，莫尔的《乌托邦》全名是《关于最完美的国家制度和乌托邦新岛的既有利益又有趣的金书》。正如著名剑桥历史学家昆汀·斯

---

① Quoted in Tower Sargent，op. cit.，p.55.

② Mumford，op. cit.，p.2.

③ David James Sarty Hood，*A Place Called "Nowhere"：Towards an Understanding of St. Thomas More's "Utopia"*，Ottawa：Library and Archives Canada，2009，p.30.

金纳（Quentin Skinner）所言："托马斯·莫尔的《乌托邦》里几乎所有的内容都是有争议的。"①

　　甚至它的标题也是一个笑话，其中包含了刻意的歧义：utopia 是希腊语单词 eutopia（好或最好的地方）和 outopia（不存在的地方）的组合。因此，它指代了一个可能的最好的地方，但同时又指明这个地方并不存在。这个单词文本中充满了文字游戏，表面上看起来很直白，但认真思考就会发现这是一种错觉。例如，描述乌托邦的人姓希斯洛德（Hythloday），字面意思是"无意义的说话者"，然而，他的名字 Raphael，意思是"来自上帝的治疗者"。如果你把这两者放在一起，他的整个名字即使不是矛盾的，也是不确定的。或者，在另一个例子中，乌托邦的主河流叫作 Anydrus，意思是"没有水"。

　　莫尔自己确实解释了这个问题，在 1517 年出版的致彼得·吉尔斯的信中，他讨论了这个文字游戏。莫尔声称，如果《乌托邦》是虚构的，那么他已经表明了："因此，如果我除了在统治者、河流、城市和岛屿上施加名称之外，什么都没有做，可能会让更多人了解到这个城市是一个幻影，没有水的河流，没有人民的统治者。那么，这将比我实际做得更加机敏。[……]我还不至于蠢到喜欢用这些野蛮而毫无意义的名字——乌托邦、阿尼德鲁斯（Anydrus）、阿莫罗托姆（Amaurotum）和阿德摩斯（Ademus）。"②但是他所引用的乌托邦、阿尼德鲁斯、阿莫罗托姆和阿德摩斯的名字，准确地说，其含义就是这个岛没有任何地方，这个城市是一个幻影，没有水的河流，没有人民的统治者！同样的，托马斯·莫尔并没有解决这个问题，而是加强了它的模糊性。

　　同样的问题出现在文本的不同层面，也出现在文本的解释中。由于篇幅有限，让我们集中讨论其中一个重要主题："在乌托邦社会中，所有罪恶的根源都是对财产的欲望，这种激情导致人们像野兽一样对待彼此。"③我们可以很清楚地发现莫尔

---

① Quoted in Hood, op. cit., p.2.
② Quoted in Tower Sargent, op. cit., p.62.
③ Manuel & Manuel, op. cit., p.125.

支持没有私有制的社会，本书的主要人物希斯洛德说："我完全相信，除非把人的所有权驱逐出境，否则就不可能公平公正地分配事物，也不可能在人中间创造出完美的财富。"① 这一论断和类似的论断使马克思主义学者确信莫尔本质上是一个共产主义者，并称赞他的《乌托邦》是"社会主义理论最早、最伟大的作品之一"②。例如，列宁曾建议修建一座纪念碑，纪念那些推动人类从压迫、专制和剥削中解放出来的最具影响力的思想家。这座纪念碑于 1918 年在莫斯科落成。托马斯·莫尔就名列其中（第 9 位）。

然而，《乌托邦》绝不是它们表面上看起来的那样，这种解释再次被证明是有问题的。也就是说，莫尔自己声称他自己是反对私有制的，但实际上强烈支持：

> 在我看来，如果每个人拥有的是一样的，人们就永远不会富裕地生活在那里。因为凡手不做工，怎能有丰富的财物？凡因自己的利益，就不做工，或因他在别人的劳碌中有指望，就懒惰了。当他们被贫穷所苦，却没有人能用自己手上的劳碌，为自己的劳碌，为自己申冤，难道不会产生持续的骚动和流血吗？③

从上述声明中可以清楚地看出，莫尔对乌托邦社会的社会主义基础表示关切，但希斯洛德并没有对这些关切做出任何实质性的答复。如大卫·J.S. 胡德（David J. S. Hood）所指出的，马克思主义的解释有几个不一致的地方；私有制和共产主义问题只是其中之一。例如，乌托邦里有奴隶。乌托邦主义者愿意为了保卫邻国的私有财产而发动战争。乌托邦的宗教带来了另一个问题，因为它的公民憎恶无神论和非宗教。无神论者被认为是低人一等的，他们被剥夺了所有的荣誉，被排除在所有的职位、所有的公共管理之外。

当莫尔的文本在其他语境中被解读时，马克思主义对乌托邦的解释中存在的不一致和矛盾并没有消失。自《乌托邦》出版以来，评论家们大多认为《乌托邦》

---

①②③ Quoted in Hood, op. cit., p.15.

是一部社会政治文本。可是，他们通常采取两个立场，要么将它视为一篇严肃的论文，要么把它当成一篇讽刺文章。第一种解释是基于传统的天主教观念，认为莫尔是信仰的保守捍卫者，他写《乌托邦》是为了"为欧洲的社会和政治问题提供真正的解决方案"。因此，乌托邦联邦是一个最好的联邦国家的例子 ①。

坚持第二种立场的学派通常对莫尔持一种更现代的看法，强调他身上两种不同但又相互关联的特征——人文主义和对讽刺作品的偏爱。根据他们的观点，莫尔并不打算认真对待他的乌托邦。他写这篇文章是为了讽刺和嘲弄英国传统以及中世纪社会、文化和宗教的各个方面 ②。讽刺建立在"逃离式乌托邦"和"政治乌托邦"这两个传统上，并用它来嘲笑当时；为了做到这一点，加强对比度，他们多半使用了夸张。

讽刺可能是理解莫尔乌托邦的关键因素之一，但也是乌托邦的普遍问题。从根本上说，它使作者能够在没有正面立场的情况下展开叙述，让读者自己决定从中得出什么结论。英国小说家塞缪尔·巴特勒（Samuel Butler）在其 1872 年出版的《孤岛余生》（*Erewhon or Over the Range*）一书中，遵循了莫尔在《乌托邦》中的模式。例如，罪犯被如生病般对待送去看医生，但病人却被关进监狱。乔纳森·斯威夫特的《格列佛游记》（1726）中也有类似的策略 ③，书中的好地方（乌托邦）是马和人居住的地方。然而，马（Houyhnhnms 慧骃）是理性的，而人类（Yahoos 雅虎即人行兽）是兽性的。由此可见，斯威夫特和巴特勒的观点并不是要对一个迫在眉睫的社会或政治问题给出一个恰当的答案，而是要为讨论提供一个开放的空间，并最终促成一个积极的社会变革。

这一点似乎是非常重要的：由于乌托邦的本质是讽刺性的，所以不能从字面上理解它。夸大其词、前后矛盾和自相矛盾是乌托邦叙事的必要组成部分，也应当被接受为乌托邦的必要组成部分。另一方面，这种观点并不意味着人们不应该

---

①② Hood, op. cit., p.3.
③ 该书精确的标题是"几个偏远国家的游记"（*Trawels into Several Remote Nations of the World*）。

严肃对待乌托邦。相反，正是由于它不合逻辑、矛盾和似是而非，我们应该认真对待它。

四

在莫尔的《乌托邦》出版后的几个世纪里，不同的作家产生了大量的乌托邦作品，这些作品或多或少地遵循了他的道路。其中一些出现在由乌托邦学者组成的各种乌托邦名单上，只有少数的核心文本被认为是"关键的"①：柏拉图的《理想国》，莫尔的《乌托邦》，弗朗西斯·培根的《新亚特兰蒂斯》（1626）② 托马索·康帕内拉（Tomasso Campanella）的《太阳城》（1623）③ 和埃蒂耶纳·卡贝的（Etienne Cabet）《伊加利亚旅行记》（1845 年）④，有时一些乌托邦式的作品甚至成了世界畅销书，连作者都感到惊讶。美国作家爱德华·贝拉米（Edward Bellamy）于 1888 年出版的《回溯历史：2000—1887》开启了"乌托邦的黄金时代"，一直持续到第一次世界大战。还有两个伟大的乌托邦作家：英国作家威廉·莫里斯（William Morris），他最重要的乌托邦作品是《乌有乡的消息，或，一个剩余时代》（1890）⑤ 和可能是最多产的赫伯特·乔治·威尔斯（H. G. Wells）。

威尔斯是一个悲观的乌托邦主义者⑥，标志着乌托邦主义发展的重要转折。他的小说，如《时间机器》（1895）和《现代乌托邦》（1905）⑦，都反映了作者这样的观点：人的生活有可能从根本上得到改善，但这种意愿可以永远都找不到。作为

---

① Cf. Levitas，op. cit. p.11.

② Francis Bacon，*The New Atlantis*，Philadelphia：Pennsylvania State University，1998.

③ Tommaso Campanella，*The City of the Sun*，The Floating Press，2009.

④ Étienne Cabet，*Voyage en Icarie*，Paris：Bureau du populaire，1848.

⑤ William Morris，*News from Nowhere*. Cambridge & New York：Cambridge University Press，1995.

⑥ Cf. Tower Sargent，op. cit.，p.65.

⑦ H. G. Wells，*A Modern Utopia*. London：Chapman and Hall，2010.

一个既写乌托邦又写反乌托邦的作家，威尔斯从未失去希望，但他也从未停止怀疑。不幸的是，历史表明，他的悲观主义并非毫无根据，消极的乌托邦（或反乌托邦）成为 20 世纪乌托邦文学的主流形式。

上述转变在芒福德的《乌托邦故事》（1922）的结语中得到了很好的表述："我们目前最重要的任务是建造空中楼阁。"[①] 然而 40 年后，他只是在想，他为什么能在第一次世界大战之后表达出如此乐观的情绪。他一直在写作，在"19 世纪以其充满活力的理想主义和强大的社会事业为基础的伟大动力下……我仍然生活在早年那种充满希望的精神中"[②]，现在这个时代已经过去。

"反乌托邦"这个词最早是由约翰·穆勒（John Stuart Mill）在 1868 年使用的，他在议会的一次演讲中使用了这个词，但直到 20 世纪这个词才变得普遍。反乌托邦转向的原因肯定不止一个，但在某种程度上最重要的原因可能是实现旧梦想的可能性变大了。几个世纪前似乎不可能实现的想法，逐渐有了可能性，而成为一种通过技术手段和社会工程而可能实现的现实。

这就引出了乌托邦主义最突出的悖论和神秘性。乌托邦是非常可取，除非它太过于接近现实。如果过于接近现实，"甜蜜的乌托邦梦想"就变成了"最可怕的噩梦"。在《乌托邦主义与政治》一书中，雅各布·托曼（Jacob Talmon）写道，"乌托邦主义的悲剧悖论"不是通向自由，而是"带来了极权主义的强制"[③]。对于大多数反乌托邦作家来说，社会达尔文主义、人种改良主义、奥斯威辛、纳粹主义和斯大林主义、原子弹以及第一次和第二次世界大战的恐怖都足以使他们否定乌托邦主义的整个传统。

第二次世界大战之后出现的一系列作品，定义了当代反乌托邦主义。在 20 世纪的最后几十年和 21 世纪的头几十年，反乌托邦主义的力量只增不弱。一方面，反乌托邦文学的传统在现在众所周知的畅销小说中得到不断的发展，比如叶夫根

---

① Mumford, op. cit., p.187.

② Quoted in Russell Jacoby, *Picture Imperfect*：*Utopian Thought for an Anti-Utopian Age*. New York：Columbia University Press，2005，p. ix.

③ Quoted in Jacoby, op. cit., p.59.

尼·扎米亚京（Yevgeny Zamyatin）的《我们》（1921）①，尤其是阿道司·赫胥黎的《美丽新世界》（1932）②和乔治·奥威尔的《一九八四》（1949）。③

另一方面，有一批有影响力的政治哲学家，他们对乌托邦思想的危险性提出了令人信服的理由。其主要作品有卡尔·波普尔的《开放社会及其敌人》（1945）、雅各布·托曼的《极权民主的起源》（1951）、汉娜·阿伦特的《极权主义的起源》（1951），以及以赛亚·伯林等人的几篇散文。正如拉塞尔·雅各比（Russell Jacoby）所言，"他们认为马克思主义和法西斯主义是相关的现象，是极权主义的不同版本。因为乌托邦主义影响了马克思主义。乌托邦主义为马克思主义提供了他们所发展的极权主义理论，显示了乌托邦主义的毒性。有着极大声望和吸引力的逃亡学者主宰着这个时代。他们的自由主义批评是我们这个时代的智慧传统：它把乌托邦主义视为历史的祸害。"④

文学和政治学两个学派成功地将乌托邦的希望变成了反乌托邦的恐惧。然而，他们并不是造成这一转变的真正原因。更准确地说，他们只是感觉到了，并表达和解释了他们所身处的和想要抓住的社会巨大变化。无论如何，这一转变引起了一系列持续到今天的问题，并且仍然需要回答，特别是以下问题：如果乌托邦是一种对美好生活的渴望，为什么它会变成反乌托邦呢？为什么我们让恐惧战胜希望？我们不再为更好的生活而奋斗，这是真的吗？如果不是，乌托邦为什么会产生贬义呢？

五

上述问题及其背景可能揭示了当代乌托邦主义最具挑战性的问题——对未来

---

① Yevgeny Zamyatin, *We*, New York: Random House Publishing, 2007.

② Aldous Huxley, *Brave New World*. New York: Rosetta Books, 2010.

③ George Orwell, *Nineteen Eighty-Four*, Cutchogue（NY）: Buccaneer Books, 1982.

④ Jacoby, op. cit., p.52.

的积极态度（被理解为希望）与对未来的消极态度（在恐惧的意义上）之间的矛盾。这种矛盾要求采取一种在其核心上有分歧的方法，并以两种截然不同的乌托邦传统之间的差异为基础。一些学者曾频繁地指出"真"与"假"乌托邦之间的区别；其中一些是在乌托邦研究的框架内，另一些只停留在乌托邦主义的边缘。尽管如此，他们都为我们的问题做出了重要贡献。

于 1964 年发表的《缺失的东西：恩斯特·布洛赫和西奥多·阿多诺关于乌托邦理想的矛盾的讨论》①中恩斯特·布洛赫（Ernst Bloch）和西奥多·阿多诺（Theodor Adorno）进行了精彩的讨论，后者指出了"廉价乌托邦、虚假乌托邦、可以买到的乌托邦"之间的区别②。并认为"消极的乌托邦"是唯一的"真正的"乌托邦。阿多诺称之为"廉价的乌托邦"：首先是通过技术发展和文化产业实现许多所谓的乌托邦式梦想："电视，前往其他星球的可能性，超声速"等等，但"当这些梦想已经实现时，人们并不满意，它机制中最好的部分跟着一起消失了。正如人们已经意识到的那样，梦想本身具有一种特殊的清醒特征，即乐观主义精神，梦想一旦实现就会产生无聊"。③因此，"虚假"乌托邦中的积极主义造成了人们感到自己总是被欺骗，这也是它被反对的原因，"真正的"乌托邦只能"以消极的方式，……在坚定的否定中"被讨论，于是阿多诺认为"这里存在一条戒律：对乌托邦，不应该进行描述，也不应该想要具体的实现它"④。

尽管可以认识到隐藏在这些主张背后的黑格尔和马克思的哲学思想，但它们的真正起源却在其他地方。"这里的意思是禁止为了乌托邦而描绘乌托邦的图景，这与某条诫命有着深刻的联系——你不能雕刻偶像！"⑤作为某种否定神学，乌托邦只能被消极否定的定义和经验。

这一论断带来了两个重要后果。第一，乌托邦的本质概念是什么不能被准确

---

① Ernst Bloch，*The Utopian Function of Art and Literature*，Cambridge（MA）：MIT Press，1988，pp.1—17.

②⑤ Ibid.，p.11.

③ Ibid.，p.1.

④ Ibid.，pp.10—11.

地表述。更重要的是，乌托邦不再由一类简单的范畴组成，因为范畴会改变它自己。甚至在乌托邦传统中发挥关键作用的范畴，例如幸福或自由，也可能受到改变甚至颠覆。第二个后果涉及乌托邦意识的维持，正如阿多诺所说，"虽然不被允许描绘乌托邦的图景，不知道什么是正确的东西，但我们确切地知道什么是错误的"①。简而言之，即使我们不知道如何改变现状以使它更好，当我们发现它是坏的，我们仍然可以（也应该）进行批评。

在《不完美的图像》中，拉塞尔·雅各比采用了类似的方法，将乌托邦主义分为两个截然不同的阶级。一方面，"蓝图乌托邦"②包含乌托邦传统中大部分重要的含义。"从托马斯·莫尔到伯尔赫斯·弗雷德里克·斯金纳（B. F. Skinner），蓝图乌托邦主义者详细描绘了未来的样子；他们提出、阐释并界定了它。［……］乌托邦式的蓝图的绘制者给出了房间的大小、餐桌上的座位数量、起床和退休的确切时间。"③乌托邦蓝图存在着这样的问题：它们是静态的，刚性的，及时冻结的，且很快就会过时。然而，他们同样是专制和压抑的。"他们说：人们必须这样穿衣服，人们必须在这个时间吃东西"④。

另一方面，还有一个很少被注意和难以定义的乌托邦传统。他们形成了相反的阶级，反蓝图乌托邦主义者，或者，正如雅各比所称的那样，反传统的乌托邦主义者。"比起精确而详细描述未来，他们渴望着等待着乌托邦而奋斗但不是通过想象的方式。反传统的乌托邦主义者挖掘传统上与乌托邦相关的思想——和谐、休闲、和平和愉悦，他们倾听着保存着它们，但从不说出来。"⑤因此，解决当今的乌托邦中的问题，首先要把握上述两种策略的分歧。而这个分歧的核心在于：把形象（image）建设问题作为当代社会关注的中心。丹尼尔·布尔斯廷（Daniel J. Boorstin）写道，在传统社会中，人们有自己的理想（ideal），并努力追随它们，

---

① Ernst Bloch, *The Utopian Function of Art and Literature*，Cambridge（MA）：MIT Press，1988，p.12.

② 第一个蓝图乌托邦主义者是希波丹姆，也是历史上最早的因设计城市而著名的古代城市设计者之一。Cf. Mumford, op. cit., p.18.

③④⑤ Jacoby, op. cit., p.32.

即使他们知道自己无法实现这些理想。然而，到了 20 世纪，情况发生了变化："我们开始怀疑作为一种抽象概念的理想概念本身。我们不相信任何一个所有人都应当追求的完美标准。"① 布尔斯廷继续说，人类的目标和动机与理想失去了联系，取而代之的是形象。在这个过程中，对理想与形象之间关系的思考方式发生了逆转："我们不再认为形象只是理想的一种表现形式，而是把理想看作是形象的投影或概括。"②

在这一过程中，与布尔斯廷所描述的类似，以形象生产为基础的"虚假"或蓝图乌托邦成了乌托邦传统的主流。然而，由于技术和社会的发展，它要么变成了诋毁乌托邦主义的敌托邦，要么成了大众文化中的一种空想逃避形式，即阿多诺和霍克海默说的文化工业。这两种"解决方案"都是毁灭性的，因为它们都助长了对未来或现状的恐惧，而无法提供一个不同的（可能更好的）对未来社会的思考。因此，通往一个不同的、可能更好的未来的唯一途径，似乎是由"真正的"、打破传统的乌托邦所提供的，它使人类生存的最重要特征——希望——得以延续。不是某种意义上在政治运动口号中绘制的形式上的"希望"，而是真正的乌托邦精神。但即便如此，我们也不应忘记古罗马诗人维吉尔（Virgil）所说的：这个更好的未来世界中没有任何上帝馈赠之物。

译者简介：高晓芳、许诺晗，浙江大学传媒与国际文化学院硕士研究生，研究方向：美学、文艺学。本文系国家社科基金重大项目"当代美学的基本问题及批评形态研究"15ZDB023 阶段性成果。

（责任编辑：史晓林）

---

① ② Daniel J. Boorstin, *The Image: A Guide to Pseudo-Events in America*, New York: Vintage Books, 2012, p.201.

FASHION STUDIES

时尚研究专栏

时尚记忆和意识形态

［斯洛文尼亚］阿列西·艾尔雅维奇 *
（斯洛文尼亚科学与艺术研究院哲学研究所）
史晓林　译

【内容摘要】

全文分为三个部分，第一部分是对东欧（主要是南斯拉夫）、美国等地区六七十年代日常生活中时尚的回忆，主要包括有牛仔服、喇叭裤、带花卉图案的领带等时尚的流行，最后点明当下日常生活中的民主化使得时尚和奢侈品很难出现；第二部分是对服装时尚历时性发展的梳理，说明了现代时尚与古代时尚的不同，并指出了现代时尚中的特例（包含有政治信息）：背带裤，并由此引出了第三部分讨论的重点；第三部分主要对带有政治意识形态的背带裤时尚做了分析，探讨了背带裤在不同历史语境下所蕴含的意识形态，背带裤的设计与先锋派、意大利未来主义、俄国结构主义思想的关联。

【关键词】

时尚；背带裤；意识形态；先锋派

---

* 阿列西·艾尔雅维奇（Aleš Erjavec），斯洛文尼亚人，卢布尔雅那大学哲学博士，斯洛文尼亚科学与艺术研究院哲学研究所所长、教授，前国际美学协会主席（1998—2001），主要从事哲学、美学及社会学研究。

一

本文分为两部分。我将以个人笔记来展开第一部分；它源于我对时尚的最初体验。因此，我会展示一些奇闻轶事，在 20 世纪 70 年代铁托统治时期的南斯拉夫，时尚构成了我日常生活的一部分。在苏维埃集团的国家里，呈现出来的时尚要比南斯拉夫少得多。这是因为他们的公民生活更封闭，不能接触到时尚杂志，没有可以举办时尚展览的地方，没有必要的剩余资金，更没有护照可以让他们到那些时尚产业已经发展完成的地区去旅行。换句话说，在苏联式的社会和经济中，时尚是多余的。如你所知，南斯拉夫是一个多民族的国家，在 1948 年与斯大林决裂，开始发展本国特色的社会主义，引入混合经济，开放边界，拥有一定程度的政治多元化，在文化上是塞尔维亚艺术评论家杰娜·丹格瑞（Ješa Denegri）所称的"适度的现代主义"。1980 年，铁托（Tito）去世，南斯拉夫开始了长达十年之久的解体进程；1991 年，斯洛文尼亚独立，这一进程到达了它的最高点，紧接着是南斯拉夫其他最发达的共和国，即克罗地亚。

70 年代，南斯拉夫的城市时尚与其他地方一样，主要区别可能是南斯拉夫年轻人"钱包"的调整。有时，对神话般的美国西部生活的认同出现并急速增加，正如发生在波斯尼亚家庭中的一个案例，由于父亲是"狂野西部"和蓝色牛仔裤的狂热粉丝，家人不仅必须一直穿牛仔和"西方"的衣服，连他们的整个生活也变成了神话般的西部生活的复制，就如同电视连续剧《财源滚滚》。

在西方和东方都很受欢迎的，最常见的全球时尚产品是牛仔服。1971 年，《时尚》杂志曾写道，牛仔裤在西方和东方都同样适用："李维斯牌牛仔裤（Levi's），一个套头衫，令人惊艳的腰带，它是世界的制服，是我们都想在感觉轻松时、快速移动时呈现出来的一种生活方式。"[①] 西方与东方的不同之处在于东方是这种时

---

① "Belts and the Blue Denim Look", *Vogue*（January 15, 1971）, p. 33. Quoted in Daniel James Cole and Nancy Deihl, *The History of Modern Fashion*, London: Laurence King Publishing, 2015, p.33.

尚的追随者，而西方则是潮流引领者。过了一段时间，西方的牛仔时尚就结束了，但在东欧，它几乎一直延续到现在。随着时尚的发展，牛仔服失去了一种时尚感。在一段时间里，它们的形象慢慢变成了过去的时尚，变成了背带裤。在60年代末和70年代初，另一个相当流行的时尚（出现在全球各地），是喇叭裤（最好和高领毛衣搭配在一起）。

1965年，我们一家在美国待了两年。一到那里，我立刻发现自己穿得很可笑，这让我在同学们眼中显得很不时髦。首先，我穿着欧洲流行的鞋子，但这在美国绝对不流行。我们这部分的欧洲地区主要受意大利时尚的影响——威尼斯距离斯洛文尼亚首都卢布尔雅那和里雅斯特120公里。里雅斯特是我们进入最新时装和时尚世界的大门。鞋子之后是裤子。它们也不是美国青少年应该穿的衣服：它们太长了，布料是粗牛仔，和美国的同学穿的衣服很不一样。

1967年，我们一家回到卢布尔雅那，我还是读高中，我开始去体育馆。在开学的第二天，我出现在体育馆，在课堂上引起了惊讶和哄堂大笑。原因是我穿着百慕大短裤，而我的同学们都穿着很简单的短裤。

有一件东西是我第一个真正意义上的时尚配饰。那就是领带。在过去，我们穿的夹克和美国同龄男孩穿的很相似。我们与这些美国人和其他穿着夹克衫的年轻人之间的区别就在于我们戴着有花卉图案的领带。莫名其妙地——没人知道这一切为什么发生，如何发生，什么时候发生——突然之间带有各式各样花卉图案的丝绸领带需求量如此之大。在斯洛文尼亚或南斯拉夫买不到这样的领带，所以我们不得不去里雅斯特。作为对这种需求的回应，在里雅斯特，立即有十几家店铺开张，什么都不卖除了领带。我们是他们的常客，时刻准备着把自己最后的"里拉"花在领带上。

因此，我们在里雅斯特买带有花卉图案的领带，带它到南斯拉夫和更遥远的东欧国家，这些吸引人的商品在这些国家都很难得到，因为相对于汽车、冰箱和食用油来说，它们是多余的。

当我们成为学生的时候，领带被遗忘了，长发变得很流行。1970年，我们学校的主任带着两个同学去了最近的理发店，从自己口袋里掏出钱让他们理发，因为他们的头发大概有两厘米长。两年后，当我走进母校的大厅去拿一些文件时，我再也无法辨认出那个地方，或者更确切地说，是那里的居民让我陌生：男孩子们把头发垂到肩膀上，每个人都抽烟。

我来说些有关女孩的事儿。70年代的卢布尔雅那，设计学院里的女生是穿着最好的女孩。他们穿着米兰、伦敦甚至纽约的服装，就像高端时装模特，每个人看起来都像梅拉尼娅·特朗普（出生于1970年），尽管她们不一定会成为美国总统的配偶。

从60年代到70年代，服装的流行趋势变得更加民主：今天几乎没有人的穿着能在人群中脱颖而出。过去，时尚的衣服不一定要昂贵，但必须引人注目。

今天，民主化看起来似乎吞噬了世界上所有的奢侈品和时尚。甚至，它是当代日常生活的无产阶级化——看起来似乎只有当代日常的银行家和政府官员可以继续抵制并继续穿夹克和西装，然而我们——普罗大众——则穿那些无趣的、难看的衣服，将我们的形象置于无家可归的人和波希米亚人之间。

二

首先，让我说明显而易见的一点：服装不是时尚。人们穿旧衣服已经有好几个世纪了，但当代意义上的时尚是一种"现代"时尚和现代服装，大约在1850年左右出现。"在19世纪下半叶，摄影和诸如苯胺染料和缝纫机等发明的发展都对服装的设计、制造和销售产生了影响。这一时期见证了'时装设计师'的职业发展，以及高级成衣系统的诞生。沃思（Worth）、克里德（Creed）、雷德芬（Redfern）和杜塞（Doucet）都延续了几代人。国际政治、社会和经济波动也严重影响了时尚；政府和贸易关系的变化，城市主义，以及社会流动性的增加都影响了服装。"①

服装时尚当然要比 1850 年久得多。如果我们关注约翰·约阿希姆·温克尔曼（Johann Joachim Winckelmann）在 1764 年的《古代艺术的历史》中描述的古代，我们会注意到他对服装投入了多少的关注和空间。从古代到 21 世纪，服装时尚的发展依赖于技术发明，从遥远的土地上引进的新材料，或者是政治、个人和宫廷的发展，所有这些新奇的东西都反映在我们当时的休闲服装上。在这个发展中，女王、公主、总统和其他公众人物都起了决定性的作用。玛丽·安托瓦内特或者杰奎琳·肯尼迪就是实例。

19 世纪早期时尚的另一个共同特点是它的发源地，即巴黎。1939 年，瓦尔特·本雅明写了他著名的散文《巴黎，十九世纪的首都》，他声称，19 世纪的巴黎变成了世界的首都。在他看来，巴黎是"在 1822 年之后的十年里建成的。这种新时尚的第一个条件是纺织品贸易的繁荣。商店，第一家在其经营场所存放大量货物的机构，开始出现，也即是百货公司的前身。"②巴黎的独特地位一直保留到今天。法语继续在全球范围内使用，不仅与服装有关，还与香水和化妆品有关。

现代时尚的发展和在其他社会生活领域的发展相伴而生，如电影。20 世纪 20 年代，男士时装开始流行，并在 60 年代和 70 年代重新流行起来，出现了肖恩·康纳利、詹姆斯·邦德、阿兰·德龙、弗兰克·辛纳屈等时尚偶像。在过去的几十年里，时尚不仅包括衣服，还包括鞋子、珠宝、发型、围巾、化妆等等，包括从汽车到房子等等各种各样的东西。今天，我们在时尚界找到了一些先锋派的发明，比如安全别针（起源于 70 年代后期的朋克亚文化），或者最近的易洛魁人的发型。

在所有这些时尚中，没有特别的政治信息被嵌入。相反，时尚转向更广阔的领域——经济、娱乐、交流等领域。不过也有例外，我指的是意大利未来主义者

---

① Cole and Deihl, *The History of Modern Fashion*, London：Laurence King Publishing, 2015, p.13.

② Walter Benjamin, "Paris, Capital of the Nineteenth Century" in *Reflections*, New York：Schocken Books, 1986, p.147.

和俄罗斯建筑学家广泛使用的背带裤。

三

前卫是现代主义不可或缺的组成部分，是"现代性的先锋"①。对许多艺术家来说，他们的现代主义地位和他们的艺术作品一直受到质疑，这种质疑本身就是现代主义的特征。对于所有实际的（如果不是，也是理论上的）原因，他们仍然被认为是现代主义者。

现代主义进入了过去艺术和对艺术的理论反思的禁区。事实上，现代主义的特征之一就是它不断超越先前作品所限制的范围，从而不断拓宽艺术的前沿。对现代艺术作品地位的永恒质疑，与艺术前沿的拓宽相辅相成。这种情况的最终结果是，任何东西都可以成为艺术：要么是通过空间和制度的语境化，要么是概念上的论证。先锋派是一个最重要的例子——它们是否存在（a）作为 19 世纪的"原始先锋"②，这与社会主义运动的诞生有关；（b）作为 20 世纪前 30 年的早期或古典先锋；（c）作为二战后的新先锋—加德斯；（d）作为运动同时与新先锋者（如情境主义）同时运动，但与此截然不同；（e）或者作为我所指定的"第三代先锋"或"后现代后社会主义先锋"③。

直到 19 世纪末，衣服仍然处于理论关注的边缘。作为乌托邦式时尚的零点可以服务于托马斯·莫尔（Thomas More）的乌托邦（1561 年）："在乌托邦的理想社会里，人们穿实用的衣服，'非常令人愉快'。它们'允许肢体自由运动'，适合

---

① Matei Calinescu, *Five Faces of Modernity. Modernism*, *Avant-Garde*, *Decadence*, *Kitsch*, *Postmodernism*, Durham: Duke University Press, 1987, p.119.

② See in Stefan Morawski, "The Artistic Avant-Garde. On the 20th Century Formations," *Polish Art Studies*（10）, 1989, pp.79—107.

③ Aleš Erjavec（ed.）, *Postmodernism and the Postsocialist Condition. Politicized Art under Late Socialism*, Berkeley: University of California Press, 2003.

于所有季节。在乌托邦，人们'每两年有一件衣服就会很满意'。"①

在 19 世纪后半叶，服装成为人们政治认同和乌托邦期望的重要表现和表达："它们似乎打破了历史的连续，阐明了另一种世界观———一种对生活完全重组的乌托邦想法。"②

甚至之前，浪漫主义艺术家们便用他们的生活方式，他们的衣服、头发、日常行为，甚至是食物和饮料的选择来表达他们的生活哲学。因此，在 17 世纪，喝热巧克力在欧洲贵族（并称为贵族）中很流行，而在顾客支持启蒙运动的咖啡馆里，咖啡是自由讨论的必备饮料。提供语义个性化的着装规范在中世纪不见了，但更容易相处和折中的波希米亚风格成为 19 世纪艺术家和诗人的典型穿着，这方面直到今天一直保持不变，只有自 1960 年以来，它一直是大多数流行音乐家和不是很频繁的诗人、画家或安装艺术家的典型装扮。也有一些例外，比如 70 年代的美国概念艺术家，他们的保守着装———黑色套装和白色衬衫———从一开始就是他们的标志。同样地，斯洛文尼亚的新斯洛文尼亚艺术（NSK）这个组织的成员，他们在 80 年代初开始穿着黑色，他们这种穿着的更普通版风格成了一个中央集团的特定设置，即一群视觉艺术家，欧文团体———他们穿黑西装、白衬衫和黑色的领带。一个典型的案例是德拉甘·兹瓦迪诺夫（Dragan Živadinov）———NSK 剧院的领袖，他受到马列维奇至上主义的强大影响，在某种程度上，还有俄罗斯结构主义的影响。于八九十年代，他穿着一套特别的服装：背带裤。对他来说，这种服装的意义不仅仅是具有简单实用的价值。

"大约在 1750 年，背带裤作为一种保护性的服装被引进，旨在用来避免工作时穿马裤和长筒袜容易被磨破和撕破的风险，马裤和长筒袜是当时时尚标准下的服装。"③

---

① Flavia Loscialpo，"Utopian Clothing：The Futurist and Constructivist Proposals in the early 1920s"，*Clothing Cultures*，1.3，October 2014，p.2.

② Ibid.，p. 4.

③ Walton & Taylor Mercantile，"A Brief History of Overalls and the Origins of Blue Jeans"，htttp：//www.waltontaylor.com/overalls/html.

美国人首次使用背带裤作为军人制服的一部分，而最早在英语中提到"背带裤"的是 1776 年。这个词被美国军队保留到 19 世纪 50 年代。"到了 1859 年，背带裤变成了一件衣服，穿在裤子上。标准的颜色慢慢地变成了固定的标准：画家常穿白色，铁路工人穿细条纹，穿蓝色的阴影为其他工人阶级。"① 在 19 和 20 世纪早期，背带裤被力学工人使用，之后是机组人员。

在 20 世纪早期，背带裤获得了另外的美学和意识形态功能。他们的政治意识形态主要与时尚的"艺术家—建构者"（artist-Constructor）有关，即 20 年代早期的俄罗斯（支持布尔什维克的）建构者。20 年代早期，亚历山大·罗申科（Aleksandr Rodchenko）和拉兹洛·莫霍利·纳吉（Laszlo moholy-nagy）共同推动了"艺术家—建构者"的形象，这两位知名人士共享了许多政治和意识形态的观点。当谈到背带裤时，他们都以约翰·斯菲尔德（John Heartfield）为先导，在 1920 年，约翰是乔治·格罗茨（Georg Grosz）的画作《Monteur John Heartfield》的见证者。

在俄罗斯，背带裤成了新苏维埃社会的符号之一。在许多方面，俄罗斯的结构主义与意大利的未来主义相吻合。早在 1911 年和 1912 年，未来主义者贾科莫·巴拉（Giacomo Balla）和福尔图纳托·德佩罗（Fortunato Depero）就根据未来主义绘画的原则在服装上发展理论立场。正如他在许多类似的场合所做的那样，马里内蒂（Marinetti）修改了相关宣言的文本，便于他将未来主义者的激进反对派表达为"中立主义者"，即那些想要意大利远离世界大战的人（例如社会主义者）。1914 年 9 月 11 日，贾科莫·巴拉（Giacomo Balla）发表了宣言"反中立衣服"。这是对中立主义者的攻击，也是对穿着不对称、色彩艳丽和大胆的服装的反对。例如，鞋子的本意是"兴奋地给中立者一脚"②。在战争结束后不久，共产主义者和未来主义者合作。例如，他们共同组成了当地的无产阶级文化运动组织。在这段

---

① Blair Mountain Reenactment Society, "The History of Overalls", http://blairmountainreenactment.wordpress.com/2011/05/10/the-history-of-overalls/.

② Caroline Tisdall & Angelo Bozzolla, *Futurism*, London: Thames & Hudson, 1977, p.194.

短暂的时间里，"有一名共产党官员穿着德佩罗工作坊的设计的衣服，这是可以预想的"①。

早期的未来主义服饰主要是一个理论概念，而不是为了大众消费。另一个完全不同的故事是连体裤（tuta），欧内斯托·米沙赫勒斯（Ernesto Michahelles Thayat）和他的兄弟鲁杰罗·米沙赫勒斯（Ruggero Michahelles RAM）的发明。在1919年发明了连体裤（tuta），也写为TuTa，目的是为意大利人提供一件实用、简单、便宜的衣服，来抹除阶级的差异。两兄弟得到了佛罗伦萨报纸《国家报》（La Nazione）的支持，制作了一部关于连体裤的电影，还打印了带有"每个人都穿连体裤"（tuta合唱）口号的明信片："超过了1000多人在佛罗伦萨都接受了连体裤，它被认为是1920年夏天最具煽动性的服装。"②当Thayat（欧内斯托·米沙赫勒斯）创造连体裤时，他还没有完全接受未来主义，就像他后来做的那样。尽管有些"意识形态"的模棱两可，他的作品和思想已经在很早的时候就表现出了对未来主义者观点的亲和力，这让人怀疑连体裤是否可以被认为是一种与未来主义无关的发明。因此，意大利的未来主义和俄国的结构主义观点认为，可能没有因果关系，但在全球社会层面和世界观上具有共同的特征。

连体裤是什么？它是一件工装裤，一件简单的字母T形装的衣服。从一开始，连体裤就成了一个反对资产阶级的项目，它的诞生是为了抗议战后时期的高物价和过时的文体惯例。Thayat的目标是"发起一场类似于'工业革命'的时尚变革，让大众感觉穿着体面和有文化"③。

俄国的背带裤prozodezhda，即生产制服——与意大利的连体裤发明有许多共同之处，更不用说他们的历史同时性：连体裤是1919年创建的，俄国人在1918或1919年发明了背带裤。两者都强调了艺术的社会功能和工业生产的重

---

① Günter Berghaus, *Futurism and Politics. Between Anarchist Rebellion and Fascist Reaction*，*1909—1944*，London：Berghahn Books，1996，p.198.

② Loscialpo，"Utopian Clothing"，*Clothing Cultures*，2014，Vol.1，No.3，2014，p.13.

③ Ibid.，p.11.

要性。这两套服装都代表了"对生活整体重组的乌托邦愿景的关键时刻"①。罗琴科（Rodchenko）认为，设计与美学无关，而是一种意识形态、理论和实践元素的综合体，所有这些都与新的政治制度所代表的更广泛的历史背景有关，它有着前所未有的对一个无阶级社会的期望，一个从未存在过的社会。奥西普·布里克（Osip Brik）也这么认为："只有那些一劳永逸的艺术家，那些有画架工艺的人，那些意识到生产工作在实践中，不仅是一种平等的艺术劳动，但也是唯一一个可能的人——只有这样的艺术家可以抓住成功和有效解决当代艺术文化的问题。"②

美学先锋想要布尔什维克俄罗斯出现创新形式，"成为一种新精神的象征。他们的抱负是为艺术创造一个新的社会角色，使艺术家成为组织和社会生活的重要参与者"③。

让我回到罗琴科背带裤穿着的前卫姿态。这就是加林娜（Chichagova），一位高级艺术和技术工作室（VKhHUTEMAS）年轻的女性艺术学生，第一次看到她的老师亚历山大·罗琴科的情形，就在他进入房间指导学校的基本课程："一位男士走进工作室，从他的外表看，像飞行员和司机的组合。他穿着一件米色的军服，是一种灰色的绿色，他的脚是黑色的靴子和灰色的打底裤。他头上戴着一顶黑色的帽子，头上戴着一顶闪亮的皮革。……我立刻发现这是一种新型的人，一个特别的人。"④

我们知道罗琴科的背带裤是什么样子的（以及他穿上是什么样子），多亏了摄影师米哈伊尔·考夫曼（Mikhail Kaufman），他在1922年拍摄了一幅他穿着背带裤的照片。在照片中，我们看到罗琴科在抽着烟斗，他刚理过发，很严肃地看向右边，有两个巨大的口袋，在他的工装裤的前面有两个巨大的口袋，这是他的妻

① Loscialpo，"Utopian Clothing"，*Clothing Cultures*，2014，Vol.1，No.3，2014，p.3.
② Osip Brik，"From Pictures to Textile Prints"（1924），in John Bowlt（ed.），*Russian Art of the Avant-Garde*，London：Thames and Hudson，1976，p.248.
③ Nina Gurianova，*The Aesthetics of Anarchy. Art and Ideology in the Early Russian Avant-Garde*，Berkeley：University of California Press，2012，p.283.
④ Quoted in Victor Margolin，*The Struggle for Utopia*，Chicago：University，1990，p.87.

子瓦瓦拉·斯特帕诺娃（Varvara Stepanova）设计的（就像那些工装裤一样）。就像中世纪的照片一样，艺术家背后的三维建筑（很可能是我们在 1920—1921 年看到的空间建筑）展示了他的工艺：结构主义的作品。

罗琴科的背带裤并不是时装业的产物；显而易见的是，对他们来说，是重要的信息，而不是专业女裁缝手工艺品的细节。在这方面，罗琴科的工装服不同于另一位著名的前卫派，也属于结构主义，即拉兹洛·莫赫-纳吉（László Moholy-Nagy），我们也有他的照片。我们观察他的妻子露西娅·莫霍利（Lucia Moholy）在 1925 年拍摄的照片。照片里，背带裤的布料在他的身体上柔软地展开，他的裤子的熨烫无可挑剔。在那个时候，这位匈牙利贵族已经是包豪斯的董事，他就像一个时装模特，而不是一个激进的结构主义者。尽管罗琴科散发着自信和活泼的精神，但他看起来与他的匈牙利贵族朋友很不一样：谦逊而又平常，穿家里制作的背带裤，或者是在厨房里。另一方面，莫赫-纳吉的衣服很容易想象为高级时装商店里定制，然后由一个专门的送货男孩把它带给露西娅·莫霍利。

艺术家—建构者宣告了一个新时代和新社会的到来，结构将取代所有之前的艺术，苏联走向一个无阶级的，新艺术来取代旧的资产阶级的社会，创造（或将创造）容易得多，且是合法的。

然而，背带裤的故事并没有就此结束。在很长一段时间里，我觉得罗琴科是前卫的工装裤的源头，莫赫-纳吉只是挪走他们，穿在魏玛包豪斯和德绍里。莫赫-纳吉"将艺术家作为工程师和技术人员的现代形象投射出去，从而取代了在他到来之前统治了学校的表现主义艺术家的表现主义形象"①。在这个方面，他不同于以前的领导和主管，唯心论者约翰·伊顿（Johannes Itten），他穿着不寻常的衣服，坚持明教，他的形象和行为具有很强的辨识度。莫赫-纳吉得到了导演的职

---

① Louis Kaplan, "The New Vision of László Moholy-Nagy"(*From the Exhibition Catalogue 'LUMA—Modern Photography from First Half of the 20th Century*). http://thesip.org/language/en/lkaplanmoholynagy-en/.

位，在一定程度上是因为他在概念上和哲学上与伊顿完全相反：他是实用的、技术导向的、机械和建筑的专项美学和实用价值的信仰者，他也高度赞赏设计的作用。

与此相一致的是，来自莫斯科应用艺术与设计学院的亚历山大·拉甫连季夫（Alexander Lavrentiev）教授，即亚历山大·罗琴科的孙子。他在他的论文《谢尔盖·斯特洛迦诺夫》（"Sergei Stroganov"）中解释说，他是知情人士，连体裤的主要发起人是"约翰·哈特菲尔德被称为'装配工'，在1919年和1920年做拼贴画和蒙太奇照片时，他身穿蓝色长袍。罗琴科设计了他的产品主义服装，作为一种展示了专门的功能布的一般原理，它源于飞行员和司机的服装，也体现了制服的原则。服装作为职业的一部分，作为一种专业工具"①。

斯特帕诺娃（Stepanova）和波波娃（Popova）在背带裤上增加了一种几何设计，和苏联国家的想象秩序和效率有关。一些结构主义设计师创造的衣服也找到了进入剧院的途径。例如，波波娃在为梅尔克霍尔（Meierkhol）执导的《宽宏大量的乌龟》（1922年）安排服装和布景设计时，宣布了她的设想："找到普罗佐德兹达的一般原则，以配合他目前的专业角色的本质。"②

克里斯蒂娜·洛德（Christina Lodder）表示，"（生产）服装的第一个实际现实是，史蒂潘诺娃（Stepanova）为罗琴科制作的背带裤。罗琴科的工作套装，类似于跳伞服的背带裤，夸张地展示了它的纽扣和口袋，将这些基本组成部分转化为重要的正式元素。除此之外，它非常简单，剪裁缝纫和材料都很经济实惠。这是一件非常专业化和个人的衣服。"③

阿夫古斯特·塞尔尼戈伊（Avgust Černigoj），这位斯洛文尼亚艺术家是格罗佩斯包豪斯学院的学生，他于1925年在卢布尔雅那举行了结构主义展览。让当地居民惊讶的是，他走在这个居民没有超过5万的城市，穿着背带裤，像一个

---

① Alexander Lavrentiev, *Correspondence with the author*, April, 2015, p.117.
② Loscialpo, "Utopian Clothing", *Clothing Cultures*, 2014, Vol.1, No.3, 2014, p.19.
③ Christina Lodder, *Russian Constructivism*, New Haven：Yale University Press, 1983, p.149.

机器——明显参考了艺术家—建构者，特别是塞尔尼戈伊在包豪斯相遇的莫霍利·纳吉的图像。毕加索和布拉克也穿着背带裤，因为它们在画室里很实用，并且是反传统的，使得他们作为艺术家的身份显现了出来。

1984 年，斯洛文尼亚美学协会组织在卢布尔雅那举办了一个座谈会。参与者中包含那些对 1910—1930 年间的经典前卫艺术有第一手知识了解的艺术家和学者；同样地，我们中也有二战后出生的人。该研讨会的文章和文章发表在《Sodobnost》杂志的三个栏目上。讨论会的贡献之一是弗兰茨·克洛普西斯（France Klopčič）带来的，他是斯洛文尼亚共产党（成立于 1923 年）的创始成员之一。在他的论文中，描绘了一个生动的形象，其中最令人难忘的是他对塞尔尼戈伊 1925 年在卢布尔雅那组织的结构主义展览的一段访问。克洛普西斯他不是艺术鉴赏家，尽管如此，他仍然感受到新艺术的革命性质，并且把它当作自己的观点，从一个相当激进的立场，塞尔尼戈伊准备了 1925 年的展览。这就是克洛普西斯如何回忆他的访问的：结构主义的展览是由塞尔尼戈伊组织，他在德国从建筑家—艺术家格罗皮乌斯（Groppius）和他的学校包豪斯学习了很多新的东西。……在大厅里悬挂着巨大的海报，垂直地立着，对角线或上下颠倒着："资本是盗窃"，"艺术家必须成为工程师"等等。展览中有物品和图片。在展品中，人们可以看到单人自行车、踏板车，还有一个打字机，因为展览的组织者是从这个原则开始：结构是当时艺术的第一个表达。正是在这里，产生了现在结构主义的名称。在这些图片之间是圆形、正方形和这些带着白色、黑色和红色的类似组合。

我和米泽尔（Ludvik Mrzel）、梅利哈尔（Stane Melihar）、格罗哈（Ivo Grohar）和其他一些男性和女性同志一起参观了展览。……我们被塞尔尼戈伊迎接招待。我所看到的，颠覆了我以前对艺术展览的所有看法。我喜欢这个口号"资本是盗窃"，因为直到那时还不存在这样的东西。我怀着极大的好奇心，凝视着黑色方块和红色半圆圈或三角形的画布。为什么这里有一辆摩托车，那木制自行车是从哪儿来的？我不清楚，但有一件事我是肯定的：这次展览本质上是对资产阶级的文化和审美的抗议，因为它摧毁了当时不允许被颠覆的东西。①

塞尔尼戈伊特别被纳吉所吸引："他让我们从一些全新的不同材料出发来建构，它同时也是暂时的，也是抽象的。"②

塞尔尼戈伊离开里斯亚特后不久。他打算和诗人朋友斯雷科·科索维尔（Sreèko Kosovel）一起开始出版一个名为"建构者"的期刊，但这个期刊从未实现。此后塞尔尼戈伊在里雅斯特生活和工作，度过了的大部分时间里，只是在20世纪80年代被发现并被认为是一个独特的斯洛文尼亚艺术家。在80年代早期，不仅有大量的学术聚会致力于先锋艺术，而且复兴古典前卫艺术的强烈兴趣在全球涌现——从卢布尔雅那到贝尔格莱德，从乌克兰到亚美尼亚。在这方面，我们在斯洛文尼亚的活动与欧洲和其他国家的活动非常相似。正是在那段时间里，德拉甘·兹瓦迪诺夫开始穿工装服。

作为各种戏剧团体的领袖，德拉甘·兹瓦迪诺夫开始他的职业生涯，因此参与了新斯洛文尼亚艺术组织的各种活动，其中他一直在戏剧中很活跃，且对仪式、空间和太空旅行（在20世纪的上半叶，俄罗斯支持类似的想法）很感兴趣。兹瓦迪诺夫很快朝向俄罗斯神秘主义的方向发展了他的戏剧作品创作，特别是那些来源于马列维奇和他的个人和艺术的神话。在80年代和90年代，艺术家—建构者的图像是兹瓦迪诺夫世界观的一部分。正是在这一点上，使用工装裤的结构主义传统被打破——可能永远都是。穿着特定的衣服，当然是带着或不带着前卫的服装。我敢说，背带裤不会出现在他们中间。它们在时尚的历史上扮演了他们的角色，它们扮演得很好。

---

① France Klopčič，"Slovenska zgodovinska avantgarda 1910—1930"，*Sodobnost*，XXXIII，No.3，1985，p.293.
② Avgust Černigoj，"Slovenska zgodovinska avantgarda 1910—1930"，*Sodobnost*，XXXIII，No.3，1985，p.297.

译者简介：史晓林，女，浙江大学传媒与国际文化学院美学所博士研究生。

本文为国家社科基金重大项目"当代美学的基本问题及批评形态研究"（15ZDB023）的阶段性成果。

（责任编辑：许诺晗）

奢侈品的价值
——结构与起源的论争

［法］奥利维耶·阿苏利 *
（法国时尚学院）
许诺晗　译

【内容摘要】

对奢侈品价值的讨论从古至今一直存在，而社会学和经济学对奢侈
品的研究存在着根本分歧。本文指出经济学的研究往往无法完全解
释奢侈品价值，奢侈品的价值无法被划约为实用以及效用，奢侈品
的价值恰恰在于它的无价值。奢侈品所代表的是在个人和社会中与
艺术、理想一致的不可或缺的更高层次价值。

【关键词】

社会学；经济学；奢侈品；非生产性消费

---

*　奥利维耶·阿苏利（Olivier Assouly），哲学教授，法国时尚学院科研主任，硕士师从雅克·德里达。主要
　著作有《审美资本主义》《神圣的食物——论饮食的禁忌》《怀旧的食物——论土地的神话》，曾主编《出售
　的品味——论审美欺诈》《奢侈品——论炫耀的生产》。

　　奢侈的概念超越了功利主义和市场价值，奢侈品使声望、送礼和浪费（不能归类于经济学范畴的价值）流通起来，并且有一些更深远的影响。奢侈的市场形势是否因为与市场交易体系的紧密联系而无可争议地遭到质疑？我们是否必须反对更强烈意义上的奢侈，例如：中世纪大教堂的无用浪费，艺术，爱赶时髦的、精打细算的资产阶级对奢侈品的追求，因为他们的支出不能使自己经济紧张？让·鲍德里亚在《符号政治经济学批判》（*Pour une critique de l'économie politique du signe*）中也有着相似的立场：交换价值构建消费——包括今天奢侈品的消费，或是所有没有使用价值的消费品——既不遵循等价交换的市场规则，这与纯粹浪费的奢侈相反；也不遵循社会分化法则，其忽略了纯粹的、真正的奢侈品的象征维度，也正是象征意义导致了浪费和送礼。

　　这也就意味着奢侈品，在更强烈意义上，只存在于市场和社会概念的边缘。这同样也意味着，奢侈品必然伴随着过度支出，并且挑战着传统的经济学范畴与功利主义规则。我们的讨论想要强调的正是这种社会学概念和经济学概念的冲突。

　　直到今天，许多关于奢侈品问题的讨论依旧是基于奢侈品的必要性与非必要性之间的鸿沟来进行。人们用需求和欲望的二分法来对奢侈品进行谴责：它受到谴责的理由是因为虚荣或对占有的过度渴望。其反面是显而易见的：节制、抑制我们的欲望并实行自我控制，拒绝所有对我们自然生存的不是必不可少的物品。

　　在柏拉图的理想国中，奢侈品违背了自然秩序，从而引发了许多问题：不平等、不公正、不节制、战争、贪婪等等。因为必要和多余之间的界限可以清楚地确定，苏格拉底利用这一标准来区分何为真正的城市，即由必不可少的需求支配的城市，以及奢侈品统治的放纵城市。这种反对奢侈的古典论证仍然存在于 18 世纪，存在于卢梭和其他人中，但人们已经不再着重提及奢侈品对需求和道德的损耗，无论是在奢侈品的反对者还是在其辩护者之中——曼德维尔（Mandeville）、伏尔泰（Voltaire）、麦尔伦（Melon）、爱尔维修（Helvétius）。为什么？也许是因为奢侈品成了一种社会和经济效益 ①。时，崇尚奢侈品的私人恶习变得有道德。当然，需求和欲望之间的二元论仍然被提及，但当时的思想家以及后来的思想家都拒绝将这种区分作为讨论奢侈品的基础；而且，每当提及它只是为了强调这种微妙修辞手法的贫乏。当试图界定必要和多余之间的界限时，亚当·斯密（Adam Smith）和让-巴蒂斯特·萨伊（J. B. Say）都承认他们无法严格界定这种区别。柏格森（Bergson）同样也承认如此。他们意识到并提出这个问题，但没有考虑到对这个问题的忽视会损害他们的思想过程和他们的论证力量。比如说，在经济学领域的研究中人们会忽视这些微不足道的差异，只考虑那些在消费者眼中具有功利性和市场价值的商品，无论是这些商品是否必要。

既然奢侈品不再被论证是否存在于重要需求领域以外的，以及在多大程度上应该被容忍，那么现在我们又要问，是否可以通过其产生经济、道德或社会价值的能力来判断它？根据价值的定义，任何价值都意味着广泛的变化、振荡、崩溃和增值。商品的效用与理想中的价值形式是一致的，即两者既不能简化为客观形式，也不能简化为自然秩序和需要；相反，它们都表明了暂时的关系和状态。

考虑边界本身就是一个值得怀疑的问题，停止思考自然必要性、生物现实和需求性对于我们厘清问题是有帮助的。一方面，由于大多数食物都是煮熟的，任何华丽的服饰都取决于选择一种形式或颜色，区分必要和多余的界线是模糊的。换句话说，需求本身是发展的，装饰、塑造、形式改变了他们的本质，甚至只是把他们放在一个新的包装中。另一方面，加布里埃尔·塔尔德（Gabriel Tarde）在《模仿的法则》(Les lois de l'imitation) 一书中指出，奢侈和普通需求之间的界限存在着一些漏洞。在塔尔德看来，奢侈品的出现只是暂时的例外，因为人类的模仿行为和工业生产手段的结合会将其传播给更广泛的公众。因此，在公民平等和物质繁荣的条件下，奢侈品会逐渐成为并不重要并且相对普通的物品。相应地，许多（实际上几乎所有）消费品都有一个不必要的维度，将它们提升到多余商品的

---

① Bernard Mandeville, *The Fable of the Bees*: *Or*, *Private Vices*, *Publick Benefits*, Penguin Classics, 2017.

行列。不断地把多余的东西变成需要，这种对奢侈界限的扩展，损害了奢侈的实质。

我们时代对奢侈品进行的一些讨论很大程度上是建立在某些观念和偏见之上的。这种倾向是可以理解的，人们只看到奢侈品的主要形式，它基本上是商业性的，由各种可销售的产品组成。这并不是说我们的时代是错误的，对其他显而易见的事实视而不见；我们的时代会更倾向于将奢侈品与赋予其积极品质的某些理念联系起来。其中最突出和最明显的是技术、传统、材料的优良品质、稀有和工艺。这些特点数不胜数。但是，所有这些都符合奢侈品公司的增值和增长需求。

与此同时，当我们面对"奢侈"对象是如何被对待这个问题的时候，这时我们的思考是在理论而不是实践层面。在哲学和社会科学层面，上面提到的那些品质属性几乎没有被提及，并且通常在讨论中不存在。经济学与社会学的在奢侈品问题方面的对峙昭然若揭（除非是在管理术语中的经济论证，意识形态之间存在利益冲突，而这种理论就是赞美奢侈品和社会科学的分析调查）；如果其二者真的不相容的话，研究奢侈品的价值，难道方法一个源于功利主义的经济学推理而另一个源于社会学？

就社会学本身而言，它忽略了事实上的奢侈品的真实或想象的品质，而更倾向于关注奢侈品的功能：为什么社会会进行不必要的支出和浪费，而这违背了任何经济推理？但过度支出的问题似乎表明，对奢侈品的需求似乎超出了需求的极限。如果支出是完全损失的，这是相对于合理的、有用的、与需求相称的支出，还是相对于资源而言？尽管需求和欲望之间的经典二分法被认为已经被遗忘了，但我们是否还在以一种隐蔽的、地下的方式，将这种区别应用于奢侈品研究呢？

奢侈品和"非生产性消费（unproductive consumption）"

萨伊于 1803 年出版的《政治经济学概论》（*Traite d'economie politique*）一书

对奢侈品表现出了惊人的谨慎态度。为什么要剥夺丰厚的租金呢？因为不稳定的消费导致了奢侈品不能产生巨大的利润。这些商品的价格依赖于"荒谬的时尚要求"，而高于那些在实际需要中具有更大效用的普通商品的价格，那么精美的服装和其他多余的商品，在必要时最容易被淘汰。这个生产和消费部门显示出太多的经济不确定性。

相反，政治经济学应该提倡任何可以直接用于满足需求的商品的生产和消费。需求的稳定是贸易流动稳定的保证。重要的是要促进粮食消费，这是长期必要且稳定的，需要不断地供应粮食产品。没有时尚这样的另类需求导致消费曲线的过度变化。自然的食品需求决定了可预测的食品生产水平："最基本的产品是无可争议的食品。我们每天都需要他们；没有什么职业比与我们的粮食供应有关的职业更稀松平常了。"①

因此，如果必须作出选择，"便利奢侈品"应该优先于"炫耀奢侈品"。大多数人的满足比少数富人反复无常的满足更重要，幸福的恒久不变应先于不可预测的无益的装饰。与此同时，萨伊承认真实需求的天然属性。尽管如此，这些需求在一定程度上是可变的，受到习俗和时间的影响。但区分真实需求的形式多样性和奢侈消费的无限性是很重要的。必要与多余之间的关系是可变的，但试图确定确切的分界线是毫无意义的。事实上，定义奢侈品的不是"多余"（这种不能精确划分的相对概念），而应该是由价格作为征兆的产品的存在来定义，这些价格因为人类对炫耀的欲望而达到了过高的水平。非奢侈品的使用和享受可以非常清楚地在个体层面上来辨别，通过个体和消费行为之间的独一无二的联系。但是，奢侈品却以损耗实用价值的方式——独立于可变的需求与时间——来到达应受谴责的虚荣感和社会炫耀展示。从这个意义上讲，奢侈品挑战并超越了效用和利益假说。

萨伊所谓的"非生产性消费（unproductive consumption）"只与实际需求有关。饮食便是一个非生产性消费的例子，但却是无法避免的。所以在这种情况下，

---

① Jean-Baptiste Say，*Traité d'économie politique*，Paris：Institut Coppet，2011，p.225.

它是合理的。奢侈品给经济学研究带来了一个巨大的问题：价值被破坏而不能满足单一的实际需求，因此只能招致"除了费用本身之外没有任何目的"[1]的消费。财富的破坏没有任何经济目的；它唯一的目的就是毁灭。

这种对奢侈品的态度可以链接到卢梭的传统道德反对意见。正如萨伊所说，"奢侈品走到哪里，贫穷紧随其后"；奢侈品不能掩盖其消费的矛盾性，这不可避免地会制造不平等、道德腐败、贫困率飙升和"政治灾难"。

事实上，道德上的考虑是对奢侈品批评的次要因素。更重要的是它对经济学科学的不稳定影响。没有自我控制，经济学就会失去其最美丽的火花，这种火花在于人类用理性追求自身利益的能力。例如，当奢侈品摧毁财富时，资本的增加就会受到影响。在某种程度上，我们不能接受这种浪费的支出存在，因为没有哪怕是相等的补偿。从经济学角度来看，评估奢侈品价值的主要考虑因素是从经济标准出发的利润积累，而不是对奢侈品及其后果的道德分析。

在经济学层面，奢侈品的问题讨论是基于"非生产性消费"和"生产性消费（reproductive consumption）"之间的区别。前者是一种消费，它会导致价值的损失，从而导致所有者的财富的损失。但是，所消费产品的损失部分被愉悦所抵消。

"生产性消费"是现实经济从古至今的基石：它包括用额外的价值来取代给定的价值。在壁炉燃烧木材可以作为一个比喻这两种消费之间的关系。首先，起初，这种燃烧只有在满足人们在冬天取暖的需要时才具有效用（非生产性消费）。其次，它以燃料的形式进行燃烧，赋予其他物质价值（生产性消费）。可燃物的燃烧不产生任何价值，这是一个严肃的情况。它的价值低于消费的价值。

这一形象完全适用于奢侈品，即"一个人交出一件物品，却得不到任何回报的交换"[2]。奢侈是一种完全的损失吗？对于我们来说当然不是，但是对于经济来说却是。但是我们却必须认识到，这是从另一种视角看到的奢侈。

---

[1] Jean-Baptiste Say, *Traité d'économie politique*, p.288.

[2] Ibid., p.277.

通过财富的损耗，奢侈品损失了生产性消费的价值，而生产性消费对于资本累积来说是必不可少，这也是对价值的破坏。此外，非生产性消费——如品尝精美的菜肴、穿着最新的时装或佩戴昂贵的首饰——与生产性消费相反，不需要天赋。在最后一种情况中，生产性消费有助于人类能力的发展。如果没有技能，"工业"的同义词，人类就不知道如何"生产地"消费价值。奢侈品是一种消极的消费品。对于经济学家萨伊来说，在奢侈的背后是兽性，因为就像动物一样，它消耗它所拥有的一切，而丝毫不倾向于运用超前思维和理性。相比之下，经济学的本质在于功利主义的推理：资源与其最合理利用之间的关系①。如果说对于经济学家来说问题在于经济价值，那么这里产生了一个问题：奢侈品和消费社会、宗教或象征价值的问题无关紧要，这些在经济学中都没有任何探讨的必要。你是否还记得中国的大教堂或是寺庙，它们曾是奢华的象征？它与社会和宗教生活息息相关。

生产性消费的目的是在满足需求所需的支出之外积累资本："……这种盈余构成了个人和社会的富足。"②从定义上说，经济学是生产性消费的科学，它的目的是丰富财富。由于奢侈品涉及在实际需求之外或不顾实际需求的情况下消费财富，它阻碍了经济的正常运转，并不断损害缓慢的致富和资本积累过程。从这个角度看，奢侈是经济的敌人：它带来混乱，而经济是建立在秩序之上，需要节制和控制，以获得利润。因此，作为一个资本家，需要的是储蓄，而不是盲目和无政府主义的奢侈。自从这种经济学概念出现以来，时代正在不断变迁。萨伊是一位自由派经济学家，但他不明白奢侈可以创造更多财富。

但是所有这些关于奢侈的讨论间接地表明了经济和经济学是什么。除了受到法律约束的情况，经济学科学不可能存在，除非它的目标是更多数量和可预测的规律。从经济学的角度来说，没有任何经济理由证明值得考虑奢侈品贸易，因为它与萨伊的认识论框架相距甚远。对奢侈品的怀疑证明了经济理性是不会考虑任

---

① Jean-Baptiste Say, *Traité d'économie politique*, p.286.

② Ibid., p.72.

何武断的、与"经济人"相违背的支出。

如今，在距萨伊的《政治经济学概论》出版后很久，我们知道奢侈品贸易创造财富。然而，经济学却很少单独研究奢侈品。为什么？这就似乎在效用原理的角度看来，研究"过剩"与经济效用的原则相反。看来，积累财富和理性计算的必要性，阻止了经济学家考虑疯狂、非理性的支出。那么，是社会学对经济学思维的回应，为奢侈品问题提供了一个新的概念框架吗？是因为炫耀或是虚荣依赖于经济领域之外的机制？是因为奢侈品违背了功利主义范式，违背了经济人原则吗？

奢侈品的社会学力量

在 1911 年的一次讲座中，涂尔干提出了一个问题，价值判断似乎是个体个人欲望的正常结果，但它如何表达了一件物品的客观价值？这个问题产生于个人认为是奢侈品的东西和社会定义中的奢侈品之间的关系。例如，社会在赋予珠宝更高的价值的同时，也影响我们个人的价值判断。我们无法控制这些价值判断；公众意识迫使我们接受价值观，这些价值观不像我们自己的判断那样不稳定。那么，奢侈品的价值是取决于它们的效用呢，还是取决于它们的价格呢？

涂尔干反对价值可以通过"社会效用程度"来衡量奢侈品价值的观点。奢侈品的价值应该被重新考虑，因为它们中的许多，像美学价值一样，没有任何社会效用。如果我们假设价值体系源于功利关系，那么"奢侈品价值"在这个体系中就没有任何地位。这种判断类似于萨伊的推理，其道德内涵，以及奢侈品的低下，正是因为它没有任何用处。在这里，涂尔干反对经济学的简化主义及其功利主义模式，提出了一种独立于个人的社会理性概念。

涂尔干间接地回忆了为何奢侈品的价值受到谴责或忽视：因为从定义上来说，多余的东西就是无用的，或者说不如必需品有用，它的缺失永远不会影响"关键功能的运作"①。这就是奢侈品和奢侈概念从古至今一直被斥责乃至被放逐的基础。奢侈品是浪费的和不被认可的，它的批评者们想要降低他们在经济学中的比重或者甚至利用社会学和道德的模式将它们完全抛弃。

　　然而，这种对奢侈品的排斥与人类对多余的、艺术的和审美对象的依恋形成了强烈的对比。为什么他们会将这种重要性和价值归因于一种幻象？相反，我们必须接受这样一个事实，并解释为什么人类更加重视这些多余活动，更重视知识分子的思索，更重视艺术和美学，而不是经济领域的功利目标。许多人类活动的奢侈本质，其价值是无法用与实用商品同样的标准来衡量的。涂尔干认为，基于对生命有机体的重要功能的尊重或执行有助于保持社会平稳运行的市场规则，以牺牲多余的价值为代价，基于效用的评估是错误的。实际上，社会或经济秩序的价值低于从这些活动中获得的满足感，尽管这些活动被认为是可笑的、不符合个人利益的。奢侈品代表了在个人和社会眼中不可或缺的更高层次的价值。奢侈经常违背一个社会的安全、经济和道德利益。奢侈所带来的奢侈和过度的消费甚至会扰乱经济或社会平衡。奢侈品的价值就在于它与功能性无关。它没有任何价值，除非它违背了经济利益和社会秩序的合理性。因此，"经济人"的假设无法解释奢侈品的存在及其价值的独特性质。奢侈品唤起了人类行为的潜在动机。一个社会不能只作为防范破坏和风险的存在。这样一个社会是可以完美地拥有秩序和军事的，并且能够保证成员们的安全和基本需求，但是它忽略了一个完全无用的人类生活维度："人类活着第一位并且是最重要的事便是采取行动，不考虑成本的、快乐的活动。虽然非常明显的是我们不能不节制，但我们必须积累财富来消费，我们的目标是消费；并且消费就是行动。"涂尔干注意到经济学的这种局部的、片面的性质，它仅仅考虑财富积累，而萨伊所谓的"非生产性消费"才是经济学真正的盲点。

---

① Emile Durkheim, "Jugements de valeur et jugements de vérité", Communication faite au Congrès international de Philosophie de Bologne le 6 avril 1911, in *Revue de Métaphysique et de Morale*, 3 juillet 1911.

因此，正如一些经济学家所想象的那样，高需求与高价格的奢侈品存在的原因并不是它的罕见与稀有，而是人们对它所抱有的尊重。我们的分析证明了奢侈品是因其稀有罕见而高需、高价这样一种经济学观点的错误。价格是社会价值的结果，而不是与材料稀有程度或做工精细程度的自然特性有关。稀有是一种社会建构并且被社会所赋值，而远非与自然的生产与分配有关。因此，"物品的属性和赋予它的价值之间不存在必然的关系"："显然，不是珍珠、钻石、皮草或蕾丝的内在本质让这些东西的价值随着时尚的变化而变化。"[1] 但是，如果价值与商品的物质本质无关，那么我们该如何解释奢侈品如此强大和被广泛认知的影响？

我们应该如此解释，奢侈品的价值来自个人意识的社会结合。当人类相互接触时，个体意识之间的相互作用产生了一种"新型精神生活"。个体完全致力于共同目标。个人欲望被强烈得多的社会欲望所取代。这种欲望屈从于难以控制的力量。"作为一个游戏，它没有目标，以肆意破坏性暴力或英雄愚蠢的形式存在。从某种意义上说，这是一种奢侈的活动，因为它是一种非常昂贵的活动。由于所有这些原因，它站在日常工作的对立面，正如高贵的反面是低劣，理想的反面是现实。"在这里，更高的理想被铸造，这些理想驱逐了个人主义和功利主义对存在的关注。这些理想将会暂时与现实相混淆：奢侈是一种内在于奢侈品的固有品质。但这种兴奋感会减弱并消失，"情感上"的活动也会降回到正常水平。从长远来看，人们所做的努力并不足以抵御这种理想不可逆转的枯竭，一些新的事物出现，一些奢侈特性价值便会下降。

如果人类有理想，那只是因为他们是社会人。一个没有理想的独居的人不具备社会蜕变所需要的动力，从真实的物品到理想的奢侈品。任何一个社会，如果不通过艺术、民族主义或宗教，将人类吸引到一种更高级的活动中，就不可能出现："……一块抹布可能也会带上神圣的光环"。涂尔干所谓的奢侈不仅仅仅限于奢侈品。相反，它是由所有的社会活动和价值构成的，通过形成集体理想的社会

---

① Emile Durkheim，"Jugements de valeur et jugements de vérité"．

过程表现出来：我们"用一个完全不同的世界替换我们感官所感受到的世界，它什么都不是，它只是社会构成的理想所投下的阴影"①。

结论

价值和奢侈在社会发展过程中产生的一个结果便是，在这些理想化的社会建构中，物品的真实、有形的属性被忽略。这一点决定了自涂尔干以来社会学对奢侈品的看法，即忽略奢侈品的真实性质。

奢侈的概念超出了功利主义和市场的价值，它使威望、送礼和挥霍的价值运作起来（这些价值不能被归入经济学的范畴），并且有着更进一步的影响。奢侈品的市场流通形式还因为与贸易系统关系密切而无可置疑地遭到批评。正如乔治·巴塔耶（Georges Bataille）在《被诅咒的部分》（La Part maudite）一书中所指出的，他反对奢侈，从中世纪大教堂的严重损失，到追求时尚的中产阶级对奢侈品的关注，支出不应该耗尽自己的资源。鲍德里亚也采取了相类似的观点：交换价值构成了消费——包括今天奢侈产品的消费，或所有没有使用价值的商品的消费——既不遵循等价交换的市场规律（等价交换与浪费的奢侈品完全相反），也不遵循社会分化的法则（社会分化法则同样忽略了奢侈品的象征维度，这也是浪费和送礼的原因）。

这意味着，在更强烈的意义上，奢侈品只能存在于市场和社会观念的边缘。这也意味着奢侈品，必然伴随着过度消费，应该挑战传统的经济范畴和实用准则。这意味着它不能通过满足基本需求或遵守功利主义的贸易规则（包括目前支配世界奢侈品牌生产和消费的规则）来发展。

简而言之，这意味着我们需要重新引入传统奢侈品思想的周期性特征和主要

---

① Emile Durkheim, "Jugements de valeur et jugements de vérité".

常量。

（1）巴塔耶和鲍德里亚认为，从很大程度上讲，严格意义上的绝对奢侈具有调节社会和政治生活的更高和必要的功能：奢侈，节日、公共支出将人们联系在一起，这种更高层次的共融与市场化、个人主义和奢侈至上主义形成鲜明对比。换句话说，我们需要在真实的和虚假的奢侈品之间重新划分，即在奢侈品之间划分出有利于社会紧张生活的奢侈品和具有破坏性的奢侈品，而后者被限制在严格的预算监管和消费主义的维度中。

（2）另一个推论是我们需要重新以新的代价引入必要与多余之间的界限。"Potlatch"（某些印第安部族的传统炫富宴席）奢侈，即完全亏损的支出，需要完全和无条件地从实际需要中解放出来，无论这种需要是至关重要的、动物的、基本的或者是从最初的奢侈品转变为必不可缺少的商品，如汽车和香料。从这个意义上，经济学范式的危险在于它剥夺了人们所拥有的能力，即没有任何实际或理性的理由，仅仅通过欲望、通过人性，塑造对事物依恋的能力。在这个意义上，正是因为奢侈品是人类独有的，所以哪怕是免费的奢侈品的浪费都会令人不安。正是由于社会学的思想基础是建立在与功利、霸权的经济学相反的一种奢侈之上，所以社会学似乎注定与以市场为基础的奢侈品行业有着一种敌对的、指责性的关系。

译者简介：许诺晗，女，浙江大学传媒与国际文化学院，美学专业硕士研究生。

本文为国家社科基金重大项目"当代美学的基本问题及批评形态研究"（15ZDB023）。

（责任编辑：卢幸妮）

舞动的悲剧：亚历山大·麦昆的表演美学

［爱尔兰］杰尔曼·吉尔-居里尔 *
（爱尔兰科克大学）

卢幸妮　译

【内容摘要】

著名时装设计师亚历山大·麦昆的作品对时尚界产生了巨大的影响。他的时装秀理念经常受到电影的启发，同时也从文学、戏剧、舞蹈和音乐，甚至马戏团和其他形式的表演中汲取灵感。在运用尼采的悲剧理论和格林纳威的"整体电影"概念，对麦昆 2004 春 / 夏的"释放"系列进行讨论的基础上，本文认为麦昆的作品符合悲剧性的表演艺术，在时尚领域创造了一种后现代的艺术实践。

【关键词】

悲剧艺术；整体电影；麦昆

---

* 　杰尔曼·吉尔-居里尔（German Gil Curiel），爱尔兰科克大学音乐系助理研究员，古典吉他手。主要研究和教学兴趣：音乐、电影和文学间关系，著有《比较方法：早期欧洲超自然故事：一个主题的五个变奏曲》（2011）。

祝你长命百岁，如你所愿，

然后微笑着走进黑暗，很美好的黑暗。

——安布罗斯·比尔斯（Ambrose Bierce）

亚历山大·麦昆（Alexander McQueen）的作品对时尚界产生了巨大的影响，不仅因为他的设计具有激进的实验性——往往体现出一种更为黑暗的浪漫主义张力——还因为他用极具创意的方式展示这些作品。他的时装秀理念经常受到电影的启发，他也从文学、戏剧、舞蹈和音乐，甚至马戏团和其他形式的表演中汲取灵感。在本文中，我将根据弗里德里希·尼采的悲剧艺术（tragic art），以及彼得·格林纳威（Peter Greenaway）的"整体电影"（total cinema）的概念，来讨论麦昆2004年春/夏的《释放》（Deliverance）系列。我认为，麦昆作品的一些关键特征在时尚领域创造了一种后现代的艺术实践，这些特征融合了符合悲剧性的表演艺术。

让我们从他的这个设计系列的背景开始。麦昆的《释放》由一个复杂的跨文本网络组成，包括文学、戏剧、电影、绘画、音乐、舞蹈和时尚。他这场时装秀的灵感来自西德尼·波拉克（Sydney Pollack）1969年的电影《射马记》（They shoot horse, don't they?），这部电影反过来又改编自霍勒斯·麦科伊（Horace McCoy）在1935年（美国的大萧条时代）创作的同名小说。这部小说引发了一系列错综复杂的改编，从波拉克到麦昆，其中还包括雷·赫尔曼（Ray Herman）的一部戏剧，该剧于1983年在澳大利亚首演，然后在1990年至2000年间，又几次被搬上英国舞台。麦昆可能已经看过了其中一些改编。无论如何，为了这个系列的时装秀，他重新创造了小说和电影的核心——悲剧性的舞蹈马拉松。这场精彩的时装秀于2003年10月在巴黎的瓦格拉姆大厅（Salle Wagram）上演，这是一个19世纪的巴黎舞厅。在模特和专业舞者的参与下，苏格兰舞蹈家迈克尔·克拉克（Michael Clark）精心设计了这场表演。那么，小说和电影写了些什么呢？请让我简短地概括一些情节。年轻的罗伯特·希弗滕（Robert Syverten）想成为一名电影导演。他遇到了对电影充满激情的格洛丽亚·比提（Gloria Beatty）。他们都没能在好莱坞获得临时演员的角色，因此，受到免费食物和饮料以及 1000 美元奖金的激励，他们参加了一场马拉松式的舞蹈比赛。然而，渐渐地，他们意识到这场比赛对所有参赛者来说都是一个缓慢和无情地贬低、羞辱的过程。比赛的发起者，他们严重地腐化，为了增加观众数量和保证比赛的商业成功，即兴设计了各种骗人的策略。其中一个策略就是组织一场德比（derby）淘汰赛，即在跑道上跑 15 分钟，其明显的目的是取消一些选手的参赛资格。这样，这场舞蹈选手马拉松大赛持续了 879 个小时，剩下 20 对搭档。当罗伯特和格洛里亚意识到这场比赛已经变成一场骗局后，他们放弃了比赛，故事在此达到了高潮。他们走出舞厅，然后格洛里亚从钱包里掏出一把手枪，恳求罗伯特杀死她，罗伯特毫不犹豫地照办了。

除了简短地提到参赛者在德比赛中所穿的制服，如"田径服"、"网球鞋、白短裤、白汗衫"、一些额外的皮革制品以及一些来自当地企业的服装赞助，麦科伊的小说没有提供对服装的准确参照或适当描述。相比之下，在波拉克的电影中，服装有着重要的位置，因为它们有助于传达 20 世纪 30 年代的气氛和精神。至于麦昆的"释放"，它只专注于德比，所有的模特都重新演绎了这场马拉松式的舞蹈。在他的时装秀中，参赛者不是穿着单调的运动制服，正如在小说和电影中所描述和展示的那样，他们穿着色泽鲜艳的美丽的艺术品，在尼采所谓的酒神与日神式的悲剧原则震荡之间，形成了对比和轮廓。那么，我们现在把注意力转移到这点上。

悲剧是一种以人类苦难为基础的艺术形式，它悖论地给观众带来了巨大的审美愉悦。尼采在他早期的艺术哲学中宣称，无法弥补的缺失带来的痛苦是世界的基本特征。在他开创性的作品《悲剧的诞生》中，两种互补的原则占主导地位，即代表想象力的酒神狄俄尼索斯和代表理性的日神阿波罗，这两种原则可以从形而上学、认识论和美学三个方面来理解。这样看来，酒神分别意味着：一种形而上学的对事物的原始的恐惧；一种"陶醉"的状态，因为世界上最深刻、最可怕的真相，也就是死亡；崇高或压倒一切的东西，对那些超越理性理解力的事物感到的令人敬畏但又令人振奋的体验。阿波罗是古典神话中的光明之神，与包含形式、理性、清醒、秩序和宁静这样的静态特质有关。阿波罗象征着虚假和虚幻，代表着"单纯的外表"；就形而上学和认识论而言，它表明一种梦幻般的状态，其中所有的知识都是表象的知识；最后，就审美而言，它代表美丽的事物，世界被经验为可理解的，与它所代表的理性能力相符。

在这个设计中，麦昆自己很可能认为他的时装系列主要是酒神式的，因为他拒绝了单纯的漂亮、平庸和传统，而是诉诸包括了非理性、自发性、本能反应和拒绝传统这样一系列的品质。例如，他曾经举办过一场名为"高原强暴"（Highland Rape 1997）的时装秀，讲述了苏格兰被英格兰征服的故事，表达了殖民主义给苏格兰带来的痛苦。其他为他的作品提供灵感的电影，包括米洛斯·福曼（Milos Forman）1975 年的《飞越布谷鸟的巢穴》（*One Flew Over the Cuckoo's Nest*）。简单地说，这部电影的情节是通过展示精神病院对住院病人采取的强制措施，表达了社会和个人的压抑。受到福曼电影的启发，麦昆设计了他 2001 年春 / 夏季名为"沃斯"（Voss）的时装秀。这场秀引发了碎片感和神秘的特征，当谈到这场秀的深刻影响时，时尚记者梅克斯（Susy Menkes）饶有兴趣地评论道："令人不快的图像，但却是我们这个龌龊世界的反映。"而且麦昆本人曾经说过："我不想举办一场鸡尾酒会，我宁愿人们离开我的演出然后作呕。我更喜欢极端的反应。"关于他的作品阴暗和沉闷的一面，他也评论道："我的作品有点埃德加·爱伦·坡（Edgar Allan Poe）的味道，有点深沉，有点忧郁。"正如我们所知，爱伦·坡是一位以撰写恐怖故事见长的美国作家，以《黑猫》（*The Black Cat*）和《厄舍古屋的倒塌》（*The Fall of The House of Usher*）等作品而闻名，麦昆经常说这是他的灵感来源之一。

然而，麦昆的时装秀也有阿波罗式的元素。比如，在麦昆手中，在《释放》的德比赛中，混乱和堕落变成了一种和谐的混乱，可以说，这通过一种强大的魔法实现：一种令人惊叹的时尚艺术表演。正如格林纳威所说，艺术就是"试图在混乱中寻找秩序"。事实上，按照尼采的主张，在真正的悲剧艺术作品中，酒神和日神的原则相互交融，这样一来，存在的形而上学的恐惧就被揭示出来，同时变得可以忍受；醉酒的蹂躏被梦想变形；崇高之物通过邪恶的外表得以美化。总而言之，悲剧——我们可以延伸到任何真正的艺术作品——使这成为可能，存在和世界可以永远合理化，这只是作为一种审美现象。我认为，正像悲剧艺术一样，麦昆的《释放》对它之前的文学、电影和戏剧进行了改编，在浓缩了感觉和气氛的短短几分钟内给人们带来了触觉和造型上的感受，或者带来了我所说的，《射马记》这个文本通过各种不同的艺术形式贯穿始终的那种包含存在主义、虚无主义、浪漫主义和忧郁的基调。在这里，我主要关注两个方面：麦昆将对立的元素并置和舞蹈的序列以及音乐，这恰恰是酒神的领地。

麦昆的时装秀，本质上是悲剧性的，是在将矛盾的特征相融合的基础上创造的。他把德比赛变成了一场壮观的狂欢舞会，并用最好的时尚来诠释，这种时尚通过在某种不可能的交汇中融合光明与黑暗、欢乐与苦涩、性感与腐朽、悲伤与幸福，庆祝爱欲与死亡——正如格林纳威所主张的，这是西方文化的两个重要主题——的融合。这种在两极之间的互动也是麦昆 2009 年秋 / 冬系列的突出特征，正如评论家安德鲁·博尔顿（Andrew Bolton）认为的，这个系列展现了"生命与死亡、光明与黑暗，这一最主要的二元对立力量"。

这些对立元素并置让人想起尼采关于酒神和日神精神相交相融的概念，在《释放》中，这种对立元素并置以强烈的异议感为特征，趋向于一种瓦解的状态，通向从偏见和社会限制中得到解放。麦昆总是认为他的作品有点像他自己的噩梦。实际上，在小说中，当罗伯特向陪审团解释他如何杀死格洛里亚时（这将导致他被判死刑），他能"看到她的脸和嘴唇，知道她在微笑"。谈到麦昆时，有人说他的模特们从来没有休息或放松过。他们总是在逃避一些掠食者：历史、社会约束、时尚的束缚。因此，麦昆常常因其争取解放的努力而受到批评，这种解放通常被描述为恶意的攻击，令人不快和淫秽之物。恰恰相反，在《释放》中，麦昆在麦科伊的小说和波拉克的电影之后，为格洛里亚的可怕困境和极度痛苦辩护。在谈到西方社会中女性所受到的束缚时，麦昆承认他的衣服能够增加女性的认同，同时他还补充道："当你看到一个女性，她穿着麦昆的作品，这种有一定硬度的衣服让她看起来很有力量。它对人们或许有冒犯之意。要跟一个穿着我设计的衣服的女人说话，你得有很多胆量。"他一直着迷于他口中的"标志性女性"（iconic women）并受到启发，麦昆补充道："我希望赋予女性以力量。我希望人们对那些经我打扮的女性望而生畏。"

有趣的是，就像音乐，悲剧似乎可以通过温和的节奏，即中音，甚至缓慢的节奏，即慢板，得到更好的表达。在波拉克的电影中，德比赛是通过慢动作和沉默来实现的。在德比赛中，所有的选手都慢吞吞地走着、小跑着、痛苦地比画着，因为他们为了获胜付出了巨大的努力。所有的参赛者都像跳舞一样移动，但矛盾的是，他们挣扎在极度的身心痛苦中。在麦科伊的小说中，这一幕是由老内莉引起的，老内莉就是电影名字中提到的那匹马，不久之前她还自由自在地在田野上奔跑，而后却摔倒并受伤以至无法站立，因此必须被宰杀。在这部电影中，第一个场景描述了罗伯特回忆他小时候马被枪杀的情形。背景音乐非常甜美，但也非常悲伤，就像一个死去孩子的摇篮曲。实际上，慢动作电影技术一直是表达悲剧、无法忍受和极端情况经常使用的手段。慢镜头使用的一个很好例子，是 2009 年拉斯·冯·提尔（Lars von Trier）电影《反基督者》（Antichrist）的第一个场景，它将爱欲和死亡融合到了难以忍受的程度。这部电影展现了一个超慢动作的黑白画面（每秒 1000 帧），由乔治·弗里德里希·亨德尔（George Friedrich Händel）的作品做背景，讲述了一个孩子悲惨死亡的故事，而他死的时候，他的父母正在做爱。运用这种技巧的另一个例子是，在罗伯特·恩里科（Robert Enrico）改编自安布罗斯·比尔斯（Ambrose Bierce）的《猫头鹰河大桥上的一幕》（An Occurrence at Owl Creek Bridge）中，恋人最后一次相遇时的慢动作序列。

音乐上，构成《释放》中悲剧舞蹈仪式的主题与音调和节奏产生共鸣。在音乐术语中，调性是由音键决定的主音，尽管在给定的片段中可能出现调整，但它不会失去作为结构中基本元素的功能。在麦昆的时装秀中，主导的基调——悲剧——被转换成一种基本的焦点精神，通过变成一场异常而奇妙的德比赛，它仿佛成为一幅绘画的主导色彩。在节奏方面，时装秀的音乐需要一个适度的节奏，一种克制、安静、和平的张力，因为在赛道上跳舞的性质本质上是悲剧的。在小说和电影中，以安乐死告终的马的形象成为痛苦和不幸，羞辱和堕落的象征。例如，所有参赛选手在参加德比赛时必须穿的制服包括"厚皮带"和"小把手"，这些都是指骑术用具。事实上，所有参加马拉松舞会的人都被当作马匹对待。

另一个象征负重动物的隐喻是它们奔跑的方式：脚跟和脚趾行走。在小说中，当女孩们在跑道上狂躁地奔跑并变得很燥热，进而脱下运动衫时，德比赛达到了高潮。兴奋的观众意识到他们"只穿了小胸罩，在跑道上小跑时，他们的胸部上下跳动"，就像脱臼的木偶一样。在麦昆的时装秀上，因为它内在的视觉力量，这种非人化的隐喻也是一个基石。设计师通过一场狂野而梦幻般的舞蹈来利用这一形象。在这里，悲剧（时尚）和舞蹈（音乐）以这样一种方式被描述：德比赛的参赛者，他们的身体被痛苦和悲伤扭曲，似乎飘浮在空中，因为他们处在一个空虚和永恒的空间。这场服装德比赛介于一场滑稽的比赛、化装舞会和狂欢之间，介于波浪起伏的诱人身体和痛苦的扭曲之间，与暴力但微妙的节奏和音乐的脉搏混合，这决定了——也被决定——空虚的生命这样的本体论思想，或者爱伦·坡在他的诗《征服者爬虫》中所描述的被称为"人"的悲剧。

作为一个与"整体艺术"概念相关的表演，我现在开始讨论《释放》。"整体电影"的概念可以追溯到理查德·瓦格纳（Richard Wagner）的 Gesamtkunstwerk。Gesamtkunstwerk 是一个德语术语，确切地说就是"完全的艺术"或"理想的艺术作品"，其理念追求的是将所有或多种艺术形式综合起来，达到一种整体的、全面的、包罗万象的审美理想。虽然这个概念在 20 世纪的大部分时间里变得相当不受欢迎，但是当电影学者忙于构建不同学科的边界并因此为每种媒介的特殊性争论时，通常是基于视觉理由，在媒体融合的年代，囊括所有种类的整体艺术的概念正在卷土重来。格林纳威等电影人热情地提出了这一观点，他们说，因为电影"可以包含隐喻性、讽喻性和字面意义"。这是瓦格纳一直梦想的体系，即整个艺术形式（total art form）。为了强调他的观点，他补充说："艺术品指的是大量的文化，它们本质上是百科全书式的。"

　　毫无疑问，麦昆的时装秀通过融合其他艺术形式，如戏剧、文学、绘画、音乐和电影，重振了时尚行业。广泛的批评意见一致认为，麦昆的作品是具有艺术性的和创新前卫的。据安德鲁·博尔顿说："麦昆的天桥时装秀，暗含了前卫和表演艺术，激起了人们强烈的、发自内心的情感。"然而，我认为，在经典好莱坞领域，如果说格林纳威渴望将电影从叙事的束缚中解放出来，使电影成为19世纪小说的继承者，并探索电影与绘画的关系，那么同样的评论用于麦昆的时装秀也并不为过。在我看来，他的时装秀实际上是对波拉克的电影《射马记》的进一步探索，因为他的时装秀本质上是视觉化的，服装得到完美的展示，这让观众想起，比如古斯塔夫·克里姆特（Gustav Klimt）的画作。因此，麦昆的秀对格林纳威所谓的"整体电影"的概念进行了巧妙的概括。《释放》被认为是时尚界里一种综合性的艺术实践。电影制作人和设计师在各自的作品中都关注图像。对格林纳威来说，他的电影更适合用绘画美学而不是电影美学来把握。麦昆的秀让我们得以一窥电影版的《射马记》是什么样子，电影聚焦于探索绘画应该是什么样的。

　　在《释放》中，一种表演通过尼采所说的酒神和日神的结合原则而被创造，从而使悲剧成为一场惊人的盛会。《释放》在本质上是有争议的，不仅因为它的内容具有冒犯性，还因为它超越了传统的T台时装秀，开创了一种全新的时尚艺术。技术上说，《释放》在西方时尚产业产生了重要的影响，对麦昆的创新和对时尚更新的批评是一致的。麦昆的《释放》时装秀，通过糅合麦科伊和波拉克的《射马记》，营造了壮观的、引人注目的悲剧表演。

　　纵观历史，艺术家和知识分子通过讽刺的悖论表达了尖锐的社会批判。在麦科伊的小说、波拉克的电影和麦昆的时装秀中，由于艺术的缘故，这个绝望和不协调的世界被揭露出来，主角也从他们的苦难中被解放出来。艺术是一种拯救人类的美学魔法。这样，格洛丽亚·比提和罗伯特·希弗滕以及他们的不幸，通过一种革新的审美叙事，分别变成了文学和电影。在《释放》中，这对悲伤的搭档成了一场创新的艺术时装秀。总而言之，20世纪30年代的一场非人化的马拉松式舞蹈表演，被转化成了一件伟大的时尚艺术作品。再一次，我要表达对格林纳威的说法的认同："我们可以通过在文明的沙滩上创造一粒沙子而使自己不朽——这不是靠宗教，它会褪去，也不是靠政治，它会迅速消失，而是靠艺术。"

总而言之，鉴于其从电影和文学领域到时尚领域不断的、高度成功的改编，亚历山大·麦昆的作品为符号学分析在媒体中的运作提供了丰富的素材。在这方面应该进行更多的研究，希望将来这能够得以实现。

译者简介：卢幸妮，浙江大学传媒与国际文化学院博士研究生，研究方向：审美人类学。

本文为国家社科基金重大项目"当代美学的基本问题及批评形态研究"（15ZDB023）的阶段性成果。

（责任编辑：许诺晗）

ESSENTIAL ISSUES AND CRITICISM PATTERN OF
CONTEMPORARY AESTHETICS

重大项目专栏：
当代美学的基本问题与批评形态研究

听觉政治及其表达机制

王大桥　刘灿 *

（兰州大学文学院）

【内容摘要】

听觉作为身体感知的重要部分，符号化过程的同时也程度不同地参与了现代权力的具体构建。作为不可忽视的政治符码，听觉表达的运行机制隐含着听觉符号权力及其隐形权力。在现代大众媒介的操纵下，意识形态话语参与了听觉的塑造和改写。在听觉共同体的政治实践中，听觉与文化记忆、身份认同等问题产生内在联系。值得注意的是，听觉政治的表达机制中暗含了一种反表征主义的激进话语，涉及自由聆听的问题，这是来自听觉主体的抵抗政治学。

【关键词】

听觉政治；意识形态；听觉共同体；反表征

* 王大桥，男，江苏沭阳人，文学博士，兰州大学文学院教授，博士生导师，主要研究方向为当代美学研究、审美人类学和文学人类学。

刘灿，女，四川邻水人，兰州大学文学院文艺学硕士研究生，主要研究方向为西方美学理论。

本文系国家社科基金重大项目"当代美学的基本问题及批评形态研究"（15ZDB023）阶段性研究成果。

从古典经验主义到知觉现象学，身体感知逐渐取得重要的理论地位，但对身体感知的论述始终笼罩在一种形而上学氛围的哲学讨论中，忽视其文化、政治、经济等社会生成要素的重要影响，马克思主义美学思想为感知问题的研究提供了丰富的理论资源，从政治美学视域重新思考感知问题，成为当代美学研究的新方向。针对"听觉"这一对象的研究广泛存在于不同的理论路径中，尚未形成一种严格意义上的界定，在视觉中心主义的哲学传统下听觉常常受到忽视，而从文化研究路径出发展开的听觉文化研究，也缺少对听觉感知本身的关注。声音作为重要的听觉符码，参与了整个听觉政治符码系统的运作。听觉的心理图式虽然存在于个体内部，但个体的听觉经验方式实质上与意识形态操纵紧密关联，经由各种听觉媒介，听觉得以重塑和改写。从听觉的感知方式到听觉的表达机制，都显现出社会性的生成要素与政治性的运作机制。

一、听觉符码及其隐形权力

索绪尔将概念和音响形象（sound-image）的结合叫作符号①，这种音响形象以一种声音表象的感觉证明呈现出来，他将符号置于"音响形象"而非视觉能指中，这种能指是一个不加区分的听觉印象，可见索绪尔指认了声音在语言构成中的重要地位。索绪尔还将语言比作是一张纸，思想和声音互为正反面，没人能切开正面时不同时切开反面，即我们不能分割声音与意义，声音与意义同时发生、相伴而生，而语言是声音与意义共同构成的。雅各布森指出不可将声音的物质性与语音混为一谈，声音不仅仅只属于音调、音高、音质等物质因素构成的简单内容，它包含了意义②。声音不仅是身体中的一个物质属性，它逐步转换成语言符号

---

① 索绪尔：《普通语言学教程》，高明凯译，北京：商务印书馆，1980年，第102页。
② R.Jakobson，C Lévi-Strauss，J.Mepham，*Six lectures on sound and meaning*，Hassocks：Harvester Press，1978，p.2.

体系内部一个重要的表意要素，但意义是由集体系统确立的，个人无法独创一个语言系统，任何声音或概念都必须放置于其所属的语言系统中才能构成意义。不过，索绪尔只是在语言系统中谈论"音响形象"，忽视了复杂的社会生成因素。索绪尔的结构主义语言学被广泛运用到文化符号和表征领域，罗兰·巴特从符号学出发将语言和音乐的结合形容为"颗粒"，这种颗粒内在于身体，一种处在歌唱、聆听、演奏中的身体 ①。对于罗兰·巴特来说，听觉活动严格意义上是捕捉和理解信号的活动，首先是一种带着意义的符码行动，每一个声音都是一个文本，文本是具有生产性的，每一个文本都负载着特有的意义，没有任何不带意义的"裸音"(bare sound)，有的只是等待解释的符号代码。他提到音乐声响即便不是构成语言的话，至少构成了词义的系统 ②。听觉的符码化赋予声音以符码意义，声音的意义在不同符码的同一性和差异性中被生产出来。无论多么私人化的听觉经验，其声音的意义也必须进入语言规则和符码系统之中，才能够被传达、共享和理解。

霍尔将索绪尔语言模式和福柯的知识—权力联系起来。按照福柯的观点，知识是一种权力的运用和效果，权力的微观物理学及其规范技术最先应用于身体及身体感知，权力被置入身体习惯的诸形式和感知局部的权力关系之中。福柯的知识—权力与身体的联系扩展了表征的范围，福柯所关注的是已经作为表征体系的话语。霍尔认为符号的基本功用在于其表征意义，所有的文化实践和活动都依赖于意义，而意义在各类符号中产生，所有的文化实践活动都"像语言一样去运作"③。表征的结构主义方法论关注到了语言的社会文化的特征，表征是通过语言生产意义 ④，意义从来不是公开透明的，是一层一层表征符号的叠加和交叉，随着不同的历史、社会和语境而滑动变化。按照霍尔对"黑"的意指和所指变化的描述，

---

① R.Barthes, *The Grain of the Voice：Interviews 1962—1980*, trans〔J〕. Linda Coverdale. 1st ed. New York：Hill and Wang, 1985.

② 罗兰·巴特:《符号学美学》，董文学、王奎译，沈阳：辽宁人民出版社，1987年，第1页。

③④ 斯图尔特·霍尔:《表征：文化表征与意指实践》，徐亮、陆兴华译，北京：商务印书馆，2013年，第52页。

每一个能指和所指之间的关系都有其社会历史的特性，意义是特定社会习俗和历史文化系统下的产物，所有的意义都处于不断滑动中，听觉符号的意指内容同样如此，听觉符码也要像语言一样去运作，它使用了一些代替我们语言的符码传递信息、思想、概念、感情或情绪。可见，听觉早已被纳入符号编码的环节，以为自己对声音的听觉反应只是一种纯粹经验层面的感受力时，其实在这种身体感知中早已掺杂了复杂而繁多的社会、文化、政治等相关内容。

听觉符码化过程中隐藏着一种符号权力，它预先设定一种正统的意识形态从而建立起符号秩序，并昭示人们事物的法定意义是什么。听觉符号系统中所携带的符号权力基于人们的普遍意识，这种普遍意识根植于集体无意识的驯化，集体无意识的普遍认同便是符号权力无形地显现，从根本上说这种普遍共识是一种集体幻象，目的是符合上层阶级的根本利益，属于少数人的权力意识却被误识为普遍真理，它渗透进听觉感知的微观政治秩序中。听觉符号系统存在一套严格的编码秩序和符号运作的机制，不同的听觉表征系统及其相关的运作机制紧密地联结着阶级、性别和种族的区分。集体意识的符号及其需要被生产出来，个人被置于统治意识的符码系统中，所有符码都成为权力的拟像和怀旧，代码和拟像的相互作用替代了权力和统治的关系①。听觉符码的意识形态性体现在听觉符号系统的差异性结构中，符号系统本身也充满了政治的裹挟，携带着集体的意识形态。当听众反复被灌输音乐艺术的意涵，以此来区分、扩大和细化消费市场，这种散落的符号碎片就凝结着意识形态的隐形权力。

康德曾谈到"对颜色以及音调的感觉只有当两者都是纯粹时，才被正当地称之为美"②。不同于康德所言的"共通感"，人们对音乐的爱好并非完全来自纯粹共鸣，在对特定音乐"一见钟情"的体验里早已预设了认识的可能性。音乐这类声音艺术是对听觉不断编码、不断赋予其表征意义的过程，其作为重要的听觉符码

---

① D.Kellner, Jean Baudrillard, *From Marxism to postmodernism and beyond*, Stanford University Press, 1989, p.139.

② 康德：《判断力批判》，邓晓芒译，北京：人民出版社，2002 年，第 59 页。

最具区隔意味，对音乐的解码能力并非一种纯粹的感性判断。按照布迪厄的观点，只有当一个人拥有相关的文化知识，即已经接受了艺术编码的耳朵能够识别音乐艺术品，才能够获取音乐鉴赏的愉悦体验。

二、听觉媒介与意识形态

霍尔受阿尔都塞意识形态机器和葛兰西的文化霸权理论影响，重视意识形态在社会生活中的实践作用，他将大众媒介看作上层建筑，看作一种阿尔都塞意义上的"意识形态国家机器"，指出通过这些大众媒体可以塑造一种权力下的社会共识，大众媒介成为文化领导的重要工具[①]。汤普森将现代社会中象征形式的生产和流通与大众传媒产业活动联系起来，指认现代文化呈现出传媒化特征[②]。鲍德里亚则断言"媒介主导了意识形态的市场化和商业化"[③]。听觉符码从生产、传播到接收都带着明显的意识形态特征，广大听众无法参与声音制作和传播等关键过程，眼睛尚且有眼睑可以左右自己的目光，听觉主体作为意识形态作用下的社会产物，只能被动地、机械地完成听的动作，接收来自发声器传播的信息。视听媒介直接参与对主体感知的塑造和改写，利用听觉特性利于打造一种单向主导的听觉政治氛围。大众传播技术尤其是听觉媒介的兴起是进入现代社会的重要特征，人们的听觉方式和声音互动经验随之发生变化。听觉符号的意义在各种听觉媒介中得到释放，听觉媒介一方面尝试透露出大众心声，在各类听觉活动和实践中扮演大众

---

① 从马克思开始，意识形态作为批判理论和手段取得重要地位，意识形态这一概念从产生到受到歪曲、重述和重构之后，逐渐回到对文化政治日常生活的解释之中，阿尔都塞认为人生来就是意识形态的动物，葛兰西的文化霸权理论部分回应了阿尔都塞的意识形态理论，葛兰西将广大的文化实践当做意识形态实践，而大众文化也作为国家意识形态机器，霍尔吸收了前人的经验结合自己的表征理论，他认为意识形态是一种重要的政治表征实践。意识形态原本是一个大众阶级所不满的、带着强制性霸权色彩的词汇，到了后结构主义时代，这一宏大的概念以碎片化方式充满了大众日常生活的资产阶级想象。

② 约翰·B.汤普森：《意识形态与现代文化》，高铦译，南京：译林出版社，2012年，第83页。

③ 让·鲍德里亚：《符号政治经济学批判》，夏莹译，南京：南京大学出版社，2000年，第167页。

代言人，另一方面通过精心打造具有吸引力的节目，从身体感知到精神情感对广大听众进行意识形态操纵。依据霍尔对表征系统的阐释，听觉主体是在这种听觉符码化过程中被建构出来的，必须遵守表征系统中的话语规则才能掌握编码和解码的能力。

罗兰·巴特说"我们日常生活的一切，都依赖于表象，这是资产阶级拥有的，并且让我们也拥有的人与世界的关系"①。匿名的意识形态分布在各类视听媒介中，视听媒介直接或间接参与了表象的打造，经由视听媒介的传播，大众媒介传播中将上层阶级生活方式日常化，大众阶级向往上层阶级拥有的一切关系，在上层散布的表象"看出了"自己的位置，"听到了"自己的声音。在对听觉文化活动和实践的精心打造中，大众感受到自己有一种听的需求和欲望，听觉活动早已被符码化到阶级区分的符号系统中，由此产生的听觉需求是上层阶级和大众阶级共同缔造的符号幻象：一方面，上层阶级故意通过大众媒介透露自己的听觉趣味和偏好，通过宣传促使听觉趣味成为上层阶级的象征，以此来对听觉进行商业化，上层阶级的听觉活动成为大众阶级争相模仿的内容。另一方面大众阶级也试图在上层阶级散布的表象中"确认"自己的位置，耗费财力参加上层阶级习以为常的听觉活动，听演唱会、参加音乐会成为大众阶级竞相追逐的时尚。上层阶级针对大众消费者制定出一系列听觉活动方案，打造众多听觉文化活动，满足大众听众的听觉需求。

上层阶级在广大听众能识别的符号系统里打造听觉政治符码，在这种匿名的意识形态操弄中，在大众媒介的意识形态编码及其表征运作中收编广大视听受众。罗兰·巴特断言资产阶级不断将所有与人相关的东西都纳入意识形态，这些东西通过一种表象散布在大众的集体幻象中。阿达利将资本市场上流行的商业音乐看作是一种消音器，流行音乐通过简单的旋律压倒了不同的声音，覆盖和消解了大众的反对意见，音乐的政治功能便在此显现。上层阶级以文化民主的名义打造出

---

① 罗兰·巴特：《神话修辞术》，屠友祥译，上海：上海人民出版社，2016年，第171页。

具有集体特性的听觉景观，从听觉平等的维度打造出一种阶层平等的表象，本质上追求的却是商业利益。随着各类视听媒介的普及，大众感官在复杂多样的诱惑下也越来越容易满足，声音的民主幻象暂时缓解了大众在听觉方面的焦虑和压抑。审美消费时代，满足消费者的感性需求成为最大的经济驱动力，通过将听众的焦虑和担忧转换为一种听觉感官的享乐，既能达到盈利的目的，也能够从听觉审美感知层面控制大众。

三、听觉共同体的政治实践

涂尔干曾指认原始社会的认知体系是原始社会体系的衍生物，初民的理解范畴来自集体表象，个人的心智结构取决于群体的社会结构。威廉斯的感知结构（structure of feeling）同布迪厄的习性系统一样建构于种类不同的文化实践中，包含了特定时空内不同群体的行为举止、言行方式和感知模式等，不论是布迪厄的习性系统还是威廉斯的感知结构，其核心内涵反映出不同群体所处社会时空的文化表征，这其中也蕴含着文化编码和解码的过程。感知结构是文化与政治的重要表征，作为特定时代和地域存在的"活文化"，感知的"结构"（structure）暗示其稳定而明确的内在状态，按照一定的方式排列组合在人们的感知经验中，而作为人类感知的部分，它"作用于我们的活动中最微妙和最不可捉摸的那部分"[1]。威廉斯所言的感知经验既是私人的也是社会的活动体验，反映在个人或是集体的文化活动中，在个性的感知体验中蕴含着人类社会整体的感知经验。

感知结构是个人的身体感知走向群体的集体意识形态的表征过程，内化于个体私人的情感体验和文化活动中，在社会历史的发展中形成惯习，在集体意识的作用下建构出整体生活习性，包括了特定时代人们共同形成的味觉结构、听觉结

---

[1] R.Williams, *The long revolution*, Broadview Press, 2001, p.64.

构、视觉结构等情感体验和文化记忆。听觉结构便是一种与社会、文化、生活等经验联结形成的主体听觉和客体声音构成的稳定结构。听觉结构的社会构造反映了从单个个人到社会整体，从个体经验到集体经验，从过去到现在的听觉情感和经验。现代录音技术的发展巩固和更新了听觉在感知结构扮演的角色，不过声音记录的方式越来越清晰直白，虽然能够真实地储存过去的声音活动，作为一些历史关键事件的有效佐证，但这种记录不同于内在于文化经验的听觉内容，融于声音文化经验的听觉结构更多地体现了特定时空的情感和经验，这是机械记录工具所缺少的文化表征内容。听觉结构所表征的不只是一种简单的声音文化，它不是抽象意义的整体象征或笼统表述，而是个人社会的、实践的、具身的听觉体验，是个体听觉偏好建构与整体听觉文化实践活动结合的可靠证明，每一代人体验不同的听觉文化后不断累积形成不同的听觉结构。特定社会和历史时期的日常生活和音乐体验，包括不同时代的音乐物质材料，总体的聆听生活方式和主流的音乐思想，蕴含在人们听觉的深层情感结构之中。

　　不同的感知结构下形成不同的感知共同体，感觉或情感作为共同体的联结要素早在社会心理学中就已广泛讨论，共同体的集体认同不仅是一个心理认知过程，同时是一个感知认同的过程。加塔利也早就指出"集体"（collective）这一术语应该被理解为一个感知的复合体，一个情动共同体，复合体（multiplicity）中暗含了我（I）①。感知共同体的核心悖论就是：它只是通过持续拆分理想的共同点、形式或形象才将他们放在一起，这种悖论形成了历史、政治、审美状况，在这里需要对当代文化和艺术生产进行批判性的参与②。不同于传统的群体概念和所有基于共同信念和价值观念（社会、伦理和宗教）形成的集体，审美感知形成的共同体不断地流动和发展。朗西埃所言及的感知共同体（community of sense）其实更是一种歧感共同体（dissensual community），他利用歧感共同体取代感知共同体"和

① F.Guattari，G.Genosko，*The Guattari Reader*，1996，p.216.
② T.E.Lewis，*Communities of Sense*：*Rethinking Aesthetics and Politics*，Teachers，College Record，2005，p.2.

谐稳定"的状态，十分强调可感性断裂对感知共同体的影响。如果存在听觉共同体或声音共同体，必定基于人们听觉结构的同一性，这种听觉结构建构于听觉景观①中，也广泛地存在于各类感知符号碎片中。听觉可以作为一种政治操作的对象和手段，利用听觉文化尤其是音乐自然可以建构人们的听觉结构，打造听觉共同体。

如果存在某种具有稳定结构和缓慢变化的听觉结构，这种听觉结构必定蕴含在不同时期和地域的音乐等各类听觉文化之中，它们是打造听觉共同体的重要因素。音乐是由旋律、歌词、故事等符码因素共同构成的听觉文化，音乐在人们听觉结构的形成中扮演了重要的角色，音乐不仅强化人们听的文化体验，它同时提供给人们建构听觉结构的情感因素。无须赘述音乐在身体、文化建构和重建工作中的重要作用，在公共领域播放的声音是被精心挑选过的，为的是激发听众的情感和共鸣，是参与集体听觉塑造的关键环节。不同群体或单个个人面对同一组声音符号原本有着不同的理解，但面对有着政治强力或文化含义的歌曲，譬如政府文化机构宣传民族团结或历史文化的歌曲，大众在这种精心编码的政治歌曲中获得共同情感的听觉体验。针对听众打造共同的音乐文化，从听觉感官上塑造民族记忆，在教育宣传的规训和强化上累积听觉经验，人们在对某一类听觉文化的熟悉中形成身份认同感。政治歌曲便是聚焦于集体团结的文化制作，是集体意识符码化的一种形态，它将民众拉入某种听觉符号场景中。制造者从听觉出发打造集体认同感，在政治歌曲的长期积累而来的听觉经验中形成身份认同，通过我们听到的内容和听的方式强化认同感，个人听觉经验被卷入集体纪律规则和政治意识形态的运作中。通过特定的声音回到特定的年代和地域，从听众对特定声音或音乐的敏感度来看，听觉共同体的打造的确是一种有效的政治技术手段，为个体和

---

① 需要注意的是，"听觉景观"（soundscape）这一术语与 R. 默里·谢弗（Murray Schafer）的"声音景观"（soundscape）有所不同，谢弗的"声音景观"更强调一种主体之外的声音生态环境，在这篇文章的论述中，"听觉景观"更强调一种社会、文化、经济影响下有着具身性体验的听觉感知主体，并注重从这一听觉主体出发来定位复杂的现代听觉环境。

群体的联结提供方案，从听觉的感知层面打造大众的情感认同以及身份认同。

四、反表征主义下的聆听政治

在对听觉政治及其表达问题的相关思考中，我们也必须关注到听觉政治表达中的反表征力量，它涉及自由聆听的问题，这是来自听觉主体的抵抗政治学。听觉的特殊性在于它不是一种简单的身体感知反应，"聆听"与人的心灵接壤，这是其他身体感知缺少的维度，听觉默不作声却在听觉主体内心卷起声浪，唤起人们精神层面的情感反应。听觉文化也不同于其他感知文化，表征政治下的听觉主体存在于一种不断建构的听觉符码系统中，听觉主体是在各种听觉符码共同打造下形成的，反表征话语下的听觉感知更强调听觉主体的能动性。众多学者从认知科学维度出发拒绝表征，他们从欧陆传统哲学、分析哲学、现象学等理论汲取思想资源，试图将心灵和其他物质世界区分开来并强调认知重要性，从个性化的认知内部拒绝表征。安迪·克拉克（Andy Clark）认为结构的、符号的、表征的或计算的认知观点是错误的，非计算性和反表征才是研究具身性认知最好的思想和解释方案 ①。听觉属于认知的一部分，是认知科学研究的重要内容，本节无意从认知科学角度去探究听觉以反对听觉表征的相关问题，但听觉的确是身体感知中最具个性化的认知通道，是否存在一种纯粹感知的听觉反应？听觉主体是否能够自主决定自己的听觉内容呢？在现代社会的表征文化中，人们的听觉感知主要来自对听觉符码的编码和解码过程，那么在这种听觉符码及其符码系统的运作机制之外，是否存在一种不被表征的听觉？

反表征随处可见，听觉反表征的激进政治涉及听觉主体的问题，后结构主义

---

① A.Clark, *Mindware*: *An introduction to the philosophy of cognitive science*, Oxford University Press, 2000, p.128.

高度关注图像和物质的转向合并并走向一种反表征和反符号学①。早在鲍德里亚的后结构主义语境中，由于主体在拟像世界的碎片化，符号与真实之间的表征关系遭受普遍的质疑。符码不再有现实具体的指向，它变得零碎而无所指涉，于是真实和幻象越来越难以区分。符号与拟像比真实更真实，人们生活在虚拟景观中，拟像和仿真遮蔽了真实。声音在一种拟像化中使得听觉主体丧失了一种真实的感知体验，此外，现代立体声音系统更是吞噬了听众主体，人们缺乏明确的判断来区分声音的真实与幻象，人们的听觉迷失在技术理性的完美罪行之中，虚拟世界改变着人们具身的听觉经验方式。录音技术的发展引发我们对"真实"文明的思考，原本（original）和复制（copy）联结着声音与真实的关系，发展出一种比真实更真实（more real than reality）的高保真，这使得后现代听觉主体减弱了自己区分真实与幻象的能力，鲍德里亚认为高保真技术对声音的完美复刻做到了原本和复制间差异的可忽略和难以察觉②。早期录音设备是肉眼可见的声音物质材料，而电子声音比需要物理材料波动的录音声音更加真实，听觉媒介"消失"了，声音复制技术也愈加完美。在后现代听觉景观中，人们时刻都处于真实和虚幻的边界中，原本的声音和它的复制之间变得没有区分，在这种声音的仿真世界里，模拟的符号覆盖了现实的物质材料，没有主体的声音变成了游荡的幽灵，大众意识被这种真实的听觉幻象所操纵。

聆听方式始终处于有机的动态变化之中，我们不断通过新的技术和手段更新人们的听觉感知方式，新的媒介技术产生新的听觉装置，他们能够在最大程度上保留声音录制的"真实性"。现代录音技术为唤醒听觉记忆提供工具，利用现代声音技术可以创造记忆和身份认同，在现代声音技术基础上更能够对人的记忆进行篡改和清洗。现代声音技术常常被放置在后人类语境的讨论中，尤其是人工智能的技术变革中，需要警惕的是在现代技术的操控下，人们的感官被各类视听媒

---

① I.Verstegen，*The Anti-Sign：Anti-Representationalism in Contemporary Art Theory*，Culture，*Theory and Critique*，2016，57（2），pp.215—227.

② J.Baudrillard，*The Year 2000 has Already Happened*，Body Invaders. Macmillan Education UK，1987，pp.65—66.

介分离，各类感知记忆不断碎片化，身体感知逐渐呈现出"异化"的状态，在这种"异化"之中主体逐渐丧失自我。道格拉斯·卡恩（Douglas Kahn）曾将录音机的发明理解为面向声音感知和聆听的一个新兴现代性的标志，塞雷米塔基斯（Seremetakis）却对这种现代性对感知的影响表示担忧，他认为现代性威胁着感官记忆的生存和地位，现代社会中感官记忆逐渐消除，这是劳动和感知的专业性和合理性极端分化的结果①。感知的异化问题早在马克思对资产阶级的批判中便引发重要讨论，需要质疑的是，听觉在现代性"剥夺"或"强制收听"之后，主动聆听是否还成为可能？

反表征主义实质上是一种反权力压迫，感知的被动性、非理性特征使得其应用于推理、表达、计算等内容变得困难，但米歇尔·基尔霍夫（M.Kirchhoff）提出反表征主义不是一个有根据的认知理论，而是一种本体论，他认为反表征分析仅仅适用于一些无意识的非认知②。反表征主义仅仅用反应论来应对表征反映，这种激进的反表征主义容易使得主体陷入一种纯粹反应决定论，是否真的只是一种无意识的非认知，如果存在，这种无意识的非认知是否存在在认知属性之中，当面对意向性和行为自治等重要议题时，这是需要谨慎思考的问题。不过，反表征理论为我们的听觉研究提供了一个思路，要重视对听觉主体的辨析。在听觉表征性中谈论反表征主义最关键的问题是听觉主体的丧失，而在主体消解的后人类语境或主体碎片化的后结构主义话语之中，仍然无法摆脱意识形态权力的操纵。聆听看似是一种不加表征的主动行为，它涉及听觉主体内部的意向性，从意向性到具身性的听觉感知，主体的听觉能动性是我们无法忽视的部分，但在这种表征世界中，反表征何尝不是一种表征方式，它是比表征主义更加激进的表征方式。个体经验是否存在不被表征的聆听方式，或许在另一个理论话语中是存在的，不过，如果用反表征主义来推出一种不加表征的聆听，显然是困难重重的。

---

① *The senses still*，University of Chicago Press，1996，pp.9—10.

② M.Kirchhoff，*Anti-representationalism*：*Not a well-founded theory of cognition*，*Res Cogitans*，2011，Vol.2，pp.1—34.

可见，即便从听觉主体聆听的方式出发，也无法回避听觉的政治特性，回到听觉政治及其表达机制这一论题，听觉因其易被操纵的特性，这一感知始终处于意识形态的管控之下。听觉政治是现代权力编码的重要内容，不同的听觉符码都根植于不同的符码系统和性情系统，在官方意识形态和大众视听娱乐的结合下，通过操纵各类视听媒介，控制听众的听觉需求，进而打造一类顺从的耳朵，所以，治理听觉也成为现代政治重要的技术手段和目的。听觉早已参与权力分配和统治秩序，旧的声音被颠覆之后变成噪音，新秩序下的声音被指认。正如亚里士多德将人类说话表意的话语声音与动物表达快感、愉悦的生物性声音区分开来，而政治之所以存在，就在于面向同一种感知能力却无法达成共识的现实。政治生活是由一系列感知的表达和结构组成 ①，从感知层面思考政治，尤其是从听觉维度展开对当代政治生活相关论题的思考，仍然有值得进一步讨论的空间。

（本文编辑：雀　宁）

---

① D.Panagia，*The political life of sensation*，Duke University Press，2010，p.9.

作为"感性生成论"的美学

——《1844 年经济学哲学手稿》美学思想新探

张震 *

（云南大学文学院）

【内容摘要】

马克思在《1844 年经济学哲学手稿》中将生成论的思维方式引入感性问题的探讨，从而建构了一种作为感性生成论的美学。感性的生成是感性的实践生成、社会生成与历史生成的统一。感性生成与美及艺术有着密切的联系。美在感性活动中生成，感性的生成是感性向美生成。美在感性活动中生成及感性向美生成的过程，是"美的规则"运用 / 生成的过程。艺术是美在感性活动中生成的特殊方式与感性向美生成过程中的历史环节。就"跨学科""超学科"的学科结构而言，作为感性生成论的美学与韦尔施的"超越美学的美学"有着相似性。但是，无论是学科领域的广度，还是其存在论基础的深度，以及"多元性"伦理内涵的真实性与丰富性，作为感性生成论的美学都超越了韦尔施的理论构想，表现出巨大的优越性，展现了

* 张震，1976 年生，湖北利川人，文学博士，云南大学文学院副教授，主要从事美学、诠释学研究。

本文系国家社科基金重大项目"当代美学的基本问题及批评形态研究"（15ZDB023）阶段性研究成果。

《1844 年经济学哲学手稿》美学思想的当代意义。

【关键词】

马克思;《1844 年经济学哲学手稿》;感性生成论;美学

作为"马克思主义美学的真正诞生地和秘密"①,《1844 年经济学哲学手稿》(以下简称《手稿》)对当代中国美学有着举足轻重的影响。本文尝试从感性问题入手,重新探讨《手稿》的美学思想。在《手稿》中,马克思将生成论的思维方式引入感性问题的探讨,从而建构了一种"感性生成论"。在此基础上,马克思重新厘定了美和艺术在美学 / 感性学中的位置。因此,《手稿》中的美学可以视为一种作为感性生成论的美学。不仅如此,感性问题的突破也带来美学对自身边界的跨越,因此,作为感性生成论的美学也是一种"超越美学的美学"。通过与韦尔施的"超越美学的美学"构想做比较,可以在一定程度上展现《手稿》美学思想的深度、广度及其当代意义。

一、感性的生成

一般认为,《手稿》中马克思关于感性问题的论述带有明显的费尔巴哈的痕迹。不过,这些痕迹"主要是一个术语表述的问题"②。《手稿》的感性理论与费尔巴哈之间存在着原则上的区别。1845 年的《关于费尔巴哈的提纲》将此明确表述为:"从前的一切唯物主义(包括费尔巴哈的唯物主义)的主要缺点是:对对象、

---

① 朱立元:《历史与美学之谜的求解:论马克思〈1844 年经济学哲学手稿〉与美学问题》,上海:上海人民出版社,2014 年,第 32 页。

② 同上,第 76 页。

现实、感性，只是从客体的或者直观的形式去理解，而不是把它们当作感性的人的活动，当作实践去理解，不是从主体方面去理解。"① 研究者一般将其概括为"感性直观"与"感性活动"或"感性实践"的区别。这固然是准确的。不过，从更深层次来看，这里还存在着"现成论"与"生成论"这两种思维方式的区别。也就是说，在《手稿》中，感性不是现成的、已完成的存在，而是不断生成变化的、未完成的存在。感性不仅仅作用于实践、显现为实践，而且感性本身就是实践，这种感性本身的实践就是感性的生成。

具体而言，可以从以下三个方面来把握感性的生成：

首先，从生成的方式来看，感性是在对象性的实践活动中生成的。马克思认为，对象性是感性的基本规定："说一个东西是感性的即现实的，是说它是感觉的对象，是感性的对象，也就是说在自身之外有感性的对象，有自己的感性的对象。"② 因此，感性作为实践活动是对象性的实践活动。对作为感性存在物的人来说，感性的对象性实践活动不仅仅是对象的"感性的占有"③，而且是人的现实的本质力量的对象化："说人是肉体的、有自然力的、有生命的、现实的、感性的、对象性的存在物，这就等于说，人有现实的、感性的对象作为自己本质的即自己生命表现的对象；或者说，人只有凭借现实的、感性的对象才能表现自己的生命。"④ 值得注意的是，这种对象化并非是现成性的："正像人的对象不是直接呈现出来的自然对象一样，直接地存在着的、客观地存在着的人的感觉，也不是人的感性、人的对象性。"⑤ 对象只有在对象性实践活动中才能从"自然对象"生成为"人的对象"，感性也只有在对象性实践活动中才能从"人的感觉"生成为"人的感性"与"人的对象性"。人的感性的对象性活动作为人的本质力量的对象化，就是感性的

---

① 卡尔·马克思：《关于费尔巴哈的提纲》，《马克思恩格斯选集》（第一卷），中央编译局译，北京：人民出版社，2012 年，第 133 页。
② 卡尔·马克思：《1844 年经济学哲学手稿》，中央编译局译，北京：人民出版社，2014 年，第 104 页。
③ 同上，第 81 页。
④ 同上，第 103 页。
⑤ 同上，第 104 页。

实践生成："一方面为了使人的感觉成为人的，另一方面为了创造同人的本质和自然界的本质的全部丰富性相适应的人的感觉，无论从理论方面还是从实践方面来说，人的本质的对象化都是必要的。"①

其次，从生成的结构来看，感性是在多重关系中生成的。这里的"多重关系"包括人与自然的关系、人与他人的关系以及人与自身的关系。马克思认为，自然界作为人的"感性的外部世界"②是"人的无机的身体"："在实践上，人的普遍性正是表现为这样的普遍性，它把整个自然界——首先作为人的直接的生活资料，其次作为人的生命活动的对象（材料）和工具——变成人的无机的身体。"③不过，"直接的感性自然界，对人来说直接是人的感性（这是同一个说法），直接是另一个对他来说感性地存在着的人；因为他自己的感性，只有通过别人，才对他本身来说是人的感性。"④就这里涉及人与自然、人与他人、人与自身三种关系来说，可以看到：①这三种关系都是感性的；②这三种关系都是对象性的；③这三种关系是相互关联、密不可分的。这三种关系的统一就是"社会"："只有在社会中，自然界对人来说才是人与人联系的纽带，才是他为别人的存在和别人为他的存在，只有在社会中，自然界才是人自己的合乎人性的存在的基础，才是人的现实的生活要素。"⑤对马克思来说，社会同样不是现成的，而是"正在生成"与"已经生成"⑥的："正像社会本身生产作为人的人一样，社会也是由人生产的。"⑦因此，感性在人与自然、人与他人、人与自身的多重关系中的生成，也就是感性的社会生成。

再次，从生成的过程来看，感性的生成与人的历史是同一个过程。马克思认为："整个所谓世界历史不外是人通过人的劳动而诞生的过程，是自然界对人来说的生成过程，所以关于他通过自身而诞生、关于他的形成过程，他有直观的、无

---

① 卡尔·马克思：《1844 年经济学哲学手稿》，第 84 页。
② 同上，第 48 页。
③ 同上，第 52 页。
④ 同上，第 87 页。
⑤ 同上，第 79 页。
⑥ 同上，第 84 页。
⑦ 同上，第 79 页。

可辩驳的证明。"① "历史"就是人通过劳动——人的对象性的感性实践活动——而"诞生"和"形成"的过程，也是"自然界对人来说的生成过程"。"自然界对人来说的生成"也就是"自然的人化"，既包括作为人的"感性的外部世界"的自然界的人化，也包括作为"自然存在物"——也就是"感性存在物"——的人本身的人化。因此，人的"诞生"和"形成"的历史过程与感性向"人的感性"的生成是同一个过程。进而言之，历史作为人的生成史是"一种有意识地扬弃自身的形成过程"②，因而感性的生成同样不是线性的进步，而是辩证扬弃的过程。人的生成包含着对人的异化的扬弃，感性的生成也包含着对感性的异化的扬弃。马克思认为，在异化的社会状态即私有制社会中，"一切肉体的和精神的感觉都被这一切感觉的单纯异化即拥有的感觉所代替"，而"对私有财产的扬弃，是人的一切感觉和特性的彻底解放；但这种扬弃之所以是这种解放，正是因为这些感觉和特性无论在主体上还是在客体上都成为人的"③。这进一步说明了感性的生成与人的生成的历史同一性。

综上所述，感性生成的三个方面可以概括为感性的实践生成、社会生成与历史生成，而三者实际上是统一的。也就是说，在《手稿》中，感性的生成是以对象性实践活动方式展开的，在人与自然、人与他人、人与自身的多重关系中，从感性到人的感性的生成过程。这一生成的过程既有丰富复杂的社会历史内涵，又表现出鲜明的辩证品格与价值特性。可以认为，这种鲜明的辩证品格与价值特性，正是《手稿》的"生成"与德勒兹的"纯粹生成"的根本区别之所在。

二、感性生成与美及艺术的关系

众所周知，美学是作为"感性学"而诞生的。不过，从美学史来看，美和艺

---

① 卡尔·马克思：《1844 年经济学哲学手稿》，第 89 页。
② 同上，第 105 页。
③ 同上，第 82 页。

术的问题则构成了一般意义上的美学所关注的核心问题。如果我们在感性学的层面将《手稿》的感性生成论视为一种美学的话，必须探讨感性生成与美及艺术之间的关系问题。这实际上也是对美和艺术的问题在美学 / 感性学中的位置的重新厘定。《手稿》关于感性生成与美及艺术的关系的论述可以概括为以下三个命题：

其一，美在感性活动中生成，感性的生成就是感性向美生成。

首先可以发现，在《手稿》中，美是不离感性的："对于没有音乐感的耳朵来说，最美的音乐也毫无意义，不是对象。"[1] 不过，这并不意味着感性就是美："囿于粗陋的实际需要的感觉，也只具有有限的意义……忧心忡忡的、贫穷的人对最美丽的景色都没有什么感觉；经营矿物的商人只看到矿物的商业价值，而看不到矿物的美和独特性。"[2] "美不离感性"中的"感性"是感性活动中生成的"人的感性"与"人的感性的丰富性"[3]。一方面，"不言而喻，人的眼睛与野性的、非人的眼睛得到的享受不同，人的耳朵与野性的耳朵得到的享受不同"[4]。这是针对"人的感性"来说的，而这里的"享受"无疑包含着审美的享受。另一方面，"社会的人的感觉不同于非社会的人的感觉"[5]。这是针对"人的感性的丰富性"来说的，"社会的人的感觉"是在人与自然、人与他人、人与自身的多重关系中充分展开其丰富性的"人的感性"，而"社会的人"的享受，"无论就其内容或其存在方式来说，都是……社会的享受"[6]。进而言之，马克思所说的"感性"是活动、实践、生成意义上的"感性"，就是感性的实践生成活动本身。因此，与美相关联的"感性""人的感性""人的感性的丰富性"，也应该在此意义上来理解。这也就是马克思所说的："劳动生产了美。"[7] "劳动"就是人的对象性的感性实践活动，而人的对象性的感性实践活动作为人的本质力量的对象化，就是感性的实践生成。因此，"劳动

---

[1]　卡尔·马克思：《1844 年经济学哲学手稿》，第 83 页。
[2][3][5]　同上，第 84 页。
[4]　同上，第 83 页。
[6]　同上，第 79 页。
[7]　同上，第 49 页。

生产了美"，不仅仅意指物质生产劳动对美的奠基作用，而且意味着美就在对象性的感性实践活动中的生成。不仅仅感性是生成性的，不离感性的美也是生成性的。美就在感性活动中生成。

值得注意的是，在作为美的生成的对象性的感性实践活动之中，美不仅仅是感性活动的对象的规定，也是在感性活动中生成的感性本身的规定，或者说，美是感性活动中的感性及其对象的关系的规定。马克思指出："对象如何对他来说成为他的对象，这取决于对象的性质以及与之相适应的本质力量的性质；因为正是这种关系的规定性形成一种特殊的、现实的肯定方式。眼睛对对象的感觉不同于耳朵，眼睛的对象是不同于耳朵的对象的。每一种本质力量的独特性，恰好就是这种本质力量的独特的本质，因而也是它的对象化的独特方式，是它的对象性的、现实的、活生生的存在的独特方式。"① 这里关于本质力量及其对象的性质和关系的探讨，是就感官——眼睛和耳朵——的感性活动的差异而言的，但是，我们也可以将其推衍到作为美的生成的对象性的感性活动之中。也就是说，对象对人来说成为美的对象，不仅仅取决于对象本身的性质，而且取决于"与之相适应的本质力量"也就是感性审美的本质力量的性质，或者更准确地说，取决于感性及其对象之间的审美关系。在此审美关系中，美不仅仅是对象的规定，还是作为主体的感性的规定，是它的"独特的本质"与"对象化的独特方式"，它的"对象性的、现实的、活生生的存在的独特方式"。当然。感性或者说"美的感性"的这种"对象性的、现实的、活生生的存在"同样是生成性的："只是由于人的本质客观地展开的丰富性，主体的、人的感性的丰富性，如有音乐感的耳朵、能感受形式美的眼睛，总之，那些能成为人的享受的感觉，即确证自己是人的本质力量的感觉，才一部分发展起来，一部分产生出来。"② 这里所说的"人的本质客观地展开"，就是作为人的本质力量对象化的人的对象性的感性实践活动。感性作为人的本质力量，只有通过对象性实践并落实到产品之中，才能将其丰富性"客观地展开"。正

---

① 卡尔·马克思：《1844年经济学哲学手稿》，第83页。
② 同上，第84页。

是在这一"客观地展开"中,那些"能成为人的享受的感觉""确证自己是人的本质力量的感觉"也就是"美的感性"才能"发展"与"产生"。所谓的"发展"与"产生",正是对"生成"的具体化:"美的感性"建立在人的作为自然本能的感官作用及其活动的基础之上,因而是"发展"起来的;同时人又在感性实践活动中创造出新的感性形式及其内容,因而是"产生"出来的。因此,在《手稿》中,感性的生成不仅仅是感性向"人的感性"的生成,还是感性向"美的感性"的生成,即"感性向美生成"。

其二,美在感性活动中生成及感性向美生成的过程,是"美的规则"的运用/生成的过程。

这里的"美的规则",一般译作"美的规律"。朱立元先生曾经建议:"将《巴黎手稿》中的 Gesetz 改译为'规则'或'法则',de Gesetzen der Schnheit 改译为'美的规则'或'美的法则'",以突出其"属人的,与人密不可分"的特质。① 我们对此非常赞同。从《手稿》的文本结构来看,"美的规则"是在探讨异化劳动的第三个规定——人与人的本质相异化——时提出来的。这本身就在一定程度上说明了美的规则与人的本质之间的紧密联系。在《手稿》中,马克思将人的本质也称为"人的类本质",其根源在于人的存在即"人的类存在":"人是类存在物,不仅因为人在实践上和理论上都把类——他自身的类以及其他物的类——当作自己的对象;而且因为——这只是同一种事物的另一种说法——人把自身当作现有的、有生命的类来对待,因为人把自身当作普遍的因而也是自由的存在物来对待。"② 我们认为,这里关于"人的类存在"的两个规定,即人把"他自身的类以及其他物的类"当作对象和"把自身当作普遍的因而也是自由的存在物来对待",与"美的规则"的两个方面,即在生产中"懂得按照任何一个种的尺度来进行生产"与"懂得处处都把固有的尺度运用于对象"③,是相对应的。所谓"类",按照马尔库

---

① 朱立元:《历史与美学之谜的求解:论马克思〈1844 年经济学哲学手稿〉与美学问题》,第 310 页。
② 卡尔·马克思:《1844 年经济学哲学手稿》,第 51 页。
③ 同上,第 53 页。

塞的解释，"一种存在物的类……是指这种存在物所具有的所有特性中为全体所共有的'原则'，即这种存在物的一般的本质"①。因此，人的类存在中的把"他自身的类以及其他物的类"当作对象的规定，在人的生产中，就是按照对象存在的本质或规则即"任何一个种的尺度"来生产；人的类存在中的把自身当作"普遍的因而也是自由的存在物"来对待，在人的生产中，就是自由地按照自己的普遍意志与目的即"固有的尺度"来生产。把两个方面结合起来，"人也按照美的规律（按：即美的规则）来构造"②，就是人的存在及其本质或者说人的类存在及其类本质在生产活动中的实现。"美的规则"在根本上是"属人的"。

这里的关键在于，"美的规则"与感性生成有何联系呢？一方面，"美的规则"是人的生产的基本规则，人的生产的基本形式就是劳动，也就是人的对象性的感性实践活动，就是人的感性的生成活动。因此，"美的规则"同样是感性生成的基本规则，"美的规则"贯穿、运用于人的感性生成的全部过程与形态之中——尽管其程度、范围、形式等等千差万别。可以说，正是因为人的感性生成活动自觉或不自觉地遵循着"美的规则"，美才会在感性活动中生成。另一方面，"美的规则"是人的存在及其本质在生产活动中的实现，人的存在及其本质并非现成性的，而是生成性的："马克思认为，本质和实际情形，本质的历史状况和现存的历史状况，不再是相互分离或彼此独立的：因为人的历史经验被归纳到关于人的本质的定义中去了。我们所论述的不再是在每个具体历史阶段都千篇一律的抽象的人的本质，而是在历史中并且只有在历史中才能被确定的人的本质。"③因此，人的本质、人的存在与人的历史，在生成论意义上具有同一性。与此相关联，"美的规则"作为人的存在及其本质在生产活动中的实现，同样具有生成性。"美的规则"在人的历史中生成。进一步而言，如前所述，人的历史与感性的生成是同一个过

---

① 赫伯特·马尔库塞：《历史唯物主义的基础》，《西方学者论〈1844年经济学哲学手稿〉》，复旦大学哲学系现代西方哲学研究室编译，上海：复旦大学出版社，1983年，第106页。

② 卡尔·马克思：《1844年经济学哲学手稿》，第53页。

③ 赫伯特·马尔库塞：《历史唯物主义的基础》，《西方学者论〈1844年经济学哲学手稿〉》，第121页。

程，人的历史就是感性向"人的感性"的历史生成，感性向"人的感性"的生成就是感性向美生成。因此，美的规则在人的历史中的生成，也就是在感性向美生成中生成。事实上，正是由此，才能解决上一个命题中似乎所包含的"矛盾"：美在感性活动中生成，而感性的生成又是感性向美生成，美如何可能既"生成着"，又是"生成之所向"呢？美之所以在感性活动中"生成着"，是因为"美的规则"始终贯穿、运用于感性活动之中，但是，既然"美的规则"本身也是生成性的，那么，"美的规律（按：即美的规则）本身也有一个历史的生成和发展、丰富的过程，而不是一个固定不变的封闭体系"①，因此，"美的规则"在感性活动中的运用同时就是"美的规则"的生成，"美的规则"始终在生成中，感性的生成始终在向美的生成中。因此，美既在感性活动中生成着，同时又是感性生成之所向。美在感性活动中生成及感性向美生成的过程，就是"美的规则"的运用／生成的过程。

其三，艺术是美在感性活动中生成的特殊方式与感性向美生成过程中的历史环节。

"艺术"概念在《手稿》中是在认识的意义上首次出场的："从理论领域来说，植物、动物、石头、空气、光等等，一方面作为自然科学的对象，一方面作为艺术的对象，都是人的意识的一部分，是人的精神的无机界，是人必须事先进行加工以便享用和消化的精神食粮。"② 这里的所说的"理论"，指的就是对世界的认识。艺术与科学一样，都是对感性世界的认识。但是，在马克思这里，艺术不仅仅是认识，还是实践，或者说认识本身就根源于实践。"宗教、家庭、国家、法、道德、科学、艺术等等，都不过是生产的一些特殊的方式，并且受生产的普遍规律的支配。"③ 这段话意义丰富。①艺术在实践的意义上也属于生产，即对象性的感性实践活动，也就是感性的实践生成。②作为生产，作为感性的实践活动与感性的实践生成，艺术受到"生产的普遍规律"的支配，"美的规则"无疑是"生产的普遍

---

① 朱立元：《历史与美学之谜的求解：论马克思〈1844年经济学哲学手稿〉与美学问题》，第218页。
② 卡尔·马克思：《1844年经济学哲学手稿》，第52页。
③ 同上，第78页。

规律"之一，因而艺术的生产也遵循着"美的规则"，是"美的规则"在感性实践活动中的运用与生成。③艺术虽然是生产，但与"宗教、家庭、国家、法、道德、科学"等一样，属于"特殊的方式"的生产，因此也就是感性的实践生成的特殊方式，是"美的规则"在感性实践活动中运用与生成的特殊方式，是美在感性中生成的特殊方式。《手稿》并未对艺术生产方式的特殊性进行说明，但如果结合生产是作为人的本质力量的对象化的对象性实践活动来看，可以认为，艺术生产的特殊性既是艺术生产对象的特殊性，也是作为人的本质力量的艺术生产能力的特殊性；结合"美的规则"是两个尺度的统一并运用于对象性的感性实践活动来看，可以认为，艺术生产的特殊性既是"美的规则"的运用对象的特殊性，又是"美的规则"的运用方式以及两个尺度的具体内涵、表现形式、结合方式等的特殊性。

《手稿》中涉及艺术问题的论述，还有一段常被人忽视的话："工业的历史和工业的已经生成的对象性的存在，是一本打开了的关于人的本质力量的书，是感性地摆在我们面前的人的心理学；对这种心理学人们至今还没有从它同人的本质的联系，而总是仅仅从外在的有用性这种关系来理解，因为在异化范围内活动的人们仅仅把人的普遍存在，宗教，或者具有抽象普遍本质的历史，如政治、艺术、文学等等，理解为人的本质力量的现实性和人的类活动。"①就美学而言，这段话中的"具有抽象普遍本质的历史，如政治、艺术、文学等等"的表述尤为重要。将艺术、文学视为"具有抽象普遍本质的历史"，是"异化范围内活动的人们"的理解，即异化状态下的"抽象思维"②的产物。但是，这种"抽象思维"的异化，是就"抽象普遍本质"来说的，而不是就"历史"来说的。也就是说，艺术、文学是"历史"，这是《手稿》所赞成的。进而言之，联系上下文来看，这里所说的"抽象普遍本质"中的"普遍本质"，指的是"人的本质"。对马克思来说，"人的本质"不是抽象的，而是具体的；不是超历史的，而是历史性的；不是现成

---

① 卡尔·马克思：《1844年经济学哲学手稿》，第85页。

② 同上，第95页。

的，而是生成的："历史不是简单地'发生'；人类自己创造自己的历史，人通过自己行动和需求本质性地形成和转变自己的本质。"① 也就是说，人的本质与人的生成具有同一性。因此，艺术不仅仅是"历史"，而且是人的具体性与生成性的本质的历史。人的本质的具体性与生成性归根到底是感性的具体性与生成性，人的历史同时也是感性向"人的感性"生成的历史。因此，艺术作为历史，同样归属于感性生成的历史。当然，"政治、艺术、文学等等"的表述说明，艺术是与工业、政治、道德、宗教、科学、法律等等一起，构成了人的生成史与感性生成史，构成了"关于人的本质力量的书"和"感性地摆在我们面前的人的心理学"。"宗教、财富等等不过是通向真正人的现实的道路"②，这里的"宗教、财富等等"，是可以把艺术包括在内的。艺术也不过是"通向真正人的现实的道路"之一，是人的生成与感性的生成的历史的基本环节。进一步就美学来说，人的生成与感性的生成，也就是感性向美生成，因此，艺术不仅仅是美在感性活动中生成的特殊方式，还是感性向美生成的历史环节。

三、超越美学的美学

通过对感性生成与美及艺术之间的关系的探讨，可以发现，《手稿》中的感性生成论不仅包含了对美和艺术问题的深刻见解，而且其基本命题之间有着内在的逻辑联系。就此而言，这里的感性生成论确乎构成了一种自成系统的美学。不过，在《手稿》的语境中，作为感性生成论的美学就其思想内涵、问题领域、价值目标等等来说，远已突破了传统美学或者说一般意义的美学的边界，可以视为一种"超越美学的美学"。

---

① 乔治·马尔库什：《马克思主义与人类学：马克思哲学关于"人的本质"的概念》，李斌玉、孙建茵译，哈尔滨：黑龙江大学出版社，2011年，第69页。
② 卡尔·马克思：《1844年经济学哲学手稿》，第97页。

　　"超越美学的美学"，是当代西方美学的学科构想之一。沃尔夫冈·韦尔施、海因茨·佩茨沃德、诺埃尔·卡罗尔等著名美学家都曾有相关的或相类似的论述，其中尤以韦尔施所论为详。韦尔施认为，通行的对美学的理解是"美学意味着艺术性，解释艺术的概念，且特别关注美"，而"超越美学的美学"作为美学的"学科新形式"，就是"超越艺术论，超越这一限于艺术的美学理解"①。也就是说，美学必须"向艺术之外的问题开放"②。因此，"超越美学的美学"具有一种"跨学科"或者说"超学科"的结构："美学应该是这样一种研究领域，它综合了与'感知'相关的所有问题，吸纳着哲学、社会学、艺术史、心理学、人类学、神经科学等等的成果。'感知'构成其学科的框架，尽管艺术可能是最重要的，但它只是这一学科中的一个，也仅仅是一个研究对象……美学本身应该是跨学科、或者说是超学科的，而不是只有在与其他学科交会时才展示其跨学科性。"③

　　可以看到，就"向艺术之外的问题开放"而言，就"跨学科""超学科"的学科结构而言，《手稿》中的作为感性生成论的美学，无疑正是一种"超越美学的美学"。在《手稿》的语境中，感性向美生成的历史就是人的生成史。"五官感觉的形成是迄今为止全部世界历史的产物。"④ 不仅艺术、文学等等与美相关联，工业、财富、家庭、国家、政治、宗教、法律、道德等等，作为感性生成的历史环节，也都可以纳入美学的范围之中。因此，作为感性生成论的美学所涉及的学科领域，也就包含了所有与人相关联的学科，无论是人文社会科学，还是自然科学："感性（见费尔巴哈）必须是一切科学的基础。科学只有从感性意识和感性需要这两种形式的感性出发，因而，科学只有从自然界出发，才是现实的科学。……自然科学往后将包括关于人的科学，正像关于人的科学包括自然科学一样：这将是一门科学。"⑤ 由此可见，韦尔施所设想的"超越美学的美学"的"跨学科""超学科"

---

① 沃尔夫冈·韦尔施：《重构美学》，陆扬、张岩冰译，上海：上海译文出版社，2006年，第86页。

② 同上，第90页。

③ 同上，第113—114页。

④ 卡尔·马克思：《1844年经济学哲学手稿》，第84页。

⑤ 同上，第86—87页。

的学科结构，早在马克思的《手稿》这里就得以建构起来的。当然，这里也存在着一个重要的区别：韦尔施的"超越美学的美学"以"感知"作为其"学科的框架"，马克思的感性生成论作为"超越美学的美学"，则以"感性"——实践活动意义上的"感性"——作为其学科的框架。因此，尽管都具有"跨学科""超学科"的特性，两者的学科框架在宽广程度上仍然存在着差异。可以看到，在《手稿》中，"感知"就是"感性意识"，而"感性意识"由"感性存在"所决定①，并在感性实践活动中生成："感觉在自己的实践活动中直接成为理论家。"② 因此，只有将实践活动意义上的"感性"作为学科框架，"超越美学的美学"才能将其视野扩展到人的"全部世界历史"，因而涉及所有人和自然的科学。也就是说，《手稿》中的作为感性生成论的美学，在"跨学科""超学科"的程度或者说拓展美学边界的广度上，早已超越韦尔施的设想，展现出涵盖历史与知识全域的惊人的广阔性。

《手稿》的感性生成论作为"超越美学的美学"，不仅仅在学科领域的广度上，而且在存在论的深度上，同样超越了韦尔施的理论构想。

韦尔施的"超越美学的美学"，与当代社会与文化的审美化进程有着紧密的联系。他认为，在"今天我们所关心的一切审美化中的最为根本的一种"，是"认识论的审美化"，即"认知和现实被证明本质上是审美属性"，它"构成了当前审美化过程的实际基础，解释了这些过程为何被人们广泛接受"③。事实上，"认识论的审美化"不仅仅是当代审美化的"实际基础"，还是韦尔施的"超越美学的美学"构想的哲学基础："审美的新的基础性和普遍性是认识论审美化的结果。"④ 值得注意的是，"认识论的审美化"不仅是认识的自我反思，也是存在的重新设定。"审美"不仅仅是认知的基本结构，而且还是被认知的现实的存在模式："存在的审美模式不再仅仅与审美发生关系，而是作为一种普遍的存在模式被人理解。……现

---

① 卡尔·马克思：《1844 年经济学哲学手稿》，第 125 页。
② 同上，第 82 页。
③ 沃尔夫冈·韦尔施：《重构美学》，第 33 页。
④ 同上，第 45 页。

实不再是给定的什么东西，而是一种构造，现实展示了某种建构的性质。"① 因此，"认识论的审美化"可以视为一种审美的存在论："在'基础'的层面上，遇到了一种审美的建构。"② 但是，在韦尔施看来，存在的基础作为审美的建构，也就意味着"没有基础，展示了一种漂浮的构造。"③ 就此而言，"认识论的审美化"作为审美存在论，是一种"无根的存在论"。

问题在于，这种"无根的存在论"难道不正是一种"抽象的产物"④ 和"思辨的幻想"⑤ 吗？它不仅无法回答作为审美的直觉、隐喻、虚构、建构等等何以可能的问题，而且有陷入虚无主义的危险。事实上，无论是作为"认知的审美成分"的"直觉""隐喻""虚构"⑥ 等等也好，还是对现实的建构或"审美形构"⑦ 也好，其现实基础都是感性的、现实的、活生生的人，是人的对象性的实践活动。也就是说，认知的审美属性与现实的审美建构都归属于人的实践。如果确实有一种审美的存在论的话，它也绝不是无根的。审美的存在论归根到底是一种实践的存在论。《手稿》的作为感性生成论的美学在根本上正是一种实践存在论。一方面，感性作为活动，就是对象性的实践活动，而感性本身的实践就是感性的生成，感性的生成就是美在感性中的生成与感性向美生成；另一方面，这种感性的、对象性的实践活动，也就是感性生成的活动，是人的存在及其本质得以实现的基本方式。正如马克思所说："人对世界的任何一种人的关系——视觉、听觉、嗅觉、味觉、触觉、思维、直观、情感、愿望、活动、爱——总之，他的个体的一切器官，正像在形式上直接是社会的器官的那些器官一样，是通过自己的对象性关系，即通过自己同对象的关系而对对象的占有，对人的现实的占有；这些器官同对象的关系，是人的现实的实现……是人的能动和人的受动，因为按人的方式来理解的受动，

---

① 沃尔夫冈·韦尔施：《重构美学》，第 43 页。
② 同上，第 56—57 页。
③ 同上，第 59 页。
④ 卡尔·马克思：《1844 年经济学哲学手稿》，第 88 页。
⑤ 同上，第 106 页。
⑥ 沃尔夫冈·韦尔施：《重构美学》，第 59 页。
⑦ 同上，第 51 页。

是人的一种自我享受。"①"通过自己同对象的关系而对对象的占有"就是对象性的实践活动,"人的现实的实现"就是人的存在及其本质的实现,而"受动"就是"感性"——"说一个东西是感性的,是说它是受动的"②,因此,"按人的方式来理解的受动"就是感性实践活动生成的"人的感性",而这种"人的感性"作为"人的一种自我享受"就是美在感性中生成与感性向美生成。由此可见,《手稿》中的作为感性生成论的美学就是实践的存在论。这充分展现了感性生成论的思想深度。正如伊格尔顿所说,"马克思是最深刻的'美学家'。"③

韦尔施的"超越美学的美学"构想还有一个非常重要的方面,即对其"多元性"伦理内涵的强调。作为感性生成论的美学同样涉及多元性问题。相比于韦尔施的构想,后者的多元性伦理内涵更为丰富与真实。

美学与伦理学之间的内在联系,本身就是"超越美学的美学"的"超学科性"的表现之一。韦尔施将这种内在联系命名为"伦理 / 美学"(aesthet/hics),"它旨在意指美学中那些'本身'包含了伦理学因素的部分。"④他认为,当代审美意识的最重要的伦理内涵就是"多元性":"通过艺术条件和生活条件的相似性,有可能发生的是审美情感向社会问题的转化。它们的共同特性可由一个关键词标出:多元性。"⑤美学作为当代审美意识的反思,将艺术对多元性的"情感体认",提升为"一种社会标准"与"一种原则",从而表现为对"生活形式特殊性和不可化解性"的"认可"与"尊重"⑥。因此,美学成为"伦理 / 美学",进而"最终导向对以美学命名的这个学科的挑战"⑦,即对美学的超越。这里的关键在于,韦尔施所关注的多元性,究竟是何种多元性?"随着现代性生产出数不胜数的多样化的作品形式和

---

① 卡尔·马克思:《1844 年经济学哲学手稿》,第 81—82 页。
② 同上,第 104 页。
③ 特里·伊格尔顿:《美学意识形态》,王杰、付德根、麦永雄译,北京:中央编译出版社,2013 年,第 183 页。
④ 沃尔夫冈·韦尔施:《重构美学》,第 66 页。
⑤ 同上,第 35 页。
⑥ 同上,第 36—37 页。
⑦ 同上,第 85 页。

视角，多元性越来越成为一种最根本的样式，与之相关的不再是建立在共同基础上的差异，而是根本性的差异。"① 可以发现，这里的"多元性"并不仅仅是一般意义上的差异性、多样化，而是没有"共同基础"的不可通约的"根本性的差异"。因此，犹如"认识论的审美化"是无根的、"漂浮的"存在论一样，韦尔施的审美化的多元性也是一种零散的、无根的多元性。零散的、无根的多元性是抽象的、空洞的多元性。

在《手稿》的语境中，作为感性生成论的美学同样涉及多元性问题。马克思指出："正像人的本质规定和活动是多种多样的一样，人的现实也是多种多样的。"② 由此可见，马克思对多元性的承认是与"人的本质"问题关联在一起的。一方面，将多元性与"人的本质规定"的多样性相联系，也就从根本上肯定了作为"人的现实"的多元性；另一方面，"人的本质"构成了人的现实生活的多元性的基础，因此，马克思所肯定的多元性是"有根的多元性"。这种"有根的多元性"实际上就是人的本质的全面性、丰富性与完整性："人以一种全面的方式，就是说，作为一个完整的人，占有自己的全面的本质。"③ 人的本质就是人的生成，它与感性的生成是同一个过程。因此，"有根的多元性"也就是人的感性生成的全面性、丰富性与整体性。这无疑与韦尔施的零散的、无根的多元性及其抽象、空洞，形成了鲜明的对比。更值得注意的是，在《手稿》中，人的生成与感性的生成，与对异化的扬弃联系在一起。"共产主义是对私有财产即人的自我异化的积极的扬弃，因而是通过人并且为了人而对人的本质的真正占有。"④ 这不仅赋予了人的现实的多元性以历史性的内涵和深度，还说明真正的作为人的感性生成的全面性、丰富性、整体性的多元性，只有在异化扬弃的社会状态中才成为可能："已经生成的社会创造着具有人的本质的这种全部丰富性的人，创造着具有丰富的、全面而深刻的感觉的人作为这个社会的恒久的现实。"⑤ 现实的多元性只有关联于这种向非异

① 沃尔夫冈·韦尔施：《重构美学》，第81—82页。
② 卡尔·马克思：《1844年经济学哲学手稿》，第82页。
③ 同上，第81页。
④ 同上，第77—78页。
⑤ 同上，第84页。

化状态的生成，才是真实的多元性。而韦尔施所捍卫的"作为现代社会特征的多元性"①，在根本上是一种异化状态下的多元性。一方面，在异化的社会状态中，这种多元性本身是"以异化的本质为根据的，因为每一个领域都是人的一种特定的异化，每一个领域都把异化的本质活动的特殊范围固定下来，并且每一个领域都同另一种异化保持着异化的关系"②。另一方面，这种对多元性的抽象承认的"后现代文化分析和文化政治学"，"总是冒着沦为与日益全球化形式共谋的危险，而那些形式试图控制、剥削和支配——因而粗暴地削减——这种多样性。"③ 后现代的令人眼花缭乱的多元性景观的背后，是全球资本总体性的君临一切。这也再次说明了韦尔施的"超越美学的美学"的"多元性"伦理内涵的抽象性与空洞性。

综上所述，尽管就"跨学科""超学科"的学科结构而言，《手稿》中的作为感性生成论的美学与韦尔施的"超越美学的美学"有着相似性。但是，无论是学科领域的广度，还是其存在论基础的深度，以及"多元性"伦理内涵的真实性与丰富性，感性生成论都超越了韦尔施的理论构想，表现出巨大的优越性，因而是一种更有说服力的"超越美学的美学"。事实上，如果考虑到韦尔施的基本主张，即以感知作为美学学科框架、无根的审美存在论以及对零散的多元性的抽象承认等等，在当代西方美学中颇具代表性，那么，作为感性生成论的美学的这种优越性，在一定程度上正是《手稿》美学思想的当代意义之所在。

（责任编辑：阳玉平）

---

① 沃尔夫冈·韦尔施:《重构美学》，第 35 页。
② 卡尔·马克思:《1844 年经济学哲学手稿》，第 122—123 页。
③ 史蒂文·康纳:《后现代主义文化：当代理论导引》，严忠志译，北京：商务印书馆，2002 年，第 379 页。

技术与感知：后人类语境中的美学问题

姚富瑞 *
（兰州大学文学院）

【内容摘要】

后人类作为对控制论转向和信息重生的一种回应，试图描述并重新概念化一系列松散的、快速变化的技术领域和人们具身化境况之间的关系。伴随着新兴技术的发展，技术开始呈现为对人类身体的嵌入、模仿与脱离，造成了人类记忆的外化，乃至逐渐显现出的人的记忆的后种系生成，也即并非是技术的人性化而是人的技术化，并最终发展为社会的技术化。从书写到数字化技术的发展使得信息构成了一种新的基数体系，除了对人们的感觉记忆所造成的冲击外，像记忆衰退与增强的辩证法，其还重塑着社会的情感结构与感觉共同体。新兴增强技术的扩张所裹挟的意识形态侵入、权力穿透等改写着人们的感知，带来了新的阶级区隔与身份认同问题，也造成了新的社会不平等现象。在一定意义上，这些集中体现着后人类语境中美学的伦理与政治问题。

* 姚富瑞，女，山东泰安人，文学博士，兰州大学文学院讲师，研究方向为文艺美学。
本文系国家社科基金重大项目"当代美学的基本问题及批评形态研究"（项目编号：15ZDB023）阶段性研究成果。

【关键词】

技术；感知；后人类；美学问题

感知是媒介的效果，换言之，调解技术是人的延伸。自哈拉维的《赛博格的宣言》问世以来，人与机器技术的界线变得越来越模糊，"媒介环境不仅包围我们，而且栖息在我们身上。"① 传播媒介／技术可能会将人的文化和意识以及外在性和内在性融合在一起。在后人类语境中，人类与机器的根本融合成为后人类的理想和目标，机器和人类之间的界限也变得越来越模糊，物与人的关系相应发生了新的变化。麦克卢汉所认为的媒介是人的延伸，随着新兴技术的发展，逐渐转变为人是媒介的延伸，人类的身体感被物所改造。然而，当代西方的思想家大都从总体上来看待技术，局限于从人文主义的视角来对技术进行批判和反思。一般来说，他们大都对技术持承认和肯定或反对和否定的态度，然后探究技术和具体的技术产品在现代社会中对人类价值的影响，并上升到哲学的高度。在后人类语境中，技术哲学家们则开始聚焦于特殊的技术是如何从物质和观念上影响我们生活的，其中技术和感知问题更是他们所关注的核心。技术人造物对感觉记忆进行着调解，上演着记忆衰退与增强的辩证法；在"屏幕捕捉"占据主导地位的视觉经济时代，生物政治屏幕重新建构和塑造着情感结构与感觉共同体的新分布与新状况；新兴增强技术则催生了数字化语境中新的身份认同与阶级区隔问题，对它们的传统形态进行着改写。更为重要的是，这些后人类语境中的技术与感知问题裹挟着当代美学发展的伦理与政治新面向。在某种程度上，斯蒂格勒对于技术药理学的相关思考，为我们提供了应对后人类语境中所催生的一系列美学新问题的有效路径。

---

① 林文刚：《媒介环境学：思想沿革与多维视野》，何道宽译，北京：北京大学出版社，2007 年，第 280 页。

一、技术人造物对感觉记忆的调解

一般来说，我们通过调动全部的感官来感知周围的世界，正如麦克卢汉所认为的那样，媒介是人的感官系统的延伸。使用者以特定的方式来使用自己的感觉器官，从而实现对每一种媒介的使用，因此每一种媒介所体现的是一套感官特征。比如，阅读延伸了我们的视觉，听广播或收音机延伸了我们的听觉，玩电子游戏则延伸了我们的视觉、听觉和触觉的组合等。媒介改变了我们的感官形态，这种变化又改变了我们接受感觉资料的方式，我们正是用这些资料来构建或重构我们的现实，这正是媒介即讯息所体现出来的核心意思。在这一层面上媒介是作为感知环境来运行的，我们凭借媒介来认识和理解世界，世界通过媒介编码和解码来作用于我们的感知。"一方面，我们凭借视觉、声觉、嗅觉、触觉和味觉来感觉或感知我们周围的物质世界；另一方面，我们又从媒介的符号世界内部去思考、感知、言说或表征物质世界。"① 而且媒介的概念和范围在麦克卢汉那里被极端地放大了，并获得了本体论层面上的意义。"媒介是基础性的技术"，"媒介意味着技术，它的内涵包括了以前称为技术的东西"②，也即是说以前被作为技术（technology）来理解的东西，现在都应当被作为媒介来理解，媒介是使文化在其中能够生长的技术。法国哲学家斯蒂格勒与麦克卢汉的立场一致，也认为人与技术是协同演化的，技术与人类的感官和知觉比率总是结合在一起，从而为人类体验时空提供中介，并为人类生命的进化提供普遍条件，而且不同的技术可再现性构成和决定了多元记忆的伟大时代。

网络时代是一个记忆力衰退或失忆（hypomnesis）的时代，其以相关的技术环境来建构自身。斯蒂格勒在其广泛的记忆概念史上，着眼于一个他认为我们目前生活的时刻，在这个时刻中，记忆的"工业模式"经历了根本性的转变。在他

---

① 林文刚：《媒介环境学：思想沿革与多维视野》，第 28 页。
② 王岳川：《媒介哲学》，开封：河南大学出版社，2004 年，第 5 页。

看来，如今像智能手机、GPS 导航器和个人数字助理系统这些技术记忆辅助设备，更不用说互联网了，最关键的在于它们与回忆①（anamnesis）的亲密联系。"一切都取决于记忆力的衰退、记忆的技术外化如何与回忆相结合，以及斯蒂格勒的记忆史如何被理解为这些术语不断变化的生态历史。"② 今天的计算机技术记忆辅助设备，也即数字记忆器不同于工业的技术记忆器，如摄影、音像、电影，因为它们创造了一种"相关的记忆力衰退环境"，其中接收器被放置在发送者的位置。广播大众媒体（从音像学到全球实时电视）将消费与生产分开，而现代的微技术和它们所推动的社交网络实践更能将消费与生产联系起来，如果你能利用这些技术消费，你也可以使用它们来生产。如此，斯蒂格勒将数字记忆辅助设备看作是关联着记忆力衰退环境生态的教唆者，他认为它们与写作，而不是与像电影和电视这样的广播媒体更具有共同之处。正如识字公民或多或少地通过一种艰巨的形成过程来使读写能力具体化一样，数字公民也是通过使一种程序逻辑具体化，将发送和接收视为对称和相互牵连的活动，从而在网络通信中获得便利。在这两种情况下，形成过程的回报是创造能力，以及使用标准化的技术来表达自我的能力，这种能力与广播媒体特有的被动接受模式是直接对立的。"斯蒂格勒所呼吁的相关记忆力衰退环境的新生态相应地开创了一种新的技术与记忆的结合，它将继承记忆技术（个人记忆的人工存储，表现为从思想语法写作到印刷革命）和回忆录技术（将记忆根据自己的逻辑系统嵌入到有序排列记忆的技术系统中）。"③ 通过更新自我表达的可能性，从而实现自我外在化，今天的数字次级或模拟记忆（hypomnemata）恢复了我们与技术共同进化的一种积极维度，我们甚至可以说，它们融合了记忆技术和回忆录技术，为个人和集体记忆提供了人工支持，这些记忆存在于更大的内存技术环境即互联网系统之中。

---

① 这个词是斯蒂格勒从柏拉图那里借用来的，用来指代记忆的具体化行为。

② W.J.T.Mitchell and Mark Hansen, *Critical Terms for Media Studies*, The University of Chicago Press, 2010, p.64.

③ Ibid, p.65.

斯蒂格勒对当代数字次级记忆的引用是在西方历史上对记忆及其与技术的构成关系质询结束时才出现的。他在相关著作中始终关注人类与技术之间的"本质"相关性。根据法国古生物学家安德烈·勒罗伊-古尔汉的研究，斯蒂格勒解释了原始人类化石遗骸和原始燧石工具的一致性，这意味着人类不仅是在遗传上进化，而且是从基因外进化的物种，换言之，正如他所说的"通过生命以外的手段"后种系生成（epiphylogenetically）：人类进化是通过在工具、手工艺品、语言以及技术记忆内存库中外化自身。这方面的技术不是外在的和偶然的，而是人的一种基本的实际上是本质的维度。正如斯蒂格勒在他的文章中所解释的，这种对技术的描述为柏拉图提供了一个必要的对立面，柏拉图在《美诺篇》中轻视人工记忆的价值，最终在《斐德若篇》中将其驳斥为是一种过失。斯蒂格勒追随着他的老师德里达认为，正是这种驳斥传达了西方哲学对技术主题的反感。

记忆是人类与技术之间的本质的、原始性的关联，它以"滞留有限性"（retentional finitude）的形式出现。正是因为我们的记忆是滞留的，我们需要人工记忆辅助工具，随之而来的"自然"和人工记忆、回忆和记忆衰退的生态，自柏拉图最初的理论化以来，就在我们的历史中以记忆的不同功能和价值为特征。如果我们从柏拉图那里得知人工记忆既是一种药物（pharmakon），又是一种威胁，因为对人工记忆的依赖使我们的记忆训练变得不那么必要；那么，我们从德里达那里学到的是，技术外化或补余（supplement）是记忆的逻辑和功能的一个内在的、不能简化的维度。正是这种对记忆的技术毒害使记忆被历史化，分裂成斯蒂格勒追随德里达所说的"语法化"，以及语言学家西尔万·奥鲁克斯（Sylwan Auroux）所称的不同时代，记忆的外在化表现为离散的标记、痕迹或语法（Grammé），构成了回忆的记忆衰退环境。正如斯蒂格勒所指出的，这些时代包括石器时代、思想文字时代、字母表时代、模拟和数字记录时代，以及现在的数字化和互联网时代。由于不同历史特定的回忆与技术结构，这些时代单独和集体表明没有记忆就没有记忆的衰退，这也是为什么一切都取决于如何将回忆与记忆的衰退联系起来。

记忆对人工辅助的依赖使技术问题成为一个不可回避的政治问题。正如斯蒂格勒所言，记忆的衰退环境既可以与回忆相关联，又可以与其"脱离"。当它们与回忆相关联时，次级记忆会促进记忆在有意义的象征实践和共同体形成的构成中的部署；相反，当它们脱离回忆时，它们就促进了文化产业和"控制社会"的利益，后者致力于将人类变成纯粹的消费者，成为预先包装、标准化商品和媒介流变的被动接受者，从而没有希望成为生产者。更简单地说，一方面，如果记忆技术是由有意利用我们利益欲望的行业所控制的，依赖人工记忆设备会使我们很容易受到操纵；然而，另一方面，根据它们的药理学逻辑，这些相同的记忆辅助物有可能会扩大我们生产意义和形成对未来开放的共同体的能力，这就是斯蒂格勒继哲学家吉尔伯特·西蒙顿之后所说的"跨个体化"（transindividuation）的意思。这再次包含了斯蒂格勒关于技术记忆的复杂而微妙的历史基本信息，一切都取决于次级记忆（Hypomenata）是如何与回忆联系在一起的，取决于必须而且只能通过技术立即赋予我们力量，并与威胁到我们个体和集体的机构进行政治斗争。

在后人类语境中，"屏幕记忆"（screen memory）这个词有了一种全新的含义，因为这些重放的经历取代了记忆中的经历，并且具有如此强烈的强度。一方面是互联网技术设备所提供的可供回放的屏幕画面；另一方面是伴随着新兴技术向前推进可能会出现的记忆颗粒植入技术、记忆输出以及抹除技术。就前者而言，尽管其回放能力拥有局限性，但是人们的记忆确实已经被电子屏幕所具体化以及外化，例如就当下社会所盛行的"天眼政策"而言，在某种程度上，便于监控和追踪违法犯罪行为，增强社会的透明度，更好地维持社会秩序，与此同时也会造成人们的隐私权受到威胁，以及一定的意识形态侵入、权力过度与滥用的问题；后者则会涉及被当局强制植入与移除赛博格技术的伦理与政治问题，人与技术、人与人、人与社会、人与权力集团的关系会发生相应改变。对于记忆的主体或自我来说，尤其令人不安的不仅是对假体记忆形式的依赖，而且是现在没有了遗忘的空间，在这样的情况下，技术是一种补余，它似乎能通过随意地返回任何发生的场景，而使主体（不管这种能力是有局限的还是虚幻的）解释其出现的状况。我们"与记忆的关系正在被庞大的、不断更新的和可更新的档案即互联网重新配置"，"互联网正把我们束缚在我们曾经说过的所有东西上，或者任何人都说过的关于我们的东西上"，因此"把我们束缚在过去的一切行动中，使我们在实践中无法逃避这些行动"①。如果人类（至少在视觉上）被束缚在曾经出现和目睹的过去上，那么这将会显示出这一记忆档案的破坏性质，因为它导致了主体的孤立，并且最终导致了他或她的社会关系的破坏②。人们在这样的社会语境中，无论是面对其他社会个体和群体，还是面对当局和强权集团将毫无隐私可言，在这一进程当中，如果意识形态与权力也渗透其中，那么将会对人们的智力、情感和审美能力构成相应的威胁。目前，像亚马逊、苹果、脸谱网和谷歌这样的少数强大集团正在扩张的过程中，它们通过特定的技术手段对用户进行跟踪和聚合，包括提供自由劳动力、内容以及公共和个人数据，通常但并非总是以广告的形式，在文化和认知上对用户进行说服和操纵。这个过程主要针对的是个体化的用户，通过移动手机甚至实时智能设备追踪并定位他们的位置："如果一个人走在曼彻斯特，在手机上查看足球比分，他可以看到玛莎百货的广告折扣券，其距离他漫步的地方300米……移动信号可以指示用户15米以内的所在位置。"③国内的状况更是如此，后台大数据的运行实时监控着用户的消费习惯、倾向与偏好，他们根据统计数据向用户发送广告，对用户的消费行为与过程进行操控。

二、生物政治屏幕对情感结构与感觉共同体的重塑

我们目前正在加速地走向后人类未来。对于保罗·维里洛（Paul Virilio）以及

---

① Sidonie Smith，*Narrating Lives and Contemporary Imaginaries*，PMLA，2011（3），pp.564—574.
② See Bruce Clarke，Manuela Rossini，*The Cambridge Companion to Literature and the Posthuman*，Cambridg University Press，2017，pp.84—85.
③ David Murphy，*Strong Signals for M-Commerce*，*E-Commerce*，2012（9），p.8.

他之前的麦克卢汉来说，"后人类的命运是这样的：迷恋技术设备的速度，并且通过移动应用程序的扩展，达到感知力在即将自由地陷入'极惯性矩'（polar inertia）与'灰色生态'（grey ecology）新时代的时候就分散了这样的程度。我们已经生活在全球数字基因时代。"① 而在人类书写技术的历史长河中，计算机的独特之处，就在于它提供了一种预设的物质环境，并传播一种非物质的（immaterial）假象。

当前，随着进入"屏幕捕捉"（screen capture）的视觉经济时代，生物政治屏幕（biopolitiacl screens）超越了特定的技术媒介（电影、电视、视频游戏）和体制背景，而更接近于这些边界上的图像的传播和"生活"。生物政治屏幕试图绘制和概念化目前构成我们情感和概念现实的意象，生产和阐明我们的生活经验，并排除其他栖居于世界的方式。这意味着它是一种对当今图像的选择性批判干预力量，并集中于我们如何建构存在和定义社会空间的情感、姿态和思维的调节。现今，神经科学的关键话语正在取代实验生理学和精神分析的讨论来定义我们是谁，就像计算机生成的动画取代了摄影图像一样，生活的社会政治现实现在也遵循着新的要求。我们和构成我们的形象一起发生了变化，就像屏幕的本体论和它所打开的新世界，我们需要对屏幕是现代性的"人类学机器"进行关注，它描绘了身体和思想的设计。众所周知，在 2007 年到 2008 年的金融危机之后，福利国家的精神支柱即集体意识和共享意识逐渐被摧毁。在电视新闻的刺激下，日常生活充满了不信任感，其武断地将有关全球经济危机和"紧缩"需要的报道与伊拉克、阿富汗以及其他地方自杀式爆炸和战争伤亡的报道并列起来，同时还含糊地发出潜伏在阴影中的都将是敌人的警告。一方面，我们在这些事实面前感到无能为力；另一方面，我们需要去理解这些突如其来的，甚至是达达主义的蒙太奇，它们是建立在我们丧失能力、挫败感和分歧的混合感觉之上的。然而，我们的目光并非是要停留在电视或在线新闻报道的内容上，也不是去关注关于战争、国家权力和金融经济等这些普遍的陈词滥调，我们的重点在于军事——娱乐——金融综合体

---

① Arthur Kroker，*Exits to the Posthuman Future*，*Polity Press*，2014，p.27.

内部出现的形式和技术的美学与政治问题，它们定义着我们的现存状况，并且制造着我们生活的政治现实。感性的生产和分配被"机械化地策划"（machinate），其中感性指向的是可以感知的东西与有意义的东西，这将个体包裹在各种情感和想象的结构中。从这个角度来看，"生物政治屏幕试图揭示今天的图像如何描绘我们感觉器官的结构，以及各种不同但往往是混乱的视听媒介的运动和相互作用，这些媒介致力于定义我们的个体和社会现实。"[①]

在 W. J. T. 米歇尔看来，图像作为"活态的有机体"最好被描述为像欲望这样的东西，它们在从一种媒介迁移到另一种媒介的同时，传播和定义对社会构成来说是至关重要的情感和价值观。汉斯·贝廷发展了一种类似的概念，将图像作为技术和人体以及头脑之间的中介，进而在物质现实与私人和公共领域之间形成一种类似的概念："在传递和感知的双重行为中，图像是在我们和一种图像媒介之间交换的。"图像的政治存在于他们的行动如何定义我们的身体和思想的倾向，把各种可能性和现实联系在一起，反之亦然。"可视性"（visuality）将对物理和心灵空间再现的信息、想象力和洞察力等系列关系结合起来，去解释权力的编排和实施。图像进入了更大的政治化的想象和栖居框架，产生了社会组织，塑造了个体的精神经济。因此，它在我们的姿态、情感和思想中，以及在设计和分配我们生活世界的权力安排中，都扮演着关键的、甚至是准自主的角色。

福柯曾对"生物政治"进行了描述，而这一过程在历史上是植根于自由主义的诞生和统治的。他观察到，在生物政治思维和行为模式的出现中，人口首次被视为一种操纵和管理的技术政治目标。作为这一进程的结果，今天的新自由主义广义上被理解为一种"工具"，其包括政治议程、政府技术、军事行动、科学理性、金融逻辑等各种不同的思想实践和模式，相当于从个人到社会，从生物学到精神几乎所有存在领域的工具化和商业化。生物政治屏幕显示了当前捕捉和掌控我们生活的做法和策略是如何通过各种基于屏幕的媒介来实现的。今天的图像通

---

① Pasi Väliaho, *Biopolitical Screens*: *Image*, *Power*, *and the Neoliberal Brain*, The MIT Press, 2014, p.x.

过威胁、偶然性和紧急性的概念运作，在产生和促进新自由主义生活方式的同时进行扩散和演变。图像参与了再生产当前政治和经济秩序在主观层面的可言说性与可见性，使得我们通过"新自由主义的大脑"来理解和管理自己的关键形象。其中"新自由主义的大脑"产生自不同的背景，涵盖了主导当前关于"人"的讨论的神经科学，也包括了其他的现实领域，如心理治疗，甚至是电子游戏等，它是一种主要的个人化形式，并构成了各种图像和想象的循环。如此，建立在传统自由主义基础上的情感结构与感觉共同体逐渐被瓦解或摧毁，随着数字化空间的发展，"人类首先会被当作信息处理实体，本质上类似于智能机器"①，基于屏幕的中介重新建构和塑造着情感结构与感觉共同体的新分布与新状况。

目前，以屏幕为中介的意识的代具化过程，使得我们的知觉被卷入工业化进程中，从而对个体性造成压迫。一旦个体性被操控，那么"我"和"我们"都将面临丧失，这些概念将会变得贫乏空洞，甚至趋向解体。正如斯蒂格勒所判断的，当前伴随着新兴技术的扩张，所呈现出来的并非是技术的人性化而是人的技术化，甚至是社会的技术化。他将技术视为一种药理经济学（economy of the pharmakon），其既不只是毒药，也不只是无法确定功能的治疗物质，技术使人外化的同时也内化着人，由此产生了个体性。无产阶级化正是起源于这种外化，而并非是传统视域中的工业革命。知觉的机械转变造成了"去个性化"的过程，产生了集体去个性化的时代。实际上，这种"去个性化"也是一种无产阶级化，因为无产阶级事实上指的就是那些失去知识而被剥夺了个性化的人。应对这一现状的方法就是去无产阶级化，充分利用技术的药理学，像脸书（Facebook）、推特（Twitter）等社会技术网络使得用户能够成为内容的供应商，他们开始能够掌握之前在技术创新研究院所说的工具性观看系统，并参与了元数据的生成，全球网络的运作开始从自上而下的模式转变为自下而上的模型，从而能够促成技术情境下

---

① 凯瑟琳·海勒：《我们何以成为后人类：文学、信息科学和控制论中的虚拟身体》，刘宇清译，北京：北京大学出版社，2017年，第10页。

新的社会协同合作与共享。数字技术的社会化是一剂毒药，同时也蕴含着解救的各种新的可能性。

三、增强技术对阶级区隔与身份认同的改写

智能手机与心脏同步（synching your heart to the smartphone），三维打印身体器官（3D misprinted organs）是通向后人类未来的两种普遍形式，它们在今天也越来越随处可见。它们的扩散伴随着抛弃，并将当代生活的所有主要迹象，像技术、代码、历史、档案、媒介、艺术、战争、基因学，转化为同时发出和到达的时刻。因为我们深陷技术意志的强力微量流，发出迹象在这里将线性时间倾覆为微时间（light-time），将自然空间的现存外延内爆为微空间（light-space）的虚拟绘制。其多变地克服了性别、性征、身份的固有边界，并且总是将经济、文化、战争和审美的迄今为止坚硬的地基发散为代码物（code-matter），这种代码物是流动的、能穿透的、可交换的。与此同时，因为我们今天呼吸的文化空气中蕴藏着破碎的、不确定的、矛盾的可察觉并确实无误的气味，到达迹象因此也是与发出迹象一样的。尽管技术未来主义曾一度聚焦于关于科学创新的可能的，有时是未预料到的后果的猜测性预测上，但今天技术未来主义是通过将未来本身置于怀疑中来开始的①。因此，加速的技术创新便成为探索未来的一个重要窗口。

在今天，我们的心脏是与智能手机同步的，其催生了一系列新的伦理与政治问题。这是由一种新的苹果手机应用程序的专利申请所产生的，这种应用程序的即时功能赋予苹果手机作为移动心脏监测器的新功能，而且是一种无缝嵌入式（embedded）心率监测器。不需要为心电图机器提供医疗基础设施，个体只需要去触摸他们自身的移动设备端，尤其是一部苹果手机，从而将他们最重要的生物数

---

① See Arthur Kroker, *Exits to the Posthuman Future*, pp.10—11.

据，像心率、血液节奏和速度，直接传递给中央数字心脏监测站。如果数据流暗示你的心脏将进入狂乱的超光速，或者在另外一个极端，即停止运转，你会立即被通知让你的身体去最近的急诊室。不仅如此，发明家也声称移动心脏监测器还有第二个重要的用途，由于每个人都有一个独特的心脏特征，移动心脏监测器为第三种主要形式的身体识别软件开启了可能性。不仅仅是虹膜扫描仪或指纹分析，而且未来移动心脏监测器将成为一种扫描身体以验证其真实性的方式。因为所有心脏使自身的内部节奏随着其电子识别标志而运动，有什么比一种经常不受约束的心跳更能保证身份的方法吗？这是一种即时生物反馈世界：要么一切都正常，要么你的心率存在紊乱。

当我们真正地使我们的心脏与智能手机同步的时候意味着什么？表面上看，这是一种有益的医疗应用程序，以服务于更好更健康的社交网络技术。在当代语境中存在着致命的心脏病发作与中风灾难的文化焦虑，没有人不希望通过每周24小时的个体心脏出现错误识别标志的实时监测，来保护他们的心脏健康。随着将心脏数据上传到一种智能网络中，也产生了附加效益，这种心脏数据流将通过心跳来证明你是实际上那个独特心脏节奏所表达的你，从而为数字认证提供一种根本依据。被理解为一种促进健康的医疗设备，移动心脏监护仪提高了健康率；被认为是一种人的延伸（extension of man），这种技术创新突然将迄今为止个体心脏的私人与不可预知的历史推到了全球范围；被认为是一种数据，心脏的历史发现其产生了一种数字回声（digital echo），一种复制现实（duplicate reality），在其中个体拥有两个心脏，一个是有机心脏，另外一个是虚拟心脏；被设想为一种技术设备，移动心脏监测器可以被任意赋予新的用途，从药物治疗到安全性要求的用途。

然而，当心脏与语言代码相交叉的时候，事情开始变得复杂起来。50多年以来，首先通过电子感觉机制增强感觉的方式来具体化人类感觉，并接着模拟其自身的演化过程，大众媒介的电子感觉机制越来越酷似生物逻辑。麦克卢汉在《理解媒介》中预言了加速的技术变化将使得大众媒介转变为一种电子神经系统，伴随着像移动心脏监测器这种新媒介而发生的是一系列不可思议的事情，即通过电子神经系统而产生的数字电子心跳。在一些难以界定的点上，个体心脏识别标志的总体聚集提供给电子神经系统一种它自己的心脏，虚拟心脏的抽吸声触及个体心脏的一种异质世界的规范性。我们在这里看到的是从身体到代码（from body to code），即随着其自身血流速度、动脉闭塞以及突发性心率衰竭而提供远程扫描心脏的生物节奏数据存档这样的一种大迁移的第一步吗？还是我们见证了不同的东西？通过将身体心脏的节奏提升到公众的视野中，伴随着它推动着将其个体心脏识别标志数据档案带到规范可理解的，即一种别称的心脏边界内的潜力，我们是不是突然为一种新生物政治秩序创造了必要条件？换句话说，我们自身心脏的跳动与作为整体的监测心跳，压抑的心跳，无可怀疑的心跳这样的社会心跳是同步的，而这一切都仅仅是通过将你的心脏初始化为智能手机的数字识别软件来实现的①。

　　仿生人形象一直是科幻小说和电影的焦点，三维打印技术的发展则为复制器官的无限再生产打开了生物学的大门。在这种情况下，生与死的神话般的分界，这一宗教激情和哲学伦理的最有特权的主题，实际上已经被"喷溅"掉了。在由身体器官三维打印所预期的未来中，生命本身可能会带来致命的残余物性质，也即身体已经成为他们自己的假体替代品，被无限期地复制、克隆、人为地延长。在这种情况下，一个活着的死者社会，通过打印进行修复，通过代码进行传播，每次制造一个分子层，一个复杂的生物脚手架，也即新的僵尸的分期建设。尽管目前的机器人文献喜欢用"恐怖谷"（uncanny valley）来描述机器人和人类开始出现惊人的相似，这种据说是不祥的物种交叉点，但3D机器人的未来文学可能不得不改写不可思议的"恐怖谷"概念，这一次，将考虑到机器人生命的礼物，这是三维人体器官印刷的终极神话遗产。也即是说在这个未来的三维机器印刷的某个时刻，机器可能会自己以新的身体可能性"活着"，开始为数字世界中所有日益逼

---

① See Arthur Kroker, *Exits to the Posthuman Future*, pp.7—9.

真的机器人生物打印工作器官。

尽管没有最终的数字想象，人类的想象力还是拥有往往是多元化的矛盾、冲突以及混杂的乱象，并且不受代码狂欢语言的限制。这绝不是逃避神话意识的致命诅咒，而是最为科技化的时代，在这个时代形而上学的时间与空间已经变为微时间与微空间（light-time and light-space），并仍然被代码逻辑禁止的意识所支配①。数字时代的智能机器与技术是身体的侵入者，其渗透入意识，重塑感知，使得身体与欲望在信息控制回路中散布。突然，数字化与人类个体生命历程的处处连接，汇聚成庞大的数字档案，社会现实性原则自身越来越聚集在美学与权力语言中。在某种程度上，这从未被文化想象所预料到，传统现代主义的整体结构实际上已经消失，时空开始变成微时空，从而以光速移动，而且身体、机器、动物和对象的先在分界突然变得模糊并不确定，技术变革从内到外、从巨大机械到无形流动、从假体到补充物无情地发展②。"今天的身体是被信息文化刺穿、刺入、穿透和袭击的（punctured，pierced，probed and pummeled）身体。"③控制论具有混杂性（hybrid），其通过人、代码、机器的差异语言来满足自身，未来的人类、机器人、克隆人和电子人都将处于混杂状态，控制论是边缘地带。它抛弃了人的语言，颂扬后人类的语言，已经走到具有智能机器人硅皮肤的一端。信息技术通过呈现后人类未来的迷人景象，逐渐地削弱人类的历史持久信心，剥除人类状况的复杂性，从调解（intermediations）的混乱世界中解放出来，而且总是因为其反讽、不确定性与矛盾性而十分诱人④。

与此同时，随着数字化技术的发展，逐步形成了新的数字鸿沟，技术物开始裹挟着伦理性与能动性。技术或具体技术物对人的侵入、穿透与宰制使得后现代以来主体性哲学已经无法很好地回应现状。例如，当我们在机场排队值机的时候，

---

① See Arthur Kroker，*Exits to the Posthuman Future*，p.97.

② Ibid，pp.175—176.

③ Ibid，p.95.

④ Ibid，p.96.

会发现大概存在白金会员通道、电子扫码值机通道与排队等候通道等方式，传统的排队等候一般会花费较长的时间在很长的队伍中等待办理值机手续，而前两种方式则大大地节省了排队等候所花费的时间，人们可以将这些空余出来的时间用于散步、聊天、品尝美食以及喝咖啡等。白金会员通道是现代性以来传统的经济资本所造成的阶级区隔现象，而电子扫码值机通道则呈现出新兴技术的扩张所带来的新的数字鸿沟现象，对于能够熟练应用新兴手机软件（App）的人群，这样的扫码值机方式可以免除传统排队等候的很多不便，直接在机场人工柜台办理相关手续，还可以享受在线选座等服务。然而，对于那些无法熟练应用此类手机软件的群体，以及在现场包括手机、平板电脑、电脑等数字设备出现短暂故障的群体而言，他们会被阻隔在这一便捷通道之外，无法享受数字化技术所带来的便利条件。这便产生了与传统现代性语境下的阶级区隔不同的新的数字鸿沟问题。

四、结语

当今世界是技术中介世界，在由技术驱动的调解形式下时空开始向着微时空进行转变。技术加速，文化漂移，数字变形使得"我们已经生活在后人类未来的加速端"①。我们所有的生命都是暴力而又具有诱惑力的加速技术的牺牲品，这些加速技术可以移动身体，以逃避速度。就目前来看，可以将后人类理解成一种关涉身体的人类生存状况，一是人类身体被技术媒介植入或介入，使人在技术意义上成为电子人或赛博格②，即人的机器化，这在某种程度上是一种人类和机器的共存与共生状态；二是完全合成的人工智能，或者是上传的意识，即机器的人化，这

---

① See Arthur Kroker, *Exits to the Posthuman Future*, p.2.
② 估计 10% 的西方人口已经是技术意义上的电子人或赛博格，包括那些拥有电子起搏器、电子人造器官、药物植入系统、植入角膜透镜与人造皮肤的人，而更高的比率是隐喻意义上的电子人，即那些迷恋于计算机、视频游戏、移动电话和其他将他们连接到交互回路复杂网络设备的人。

种状况下是离身性的；三是橡胶或纳米材质机器人模拟人类，从而成为拥有类似于人类身体的生物人、仿生人、复制人。我们作为物种通过将物质历史（material history）快速地转化为数据流、网络连接、人工智能以及遥感，而真正地实现技术的飞跃。当事件（events）以光速移动的时候，传统的解释框架本身就会被破坏，细节被削弱，并被视为技术加速的未来所需要的有用指标。当人的感觉机制被数字媒介同时"去物质化"（dematerialized）与"超加速化"（hyper-accelerated），以及形而上的时空框架被重新建构为网络社会的"微时间"和"微空间"的时候，我们突然发现自身处于漂移文化（drift culture）中，即处于一种失重的空间和时间、令人眼花缭乱的媒介和混合文化中。身体和机器之间的清晰可界定边界的消失，人类感知和算法代码的相互质询，人类、动物、植物和无生命客体边界的主动混合已经导致向人的境况中注入漂移的基本要素。同时，从一个角度看，今天的世界可以被视为"后偶然"（after the accident）的，漂移文化不仅是所有现象中最奇怪的，同时是紧随加速技术之后的一系列文化、社会、经济的内爆（implosions），也是同样至关重要的一系列不同物种、身体与社会因素之间的创造性再创造和边界线 [1]。在这种发送与到达相互对称和牵连的网络化微时空中，技术对人类感知的调解、重塑与改写本身便蕴含着药理学性质，既是一剂毒药，也蕴含着各种解救的可能性。随着技术的加速扩张，人类的感觉记忆、情感结构、感觉共同体、阶级区隔与身份认同等感觉机制的新变，也粘连着各种不可避免的美学伦理与政治问题。

（本文编辑：雀　宁）

---

[1] See Arthur Kroker，*Exits to the Posthuman Future*，pp.11—12.

Research on Aesthetic Ideology

审美意识形态问题研究

艺术论题是对马克思唯物史观的证伪吗？

陆凯华 *

（华东师范大学　复旦大学当代国外马克思主义研究中心）

【内容摘要】

在马克思对唯物史观的论述中，艺术论题似乎是一个"例外"，以
至于看起来它在一定程度上动摇了马克思唯物史观赖以根植的"基
础"。因此，对《政治经济学批判·序言》及其《导言》论及艺术
之部分加以分析就尤为迫切和必要，这是探究马克思在艺术问题上
"前后不一"表征的核心要义。不同于"经济决定论"与"生产力决
定论"的唯物史观形象，一方面，马克思对艺术问题的读解，绝非
基于一种空泛的审美主义的取向，而是本质性地基于黑格尔历史哲
学的立场；另一方面，马克思在艺术问题上流露出的"黑格尔主义
倾向"并未否定唯物史观，而是同样本质性地超越了黑格尔的美学
立场及其思辨哲学。因此，这一关于唯物史观是否适用于艺术论题

* 陆凯华，1988 年生，哲学博士，毕业于复旦大学哲学学院马克思主义哲学专业，现为华东师范大学哲学系
明园晨晖学者，助理教授，复旦大学当代国外马克思主义研究中心兼职研究员，主要从事马克思主义哲学、
国外马克思主义研究。
本文系上海市哲学社会科学规划青年项目"国外马克思主义前沿中的德国古典哲学研究"（项目编号：
2018EZX8001）与中国博士后科学基金资助项目"国外马克思主义前沿中的黑格尔研究"（项目编号：
2017M621416）的阶段性成果。

的探讨，乃是阐明马克思唯物史观的科学性及其内在的复杂性的焦点问题。

【关键词】

马克思；唯物史观；艺术；意识形态

"经济基础决定上层建筑"这一被奉为圭臬的命题，一度涵盖了唯物史观的全部意义。马克思对这一命题最为直接的表述，出现在《政治经济学批判·序言》（以下简称《序言》）中①。然而，艺术是超出这一命题外的唯一特例。在《政治经济学批判·导言》（以下简称《导言》）的最后部分，马克思就艺术论题进行了约两页纸的论述——从《导言》结尾"注意"的"第六条"起，到对古希腊艺术的单独论述为界②——并有意将艺术这一"上层建筑"列为自己理论的例外，承认了艺术的发展水平与社会发展水平之间存在某种不平衡。由此，《导言》所探讨的艺术论题，构成了伊格尔顿口中的"马克思艺术问题的苦恼"：一方面，马克思意识到了艺术发展水平与社会生产力发展水平之间的时代错乱关系；另一方面，马克思又提出，艺术论题的困难之处，还在于如何理解现代人仍能从古典艺术中获得艺术享受，并承认其是"一种规范和高不企及的范本"③。就此，如何解读《导言》中的"艺术问题的特殊性"与《序言》中的"经济基础决定上层建筑"之间的观点对立，就成了有待解答的疑难。

对这一问题，国内不少学者认为，艺术乃是对唯物史观的"证伪"，但这标志着马克思唯物史观体系的开放性，亦说明艺术问题无法以政治经济学方式加以解答（如邵宏，杨小彦）④。但本文认为，马克思的唯物史观对艺术问题有明确读解，

---

① 《马克思恩格斯文集》第 2 卷，北京：人民出版社，2009 年，第 591 页。
② 《马克思恩格斯文集》第 8 卷，第 34—36 页。
③ 同上，第 35 页。
④ 参见邵宏、杨小彦：《解卡尔·马克思之艺术问题》，《新美术》1988 年第 3 期。

艺术问题的复杂性恰恰说明了唯物史观的复杂性，这不同于将唯物史观视为"反映论"的狭隘预设（如龚政文）①。不过，20世纪90年代后，这一问题淡出了学界的视野，而就艺术问题对唯物史观理论效力的追问也随之不了了之。而在西方学界，柏拉威尔的《马克思和世界文学》是对马克思艺术难题分析最具代表性的成果，其通过翔实的文献梳理与文本分析，得出马克思的艺术观乃是歌德、席勒与黑格尔哲学的结合物的结论，并从"雇佣劳动"的视角揭示了马克思眼中现代资本主义社会丧失艺术性的内在原因。同时柏拉威尔断定，马克思明确承认了"艺术反映现实的特殊性"，从而也承认艺术家"掌握世界"的方法与思辨的哲学家与政治经济学家的不同②，继而否定对马克思政治经济学批判方法的教条式理解。柏拉威尔对本文观点的形成具有启发性，并构成了论证开展的基础。但若要重新审视艺术之于唯物史观的重要意义，还需要跳出柏拉威尔的框架，对《政治经济学批判·序言》及其《导言》论及艺术之部分重新加以分析，同时辅以比较视角，揭示唯物史观内部的复杂性以及马克思艺术难题的理论意义。

一、艺术是否动摇了唯物史观的经典命题？

初看起来，艺术是否动摇了唯物史观的经典命题，乃是一个伪命题。马克思在政治经济学批判的《序言》中，曾以十分明确的口吻，对这一问题作出了教科书式的表述：

> 在考察这些变革时，必须时刻把下面两者区别开来：一种是生产的经济条件方面所发生的物质的、可以用自然科学的精确性指明的变革，一种是人

---

① 参见龚政文：《马克思的主体观与艺术问题》，《求索》1992年第6期，第77—83页。

② 柏拉威尔：《马克思和世界文学》，梅绍武等译，北京：生活·读书·新知三联书店，1980年，第378—379页。

们借以意识到这个冲突并力求把它克服的那些法律的、政治的、宗教的、艺术的或哲学的，简言之，意识形态的形式。我们判断一个变革的时代不能以它的意识为根据；相反，这个意识必须从物质生活的矛盾中，从社会生产力和生产关系之间的现存冲突中去解释。①

在上文中，由于马克思将艺术与宗教、哲学和法律并列为意识形态的形式，对艺术问题的解释也应从该时代的"社会生产力和生产关系之间的冲突中"寻找答案。但若由此推断，我们容易不加分析地得出，马克思在《序言》中的表述似乎已经表明了他放弃了《导言》中"艺术特殊论"的观点。换言之，马克思已将艺术作为上层建筑的一个子类，并将其一并纳入唯物史观的解释框架中，这也为"经济基础决定上层建筑"这一**"全称命题"式的"决定论"**提供了文本依据。

笔者认为，上述导向"经济决定论"的推论看似言之凿凿，却仍有空隙，需要谨慎对待。因为马克思在《序言》的论述中预先埋设了打破全称的"决定论"的伏笔，他在《序言》第二自然段中敬告读者："我觉得预先说出正要证明的结论总是有妨害的，读者如果真想跟着我走，就要下定决心，从个别上升到一般。"② 马克思于《人民报》发表的《序言》乃是一种宣言性的文本，因此受篇幅所限，他无法完整阐发自己的理论体系，只能扼要地表述论点。马克思上述的文字意在提醒读者，"唯物史观"乃是复杂的、有待阐发的庞大体系，绝非简单的教条。若要理解这一理论的科学性，就必须进行具体研究，才能"从个别上升到一般"。从《序言》的后半部分看，马克思也有意全面交代自己研究经济学的始末，将自己一生的研究历程展现给读者，其所谓的"从个别上升到一般"，不仅是指称他自己的"研究方法"，亦是他走向政治经济学批判的整个思想历程。无论是法、宗教、国家还是哲学等其他意识形态的子类，都在马克思长达十数年的研究中被逐一探析，

---

① 《马克思恩格斯文集》第 2 卷，第 592 页。
② 同上，第 588 页。

逐步完成了"从个别上升至一般"的思想探索过程。依此推论，艺术论题也应概莫能外，它所表征的"意识形态"与"物质生活"的复杂关系，有待"从个别到一般"的解析过程。

为更好说明意识形态与生产力—生产关系之间的关系，在解析艺术论题之前，有必要重思马克思在《序言》中的另一经典表述——"社会存在决定社会意识"①，其也是支撑"生产力决定论"（或庸俗版本的"经济决定论"）的又一依据。

与流俗见解不同，"社会存在"与"社会意识"二者绝非截然对立。相反，若将"社会存在"与"社会意识"视为非此即彼的两端，则是剥离了意识与生活这二者本身的有机联系，继而将二者都悬置为空洞的抽象。但事实上，马克思从不否认生活需要意识的参与②。马克思强调的无非是，生活不仅仅是"意识"的，意识必然还遭遇周遭生活的限制。但同时，意识与现实周遭环境必然有着辩证互动的关系，即意识拥有否定自身且不断进展的"能动性"。而对"能动性"的理论化，正是德国唯心主义（观念论）的理论贡献。因此马克思并不否认，"意识"在某些情境下的确决定着"社会存在"。但他之所以采用了一种极为决然的表述，意在提醒世人，不应仿效青年黑格尔派，妄想仅凭观念论上的学术性的突破，来撬动整个社会存在③。

因此，若将马克思这里的"社会存在决定社会意识"理解为一种单向的全称命题，进而以之概括马克思复杂的唯物史观，也无疑混淆于实证思维之中，缺少

---

① 《马克思恩格斯文集》第 2 卷，第 591 页。

② 《马克思恩格斯文集》第 1 卷，第 533—536 页。马克思在《德意志意识形态》中，虽然强调了在意识之前有着四个方面的需要，但是依旧承认了"意识"对本能的替代，进而产生了具有决定性意义的"脑力劳动"与"体力劳动"的分工。

③ 在《神圣家族》中，马克思尖锐地批判了以鲍威尔为代表的青年黑格尔派妄图以"历史即是真理达到自我意识"的观念论教条，来证明历史的合理性与充分性，继而展开对"德国落后于历史"的批判——参见《马克思恩格斯文集》第 1 卷，第 283 页。在马克思看来，这种做法仅仅是"在思想中站立起来"，而"用思想所无法摆脱的那种现实的、感性的枷锁依然套在现实的、感性的头上"。——参见《马克思恩格斯文集》第 1 卷，第 288 页。因此在马克思看来，鲍威尔等人面对"群众"问题（即群众缺乏达到真理高度的"自我意识"）时，所采取的批判仅仅"对群众的批判"，而非对群众无法达到自我意识的批判的社会现实的批判。——参见《黑格尔法哲学批判·导言》，《马克思恩格斯文集》第 1 卷，第 3—4 页。

对辩证法的认识。例如米尔斯对马克思在"社会存在决定社会意识"上的质疑和反驳①，毋宁说是不自觉地停留在黑格尔眼中的"知性立场"上，从而将马克思的"社会意识"和"社会存在"分裂为某种机械的二元论。这类反驳如同德国玄学家们对"是教育改变环境抑或者相反"之类问题的争论，皆是马克思意义上"市民社会"中的直观态度②。而卢卡奇以来的西方马克思主义者的贡献，无非是恢复了马克思"实践与理论结合"的立场，并重新彰显出人之意识的能动维度。因此，面对第二国际将马克思主义堕入实证主义路线的主张，卢卡奇等人的贡献正是恢复了马克思"社会存在"与"社会意识"间的辩证关系。

对马克思辩证法重新认识，意味着我们要重新审视唯物主义与观念论（唯心主义）间的内在关联。当代英国马克思主义哲学家特雷尔·卡弗（Terrell Carver）就认为，唯心主义的问题在于，它在言明"观念"如何历史与社会变迁式的不断生成、更新与发展的同时，却无力去解释观念的另一面向，即**观念在现实生活中的土崩瓦解**。法的观念、宗教的观念以及国家的观念在历史实践中所遭遇的变形（transformation），以及对这种变形的重解，乃是马克思唯物主义立场的根基所在③。由此观之，马克思反复在《序言》中强化"社会存在"的意义，旨在走出唯心主义哲学笼罩下，对观念与生活间关系的"单向解读"，从而打开一条真实面对物质性难题的理论道路。

如果抛开过往对"唯物史观"的刻板印象，马克思在《资本论》第二版"跋"提出的"叙述方法"④，也延续了一种论证严格且富有一定"观念论色彩"的先验结构。而当马克思遭遇艺术论题时，他愈发意识到社会发展与意识形态发展间的线

---

① 吴晓明、张亮主编：《当代学者视野中的西方马克思主义哲学·西方学者卷补卷》，北京：北京师范大学出版社，2011年版，第207页。联系米尔斯对马克思在前一段就无产阶级心理的生成的批判，可见，米尔斯低估了马克思对于社会意识和存在的理解。
② 参见《马克思恩格斯文集》第1卷，第500页、502页。
③ 参见张双利：《马克思与黑格尔之间的思想关系再论——访特雷尔·卡弗教授》，《哲学动态》2017年第8期。
④ 《马克思恩格斯文集》第5卷，第22页。

性对应关系，无法径直通向对艺术论题的言说。但与此同时，马克思并未舍弃艺术论题，而是将艺术作为法律、宗教、国家以及哲学之后的下一探究对象，并作专章论述。这一论述虽然未成体系，但其线索却也集聚在了《导言》中那近两页纸篇幅的手稿中。

二、重解政治经济学批判《导言》中的艺术难题

对照马克思在政治经济学批判《导言》中有关艺术论题的评述，我们势必对《序言》中的观点心生疑窦。首先，在《导言》中马克思对艺术论题的提出并非临时起意，相反他自觉意识到艺术论题的棘手之处。其次，伴随对艺术论题的深入探讨，马克思亦对历史"进步"概念进行了"修正"，如同《导言》中的标题"注意"里的第六条中，他指出：

> 物质生产的发展例如与艺术发展的不平衡关系。进步这个概念决不能在通常的抽象的意义上去理解。就艺术等等而言，理解这种不平衡还不像理解实际社会关系本身内部的不平衡那样重要和那样困难。①

可见，马克思意识到这类"不平衡"对修正一种线性进步史观的理论意义。他还在《导言》中以古希腊艺术与莎士比亚艺术为例，阐明艺术的发展具有相对于社会发展的独特性。马克思这种为艺术"划界"的意图，从形式上看似乎与《序言》中将艺术纳入一般意识形态这一做法有所不同。从写作的时间序列看，《序言》是在《导言》时隔不到一年半后完成的（《导言》为1857年8月底，《序言》为1859年1月），而期间马克思对艺术的看法看似发生了"突转"。对于这一

---

① 《马克思恩格斯文集》第8卷，第34页。

问题，笔者将就马克思艺术问题中的两个子问题入手，分析这一"突转"的合理性及其背后的理论意义。

在"注意六"之后，这一"不平衡"导致的艺术难题也被马克思演化为了如下两个子问题：

问题一：艺术发展同社会一般发展的不成比例的原因为何？

问题二：古典艺术（古希腊艺术）为何能散发永恒的魅力，仍然能给予我们艺术享受，即便生活于工业时代的我们已然不再信仰希腊的神话体系，不再具有创作同等艺术高度之艺术作品所需的社会意识条件？ [1]

对于问题一，马克思明确了"艺术发展与社会一般发展之间是不成比例的"这一前提，认可艺术发展的鼎盛时期往往是在特定的不发达的社会条件下实现的。在他看来，只有不发达的社会条件下，才能产生艺术所需的社会意识条件。马克思以古希腊艺术为例，指出希腊艺术的创作最重要的思想和文化资源是其时代特有的神话，强调"希腊神话不只是希腊艺术的武库，而且是它的土壤"[2]。希腊艺术既然以神话为创作前提，那么在现代工业与科学的祛魅下，神话赖以存在的社会意识条件就不复存在，至此，失去生命土壤的希腊艺术将成为绝唱。

更为精彩的是，马克思继续就神话与想象力之间的特殊关系，对问题一展开了第二个层次的论述：一方面，神话是一种对于自然力征服的想象，因此神话作为一种社会意识，只能存在于人类较为原始的古代社会。而一旦随着近代工业对于自然的掌控，祛魅后的艺术必然无法重复昔日的幻想[3]；更重要的是，想象力同时意味艺术背后呈现的复杂性，即一种独特的理解自然的方式。如同埃及神话无法成为希腊艺术的土壤和母胎[4]，神话是一个民族，对于自然和社会之内的一切对象，精心的、富有创造力和洞察力的理解。而也只有在特定的神话中，才能成就伟大的艺术创造。

如果将上述问题一引出第二个层次与问题二联系来看，就能解释马克思是如

---

[1][2][3][4] 《马克思恩格斯文集》第 8 卷，第 35 页。

何推演出艺术论题的痛点：为何不再信仰特定神话，进而不再对自然富有美好想象的现代人，却仍然有能力获得对古典艺术的艺术享受，从而在艺术上得出一种"今不如昔"，"崇古抑今"的判断。

如果说，古典艺术之高于现代艺术这一命题本身并不成立，那么马克思所谓的"艺术发展与社会发展间的不平衡"这一理论及其与"唯物史观"的冲突，亦将不复存在（如之后伊格尔顿的观点）。然而，"古典艺术更臻于完美"这一命题，却包含了"艺术创造"与"艺术鉴赏"这两个层次。在创造的层面上，这一问题相对容易理解，即古希腊神话在现代社会中的缺失，致使其艺术也无法被现代人继续发扬和创造[1]。但真正的困难集中于在鉴赏的层面上——古希腊人对于自然的想象力，按照马克思的说法，是以艺术享受的方式被现代人所感知。但这势必假定，在艺术的鉴赏力与对自然的想象力上，今人和古人理应近乎等同。

针对马克思艺术审美层面的难题，大致存在两种解读方向。一种观点认为，如果上述有关"鉴赏问题"的论断成立，马克思在艺术上步入了康德主义的解释范式[2]。在这一观点看来，如若马克思假定古代人在想象力以及艺术领域中，比现代人更为完满，那这一命题成立的前提，首先是现代人与古人在"艺术欣赏品味"与"旨趣"上的趋同。由此，马克思眼中艺术作品所体现出的艺术"美"，势必被设定为了超出时空之外的"先验条件"，否则无以产生共通的艺术体验与艺术享受，更不论比较古今艺术究竟孰优孰劣。而另一种观点与之对应，马克思并未试图重新回到康德审美体验，而是接近一种黑格尔主义的历史哲学立场。这种立场亦能产生一种唯物主义的版本，并得出如下结论：马克思错误预设了古今审美鉴

---

[1] 《马克思恩格斯文集》第 8 卷，第 35 页。

[2] 笔者曾与美国黑格尔研究专家特瑞·平卡德（Terry Pinkard）教授就这一问题进行探讨，他认为在美学上，马克思是一位康德主义者。而让-皮埃尔·韦尔南也持有相同的观点，只是在他看来马克思未能建立一种审美学，以便解释审美的"跨史性"。这种观点与平卡德教授的观点不谋而合。参见让-皮埃尔·韦尔南、维达尔-纳凯：《古希腊神话与悲剧》，张苗、杨淑岚译，上海：华东师范大学出版社，2016 年，第 254—255 页。

赏力的共通性。伊格尔顿正是从这一点出发，试图突破马克思所给出的预设，继而击破马克思的艺术难题。

三、"审美的"抑或"历史的"：马克思艺术难题中的"黑格尔主义倾向"

作为文化马克思主义的代表人物，特里·伊格尔顿是少数对马克思艺术论题进行正面回应的当代西方学者。在他看来，与其将马克思的艺术观"先验哲学化"，不如构建一种"唯物主义式"的回应。伊格尔顿指出，现代人之所以对希腊艺术会产生"过高评价"，很大程度上是其与古代希腊的"时代距离"所致。如果能借助某种考古学技术，使我们能有机会真正地以希腊人的视角去观赏他们的艺术作品，恐怕也就不再会欣赏了 [①]。在此，伊格尔顿将马克思所提出的艺术难题进一步解读为今人对过往艺术的过度想象。不难想见，较之布洛赫、本雅明等西方马克思主义者在艺术问题上暧昧的"唯心主义"取向，伊格尔顿在这一问题上持有更加"唯物"的立场；而较之卢卡奇晚年的艺术"现实主义"（realism），伊格尔顿的读解也不必陷入"反映论"的泥潭。

然而在笔者看来，伊格尔顿的回答并未消解马克思"审美"的先验难题；相反，他的解读恰恰强化了审美与想象力的"先验性"。正是出于对审美先验性的默认，伊格尔顿才能确信，任意一个通过考古学技术回到古典时代的现代人，其对希腊艺术的评价只可能与他同时代人的评价相近，而不可能如古希腊人那般地崇敬并"欣赏"自己的艺术作品。而这一论断亦暗示了，古希腊人与现代人在审美品位上的差异，恰是以同时代人之间的审美品位的共通性为前提的，即是以审美的"时代性"与"历史性"为前提的。

---

① 特雷·伊格尔顿：《二十世纪西方文学理论》，伍晓明译，北京：北京大学出版社，2007年，第11页。

伊格尔顿无意间透露出了一种潜在的审美历史主义倾向，或更明确地说，伊格尔顿无法回避一种潜在的"黑格尔主义立场"。诚然，现代人对古典艺术的欣赏必掺杂了基于个体经验的主观性，但这却无法解释，古典艺术作品何以在文明的进程中被历史地选择与留存。唯一合理的解释是，以文明为单位的人类社会存在某种审美的"历史承继性"，其保证了今人即便在"社会存在"的意义上与古人相距甚远，却依然在代代相传中，承继了对古典艺术的欣赏趣味与能力，而这一欣赏趣味与能力甚至可以超出对神话传说的信仰，成为一种独立的功能或机制（faculty）。这也无疑说明了，审美及与之对应的艺术想象力，是意识发展过程中所经历的一个必要环节，其被包含于"精神自我发展"连续"记忆"中。这类似于个体心智成长意义上的从"儿童"到"成人"的成长历程，在其中，心智高级阶段的"成人"，亦能以**回溯性**的方式（retrospective）理解初级阶段的"儿童"。

马克思在《导言》最后部分，正是通过"儿童与成人"的比喻，说明了审美这种历史记忆与历史延续性，他为此说道：

> 一个成人不能再变成儿童，否则就变得稚气了。但是，儿童的天真不使成人感到愉快吗？他自己不该努力在一个更高的阶梯上把儿童的真实再现出来吗？①

更为关键的是，马克思的"儿童与成人"这一精妙比喻不仅说明了艺术审美能力的历史维度，更体现了他在艺术论题上更接近黑格尔美学及其观念论（唯心主义）的立场。一方面，马克思继承了黑格尔对希腊艺术起典范性的结论，他有意将希腊艺术比作"正常的儿童"，进而贬抑希腊以外的古代艺术，将其称为"粗野的或早熟的儿童"②。这种称谓上的区分与黑格尔对经典艺术与象征艺术的分类如出一辙，其肯定了希腊艺术在精神发展上所达成的高度。古希腊人之所以是"正

---

① 《马克思恩格斯文集》第 8 卷，第 35—36 页。
② 同上，第 36 页。

常的儿童"，缘于他们在艺术中不再将自然作为恐惧的对象，而是将之当作人之形体与精神的外化①（或者按照马克思更为激进的说法，是在想象的层面上掌控了自然力）。因此，古希腊艺术是人之自我意识第一次真正获得自由的表现，也是人类在精神发展上的标志性阶段。马克思笔下的"正常"一词，无疑指向了古希腊人与现代人（现代西方人）之间的历史承继关系。

而另一方面，马克思也以更为"黑格尔"的方式解答了艺术的审美难题。在前文的引文中，现代人在古希腊经典艺术中所获得的愉悦感，被马克思解释为"成人"在"正常的儿童"那里所看到的"天真"。这一回应以另一种方式应和了黑格尔"艺术终结于现代"的判断。在黑格尔看来，艺术之于现时代人，将不再具有某种不可取代的重要性，因为它不再能满足我们（精神）最高的要求②。对黑格尔而言，生活在抽象普遍范式之中的现代人，偏重思考与反省，从而超越了将艺术作品奉为神圣并对之崇拜的精神阶段；而对马克思而言，艺术所需要的"天真"（神话），在现代工业的条件下早已不复存在。可见，马克思以更为"唯物"的方式，论述了古人的艺术想象力何以止于现代工业对自然的祛魅，继而进入**一种"清醒的成年状态"**。马克思为此感慨道："一个成人不能再变成儿童，否则就变得稚气了。"③

"成人与儿童"的比喻，标志着马克思对黑格尔历史哲学意义上的艺术观的坚守，更体现了他对黑格尔历史主义向度的承继。而马克思对"儿童稚气"的隐喻，从积极与消极的两个方向上暗示了他对艺术论题的基本立场。从消极的方面说，在现实的资本主义世界下，现代人无法再以一种艺术的方式，将现实世界重新"审美化"。在现时代，若要达成艺术意义上的自由，须寻求艺术以外的中介形式。而从积极的方面说，马克思也暗示了工业将成为艺术道路的新的替代者，成为人释放其感性力量的新的中介。

---

① 梁志学主编：《黑格尔全集》第 17 卷，讲演手稿（1816—1831），北京：商务印书馆，2012 年，第 158 页。
② 黑格尔：《美学》第一卷，朱光潜译，北京：商务印书馆，2010 年，第 13 页。
③ 《马克思恩格斯文集》第 8 卷，第 35 页。

四、艺术何以终结：走出黑格尔的马克思

在艺术论题上的"黑格尔主义倾向"，并未使得唯物史观丧失其自洽性。在黑格尔那里，精神与观念的自我发展，被马克思进一步转化为与"物质生活"互动的"现实的个人"之本质力量的历史发展。换言之，马克思并不拒绝黑格尔对"精神发展"逐个阶段的回溯并加以体系化的描述；相反，马克思的唯物史观补足了这一描述，使"精神发展内在线索"得以在真实的物质生活生产语境下发现其动力与界限。可见，马克思在艺术论题上这一接近"黑格尔"的表述方式，间接指明了唯物史观与黑格尔辩证法之间的亲缘关系。值得注意的是，马克思在"社会发展"与"艺术成就"的二元结构的描述中，不仅补充了意识形态具有的"历史性"，更言明了不同意识形态（艺术与哲学等）之间的具体差异与各自的内在尺度。因此，唯物史观的真实面目，绝非是"一方决定另一方"的教条，而是一种深入到意识形态内部复杂结构中的理论方法。

更须注意的是，政治经济学批判中对艺术终结问题的读解，也暗示了马克思走出了黑格尔思辨哲学的阴影，这具体体现在马克思对工业、神话与自然三者关系的"唯物主义"向度的读解上。在《导言》中，马克思不仅表达了"工业对神话想象力的抑制"，还着重言明了"工业对神话的取代"所具有的根本意义。在马克思看来，古希腊艺术对神话的艺术表现，其不仅是以想象的方式掌握自然力，也是人在艺术活动中实现自己内在本质与生命表现的中介形式（即成为"正常"的儿童）。而随着"印刷替代了法玛"，"罗伯茨公司取代了武尔坎"[1]，人类凭借工业第一次真正全面地掌握了自然力，继而也"在一个更高的阶梯上把儿童的真实再现出来了"[2]。换言之，在马克思看来，艺术之所以不再能满足"人的最高旨趣"（黑格尔语），乃是由于现代工业已然完成了对艺术的取代。

---

[1] 《马克思恩格斯文集》第 8 卷，第 35 页。

[2] 同上，第 36 页。

要深入理解马克思版本的"艺术终结论"较之黑格尔版本的超越之处，还需辨析二人在异化概念上的差异①。马克思在《巴黎手稿》中就断定，黑格尔辩证法的伟大功绩，在于他"将人的自我产生看作为一个过程"，在哲学上其表述为"推动原则与创造原则的否定性"②。这种否定性，在思辨的意义上被表述为"对象化的非对象化，表现为外化及对外化的扬弃"③，而在人的现实生成的过程中，其直接落实为"异化"，即"劳动"这一现实的对象性活动。因此在马克思看来，黑格尔通过"异化"概念抓住了劳动的本质。但黑格尔只能理解其积极的方面，这体现在他只能"承认劳动是抽象的精神的劳动"，因而也将他自己的思辨哲学理解为了"自身的人外化或思考自身的、外化的科学"④。也因如此，黑格尔无视了现实存在中异化劳动现象，因为他已然断定，精神的、思辨哲学中的"自我外化和自我异化的运动"，已是"绝对的因而也是最后的"，继而"达到自己本质的人的生命表现"，因此人是在概念的高度上把握了自身的本质，而非在现实的感性的对象化活动中。但对于马克思而言，"这种思想上的扬弃，在现实中没有触动自己的对象，却以为实际上克服了自己的对象"⑤。另一方面，马克思也坚持，必须把握的是黑格尔辩证法的积极的环节——"否定"。对"否定"的理解，意味着要重新从市民社会中的强制劳动出发，而坚持"否定之否定"的立场，则表达了马克思以"现实的对象化过程"来扬弃异化劳动，继而夺回人的"类存在"。同时在马克思那里，对私有财产与异化劳动的积极扬弃，在"思辨"的意义上体现在他"激进"主张："人通过消灭对象世界的异化规定、通过在对象的异化存在中扬弃对象世界而现实地占有自己的对象性本质。"⑥卢卡奇在此敏感地意识到，马克思将"对象化与异化两个概念区别开来"，因为在马克思那里，异化既不是一种"思想的结构"，也不是一种在道德上"应被指责的事实"，而仅仅是一种"直接既定的存在形式"，其

---

① 这一点也参考柏拉威尔关于"雇佣劳动"的论点，本文的观点与其可以形成比对。参见柏拉威尔：《马克思和世界文学》，第394—395页。

②③④ 《马克思恩格斯文集》第1卷，第205页。

⑤⑥ 同上，第216页。

可在历史进程中被克服①。当下的"异化劳动",不必然等同于人之自我实现过程所必须的对象化过程,后者亦能在历史性的感性对象的活动中找到新的"中介"。正因如此,马克思并未诉诸所谓的大全意义上"科学",而是返回"人化的自然界",即当下工业生产及其对应的社会生产关系的历史生成中寻求解答。

显然,进入成熟时期的马克思在此并未出离《巴黎手稿》中给出的蓝图。在异化问题上的不同立场,不仅解释了马克思为何在《巴黎手稿》中如此推崇工业及其内涵的历史意义,更暗示了《导言》中工业何以取代艺术的缘由。在马克思看来,"工业的奇迹"不仅"使神的奇迹日益变得多余"②,更是"一本打开来了的关于人的本质力量的书"③,"如果工业是人的本质力量的公开的展示",那么人的本质,即人自然的本质(人的内在自然),亦能为历史中人所真正理解。而原本在希腊艺术中表现的"美的规律",在现时代是以"工业"的方式成为"感性的摆在我们面前的心理学"所加以表现的对象④。由此,工业代表的直接诉诸感性现实活动的"对象化"原则,不仅承继了艺术的感性化原则,更是对后者的超越。

可以说,马克思版本的"艺术终结论",不仅体现了一种与黑格尔不同的艺术观,更标志着二者截然不同的理论立场。马克思没有将现时代理解为"艺术终结"的时代,旨在反对黑格尔以思辨哲学为顶点的历史终结论,并在感性对象性活动中寻求新的历史生成道路。也正因如此,艺术论题对唯物史观而言绝非是可有可无的,其理应成为进入马克思思想世界的一把钥匙。

(责任编辑:连晨炜)

---

① 卢卡奇:《历史与阶级意识》,杜章智译,北京:商务印书馆,2014年,第33页。
② 《马克思恩格斯文集》第1卷,第164页。
③ 同上,第192页。
④ 同上,第193页。

文艺意识形态理论话语的谱系和当代范式

石然 *
（杭州师范大学马克思主义学院）

【内容摘要】

文艺意识形态理论话语历经古代的功能性理论话语，近代的本体性阐释，特别是马克思主义经典作家的科学揭示，在当代又形成了种类繁多的理论光谱。西方早期思想家对于文艺社会功用的表述基本合乎了文艺意识形态的功能性蕴含。康德的"审美公共性"学说为文艺意识形态理论话语做了理论铺垫。马克思主义经典作家对意识形态和文艺意识形态理论话语做了科学揭示。列宁发展了马克思主义意识形态和文艺意识形态理论话语。经历了"无产阶级文化协会""拉普""庸俗社会学""形式主义"等诸多思潮的冲击，苏联形成了艺术社会学派、自然美学派、社会美学派、综合系统学派和语言符号学派五种理论话语。在卢卡奇、葛兰西之后，当代西方马克思主义文艺意识形态已经形成了一般性社会意识形态话语、关联性政

---

* 石然，法学博士，文学博士后，杭州师范大学马克思主义学院讲师，硕士研究生导师，主要从事文艺美学研究。
本文为国家社科基金重大项目"当代美学的基本问题及批评形态研究"（15ZDB023）阶段性研究成果。

治意识形态话语、政治转向的激进美学意识形态话语、人学的审美意识形态话语以及乌托邦式（虚幻性）意识形态话语。当代西方非马克思主义文艺理论亦有其意识形态话语。东欧文艺意识形态话语可以分为传统马克思主义话语和新马克思主义话语两种，其中东欧新马克思主义认为艺术就是人的解放的意识形态。抗日战争时期毛泽东《在延安文艺座谈会上的讲话》标志着中国文艺意识形态理论话语的形成。改革开放以来中国已经形成了"准意识形态"论、"一定的、部分的意识形态"论、一般性的社会意识形态论、"社会意识形态中的审美意识形态"论、"泛化的"或"溶解的"审美意识形态论和"美学含义的社会意识形态"论六种理论话语。

【关键词】

意识形态；审美意识形态；话语谱系

"意识形态"是当代文化与社会的热点词汇之一，在当代西方诸多著名关键词研究论著中，"意识形态"这个范畴是不能不被收录的。雷蒙·威廉斯曾经归纳出"意识形态"概念的三种含义：① 标志某一特殊阶级或集团之特点的信仰体系；② 与真实或科学知识相反的——虚假的观念或需要的意识——虚幻的信仰体系；③ 意义和观念生产的一般过程①。近年来，丹尼·卡瓦拉罗更是总结了"意识形态"范畴主要的 11 种观点：① 它是一种观念，理想，价值或信仰的体现；② 它是一种哲学观；③ 它是一种宗教；④ 它是一种控制人们的但却是错误的价值观；⑤ 它是一整套习惯或仪式；⑥ 它是一种文化借以形成的中介；⑦ 它是某个特殊的社会阶层，性别和种族集团所提倡的某种观念；⑧ 它是权力结构中占统治地位的

① 于连·沃尔夫莱：《批评关键词文学与文化理论》，北京：北京大学出版社，2015 年，第 129 页。

力量的价值观；⑨它是一种文化围绕其主题产生意义和角色的方法；⑩它是某种文化和语言的同盟；⑪它是对自然事实的一种带有文化建构性的表述①。"意识形态"这个概念有着多样性的解释，但仍可从中找到一些共识。也就是说，意识形态一定是承担一定社会职能的思想观念。

在文艺理论和美学研究领域，"意识形态"同样是不可忽视的关键概念。特里·伊格尔顿详尽阐释了"审美意识形态"这个范畴："审美一开始就是个矛盾而且意义双关的概念。一方面，它扮演着真正的解放的角色——扮演着主体的统一的角色，这些主体通过感觉冲动和同情而不是通过外在的法律联系在一起，每一主体在达成社会和谐的同时又保持独特的个性。审美为中产阶级提供了其政治思想的通用模式，例证了自律和自我决定的新形式，改善了法律和欲望、道德和知识之间的关系，重建了个体和总体之间的联系，在风俗、情感和同情的基础上调整了各种社会关系。另一方面，审美预示了马克斯·霍克海默所称的'内化的压抑'，把社会统治更深地置于被征服者的身体中，并因此作为一种最有效的政治领导权模式而发挥作用。"②在他看来，"优美和崇高所起的作用是意识形态的重要范畴。"③需要注意的是，"审美意识形态"的提出者和阐释者绝非特里·伊格尔顿一人。理查德·舒斯特曼等诸多非马克思主义理论家也有对这个概念的专门著述。由此可见，"意识形态"不仅绝非是老生常谈的陈旧话题，而且是当代学术的前沿问题和热点问题。本文以马克思主义历史唯物主义为基本理论方法，借鉴福柯等人的谱系学研究方法，对文艺意识形态学术现象进行学理的澄清、分析和讨论。

一、文艺意识形态理论话语的缘起及科学揭示

由于历史条件的局限性，近代以前的思想家不可能提出和解释"意识形态"

---

① 丹妮·卡瓦拉罗：《文化理论关键词》，南京：凤凰传媒集团江苏人民出版社，2006年，第82页。
② 特里·伊格尔顿：《美学意识形态》（修订版），北京：中央编译出版社，2013年，第17页。
③ 同上，第75页。

这个范畴。但是他们对于文艺社会功用的表述基本合乎了文艺意识形态的功能性蕴含。古希腊时期，柏拉图明确提出文艺应"对于国家和人生都有效用"(《理想国》卷十)。无论是在《理想国》还是在《法律篇》，他都要求文学艺术合乎统治阶层的利益和规范。比如在《理想国》中提出，文艺"须对于我们有益；须只模仿好人的语言，并且遵守我们原来替保卫者们设计教育时所规定的那些规范"(《理想国》卷二至卷三)。在《法律篇》中提出："一个城邦如果还没有由长官们判定你们的诗是否宜于朗诵或公布，就给你们允许证，他就是发了疯。所以先请你们这些较柔和的诗神的子孙们把你们的诗歌交给我们的长官们看看，请他们拿它们和我们自己的诗歌比一比，如果它们和我们的一样或是更好，我们就给你们一个合唱队；否则就不能允许你们来表演。"亚里士多德固然强调艺术自身的内在规律，认为"衡量诗和衡量政治正确与否，标准不一样；衡量诗和衡量其他艺术正确与否，标准也不一样"(《形而上学》第二十五章)，但是他依然强调文艺的伦理教化作用，要求文艺承担培育城邦公民的使命。他在《政治学》中指出，"在一切科学和艺术里，其目的都是为了善"。这里的"善"，就是城邦的"正义"，合乎了中间层奴隶主阶级的"共同利益"①。古罗马时期，贺拉斯提出了"寓教于乐"思想，就是让文艺以审美愉悦的方式为统治阶级教化人心。他这样指出："神的旨意是通过诗歌传达的，诗歌也指示了生活的道路；(诗人也通过)诗歌求得帝王的恩宠；最后，在整天的劳动结束后，诗歌给人们带来快乐。"②贺拉斯所说的"诗人给人们带来快乐"，并不是给劳动人民带来快乐，而是给奴隶主贵族带来快乐："观众中夹杂着一些没有教养的人，一些刚刚劳动完毕的肮脏的庄稼汉，和城里人和贵族们夹杂在一起——他们又懂得什么呢？"③因此，他坚决反对"虽然引起买烤豆子、烤栗子吃的人的赞许，却使骑士们、长老们、贵人们、富人们反感"的文艺作品④。

---

① 转引自《哲学研究》1980 年第 5 期，第 54 页。

② 贺拉斯：《诗艺》《诗学·诗艺》，北京：人民出版社，1962 年，第 158 页。

③ 同上，第 148 页。

④ 同上，第 150 页。

　　恩格斯指出："中世纪的历史只知道一种形式的意识形态，即宗教和神学。"①到了中世纪，文艺和其他社会意识形态的形式一样，都成了神学的婢女。托马斯·A.肯皮斯的著述就可说明："如果你不能唱得像夜莺和云雀那样好听，就像乌鸦和青蛙那样唱吧，依照上帝的意愿去唱。""所有的美都来自上帝；没有上帝，任何东西都不可能美。"

　　社会变革时期往往是意识形态的激荡时期，在资产阶级逐步上升到统治地位的历史阶段同样也不例外。在这个时期，但凡伟大的文艺家和批评家都迫切希望文艺发挥其意识形态功能，为资产阶级革命和新社会移风易俗转化主体、凝聚力量。莱辛提出："一个有才能的作家，不管他选择哪种形式，只要不单单是为了炫耀自己的机智、学识而写作，他总是着眼于他的时代，着眼于他国家的最光辉、最优秀的人，并且着力描写为他们所喜欢，为他们所感动的事物。尤其是剧作家，倘若他着眼于平民，也必须是为了照亮他们和改善他们，而绝不可加深他们的偏见和鄙俗思想。"②歌德提出："我出生的时代对我是个大便利。当时发生了一系列震撼世界的大事，我活得很长，看到这类大事一直在接二连三地发生。对于七年战争、美国脱离英国独立、法国革命、整个拿破仑时代，拿破仑的覆灭以及后来的一些事件，我都是一个活着的见证人。"③也正是因此，"艺术要通过一种完整体向世界说话。但这种完整体不是他在自然中所能找到的，而是他自己的心智的果实，或者说，是一种丰产的神圣的精神灌注生气的结果"④。雨果提出"歌唱思想、热爱人类、信仰进步、祈求永恒"⑤；"要建设""建设人民""在进步中建设""用智慧来建设"⑥；"我们以信条反对教条、以原则反对戒律、以坚毅反对固执、以真实反对虚伪、以理想反对梦想……以自由反对专制"⑦等思想。巴尔扎克提出"文

---

① 《马克思恩格斯文集》第 4 卷，北京：人民出版社，2009 年，第 289 页。
② 莱辛：《汉堡剧评》，上海：上海译文出版社，1981 年，第 9 页。
③ 歌德：《歌德谈话录》，北京：人民出版社，1978 年，第 30 页。
④ 同上，第 137 页。
⑤ 《雨果论文学》，上海：上海译文出版社，1980 年，第 188 页。
⑥ 同上，第 169 页。
⑦ 同上，第 198 页。

学的使命是描写社会";"从来小说家就是自己同时代人们的秘书"①;一个"活在民族之中的大诗人,就该总括这些民族的思想……就该成为他们的时代化身才是"② 等思想。莫里哀认为应当充分发挥喜剧针砭现实的反讽作用,以揭露社会的弊病。

正如斯塔尔夫人所说,"诗歌应该紧紧跟上一切与思想有关的事物,紧紧跟上当代哲学的发展过程。"③ 由于以哲学为代表的人类智慧划时代的巨大飞跃,一些思想家从理论上论证了文艺与社会、政治的关系,文艺意识形态学说已经获得孕育。斯塔尔夫人对不同社会制度(尤其是政治制度)对文学的影响做了详尽论证:"在君主政体下,人们乐于嘲弄的是与既定习惯不协调的举止;在共和制度下,嘲弄的对象应该是损害公共利益的人心的缺点"④;"古代题材以及模仿古代的题材,在共和制度下产生的效果要比在君主制度下小些。这是由于等级的区别使得厄运的痛苦更加显著的缘故;这些区别在厄运和权力之间建立了一条一旦想到都不免为之战栗的鸿沟。在古代产生了奴隶的那个社会秩序,使贫穷的深渊更为加深,使富者越富,贫者越贫,使人们的命运具有简直是戏剧性的天壤之别。人们对本国找不出类似例子的情景当然会感兴趣,然而由自由制度和政治平等终于必将产生的那种哲学思想,它日复一日地减弱有关社会方面的虚构事物的力量。"⑤ 泰纳在其专著《艺术哲学》中强调了环境与种族、时代一起构成精神文化的三个要素,他特别强调社会环境(包括国家政策、政治局面、军事战争、宗教信仰等)对文艺的重要影响。在他看来,"某些持续的局面以及周围的环境、顽强而巨大的压力,被加于一个人类集体而起着作用,使这一集体中从个别到一般,都受到这种作用的熏陶和塑造"⑥;"群众思想和社会风气的压力,给艺术家定下一条发展的路,不

---

① 巴尔扎克:《〈古物陈列室〉〈钢巴拉〉出版序言》,《古典文艺理论译丛》1965 年第 10 期,第 122 页。

② 巴尔扎克:《〈人间喜剧〉前言》,《古典文艺理论译丛》1957 年第 2 期,第 6 页。

③ 斯塔尔夫人:《论文学》,载《古典文艺理论译丛》1961 年第 2 期,第 89 页。

④ 伍蠡甫、胡经之:《西方文艺理论名著选编》中卷,北京:北京大学出版社,1986 年,第 24 页。

⑤ 同上,第 26—27 页。

⑥ 伍蠡甫:《西方文论选》下卷,上海:上海文艺出版社,1963 年,第 239 页。

是压制艺术家，就是逼他改弦易辙"①。

康德提出的"审美公共性"学说为文艺意识形态理论话语已经做好了理论铺垫。康德指出："美的经验性的兴趣只在社会中；而如果我们承认社会的冲动对于人来说是自然的，因而又承认对社会的适应和偏好，也就是社交性，对于作为被社会性方面规定了的生物的人的需要来说，是属于人道的观点，那么，我们就免不了把鉴赏也看作对我们甚至能够借以向每个别人传达自己的情感到东西的评判能力，因而，看作对每个人的自然爱好所要求的东西加以促进的手段。""流落到一个荒岛上的人独自一人既不会装饰他的茅屋也不会装饰他自己，或是搜寻花木，更不会种植他们，以便用来装饰自己；而只有在社会里他才想起他不仅是一个人，而且还是按照自己的方式的一个文雅的人（文明化的开端）；因为我们把一个这样的人评判为一个文雅的人，他乐意并善于把自己的愉快传达给别人，并且一个客体如果他不能和别人共同感受到对他的愉快的话，是不会使他满意的。"② 席勒继承和发展了"审美公共性"学说，"把艺术理解成一种交往理性……它不能单独从自然和自由任意一个领域中形成，而只应出现在教化过程当中"③，使得艺术成了"时代精神的传声筒"。也就是说，推崇文艺的政治教化功能，要求文艺公开传播进步意识形态。在他看来，通过艺术传播政治观点是时代精神的迫切需要："当今，道德世界的事物有着更切身的利害关系，时代的状态迫切地要求哲学精神探讨所有艺术中最完美的作品，即研究如何建立真正的政治自由。"④ 在这里，文艺的艺术审美性就是为政治意识形态性服务的中介，并且是极其重要的、不可或缺的、强大有力的中介："人们在经验中要解决的政治问题必须假道美学问题，因为正是通过美才可以走向自由。"⑤ 在这个意义之上，艺术理所当然以国家意志的高度弘扬人类之崇高。所以席勒指出："一个国家机构的哲学家和立法者所仅能提出的最高和最

---

① 泰纳：《艺术哲学》，北京：人民文学出版社，1983 年，第 35 页。
② 康德：《判断力批判》，北京：人民出版社，2012 年，第 139 页。
③ 哈贝马斯：《现代性的哲学话语》，南京：译林出版社，2004 年，第 52—55 页。
④ 席勒：《审美教育书简》，北京：北京大学出版社，1985 年，第 12 页。
⑤ 同上，第 14 页。

终要求，是提高普遍的幸福。使肉体生命得到延续的东西，将永远是它的第一个目标；使人类在其本质之内高尚化的东西，将永远是他的最高目标"①；艺术"才是把分离的精神能力重新结合起来的活动，才是把头和心、机智和诙谐、理性和想象力和谐地联结起来的活动，才可以说是在我们心中重新创造完整的人的活动"②。

"意识形态"这个术语并非马克思主义的产物，这个范畴早在资产阶级革命时期就已经出现了。法国学者德斯蒂·得·特拉西于 1796 年使用了 ideology 这个词，他解释为"观念学"，并且认为"观念学"是第一科学，是"肯定的，有益的，可以具有严格精确性的"，是"最伟大的艺术"的基础，是"用人类从他同类中获得最大的帮助和最小的烦恼这种方式来调节社会的基础"③。马克思主义经典作家赋予了意识形态以唯物史观的内涵，意识形态的范式从此建立在了科学的基础之上。也就是说，意识形态作为社会意识，是以一定物质资料生产方式为基础的社会存在的反映，它包括法律、政治、宗教、艺术、哲学等。马克思主义经典作家阐释了唯物史观的基本内涵时，已经描述性地说明了意识形态的本质和外延。马克思指出："物质生活的生产方式制约着整个社会生活、政治生活和精神生活的过程。不是人们的意识决定人们的存在，相反，是人们的社会存在决定人们的意识。社会的物质生产力发展到一定阶段，便同它们一直在其中运动的现存生产关系或财产关系（这只是生产关系的法律用语）发生矛盾。于是这些关系便由生产力的发展形式变成生产力的桎梏。那时社会革命的时代就到来了。随着经济基础的变更，全部庞大的上层建筑也或慢或快地发生变革。在考察这些变革时，必须时刻把下面两者区别开来：一种是生产的经济条件方面所发生的物质的、可以用自然科学的精确性指明的变革，一种是人们借以意识到这个冲突并力求把它克服的那些法律的、政治的、宗教的、艺术的或哲学的，简言之，意识形态的形式。"④

---

① 席勒：《秀美与尊严》，北京：文化艺术出版社，1996 年，第 9 页。

② 同上，第 21 页。

③ 约翰·B. 汤普森：《意识形态与现代文化》，南京：译林出版社，2012 年，第 32 页。

④ 《马克思恩格斯文集》第 2 卷，第 592 页。

　　"文艺意识形态"学说是马克思主义文艺理论的核心问题。对这一问题的解释，一般都会以马克思《〈政治经济学批判〉序言》的一段文字加以引征。在这里，马克思明确把艺术作为意识形态的形式之一。当然，马克思主义经典作家把文艺作为"意识形态"的活动，也没有排除文艺作为"自由的精神生产"的可能性："只有在这种基础（物质生产）上，才能够既理解统治阶级的意识形态的组成部分，也理解一定社会形态下自由的精神生产。他没有能够超出泛泛的毫无内容的空谈。而且，这种关系本身也完全不像他原先设想的那样简单。例如资本主义生产就同某些精神生产部门如艺术和诗歌相敌对。"①

　　在审美公共性问题上，马克思主义经典作家与康德有着相似的看法。马克思早期著作就指出："动物只是按照它所属的那个种的尺度和需要来构造，而人却懂得按照任何一种的尺度来进行生产，并且懂得处处都把固有的尺度运用于对象；因此，人也按照美的规律来构造。"②也就是说，美是人的本质力量对象化的积极肯定。而人的本质就是自由自觉的实践活动，亦是一切社会关系的总和。对于艺术的交往理性，马克思是同样看重的："艺术对象创造出懂得艺术和具有审美能力的大众，——任何其他产品也都是这样。因此，生产不仅为主体生产对象，而且也为对象生产主体。"③但是，马克思主义经典作家反对把文艺作为"时代精神传声筒"④。马克思主义经典作家的确把文艺作为意识形态的形式之一，但文艺的意识形态性是自然而然流露出来的倾向性，而不是像席勒那样公然宣讲政治观点。恩格斯指出："我认为倾向应当从场面和情节中自然而然地流露出来，而不应当特别把它指点出来；同时我认为作家不必要把他所描写的社会冲突的历史的未来的解决办法硬塞给读者。"⑤他强调以美学的和历史的观点做文艺批评，并且认为"作者的见解越隐蔽，对艺术作品来说就越好"⑥。

---

① 《马克思恩格斯全集》第 26 卷第 1 册，北京：人民出版社，1972 年，第 296 页。
② 《马克思恩格斯列宁斯大林论文艺与文化》下卷，北京：中国社会科学出版社，2012 年，第 887 页。
③ 同上，第 889 页。
④ 同上，第 670 页。
⑤ 同上，第 667 页。
⑥ 同上，第 664 页。

二、苏联文艺意识形态理论话语的形成及当代形态

在马克思、恩格斯所处的历史条件下，文艺的接受者主要还是资产阶级圈子里的读者。而在列宁所处的帝国主义时代，工人阶级及其政党已经成熟，共产主义运动风起云涌，工人阶级和广大劳动群众迫切需要文学艺术的哺育。列宁继承了马克思恩格斯的文艺意识形态理论话语，提出了"两种意识形态"（反动的和进步的意识形态）的思想："既然谈不到由工人群众在其运动进程中自己创立的独立的思想体系，那么问题只能是这样：或者是资产阶级的意识形态，或者是社会主义的意识形态。这里中间的东西是没有的（因为人类没有创造过任何'第三种'意识形态，而且在为阶级矛盾所分裂的社会中，任何时候也不可能有非阶级的或超阶级的意识形态）。因此，对社会主义意识形态的任何轻视和任何脱离，都意味着资产阶级意识形态的加强。"① 他在《唯物论和经验批判主义》中又提出了"科学的意识形态"："一句话，任何意识形态都是受历史条件制约的，可是，任何科学的意识形态（例如不同于宗教的意识形态）都和客观真理、绝对自然相符合，这是无条件的。"② 在列宁看来，意识形态未必只是属于统治阶级的或者反动阶级的，被统治阶级或者进步阶级同样可以拥有自己的意识形态。列宁在革命实践中进一步提出了文艺党性理论话语，是指创作主体在艺术实践活动中表现出鲜明的政治倾向性。苏联学者伊祖耶托夫曾经准确地解释了列宁的"党性"话语："党性是指公开地、自觉地同首先是无产阶级的阶级利益与阶级斗争相联系，并且在思想上表现这些利益。党性是指在思想上和组织上服从首先是无产阶级政党的意识形态活动"；"这个原则的含义是，每一个真正进步的作家都必须力求做到依靠社会主义学说，用自己的创作在思想上自觉地为工人阶级及其政党的事业服务。"③ 由此可

---

① 《列宁选集》第 1 卷，北京：人民出版社，2012 年，第 326—327 页。
② 《列宁选集》第 2 卷，第 96 页。
③ A. 伊祖耶托夫：《列宁论文学的党性》，《列宁文艺思想论集》，北京：中国社会科学出版社，1986 年，第 189、199 页。

见，所谓"党性"，实质就是无产阶级的意识形态，即社会主义和共产主义的理想信念。需要特别注意的是，"党性"话语的使用范围是非常限定的。第一，文艺的"党性"话语主要用于具有共产党员身份的文艺工作者，而不是用于全部文艺工作者："文艺工作者的党性问题是一个高标准的要求，要求身为共产党员的文艺工作者必须做到，而对一般文艺工作者主要是要求'双为'方向，而不是把党性作为必须做到的要求。"① 重读列宁《党的组织和党的出版物》便不难发现，列宁所要求的写作的党性，只限于加入布尔什维克党的作家。列宁指出："言论和出版应当有充分的自由。但是结社也应当有充分的自由。为了言论自由，我应该给你完全的权利让你随心所欲的叫喊、扯谎和写作。但是，为了结社自由，你必须给我权利同那些说这说那的人结成联盟或者分手。"② 毫无疑问，是否加入某个团体（包括政党）是每个人的自由权利；但是一个团体也有权选择与其标准相一致的成员；一旦选择加入某个团体，这个成员就要自觉地维护该团体的根本利益。对于任何一个社团、党派来说无不如此，共产党自然也不会例外。第二，文艺的"党性"是指文艺作品要求体现无产阶级及其政党的意识形态，也就是社会主义的信念，而不是要求体现党的某一具体政策。列宁非常清楚地指出："写作事业最不能机械化一，强求一律，少数服从多数。无可争论，在这个事业中，绝对必须保证有个人创造性和个人爱好的广阔的天地，有思想和幻想、形式和内容的广阔天地。"③ 正是在这个意义之上，列宁反对把写作事业与党的其他事业刻板地等同起来。在这里还要指出的是，列宁所说的"党性"针对的是党的一切"出版物"，"首先是无产阶级政党的政治出版物"④，至于文艺作品的党性何以呈现，列宁的回答是"至少会反映出革命的某些本质的方面"⑤。

布尔什维克党取得政权以后，列宁采取了更为灵活的方式对待文艺的意识形

---

① 《文艺美学辞典》，沈阳：辽宁大学出版社，1988年，第194页。
② 《列宁论文学与艺术》，北京：人民文学出版社，1983年，第70页。
③ 同上，第68—69页。
④ A.伊祖耶托夫：《列宁论文学的党性》，《列宁文艺思想论集》，第189、199页。
⑤ 《列宁全集》第17卷，北京：人民出版社，1988年，第674页。

态和党性，集中体现在《关于党在文学方面的政策——俄共（布）中央一九二五年六月十八日的决议》中。《决议》主张各集团、流派自由竞赛，反对简单粗暴的行政干涉："党应当主张这方面的各种集团和派别自由竞赛。用任何其他方法来解决这个问题，都不免是衙门官僚式的虚假的解决。以指令或党的决议使某一集团或文学组织对文学出版事业实行合法的独占，同样也是不容许的。党虽然在物质上和精神上支持无产阶级文学和无产阶级农民文学、帮助'同路人'等等，却不能听任即使在思想内容上最为无产阶级的任何集团实行独占，因为这首先就会毁灭无产阶级文学。"[1] 特别是，列宁还允许一些非共产主义思想（甚至反共产主义思想）的行业专家参与本部门领导工作，并且给予了极大尊重和照顾。列宁这样指出："我们一切领导机关，无论是共产党、苏维埃政权还是工会，如果不能做到像爱护眼珠那样爱护一切勤恳工作、精通和热爱本行业务的专家（尽管他们在思想上同共产主义完全格格不入），那么社会主义事业就不可能取得任何重大的成就。在没有达到共产主义社会最高发展阶段以前，专家始终是一个特殊的社会阶层，我们应该使专家这个特殊的社会阶层在社会主义制度下比在资本主义制度下生活得更好，不仅在物质上和权利上是如此，而且在同工农的同志合作方面以及在思想方面也如此，也就是说，使他们能从自己的工作中得到满足，能意识到自己的工作不再受资本家阶级私利作用而有益于社会。"[2]

在列宁之后，经历了"无产阶级文化协会""拉普""庸俗社会学""形式主义"等诸多思潮的冲击和马列文论的自身发展，苏联文艺理论逐渐走出了教条主义的束缚，在相当丰富的学术探讨、论争、对话中形成了丰富多彩的理论话语，即便对于文艺意识形态学说这一核心问题也形成了清晰的理论光谱。

当代苏联文艺意识形态理论话语主要有五种形态。第一种是艺术社会学派的意识形态理论话语。他们具象地分析了文艺社会现象意识形态性，已经不再像20

[1]《苏联文学艺术问题》，北京：人民文学出版社，1959年，第11—12页。
[2]《列宁选集》第4卷，第628页。

世纪二三十年代的"庸俗社会学"那样简单粗暴。在这套理论话语中，即便持有最正统理论范式的学者，也没有把文艺直接界定为"社会意识形态"，而是一种"社会意识形式"。当然，作为社会意识形式之一的文艺，其意识形态性是明显的，如弗里德连杰尔、米亚斯尼科夫、伊祖耶托夫等。别罗夫、达维多夫等学者已经形成了苏联的"生产论"范式。根据列弗希娜的归纳总结，此学派关于艺术社会学研究对象问题就形成了八种观点，这所有的一切都具象化、体系化、丰富化地论述文艺这一社会意识形式的本性。第二种是自然美学派的社会意识形态理论话语。自然美学派着力于探讨文艺与其他社会意识形式之间的区别与联系，探讨文艺的审美性与社会历史性之间的关系。他们的根本观点是，美是客观事物本质的某种表现。本质的表现不是本质的本身。在这个意义上，他们反对社会美学派提出的"审美的意识形态"论，认为文艺就是"社会意识形态"（社会意识的高级形式）的一种。在这里，"文艺的社会意识形态性"是个美学范畴，因而与艺术社会学派亦有显著差异。当然，自然派美学家对于艺术的独特性（即艺术的形象性和审美性）是有着相当程度的体认和揭示的。如奥夫相尼科夫、叶果洛夫、波斯彼洛夫等。第三种是社会美学派的审美意识形态话语。他们依据马克思《1844年经济学哲学手稿》，认为美并非自然的客观因素，而是人的本质力量的积极确证。社会派美学家认为"审美"与"意识形态"并不是彼此的他者，审美本身就已经蕴含着意识形态倾向性。审美的意识形态倾向性论证，赋予了意识形态以美学价值。如鲍列夫、斯托洛维奇、布罗夫、赫拉普钦科等。有学者指出，"审美意识形态"论是当代中国学者用自己的心血所作出的一次理论创新[①]。事实上"审美意识形态"的合理内核已被苏联社会美学派学者揭示出来了。第四种是综合系统派的意识形态话语。这些学者反对自然派和社会派对文艺做单一的定性，认为文艺是复杂多样的综合系统，意识形态当且仅当是文艺综合系统的一个方面。如卡冈、齐斯、梅赫拉等，以卡冈的艺术系统论最为典型。第五种是语言或符号学派的意识形态

---

① 童庆炳：《20世纪中国马克思主义文艺理论研究》，北京：北京大学出版社，2012年，第532页。

理论话语。一些苏联理论家冲破了"内部""外部"研究的束缚，并且在所谓的"内部研究"中深入挖掘了其中隐喻意识形态的因素，提出了文艺语言或符号的文艺意识形态论。特别是，巴赫金详尽地分析了语言意识形态的性质和特征，并提出了"日常意识形态"学说。

三、西方、东欧文艺意识形态理论话语的形成及当代形态

文艺意识形态理论话语的西方马克思主义形态是由卢卡奇、葛兰西等理论家开启的。

卢卡奇既肯定了马克思恩格斯的文艺意识形态倾向性理论话语，也肯定了列宁的文艺党性理论话语："列宁在这个问题上超过了恩格斯的论断。由于他发展了马克思主义，他给这个问题也赋予真正科学的基础……如果说辩证唯物主义要求党性，那么它同时认为更完全的、更客观的反映是绝对必要的。"① 不仅如此，卢卡奇还在马克思、恩格斯、列宁的基础上进一步批评了资本主义社会的艺术生产："在艺术变成商品的地方，这就很自然地、加剧地发生效力。对于资本家来说，艺术家只有作为个性的时候才有价值，'商标'愈有效力、愈清楚、个性表现得愈有风度，在一定的情况下对资本家说价值便愈大。当然，这样产生出来的'自由'，这样起着作用的'个性'远远不是产生真正艺术家的证据。"② 在他看来，只有劳动人民当家做主的新社会才能彻底改变资本主义艺术生产的不自由："如果劳动人民的社会组织把艺术家与群众中间的中介作用从资本家独霸的手中接管过来，那就不但可以使作品的纯商业性质、单纯追求利润的中介性质消灭掉（连同他所有不利的后果一起），而且可以在艺术家与群众中间出现一种新的、丰富的、与过去的

---

① 卢卡契:《卢卡契文学论文集》一，北京：中国社会科学出版社，1980 年，第 440 页。
② 同上，第 390 页。

在本质上有区别的直接关系。"① 由于时代的局限性，列宁生前并未阅读过马克思《1844 年经济学哲学手稿》等早期著作，而这些著作阐释了人的本质、人的异化、人的解放等重要思想，并且有着丰富的美学蕴含。卢卡奇弥补了列宁等马克思主义理论家的遗憾，阅读了《手稿》等马克思早期著作，形成了更为丰富的马克思主义美学思想体系。卢卡奇继承了马克思主义经典作家反映论，创造性地提出了艺术的审美反映学说。在他看来，艺术的审美反映与其他反映形式是个别与一般的关系，特殊性与普遍性的关系。对此，卢卡奇有着大篇幅的论述："艺术对现实的反映与其他形式对现实的反映都基于同样的矛盾。它的特殊之处在于它寻求与科学不同的这些矛盾解决方法……一切伟大艺术品的目标都是提供一幅有关现实的图画，在这幅图画中，表象与现实、特殊与一般、直观与概念之间的矛盾得到解决，使得矛盾双方在作品所产生的直接印象中达到趋同，从而给人一种不可分割的整体感。普遍性呈现为个别和特殊的一种品质，现实则在现象之中显现并被体验，普遍性原则被揭示为特殊描写的个别事例的具体动因……""在艺术品建立这样的特殊性难道不妨碍艺术反映现实的功能吗？绝对不会！它仅仅证实了它的特殊性质——存在于艺术中的对现实的一种独特反映。艺术作品中表面上受局限的世界和与现实的明显不对应正是建立在艺术反映现实这一特殊本质上的。这种不对应只是一种幻觉，不过是一种必要的幻觉，对艺术来说是本质的和固有的。"②
在艺术的审美反映本体论基础上，结合马克思主义经典作家的意识形态"幻象"学说，卢卡奇进一步提出了艺术的陶冶功能论学说。卢卡奇详尽地指出："由于斯大林的理论和实践的影响，文学必须针对宗教进行斗争，而恰恰放弃了它的最有力的武器，即它的陶冶作用。同样从这个问题的观点出发，应该对陶冶的本质作这样的概括：在作品个性中接受者面对这样一个世界图像、这个世界是接受者自己看到的，同时他突然意识到，他对这个世界的观念没有或至少尚未达到它的本

---

① 卢卡契：《卢卡契文学论文集》一，第 401 页。
② 参见卢卡奇：《艺术与客观真理》，转引自拉曼·塞尔登：《文学批评理论：从柏拉图到现在》，北京：北京大学出版社，2003 年，第 52—57 页。

质。在陶冶中所以形成了对日常的世界图像、对习惯了的关于人、关于他的命运、关于使它行动的思想情感的震撼，这种震撼把他引向一个更好理解了的世界、引向能更真实而深刻把握的此岸性现实。""所以陶冶是指向人的本质的。正因为如此它只能在一种社会—历史的具体性中起作用。伟大的文学始终是由此而产生它的陶冶作用的，在其中人类发展一定阶段的中心矛盾以与提高了的人的诗化典型所经历的典型冲突中呈现出来。""陶冶的此岸性是一种普遍的：在具体而典型的单个人的命运中使社会和历史的本质通透化，历史冲突呈现出了——在善于恶的辩证法中——促进或阻碍历史进程的那些人的典型。从荷马到高尔基，诗人们总是从具体的人和具体的人的关系出发。这些为他们的读者提供了陶冶的'认识你自己'，并且在这面微观宇宙的镜子中，适用于几千年来的宏观宇宙的历史，表现出具有任一现实所可能需要的历史意义的映像。"① 正是对艺术陶冶功能的科学揭示，卢卡奇阐明了艺术参与人的解放斗争的基础和前景。

卢卡奇对资本主义艺术生产的批判性解释，对后来的阿尔都塞学派、法兰克福学派美学的政治转向和社会学批评，以及伯明翰学派的文化领导权和文化唯物主义学说都产生了重要影响；他对于艺术参与人的解放斗争的解释，不仅启发了一些西方学者形成人的解放的审美意识形态话语，同时奠定了东欧新马克思主义文艺意识形态理论话语的重要基础；他的审美反映等学说，有助于改革开放以来中国学者文艺审美意识形态话语的形成；他的审美幻象理论，也推动了布洛赫等学者形成艺术虚幻性的乌托邦式意识形态话语。

葛兰西继承了列宁"党的出版物"理论话语，提出了具体、完整的文化领导权学说。他指出："每个国家都是伦理的，因为它的最重要的职能之一是把广大居民群众提高到符合生产力发展需要从而符合统治阶级利益的一定的文化和道德水平（或型式）。在这个意义上说，在国家中起特别重要作用的是执行积极的教育职能的学校。但是在现实中为了达到这项目的还进行许多具有所谓局部性质的他种

---

① 卢卡奇：《审美特性》下，北京：社会科学出版社，2015 年，第 1222—1223 页。

活动的创举，它总是在一起构成统治阶级政治的或文化的领导机关。"① 当然，他也准确揭示了文学与政治的区别和联系："揭示不同精神领域之间既有区别，它们的活动又统一的形式原则（纵然是抽象的形式原则），有助于把握真实的现实，有助于抨击那些竭力掩盖斗争的手段，或者实际上只因偶然的机缘而执掌了领导权的庸人随心所欲的行径和虚情假意的品行。"② 后来的英国伯明翰学派直接继承了葛兰西文化领导权理论话语。

在卢卡奇、葛兰西等人的基础上，西方马克思主义者回溯或继承了本国人文领域的一些传统特色（如法兰克福学派回溯了以康德、黑格尔为代表的德意志古典哲学，阿尔都塞学派继承了法国激进政治学和社会学的研究成果等），结合了结构主义、存在主义、人本主义、精神分析等多种理论资源（阿尔都塞学派还借鉴了毛泽东的一些思想），形成了五种理论话语："一般性社会意识形态话语"把文艺作为社会现象来研究，一般性地认为文艺是一种社会意识形态（如埃斯卡皮、考德威尔、雷蒙·威廉斯、吕西埃·戈德曼、加洛蒂等）。"关联性政治意识形态话语"采用了政治学研究范式，认为文艺与政治意识形态有着密切关联（如阿尔都塞、本雅明等）。"政治转向的激进美学意识形态话语"，也就是在文化经济时代和审美资本主义时代，美学出现了重要的政治转向：如特里·伊格尔顿的"审美意识形态"学说认为优美和崇高所起的作用是意识形态的重要范畴；皮埃尔·布迪厄认为文学场和权力场或社会场在整体上的同源性规则使得大部分文学策略既是美学的又是政治的；詹姆逊的"政治无意识"学说等。"人的解放的审美意识形态话语"认为文艺是人的解放的重要力量（如马尔库塞、列斐伏尔、恩·费歇尔等）"乌托邦式（虚幻性）意识形态话语"，认为文艺是每一占统治地位的政治或者社会状况对自身进行理想化的外衣（如福克斯、布洛赫等）。

当代西方非马克思主义文艺理论亦有其意识形态话语。按照罗兰·巴特的说法，存在主义、精神分析、现象学的一些理论话语等都属于意识形态批评话语。

---

① 葛兰西：《狱中札记》，北京：人民出版社，1983年，第217页。
② 葛兰西：《葛兰西论文学》，北京：人民出版社，1983年，第15页。

罗兰·巴特认为存在着两种批评：一种是学院派的，其原则与方法来自朗松实证主义；另一类可称为"解释性批评"，包括存在主义、马克思主义、精神分析、现象学等，代表人物是萨特、巴什拉、普莱等人。巴特认为相比于第一种批评的客观化追求，第二种也可称为"意识形态"批评。很多学院派人物也会实践意识形态批评①。他曾经这样解释了文艺与制度上层建筑的关联性："文的观念从历史上便完全与制度的社会相纠结：法规、教会、文学工作、教学；文是道德之物：它是作为分担社会契约角色的书写物；它强求我们对其遵守和尊重，然而作为交换，它突出了群体语言的极宝贵的属性（文其实并不具有这一属性）：安全。"②

事实上，罗兰·巴特没提到的实用主义美学有着更为明显的文艺意识形态理论话语。正如高建平在杜威《艺术即经验》译者序中的表述，杜威的美学是他关于改造人类文明的一部分。不仅如此，在杜威看来，"文明是不文明的，因为人类被划分不相沟通的派别、种族、民族、阶级和集团。"③也正是因此，杜威详尽解释了阶级阶层和社会经济、政治制度对艺术进步的重要影响："只要艺术是文明的美容院，不管是艺术，还是文明，都不是可靠的。为什么我们的大城市里的建筑对于一个完美文明来说是如此的毫无价值？这既不是由于缺乏材料，也不是由于缺少技术能力。然而，不只是贫民窟，富裕阶层的公寓也由于缺乏想象力而在审美上使人厌恶。他们的特性是由这样的经济制度决定的，在其中土地为着增加利润的目的而被使用或不被使用。在土地摆脱这种经济负担之前，美的建筑物也许偶尔也会被盖起来，但是，配得上一种高贵文明的一般建筑结构是很少会有希望出现的。对建筑物构成的限制也会间接地影响到许多相联的艺术门类，而对我们在其中生存和工作的建筑物构成影响的社会力量在所有的艺术门类中都起着作用"④；"各艺术门类的进步——这不必是前进，实际上也从来不是在所有方面前进——显

---

① 朱立元:《后现代主义文学理论思潮论稿》上，上海：上海人民出版社，2015年，第202页。
② 罗兰·巴特:《文之悦》，上海：上海人民出版社，2002年，第85—86页。
③ 杜威:《艺术即经验》，北京：商务印书馆，2005年，第374页。
④ 同上，第381页。

示出一种表现位置从更为明显的向更为精妙的手段的过渡。在早期的文学中，位置是与（我已经在另一个场合中指出过）社会惯例，经济与政治上的阶级相一致的。在旧的悲剧中，社会地位意义上的位置对地点的力量起了固定的作用。距离已经在戏之外被决定了。而在现代戏剧中，易卜生的戏是其杰出的范例，丈夫与妻子，政治家与民主社会中的公民，老人与争取着自己的利益的青年（不管是通过竞争还是通过诱惑性的吸引）之间的关系，外在惯例与个人冲动的对比，有力地构成了位置能量的表现。"① "审美意识形态"是理查德·舒斯特曼的重要概念。他分别分析了高级艺术和通俗艺术的审美意识形态，认为高级艺术是推动社会文明进步的力量："高级艺术可以通过对其作品的伦理和社会维度的更大关注，推进一种进步的伦理和社会—政治的行动计划"② ；通俗艺术有助于消解社会上层阶级的精英文化："大众传媒文化的通俗艺术（电影、电视剧和喜剧、通俗音乐、录像），为我们社会中的所有阶级所喜爱；承认它们作为美学上合法的文化产品的地位，有助于减弱社会上将艺术和审美趣味压制性地等同于高级艺术的社会—文化精英。"③ 此外，他还评价了"艺术自律"的观点，认为这种观点肯定了人的主体性，推动了社会的解放："作为完全与社会—伦理实践分离的那种艺术根本自律的观点，在将艺术从服务于教堂和教廷的传统角色中解放出来的意义上，美学是有价值的，在社会上也是解放性的。"④

后现代主义文艺理论、新历史主义文艺理论、后殖民主义文艺理论、女权主义文艺理论均有自己的文艺意识形态理论话语，表现出与马克思主义文艺理论话语的某些亲和性。至于罗兰·巴特所说学院派人物也会实践意识形态批评，也是客观存在的学术现象。例如文化人类学从发生的角度探析文艺现象，一些非马克思主义者也无法把某种意识形态因素抛弃到文艺之外，如拉康等。再如接受美学

---

① 杜威：《艺术即经验》，北京：商务印书馆，2005 年，第 235 页。
② 理查德·舒斯特曼：《实用主义美学》，北京：商务印书馆，2016 年，第 186 页。
③ 同上，第 192 页。
④ 同上，第 190 页。

话语范式采用读者中心论立场，文艺的意识形态问题也就不能回避。只是由于立论者世界观的差异，"意识形态"在他们各自的立论中扮演着不同的角色，如姚斯、伊瑟尔、齐马等。又如语言符号学的一些理论家提出了语言或符号的文艺意识形态论，如米歇尔·肖佩、拉曼·赛尔登等。

除苏联形态、中国形态、西方形态，文艺意识形态理论话语在当代还有极具特色的东欧形态。东欧文艺意识形态话语可以分为传统马克思主义话语和新马克思主义话语两种。东欧传统马克思主义文艺理论话语坚持了马克思列宁主义的文艺反映论，同时参照了苏联文艺理论和美学的最新成果，但也有自身特色。比如布拉戈耶夫把艺术创作看作对现实的反映，关注艺术的阶级性，但他特别注意从社会心理方面研究艺术。通过论述艺术思想与艺术形象之间的关系，利洛夫详尽地阐释了文艺意识形态论这一马列文论的核心问题。在他看来："艺术是意识形态的体现者，是意识形态斗争的积极参与者；意识形态从艺术中得到丰富并从那里撷取新的发现、观念和理想。为了得到正确的发展和充分的自我实现，真正的艺术需要进步的思想；进步的思想也需要真正的艺术发挥积极作用，以便使自己能深入人心，为他们所掌握，进而变为社会进步的物质力量。"[①] 文艺是意识形态的一种并不代表文艺从属于政治，毕竟艺术与政治各是社会意识诸形式之一。当然，社会意识诸形式并不是孤立存在的，而是相互渗透和相互影响的。也正是因此，利洛夫对艺术与政治的有机联系有着比较准确的认识："艺术和政治的关系，其性质是客观的，其本质是有机的；这种联系在现实存在于功能过程中是双向的。说这种联系是客观的，是因为它反映狭义的'社会意识'体系和广义的'社会'体系这两种客观存在因素的相互关系和相互影响。说它是有机的，是因为人、人民以及他们的社会存在、生活、完善与发展，既是艺术的基础，也是政治的基础。说它是双向的，是因为不仅政治在影响艺术，反之，艺术也在影响政治。"[②] 利洛夫

---

① A.利洛夫：《艺术创造的本性》，上海：华东师范大学出版社，1992年，第290页。
② 同上，第292页。

的论述遵循了马克思主义意识形态学说的基本原理，同时又有着自身特色，那就是他给以艺术这一意识形态的形式以准确内涵："艺术实现自己的审美功能，是通过自由的、没有强制和功利因素的途径，将审美理想送入我们的意识和理智与感情的世界的。艺术是社会、时代、人民、阶级、党的有关审美理想的高度集中。"①可以说，"艺术是审美理想的高度集中"这一命题，准确地揭示了文艺"审美意识形态"的本质属性。与此同时，利洛夫对于艺术中人的主体性的解释，成了沟通东欧传统马克思主义和新马克思主义文艺理论话语的桥梁："随着人的出现，艺术本身就标示着他的伟大而多难的历程，标示着他向往自由、幸福、完美的社会运动与发展。"②

东欧新马克思主义，则大为发展了卢卡奇关于人的解放的思想，基本上一致认为艺术就是人的解放的意识形态。比如布达佩斯学派，阿格妮丝·赫勒认为艺术可以在审美领域拒绝人的异化，实现人的解放："现代艺术最盛行的图像是艺术家站在市场诱惑和他自己灵感的十字路口。艺术家可以向世界说'不'，因为他创造了一个新的世界。把艺术作品视为一个'世界'的理念是一个现代理念……为对现存世界拒斥的这个世界事实上属于极少数人。艺术作品作为一个独特的世界，是一种新的世界观的预构，一种审美状态的预测或关于审美社会存在的报告——总之，是人的乌托邦家园，是人类物种价值，是在民主意义和贵族性方面可以确定的，甚至能够浸透于艺术家的人格之中。"③捷克斯洛伐克学者伊凡·斯维塔克认为，艺术家就是为人的自由解放而斗争的革命者："数千年来这种自由一直是并且仍然是只有拥有它艺术创造才能存在的条件。社会经济可以置于官僚机构的管理之下，假如官僚机构本身有竞争力的话，但是艺术、科学和哲学则从来不能由官僚机构所主导，即使这个官僚机构是高效的并且是有教养的——人们已经知道

---

① A. 利洛夫：《艺术创造的本性》，上海：华东师范大学出版社，1992年，第319页。
② 同上，第345页。
③ 阿格妮丝·赫勒：《美学的重建：布达佩斯学派美学论文集》，哈尔滨：黑龙江大学出版社，2014年，第80页。

这种情况发生过了。如果艺术的这种特殊性质不被考虑，许多误会就会产生，因为那时候艺术中难以抵挡的、基本的变化过程就会被认为是蓄意与有关指导思想不合作，或者被认为是一种政治抵抗，尽管事实上它也许就是指导原则所瞄准的同一个文化变革的目标。最后必须理解非一致性是艺术永恒的本质的要素，因为艺术总是拒绝当下、倾慕未来，总是让人们对未来充满憧憬，总是给人们勾勒希望。因此艺术家不仅仅是革命者，就这个词的政治意义来说，他还是为赋予他的时代一副人道面孔而斗争的象征，他是通过艺术而反抗的人。"① 在波兰学派，亚当·沙夫把"个体和个体所组成的群体"引入基础和建筑的理论中，发展了历史唯物主义，提出"人是经济基础和上层建筑的创造者，也是它们之间相互关系的一个中介"②。基于个体自由与社会之间的关系，他详尽解释了艺术与政治之间的关系："从文化进步的角度看，任何对科学和艺术活动自由的干扰总是有害的，尽管它可能是被社会地授权的，甚至是必要的。因此，他必须能够证明每一个和所有的干涉行为都是合法的，并且不再继续乐观地坚信他正在对科学和艺术发展施加一种健康的影响。因为这当然不是事实——至少我们应该期望的是奉行最小化原则：干扰不超过必需。这个原则看起来对于布尔什维克来说太过谦逊，但是其被政客所接受将意味着事实上向前迈进了更大一步！"③ 具体地说，主要包括两个方面："第一，对于那些在社会主义国家行使权力和处理文化政策的人来说，对自由的限制程度绝不应该大于严格意义上的必需，而且文化事务的领导权绝不应该混同于一种在思想和艺术争论中进行专制仲裁的权力"；"第二，对于艺术家和知识分子来说，他们应该意识到文化和政治之间的联系，并带着对这些联系的政治含义完全负责的态度着手处理科学和艺术的问题。同时他们必须坚持确信在所有争论中客观真理应该是最高目标。这一原则必须以明确的理解加以捍卫，即必须清楚地理解，文化和艺术创作具有一种使命，它对如何诚实地、不妥协地进行追求

---

① 伊凡·斯维塔克：《人和他的世界一种马克思主义观》，哈尔滨：黑龙江大学出版社，2015年，第60页。
② 亚当·沙夫：《马克思主义与人类个体》，哈尔滨：黑龙江大学出版社，2015年，第41页。
③ 同上，第160页。

探索负有道德责任。"①南斯拉夫"实践派"认为，实践是具有审美性的，他们把艺术作为自我确证、自我实现、自我创造的实践活动。在这个意义之上，艺术是具有人的解放性质的活动："现代艺术已经构造了大量新形式，创造了一种如此丰富并充满了细微差别的语言，以至于任何人都可以以一种更为个别、更为精细的方式表达任何事物。进步不过是创造一种广泛的可能性，不过是增进人的自由。"②捷克斯洛伐克学者卡莱尔·科西克同样以"实践"的观点看待艺术："实践的辩证特征在包括艺术在内的所有人类创造物上都打上了不可磨灭的印记。一座中世纪大教堂是封建世界的一个表达或表象，但同时也是这个世界的一个构成要素。大教堂不仅艺术地再生产了中世纪的现实，它也艺术地生产了中世纪的现实。每件艺术作品都有不可分割的双重性：它表现现实，但也构造现实。它所构造的现实既不超出于作品之外，也不先在于作品之前，而只是严格地在作品之中。"③

四、中国文艺意识形态理论话语的形成及当代形态

相比于西方，中国古代文艺意识形态功能性论述更为显见和多见。归结起来，主要表现为以下四个方面。

一是强调文艺的国家治理和社会调节功能。这是孔子开启的重要传统："《诗》……迩之事父，远之事君"(《阳货》)。到了汉代，文艺作为国家治理和社会调节的方式，获得了全面确立。例如刘向提出："安上治民，莫善于礼"；"移风易俗，莫善于乐"(《说苑·修文》)。《毛诗序》把文艺作为"经夫妇、成孝敬、厚人伦、美教化、移风俗"的治理方式；它提出"发乎情，止乎礼义"，其中的"礼

① 亚当·沙夫：《马克思主义与人类个体》，哈尔滨：黑龙江大学出版社，2015 年，第 163 页。
② 马尔科维奇、彼得洛维奇：《南斯拉夫"实践派"的历史和理论》，重庆：重庆出版社，1994 年，第 45—46 页。
③ 卡莱尔·科西克：《具体的辩证法关于人与世界问题的研究》，哈尔滨：黑龙江大学出版社，2015 年，第 94 页。

义"就是"先王之泽"。《淮南子·本经训》认为歌舞音乐可以维系安定和谐的社会关系："古者圣人在上，政教平，仁爱洽，上下同心，君臣辑睦，衣食有余，家给人足。父慈子孝、兄良弟顺。生者不怨，死者不恨。天下和洽，人得其愿。夫人相乐，无所发贶，故圣人为之作乐，以和节之。"汉代以后，文艺的治理功能在我国文艺理论中获得了进一步提升，曹丕就把文艺提升到"经国大业"的高度。到了唐代，元稹、白居易把文艺的治理和调节功能具体化为"补察时政"和"疏导民情"。也正是因此，白居易强调"为君、为臣、为民、为物、为事而作，不为文而作"。元代思想家胡祗遹在《赠宋氏序》中阐释了"乐者与政通"的关系："上则朝廷君臣政治之得失，下则闾里市井父子兄弟夫妇朋友之厚薄，以至医药卜筮释道商贾之人情物性，殊方异域风俗语言之不同，无一物不得其情，不穷其态。"明代文学家汤显祖进一步指出：戏曲"可以合君臣之节，可以浃父子之恩，可以增长幼之睦，可以动夫妇之欢，可以发宾友之仪，可以释怨毒之结，可以已愁愦之疾，可以浑庸鄙之好……人有此声，家有此道，疫病不作，天下和平"(《庙记》)。顾炎武在《日知录》卷十九中则提出"文须有益于天下"。

二是强调文艺的政治教化功能。例如班固提出礼乐以其审美而教化人心。"乐者，圣人之所乐也，而可善民心。其感人深，其移风易俗易，故先王著其教焉"(《汉书·礼乐志》)。《毛诗序》提出"风以动之，教以化之"的思想。王充特别强调文艺教化人民的功用："化民需礼义，礼义需文章"(《效力》)。柳冕进一步提出："文章本于教化，形于治乱，系于国风，故在君子之心为志，形君子之言为文，论君子之道为教"(《与徐给事论文书》)。顾炎武则从学习者的角度阐明了文艺明道、救世的功能："君子之为学以明道也，以救世也，徒以诗文而已，所谓雕虫篆刻亦何益哉！"

三是强调文艺的"谏""刺"功能。这是中国古代文论中极具特色的传统。尽管在当时的历史条件下，民本主义是以维护专制主义为前提的，但毕竟强调的基点是整体意义的黎民百姓，因而具备了培育"人民性"文论的土壤，在文艺理论中最深刻的体现就是"谏"与"刺"。孔子认为，"《诗》可以兴、可以观，可以群，可以怨"(《阳货》)，其中的怨，就是"怨刺上政"之意。《毛诗序》在讲"上以风化下"的同时，也特别强调"下以风刺上"，要求"主文而谲谏，言之者无罪，闻之者足以戒"，具有明显的进步意义。杨雄在《法言·吾子》中进一步提出了文学讽谏论："或曰：赋可以讽乎？曰：讽乎！讽则已，吾恐不免于劝也。"这里的"讽谏"比"谲谏"更为强烈。到了唐代，白居易把"谏"与"刺"具体地解释为"惟歌生民病""但伤民病痛"；元稹则重审文学要"讽兴当代之事""刺美见事"。宋代思想家田锡则是"讽刺"并提："抒深情于讽刺莫若诗"(《进文集表》)。这些论述表明，把中国古代意识形态功能性文论简单地理解为"维护统治阶级秩序"至少是不全面的。

四是强调文艺是反映社会（尤其是政治）风貌的重要标志。中国古代文论认为，一个时期的文艺状况能够反映社会风貌，特别是能够反映政治风貌，这就揭示了文艺具有思想上层建筑的某些属性。《乐记》中已经指出，"治世之音安以乐，其政和；乱世之音怨以怒，其政乖；亡国之音哀以思，其民困。"刘勰在《文心雕龙》中更是详细地阐释了"时运交移，质文代变，古今情理，如可言乎！"比如："尽其美者，何乃心乐而声泰也！至大禹敷土，九序咏功，成汤圣敬，猗歟作颂。逮姬文之德盛，周南勤而不怨；大王之化淳，邠风乐而不淫；幽厉昏而板荡怒，平王微而黍离哀。故知歌谣文理，与世推移，风动于上，而波震于下者也。"中国古代文论甚至有社会思潮对文艺影响的精彩论述。比如《文心雕龙》："自哀平陵替，光武中兴，深怀图谶，颇略文华，然杜笃献诔以免刑，班彪参奏以补令，虽非旁求，亦不遐弃。及明章叠耀，崇爱儒术，肆礼璧堂，讲文虎观；孟坚珥笔于国史，贾逵给札于瑞颂，东平擅其懿文，沛王振其通论，帝则藩仪，辉光相照矣。自和安以下，迄至顺桓，则有班傅三崔，王马张蔡，磊落鸿儒，才不时乏，而文章之选，存而不论。然中兴之后，群才稍改前辙，华实所附，斟酌经辞，盖历政讲聚，故渐靡儒风者也。降及灵帝，时好辞制，造羲皇之书，开鸿都之赋，而乐松之徒，招集浅陋，故杨赐号为驩兜，蔡邕比之俳优，其余风遗文，盖蔑如也。"在唐代，甚至有着流类与诗义的阐释，比如虚中《流类手鉴·物象流类》："日午、春日，比圣明也。残阳、落日，比乱国也。昼，比明时也。夜，比暗时也。春风、和风、雨露，比君恩也……"除此之外，徐衍《风骚要式》、王玄《诗中旨格》、王梦简《诗要格律》也有类似的观点。这些观点与当代米歇尔·肖佩等人的"语义与意识形态"学说颇为相似。到了明代，黄宗羲同样有着文艺对社会风貌反映的论述："是故汉之后，魏晋之盛；唐自天宝而后，李、杜始出；宋之亡也，其诗又盛。无他，时为之也"（《黄梨洲文集·序类》之《陈苇庵年伯诗序》）。不仅如此，黄宗羲还指出道、学、法、情、神是文的五个基本要素，其中"道"是第一位的，"道"就是含有一定信念的思想，接近于"意识形态"范畴的基本蕴含。

鸦片战争以后，中国由封建社会转入半殖民地半封建社会。这一特殊的社会形态不能不使得中华民族的民族独立和解放斗争风起云涌，中国的审美现代性也不能不呈现出后殖民语境色彩：既体现了萨义德所说的"民族抵抗意识"以及"美学与政治的结合"，又体现了斯皮瓦克所说的"为底层人民发声"。这个意义上，中国古代文艺意识形态思想与后殖民语境恰好是契合的。太平天国运动领导人高举的文艺美学思想就是在继承中华传统美学意识形态思想的同时，表现了强烈的救亡图存意识，也展现了农民阶级审美理想的强烈呼声。维新变法运动的先驱梁启超继承了中国古代"文章为经国大业不朽盛事"，并且把文学提升到为先进国民性"传其薪火而管其枢机"[1]的高度。

新文化运动以后，特别是五四以后，富有中国传统美学特色和后殖民语境特点的中国文艺意识形态话语开始发育。陈独秀高举"文学革命"的大旗，要求"推倒雕琢的、阿谀的贵族文学，建设平易的、抒情的国民文学"。李大钊运用中国话语表述了马克思《〈政治经济学批判〉序言》，把艺术作为上层建筑的一种形态。他还继承了列宁"党的文学"思想，批判了资本主义社会的艺术不自由，认为只有社会主义社会才能真正保证艺术自由："艺术家最希望发表的是特殊的个性的艺术美，而最忌的是平凡。所以现在有一班艺术家很怀疑社会主义实行后，社

---

[1] 梁启超：《梁启超全集》第五册，北京：北京出版社，1999 年，第 2677 页。

会必然愈趋平凡化,在平凡化的社会里必不能望艺术的发达,其实在资本主义下,那种恶俗的气氛,商贾的倾向,亦何能容艺术的发展呢?又何能表现纯正的美呢?那么我们想发表艺术的美,更不能不去推翻现代的资本制度,去建设那社会主义制度的了。不过实行社会主义的时候,要注意保存艺术的个性发展的机会就是了。"①

　　土地革命时期,瞿秋白、周扬、鲁迅等阐述了文艺的阶级性和人民性,为中国文艺意识形态理论话语的形成做了理论准备。瞿秋白以反映论和唯物史观为基础,阐释了文艺的阶级性:"文学只是社会的反映,文学家只是社会的喉舌。只有因社会的变动,而后影响于思想,因思想的变化,而后影响于文学。没有因文学的变更而后影响于思想,因思想的变化,而后影响于社会的"②;"文学现象和一切社会现象联系着的,它虽然不能够决定社会制度的变更,它虽然算起来始终也是被生产力的状态和阶级关系所规定的,——可是,艺术能够回转去影响社会生活,在相当的程度之内促进或者阻碍阶级斗争的发展,稍微变动这种斗争的形式,加强或者削弱某一阶级的力量。"③在瞿秋白看来,文艺的思想煽动性与艺术性是可以共存的,但艺术性是从属于思想煽动性的。与此同时,他要求文艺为群众服务:"文艺的反映生活,并不是机械的照字面来讲的留声机和照相机。庸俗的留声机主义和照相机主义,无非是想削弱文艺的武器。真正能够运用艺术的力量,那只是加强煽动的力量;同时,真正为着群众服务的作家,他在煽动工作之中更加能够锻炼出自己的艺术的力量。艺术和煽动并不是不能并存的。"④他还倡导街头文学运动,要求文艺家"到群众中间去学习",做"工农所豢养的文丐","受受群众的教训"⑤。周扬已经认识到艺术创作中世界观与形象思维的复杂关系:"艺术家是依存

①　李大钊:《社会主义释疑》,《李大钊选集》,北京:人民出版社,1959年,第478页。
②　瞿秋白:《〈俄罗斯名家短篇小说集〉序》,《瞿秋白文集》文学编(第2卷),北京:人民文学出版社,1989年,第248—249页。
③　瞿秋白:《文艺的自由和文学家的不自由》,《瞿秋白文集》文学编(第3卷),北京:人民文学出版社,1989年,第58—59页。
④　瞿秋白:《瞿秋白文集》文学编(第3卷),第68页。
⑤　瞿秋白:《瞿秋白文集》文学编(第1卷),北京:人民文学出版社,1985年,第481页。

于他自身的阶级的世界观的，但这个依存关系，因为各人达到这个世界观的道路和过程的多样性以及客观的情势之不同，而成为非常复杂和曲折。艺术家的世界观又是通过艺术创造过程的复杂性和特殊性而表现出来的。艺术的特殊性——就是'借形象的思维'；若没有形象，艺术就不能存在。单是政治的成熟的程度，理论的成熟的程度，是不能创造出艺术来的。……艺术家是从现实中，从生活中汲取自己的形象的。所以，决定艺术家的创作方向的，并不完全是艺术家的哲学的观点（世界观），而是形成并发展他的哲学，艺术观，艺术家的资质等的，在一定时代的他的社会的（阶级的）实践。艺术家在创作的实践中观察现实，研究现实的结果，即他的艺术的创造的结果，甚至可以达到和他的世界观相反的方向。"①此外，他还提出文学大众化，要求创作大众看得懂的作品，在大众中发展新作家。此外，受马克思列宁主义影响的鲁迅也论述了文艺的阶级性，倡导了"平民文学"。

在抗日战争时期，也就是近代以来中国民族矛盾最为激烈的时期，毛泽东的《在延安文艺座谈会上的讲话》，标志着中国文艺意识形态理论话语的形成。毛泽东不是从文艺的定义出发，而是从实际出发来分析文艺意识形态性的，而当时中国的实际，也就是半殖民地半封建社会、民族独立和人民解放的实际。毛泽东文艺意识形态理论话语，包括社会生活是文学艺术的唯一源泉文艺作品比实际生活更高、更强烈、更有集中性、更典型、更理想、更带普遍性的思想；文艺为最广大的人民大众服务，首先为工农兵服务的思想；一切文化或文学艺术都是属于一定的阶级，文艺服从于政治（政治是指阶级的政治、群众的政治，不是所谓少数政治家的政治）的思想；文艺批评的政治标准和艺术标准相统一，内容和形式相统一的思想；等等。可以说，毛泽东文艺意识形态理论话语既坚持了马克思主义文艺理论的基本原则，又继承了中国传统美学意识形态的鲜明特色。

新中国成立以来，在毛泽东《在延安文艺座谈会上的讲话》的基础上，学习

---

① 周扬：《周扬文集》第1卷，北京：人民文学出版社，1984年，第113页。

和借鉴了苏联文论，中国文艺意识形态理论话语进一步发展。需要指出的是，由于我们借鉴的实际上是受"拉普"、庸俗社会学影响的苏联文论，而不是后来形成丰富多彩理论光谱的苏联文论，因此局限性是很大的。当然改革开放以前，中国学术界已经有着多种文艺意识形态理论话语。以群《文学的基本原理》教材比较准确地揭示了文艺的社会意识形态本性，并且已经为新时期"审美意识形态"论的提出做了理论准备。教材指出，"作为社会意识形态之一的文学，不是一种孤立的现象，而是一种社会历史现象。它与社会的经济基础，与作为上层建筑的政治以及其他社会意识形态有着密切的联系；同时又有自身的发展规律，并反过来对社会历史的发展起促进或阻碍的作用。"① 而且同时指出："文学艺术的基本特点，在于它用形象反映社会生活"②；"作为一种反映现实的特殊形式，文学、艺术与哲学、社会科学又各有不同的特点。哲学、社会科学以抽象的概念的形式反映客观世界；文学、艺术则以具体的、生动感人的形象的形式反映客观世界"③。以群把文学"为政治服务"做了较为宽泛的解释，甚至满足群众的艺术需要也属于为政治服务的方式之一："文学为政治服务，领域是十分广阔的，方式也是多种多样的……只要反映本阶级的政治需要，不论是体现当时的政治要求和斗争目标，描绘人民群众的斗争生活，或是表达自己的阶级和群众的思想感情，乃至满足群众的艺术需要，都不同程度地承担了为一定时期的革命斗争服务的任务。"④ 蔡仪的《文学概论》同样认为文学是一种社会意识形态，形象是文学意识形态的特征，但把"为政治服务"和"为阶级斗争服务"等同起来："文学为政治服务，也就是为阶级斗争服务。无论革命的政治或反革命的政治，都是阶级对阶级的斗争。"⑤ 当然，"为政治服务"的政治上层建筑话语，始终是我党"十七年"文艺政策一以贯之的话语。但政治上层建筑话语并不是千篇一律的，有强调文艺主体性的政治意

---

① 以群：《文学的基本原理》上，北京：作家出版社，1964年，第25页。
② 同上，第26页。
③ 同上，第27页。
④ 同上，第124页。
⑤ 蔡仪：《文学概论》，北京：人民文学出版社，1979年，第50页。

识形态话语，如周扬："艺术作品的价值，不在于表现政治运动、生产的过程。而要向创造世界的人，创造政治运动、生产过程中的人，把他当主人，而不是运动的附属品、不是运动的傀儡，现在我们把人当作生产的附属品，写运动，把人安进去。应该运动是背景，中心是人，这人不是你的工具，不是傀儡，不是作者可以支配的，客人，是有独立性的，有自己的思想、情感，按照客观规律的行动，要创造这样的人。"① 此外还有工具论的政治意识形态话语、"政策图解"话语甚至"公式主义"话语等。

改革开放以来，随着我国学者对马克思主义经典著作的深入理解，也随着西方文艺理论话语的传入，中国文艺意识形态理论话语呈现出丰富的新观念。朱光潜对以往的"经济基础与上层建筑"话语有了新认识，主张把"意识形态"从"上层建筑"中剥离，"上层建筑与经济基础"同属社会存在，"意识形态"则属于社会意识。他在其著名的《西方美学史》"绪论"中指出："我坚决反对在上层建筑和意识形态之间画等号，或以意识形态代替上层建筑。"② 归结起来，主要有如下理由："把上层建筑和意识形态等同起来，就如同把客观存在和主观意识等同起来一样错误，混同客观存在和主观意识，这就是以意识形态代替上层建筑说的致命硬伤"③；"在一定的社会类型和时代的经济基础及上层建筑既已变革之后，前一阶段的意识形态还将作为思想材料而对下一阶段的意识形态发生作用和影响，意识形态的变革一般落后于政治经济的变革，这个事实也是斯大林自己强调过的"④；"上层建筑比起意识形态距离经济基础远较临近，对基础所起的反作用也远较直接，远较强有力"⑤；"从反映论的角度来看，只有意识形态是反映，而政治和经济都是'社会存在'，不能把存在和意识等同起来"⑥。朱光潜主张"经济基础""上层

---

① 周扬：《周扬集》，北京：中国社会科学出版社，2000 年，第 99 页。
② 朱光潜：《西方美学史》，北京：人民文学出版社，1979 年，第 16 页。
③ 同上，第 17 页。
④ 同上，第 17—18 页。
⑤ 同上，第 18 页。
⑥ 同上，第 19 页。

建筑""意识形态"或者"物质生活""政治生活""精神生活"三分法;当然,也有一些学者主张"经济基础""上层建筑(制度上层建筑、思想上层建筑)"两分法。

从此以后,中国学术界对于文艺是否具备意识形态性、具备怎样的意识形态性、属于何种意识形态性等问题开展了大量研究,也展开了激烈争鸣。多数学者基本肯定文艺意识形态性。对于文艺具有怎样程度、何种性质的意识形态性则莫衷一是。但是通过文献研究可以发现,新时期中国文艺意识形态学说的论争并非杂乱无章,也并非各执一词,而是有着清晰的理论光谱。主要有五种理论话语:"准意识形态"理论话语;"一定的、部分的意识形态"理论话语;一般性的社会意识形态理论话语;"社会意识形态中的审美意识形态"理论话语;"泛化的"或"溶解的"审美意识形态论和"美学含义的社会意识形态"理论话语。持"准意识形态"理论话语的学者认为,文艺本体不是一种意识形态,但特定条件下文艺可能具有意识形态性功能,如李益荪、刘峰杰等。持"一定的、部分的"意识形态理论话语的学者或者认为文艺是具有双重、多重属性的集合体,意识形态性是其中之一;或者认为,文艺是意识形态性与非意识形态性(或者超意识形态性)的集合体。其中相当一部分学者把文艺"集合体"称为"社会意识形式"或"审美意识形式",如李青春、栾昌大、马驰、黄小伟、王卫东、张首映、刘建国、赵子昂、董学文、毛星、李志宏、郑保国、高磊、陈诚等。需要指出的是,虽然此种理论话语承认文艺具有非意识形态因素,但是相当一部分学者强调文艺的意识形态因素(或意识形态性)是不容抹杀、必须维护的,突出体现在他们对"审美意识形态"命题的否定,如郑保国、李志宏、董学文等。一般性的社会意识形态理论话语坚持传统的文艺本质说,把社会意识形态作为文艺的本质。其中一些学者把文艺的意识形态性作为文艺的"类本质",从而否定了"社会意识形式"说,如赖大仁、牟豪戎等。另有一些学者坚持一般性的社会意识形态论,以社会意识形态的相互作用原理否认文学的绝对独立性,从而反对"审美意识形态"论,如陈涌、陆贵山等。持"社会意识形态中的审美意识形态"理论话语的学者既坚持把社会意识形态作为文艺的一般规定,把文艺作为诸多社会意识形态的形式之一;

同时认为审美性是文艺区别于其他社会意识形态的特殊规定，从而得出"文艺是审美意识形态"的观点。在这里，审美意识形态与社会意识形态是个别与一般的关系；社会意识形态以审美的方式呈现，具有明显的倾向性，如王元骧、冯宪光、吴子林、曾永成、边平恕、谭好哲、彭立勋、樊篱、潘新宁、李映冰、梁胜明、王磊、陈凯、葛启进、董宏等。"泛化的""溶解的"审美意识形态理论话语中，传统的文艺意识形态内涵有着不同程度的消解。在钱中文的"审美意识形态"理论话语中的"意识形态"内涵已经"泛化"，不再是原有的"社会意识形态"，"审美性"取代了传统"意识形态性"成了文艺的根本特性，"意识形态的倾向性"已显著弱化。新世纪以后，钱中文甚至进一步修正了自己的观点，认为审美意识形态的逻辑起点是"审美意识"而非"意识形态"。在童庆炳的理论话语中，"审美意识形态"与唯物史观原意的"社会意识形态"的地位几乎"平起平坐"。当然，经过审美意识形态"溶解"后，似乎仍可感受社会意识形态的因素。除以上学派，王杰关于审美意识形态的论述，实质是在一定生产方式基础上，赋予社会意识形态以审美含义，使得文艺意识形态命题在不失立场性的基础上具备了美学学理性，形成了"美学含义的社会意识形态"理论话语。

文艺意识形态理论话语自古至今从未中断过。文艺意识形态学术现象，历经古代的功能性理论话语，近代的本体性阐释，特别是马克思主义经典作家的科学揭示，在当代又形成了种类繁多的理论光谱。文艺意识形态理论话语贯穿于人类理论知性话语发展的全过程，也普遍存在于多种人类文明形态中。但是在不同地域，文艺意识形态理论话语的形成和形态各有其特点。用当代文化人类学术语来说，文艺意识形态理论话语某种意义上也是一种地方性知识。当然，在当代世界，不同文明的文艺意识形态话语又有着相互影响、相互启发的内在联系。比如中国文艺意识形态话语在近代和改革开放以前曾经受苏联文艺意识形态话语的影响（主要是受无产阶级文化协会、拉普、庸俗社会学话语的影响）；改革开放以来又受到了包括西方马克思主义在内的文艺理论话语的影响；中国文艺意识形态话语，特别是毛泽东文艺意识形态话语在相当程度上也影响了西方左翼理论家，尤其是阿尔都塞学派。在西方马克思主义文艺理论话语的形成时期，卢卡奇、葛兰西等理论家不仅有着深厚的经典马克思主义底蕴，也继承和发展了列宁的意识形态和文艺意识形态理论话语；西方理论话语也影响了"解冻"以后的苏联马克思主义文艺理论和美学，特别是精神生产论、接受美学论、语言符号学论等。苏联和东欧的文艺意识形态理论话语也存在相互影响、相互补充的有机联系。不仅如此，文艺意识形态理论话语已经不再是马列文论界的"独白"，而形成了多家学派的"对话"。

新时期中国文艺意识形态争论纷繁，直到当下也依旧莫衷一是。事实上，至于文艺具有何种意义、何种程度的意识形态性，应遵循辩证唯物主义的指导，在"两点论"与"重点论"的对立统一规律中认识文艺的意识形态本性。人的本质是一切社会关系的总和。生产关系是一切社会关系的根本，但社会关系不是唯一性的，而是多样性的。在这个意义之上，既要承认文艺意识形态性这一根本性，又要承认文艺特性的多样性，以其根本性漠视多样性抑或以其多样性降低根本性都是偏颇的；既要坚持文艺本性的"根本性""多样性"这两点论、重点论的辩证统一，还要适度得把握原则性与灵活性，看到矛盾主次方面在某些在场转化的某种必要性和可能性。至于文艺具有何种意义、何种程度的意识形态性，应遵循辩证唯物主义的指导，在"普遍性"与"特殊性"的对立统一规律中认识文艺的本质。马克思主义关于人的本质论是探讨人的类本质，同时肯定人的本质是具体的历史的统一。把意识形态性作为文艺的类本质无可厚非，但对于文艺的每一种具体类型、每一个具体作品都需要做具体分析。文艺与政治、法律、道德、宗教等同属社会意识形态的一种形式，并与其他社会意识形态的形式存在有机联系；但在讲共性的同时，还要看到文艺具有区别于其他社会意识形态形式的特性。总体上讲，文艺比政治、法律、道德、宗教等其他社会意识形态形式的审美性略强，但并不是说政治、法律、道德、宗教等不具有审美性；不同类型、不同作品的文艺审美特性亦有强弱、多寡之分；文艺是审美对象的集中表现的"真子集"，但并非审美对象的全部；审美功能也并非文艺的唯一功能。因此，作为"审美的社会意识形态"含义的"审美意识形态"具有一定程度的范畴合理性，但仍有相当程度的阐释空间。至于文艺具有何种意义、何种程度的意识形态性，应遵循辩证唯物主义的指导，在"本体性"与"功能性"的对立统一规律中认识文艺的本质。本体与功能是辩证统一的，一定的本体性需要一定的功能性呈现，一定的功能性也不能不反映一定的本体性。意识形态性是文艺的本体性实然存在的题中之意，而非单纯意义上的某种功能。否认文艺的意识形态性，或者以"工具论"把意识形态强加给文艺，都是对文艺本体性的扭曲和伤害。通过谱系的梳理分析和对话，只要准确地遵循世界观和方法论，即可凝聚共识性，缩小差异性；亦可提出新问题，形成新认识，由"论争"到"对话"就成为可能，对于新时期文艺的大发展大繁荣意义重大。

（责任编辑：连晨炜、王　真）

社会主义人道主义的崛起、式微与勃兴可能

芭芭拉·艾普斯泰恩 *
（加州大学圣克鲁斯分校意识史学系）
王 进 许月铭 译

【内容摘要】

社会主义人道主义是 20 世纪中后期兴起的一种国际马克思主义运动思潮及其知识分子国际群体。本文从社会主义人道主义的崛起、式微、勃兴三个历史阶段，归纳总结弗洛姆、汤姆森、杜娜叶夫斯卡娅、卢卡奇、梅洛-庞蒂、柯拉柯夫斯基、戈德曼等重要理论家对社会主义人道主义的理论贡献，从历史层面详细梳理社会主义人道主义在东欧、西欧以及英美社会的不同理论发展及其历史成因，从理论层面深入探讨社会主义人道主义的不同思想主题及其社会动因。

【关键词】

社会主义人道主义；国际马克思主义运动；理论发展；思想主题；社会动因

---

* 芭芭拉·艾普斯泰恩（Barbara Epstein），加州大学伯克利分校美国历史研究博士，现为加州大学圣克鲁斯分校意识史学系资深教授。长期关注各种社会运动的理论话语、政治经济与文化的当代转型、20 世纪马克思主义发展史、美国社会运动史以及美国与东欧的犹太社会运动等课题，出版《明斯克贫民窟 1941—1943：犹太抵抗与苏联国际主义》（2008 年）、《文化政治与苏联运动》（1995 年）、《家庭化的政治：十九世纪美国的女性、福音主义与克制》（1981 年）等著作。

作为一种国际思潮，社会主义人道主义在某些场合表现为政治激进主义及其学术著作，在 20 世纪 40 年代和 50 年代开始出现苗头，并且在 50 年代后期和 60 年代初期达到影响力的巅峰。在社会主义与人道主义的两个术语当中，社会主义概念的含义比较清晰：社会主义者是主张在合作基础上谋求共同福祉的社会形态，而并非为少数人的竞争和利益。人道主义概念的含义则相对模糊。有人用它来描述非宗教性的世俗人生观。实际上，这种老式的用法本身就意味着在学术世界的一种基本区分方式，用于划定在上帝的信仰者与无神论者之间的边界。其他人对这一概念则抱有更加当代化的视角，认为它指的是将人类作为学术世界中心的做法；反人道主义通常则意味着某种怀疑态度，它质疑的是启蒙运动以来相对于上帝中心论而采取的以人类为中心的视角。但是，还有人使用人道主义来描述从意识形态立场对积极人性的理论视角，据此认定人类本身只有良好的动机并毫无邪恶念想，以及社会进步不可避免等等。在这种观念之中，人道主义者等同于幼稚的乐观主义者。

在上述的诸种定义当中，没有任何一种能够准确描述在 20 世纪 40 年代、50 年代和 60 年代将自己认同为社会主义人道主义者的左派知识分子和激进主义者的世界观。社会主义的人道主义不等同于无神论、不可知论或世俗主义：他们当中有些人是有宗教信仰的，还有不少人承认自己受到宗教传统的深厚影响。社会主义人道主义的问题在于探索人类本质的构成，以及推动人类繁荣的社会形态。尽管这是对人类及其能力的讨论，但是却并不能就此断定自然的存在是为了满足人类欲求，或是人类应该统治其他物种和自然环境。有些社会主义人道主义者将上帝或某种圣灵视为中心，也有些人批判人类统治自然的各种追求。在 20 世纪中期，几乎没有任何主流的社会主义人道主义作家认为进步不可避免，既不相信人类毫无毁灭社会的各种冲动，也不相信人类本身是完美无缺的。社会主义人道主义者（仍然）相信的是人类本性的存在，即人类和其他动物物种一样具有包括具体形式的需求、能力，以及与此相应的局限的各种特征。因此，他们认定的是人类需要社会合作与支持，既能够集体共事，也能够个体创造，但是只能通过精英群体的协作、而不是个体利益的追求才能谋求最大的社会福祉。他们同样相信，人类具有移情、理性思维和有效规划的能力，因此一个更加美好的社会和世界是可能实现的。在 50 年代后期到 60 年初期之间发展而成的社会主义人道主义视角，并没有集中关注到非人类动物或自然环境的福祉，但是在随后的发展过程当中，它越来越清晰地意识到人类的命运与环境的状况密切相关。人类问题的延伸覆盖到其他生物与地球的命运，对于社会主义的人道主义来说明显是并行不悖的。

社会主义人道主义的兴起既是作为一种知识分子的国际群体，也是作为从 1956 年到 60 年代后期受反战运动与其他社会运动影响而产生的一种人生观念。社会主义人道主义吸取的是马克思关于异化的概念，这一观念在其《1844 年经济学哲学手稿》当中得到发展，直到 1932 年才在莫斯科首次以德文公开出版。在接下来的几十年期间，陆续出版法文、英文的选集①。马克思对异化的分析是将其作为在私有利润基础上的生产形式的结果，围绕资本主义对人类精神的影响创造出的对资本主义批判的基点。对此，马克思认为工人从他 / 她的产品的异化方式导致的是工人与其他人类的异化，甚至是自我异化。马克思的异化观念是人道主义式的，在这个意义上来讲指向的不仅是资本主义关系的非人化特征，而且是人类必须成为自我解放的主宰者的暗含意义。马克思在后续的著作当中继续使用异化概念，但是阅读他本人后续对资本主义政治经济学的分析，可能会发现资本主义内部的结构性矛盾是这一体系的最大缺陷，也最有可能导致资本主义的灭亡，而与此同时人类经验和行为则是次要的。

---

① 《经济学哲学手稿》最初由莫斯科的马克思—恩格斯研究所出版，后来由马克思主义—列宁主义研究所出版，由 D. Riazanov 提供，参见 Karl Marx and Friedrich Engels, *Historisch-kritische Gesamtausgabe*, Berlin: Marx-Engels Verlag, 1932, Abt. 1, Band 111. 1961。恩里希·弗洛姆 1961 年出版的《马克思关于人的概念》(New York: Frederick Uugar, 1961) 当中，收录了由 T. B. Bottomore 翻译《经济学哲学手稿》的大部分内容。

20 世纪上半叶的"科学社会主义"强调的是马克思分析的结构方面；苏联当局运用这种视角弱化集体运动对社会变革的作用。《经济学哲学手稿》在马克思主义的语境之中提供的是挑战这种视角的基础，赋予马克思主义者与社会主义人道主义者以共同的理论参考点。即使是像马丁·巴伯这样并不将自己视为马克思主义者的社会主义人道主义者，仍然欣赏马克思关于异化的著述。许多马克思主义者（哲学家或是其他）被这种观念吸引，自称是马克思主义人道主义者，但是恩里希·弗洛姆与其他学者转向使用的是社会主义人道主义，以此包容那些不视自己为马克思主义者的社会主义者。在这一章节当中，我所用到的"社会主义人道主义"概念指的不仅是这样描述自身的理论家，而且是那些更倾向于"马克思主义人道主义"概念的学者们。因此，在某种程度上来说，此处追溯的人道主义传统，明显区别于"科学"马克思主义与其他后续反人道主义的各种教条主义。

文章的目的在于表明 50 年代与 60 年代之间社会主义人道主义思想的各种主题，说明为什么在 60 年代后期与 70 年代初期社会主义人道主义从美国与西欧左派思想与政治蓝图当中消失，同时论述其核心思想观念对于当下的左派来说仍然有效并发挥作用。这也并不是意味着社会主义人道主义就能解决当代左派的所有或者说是大多数问题。社会主义与马克思主义人道主义是特殊时期的产物。它们并没有过多论述到在社会变革运动当中成为当务之急的各种问题：环境危机、种族、性别、性、科技及其社会影响。它们对左派的斗争策略或是组织问题也是论述不多。

50 年代后期与 60 年代初期的社会主义人道主义反对冷战，希望在结束冷战的基础上开启民主形式的社会主义在东方和西方的运动空间，认为其基础在于去极权化的群体与普遍的大众参与，涉及的是工人对自己劳动的掌控，而不是通过官僚手段的控制。他们拥护乌托邦思想作为带来变革的必要思想框架，强调即使我们设想的未来社会无法达到，但是制定目标是朝着既定方向进步的先决条件。从这些方面来看，社会主义的人道主义与无政府主义之间具有很多共同之处；就社会变革的非暴力手段导向而言，其几乎接近于反战主义。社会主义人道主义提出的中心问题就是：我们希望生活在何种社会当中？它批判任何借社会团结之名义压制自由言论和排除异己之见，在更广泛意义上强调创造个体创造力得以繁荣发展的各种条件。社会主义的人道主义挑战教条主义，坚持开放性的未来，并认为没有什么理论能够确切地预知未来。

本文对社会主义人道主义思想的主要贡献进行了历史性的概述，同时强调它们共同的主题。不少社会主义人道主义作家们，比如说 E.P. 汤姆森，一直以来之所以出名，不是因为其对社会主义人道主义的直接书写，而主要是因为其他作品。其他在当时比较著名的左派理论家，现在不再被广泛阅读。我将自己的考察分为两个部分：将社会主义人道主义视为政治与思想课题，以及主要将其视为思想资源。理论家的作品如何归类在很大程度上取决于其生活的地区：在西方世界，很容易就将社会主义人道主义的各种主题联系到 50 年代后期与 60 年代初期反战运动的各种关注点，而在东欧的这些反抗运动要超越书写与言说，通常比较困难。实践学派作为南斯拉夫持异议的哲学家群体，能够利用铁托统治下南斯拉夫社会的相对开放性，挑战苏联马克思主义，批判南斯拉夫自身的苏联官僚心态，但是他们的工作大部分都是在哲学讨论层面。在西欧大陆，特别是在法国和德国的一些左派理论家，将自己联系到社会主义人道主义并作出贡献，但是却是在各种反战运动缺席的情况之下通过他们的书写作品而并非是通过激进主义表达他们的各种观点。

在英国和美国，社会主义人道主义者们同时作为活动家与知识分子，他们将自己的各种观点带入到政治活动与思想工作。在英国，社会主义人道主义在反战运动中具有影响力。在美国，反战运动与民权主义者们的思想观念与社会主义人道主义具有重合之处。在英国与美国，数以万计的人在赫鲁晓夫的揭露事件之后退出了各种形式的共产主义政党，但是却继续对政治活动保持热情，在排斥苏联形态的集权形态社会主义的同时仍然作为社会主义者。在英国，先前的共产主义者们有许多明确表态认同社会主义人道主义，其余人则认为自己是早期的新左

派 ①。在美国，麦卡锡主义使得不停留在表面上公开批判苏联与压制左派成为困难之事。但是，在麦卡锡主义衰弱之后，许多左派团体的出现虽然是受到早期共产党员们的影响，但是他们却视苏联为一种尴尬，因此其政治立场的主要基点是 30 年代国内的人民战线与国外的反法西斯斗争。60 年代初期在美国出现的新左派具有的是社会主义人道主义的思想导向，呈现出一种乌托邦思想，即对去中心化社会无须提倡社会主义的参与政治的观念设想。

60 年代后期与 70 年代初期，美国左派与大多数欧洲左派对社会主义人道主义失去了兴趣。冷战终结，核战争的威胁已经不再是抗议运动的主要焦点。到了 1968 年，越南战争特别是在美国，已经成为左派的中心问题。在战争的语境之中，新左派得到成长，愤怒与军事行动升级。第三世界革命运动的崛起，为美国和西方各地的年轻激进分子们提供了一种左派政治的新构想。根据更广泛意义上的第三世界主义视角，世界范围内最重要的斗争是在帝国主义西方与东方的反帝运动之间，现在更多是将其称为激进主义者的左派们的任务，即支持第三世界革命运动，以期待将来可以效仿。对苏联的批判已经不再集中在其非民主特征，或是对异己的压迫，而是转向其对美国的妥协立场的控诉。从这种视角来看，和平共存的苏联政策，对反帝国主义斗争是一种障碍，自由改革对资本主义西方的革命也是一种障碍。第三世界主义清理的是美国左派，以及欧洲左派，特别是欧洲大陆的左派运动。在 60 年代后期与 70 年代初期左派极度好战与期望革命的背景之下，社会主义人道主义似乎显得有些不冷不热。

越战时期的许多问题仍然存在，伴随着之后出现的其他问题，或许已经变得更为紧迫。美国继续介入到国外的战争，尽管一次又一次地看到它的干预对于受影响的国家人民来说只会使得事情更为糟糕。一方面是美国与西方其他发达资本主义国家之间的财富与权力的差距，另一方面是美国与世界其他地区的差距，正在扩大。在美国国内，我们面临的是财富与权力日益扩大的鸿沟，以及日渐对大

---

① 与 Sheila Rowbotham 的访谈，伦敦，2011 年 7 月。

众无动于衷的政治领域。在这个地球的其他地区，我们面临着阴森地逼近的各种环境灾害。但是，在越战期间吸引过无数年轻人的生机勃勃的极左翼政治，现在似乎已经是属于另外一个完全不同时刻的旧有记忆。或许，回到社会主义人道主义的遗产，可以给面向更加冷静时代的左派政治提供诸多建议。

作为政治工程的社会主义人道主义

1956 年，同为劳工史学者与英国共产党员的 E.P. 汤姆森与约翰·萨维尔，推出发行了《理论家》(The Reasoner)，一份专注批判斯大林主义与苏联马克思主义的持异议的党内刊物。在苏联对匈牙利改革镇压期间，E.P. 汤姆森与约翰·萨维尔和其他许多人一道退出了共产党。《理论家》被更名为《新理论家》，成为反对冷战与两个超级大国，提倡民主参与作为民主化社会主义社会基石的政治载体。它表达出的，同时也帮助塑造了很多人在赫鲁晓夫对斯大林秘密报告之后脱离英国共产党的政治立场，同样也影响了那些刚刚踏入政治领域、被社会主义左派吸引并无疑将自己与苏联绑在一起的年轻人的思维方式。

1957 年，《新理论家》发表了 E. P. 汤姆森题为《社会主义人道主义：对虚无主义的挽歌》的文章 ①，号召在国际左派当中以社会主义人道主义的名义掀起反对斯大林主义的斗争。汤姆森论辩到，社会主义人道主义取代了苏联官方马克思主义理论关于需求、斗争以及现实人类前景的种种抽象话语。汤姆森认为，整个共产主义运动已经被这种马克思主义理论、甚至在西方马克思主义的官方版本内部都含有的教条主义所影响，即使已经回避那种聚焦文化与意识形态的结构分析，但是仍然没有对流行的教条主义形成任何挑战。马克思主义理论的起点必须是现

---

① E. P. Thompson，"Socialist Humanism：An Epistle to the Philistines"，*The New Reasoner*，No.1（Summer 1957），pp.105—143.

实人类的需求、思想与行动。社会主义必须具有其道德基础，苏联社会主义在任何意义上都不能被视为一个典范。汤姆森强调冷战和军备竞赛牵制着苏联和美国两个统治集团，延续着在东西方两个世界的政治压迫。他指出，对冷战以及延续其存在的压迫机制的反抗，不仅在西方国家（大规模的和平运动正在出现）、而且在东欧国家的年轻人当中不断浮现；他希望这种抵抗可以扩散到苏联自身内部。这样的反抗，在汤姆森看来，可以发展成为建立于人道主义诸多原则之上倡导民主社会主义的一种国际化运动。

《新理论家》，连同《大学与左派评论》（由年轻左派知识分子创立并运营的学术刊物），成为早期英国新左派（包括学生、知识分子与其他年轻人的不同社交圈）的中心。新左派将他们共同引入到对于政治与文化新发展方向的讨论当中，同时向他们介绍并传播方兴未艾的英国和平运动。事实上，整个新左派已经积极地介入正在迅速发展起来、主张英国在冷战中不结盟政策的大规模运动，要求废除北大西洋公约组织在英国部署的数个导弹基地。在英国和平运动当中，新左派在知识上获得了显著的可信度与影响力。对于英国左派来说，社会主义人道主义对思想潮流产生了深远的影响。

尽管《新理论家》与《大学与左派评论》都自称是社会主义人道主义的学术刊物，但是它们的导向并不尽相同：《新理论家》编辑们的立场在于英国劳动运动以及英国阶级斗争史，《大学与左派评论》的同行们更感兴趣的则是潜在的文化变革，更加关注的则是种族与民族的诸多问题。虽然如此，两者在广泛意义上的政治相适度推动它们在 1959 年实现了合并，创立了《新左派评论》。1962 年，包括 E.P. 汤姆森在内的《新理论家》的创始者们，退出了《新左派评论》的编辑委员会，改由佩里·安德森任主编，该杂志随即也就不再认同社会主义人道主义①。1964 年，另一本新的杂志《社会主义记事》成立，延续社会主义人道主义思想研

---

① Perry Anderson, *Arguments Within English Marxism*, London：Verso, 1980. 该书对这种分歧的客观性描述特别突出。

究的光荣传统。

随着时间的流逝，对于国际运动、理论思潮，以及对立场分裂的持续痛楚的不同反应，将在形成早期新左派的两种思想潮流之间的诸多差异扩大化和固化。E.P. 汤姆森的声望日隆主要是基于其历史经典著作《英国工人阶级的形成》。这本书影响了整整一代从事"底层历史"研究的年轻历史学家们。除了直接的历史书写之外，汤姆森继续参加理论探讨以及政治活动：80 年代，他在反对第二次冷战的运动当中起到核心作用。他对阿尔都塞的批判《理论的贫困或太阳系仪的错误》是一种极力的辩解，主张将人们的经验与努力而非理论范畴视为中心、同时也是关注历史与道德理性的马克思主义版本①。汤姆森的论文受到批判，源自他将经验和道德视为以表象价值而定的自在范畴。评论家们同样指出，汤姆森的判断有时候被他对阿尔都塞立场的怒火所误导，使得他错误地判断了阿尔都塞的意图，以至于认为阿尔都塞对人道主义的批判就是斯大林主义的一种表现，而实际上，阿尔都塞同情的并不是斯大林主义②。但是，即使汤姆森的批判有时未命中靶心，而他本人与阿尔都塞之间的理论差异是实在和重要的。阿尔都塞坚信，人类主体仅仅是作为阶级关系的载体。在阿尔都塞的观念里，理论超越历史，结构超越人类经验、意识与行动。阿尔都塞的人类主体实际上是一种傀儡，无法反抗驱使其行为的各种力量。在他的观念里，资本主义社会（实际上是每一种社会）散发出一种意识形态的迷雾，将全体社会成员吞没，只有理论家才能够置身迷雾之外批判在其面前呈现的各种社会关系。对于汤姆森来说，人类主体是被历史，以及驱动历史的阶级与阶级斗争的经验所塑造的，因此正是人类主体的集体，特别是劳动阶级成员具有领导进入社会主义社会的能力。阿尔都塞将历史视为几乎无用之物：对他来说，要理解资本主义，就是要正确理解马克思主义关于阶级结构的理论。

---

① E. P. Thompson, *The Poverty of Theory*：*or an Orrery of Errors*, London：Merlin Press, 1995［1978］.

② 关于以读者的同情视角对E.P.汤普森的"理论的贫困"的批判性评价，参见 Kate Soper's "Socialist Humanism" and William H. Sewell, Jr's "How Classes are Made：Critical Reflections on E. P. Thompson's Theory of Working-Class Formation", in Harvey J. Kaye and Keith Mclelland（eds）, *E. P. Thompson*, *Critical Perspectives*, Philadelphia：Temple University Press, 1990, pp.204—232 and pp.50—77.

在阿尔都塞的观念里，马克思的早期人道主义被其后期的资本主义结构分析取代和取消。在汤姆森的观念里，阶级、阶级关系与阶级矛盾是历史性的建构物，因此对其的理解并不能脱离历史。

让汤姆森愤怒的是无视人类能动性及其历史语境的马克思主义形态。同样，他对于阿尔都塞反人道主义、结构主义与反历史的马克思主义版本表示失望。汤姆森在70年代后期，仍然是后结构主义初期的写作当中，或许已经感觉到他正在与未来的潮流抗争。阿尔都塞的反人道主义吸引的大多数是马克思主义知识分子，特别是年轻的政治经济学家；他们在左派知识分子圈内的影响空前，但是这些社交圈有其局限之处。阿尔都塞的影响迅速被福柯所超越，而福柯在其早期著作当中并没有显出对阶级或政治经济学的兴趣，反而轻蔑地对待马克思主义，并且将反人道主义转换成为一种常识、一种对社会批判的共识。经过福柯的影响，新一代的知识分子开始不再将反人道主义仅仅视为是马克思主义，而更多的是知识分子生活的基础。汤姆森的愤怒是有先见之明的。

在美国，社会主义人道主义的主要思潮曾经是在法兰克福学派语境中发展起来，在希特勒上台掌权之后，先是转移到纽约市，而后是加利福尼亚。该学派的大多数成员将异化概念视为社会批评的中心，抛弃了马克思主义的苏联版本，继续坚持民主化的社会主义政治，因此在广泛意义上可以被划为社会主义人道主义者。但是，法兰克福学派的大多数理论家的著作，集中在对独权倾向的分析，以及对文化而并非政治问题的批判，因此对人类文明的前景持有暗淡态度，与社会主义人道主义更加充满希望的立场有所区别。恩里希·弗洛姆与赫尔伯特·马尔库塞这两位法兰克福学派成员，在其思想著作中直接关注的是对当代资本主义社会的批判，以及超越其的各种前景。两者均参与到社会变革运动之中，弗洛姆的是和平运动，马尔库塞的则是新左派运动。两者与社会主义人道主义之间存有一种公开关系。

颇具争议的，也是有意而为，弗洛姆在美国成为社会主义人道主义的最有影响力的支持者。出版于1965年、由他主编的论文集《社会主义人道主义：国际论坛》①，就像凯文·安德森在第二章节详细指出的那样，尝试团结巩固社会主义的国际网络，给予社会主义人道主义以一种新高度的公共显示度及影响力。马尔库塞后期被广泛视为社会主义人道主义者，是因为革命、个体与集体在其左派政治的构想中占据中心地位，也是因为其著作，特别是《单向度的人》对新左派的重要影响②。但是，他本人实际上对于社会主义人道主义持模糊态度。在被弗洛姆收录的论文集文章《社会主义人道主义？》中，马尔库塞质疑在先进科技时代社会主义采用人道主义形式的可能性。在他的论述中，马尔库塞认为人道主义社会可能存在的时代是"思想与灵魂还没有被科学管理所控制……仍然存在未被必须条件关联的自由领域"，但是考虑到生活被有组织的工作与有组织的休闲所殖民，他无法遇见这样一种结果。"马克思主义理论"，马尔库塞写到，"坚持人的观念在现在看来显得过于乐观和理想化"③。

弗洛姆的声望是作为一名自由或社会民主人士，或许是因为他在其书写中回避左翼和马克思主义的术语，或许是因为他本人在和平运动中的政治活动并没有明显地显示出革命性。但是，实际上，弗洛姆不但是社会主义者，而且是马克思主义者。在弗洛姆的著作中，异化问题始终是焦点；他的分析也是置于资本主义的批判框架之中的。在 1955 年出版的《健全社会》中，弗洛姆论证与自然的隔离是人类的基本创伤，产生出的空虚感只能通过追求权力、财富、声望，或者通过统治与被统治的关系进行消极负面的解决，但是同样也可以通过追求人类团结、通过对他人的友爱与关心得以积极正面的解决④。弗洛姆认为友爱和团结作为人类基本需要遭受资本主义的挫折，因此他号召通过相互合作和工人参与管理营造一

---

① Erich Fromm（ed）. *Socialist Humanism：An International Symposium*，New York：Doubleday，1965.

② 马尔库塞和弗洛姆对弗洛伊德冲动理论持完全不同的意见：马尔库塞支持弗洛伊德冲动理论，并将其用作他对人口边缘化部分的革命潜力观点的基础，弗洛姆则排斥这样的观念，既是在理论层面，也是作为革命行动的一种诠释。这场辩论的苦痛，导致双方的不愉快感受，可能已经扩大了两者在社会主义人道主义这个更大问题上的分歧。

③ Herbert Marcuse，"Socialist Humanism？"，in Erich Fromm（ed.），*Socialist Humanism：An International Symposium*，New York：Doubleday，1965，pp.100—1.

④ Erich Fromm，*The Sane Society*，New York：Holt，Rinehart and Winston，1955，pp.22—27.

种去中心化的社会主义社会。弗洛姆指出，这点是与马克思关于去中心、无政权和平等的未来共产主义社会的观念是有所共鸣的。在 1961 年的著作《马克思关于人的概念》中，弗洛姆认为，无论是对于早期还是成熟的马克思来说，异化概念都是处于中心地位的 ①。弗洛姆同样指出，马克思设想的去中心化社会结构的共产主义，与苏联独裁主义现实之间的隔阂。尽管他同意马克思的观念并不应该为斯大林的行为负责，弗洛姆仍然坚持认为，马克思关于去中心化社会只能在遥远的未来被实现，鼓励的是社会主义的各种集权设想，他对持不同意见的社会主义者在小问题上的批判，打通的是在社会主义运动中各种集权实践的大门 ②。

在汤姆森、弗洛姆和其他理论家发展社会主义构想，将其视为资本主义异化可以被克服的民主、人性社会的同期，杜娜叶夫斯卡娅（社会活动家、知识分子、托洛茨基派前领导人）也在做同样的思考。她的著作由安德森在第二章中做细致考察。马克思、杜娜叶夫斯卡娅指出，首先是将这种超越资本主义异化的哲学称为"人道主义"，后期又以"共产主义"取而代之 ③。汤姆森、弗洛姆、杜娜叶夫斯卡娅在各自的国家，同时也影响到世界范围，各自努力将左派导向到马克思理论与社会主义政治的人道主义话语，并与圈内同道理论家们形成合力推动他们的政治实践工作在更广泛范围内成为建设社会主义 / 马克思主义人道主义左派的重要部分。弗洛姆的舞台是美国和平运动，特别是"健全核武器政策委员会"，他既是缔造者之一，也是积极参与者。杜娜叶夫斯卡娅的舞台是劳工组织，汤姆森的则是早期英国新左派与英国和平运动，特别是"解除核武器委员会"，后期则是 80 年代反对第二次冷战的运动。在 50 年代到 60 年代上半叶，在英国和美国，或者是在美国民权运动中的积极分子，批判资本主义，对社会主义持理解或支持态度，但是却由于集权主义特征而排斥社会主义的苏联模式。这在很大程度上是弗洛姆、

① Erich Fromm, *Marx's Concept of Man*, New York: Frederick Ungar Publishing, 1961, p.7.
② Erich Fromm, *The Sane Society*, p.258.
③ Raya Dunayevskaya, *Marxism and Freedom: From 1776 until Today*, New York: Twayne Publishers, 1958, p.58.

汤姆森、杜娜叶夫斯卡娅与其他持相似观念的理论的影响结果，但是在更大程度上确是受到 30 年代共产主义与其他形式社会主义的影响。对于这些运动中的很多人来说，即使苏联不再作为一个榜样，社会主义的目标仍然有效。

C.L.R. 詹姆斯

非洲裔特立尼达思想家与活动家西里尔·莱昂内尔·罗伯特·詹姆斯，作为杜娜叶夫斯卡娅的同志，像她一样致力于寻找一条苏联社会主义模式之外的道路。他与格瑞斯·C. 李的合著《面对现实：新社会：何处寻求以及如何接近》应对的是社会主义运动的当前问题，以及马克思主义的长期问题。詹姆斯自学成才，写出了不少受到广泛重视的关于历史、文学与马克思主义理论的著作，而他在国际社会主义 / 反斯大林主义舞台也成了颇有影响力的领导者之一。詹姆斯 1901 年生于特立尼达，在那里成长为一名教师并参与反殖民斗争，1932 年移居英国，参加了托尔斯基主义运动，倡导泛非洲主义，在国际反殖民 / 反法西斯主义运动当中发挥了积极作用。1938 年，他来到美国。在英国，詹姆斯曾经是社会主义工人党（The Socialist Worke's Party）的积极成员，这个组织是重要的国际托尔斯基主义组织，将苏联视为一个堕落工人组成的国家，而其自身认同列宁主义并激烈反对斯大林主义，因此建构出一个先锋党派的理念。在美国，詹姆斯开始对先锋主义持批判态度。随后，他退出社会主义工人党，加入了更加左派的工人党组织，一同加入的还有雷娅·杜娜叶夫斯卡娅与格瑞斯·李（后期更名为格瑞斯·李·伯格），后两者赞同詹姆斯对苏联的托尔斯基主义批判，以及他对先锋主义的排斥。他随后组成了"约翰森—福斯特趋向"（Johnson-Forest Tendency），这个组织的名字引用的是詹姆斯的党内绰号"约翰森"，以及杜娜叶夫斯卡娅的绰号"福斯特"。

随后，詹姆斯和杜娜叶夫斯卡娅两人共同抛弃了托尔斯基对苏联作为堕落工人政权的理解，转而将其视为国家资本主义体系（"堕落工人政权"一词表明的观点是苏联尽管内部有缺陷，但是仍然是作为值得批判支持的社会主义，"国家资本主义"则转向认为苏联不是社会主义，因此无需批判支持）。詹姆斯与杜娜叶夫斯卡娅退出托尔斯基主义运动，形成并建立了"通讯出版委员会"（The Correspondence Publishing Committee）。李，作为一位华裔美国行动家与知识分子，同情非洲裔美国人与第三世界斗争，就像杜娜叶夫斯卡娅一样，在阅读黑格尔和马克思，特别是马克思的《经济学哲学手稿》之后深受影响。马克思主义人道主义成为"约翰森—福斯特趋向"内部的主要思潮，对詹姆斯、李和杜娜叶夫斯卡娅的不同视角产生影响。然而，1955年，当詹姆斯离开英国的时候，詹姆斯与杜娜叶夫斯卡娅产生了分歧。杜娜叶夫斯卡娅和她的支持者们退出了"通讯出版委员会"，而詹姆斯则继续在海外领导这一组织，并建立了"马克思主义人道主义新闻出版委员会"（The Marxist Humanist News and Letters Committee）。詹姆斯与李的合著《面对现实》，就像杜娜叶夫斯卡娅的著作一样，反映出在托尔斯基主义与马克思主义人道主义舞台的思想与政治探讨，以及政治激情。在这种意义上，它放弃了沉醉未来幻想、无视当下现实的乌托邦主义。但是，他们却坚信，缺少对更美好社会的构想，也无法就此前行，因此他们努力描绘出这样一种前景，将拥有各自不同乌托邦愿景的人们团结以来。

《面对现实》1958年首次出版，受到1956年匈牙利事件（Hungarian Uprising）的启发，同时也表达出作者的立场，认为这次行动当中起到支持作用的社会主义与反集权主义的思潮，在其他国家的工人阶级当中同样得到广泛传播，他们也希望类似的事件可以在西方发生。詹姆斯和李的著作得益于他们两人作为左派活动家与组织者的广泛经验，他们贡献出的这些社会知识不同于那些每天围绕知识分子圈子与机构转的思想家写出的著作。他们将匈牙利事件中形成的不同工人组织，以及他们发挥的组织生产与管理地方事务的角色，视为是一种新型文明，一种基于工人自我管理与联合中产阶级成员的社会主义社会形态的模型。匈牙利事件被他们视为是放弃被共产党、托尔斯基主义分子以及所有政治党派拥护的革命政党先锋模式的典型案例。

詹姆斯和李用委婉的话语问道，"工人委员会的政府是否只是一个仅限于集权主义的历史事件，还是所有社会的未来道路？"他们从美国工人身上看到这种方向转向的证据，而他们认为这些美国工人更感兴趣的是与管理层和工会官僚的工人方面的斗争，而不涉及政治党派的各项活动。他们不无轻蔑地写到，左派分子们四处张望以寻找工人阶级支持社会主义党派或左翼工会运动的各种信号。"他们什么也没有找到"，詹姆斯和李这样写道，"因为美国工人们并没有在寻找什么。在美国的斗争，一面是管理层、管理者与工会官僚，另一面则是工人的各种组织。如果有任何一种国家层面的斗争，可以决定世界的未来命运，那么就是这样一种斗争，而且美国工人们拥有最终决定权"。①

詹姆斯和李对于工人阶级斗争导致社会主义运动的信心，反映出的是一种美国工人随时做好准备推翻资本主义的夸大视角，这是在当时很多希望社会主义革命发生的活动家和思想家中普遍传播的一种短视版本。他们的长期影响则是指出了种族话题的中心地位、自动化生产的重要性（或者更广泛意义上的技术变革），后两者对就业、对工人与管理层之间的力量平衡，以及被他们称为"马克思主义组织"（意为共产党）在这些或那些问题上的各种失败形成一种威胁。关于种族，他们写道："害怕得罪一个又另一个种族……屈从于马克思主义组织始终抱有的对官方社会的各种歧视、特定劳工或工人群体的各种偏见、错误、愚蠢与混乱的负罪感，在这个问题上他们自身就已经足够在其他所有问题上引以为戒。在美国，谁在黑人问题上犯错，则满盘尽输。"②尽管缺乏社会主义政治，他们号召对正在浮现的民权运动给予强力支持，在种族问题上乐于欢迎一种被他们称为"黑人攻击性"的问题。"马克思主义组织必须显示出强硬态势，不是为了保护其自身抽象的各种原则，而是决意维护黑人工人的发声权利与言语方式。"③

---

① C. L. R. James and Grace C. Boggs, *Facing Reality：The New Society, Where to Look For It and How to Bridge It Closer*, Chicago：Charles H. Kerr, 2005［1958］, p.24.
② Ibid., p.155.
③ Ibid., p.156.

詹姆斯与李坚持种族的中心地位，强调需要支持黑人抗议，无论是以争取选举权，还是消除各种歧视，再或是黑人民族主义的形式，显示出一种罕见的洞察力。他们对当时左派的各种批判，集中在共产主义左派，同样是充满深度的：消除统治革命运动多年、造成不少不良结果的"先锋"传说是势在必行的……这种观念在当今大多数群体当中是内化的，既必须有一部分特别的个人从工人阶级当中脱颖而出，组成一种在行动中更加自觉、更富战斗精神和更加团结的永久组织，而不仅仅是工人群体的大规模集合。这是纯粹而简单的谵妄。从某种视角看来，这些自认为"先锋"的人们总体上并不比"后进"的工人阶级更加具有意识……他们认识到的（总体上是非常糟糕的），工人运动的历史，马克思主义的成分被简化成为他们最简单的程式；他们对国际政治感兴趣……但是，他们总体上却并未意识到资本主义社会最深远的各种事实，以及生产实践的各种现实的组成部分 ①。

詹姆斯与李是卓有见解的，批判的不仅是当时苏联共产党而且是现有左派组织在整体上的绝缘性，固守过时的各种理论，拒绝承认社会新发展，以及拒绝沟通那些不能言说马克思主义左派熟悉辞令的人们。他们基于工人委员会对左派运动的各种希望，最终呈现出的是错位的，他们对政治舞台的整体放弃是毫无根据的。但是，他们对社会主义运动避免理论教条以及精英组织的号召，与那些刚刚出道并组成新左派的年轻人在思想潮流上是一致的。

实践学派（The Praxis School）

当政治上活跃的思想家在美国和英国倡导社会主义人道主义的岁月里，东欧国家中持有不同政见的左派知识分子们也有推动。这种潮流在南斯拉夫持不同政

---

① C. L. R. James and Grace C. Boggs，*Facing Reality*：*The New Society*，*Where to Look For It and How to Bridge It Closer*，Chicago：Charles H. Kerr，2005［1958］，pp.95—96.

见的马克思主义哲学家群体当中呈现出最有组织的政治形式。实践学派的成员们以马克思的《1844 年经济学哲学手稿》以及他本人后续关于异化的论述为方法指引，反对斯大林主义与冷战，坚信苏联马克思主义为苏联集权主义提供了基础。以实践学派形成的不同圈子，开始大多数由学生与年轻教授组成，对苏联社会主义持有批判态度，以早期马克思著作为指引。随后，很多学生在贝尔格莱德大学、萨格勒布大学与其他地方的哲学系获得职位。60 年代早期，马克思主义人道主义已经成为南斯拉夫哲学的主要潮流，以及反对斯大林主义的中心。

1964 年，学派成员们创立了《实践》学刊，出版两个版本。其中一种是用塞尔维亚—克罗地亚语，主要面向国内读者；另外一种的目标是国际读者，采用英语、法语、德语，以及塞尔维亚—克罗地亚语。实践学派强调对官僚机制的批判，其成员认为这是导致异化的主要原因，同时也是对真正民主形式的社会主义的阻碍。从 1963 年到 1974 年期间，实践学派几乎每年都在克罗地亚海岸的柯楚拉岛上组织暑期学校，具有相似政治与理论立场的国际学者、南斯拉夫人、学生或其他人士参加。柯楚拉岛暑期学校在观点接近的社会主义思想家们之间建立联系，将他们的思想观念传播给持有不同政见的南斯拉夫学生们 ①。

实践学派的崛起之所以可能，是因为铁托与苏联在 1948 年的决裂，以及南斯拉夫共产党后续对反斯大林主义的抨击，营造了一种基于"自我管理"（一种工人管理工厂的理念）的南斯拉夫独立道路。实践学派的许多成员支持这种努力，以及南斯拉夫共产党对苏联社会主义的批判。但是，60 年代，实践学派的成员们开始认识到南斯拉夫社会同样存在官僚主义的各种问题，因此他们将批判转向了南斯拉夫政府。南斯拉夫共产党与实践学派之间的对立关系持续增长，以至于南斯拉夫政府在 1974 年禁止两个版本《实践》学刊的公开发行。实践学派的六名成员被各自的大学学系解雇。他们所有人最终在其他地方大学找到了学术职位，但

---

① 参见 Gerson S. Sher，*Praxis*：*Marxist Criticism and Dissent in Socialist Yugoslavia*，Bloomington：Indiana University Press，1977。特别是第 1 章，"The Genealogy of Praxis"，pp.3—56.

是《实践》学刊与柯楚拉岛暑期学校未被恢复 ①。即使做了这么多的工作，实践学派在西方的社会主义人道主义发展史上几乎没有什么影响。实践学派的成员们的大多数论著都是以塞尔维亚—克罗地亚语发表，因此几乎没有多少西方读者阅读。而且，西方版本的社会主义人道主义关心的议题，与南斯拉夫同行们的不尽相同。实践学派直接关注的紧迫话题是苏联集权主义，以及南斯拉夫稍微缓和的版本。他们的西方同行们则更加聚焦如何超越冷战、设计反资本主义，以及避免重蹈苏联的覆辙、通向一种社会主义社会的种种问题。这些讨论的形式也不尽相同。

作为一种理论工程的社会主义人道主义

对于弗洛姆、汤姆森、杜娜叶夫斯卡娅来说，社会主义或马克思主义人道主义是一种政治工程，建立于一种哲学、社会和历史的观念视角。这三位理论家，终其一生都在积极参加建构左派运动、应对时代需求的工程；在他们的思想工作与政治诉求及活动之间并没有分界线。还有许多其他理论家，大多数是哲学家，拥有同样的民主、人性社会主义社会的观念，但是他们对于社会主义人道主义或马克思主义人道主义贡献更多的是在理论领域而非激进行动。匈牙利共产党员、马克思主义哲学家捷尔吉·卢卡奇，1923 年出版著作《历史与阶级意识》。尽管马克思的《经济学哲学手稿》当时尚未被发现和出版，卢卡奇对马克思在《资本论》当中对异化和物化的讨论进行细读，使得他能够就马克思对这些概念的理解进行深入探讨，以至于与马克思本人在 1844 手稿中的讨论惊人相似。卢卡奇的著作对社会主义人道主义的发展起到了奠基作用，尽管这一切只是发生在其著作出版以后的数十年之后。

---

① Ibid., Chapter 5. "The Praxis of *Praxis*", pp.104—241.

格奥尔格·卢卡奇

卢卡奇并不将自己视为是社会主义或马克思主义人道主义的创始人，而是自诩为像马克思本人所理解的那样阐释马克思观念的学徒和阐释者。卢卡奇对黑格尔术语及其阐释框架的依赖，是作为他本人接触马克思主义并接受其视角之前的思想训练与志向的成果。但是，卢卡奇对黑格尔的引用，同样反映出马克思的基础是立足于黑格尔。马克思对黑格尔辩证法及其对于总体性、事物相互联系的终极现实观念的广泛运用，尽管在表象上看到的是世界由各种具体、相互不相干的现象组成的集合体。和总体性概念一样，卢卡奇吸收了黑格尔的历史观念，并将其当作解决主客体分离的阐释框架。卢卡奇对这些概念的运用，是通过他本人对马克思的阅读，认为主体与客体的分裂问题可以在历史领域得到克服，前提是无产阶级认识到不仅自身是被压迫的对象（奴隶本身也是受压迫的），并且其劳动产品被异化，其劳动成为商品，其自身创造能力与相互关系也被违反人类本性的逻辑所驱使。作为潜在的主体对象和目标客体，工人阶级拒绝自身作为商品的地位，颠覆人们之间的商品关系和社会秩序，通向实现相互认同、构建繁荣社会的一种新社会。无产阶级对同为主客体的自我界定过程，同时也是一种革命工程，只能发生在不断呈现的历史语境。

因此，卢卡奇对马克思论著的阐释是非常卓越的，特别是考虑到他本人从未有机会阅读到《经济学哲学手稿》、却没有任何显著的阐释偏差。卢卡奇的独特之处，就在于他在文章《物化与无产阶级意识》中发展出的物化概念，这个概念可以视为他的另一本书《历史与阶级意识》的灵魂所在 ①。随着布尔什维克革命的发生，原先的期望是一个国家的社会主义革命将会带动在资本主义世界其他地方的数场革命。在德国，这种革命的发生，带来了各种灾难性的后果。卢卡奇 1918 年参加创建匈牙利共产党，1918 年参与建立匈牙利苏维埃共和国政府，但是 1919 年

---

① Georg Lukacs, "Reification and the Consciousness of the Proletariat", in *History and Class Consciousness*：*Studies in Marxist Dialectics*, trans. by Rodney Livingstone, London：The Merlin Press, 1971, pp.83—222.

就被击败。他逃亡维也纳，并在那里度过了十年时间。

时任意大利共产党领导人的安东尼·葛兰西，1926 年被捕入狱，在狱中坚持写作，探讨了包括匈牙利革命只是作为一个案例的更大范围的问题：预期的社会主义革命并没有接连的发生。马克思曾经认为资本主义政治经济的矛盾本质将会导致革命，但是除了俄罗斯之外，几乎没有任何典型的资本主义国家发生这样的革命。葛兰西指出的问题是，当资本主义比预计的更有活力、革命被延期、右派在增强的时候，左派该如何作为。在这样的语境下，葛兰西引入了他本人对于战争行动与战争立场的区分。在葛兰西的词汇里面，战争行动指的是左派努力取代现有权力以建立社会主义社会。战争立场则是他建议左派在尚未临近革命边缘的社会中强化自我的策略。如此涉及的是进入组成社会机构的体制内部，取得工人阶级的尊重与支持，形成与其他阶级的同盟关系，采取教育、体制与政治工作，营造理解社会主义的需求，建立其成绩的基础。葛兰西对文化主导权重要性的强调，隐约地挑战了关于资本主义内在矛盾将会自我导向社会主义转型的苏联观念。葛兰西的许多关注点是在于如何打下社会主义革命的基础，而不是革命社会将会采用的形式，因此他并不能被描绘为一个社会主义人道主义者。但是，葛兰西探讨的问题对社会主义人道主义来讲却是密切相关的。革命在西方可能发生挫败，对于西方社会主义者们的启示则是，除去对苏联社会主义的失望之外，马克思主义理论的某些方面并不像它显现的那样正确，因而更加强化的是对马克思主义的教条或苏联版本的质疑动力。

尽管卢卡奇并没有将其物化概念视为是对即将发生的社会主义革命失败的某种回应，葛兰西却将其作为解决相同问题的途径，但是是通过对资本主义文化的分析。卢卡奇认为在生产体系中与生俱来的异化，围绕对于商品的崇拜，导致一种以价值为衡量、将人和人际关系视为物化的社会形态。他认为，在这样的社会形态中，人类生产和决定价值的角色开始消失。科学成为形式化，对于集权的意识已经丧失；社会开始被理解成为具体的、相互无联系的事实集合体，相互交织的、在历史中呈现的各种过程的现实复杂性已经不为所见。卢卡奇认为，工人阶级和其他阶级不同，目的是消灭作为阶级的自身，因为它可以、也将会超越资产阶级思想的各种局限，能够理解并改造总体性。

卢卡奇的才能，在于指向日益扩大的商品化现象，而这一过程仍在想象阶段，无论他本人或是其他人还没有能力设想到这种现象的发展高度。在社会主义或马克思主义人道主义在马克思主义或左派重要思潮中浮现之前，卢卡奇提前20多年就已经发展了这种理论。到这种思潮出现为止，卢卡奇自身不再与其联系在一起。1930年，卢卡奇被召至莫斯科，直到二战结束之后才被允许离开，据猜测是因为苏联领导层认为他的观点是对立的。他1928年发表的"勃鲁姆纲领"（Blum Theses），号召匈牙利采取的一种革命策略，类似于法国和西欧其他地方的"人民战线"，《历史与阶级意识》呈现的理论比苏联版本的马克思主义更加强调意识所发挥的作用。卢卡奇总是作为一种异议者，或许在这些环境条件下也只能如此。1938年，他发表了《青年恩格斯》，是对苏联抛弃黑格尔观念的挑衅行为。在战争结束之后回到匈牙利，卢卡奇作为共产党政府的成员，支持政府对异议人士的压制，逐渐与以前著作的观念疏离开来。但是，在1956年匈牙利起义的后期，卢卡奇给予这些反对派以支持。1960年，他发表了《历史与阶级意识》的批判文章，明显受到诸多总体性、主客体身份等黑格尔概念的影响。卢卡奇的谨慎态度与思想转向，容易理解；在斯大林及其继任之下，他作为匈牙利共产党政府的领导人，可谓极端困难，因此他能够保存自己，是幸运的。尽管卢卡奇的个人生涯如此，《历史与阶级意识》仍然是被视为社会主义/马克思主义人道主义哲学家们日益成长的共生群体的奠基之作。

从生产关系到资本主义社会的社会关系与文化，卢卡奇对马克思的异化概念的扩展，并没有解决可能是作为马克思主义中心的问题。资本主义政治经济的各种矛盾，对于工人阶级的剥削，并一定就会导致社会主义革命。物化问题也同样如此。尽管商品化问题及其涉及的异化问题的日益加剧，但是并未发现反资本主义的革命迹象。但是，卢卡奇的分析确实提供了一种基础，将社会主义的理念作为异化问题被超越的一种社会秩序，不仅在于生产关系层面，而且也在于社会关系与总体文化方面。

尽管卢卡奇致力于发展另一种理论视角，共产国际（the Comintern）强调的辩证唯物主义话语继续被共产党及其他群体所广泛接受。苏联模式的辩证唯物主义，认为生产关系直接导致资本主义的矛盾，阶级矛盾直接导致革命斗争的爆发，人类意识在此当中无法发挥作用。同样，在物质与意识之间的关系，被理解为是在两者之间的具体存在关系：意识反映物质，马克思主义代表着意识的正确与科学形式。其他理论观念的最新发展的种子，在30年代与40年代期间被播种，首先是亨利·列斐伏尔与诺伯特·古特曼对马克思《经济学哲学手稿》选集的法文翻译①，随后是被亚历山大·科耶夫举办的、由众多哲学家和知识分子参加的系列讲座所启发，巴黎哲学家们重新燃起对黑格尔的兴趣。

社会主义人道主义在欧洲大陆的出现时间，特别在法国，要比英国和美国更早。在战争期间的法国，与法西斯合作或对抗的选择以一种特别极端的方式呈现，一方面是当地的合作主义政权的出现，另一方面是对抗方面的军事对立。在战后的数年内，法国在美国或苏联之间的导向呈现出迥然不同的、缺乏明显态度的伦理选择。1956年在欧洲大陆的系列事件，就像其他地方一样，给予社会主义人道主义在以前所缺乏的政治可信度与广泛吸引力。在东欧，它被联系到反斯大林主义的政治，但是在西欧却缺乏相关目标的社会运动，因而社会主义人道主义的发展在很大程度上是通过左派知识分子的文字工作进行的。

莫里斯·梅洛-庞蒂

莫里斯·梅洛-庞蒂是最早期、也是最有影响力的社会主义人道主义者之一，

---

① 亨利·列斐伏尔与诺伯特·古特曼早期翻译过《经济学哲学手稿》的重要部分，提及其法语版本的著作有 Edward M. Soja, *Postmodern Geography: The Reassertion of Space in Critical Social Theory*, London: Verso, 1989, p.47。

他作为现象学家关注的是人类与其所处世界之间的关系问题，同样关注的还有人类对暴力的喜好问题，以及人们相互将对方视为目的而非手段的精英社会如何实现问题。1940 年，在德国对巴黎的占领时期，梅洛-庞蒂加入了一个叫作"社会主义与自由"的抵抗组织，在共产党与抵抗组织的基督教分支组织之间寻求一条道路；让-萨特也是其中一位成员。1945 年，战争结束之后，梅洛-庞蒂和萨特公开"革命民主同盟"组织（Rassemblement Democratique Révolutionnaire），就像"社会主义与自由"群体尝试在苏联与法国共产党之间寻求塑造一种独立于两者之外的社会主义政治。同"社会主义与自由"一样，"革命民主同盟"并没有维持多久。在 1945 年同年，梅洛-庞蒂和萨特创立了《现代》（Les Temps Modernes）学刊，并共同担任编辑。

萨特和梅洛-庞蒂作出决定推出一本探讨哲学与政治问题的杂志，既是出自他们的友谊，以及在战争期间形成的相似观念，而且也是源自他们对战后状况的共同预期。在战争临近尾声，在巴黎和其他地方的左派群体当中流行着一种预期，认为随着法西斯被消灭，左派力量将会比以前变得更加强大、更加团结，能够巩固在压制与战争岁月中赢得的社会民主改革，并且或将转型通向社会主义。苏联在打败德国过程中的中心地位，特别是在左派当中引起了对苏联的广泛同情。但是，转向左派的预期，是被视为由内部问题驱动的人民战线政治（Popular Front politics）的扩张，而并非是因与苏联同盟而被推动的进程。

在法国，就像在西方其他地方，这些期望在战后被粉碎，现实语境是美国与苏联争夺世界权力与意识形态主导权成为国家政治的驱动力量，而没有在两个大国之外留下任何独立立场的空间。在十多年的时间里，梅洛-庞蒂和萨特为回应他们身处的语境变革努力去界定与其相应的思想与政治立场。越来越多的差异导致决裂：1952 年，梅洛-庞蒂辞去《现代》学刊的编辑职务。在战争结束之后，梅洛-庞蒂完成《人道主义与恐怖：论共产党问题》的书稿，表明自己受到青年马克思著作、黑格尔与卢卡奇《历史与阶级意识》的影响，支持一种马克思主义的人道主义形态。

在《人道主义与恐怖》书中，梅洛-庞蒂呈现的是工人阶级作为历史主客体地位的观念，认为既然工人阶级的目的是消灭自身，它形成的是一种目标符合人类利益的阶级：其他阶级试图将其置身于其他阶级之上，只有工人阶级革命才会引入一种无阶级、精英化的社会。梅洛-庞蒂同样尝试，虽然未能成功，对苏联的政策，特别是莫斯科对其拥护的马克思主义人道主义的试验的结盟关系。梅洛-庞蒂维护对布哈林的判决，并不是基于布哈林阴谋推翻苏联政权的罪证，而是因为他对集体化政策的反对，即使并非故意而为，事实上是加强了右派势力。德国人后来的进攻也清楚表明，打击反对派对于确保苏联的团结与力量来说是必须的。从革命的视角来看，梅洛-庞蒂写到，一个人的行动并不是由其意愿来评价，或者合法性或公正的字面概念，而是由他们支持哪一种力量，以及结果如何来决定："这不是对人的评价问题，而是对历史角色的评估。"① 他继续指出，我们的目的在于创造一个没有暴力的社会，但是我们却不能批判所有对暴力的使用，因为暴力存在于所有社会类型，而且总是作为社会变革的一种方面。我们对于社会的判断，不应该通过它对暴力的使用，而是要考虑运用暴力的目的。资本主义社会，在于他认为，是基于剥削与贫困内在的暴力，使用暴力是为了压制反抗；革命政治，包括苏联在内，使用暴力是为了实现精英化的、无暴力的社会。"我们所知道的只是不同种类的暴力，而且我们必须倾向于革命暴力，因为它具有人道主义的面孔。"②

这些立场的逻辑是特别落后的。基于合法行为后续意外之外结果而定罪的法律体系，将会使得每个人始终受制于指控和定罪。历史的评价亦是如此。一方面，每一个人，特别是那些掌权的人，需要考虑他们行为的可能后果。但是，如果看似理性的行为却由于后续的意外事件造成不可预计的后果，又该当何论？而且，从政府表明的目标愿景来评判政府对异议的压制，不仅削弱了异议人士的权力基础，而且幼稚地假设当时政府的实际初衷是为了实现无暴力和平等主义社会，而

---

① Maurice Merleau-Ponty, *Humanism and Terror*, Boston：Beacon Press, 1969, p.60. 最早出版的是法语版本，参见 *Humanisme et Terreur*, *Essai sur le Probleme Communiste*, Paris：Editions Gallimard, 1947.

② Merleau-Ponty, *Humanism and Terror*, p.7.

不是出于扩大自身权力的需求。在同一本书中，梅洛-庞蒂认为，社会主义者们并不采用自由主义者们运用的诸如公平、非暴力等普世价值观念，因为自由主义者拥护的这些价值观念在实践当中经常被违背。对苏联可以，而且应该采用相同的批判。对这种意见最好的说辞，就是在当时的语境之中，许多左派思想家感觉到自己必须在苏联和美国之间选择立场，而自己选择站在正确的历史立场上则必须对苏联发生的压制视而不见。

萨特在此期间保持的是他和梅洛-庞蒂在战争期间和战后不久所支持的第三阵营立场。但是，在 1950 到 1952 年期间，朝鲜战争爆发，法国似乎面临着被卷入更大规模战争的各种威胁，萨特认定必须联合其中一方。认识到苏联作为和平的力量，法国共产党作为工人阶级利益的表达，他在《现代》学刊发表题为"共产主义者与和平"的三篇文章，宣称自己是同道中人。与此同时，梅洛-庞蒂却站到了相对的一面：他认为苏联是朝鲜战争的挑衅方，坚信法国工人阶级在整体上对推翻资本主义、建设社会主义社会毫无兴趣。他自此远离了政治介入活动。

1955 年，梅洛-庞蒂在《辩证法的冒险》(*The Adventures of Dialectic*)中扭转了他之前认为苏联是作为马克思主义人道主义代表的观点，表达了对于工人阶级能否实现马克思曾经描述的无阶级、平等主义和人性化社会的历史角色的怀疑。他认为，因为历史进程总是涉及开放性的人类意识与行动，因此并不能保证认定既定的结果。他反对那种排斥人类主体性、拒绝历史开放性的马克思主义版本，不管是在马克思自身的写作中，还是在其追随者的各种阐释中。尽管他不愿意将苏联或者工人阶级当作实现平等主义和无暴利社会的既定渠道，梅洛-庞蒂仍然希望这种社会能够实现。即使他持怀疑态度，他的工作却是继续在社会主义人道主义或马克思主义人道主义的框架中，这种版本的马克思主义受到马克思本人对异化观念讨论的重要影响。梅洛-庞蒂的哲学/政治课题可以被描述为一种尝试，致力于坚持、维护一种对平等主义和无暴力社会的期望，在这样的社会当中人们可以相互视对方为目的而非手段，尽管这种社会能否实现尚不确定。

梅洛-庞蒂对社会主义或马克思主义人道主义观念的贡献，在于他发扬的一种哲学视角强调人类的相互性及其被挫败的方式，未来的开放性，以及马克思主义或其他理论无法准确把握历史发展的局限性。尽管《人道主义与恐惧》一书中存在弱点，但是它呈现出的是有意义的争论，人类社会时常招致暴力的危险，是因为人类的本性，蕴含于人与人之间的关系，它所存在的社会是基于易于成为暴力的人际不平等关系，或者是以身体冲突的外在形式，或是更多的是以拒绝承认并形成阶级社会的潜在形式。梅洛-庞蒂认为，社会的最重要任务就是寻求控制暴力的方式。在他看来，解决办法是建构一种平等的、人性化的社会，在此之中人们之间的相互认可，不仅是对其需求的认可，而且是对个体的人性价值的体认。

梅洛-庞蒂致力于协调马克思主义与存在主义之间的关系，并且将存在主义的马克思主义话语视角引入到现象学领域，这也是他本人最早期的，或许也是最基础的哲学工作。他的现象学理论围绕理解人类经验与世界感知，面对的是一个由其他人或人类创造的机构、文化、非人类事物、对象与现象组成的世界。他坚持，人类对于世界的经验是通过身体，而且这种对世界的内在经验通常以在自我、特别是其他人关系之外的存在与对象之间的各种关系为基础。

梅洛-庞蒂同时也是一个存在主义者。作为存在主义者，他认为人类意识由物质资源、阶级关系、历史与文化塑造，但是他同样排斥以社会整体或个体关系为形式的决定主义论。他关注的是人类在很大程度上比其他物种享有局限、真实的自由的个体与社会责任问题。在《知觉现象学》与其他著作中，梅洛-庞蒂激烈地批判萨特的存在主义，尽管在大多数场合并没有直接点名萨特。他与萨特的不同之处，围绕他坚持人类之间关系的基础，与萨特对于个体作为独立存在的构想形成对立。在萨特1945年所作的一次公开讲座《存在主义是一种人道主义》中，他认为存在主义，至少是他的存在主义符合人道主义的范畴，是因为它提醒人们应该为自己的选择负责，他们为了实现自我和成为真正的人，必须超越自身去追求自身之外的各种目标。正如萨特所描述的选择责任，它完全是个体性的：每一个人都必须通过自己的行为来界定他或者她自身。萨特认为，这就是一种人道主义观念，但是并不是社会主义的①。梅洛-庞蒂聚焦的是人类经验内含的相互性，以及社会容许其自我发声的需求，比萨特的观点更加有助于探讨社会主义社会理应具有的形式。

梅洛-庞蒂或许会同意，即使是有限的自由也是伴随着责任，而且人们是通过自我选择和自我行为创造自身。但是，他关于社会主义人道主义构想的中心确是人类历史的偶然性，认识到并没有什么确定因素。在《人道主义与恐惧》中，梅洛-庞蒂写到，"作为马克思主义者就是要相信经济问题、文化或者人类问题是单一问题，历史塑造的无产阶级拥有问题的解决办法"②。但是，这并不意味着社会主义革命就肯定会发生。"也许还没有无产阶级能够起身发挥在马克思主义体系中赋予无产阶级的历史作用。或许，一种普世的阶级不可能出现，但是明确的则是没有任何其他阶级能够取代无产阶级担负这一任务。"③ 最后，正是这种确定因素的缺席，才给予我们希望的基础：

人类世界是一种开放性的或未成型的体系，威胁其统一性的极端偶然性同样也在将其从混乱状况的不可避免性当中解放出来，防止我们对其绝望，但是前提是人们记住其多样机制实际上是人们自身，并尽力保持和扩展人与人之间的各种关系。这样的哲学观念不可能告诉我们，人性将会被实现……但是，它却唤醒我们对于日常事件与行为的重视……这样的一种观念就像能感受的最脆弱的对象，比如说肥皂泡或者波浪，或者就像最简单的对话，面向的是世界的秩序和混乱④。

在40年代后期到50年代早期，很多在苏联之外的左派人士同样被萨特和梅洛-庞蒂面临的问题，以及导致两者决裂的问题所困扰：在苏联变得愈加明显的诸多问题只是西方围困的结果，还是在本质上出了某些问题？苏联是否继续保证对左派的支持？在1956年之前，共产主义者及其同情者，倾向以个体方式对待这些

---

① Jean-Paul Sartre, *L'existentialisme est un Humanisme*, Paris: Editions Nagel, 1946.

② Merleau-Ponty, *Humanism and Terror*, p.130.

③ Ibid., p.156. 原文黑体。

④ Ibid., pp.188—189.

问题：有些人退出了左派政治，有些人继续置身地方斗争而尽力不去关注苏联，还有些人坚持认为关于苏联的谣言是资产阶级的宣传。1956 年的系列事件聚焦关注这些问题，使得那些相信另一种更好形式的社会主义的左派人士形成各种团体。即使在 1956 年之后，这些讨论在苏联内部几无可能，但是在苏联集团内部的波兰和其他地方，不同意见已经被公开表达出来。莱谢克·柯拉柯夫斯基（Leszek Kolakowski）在这方面就是一个领导人物。

莱谢克·柯拉柯夫斯基

波兰哲学家莱谢克·柯拉柯夫斯基 1947 年参加波兰共产党（波兰工人党），时年 20 岁。三年之后，在一次去莫斯科的旅行中，他对苏联的社会主义变得失望。在随后的岁月当中，他考察马克思早期的各种观念，开始从马克思主义人道主义的轨迹从事写作。在波兰十月事件的初期，波兰政治在哥穆尔卡（Gomulka）的领导下开始解冻，柯拉柯夫斯基在 1956 年下半年写了不少文章，探讨一种马克思主义人道主义的立场，并且开始应对政治参与的问题，一方面是个体对他 / 她的行为背负的责任，另一方面是其行为的不确定后果。在一篇明显是意图批判正统马克思主义的文章《牧师与弄臣》(*The Priest and the Jester*) 中，柯拉柯夫斯基这样论述历史的不确定性：每一套思想体系的开端都是所有思维的绝对起点，暗含着一种终结、一种终点，意味着在中间的所有事物都是明显的。在这里内含的是一种信念，相信运动的本质是其对立面，静止……开始的绝对点预先决定剩余物，他如果处于绝对立场，则是静止的。他的任何进一步运动都是幻象的，就像一种松鼠在转筒里的行动轨迹 [1]。

---

[1]　Leszek Kolakowski, *Toward a Marxist Humanism*：*Essays on the Left Today*, trans. Jane Zielonko Peel, New York：Grove Press, 1968, p.20.

但是，柯拉柯夫斯基认为，对于真理的探索，对于原则的追求将会使得我们看清楚世界与我们的经验，这些是哲学的核心，不容否认。柯拉柯夫斯基将牧师描绘成绝对的守护者，将弄臣视为批评家①。尽管认识到既需要教义，也需要对教义的批判，他自称是站在弄臣的那一边。

在其论文《责任与历史》中，柯拉柯夫斯基关注的是在个体行为责任与社会决定现实之间的张力关系。他始终认为，两者都是同时发生作用。他指出，尽管善和恶的观念、包括历史与传统都是被社会塑造的，但是个体需要为他们的行为负责，并受制于道德评价。他写到，尽管社会决定论的存在，个体必须做出各种选择，而且应该、必须承担其行为的评价。如果既定规范被广泛接受，它们则成为历史中的因素；不同价值的世界成为的是"不仅仅是在现实存在的真实世界之上的一片想象的天空，而且是其一部分，这一部分不仅存在于社会意识之中，而且根在社会生活的物质条件"②。

柯拉柯夫斯基对被自己称为"反现实主义假设"的坚持，使得他探讨乌托邦思维对左派的影响，并将其界定为"面向存在世界的否定运动"，一种对于变革的探索。但是，他指出，"否定行为自身并不界定左派，因为也有带有落后目的的种种运动。左派通过对其否定被界定，但是却不仅仅局限于此；实际上，对它的界定同样通过其否定的方向，以及其乌托邦的属性。"③ 柯拉柯夫斯基从苏联集团与西方资本主义国家的案例描述左派的目标：追求消灭社会特权、种族主义、殖民主义，为了言论自由、现世主义与理性思想的胜利。他指出，乌托邦从定义上来看设定的目标是不可能被实现的，至少是其构想的时期是不可能的。

我通过乌托邦的概念指的是社会意识，一种与寻求世界大变革的社会运动相对应的心态，它蕴含的是一种真实的运动，要在纯精神领域、而非在当下历史经

---

① Leszek Kolakowski, *Toward a Marxist Humanism*：*Essays on the Left Today*，p.27.

② Ibid., p.144.

③ Ibid., p.69.

验中实现理想。因此，乌托邦是一种具有现实历史导向的神秘意识。只要这种导向只是一种秘密的存在，在大众社会运动中无法寻得表达，那么它给予乌托邦的则是更加限定的意义，即其理应采取的、对世界的个体化建构模式。但是，当乌托邦成为现实社会意识的时候，它渗透到大众运动的意识，并且成为其核心的驱动力量。因此，乌托邦从理论和道德思想领域跨界到实践思维地带，而其自身也开始指导人类行动 ①。柯拉柯夫斯基认为，乌托邦对左派来说不可或缺，因为他们认同的是运动的长期目标。他写到，"很多的历史经验告诉我们，现在无法达到的目标将来也无法实现，除非他们在仍然无法实现的时候可以获得清晰的表述。这种情况似乎如此：既定时期不可能实现的，只有在其不可能的时期被清晰的表述，将来才会变得有可能。" ②

波兰十月事件激发的各种希望，并没有得到实现，柯拉柯夫斯基发现自己越来越多地受到波兰官方的报复行为。对于斯大林主义的批判短文被禁止发表，尽管该文在学生群体当中被广泛传阅。直到 1966 年，文章的英文版才在美国发表 ③。在 1966 年波兰十月事件的十周年庆祝日之际，柯拉柯夫斯基发表了一篇演讲，直接导致他本人被波兰工人党除名。1968 年，他失去了在华沙大学的教授职位。同时，波兰反犹太主义的重新兴起，威胁到柯拉柯夫斯基的犹太妻子塔玛拉。柯拉柯夫斯基全家离开了波兰，随后先后在麦吉尔大学、蒙特利尔大学、加州大学伯克利分校任教，最终在牛津大学的万灵学院安顿下来。

在波兰十月事件激发的希望覆灭之际，或者更具体地说是因为 1956 年事件，柯拉柯夫斯基开始与马克思主义疏离开来，并对左派、至少是他 60 年代到 70 年代在美国和英国经历过的左派表达出越来越多的质疑。1973 年，E.P. 汤姆森在《社会主义记事》发表长达 99 页的《给柯拉柯夫斯基的一封公开信》，回忆了他与其同志们对柯拉柯夫斯基在 50 年代到 60 年代期间出版著作的欣赏，以及对柯拉柯

---

① Leszek Kolakowski, *Toward a Marxist Humanism：Essays on the Left Today*, p.69.

② Ibid., pp.70—71.

③ Leszek Kolakowski, *The New Leader*, 18 February 1959.

夫斯基公开批评斯大林主义胆色的敬意。汤姆森写到，"你的声音是那些年在东欧发出的最清晰的声音。"① 他提到，柯拉柯夫斯基直到 1966 年仍然是波兰工人党的成员。因此，汤姆森写到，部分是受到柯拉柯夫斯基作为榜样的影响，他和他的同志们仍然忠诚于共产主义运动，尽管不是对现有的共产党组织或其意识形态。他对柯拉柯夫斯基离开波兰后对新左派的激烈批判，以及柯拉柯夫斯基怀疑社会主义能够超越异化表示深度失望。他呼吁柯拉柯夫斯基与其本人就作为马克思主义传统分支或类属的这些问题展开对话。

作为反驳，柯拉柯夫斯基在《社会主义记事》发表文章《我对所有事情的正确观念》，拒绝承认两者在马克思主义传统基础上形成共同联系的任何亲缘关系。他写到，"你和我，我们在 40 年代和 50 年代都积极参与过我们各自的共产主义组织，这就意味着我们以各自的方式支持过建立在奴役和警察恐怖基础上的、人类历史上最糟糕的政权形式，无论我们怀有多么高尚的初衷和多么美丽的无知（或者拒绝解决无知）。"② 他将汤姆森对出现更加民主形式的社会主义的期望视为另外一种相同的幼稚。他批判汤姆森和整个西方世界的左派，批评他们采用双重的标准，在西方违反民主与人权是资本主义的内在属性，在东方相同的事情就成为对社会主义原则的违背，并且更加容易翻转。他写到，自从 1968 年离开了波兰，他就备受西方左派，特别是学生群体中的左派的打击，他们随时准备以政治教义取代思想理性，满怀信心地回答所有问题。他用"法西斯"这个词讽刺这些在大学内外的各种权威，以及左派的批评家。以信件交流为基础，很难否认汤姆森与柯拉柯夫斯基两位都是正确的。汤姆森是正确的，是因为柯拉柯夫斯基放弃了对于积极社会主义未来的希望，以至于在其关于当时左派的悲观视角中无法认可其任何优点。柯拉柯夫斯基是对的，是因为汤姆森对苏联社会主义的民主变

---

① E. P. Thompson, "An Open Letter to Leszek Kolakowski", in *The Poverty of Theory*, p.94. 汤姆森的公开信最早发表于《社会主义记录》(*The Socialist Register*, vol.10［1973］).

② Leszek Kolakowski, "My Correct Views on Everything", in Ralph Miliband and John Saville（eds）, *The Socialist Register 1974*, London：The Merlin Press, 1974, pp.1—20, p.2.

革的期望过于乐观。柯拉柯夫斯基在 60 年代后期对西方左派学生的批评同样相当准确。

1978 年，柯拉柯夫斯基出版了他的三卷本《马克思主义的主要流派：崛起、成长与瓦解》，在广泛研究的基础上，细致而批判性地叙述了马克思主义思想，以及马克思主义作为一种哲学和政治意识形态的发展过程①。柯拉柯夫斯基保持了他基于马克思早期著作而对马克思主义人道主义话语的偏好，他在导论部分提到了卢卡奇对其思想的长期影响。但是，他却看到从马克思到列宁再到斯大林的发展路线。与此同时，柯拉柯夫斯基开始认为乌托邦思维是危险的。1982 年，柯拉柯夫斯基做了一次公开讲座《乌托邦之死的再思考》，随后发表在他的论文集《无限审判的现代性》(*Modernity on Endless Trial*) ②。他在此认为，因为差异与矛盾是人类关系特有的，左翼的乌托邦设想的在兄弟情义与平等基础上的种种社会形态，仅仅起到了各种社会压制机制施加统一性的合法手段。

吕西安·戈德曼

柯拉柯夫斯基后期对人性的悲观观念，认为矛盾和挑衅是主导性的，而互助和平等的产生只能是从上至下的施加物，这一点使得他与那些坚持社会主义/马克思主义的理论家们产生严重分歧。哲学家吕西安·戈德曼在战后的数十年里在巴黎的高等社会科学研究院从事马克思主义的教学工作，回应了何种类型的社会能够最好地满足人类需求、最鼓励人类潜能的社会化建构的问题。戈德曼是罗马尼亚犹太人，年轻的时候曾经加入一个青年组织，阅读各种极端文献，其中就包括

---

① Leszek Kolakowski, *Main Currents of Marxism*：*Its Origins*, *Growth and Dissolution*, trans. P. S. Falla, Oxford：Oxford University Press, 1978. 这三卷分别被署名为 "The Founders", "The Golden Age" 及 "The Breakdown"。

② Leszek Kolakowski, "The Death of Utopia Reconsidered", *Modernity on Endless Trial*, Chicago：Chicago University Press, 1997 [1990], pp.131—145.

马克思。他同样积极地参与一个叫作哈斯胡梅尔·哈兹尔的社会主义犹太复国主义组织，其批判资本主义将人与人相互隔离的倾向，坚信个体只有在群体中才能充分发展，同时投身去建设这样的社区，一是通过在移民当中组织青年运动，二是在巴勒斯坦的基布兹训练犹太青年的生存能力①。

哈斯胡梅尔·哈兹尔在第一次世界大战中成立于加利西亚，灌输一种对社区道德生活的强烈奉献精神，目的在于培养与自然的联系。它吸收的是在思想上有导向的犹太青年，其阅读从《先知》(*The Prophets*)、《圣经新约》(*The New Testament*)和《哈西德遗事》(*The Hasidim*)，再到马丁·布伯及其朋友古斯塔夫·兰道尔的著作。古斯塔夫·兰道尔是德裔犹太人，社会主义—无政府主义知识分子，曾经参加过 1918 年到 1919 年流产的巴伐利亚革命，随后被杀害。在 20 世纪 20 年代后期，戈德曼在哈斯胡梅尔内部活跃的时候，同时也是全球经济大萧条的开端，哈斯胡梅尔转向到马克思主义犹太复国主义理论家贝尔·博罗霍夫（Ber Borochov）的著作，为了寻求更好地理解犹太人在资本主义中的位置，以及社会主义的犹太人道路。戈德曼无疑受到哈斯胡梅尔·哈兹尔的乌托邦主义的影响，特别是其关于社区作为个体自我实现的基础，以及正在成为其重要组成部分的马克思主义人道主义话语。戈德曼并没有移民到巴勒斯坦；在离开哈斯胡梅尔之后，他加入了一个小规模的受迫害的罗马尼亚共产党，他对于不同观念的导向，特别是他对斯大林主义的批判观念，使得他本人在这样一个最关注自身生存的组织内部成为一个问题。1935 年，戈德曼从布加勒斯特大学获得法学学位之后前往巴黎，他保留了自己的马克思主义，特别是受到阅读卢卡奇《历史与阶级意识》的深刻影响，但是他没有保留自己的共产党党员资格。

戈德曼在战争期间从德国占领区逃亡到瑞士，回到巴黎参加到知识分子圈，发现了许多关于美国和苏联的矛盾，以及是否有必要与其中一方结盟，或者独立

---

① 我对戈德曼的描述，主要是基于二手资料，特别是 Mitchell Cohen, *The Wager of Lucien Goldmann*: *Tragedy*, *Dialectics and a Hidden God*, Princeton, NJ: Princeton University Press, 1994。

的社会主义政治是否可能的种种讨论。存在主义与马克思主义是当时主要的哲学思潮，萨特在哲学与政治问题上拥有广泛的影响力。50年代后期，戈德曼批判萨特关注个体而未能认可在个体与群体之间的深度联系。他同样批判正统的马克思主义者，认为他们集中于社会力量而未能认识到个体的重要性。戈德曼写到，"对于萨特来说，意识说到底就是一种个体现象，群体则只能是既定数量的个体意识之间相互交流的结果。"① 对于戈德曼来说，个体意识从一开始就是被历史、社会和阶级所塑造的；并不存在一种孤立的、原初形态的个体意识。同时，戈德曼批判那些将个体意识排除在其社会变革叙述与社会主义讨论之外的马克思主义者们。尽管承认卢卡奇对自己思想的影响，戈德曼批评他忽视了在个体与阶级意识之间的联系。戈德曼不同意萨特尝试协调存在主义与马克思主义的方式，但是却以自己的方式同样地坚持将个体纳入马克思主义的分析。

戈德曼同样批判结构主义（在法国哲学中的形式）与后结构主义；他对这些潮流的厌恶态度，使他自己在法国哲学圈的同辈人当中被区别对待，使得他在思想上某种程度地被孤立。戈德曼将列维·施特劳斯的结构主义视为对战后"有组织"消费资本主义的非批判性反思，其基础在于大型的、非个体的、稳定性的组织，以及广泛的、可控的消费。戈德曼发现列维·施特劳斯在语言与社会之间的类比研究，两者都是受制于交流、非历史性，因而在理论上是反人道主义的内在规则。戈德曼支持对资本主义的结构分析，但是列维·施特劳斯的结构主义将社会从历史中剥离开来，因此否定了人类在历史建构与塑造未来过程中的作用。戈德曼批判法国结构主义及其推论反人道主义，使得他与阿尔都塞格格不入。阿尔都塞提倡将主体化约为社会力量的承载者，尝试将作为《资本论》作者的马克思与青年马克思对异化问题的观念区分对待。也因为如此，戈德曼与福柯同样被区别开来，后者在抛弃阿尔都塞的马克思主义结构主义的同时，吸收阿尔都塞的反人道主义及其他，甚至将其推向更高的极端。

---

① Mitchell Cohen, *The Wager of Lucien Goldmann*: *Tragedy*, *Dialectics and a Hidden God*, Princeton, p.226.

马丁·布伯

尽管马丁·布伯与上述提到的欧陆哲学家圈子的关系比较遥远，而且他的马克思主义观念比他们的更加消极，但是他认同他们关于人类努力是建立平均社会的关键的观念，并且认为乌托邦思想在这一过程中是必要的。布伯是一位社会主义者和人道主义者；就像其他社会主义人道主义者一样，他受到马克思异化观念的影响，对苏联的社会主义感到震惊。他的著作对其他社会主义人道主义者们围绕的话题作了重要贡献，比如说人类对于社会与相互关系的需求，乌托邦思想对创造更加公正、更加人性化社会的作用。布伯的很多著作在社会主义人道主义繁荣之前的好多年就已经问世。他最有名的一本著作《我和你》（*I and Thou*）1923年出版，与卢卡奇的《历史与阶级意识》同年问世。布伯1947年出版的《乌托邦的多种道路》，同样探讨了社会主义人道主义的中心问题。

当社会主义人道主义在欧洲哲学家当中呈现为统一趋向的时候，布伯仍然在坚持写作，但是他并没有加入他们的圈子。这很可能是因为他与其他社会主义人道主义者们之间的思想、政治和地理上的诸多差异。布伯从小是由在波兰利沃夫的祖父抚养，成长在充满犹太教义的环境之中。年轻的时候，他曾经被康德、克尔凯郭尔与尼采的著作吸引，大学读的是哲学，但是希伯来圣经与犹太传统思想始终是他人生观的基础。1898年犹太复国主义运动形成，他参与其中。在犹太复国主义运动中，布伯从始至终都是一个持不同政见的人。

在犹太复国主义的早期阶段，布伯反对赫茨尔（Herzl）集中创造犹太国家的主张，支持阿哈德·哈姆的方法，后者相信犹太复国主义的目的应该在于犹太文化与精神的复兴，因为需要通过在巴勒斯坦建立犹太社区并提倡犹太道德教义，其中就包括视他人为己出的告诫。布伯呼吁认可阿拉伯人并与其谈判建立一个二元民族国家，在以色列建国之后为在以色列的阿拉伯人或非犹太人争取同等权利。1933年，希特勒在德国掌握权力之后，开始颁布法律从公共生活中清除犹太人，布伯为了表示抗议辞去了法兰克福大学的职位。随后，布伯成为耶路撒冷希伯来大学的创始人之一，并成为校董事会成员，因此他经常造访巴勒斯坦。1938 年 11 月 9 日，当"水晶之夜"浩劫（Kristallnacht）发生的时候，布伯全家都在巴勒斯坦。那天晚上，布伯在法兰克福城外的家中遭遇洗劫，他的图书馆也被摧毁。他们很明显是不能够回到德国。布伯全家就在耶路撒冷定居下来。布伯的犹太复国主义完全是社会主义人道主义的回音，但是他对巴勒斯坦和以色列的关注使得他进入了不同的领域和不同的探讨，不同于大多数其他社会主义人道主义者关注的内容。

布伯和社会主义人道主义主要思潮之间的不同之处，在于宗教。布伯并不是传统意义上严守教规，但是他确实信仰上帝。他的主要项目之一就是对《哈西德遗事》的研究，考察传统哈西德主义作为道德与精神复兴的社会典型。和他的朋友兼同事弗朗兹·罗森茨威格一道，布伯耗费很多年将希伯来圣经翻译成德语，他的翻译方法目的在于重点突出源语文本的意义，因而将德裔犹太人带回到犹大主义的源泉。布伯并不是唯一的深受犹太传统影像的社会主义人道主义者，弗洛姆同样如此。他也并不是唯一的宗教虔诚的社会主义人道主义者，保罗·田立克是很多基督教社会主义人道主义者当中声望最高的一位。但是，布伯将人们之间的对话视为通向人与上帝之间对话的观念，使得他不同于大多数社会主义人道主义者的情感世俗主义。

布伯对社会主义人道主义的主要贡献，在于他的对话与交往哲学，特别是其著作《我和你》中发展且充满其全部著作的相关观点；同时也在于他对乌托邦思想的探讨，以何种形式，为何他将其视为通向更加美好、更加人性化社会运动的必要部分。布伯对"我—你"关系的对立研究非常知名，他认为在这种关系之中两个不同的人不需要通过沉思的方式就可以实现相互认可，在此当中真正重要的是他者介入到"我—它"关系之中，他者由此被视为一种对象，而这种关系则建立于他者对人们的作用基础上。布伯认为，"我—你"关系，或其时间是暂时性的；每一个"你"，尽管是在最亲近的意义上，在时间当中也成为一种"它"。他补充到，我们所有人大多数时间都必须在"它的世界"中生活：我们在"它的世界"中生存，从事贸易或商业，发展各种技术，使得人类有可能超越条件限制、多多少少可以更加舒适地生活。但是，他认为，"我—你"关系构成了自我概念，没有这种关系则无自我可言。他将孩童与父母的关系描述为一种"我—你"关系的主要经验，认为尽管这种关系不可重复，人类仍然存在一种对承认的深度需求，对另一个体存在的肯定性的认可。与此同时，布伯认为，社会变得越来越以它为中心，毫无条件的、肯定性的存在经验也变得越来越少见。对于布伯来说，社会和经济上的公正是良好社会的重要部分，但是他主要的关注点在于将这种"我—你"关系的可能性最大化。

布伯对"我—你"关系和"我—它"关系的探讨，清楚表明他不是一位马克思主义者。对于马克思来说，异化根植于生产关系；对于布伯来说，与异化非常接近的事物根源在人类存在的本质，要求"你的世界"不被"它的世界"打断和削弱。"正是我们大家的崇高的忧郁（the sublime melancholy），每个'你'都成了一个'它'。"① 但是，布伯同样相信，社会影响两者之间的平衡关系。在资本主义社会，布伯认为，"它的世界"已经扩张到史无前例的程度。他相信，人们可能创造出一种社会主义社会，在此之中将会为"你的世界"提供更大空间。在布伯的观念中，这样的社会将由很多小型的、去中心化的社区组成。尽管这些缔造社区的人为大家寻求一种体面的生活水平，他们关注的最大问题将是人们关系的本质。

布伯对社区的构想，在其著作《乌托邦道路》（Paths in Utopia）进行探讨，总体框架是对马克思主义者排斥乌托邦思维的一种批判。布伯指出，恩格斯在《德国的农民战争》（The Peasant War in Germany）中写到德国社会主义运动的中坚力量是那些前工业时代的乌托邦思想家，"他们以自己的天才预见了我们现在可以科学验证了的无数的真理"。但是，马克思和恩格斯却排斥在工业主义出现之后的乌托邦书写，并视其为是对科学社会主义的反启蒙主义和某种障碍。布伯挑战这种观点，"如果社会主义是从偏离正题的歧途末路中浮现出来，那么作为关键词的

---

① Martin Buber, *I and Thou*, trans. Walter Kaufmann, New York: Charles Scribner's, 1970, p.68.

'乌托邦'首先应该被撬开并勘察其真实内容"①。

首先，布伯认为资本主义社会的各种危机要求解决方案，然而对于解决方案的形式没有现成答案。但是，如果我们需要一种能够解决人们对团结与自主需求的社会主义形式，那么我们建构社会主义社会必须基于各种小型的、相对独立自主的社区，它们致力于提供公共福利并同时创造出试验与自我管控的余地。他认为，只有在这样一种社会，"我—你"关系才有可能获得繁荣发展。其次，布伯认为乌托邦思维对批判现有社会与构建更好社会是关键问题。他写到，"与'应该如何'的构想无法分开的是，对人性存在条件的批判与基本关系。在一种毫无情感的社会秩序下的所有苦难，为灵魂准备的是愿景，因此灵魂在这种愿景中加强和深化的是它对堕落事物之堕落性的洞见。"他继续写到，更好的社会并不是源于自身意愿就能形成，而是需要人类努力。如果我们要集体创造，我们就需要集体想象。在布伯的叙述中，他认为在现代社会已经无法相信"从上而下的行动可以拯救人类社会"，但是在当代乌托邦思想中，上帝已经被替换为已经是被广泛认为是无所不能的科技②。

通过倡导乌托邦思维，布伯的意图并不是要脱离现实世界的基础而打开通往幻想空间的大门；他的目的在于鼓励一种现实主义的讨论，探讨更加美好的社会该当如此，以及如何形成。他认为，对人类社会的社会主义改造，若要成功，须从内部发生，在生产者与消费者之间不断成长的相互协作网络的基础上，"通过[社会]原细胞表层的再生"。布伯构想"这样的一种关系网络，基于不同领域、又形成同盟关系的建构，没有任何教条的僵化，容许最多元化的社会形式相互依存，但是始终瞄准的确是新型的有机整体"③。布伯批评国家政权的扩张和权力的集中化，而他主张直接民主，即社区应该尽可能实现最大程度的自我管理，赋予

---

① Martin Buber, *Paths in Utopia*, London：Macmillan，1949，p.6. 首次用希伯来文出版的是 *Netuvot b'Utopia*，1946。

② Ibid., pp.7—8.

③ Ibid., p.78.

高层代表的决策权应该被控制在最低程度。但是，他却并没有想象国家政权或代议民主不复存在。他表示质疑的是"国家政权的枯萎"和"人性从必然王国到自由王国的跨越"。[①] 他认为，这两个概念都是更多的建立在辩证法的基础上，而不是对现实可能性的任何客观评价。他警告关注感性或情感主义对社区观念的污染：在他看来，社区并不是自在之物，而是应对具体问题而形成的。"社区是生活共有的内部属性或结构……苦难社区之所以苦难，是因为其社区的精神；辛劳社区之所有辛劳，是因为其社区的赎罪。"他写到，社区决定不能被构成一种原则；"它应该始终符合一种具体场合，而非一种抽象范畴。社区的成型，就像任何观念的实现，并不是一蹴而就的，而是始终是对此时问题的此刻回答，仅此而已。"[②]

社会主义人道主义的式微

20 世纪 60 年代下半叶，追求社会变革的学生与青年运动不断兴起，在美国与其他地方采用的是一种更加极端的立场，既是对越南战争的回应，同时也是对官僚控制盛行的失望反应，在这一时期财富的不断增长似乎为更加自由、更加自主的生活提供了基础保障。这个时期的各种运动带来大众态度与公共政策的很多变革。在 60 年代早期，美国的民权运动赢得了形式上的平等权利，并结束了在南方的隔离合法化；60 年代后期与 70 年代早期在美国与其他地方爆发的不同肤色的种族运动，批判整体意义上的种族主义。60 年代后期再次浮现的女权主义运动，经过几十年的蛰伏，成为推动文化与公共政策变革的强劲力量。同性恋权利运动传播开来，其直接立场将同性恋恐惧置于防守态势。一种新型的、极端的环境主义超越了早先以自然保护为名义的抗议活动，转而批判建立在统治和剥削自然环境

---

①   Martin Buber, *Paths in Utopia*, p.11.
②   Ibid., p.134.

基础上的文化。反对越南战争的运动对于结束战争发挥了重要作用。

在越南的战争，以及世界范围内的抗议，使得对国际左派阵营发展动向的意识达到新高度。世界上的中心矛盾或主要斗争是在第三世界反帝国主义运动与美国帝国主义之间，而不是马克思主义传统所坚持的，在社会主义与资本主义之间。它吸引的那些美国青年认为主要问题是在越南的战争，吸引的世界各地的活动家则共同享有结束战争、阻碍美国进一步入侵的目标。对于共产主义的同情，同样暴露的是苏联作为革命模范的不足地方。不少左派赞赏布尔什维克革命，但是却没有多少仍然同情革命之后的苏联。甚至参加共产党的年轻人们大多是出于对30年代共产主义与工人斗争，以及人民阵线组织的认可；许多人将苏联视为一种耻辱。

在60年代后半叶与70年代早期，反战运动的极端主义与军事化，以及与此结盟关系的其他各种运动，迅速升级。针对战争、主流自由主义者导演战争的角色以及自由主义者不愿意支持反战运动，许多人认定在体系内部无法改变，只有革命才是必须的。尽管不是每个运动的参与者都支持这种观念，在每一个相互联系的运动当中的核心活动家构成了这些运动最为极端的部分，因此这些运动作为一个整体也是具有相同导向的。到60年代后期为止，关于革命的讨论在运动的活动家们中传播，尽管关于革命的意义存在很多不同的构想，很少有人想到如何将其实现。至此为止，自由主义被广泛抛弃。第三世界的革命运动，通过一种罗曼蒂克的迷雾被接受。尽管运动的活动家们很少接入暴力（大多数暴力是由警察挑起），使用暴力修辞的意愿，或者拥有武器的公开宣扬，被很多人当作一种投身革命的迹象。

第三世界主义潮流将自身描述为马克思主义–列宁主义，并不是越南时期各种运动的唯一极端倾向。托洛茨基主义组织同样在美国和西欧发挥过重要作用，实际上是无政府主义，却很少用这个称谓描述自身的一种政治形态同样被广泛传播，特别是在女权主义运动和左派反文化圈内。托洛茨基主义者并不具有对共产主义的积极性，很多典型的无政府主义者，特别是女权主义者，排斥第三世界革命运动，以及武装夺取政权战略的等级结构与集权主义。其他第三世界主义者谈到的是在未来某个时间点通过武装斗争夺取政权，但是与此同时大多数人集中在组织工人以及其他有望接受革命的人。预言家们与许多地下组织领导者相信，暴力的示众行为可以唤醒大众投身革命。女权主义者与反文化左派主义者们拒绝组织的等级结构与集权政府；他们改造社会的策略就是创造一种相互协作、平等主义社会的价值观念所塑造的体制与社区。

尽管前景的巨大差异，这些在运动当中不同的极端思潮，共同构成了其与众不同的锋芒，共同具有的是各种假设的某种极左集合。即将到来的革命预计将贯穿整个运动过程，对它的提倡需要的是各种极端的行动。革命在运动的不同部分，负有不同的意义：它可以是意味着武装夺取权力转向社会主义经济，或者是对父权社会的瓦解颠覆，或是向消除种族主义的社会转型。但是，极端行动总体上指的是一种毫不妥协的立场、尖锐的修辞，以及通常是振聋发聩的某种努力。在某种程度上来说，这是有意义的。运动在整体上的目标是要揭露美国帝国主义、挑战种族主义、性别主义以及最终的同性恋恐惧；震惊可以帮助将这些工作努力做到位。但是，革命在路上的观点是一种幻象，尖锐的修辞和不妥协的立场有助于形成同盟、赢得支持。由不同肤色和不同性别的人们组成的独立的、自主运动的形成过程，在这些群体内部强调团结和有效动员，引发的是独立主义作为左派组织原则的广泛看法。在各种运动的中心环节，以不同语境场合提倡的组织形式与策略，通常获得的是一种新形式极端主义的基本原则的地位。

社会主义人道主义与60年代后期到70年代早期的极端主义是不匹配的。人道主义被视为过错原因，因为反帝国主义似乎提倡排斥和平共存而偏向对美国和西方在总体上更加武力的对抗，因为其看似与自由主义过于接近，而在美国和其他地方发生的极端运动却将其视为敌人。而且，社会主义人道主义的普世主义，以及它对人文共同社会需求的重视，互利合作的各种能力，似乎已经走向反对这种运动本身对差异越来越多的导向。在这种语境中，极端的活动家们并没有彻底排斥社会主义人道主义；他们只是简单地忽视了它。

在随后的数十年间，左派对社会主义人道主义的兴趣不再，部分是因为极端主义的构想在各种运动中达到最高峰，对那些参与或者认同运动政治的人保持吸引力，也是因为推进这些运动复兴的期望，曾经在其发展高度远胜于任何批判地评价这些政治行为、在当时寻求革命发生之外的不同事物的动力。70年代初期，一些左派人士转向意大利共产主义者安东尼奥·葛兰西的《狱中札记》。葛兰西应对的是左派在革命尚未来临、挑战资本主义尚未可能时期的策略问题，左派人士对他的关注，是因为其分析认为公民社会角色及其支持资本主义霸权的内涵机制，同时也是为了发展另一种相对的文化而作为左派介入与施加影响的潜在途径。在美国，与《社会主义革命》(后又更名为《社会主义评论》)学刊联系在一起的作家们，在左派运动停滞的一段时期尝试发展一种葛兰西式的方案来解决左派问题。但是，葛兰西的工作并不有助于成为一种左派的新教义。他的写作，原本难懂，加之躲避监狱审查，更显晦涩。他对资本主义社会发展，以及它摆在理论面前的诸多问题的分析，对于左派来说，是高度细致的，更加偏重探索而非劝说。它的初衷原本就不是作为一种新的教义，也并没有被视为如此。

与此同时，左派知识分子的思想在总体上转到了另一种方向。在60年代后期，《新左派评论》已经担负起将欧洲大陆马克思主义理论的左派思潮介绍给英语读者的任务。对《新左派评论》的编辑们具有特别吸引力的，是久负盛名的巴黎高等师范学院哲学教授阿尔都塞的著作，阿尔都塞是颇具影响力的共产主义理论家，在与苏联结盟的强势的法国共产党内坚持自身立场。60年代初期，一群学生投身到迅速崛起的运动，并说服阿尔都塞做了一场关于马克思主义的讲座。这场讲座以及随后的其他讲座获得了巨大成功，阿尔都塞开始对左派学生们产生巨大的吸引力。正如安德森在第二章当中强调，阿尔都塞将马克思后期主要关注资本主义结构分析的著作，与其在《经济学哲学手稿》和其他论述中突出呈现的人道主义视角与异化分析形成鲜明对比。他排斥马克思的早期著作，通过对后期著作的界定，在其论述当中扭转方向，移除了马克思一以贯之的人道主义及其对异化问题的关注。因此，阿尔都塞发展了一种强劲势头的结构主义版本的马克思主义，并将其视为正宗的马克思主义。

同样，阿尔都塞的著作最终在马克思主义与后结构主义之间建立联系，在 60 年代受到巴黎青年知识分子们的支持。许多年轻的法国知识分子一方面至少是支持 1968 年 5 月自发产生的学生运动，导致大规模的工人阶级抗议，几乎演变成为革命；但是另一方面反而又维持相对的稳定不变。法国共产党斥责 1968 年的 5 月运动。托洛茨基主义在暴乱中发挥了作用；与阿尔都塞联系在一起的学生们，却错失其重要意义，并坐观其变。尽管托洛茨基主义者的参与，尝试赋予这场运动以组织结构，但是运动本身却始终是自发性的，对法国社会并未产生重要变革就已经枯萎了。在 1968 年五月运动之后的时期，伴随着运动本身的瓦解，托洛茨基主义者的不同组织吸引了成千上万的人。在其中的任何一个阵营内，具有等级结构的组织规模较小。寻求融合传统观念与无政府主义的各个组织，通过拒绝内部等级体系，强调年轻人的作用，围绕性别、性与种族发展运动，迅速崛起。"无产阶级左派"（Gauche Proletarienne），在 60 年代后期到 70 年代初期横扫巴黎的各种抗议活动中成为主导性的影响力量。

很多法国知识分子被吸引到"无产阶级左派"的圈内。阿兰·巴迪欧在同期是担任一个相对小规模组织的领导者，他在后期的一场访谈中这样描述"无产阶级左派"，明显带有"一种对历史进程的缺乏耐性的自尊自大，对获得权力的信念使得他们发动了一系列荒谬的运动，完全脱离现实，来自纯粹的意识形态主义，带有一种极端主义、同样程度的激进与幻想"[①]。他认为"无产阶级左派"吸引到许多知识分子，是因为其自身的一种激进主义与极端主义的韵味。他声称自己已经厌烦所谓的"一种激进主义的歇斯底里"，而将"无产阶级左派"的方式描述为"一种冒险主义的、错误方式的行动，但是当时的人们却是非常激动，一场政治运

---

① Alain Badiou, "Roads to Renegacy", *New Left Review*, 53（2008），p.129. 巴迪欧参加的组织是法国马克思主义—列宁主义共产党工会基金会联合会（the Groupe pour la Fondation de l'Union des Communistes de France Marxistes-Leninistes），作为一个高度的思想集团尝试对法国共产党的政策和法国即将发生革命的可能性进行现实主义的评价，并制定出一套原则的理性版本。

动同时也是一种时尚潮流"①。

与此同时，后结构主义在法国知识分子当中逐渐站稳脚步；其中，让-保罗·萨特与米歇尔·福柯投身到"无产阶级左派"运动，并成为其政治的积极支持者。正如反战运动及其激进思潮对那一代美国左派学者形成的思想影响一样，革命运动对于法国后结构主义同样具有影响，很多支持者认为自己的观念是激进的，而其激进主义的概念都是直接在他们投身的运动中塑造形成的。在 60 年代后期到 70 年代初期投身运动的知识分子们，并不是所有人都走向了后结构主义的道路：萨特的思想轨迹呈现出不同的道路。但是，后结构主义成为对左派具有主导影响力的思潮，福柯和其他理论家的经历对后结构主义具有深远影响，特别是社会变革问题的方式，以及围绕其发展的政治文化②。

在 70 年代后期到 80 年代初期，后结构主义跨越大西洋，被美国的左派学者接受，特别是人文学科中的女权主义者与其他学者。到 80 年代中期为止，由于其特殊形式的激进主义，它已经成为思想霸权在精英大学、至少是在人文学科领域的一种十字军东征运动。对于大多数支持者来说，它转变成为的并不是与激进政治的特定构想相互交织的一种独特理论观念，而是作为理论本身而言实际上是唯一有效的理论视角，同样也是激进主义唯一有效的构想。它的征程与论辩方式唤起的是 60 年代后期到 70 年代初期在左派内部的意识形态探讨模式，特定观念的支持者们为了胜过对方观点，不惜曲解对方，而且任何一方均宣称自己是作为正确方法的唯一拥有者。

特别是在其发展初期，后结构主义与社会建构主义相互交错，激进的思想实践包含的大部分是展现被视为自然和不变的机制和态度的社会建构属性。这种批判是当时许多运动的主要组成部分：女权主义支持三口之家的核心形式并不是家

---

① Alain Badiou, "Roads to Renegacy", *New Left Review*, 53（2008）, p.133.
② 围绕对福柯、萨特，以及其他法国青年知识分子的延伸描述，以及这种活动对后结构主义的影响，详见 Richard Wolin, *The Wind from the East: French Intellectuals, The Cultural Revolution, and the Legacy of the 1960s*, Princeton, NJ: Princeton University Press, 2010。

庭生活的唯一可能形式，批评种族主义、性别主义与对同性恋的恐惧态度在总体上也是当时各种激进运动的重要部分。努力揭示看似自然却并非如此的工作，同样联系到的是将激进政治作为批判（任何具体实证的其他方法不是必须）的构想，以及后结构主义的普遍观念，即对于其支持者来说，作为一种纯粹批判的姿态，能够揭示并批判其他观念的假设，同时保持自身的假设不会招致类似的批评。

　　将激进主义与社会建构主义等同的问题，是它产生出一种偏向版本的激进主义。有些机制或立场完全是社会性的建构物，因此有必要指出其他的可能性。但是，许多在本质上是有所偏颇的。女性而非男性能够怀孕并抚养子女的事实，对每个相关的人都产生影响，否认这个事实将会导致为维持意识形态义务而颠覆既定结构。激进主义的后结构主义观念，作为一场运动是不遗余力地强化人类话语的影响，尽可能地弱化自然影响，由此唤起的一种"凡事皆有可能"的态度曾经充斥 60 年代后期到 70 年代初期的各种运动，1968 年五月事件的运动口号予以充分表达，"所有权力来自想象"。这种观点的问题是所有的事物，在实际上并不是皆有可能，因此为了行之有效，追求社会变革的运动必须考虑到其局限性或所有可能性。从这方面来讲，后结构主义对激进主义的构想，更多的是采取一种姿态，而不是要达成社会变革。

　　实际上，激进主义的后结构主义构想的产生更多的是关于缺少明确目标的抵抗，而不是要带来社会变革。60 年代，阿尔都塞曾经将结构主义介绍到左派思想世界，发展出一种马克思主义的结构主义版本，抛弃了马克思思想中的人道主义成分。在 60 年代到 70 年代，福柯就权力运作的体系研究写过一系列论文，研究的是知识型变革、塑造话语的理论场域、人文科学和权力的施行。通过这些或其他著作的影响，福柯成为后结构主义领域的主导影响人物，并重新塑造了它的发展。福柯感兴趣的是权力如何在体系的语境中、通过话语和文化发生作用。阿尔都塞的读者群在很大程度上是由年轻马克思主义者、特别是政治经济学家组成。在他职业生涯的这个时点，福柯对马克思、阶级或政治经济学并无兴趣。在 60 年代后期到 70 年代初期的运动环境中，福柯始终专注权力与文化的各种问题，由此获得广泛的读者群体。

福柯的文章《治理术》（Governmentality）① 更加清晰地表明他本人反对现代民主国家与当时盛行的社会福利的自由主义问题。他对现代国家的观念是将其作为压制的一种方式，而他将自由改革作为使得这种压制更加高级和有效的一种手段，这种观点，与那些投身 60 年代后期与 80 年代初期的各种运动的许多人正好一致。福柯的论述捕捉到随着福利国家的兴起而国家监控增多的发展势头。但是，他却并没有应对由政府提供社会服务的紧迫需求，同样也没有论及对政府限制剥削与歧视、以及维持复杂社会运行的调控与介入需求。

福柯支持抵抗运动，而且自身也参与过其中，但是他对更好的社会应该怎样这个问题却从来没有发展出一种概念，而且他抵制在左派内部将其作为讨论议题。在 1971 年福柯与诺姆·乔姆斯基的一场辩论当中，乔姆斯基认为从事创造性工作的需求是人性的根本，良好的社会应该鼓励这样的活动，因此在技术上处于发达水平的西方社会，烦琐的工作应该被减少到最低，创造性的工作应该成为规范。他提倡一种以自由组合、融合经济与其他体制的联合式、去中心的系统，在此之中人们不需要被强迫进入在机器中作为工具和齿轮的地位。福柯回应道，"我承认不能够界定、更不能因为更有说服力的提倡，一种围绕我们科学化或技术化社会运行的理想社会模式。"他认为，紧迫的任务在于发现并描述控制和压制社会的权力关系。乔姆斯基则认为，压迫、压制与胁迫的本质应该被探讨，随后又补充认为应该被反对，但是他认为这样也不够："完全搁置在给予自由、尊严、创造力以充分发展空间的人类本质构想与其他基本人类特征之间尝试建立联系的更加抽象与哲学的任务，转向联系到这些特征得以实现、人类行为的意义得以发生的某种社会结构概念。我认为这样的做法是极大的耻辱。"

---

① Michel Foucault，"Governmentality"，*The Essential Foucault*：*Selections from the Essential Work of Foucault*，Paul Rabinow and Nikolas Rose（eds），New York：New Press，2003，pp.229—245.

福柯反对的是，乔姆斯基的倡议要求界定的人类本质"在我们的社会、文明和文化的意义上来讲，同时是理想化与现实的、至今为止是被隐藏、被压制的……是否存在一种风险，我们将被引入歧途？论及资产阶级人性与无产阶级人性，思考的是两者的不同之处"。乔姆斯基同意，我们对于人性的知识是有局限性的，在某些方面是被社会建构的。而且，他认为：

> 如果我们希望实现某些可能达到的目标，那么我们理解自己正在尝试达到的不可能实现的目标，这是至关重要的。而且，这就意味着我们必须足够勇敢地去思考和创造各种社会理论，一方面是要建立在不完整知识的基础上，另一方面也要保持对我们在某些方面可能将会差之千里的各种可能性、实际上也是极有可能性的开放态度。①

社会主义人道主义的勃兴可能

总体而言，美国与西方世界要比福柯当时写到的案例，在某些方面已经与其本人描述的现代社会更加趋向一致。比起 20 世纪 60 年代和 70 年代，政府监管现在已经更加广泛和复杂；政治舞台对于公众力量来说已经更加遥远、更加触不可及。但是，在其他方面，福柯的观念，更笼统地说是与后结构主义相联系的世界观，显得更加贴近现实。最富有的人与其余人在财富与权力之间日益扩大的差距，全球范围内的不平等问题，使得阶级问题无法避免。将自由国家视为主要问题的那种政治形态或分析方式，已经不再可行。

在反对越南战争的最初期，随后成为"民主社会"学联主席的卡尔·奥格尔斯比曾经区分出两种自由主义：支持在越南的战事、对内延续剥削与歧视，被其

---

① *The Chomsky-Foucault Debate on Human Nature*，New York：The New Press，2006，pp.39—44.

称为公司自由主义的主流政治，以及被其称为人道主义自由主义的民主改革传统。奥格尔斯比认为，这场运动反对的是前者，但是支持的是后者。在随后兴起的反对战争，以及与战争联系的激进主义升级的抗议中，这种区分逐渐消失①。福柯式的视角及在很大程度上笼统的后结构主义，失去的不仅是在两种自由主义之间的区分，而且是在自由主义与公司权力的更加压制形式之间的联系，因此提倡一种集中关注自由国家、质疑自由社会体系的激进政治。在这些干涉时期，公司财富与权力已经被扩大到这样的程度：国家通常呈现为这些公司的监护人。

战后数十年的主流自由主义，涉及国家管理维持社会福利的最基本水平和社会管控，已经被一种排斥调控、维持利润的新自由观念所取代。根据这一工程，收入差距已经被扩大，社会服务被削弱，公共领域大部分已经被消除。国家资助的社会服务仍然存在，它们仍然涉及社会控制以及社会支持，但是公立教育受到批判、政府资助从公共服务总体撤离的时代，很难将这些项目视为我们各种问题的源泉。人道主义自由主义并不完善，但是介入这些工作的并不是敌人。后结构主义提倡的怀疑的政治，通常总是集中关注左派的最亲密盟友。

与后结构主义相联系的抵抗的政治，就像怀疑的政治一样，同样不再充分。清楚自己反对什么，却缺乏构想自己支持什么的运动，不可能维持很久；社会运动需要具体的胜利，或者至少是这些胜利的合理前景，以及对其总体目标的种种构想。只有当其他类型的社区成为追求社会变革的广泛运动的部分，它们才有能力实现繁荣并发挥影响。在这种运动缺席的情况下，它们将失去自己的吸引力，尤其是对削弱和威胁它们的社会而言。围绕缺乏明确目标的抵抗而生的政治，鼓励的是自发的抗议而并非是持续的组织。

社会主义人道主义并没有为组织与策略的各种问题提供任何答案，但是它却鼓励关注我们想要的社会类型，以及左派如何构想这种社会等问题。它的贡献同

---

① Carl Oglesby, "Trapped in a System", in Massimo Teodori (ed.), in *The New Left*: *A Documentary History*, Indianapolis: Bobbs-Merrill, 1969, pp.182—183.

样在于一种对人性本质的构想，以及一种围绕人性本质的各种关系的构想，两者均指向人类个体或集体的积极能动性。环境危机，人类对此所担负的责任，以及对此扭转的狭小机会，使得它比以往维持人类的积极能动观念，或者对未来的希望要更加的困难。但是，仍然不变的是人类具有建构行为的能力。社会主义人道主义就是建立在这种能力之上。

译者简介：王进（1979— ），男，江苏扬州人，暨南大学外国语学院教授，博士生导师，研究方向为英美文学与翻译研究；许月铭（1993— ），女，浙江金华人，暨南大学外国语学院硕士生，研究方向为英语文学与翻译研究。

（责任编辑：石 然）

距离之弥散：审美资本主义与时空塑形

吴红涛 *

（上饶师范学院文学与新闻传播学院）

【内容摘要】

审美资本主义意味着审美成为资本主义的某种话语工具来形塑自我的过程，其内含了特殊的时空句法，不仅以时尚之名推崇快速更替的时间哲学，还大力营构了诸多建基于视觉刺激之上的空间景观。这种时空句法的主要意旨，在于弥散主体与审美对象之间的距离，清除时空障碍，以此来助推快速、即时和随地都能获得的审美快感，审美条件亦被简单化，为此审美资本主义承诺了一种"购买即审美"的消费体验，促导人不断浸沉于经过审美改造的商品所制造的审美幻觉之中。距离的弥散，导致审美资本主义更多地停留于审美的"浅表化"，其强调速度而不考虑审美的深度。

【关键词】

审美资本主义；时空；审美距离；时尚

---

* 吴红涛，男，1984 年生，江西鄱阳人，哲学博士，上饶师范学院文学与新闻传播学院副教授，主要从事文艺美学及空间伦理研究。

本文系国家社科基金青年项目"大卫·哈维与空间伦理研究"（15CZX034）阶段性成果之一。

作为一名在欧洲各大中心城市屡经游历的思想家，本雅明以其敏感而幽微的洞察力早早意识到了现代资本主义与审美想象之间存在的暧昧关系。借由波德莱尔的著名诗句，本雅明指出，发达资本主义时代中那些陈列在"橱窗"里的"商品"，似乎都已化身为"会话说的人"，对经过的游客"低语了些什么"①。在本雅明看来，出于资本增值目的而制造的"商品"，为了让"闲逛者"陷入某种迷醉状态，就必须想方设法增加自我的美学魅力。在历史的风暴漩涡中，资本主义发展已从粗暴直接的剥削性掠夺逐渐转向了委婉隐匿的审美性吸引，美学化的资本生产与资本积累开始成为资本主义的关键命题。诚然，本雅明的这种思想，在齐美尔、阿多诺、卢卡奇、丹尼尔·贝尔、鲍德里亚等诸多学者的理论文本中，都能得到或多或少的呼应，但他们都未就此问题展开专门及系统化的论述。值得注意的是，进入 21 世纪后，西方美学界悄然形塑了一个名为"审美资本主义"（Aesthetic Capitalism）的研究新潮，针对本雅明等人关于资本主义与审美表征的相关思想进行了深度的扩展和剖析，无论是对于辨识晚近资本主义的发展动态，还是对于反思当代美学的若干问题，都具有较为重要的学术价值。

和工业资本主义（Industrial Capitalism）、金融资本主义（Financial Capitalism）、数字资本主义（Digital Capitalism）等各类专业术语一样，审美资本主义亦是就资本主义在特定历史阶段所显现的最新趋向所作出的一种理论回应，其概念内核首先应蕴化了资本主义的主要精神，因而现有审美资本主义的相关研究，大多围绕两个基本维度来展开：一是侧重资本主义文化及经济层面的批判性反思，其落脚点在于以审美资本主义现象来剖析现代资本主义，代表人物是大卫·罗伯兹（David Roberts）和安德斯·米切尔森（Anders Michelsen）等学者②；二是侧重

① 本雅明：《发达资本主义时代的抒情诗人》，张旭东、魏文生译，北京：生活·读书·新知三联书店，1992年，第 73 页。

② 具体可参见彼得·墨菲（Peter Murphy）与拉·福恩特（Eduardo de la Fuente）主编的论文集《审美资本主义》，该论文集选入了八篇有关审美资本主义议题的相关论文。See：*Aesthetic Capitalism*, ed., Peter Murphy & Eduardo de la Fuente，Leiden：Brill Publishers，2014.

于美学及艺术视角的症候性解读，其落脚点在于以审美资本主义效应来反思美学的走向，代表人物有奥拉维耶·阿苏利（Olivier Assouly）和彼得·墨菲（Peter Murphy）等学者。本文不打算对审美资本主义进行一般化的文本描述与重复性的理论阐释，毋宁说，其力图寻找的是这样一个聚焦点：不仅可弥补当前审美资本主义研究的某些未尽之处，还能有效串联"资本主义"与"审美"两个问题域，以之来反观审美资本主义的整体特征及对人类生活世界所带来的种种效应。

正是从这个意义上，本文认为，"时空性"可成为审思和梳理这些问题的一个关键视角。简单来说，这种有效性可以先从以下两个方面来得以确证：首先，资本主义本身便蕴含着深刻的时空特性，无论是资本主义的原始积累，还是后期通过交通、工厂、车间、市场等不断形塑的剩余价值生产体系，都离不开时间和空间上的掠夺及规训①。对此，大卫·哈维直接指出，不同的意识形态能够产生不同的时空体系，资本主义作为一种革命性的生产方式，必须寻找新的时空定义，"空间障碍的清除""通过时间消灭空间的斗争"对于所有资本积累的过程来说都是根本性的②。其次，"审美"同样也是一个具有丰富时空性的词态，其不仅体现在审美距离的显现、审美经验的发生等方面，还尤其彰显在审美对象的认知上。德国美学家韦尔施（Wolfgang Welsch）便认为，作为直觉形式的"时间"与"空间"是一切审美的预设"框架"，因为"唯有在空间和时间之中，客体才能首先为我们把握"③。法国美学家杜夫海纳也曾经谈道："审美对象要求我们承认它的独立性。我们的知觉应该为它设置一个为它所特有的背景，即时间的或空间的、空旷的或寂静的区域。"④人类所有的审美实践都发生在既定的时空范畴内，审美亦是一种需要运用人类时空知觉且能改变人类时空体验的特殊活动。那么，值得我们思考的问题是："审美"与"资本主义"的结合具有怎样的时空性？我们又该如何评判其所

① 马克思、恩格斯：《马克思恩格斯全集》第 24 卷，北京：人民出版社，2001 年，第 145 页。
② David Harvey, *Justice, Nature & the Geography of Difference*, Cambridge: Blackwell Publishers, 1996, p.241.
③ 沃尔夫冈·韦尔施：《重构美学》，陆扬译，上海：上海世纪出版集团，2006 年，第 28 页。
④ 米·杜夫海纳：《审美经验现象学》，韩树站译，北京：文化艺术出版社，1996 年，第 184 页。

建构的特殊时空句法？它定义了一个怎样的时空价值体系？这种时空价值体系对人类意味着什么？

一、审美何以资本主义：相关概念的逻辑纹理

从美学研究的漫长历程中来看，"审美资本主义"这个概念似乎具有一定的悖论：一方面，由康德、席勒、叔本华、克罗齐等人所开启的"审美无利害"传统，将"审美"视为一种超越感官满足或生理欲求的高级精神活动。在他们看来，"审美"是引领人抵达自由王国的必经之路，这种"自由"体验必然建立在对各种"利害"的消解上。正如康德开宗明义指出的："每个人都必须承认，关于美的判断只要混杂有丝毫的利害在内，就会是很有偏心的，而不是纯粹的鉴赏判断了。"①显然，按照这种美学传统，"审美资本主义"是一个糅合了"利害"与"功利"的词态，并不符合纯粹审美的内在意旨。另一方面，"资本主义"在本质上通常被理解为一种"促进资本不断增长和财富累计"的"最佳制度"②，其发展过程更是充满了诸多赤裸直接的掠夺与剥削，正如马克思和恩格斯在《共产党宣言》中所做出的经典论述："它（资产阶级和资本主义）使人和人之间除了赤裸裸的利害关系即冷酷无情的'现金交易'之外，再也找不到任何别的联系了。"③而"审美资本主义"从字面上看，则给"资本主义"添加了一个"审美"的光环，这似乎在一定程度上掩盖甚至美化了资本主义的真实面目，不符合传统认识论对于资本主义的主流判断。

那么，我们应在何种意义上去理解"审美资本主义"这个概念？首先，从美

---

① 康德：《判断力批判》，邓晓芒译，北京：人民出版社，2002 年，第 39 页。

② N. Hertz, *The Silent Takeover*：*Global Capitalism and the Death of Democracy*，London：Heinemann，2001，p.10.

③ 马克思、恩格斯：《马克思恩格斯全集》第 4 卷，第 468 页。

学的学科特性上看，尽管以康德为代表的现代美学大家们认为"审美"是一种"去利害化"的精神活动，然而在芸芸众生的大千世界里，尤其是随着现代工业文明和科技文明的逐步深化，那种纯然的审美似乎也只能是作为一个"审美乌托邦"式的理想而存在着；真实的情况是，人的审美活动总是伴随着现实生活与环境的诸种羁绊，而学界对于"审美"的论断也总是在时代的洪流中不断地解构与建构，最终与柏拉图在开启美学思考帷幕时所感慨的"美是难的"形成了遥远呼应。所以伊格尔顿指出，"审美"不仅可以处理主体的"欲望"及"解放"等问题，还可以为特定阶级"提供其政治诉求的通行模式（versatile model）"，并因此能够成为一种"极为有效的政治领导权（political hegemony）模式"①，因此不同的审美实质上融合了不同的意识形态话语。按照这种语义逻辑，"审美资本主义"应然体现了资本主义的意识形态话语，其一方面意味着资本主义以"审美"作为话语工具而形塑自我的资本活动，另一方面也意味着"审美"已经进入资本主义视阈成为反观资本主义最新形态的重要媒介。其次，从资本主义自身的发展特性上看，马克思和恩格斯所批判的资本主义对于经济利益的疯狂追逐，已经从"显性"的掠夺和征服逐渐过渡到"隐性"的剥削和压榨。正因此，以"艺术"为代表的审美力量被强制纳入资本主义的规划版图中，其不单指向了资本主义获取经济利益方式的艺术性转变，还印证了审美符号化身为经济话语的资本性改造。萨伊（（Jean-Baptiste Say）曾坚定地指出，资本价值能够"在一种形式下被毁灭之后"，又"以别种形式重新出现"②；同样，资本主义在经历了早期原始积累、工业资本主义、后工业资本主义、信息资本主义等多个历史阶段后，伴随着经济兴衰的不断交替，其发展模式也"周期性地从有趣（interesting）转变为乏味（boring）"③。这种"乏味"要求资本主义必须改变以往的固有理念，进而在资本循环流程中注入更富有创造性和艺术性的元素，使得资本产品成为诱人和充满魅力的美学符号，促成资

---

① Terry Eagleton, *The Ideology of the Aesthetic*, Oxford：Blackwell Publishers, 2004, p.28.

② 萨伊：《政治经济学概论》，陈福生、陈振骅译，北京：商务印书馆，1997年，第72页。

③ *Aesthetic Capitalism*, ed., Peter Murphy & Eduardo de la Fuente, Leiden：Brill Publishers, 2014, p.2.

本主义主导的"殖民经济""工业经济"及"信息经济"逐步向"审美经济"过渡。因而从这个意义上,"审美资本主义"其实意味着资本主义发展进程中的一个最新阶段,这也是目前学界所达成的主流共识,如阿苏利总结性地提出,资本主义在20世纪经历了三大阶段:第一个阶段涉及工业设计的发展,第二个阶段是文化产业的兴起,第三个阶段则是建立在有关"审美欲望"之上的审美资本主义[①]。张盾教授也认为,审美资本主义是"时代资本主义经济发生的一个重要变化",即传统的"工业资本主义"向"审美资本主义"转变[②]。

有鉴于此,审美资本主义绝非指代一切审美活动的资本主义化,更不等同于资本主义整体制度的审美化。就目前研究来说,"审美资本主义"这个概念主要关涉了以下三个问题域:一是"商品",几乎所有关于审美资本主义的论述,都建基在对资本主义社会中"商品"的美学症候分析上。换句话说,"商品"是集中体现审美资本主义元素最为鲜明的地方,其意味着资本主义"通过艺术审美将商品符号从深奥费解的教条转变为浅显易明的地位与名望的象征"[③]。二是"消费者",和纯粹的审美实践不同,审美资本主义的最终目的是以"审美之名"促成"商品"的更好消费,因此其所面向的必然是含有消费潜能的具体消费者们,一如艾伦·杜宁在分析资本主义国度的消费问题时,将鲍德里亚所厌腻不已的"消费社会"确切称之为"消费者社会",因为"高速增长的消费者阶层本身就是消费主义的扩张"[④]。三是"品位",资本主义发展进程的诸多阶段,"商品"与"消费者"其实一直都是不可或缺的内容,"审美资本主义"语境中"商品"与"消费者"的特别性在于"品位"的不同,这种"品位"由"审美"而触发,其将"商品"与"消费者"之间从固有的使用关系演变成为流动的象征关系。也即是说,审美资本主义让消费者不再仅仅满足于商品外在的使用价值,进而更加看重商品所能形构

---

① 奥利维耶·阿苏利:《审美资本主义》,黄琰译,上海:华东师范大学出版社,2015年,第165页。
② 张盾:《文艺美学与审美资本主义》,《哲学研究》2016年第12期,第117页。
③ Vrasidas Karalis, "The Artefacts of Capitalism and the Objecthood of Their Aesthetics", in *Aesthetic Capitalism*, ed., Peter Murphy & Eduardo de la Fuente, Leiden: Brill Publishers, 2014, pp.47—62.
④ 艾伦·杜宁:《多少算够:消费社会与地球的未来》,毕聿译,长春:吉林人民出版社,1997年,第15页。

的审美品位与符号价值。

然而问题在于，审美资本主义如何让"消费者"悄然浸入其所营建的功利化的"审美"情境之中，从而以"商品"的快速消费实现资本的增值目的？对此，以往研究大多聚焦于商品的视觉艺术机制或消费的审美动力探寻上，几乎无人关注到"时空性"在其中所扮演的关键角色。事实上，如果不借助"时"（时间）——"空"（空间）这两个基本维度的内在运作机制，审美资本主义根本无法在"商品""消费者"和"品位"这三者之间实现完整有效的互联，一如"对时间和空间的界定，必须经由就商品生产来说最为根本的社会实践组织"①。就像前文所分析到的，作为资本主义发展的一个新阶段，审美资本主义理所当然地具备资本主义的诸多基本特征；而马克思、列斐伏尔与大卫·哈维等人就资本主义的时空症候所做出过的卓绝分析，已然证实了资本主义所内蕴的深刻而丰富"时空性"。那么，这种"时空性"究竟如何显现在审美资本主义之中呢？

二、快速抑或时尚更替：蕴潜其中的时间哲学

马克思在《资本论》的开篇即指出，资本主义的生产方式首要表现为"庞大的商品堆积"，且以"单个的商品为元素形态"②。而鲍德里亚则在他那本极富寓言性的《消费社会》一著中，敏锐地察觉到当下人们的生活世界正在被"物"（object）所包围，各种"物"的"丰盛"和"堆积"构成了日常生活的主体背景，其中，"商品"则被鲍德里亚视为这种"丰盛之物"最为主要的组成部分③。问题在于，当人类早已摆脱传统社会中那种匮乏的物质状态，当各种商品以"丰盛"和"堆积"的形式现身于资本市场与人们的日常世界中，如何让商品变得更富有吸引

---

① David Harvey，*The Condition of Postmodernity*，Cambridge：Blackwell Publishers，1992，p.39.
② 马克思：《资本论》，郭大力、王亚南译，上海：上海三联书店，2015 年，第 1 页。
③ 鲍德里亚：《消费社会》，刘成富、全志钢译，南京：南京大学出版社，2010 年，第 2 页。

力进而刺激人们的购买欲，毋庸置疑地成了现代资本主义的一大困境。审美资本主义正是为化解这种困境而适时出现，既然商品作为不断堆积的"物"，已经远远超出了人们的实际需求，那么不妨将"商品"视为一种亟待改造的"艺术品"，对其进行审美化包装，赋予其美学符号的象征意蕴，使之摆脱普通商品的粗糙外观和平凡特征，从而完成自我身份的华丽升级。

显然，受制于促进消费和化解危机的最终目的，对于商品的审美化升级，在资本主义语境下，其过程显然不可能是缓慢而悠长的。事实上，在资本主义的任何历史时期，缩短产品的生产周期，实现快速化的资本增值和商品消费一直是其始终不变的追求。因而，审美资本主义也必须内在性地遵从资本主义的快速时间哲学，其集中体现为三个层面：首先，商品的审美改造过程，必须是快速的。对于人来说，审美能力和审美内涵的本质性提高，绝不是短时间便能实现的；然而，对于最终要归于市场买卖的商品来说，其美学品格能够也必须快速地实现，因为"资本主义总是怀有一种加速周转时间、加速资本循环的冲动"①。耗费大量的时间成本在商品的审美包装上，显然不符合资产阶级的内在诉求。因此，审美资本主义情境下，商品的审美化往往是通过快速和可复制的工业设计来完成的，譬如很多商品生产商采用压缩时间的广告短片来强化自己的审美印象，而这种广告短片一经播放，便能够快速地被其他商品生产商们所模仿。以美国著名的"苹果公司"为例，其向来极为重视产品的审美包装，苹果手机、苹果电脑等产品的广告短片，其审美品质和美学效果也一直被视为业内典范之作。然而，这些短片的更新周期都非常短，其必须根据市场消费者的需求和反应进行快速调整；和经典艺术不同，一则广告短片在公众视线中往往维持不了多长时间。而在苹果产品取得成功的广告效应之后，大批生产商也都争先给自己的产品制作"苹果式"的广告，所谓的审美包装总是在这种类似于工业流水线的模式上快速进行着。其二，审美化商品所造成的审美愉悦，必然是快速的。尽管审美资本主义力图为商品加上"美"的

---

① David Harvey，*Spaces of Hope*，Edinburgh：Edinburgh University Press，2000，p.58.

光晕，但其并不愿意给消费者带去持久的审美感动，因为这种持久的审美感动能够无限拉长商品的价值周期，不利于促进"堆积"商品的消费输出，这也正是阿尔文·托夫勒所批判的人与物关系的"短暂性"①。和真正的艺术审美在心间所弥留下的长久回味与感动不同，审美资本主义更为推崇外在感官的刺激，其更像是克罗齐所指称的"审美的快感主义"②，容易被唤起，同时也能够快速地消退。在审美快感所制造的迷醉感中，消费者们产生了一种意识幻觉，以为拥有商品即是拥抱美的世界，传统意义上的商品购买被置换成了合理的审美支出。其三，商品的审美化，最终目的是促成的商品的快速消费。无论审美资本主义如何巧妙地掩盖和美化其运转机制，让商品能够更好、更快地得到消费，从而提高自我的经济利润，是其始终不变的宗旨。再以"苹果公司"为例，众所周知，自 2007 年以来，每年的秋季苹果公司都会召开新品发布会，主推 iPhone 智能手机。在发布会上，"iPhone"被塑造成一个深度融合了科技、文化和智慧的人性化产品，无论是其外观设计，还是内在其中的运行系统，都被贴上了鲜明的审美标签。因此，购买和使用苹果手机已经远远超出了基本的交流需要，更为重要的，其成了一种品位、身份和美学符号的象征，如卡拉里斯（Vrasidas Karalis）所说的："被出售的不仅是物品本身，购买它还意味着加入商品拥有者所构建的想象性集体中去。"③ 苹果公司赋予其产品的美学内涵，极大地刺激了世界各地人们的购买欲，2017 年发布的"iPhone X"，其预售量更是创纪录地达到上千万部。

在遵从这种内化于其中的快速时间哲学之外，审美资本主义的成功运作，还必须依赖消费者们的时间青睐。正如前文分析的，如今人们的消费倾向于某种符号型消费，其并不必然建立在客观实存的现实需求上，更多是抽象和隐性的精神诉求，这就决定了消费者需要为此投入更多时间。迈克·费瑟斯通（Mike

---

① Alvin Toffler, *Future Shock*, New York：Random House，1970，p.52.

② 克罗齐：《美学原理·美学纲要》，朱光潜译，北京：人民文学出版社，1983 年，第 92 页。

③ Vrasidas Karalis，"The Artefacts of Capitalism and the Objecthood of Their Aesthetics"，in *Aesthetic Capitalism*，ed. Peter Murphy & Eduardo de la Fuente，Leiden：Brill Publishers，2014，pp.47—62.

Featherstone）认为，消费实践中对于时间的使用，和人们的阶级习性相关，透过"时间预算"（time-budget）① 能够辨识消费的层次。而阿多诺则更直接地指出，"闲暇时间"（leisure time）② 是一切文化与审美消费最为基础的条件之一。显然，能够摆脱物品的表层内容而进入到看似高级的审美情境中，无疑需要更多的"时间预算"。那些终日挣扎在生存线上而无太多闲暇时间的人，绝不是审美资本主义心仪的消费者；也正因此，在生产条件和经济水平较为落后的资本主义初期，一种审美式的资本主义很难形成规模化发展。而工业资本主义所带来的机器文明，不仅提高了生产效率，也让一种生发于机器指令和智能装备的高效生活体验逐渐取代了原来粗糙、低速率的生活方式，人们的闲暇时间因而越来越多了。闲暇时间的增多，促使人们在枯燥无奇的日常生活中，产生了更多文化及审美式的精神需求，尤其是那些具有一定经济基础的闲暇者，构成了审美资本主义崛起的必要条件。

当商品的快速哲学和消费者的闲暇时间进行深度而巧妙的融合，便将催生"时尚"的交相更替。时尚既意味着一种审美品位的风尚，但同时也限定了这种审美风尚的时间性。阿苏利在分析审美资本主义的消费品位时，指出其"不同于在长期的时间中形成和成型的爱好者的习惯做法，消费集中于时尚之中，更突出短暂的时间性"③。因而在大众印象里，时尚总是被视作某种最新且应和审美潮流的东西，其追逐不断的更变而厌弃呆滞的恒久。当人们沉浸于"即时"和"短时"的时尚愉悦之中，日常时间那种绵延的线性感将会被击破，人们更像是生活在某种剥离于现实之外且循环往复的碎片化时间里，遗忘从前亦不同以后。就像鲍德里亚所分析的，在商品营构的时尚氛围中，"时间被消耗（exhausted）和切断（discontinued），它被卷入到了一种循环之中"④。从这个意义上来说，审美资本主

---

① Mike Featherstone, *Consumer Culture and Postmodernism*, London：SAGE, 2007, p.18.

② Max Horkheimer & Theodor W.Adorno, *Dialectic of Enlightenment*, Stanford：Stanford University Press, 2002, p.98.

③ 奥利维耶·阿苏利：《审美资本主义》，第 140 页。

④ Jean Baudrillyard, *Symbolic Exchange and Death*, trans. by Iain Hamilton Grant, London：SAGE, 1993, p.88.

义推崇的快速时间哲学，无疑需要塑造这种兼具审美效应、人群效应和瞬时效应的"时尚"，其一方面向消费者承诺了超越庸常的审美感觉，另一方面又能够保证其产品得到快速化的认可和消化。这也正是审美化商品和真正艺术品的本质性区别所在，后者往往能够在历史长河中经受时间的不断淘洗，前者只是时代碎片中快速即逝的时尚产品。

三、可见亦即消费景观：如影随形的空间之镜

在分析后工业资本主义时期的商品生产机制时，列斐伏尔不遗余力地强调"空间"在其中所扮演的关键角色。从资本主义的晚近研究史上，列斐伏尔这个观点能够得到足够多的回应。实际上，从更早的马克思和恩格斯，再到后来的哈维、詹姆逊和索亚等人，无不认为资本主义从诞生开始，便尤为注重对于"空间"的利用和规划。因而，这些学者们达成了这样一个默契共识，即"空间不是一种纯洁的表现，而是传达了资本主义社会的准则和价值观，而且首先是交换和商品的价值观"[1]。对于审美资本主义来说，其所内化的空间性品格，虽然不像早期资本主义的空间掠夺、空间征服和空间改造那般直接和明显，但这并不意味着它放弃了"空间"，而是转入了一个更为隐蔽和潜在的秘境。

诚然，商品审美化是审美资本主义的核心议题，而这种审美化的核心体现则是视觉审美化。毫无疑问，对于资本主义来说，再也找不出比对"商品"进行视觉上的艺术化包装要更为简单和容易操作的审美生产机制了，这也导致了审美资本主义首要性地将商品进行视觉上的审美改造，以快速化和易得的外在视觉体验来刺激消费者的购买欲。同时，在快速时间文化的压迫和催赶下，人们很难能够自觉地将外在感官的视觉体验深化为阿恩海姆所说的"视知觉"，后者意指一种

---

① 勒菲弗：《空间与政治》，李春译，上海：上海人民出版社，2008年，第32页。

"视觉思维"，强调人对于视觉内容的"不断地证实、重新估计、修改、补充、纠正、加深理解等等"①。阿恩海姆也在书中也强调，其所推崇的"视觉思维"，更多是建基于观看传统艺术作品后所形塑的深度思考。而在审美资本主义造就的应接不暇的视觉审美盛宴中，其主张"可见即可得"的快速体验，有鉴于此，丹麦当代学者安德斯·米尔森（Anders Michelsen）直接将审美资本主义形容为一种"视觉体验经济"（visual experience economy）。

恰恰是"视觉性"在很大程度上决定了审美资本主义潜藏的"空间性"，因为"空间在很大程度上是通过视觉被感知的"②。对此，可以从两个方面来加以理解：首先，任何"视觉"都必然先在地建立于空间感的显现上，要成功观察到一个对象，其前提即要求"对象"处于一个特定的空间之中。英国著名艺术史家约翰·伯格（John Berger）分析视觉艺术问题时，提出其永远都处于"某一保护它的场域之内"，这种场域不仅是"奇异而神圣"的，同时也是"物质的"（physical），譬如"某个地方、洞穴或楼宇"③。在此，伯格不仅再次确认了视觉艺术所应备的空间场域，同时还将这种空间场域进一步具体到了诸如"地方""洞穴"或"楼宇"等实存空间。由于审美化商品需要吸聚人们的视觉注意，其显然不能随意式地置放于平淡无奇的空间里，承载这些商品的空间也深有讲究。正如本雅明早已意识到陈列在透明"橱窗"这个特制空间里的商品，其对于"闲逛者"的吸引力以及它所塑造的美学魅力，要远远大于那些摆放在普通柜台里的商品。也正是从这个意义上，肯·弗雷德曼（Ken Friedman）才深信不疑地指出，如果没有精心打造的百货商店、商贸中心、购物商城、高档柜台等现代化商业空间，审美资本主义所生产的审美化商品根本找不到能够最完美展现自己的舞台。这一类空间，某种意义上也即是列斐伏尔曾经考察过的"构成性中心"（constitutive center），指代

---

① 鲁道夫·阿恩海姆：《视觉思维：审美直觉心理学》，滕守尧译，北京：光明日报出版社，1987年，第58页。
② 埃伦·迪萨纳亚克：《审美的人》，户晓辉译，北京：商务印书馆，2005年，第224页。
③ John Berger, *Ways of Seeing*, London：Penguin Books, 1977, p.32.

一种"聚集、集中和共时化的形式",那里"集中了财富、权力、权力者的财富、信息、知识,'文化'等等"①。审美化商品与这种空间的深度结合,给人带去了双重意义上的视觉增值:一是审美化商品本身自带的视觉美感,一是构成性空间塑造的视觉刺激。时至今日,我们早已习惯了这样一种消费现象:人们出入各种高级购物商场,很多并非出于实际使用的需要,实际上,其购买行为往往是由闲逛过程中目光所搜集到的视觉"美感"所触发。商品摆放的位置与场所,以及其置身的空间情境,共同营构与强化了某种炫目的审美氛围;亲临这样的空间,人们早已忘却消费的面向,他们似乎被牵往了神往不已的艺术之界,沉醉其中,如痴如醉。

其次,作为一个视觉符号,审美化商品不仅置身于某个空间,其自我亦是空间构成的一部分。换句话说,这些商品除了需要契合它们的空间之外,其本身也形塑了某种特殊空间。众所周知,列斐伏尔曾以其极富穿透力的学术视野,在20世纪后期开创性地将空间认识论从古典的形而上领域带向了现代的形而下之思;在他看来,资本主义语义中的"空间",绝不是牛顿和康德所指涉的绝对直观,而是一种物质的、社会的和再现的关系组式。概括起来,"空间"是可以被"生产"出来的。对于消费者来说,陈列商品的空间是一个大的包裹性空间,或者是康德所说的"容器"式空间②;而商品自身也能够"生产"出一个小空间,这个小空间围绕商品而成型,汇合了商品的诸多特性。在这里,居伊·德波(Guy Debord)无疑能为其理论找到最为合适的注脚,因为审美商品所生产的"空间",极度符合他所指称的"景观"(Spectacle)。德波认为,在现代生产条件无所不在的条件下,"景观"成为常态化的视觉盛象,"商品"是景观的重要组成部分,那种为了市场而进行的商品集聚,能够建构出一种"抽象空间"(abstract space)③。需要强

---

① 勒菲弗:《空间与政治》,第105—106页。

② Arthur W.Collins, *Possible Experience*:*Understanding Kant's Critique of Pure Reason*, University of California Press, 1999, p.62.

③ Guy Debord, *Society of the Spectacle*, Trans. by Ken Knabb, London:Rebel Press, 2005, p.93.

调的是，此处的"抽象空间"并不是说商品景观所建构的空间是一种纯然无形的抽象式存在，而是指在商品景观的物理性和物质性的有形空间躯壳之外，它还内化了诸如品位、风格、资本、金钱、欲望、权力等各种抽象的话语符码，或是学者所指涉的"空间实践之网格"（grid of spatial practices）①。任何时候，审美化商品都力图让自己成为一个充满诱惑的空间景观，为此它不仅美饰它的外观，因为同时还尽力注入那些令人好奇和感兴趣的话语符码，以使商品景观显现为一种空间上的视觉诱惑：诱惑人的目光，诱惑人的进入，诱惑人的沉迷，诱惑人的购买。和普通的景观不同，利波维茨基将这样的视觉性空间形容为"超级景观"（super spectacle）。

尤其值得注意的是，在审美资本主义情境中，为了拓殖商品的审美成色，如今愈来愈多的生产商开始将产品的发布、展示甚至售卖地点，转移到诸如博物馆、美术馆、画廊、歌剧院、艺术展览馆等各类充满艺术气息的空间。譬如在西班牙的古根海姆博物馆里，曾为"阿玛尼"专门设计了一些引人入胜的展示性空间，著名时装品牌"Dior"和"H&M"则常常将其浩大的时装秀放在罗丹博物馆进行，"Apple"公司也多次在美国著名的芳草地艺术中心进行新品发布会等等。在这些传统的艺术圣地里，被展览的商品无不带上了炫目的视觉感染力，其不仅震慑了大量现场观众的视觉神经，更是通过视听媒体和网络等成功吸引到无数消费者的眼球。生产商们巧妙地利用了这些空间中所闪耀的审美光环，来增强观看者的审美共鸣感与商品的艺术归属感，严肃艺术与时尚商品之间曾有的绝对界限似乎已然消解，"宏大的末世叙述结束了，头也不回地迈向艺术的纯粹与本质的那种想法结束了"②。在这样的空间语境里，人们坚信自己是在进行高雅的艺术追求，商品被成功伪装成了所谓的"艺术品"，纳入至高无上的审美世界之中。

---

① David Harvey, *The Condition of Postmodernity*, p.222.

② 吉勒·利波维茨基：《轻文明》，郁梦非译，北京：中信出版社，2017年，第145页。

四、美而不美的时空效应：弥散距离与深度之殇

从更深的文化意蕴上看，审美资本主义倡导的时空句法，暗合了当今时代所盛行的"时空压缩"现象（time-space compression）。简单来说，"时空压缩"指的是将"时间"和"空间"原有的客观品质进行革命化处理，以至于人们开始"被迫甚至是激进地改变世界呈现方式的各种过程"①，其一方面表现为人之生活节奏和时间观念的加速（审美资本主义推崇的快速时间哲学），一方面表现为空间品格和空间景观的压缩化与碎微化（审美资本主义主导的空间消费景观）。这种时空句法的根本意旨，在于消解人与物之间的距离感，推助一种快速、即时和随地都能获得的审美愉悦感。对于人们来说，审美资本主义所宣扬的商品艺术体验，不再像欣赏传统艺术那样需要较深的时间投入和面临较多的空间障碍，凭借快速更替的时间演进，以及审美化产品自我营建的空间景观，其架构了消费者与产品之间的"可亲近性"，时空距离不再是问题，艺术世界仿佛近在眼前，一切触手可及。

我们知道，任何审美活动，首先都需要一个明确的审美对象，审美主体与审美客体之间也应然存在着一定的"距离"，以确保必要的时间和空间来进行感知和判断。换句话说，"审美的满足需要一个附加因素，即采取把客体搁置起来的立场，以使这种客体成为审美的对象"，因而审美对象亦是一个"有距离的对象"②。正是这种"距离"的存在，人才能在审美实践活动中，通过作为他者的审美对象来获得一种超越自我的审美体验，进而抵达令人回味的审美愉悦和审美反思。朱光潜先生曾明确提出，审美距离可进一步细分为"空间距离"和"时间距离"③，但和日常生活中人与物之间可度量的物理时空距离不同，审美活动中的"距离"，更倾向于一种心理时空距离，也即本雅明所概括的"一种由艺术品独特性和远离平

---

① David Harvey, *The Condition of Postmodernity*, p.240.

② 汉斯·罗伯特·耀斯：《审美经验与文学解释学》，顾建光等译，上海：上海世纪出版集团，2006年，第34页。

③ 朱光潜：《朱光潜全集》第2卷，合肥：安徽教育出版社，1987年，第234页。

凡世界的距离"①。然而问题的复杂性在于，这种审美距离并不能无限度地存在，正如有学者所强调的，"有两种力出现在审美经验中，一种将人拉向对象，一种将人拉离对象"；如果只有后者，离审美对象太远，那么将会使得艺术"过于抽象"，从中"看不到任何生活的趣味"②。审美资本主义克服了这个问题，其坚决拒绝审美对象的遥远性；相反，它无限拉近了审美主体与审美对象之间的时间距离和空间距离，并将审美愉悦的获得条件简单化，时空障碍被清除，为此它承诺了一种"购买即艺术"的审美体验。就此，传统艺术审美和审美资本主义之间最为重要的区别之一显现了：前者强调主体与审美对象之间应有的适当距离，这种距离感使得审美对象形塑了一种"可观但不可得"的特质，这样就会让主体往往更专注于审美体验和审美回味的内容本身；而后者则力主取消主体和审美对象之间的距离，无论是快速更替的时间哲学，还是随处可见的空间盛景，其目的是为主体建构一种"可观亦可得"的审美意识，在各种审美化商品面前，主体误以为艺术是"去距离化"的，只要付诸购买，任何人都可以即时即地成为艺术的拥有者。

作为美国当代著名的批判社会学代表人物，丹尼尔·贝尔（Daniel Bell）意识到了资本主义文化情境中审美体验的距离弥散感（diffuseness）。他认为，现代主义艺术的出现，颠覆了过往审美经验中的时空观念，时间冲击和空间压迫成为艺术表达的表现方式，其讲究这样一种共同句法：弥散观者和艺术家之间的距离，弥散审美经验和艺术品之间的距离③。当然，贝尔讨论的依然是艺术本身的危机问题，只不过他没有意识到艺术的危机本身即包括其与资本主义结盟后所带来的一系列问题。审美资本主义的出现，将贝尔所感慨的这种"距离弥散感"发挥到了极致，"生活即艺术"已不再仅仅指涉生活风格和生活方式，还包括了生活中无处不在的"物"，审美资本主义将其具体化为"商品"。而审美距离的弥散，无疑会加深审美主体的如下时空知觉：时间上，认为当下的和新颖的，即是一切（在很

---

① 理查德·舒斯特曼：《生活即审美》，彭锋等译，北京：北京大学出版社，2007年，第23页。
② 高建平：《从审美距离到审美视角》，《文史知识》2015年第3期，第81页。
③ Daniel Bell, *The Cultural Contradictions of Capitalism*, New York: Basic Books, 1978, p.116.

大程度上造成了人们对于过往和传统的遗忘）；空间上，认为眼前的和可见的，即是一切（导致人们对自我视觉之外诸多"他者空间"的忽略与淡漠）。显然，这种时空知觉并不符合艺术本真性的诉求，因为真正的审美对象往往指代那种"能够在观者身上产生并保存一种注意力高度集中的、非论证性的以及无功利性的视觉经验的物体"①。

正是审美距离的这种弥散感，决定了审美资本主义情境中的"审美"，很难富有深度。这也是康德所不以为然的"依附的美"，它是"依附于一个概念而被赋予那些从属于一个特殊目的的概念之下的客体"②。和康德向往的"自由美"不同，依附于资本主义特定时空句法中的商品审美，总是受控于资本意识形态的功利性逻辑，其审美不是为了让人抵达自由的精神空间，而是进入到某种被制造的消费奇观之中，其不需要深度，只需要速度。毋宁说，审美资本主义推崇的是韦尔施所说的"审美浅表化"，其尤为强调一切审美动因中最为表面的外观性动因，因为"在资本主义社会中，通常人们的最终目标设定在对外观的追求上"③。韦尔施明确指出，"审美浅表化"往往都服务于经济目的，"一旦同美学联姻，甚至无人问津的商品也能销售出去"④。显然，当这种审美方式主宰着人们的日常生活，其不仅能够导致一种"深度"的危机，使得一切都流于快速化和平面可视化的时空呓语中；更为严峻的，它还必将意味着传统艺术和经典美学的危机，商品和艺术品之间不断消弭的距离，使得审美不再有边界，也没有经验和判断的有序原则，"一切坚固的东西都烟消云散"。

（责任编辑：史晓林）

---

① 雅克·马凯：《审美经验：一位人类学家眼中的视觉艺术》，吕捷译，北京：商务印书馆，2016年，第43页。
② 康德：《判断力批判》，第65页。
③ 沃尔夫冈·弗里茨·豪格：《商品美学批判》，董璐译，北京：北京大学出版社，2013年，第47页。
④ 沃尔夫冈·韦尔施：《重构美学》，第6页。

后殖民理论中的"中国"如何被表达?

——从"第三世界民族寓言"到"属下可以说话吗"

吴娱玉 *

(华东师范大学中文系)

【内容摘要】

在后殖民理论视域中,詹姆逊认为"第三世界"以"民族寓言"的形式表达自己,尤其中国文学,它以一种抵抗的姿态在晚期资本主义文化逻辑的笼罩下开辟了一片飞地;而同样是后殖民理论家的斯皮瓦克却提出质疑,认为"第三世界"发出的声音真是被遮蔽、被压抑的本真声音吗? 真正的"属下"——中国边远农村的妇女,处于第三世界底层的女性——受到西方、精英、男权的三重压迫,根本不可能具有独立意识和言说平台,她们甚至都不是一个能够言说的主体,那么,她们的言说如何可能? 因此,我们必须沿着这样的对话和询问路径,比较詹姆逊"民族寓言"和斯皮瓦克"属下可以说话吗"的言说语境、理论背景和藏在背后的问题意识,进而探讨中国在后殖民理论语境中如何才能表达自身。

---

* 吴娱玉,山西晋中人,华东师范大学中文系,研究方向为西方理论批评。

【关键词】

后殖民理论；中国；詹姆逊；斯皮瓦克

在后殖民理论中，孜孜矻矻于中国问题并在中国产生巨大影响的，无疑是詹姆逊 1986 年提出的 "第三世界民族寓言" [1] 说。詹姆逊关注的焦点是：晚期资本主义文化逻辑以一种文化霸权的形式在全球蔓延开来，人们有必要建构起一块迥异于第一世界文学的 "飞地" 来抵抗西方文化霸权，从而纾解后现代必然导致的碎片化、扁平化后果。詹姆逊寄希望于第三世界文化，认为第三世界的文化在许多显著的地方是在 "同第一世界文化帝国主义进行生死搏斗之中产生的" [2]。詹姆逊认为，第三世界文学以一种 "民族寓言" 的形式抵抗了全球化浪潮，发出了自己的独特声音。他还特别以中国为例，认定鲁迅的《呐喊》是在与帝国主义搏斗之后大声喊出的被压抑已久的东方世界的声音。

作为一位第一世界的理论家，詹姆逊对于第三世界文学，尤其是鲁迅 "呐喊" 之声的发现，对于中国学界来说无疑具有重大的理论意义——西方看中国这一独特视角是中国学界进行自我确认和自我审视的重要理论借镜。一时间，"民族寓言" 说被奉为经典、元叙事，成为中国学界重要的理论资源。不过，同样是进行后殖民理论批评的斯皮瓦克对此却有不同意见。2006 年，斯皮瓦克应邀访问中国，她在清华大学再度发表了重要演讲《属下可以说话吗》 [3]。斯皮瓦克认为，第三世界

---

[1] 《处于跨国资本主义时代中的第三世界文学》一文是詹姆逊在为加州大学圣地亚哥分校已故同事和友人罗伯特·艾略特而举行的第二次纪念会上的讲演稿，后发表在《社会文本》1986 年秋季号第 15 期。参见 Fredric Jameson，"Third World Literature in the Era of Multinational Capitalism". *Social Text* 15（Autumn，1986），pp.65—88。

[2] Fredric Jameson. "Third World Literature in the Era of Multinational Capitalism". *Social Text* 15（Autumn，1986），p.69.

[3] 早在 1983 年夏，她作为德里达著述的英译者应邀在伊利诺伊大学举行的 "马克思主义的文化解释：局限，前沿和疆界" 研讨会（Marxist Interpretations of Culture：Limits，Frontiers，Boundaries）上作了一个著名演讲，这篇演讲后来改名为 "底层人能发言吗?"（Can the Subaltern Speak？）。参见 Gayatri Chakravorty Spivak，"Can the Subaltern Speak？"，In *Marxism and the Interpretation of Culture*，Eds. Cary Nelson and Larry Grossberg. Urbana：University of Illinois Press，1988，pp.271—313。

发出的声音真是被遮蔽、被压抑的本真声音吗？真正的属下——中国边缘农村的妇女，处于第三世界底层的女性——受到西方、精英、男权的三重压迫，根本不可能具有独立意识、言说平台和平等语境，她们甚至都不是一个能够言说的主体，她们的言说如何可能？如此说来，那些从第三世界发出的声音也许是接受了西方世界的启蒙，被现代性熏染过的知识精英的言说，他们的言说难道不是对于第三世界的另一种遮蔽、更深层次的文化霸权？

沿着詹姆逊和斯皮瓦克的逻辑向前推演，必然引出一个重要的理论问题：如果"民族寓言"并非第三世界真正的声音，真正的底层压根无法言说，那么谁来说话？言说还有无可能？更进一步的问题则是：后殖民理论语境中的"中国"该如何被表达？因此，我们不仅要借用斯皮瓦克的理论手术刀剖析甚至解构詹姆逊的"第三世界民族寓言"，同时又须警惕斯皮瓦克的逻辑魔咒，批判地思考她的解构路径可能存在的理论陷阱。

一、"第三世界民族寓言"

詹姆逊言说的语境是："当代社会系统开始渐渐丧失保留它本身的过去的能力，开始生存在一个永恒的当下和一个永恒的转变之中，而这把从前各种社会构成曾经需要去保存的传统抹掉。"[1] 他认为，后现代主义推翻了前现代、现代探究"深层意义"的思维模式，取消了历史意识的价值，由此造成了碎片化、零散化、扁平化的文化景观。其实，"现代主义和后现代主义各有自己的病状"："如果说现代主义时代的病状是彻底的隔离、孤独，是苦恼、疯狂和自我毁灭，这些情绪如此强烈地充满了人们的心胸，以至于会爆发出来的话，那么后现代主义的病状

---

① Fredric Jameson, *The Cultural Turn Selected Writings on the Postmodern 1983—1998*. London：Verso，1998，p.20.

则是'零散化'，已经没有一个自我的存在了。"① 不过，孤独、疯狂，毕竟能够证明主体的"在"，甚至是极其深刻的"在"，而随着深度模式的拆除、历史意识的消失，主体越来越轻、碎、散，最终被打上了一个重重的斜杠——"在"的只是"在"的一点痕迹而已。正是基于以上的理论诊断，詹姆逊意欲借用第三世界文化反观第一世界文化存在着的矛盾和裂隙，在"属下"身上找到克服晚期资本主义文化危机的可能性。

其一，"民族寓言"。

在不可逆转的全球化浪潮中，第三世界受到资本主义的全方位笼罩和压制，作为此一压制的应激反应，第三世界文化表现出迥异于第一世界文化的独特性——"民族寓言"——"第三世界的文本，甚至那些看起来好像是关于个人和利比多趋势的文本，总是以民族寓言的形式来透射一种政治：关于个人命运的故事包含着第三世界的大众文化和社会受到冲击的寓言。"② 也就是说，第三世界文本，即使那些看起来极其个人化的作品，都与本民族命运紧密相连，都是具体的历史、政治、社会和文化的整体再现。他还以中国作家鲁迅的《狂人日记》《药》和《阿Q正传》为剖析对象，论述因为殖民历史、现实压迫之类原因，第三世界文化表现出很大程度的共性："所有第三世界的文化都不能被看作是人类学所称的独立或自主的文化。相反，这些文化在许多显著的地方处于同第一世界文化帝国主义进行生死搏斗之中——这种文化搏斗的本身反映了这些地区的经济受到资本的不同阶段或有时被委婉地称为现代化的渗透。"③ 这是一种既彼此对抗又相互融合的文化生成模式。詹姆逊还借用黑格尔的"主奴关系"理论来进一步阐述这一文化生成模式：以美国为代表的第一世界文化类似于奴隶主的处境，处于悬空的自我欣赏之中，无法真切把捉自己的现实。悬空的第一世界文化脱离真实的政

---

① 杰姆逊著：《后现代主义与文化理论——弗·杰姆逊教授讲演录》，唐小兵译，北京：北京大学出版社，1997年，第176页。

② Fredric Jameson. "Third World Literature in the Era of Multinational Capitalism". *Social Text* 15（Autumn，1986），p.69.

③ Ibid.，p.68.

治、经济、社会和文化生活，匮乏具体的历史经验，无力对自己和世界的命运作"总体性"把捉，注定成为一个没有深度、历史和整体性的，孤立而破碎的、奄奄一息的存在，"它们在公与私之间、诗与政治之间、性欲和潜意识领域与阶级、经济、世俗政治权力的公共世界之间产生严重的分裂。换句话说：弗洛伊德与马克思对阵"①。虽然第一世界的理论家一直使出浑身解数，力图从理论上克服这一巨大的分裂，而其努力却在事实上不断地"重申这种分裂的存在和它对我们个人和集体生活的影响之力量"，就像是一支"在音乐会中打响的手枪"②一样不协调。久而久之，第一世界理论家对此分裂也就习以为常、不以为怪了，甚至认为这一分裂是必然的、理所当然的："……个人生存的经验以某种方式同抽象经济科学和政治动态不相关。"③正是这一安之若素的态度让詹姆逊愈益担忧，因为这样的态度会让分裂合理化，于是他竭力推崇第三世界的"民族寓言"，将其阐释为融个人与民族、情感与政治、经验与历史于一体的理想状态，并把它视作"全球规模重新启用激进的他性或第三世界主义的政治，从而在总体制度的空隙内建构抵制的飞地。"④

其二，"政治知识分子"。

既然认定第三世界文学是民族经验在个人书写上的深层投射，詹姆逊便自然"强调民族经验对第三世界知识分子的认识构成的关键性作用"⑤。请注意，此处的民族经验不是静态的、从来如此的，而是在与第一世界的殊死搏斗中动态地生成着的，即这样的民族经验本身一定是政治的。由此，詹姆逊作出一个意义重大的断语："在第三世界的情况下，知识分子永远是政治知识分子。"⑥把詹姆逊的断语稍作展开，即第三世界的知识分子既是文化承载者，也是政治斗士；笔是他们抒

---

① ② ③ Fredric Jameson. "Third World Literature in the Era of Multinational Capitalism". *Social Text* 15（Autumn, 1986），p.69.

④ 谢少波著：《抵抗的文化政治学》，陈永国、汪民安译，北京：中国社会科学出版社，1999 年，第 123 页。

⑤ 艾贾兹·阿赫默德：《詹姆逊的他姓修辞和"民族寓言"》，罗钢、刘象愚主编：《后殖民文化理论》，北京：中国社会科学出版社，1999 年，第 349 页。

⑥ Fredric Jameson. "Third World Literature in the Era of Multinational Capitalism". *Social Text* 15（Autumn, 1986），p.74.

发心性的工具，更是插向殖民者与统治者心脏的投枪和匕首。与之形成截然反差的是，第一世界知识分子的政治含义基本消失了，詹姆逊颇有些沉重地一再感慨："作为第一世界的文化知识分子，我们把我们的生活和工作的意识局限在最狭隘的专业或官僚术语之中"①；"在我们中间，'知识分子'一词已经丧失了意义，似乎它只是一个灭绝了的种类名称"②等等不一而足。中国的读者听到詹姆逊的喟叹，很容易联想到鲁迅所谓"铁屋子里的呐喊"。可以想见，詹姆逊看到鲁迅的《呐喊·自序》，必然心生知己之感。正是因为共鸣的剧烈，他才会不顾鲁迅"铁屋子"比喻的具体语境，直接拿来就用："我们应该考虑到，作为知识分子，我们可能正酣睡在鲁迅所说的那件不可摧毁的铁屋里，快要窒息了。"③——这一点，倒像是在忠实地实践着鲁迅的"拿来主义"。这样的拿来，或者说误读④，足以说明詹姆逊对于鲁迅究竟试图解决什么样的中国问题并不关心，而关心的只是鲁迅作为政治知识分子的高度自觉。

在詹姆逊看来，政治知识分子首先必须具备政治批判意识。詹姆逊读懂了鲁迅的政治批判精神，他认为：《狂人日记》"重建了处于我们自己的世界之下的一个恐怖黑暗的客观现实世界：揭开或揭露了梦魇般的现实，戳穿了我们对日常生活和生存的一般幻想或理想化"⑤；《药》则"反映了中国传统文化中难以言喻和富有剥削性的虚伪的一面"⑥；《阿Q正传》更是对于中国"自我开解的精神技巧"⑦的批判。值得注意的是，詹姆逊对于政治批判意识的强调，又部分地受益于萨特，就像霍默所说，"在把萨特采纳为范型的同时，詹姆逊也表达了自己激进的、不俯首

---

① Fredric Jameson. "Third World Literature in the Era of Multinational Capitalism". *Social Text* 15（Autumn，1986），p.76.

② Ibid.，p.74.

③ Ibid.，p.77.

④ 关于这一误读高远东有详细的论述，此处不再赘言，参见高远东：《经典的意义——鲁迅及其小说兼及弗·詹姆逊对鲁迅的理解》，《鲁迅研究》1994年第4期，第24页。

⑤ Fredric Jameson. "Third World Literature in the Era of Multinational Capitalism". *Social Text* 15（Autumn，1986），p.70.

⑥ Ibid.，p.72.

⑦ Ibid.，p.74.

听命的渴望"①。詹姆逊对于鲁迅和萨特的兼收并蓄，生动地说明他解读鲁迅时的"去语境化"特征。

同时，政治知识分子应该具有主体性。在詹姆逊看来，现代哲学虽然着意于主体性建构，却已陷入作茧自缚的困境——人们创造了主体，同时把主体囚禁于狭小、封闭的空间里，与社会、集体渐行渐远。而后现代看起来是从现代性的沉沦和颓废中解救了个人，实则宣告了主体之死，正如福柯所说，"人是像海市蜃楼一样可以消失的东西"，"人将被抹去，如同大海边沙地上的一张脸"②。就在主体被打上斜杠的剧烈焦灼中，詹姆逊遇见了鲁迅以及他的深沉的启蒙情怀和炽热的民族意识。须知，启蒙就要"立人"，让人作为主体站出来，民族意识则是着眼于民族主体的萌发和确立，遇见而且只能遇见这样的鲁迅。当然，出自詹姆逊的文化选择——他的目标是由此来建构第一世界政治知识分子的主体性，从而抵抗后现代的碎片化、扁平化。不过，选择即意味着遮蔽，詹姆逊选择了"呐喊"鲁迅，就一定会遮蔽"彷徨"鲁迅——那个明知道前面是坟，也只能困顿地走下去的鲁迅。

二、"属下可以说话吗"

詹姆逊以"第三世界民族寓言"抵抗第一世界的文化帝国主义，并让第三世界知识分子在殊死搏斗中"呐喊"出被压抑民族的沉忧隐痛，这样的抵抗路径和后现代消毒法，斯皮瓦克并不乐见，她反问：第三世界知识分子"呐喊"出来的真是第三世界被遮蔽的本真声音吗？他们的"呐喊"会不会就是对于第三世界底层的另一种遮蔽？

---

① Sean Homer and Douglas Kellner，eds. *Fredric Jameson：A Critical Reader*. New York：Palgrave Macmillan，2004，p.4.

② Michel Foucault. *Les Mots et les choses*. Paris：Gallimard，1966，p.398.

斯皮瓦克并未直接批驳詹姆逊的中国论述，但通过她对克里斯蒂娃《关于中国妇女》的批评，就可以清晰地看出她的观点。斯皮瓦克说，《关于中国妇女》的开头就提到一群中国妇女坐在太阳下，一动不动，无声地等待着我们，克里斯蒂娃对此评论说，"她们眼神平静，甚至没有好奇，但有些稍微流露的愉快和渴望，极具穿透力，看得我们几近透明。很明显，这种眼神是属于一个我们一无所知的群体。他们不去辨认我们是男是女、金发还是褐发、年轻还是年老、脸或身体的这个或那个特征。他们仿佛只是遇见了一些古怪但是荒诞的动物，这些动物没有侵略性，好像来自另一个时空"①。对于克里斯蒂娃的苛评，斯皮瓦克说克里斯蒂娃根本不可能有能力和积淀走向如此陌生的客体，而硬用一种观摩动物的眼光观摩她们，并把她们理所当然地塑造成了动物，以这样的眼光逼视过去，当然就是优越的西方主体对于东方客体的"属下"化解读。同理，詹姆逊站在第一世界的主体位置和精英立场来解读第三世界文本，"属下"的真实状态就在"民族寓言"的隐喻中被弱化和遮蔽了，它们的意义只在于证明第三世界与第一世界殊死搏斗这一民族解放叙事的真实性。

"属下"（subaltern）一词来自葛兰西。在论述阶级斗争时，葛兰西迫于政治压力，用"属下"替代了马克思的"无产阶级"，用来指认"没有权力的人群和阶级"。两个概念的略微不同处在于："无产阶级"是一个有着鲜明的主体意识、强烈的社会组织性和明确的历史使命感的群体，"属下"则是一个缺乏主体性、没有历史意识的临时麇集在一处的集合，他们处在"沉默"之中，又因缺乏统一纲领和意志而是临时的、变动不居的，这些特性恰恰契合了解构主义精神。斯皮瓦克之所以弃用经典的"无产阶级"而取有些陌生的"属下"，有其深刻的理论原因：

> 它是真正情境化的……这个词语是葛兰西在审查制度下才使用的：他把马克思主义称作"一元论"，并被迫把无产阶级称作"属下"。这个词语，在

---

① 朱丽娅·克里斯蒂娃：《中国妇女》，赵靓译，上海：同济大学出版社，2010年，第3—4页。

被逼无奈之下使用的东西，已经被转换为对任何没有被纳入严格的阶级分析的事物的描述。我喜欢它，因为它没有理论的严格性。①

斯皮瓦克在与以古哈为代表的印度"庶民研究小组"合作研究时，敏感地意识到"属下"问题的重要性。他们经过研究发现，关于印度的表述，长期以来被殖民者和本地精英所垄断，殖民主义者认为印度民族及其意识的形成应归功于殖民者，本地民族主义者则认为应归功于印度资产阶级，唯有"属下"是无声的。斯皮瓦克更大的洞见在于对自身的质疑："庶民研究小组"就能反映"属下"的声音？她的答案是否定的，因为"庶民研究小组"虽然希望站在底层的立场表达大众的声音，但他们大都受过西方的高等教育并与西方知识具有暧昧不清的关系，因而只能"表现"而非"再现""属下"——他们的"表现"是一个与西方话语相互"协商"的过程，指望他们单凭第三世界的背景就能获得一个清白的论述立场，这种想法显然不切实际。斯皮瓦克进一步分析，被殖民国家的民族独立斗争一般由接受过现代性洗礼的知识精英领导，知识精英站在民族的立场与文化帝国主义形成对抗，但他们借以对抗的力量和蓝图却是本于西方文化的；这样一来，第三世界无论如何也摆脱不了西方经济、政治的控制，殖民时期的经济、政治格局甚至被全球化时代的世界体系继续征用。其实，本土的知识精英不是没有自身的民族文化和愿景，但他们根本没有力量把自己的民族引向现代化，何况他们早在被殖民过程中就已被冲击得七零八落。更要命的是，本土知识精英认同殖民时代遗留下来的压迫结构，并且发现他们同样可以利用这一结构来巩固自己的地位②，他们根本不是詹姆逊所谓的"政治知识分子"，而几乎无一例外地成了第一世界在第三世界的代理人，他们发出的怎么可能是"属下"的本真声音？

在这个问题上，斯皮瓦克也不可避免地面临着被解构的伦理困境，因为她与

---

① Sarah Harasym, ed., *The Post-Colonial Critic*. New York：Routledge，1990，p.141.

② Ibid.，p.77.

自己所批评的西方批评家和本土知识精英一样，不属于这个"沉默的"群体，而沉默的"属下"本身并不具有回应批评主体的可能，因此对"属下"声音的探讨就只能是单向的行为，或者说"属下"的发声只能由"非属下"进行，而"非属下"的发声过程仍然是对"属下"的"表现"和征用。那么，斯皮瓦克有什么"合适的方式"来挣脱这一困境呢？

斯皮瓦克认为，遵从"情境化"原则，即从解构的差异观出发，将各种概念的命名和使用限制在特定背景中，指出特定概念在其背景中的功能和价值，把那些具有普遍化倾向的概念所可能掩盖的差异释放出来——这正是解构批评的核心精神，即向所有可能走向僵化、走向固定、走向权威性的东西提出质疑，把问题虚假的封闭性打开，让人们看到活跃于其中的各种差异和矛盾。正是在这种"情境化"原则中，"属下"的存在事实从被压制、被遮蔽的深渊中被打捞了上来；正是在持续敲碎压制性的符号链条的过程中，那些被消音的"属下"才会重新发声并被我们所听见。基于此，斯皮瓦克在一定程度上赞同"庶民研究小组"对于"属下"的研究方法：由于不能从可靠的文献中直接获得"属下"的声音，就只能通过批判殖民主义者和民族主义精英的历史写作等主流"表现"方式敞开"属下"的声音和意志。

三、"属下不能说话"的悖论和启示

斯皮瓦克的批评所指向，是西方知识分子、第三世界知识精英以及她自己为"属下"发声的诚恳度和可能性，与此相对应的是"属下"作为一个阶层是否存在主体意识则从来不是问题——他们当然"不能表达自己"，"如果属下能够说话，那么，感谢上帝，属下就不再是属下了"[1]。"属下"不具备自我决定的阶级意识，

---

[1] Sarah Harasym, ed., *The Post-Colonial Critic*, p.158.

处于被决定、被"表现"的位置，他们不能说话，而为他们说话的精英阶层所说的其实还是精英阶层自己的话，所以"属下不能说话"。"属下不能说话"的论断给那些积极关心边缘群体、但对这些还缺乏明确意识的批评家乃至整个西方仁慈的拯救理想关上了最后一扇窗户，因为人们对此仿佛已不可能有所作为。

针对这一困境，斯皮瓦克提出了解构的策略，强调解决方式的具体性、历史性和解构意义上的临时性、踪迹性，以便灵活对待差异链条的无限性，从而恢复"属下"的声音。具体到恢复"属下"的历史和主体意识问题，就是要注意"属下"阶层内部的各种差异，以及这些差异体内部更加细致的差异状况。需要说明，片面地揭示和夸大"属下"的主体意识，尤其是纯粹的主体意识，恰恰是对于这些细致差异的忽略和遮蔽。重视差异，就只能"为了实践的需求"，跳出把"属下"的主体意识本质化、恒久化以及把他们的知识真理化的危险，"策略"性地、部分地"复苏"和"再现"他们的主体意识——"再现"的前提是假设存在一个可以被再现的东西，具体到"属下"问题时，就是"属下"的主体意识。所以，试图"再现"就已经承认"属下"是一个可以自我决定的历史主体。既不能"再现"，又要策略性地"再现"；既否认"属下"的主体意识，又部分地赋予他们主体意识，这就是斯皮瓦克"属下"理论的微妙和悖论之处。

尽管存在着上述悖论，以斯皮瓦克的理论解读"第三世界民族寓言"，我们依然能够获得新的启示。詹姆逊把鲁迅当作第三世界的代言人，把他的声音等同于底层，可是，鲁迅的"呐喊"真的是第三世界被压抑的声音？他怎样以及如何可能为祥林嫂、阿Q、孔乙己之类真正的底层立言？毋宁说，鲁迅是在西方现代思想熏陶下的言说者，在他启蒙眼光的"疾视"之下，底层被建构成了病死多少都不足惜的"群氓"和"庸众"，这样的"疾视"不正是一种遮蔽和压抑？斯皮瓦克之所以能够对詹姆逊构成"理论反打"，是因为他们讨论问题的出发点和落脚点都不尽相同。

其一，立场不同。作为第一世界的学者，詹姆逊的问题意识是如何挣脱第一世界晚期资本主义的困境，所以他要借助第三世界文学这一"镜像"来反观第一世界；第一世界才是他的旨归，第三世界只是他的手段而已——第三世界究竟如何，跟他有什么相干？从这个角度说，詹姆逊的后殖民理论看起来是对第三世界特别是中国文化的再发现，实则是一种削足适履、买椟还珠式的误读。因此需要警惕，詹姆逊的中国论述反向输入中国的时候成了一种权威话语，它使中国学者忽略了本土经验的复杂性。

斯皮瓦克的出发点则是第三世界"属下"的"独特经验"，在她对殖民主体的生产进行批判的过程中，"这个难以言表的、非超验的（'历史的'）"① 的"属下"经验被集中挑明，迥异于对"属下"进行本质"再现"和主体建构，它是一种解构策略，即一种本质主义的操作。对"属下"进行理论回应的可能性和合理性尽管存在着"属下"的经验和声音遭受毁坏的危险，但描述"属下"经验的走钢丝一般的脆弱过程毕竟使自我中心化的哲学话语得到改革，进而在一定程度上承认"属下"的存在。在《解构历史学》一文中，斯皮瓦克说，"属下"意识的探讨工作不过是对过去的连续的符号链的打断，符号链碎裂的地方，"属下"的经验和形象得到"模糊"的呈现——尽管"属下"的经验和形象的"清晰性"将永远延迟下去，但这毕竟是使"属下"摆脱自身的"属下"境地的一个起点，一个方向。这充分体现了斯皮瓦克重新发现和打捞第三世界的雄心。

其二，理论不同。詹姆逊挣脱第一世界晚期资本主义困境的路径是经由马克思抵达"政治无意识"。詹姆逊对马克思《〈政治经济学批判〉序言》论述时提到的"一切文化现象背后最深层的根源在于与这一文化相联系的生产方式"② 这一判断甚为推崇，并把它当作自己整个阐释理论的基础，在詹姆逊看来，"一切事物都是社会的和历史的，事实上，一切事物说到底都是政治的"③。说到底，一切文本都具有政治无意识，政治无意识是阐释一切文本的最终视域，它提供"一种最终的

---

① Gayatri Chakravorty Spivak, "Can the Subaltern Speak？", *Marxism and the Interpretation of Culture*，p.293.

② 转引自张伟：《反全球化与詹姆逊的左翼美学》，《学习与探索》2004 年第 6 期。

③ Fredric Jameson. *The Political Unconscious：Narative as a Socially Symbolic Act.* New York：Cornell University Press，1981，p.20.

分析（final analysis），并为作为社会象征性行为的文化制品的祛伪过程探索着诸多途径"①。正是因为把一切文本最终都归结到政治无意识，詹姆逊才会呼唤一种新型的政治知识分子，并试图通过他们建构出第三世界文化来对抗和拯救没落的第一世界文化。

斯皮瓦克受到德里达解构理论的影响，强调异质经验的重要性。解构思维的特殊之处在于，它所"设定"的一切前提都只具有临时的、"踪迹"性的意义，因而不同于"再现"逻辑，其目的不是为了"同一"，而是尽可能地释放差异。斯皮瓦克说，这是一种"策略"性思维，这一思维不是对"再现"逻辑可有可无的补充，而是全盘的替代。在"再现"逻辑中，作品表层构成一个明确的、连贯的有机整体，这一整体正是对于历史的完美"再现"。"策略"性思维却宣布，作品中那些不能表达的东西，那些无法刻意避免的非连贯性，那些突兀的断裂所露出的白生生的断茬，所有这些"沉默"和"不在场"，诉说着作品不能诉说的东西。从这个意义上说，作品就是一面破碎镜子，它是一种反映，也是一种反映的"缺失"。

同样是后殖民理论的视域，詹姆逊和斯皮瓦克的观点却截然不同，这种不同促使我们思索：在后殖民语境中，中国是如何被表达的？中国又该如何自我表达？詹姆逊的"民族寓言"为我们开辟了一种别样的思路，他带着西方后现代的焦虑在中国作家鲁迅身上看到了一种兼具启蒙精神和民族意识的政治知识分子形象——始终在与帝国主义文化霸权、本土文化桎梏殊死搏斗。这种"民族寓言"中国表达式，恰恰是冲破现代主义的个体图圄，抵抗后现代碎片化、零散化趋势的最好解药。在这样的语境下，中国就被描述为抵抗晚期资本主义文化逻辑的一个理论乌托邦，这无疑为中国文化进入西方语境助了一臂之力。然而，需要警惕的是，当一个多面的、复杂的鲁迅被詹姆逊强化成单一的政治知识分子时，就可以看出第一世界的理论家在选择性地征用第三世界文本，如果说第三世界文本是

① Fredric Jameson. *The Political Unconscious*：*Narative as a Socially Symbolic Act*，p.20.

在第一世界错位的视域中被塑造出来的话，势必遮蔽其文本的丰富性和多样性，斯皮瓦克的质疑又为我们提供了新的解题思路，詹姆逊把鲁迅当作第三世界的代言人，然而真正第三世界的底层如祥林嫂、阿Q、孔乙己却无法言说；那么鲁迅的"呐喊"真的是第三世界被压抑的声音吗？恰恰不是，鲁迅更可能是西方现代价值观熏陶下的言说者。在鲁迅启蒙视野的观照下，那些无主体性的、依附性极强的"属下"变成了"病死多少都不足惜"的群氓，这难道不是对"属下"的另一种遮蔽和压抑吗？斯皮瓦克提醒我们，当詹姆逊如此言说第三世界时，往往忽视了意识形态对知识分子的锻造，第三世界政治知识分子恰恰是西方话语的言说者，而不是真正底层的代言人。也就是说，被言说的并非真正的第三世界中国，而真正的第三世界中国是无法自我表达的。在这样的绝境处，斯皮瓦克采取了一个明知不可为而为之的、以退为进的策略，即"策略性"地赋予"属下"言说的主体，但要时时刻刻提醒人们不要以任何一种声音去压抑或归并来自底层的声音，祛除本质主义和精英霸权，让他们细微的差异自然而然地呈现，让他们临时的"踪迹"慢慢地复苏。这给予了我们极大的启示：不仅第一世界对第三世界存有一种压抑，就连第三世界内部依然存在着层层叠叠的遮蔽，只有我们不再居高临下地去认定"属下"时，他们的丰富性才有可能向我们打开，真正的第三世界中国才能展现出丰富性和差异性。

（责任编辑：冯仲平）

论哲学的终极向度

——兼论马克思"新唯物主义"的本体论

左亚文　徐宏霞*

（武汉大学）

【内容摘要】

"哲学是什么"作为哲学的前提性之问，我们不可能企求一劳永逸地对其作出一个完美无缺的解答，但却可以从方法论向度对之研究的特定领域进行界定。从无限的终极的维度对宇宙人生进行研索乃是哲学区别于其他学科的基本视域之所在。但是，近现代哲学对"形而上学"的终极本体进行了持续不断的批判和解构，致使其在一个相当长的时期内处于式微和衰落的状态。海德格尔从主体人即"此在"出发，通过"此在"对"在"的去蔽和揭示，使"在"之本体得以澄明和敞开，从而确立了一个"此在"与"在"同源共生的一体化体系。马克思则以"现实的人"为起点，通过批判唯心主义和

* 左亚文，男，湖北通城人，武汉大学马克思主义学院教授，博士生导师，马克思主义理论与中国实践协同创新中心研究员，主要从事马克思主义发展史和哲学原理的研究。

徐宏霞，女，宁夏固原人，武汉大学马克思主义学院博士生，兰州交通大学马克思主义学院讲师，主要从事马克思主义发展史研究。

本文系国家社会科学基金重点项目《中国特色社会主义理论体系的逻辑建构研究》（12AKS002）阶段性成果；马克思主义理论与中国实践协同创新中心理论成果。

旧唯物主义，构建了一个基于实践的主客体相统一的"新唯物主义"，从而为破解终极的本体之谜提供了新的通途。

【关键词】

哲学；定义；再认识；终极向度

"哲学是什么"作为哲学的元问题（the meta-question of philosophy），历来为哲学反思的前提。本文拟就此再抒拙见，就教于同行专家。

一、哲学定义的方法论向度

一门学科之所以能够存在，就在于其具有特定的研究对象。纵观中外哲学史，关于"哲学是什么"的解答各式各样，难以尽数。然而，细究之，这些解答所关涉的都只是哲学研究一个方面，而不是全部。那么，有没有一个定义能够囊括哲学研究的全部对象呢？显然，这样的定义是不存在的。但是，我们却可以从方法论的角度来大致界定和说明哲学对象的基本范围。在我们看来，从方法论上讲，哲学是一种终极向度。换句话说，它是从一个无限的终极的维度来观照我们这个宇宙世界的。无限性和终极性这两个概念内涵相通，无限性是从对象的广度上讲的，终极性是从对象的深度上讲的；但凡是广度上所涉及的无限的东西，也就是深度上所关乎的终极性的东西，反之亦然。

苏格拉底和罗素都曾明确地谈到过这个问题。苏格拉底曾说，当人们从那些特殊性的对象中抽身出来，开始思考一般性问题的时候，哲学的研究就开始了 ①。

---

① 参见北京大学哲学系外国哲学史教研室编译《西方哲学原著选读》上卷，第61页。

罗素也说过，哲学是从一般性的问题中涌现出来的①。应该说，苏格拉底和罗素都敏锐地看到了哲学思考问题的特有维度，并提出了哲学的研究对象问题。但是，关于如何理解这种一般、为什么一般性问题就能成为哲学的研究对象？对于这些问题，苏格拉底和罗素都未作具体阐释。

对这个问题的回答需要对"一般性"做进一步的界定。具体的实证科学所说的"一般性"与哲学所说的"一般性"是有所不同的。前者所指是这个特殊领域里的"一般性"问题，后者所指是宇宙人生的"一般性"问题。因此，可以说，哲学的"一般"，是"一般"中的"一般"，或者说，是"一般"之"一般"中的"一般"。例如，"存在"是哲学中最一般最抽象的范畴，但严格地说，哲学不是一般地研究"存在"，而是研究"存在之存在"的"存在"，或者说，是研究"是之为是"的"是"。这就是说，它不是研究那种感性的存在，而是深入到感性存在里面或绕到其背后，去研究其本质的存在。这就要求我们对其研究对象作无限性和终极性的观察和思考。

首先，其研究对象必须具有无限性的特征。在研究的对象范围上，哲学的视野所关注的是那些具有无限性特征的领域，如本体论、认识论、方法论、人本论、历史观、道德观、信仰观等，这些论域在广度上都具有无限性的特点。随着人类实践的发展和文明的演进，哲学会循着这种无限性的认知视野不断地开辟出新的研究领地。例如，语言哲学、科学哲学、阐释学、经济哲学、管理哲学、艺术哲学、军事哲学、社会哲学等一系列应用哲学和问题哲学等。

其次，其研究对象必须具有终极性的特征。从其研究的深度讲，哲学视域所指向的是事物的终极层次和终极本质。实际上，无论科学发展到何等程度，人们都永远不可能抵达这个终极层次并获得其终极本质，因而所谓对事物的终极本质追求只能是一种可望而不可即的愿望。因此，哲学的这种重要探究的本性，既是其迷人的魅力之所在，也是其先天的局限性之所是。那么，哲学是如何把握事物

---

① 参见罗素：《哲学问题》，北京：商务印书馆，2007年，第17—18页。

的终极本质的呢？对事物终极本质的把握，其方法和途径就是对其研究对象进行抽象和再抽象，直至终极而后止。一旦进入哲学领域，正如马克思所说，我们不可能用显微镜和化学试纸来认识事物的本质，而只能通过思想来抵达。而思想的本性就是反思，反思是一种间接的认识，即透过表象这个中介去把捉其内在的本质。但这种本质的透视不是直视而是抽象，即通过对其显露在外的属性进行考察和分析，从中提炼出本质的"共相"。

二、现代哲学对"形而上学"终极本体的解构

从哲学史的发展来看，近代西方的一些哲学家如贝克莱、休谟、康德等就开始对"形而上学"的终极本体进行批判和解构，通过现代哲学至后现代，这一批判和解构一直在持续进行。

古代的哲学家几乎都相信世界中有一个终极的本体在支配着万物的生成和发展。他们或者把这个终极的本体归结为某种或某几种具体的物质，或者归结为理念、道、太极等。在他们看来，这些作为本体的存在，不仅代表着事物的终极的绝对的质态，而且是一种独立的实存。即便柏拉图的"理念论"也真诚地相信，有这样一个独立存在着的本体，它是万物得以存在的基础和源泉。例如，"一件东西之所以美，是由于美本身出现在它上面，或者为它所分有，不管是怎样出现、怎样分有的。我对出现或分有的方式不作肯定，只是坚持一点：美的东西是美使它美的。"①

黑格尔作为德国古典哲学的辩证法大师，虽然对普遍与特殊、无限与有限、共性与个性之间的关系作了合理的分析，并且超越了将"理念"作为外在于具体事物的独立实存的原始唯心主义的粗陋性，但是，他仍然将"绝对理念"实体化

---

① 参见北京大学哲学系外国哲学史教研室编译《西方哲学原著选读》上卷，第 73 页。

并相信其在人类的认识和实践中能够完全实现。在他看来,"绝对观念应当在弗里德里希-威廉三世这么顽强而毫无结果地向他的臣民约许的那种等级制君主政体中得到实现,就是说,应当在有产阶级那种适应于当时德国小资产阶级关系的、有限的和温和的间接统治中得到实现。"① 在哲学上,黑格尔终究没有超越既定的思维方式,仍然按传统的习惯建构了一个以其自身的哲学为终点的逻辑体系。

然而,在黑格尔之前,近代西方的一些哲学家已逐渐认识到在哲学上作为终极本体的那个"本体"实际上是不存在的,它是抽象思维的对象化的产物,只是表征了人类对那种绝对完满或完善状态的一种不懈的终极追求和关怀。所谓事物的本质,永远只是在感性现象中所呈现的那个样子,事物真正客观的本来面目是我们所不知道的。因此,那种撇开事物的外在表象而寻求事物本质的观点,甚至可以说,那种追问本质的本质主义观念,在根本上就是错误的。在这些哲学家看来,所谓存在、物、本体、本质、规律等,充其量就是人们的一种观念,实质上只是人们对于外在对象的一种感觉和感知,或者说,是人们通过感觉和感知所发生的一种持续不断的主观联想。对传统本体论发起猛烈批判的第一人是近代哲学家贝克莱。他提出的著名命题是"存在就是被感知"。他说:"因为要说有不思想的事物,离开知觉而外,绝对存在着,那似乎是完全不可理解的。所谓它们的存在(esse)就是被感知(percepi),因为它们离开能感知它们的心灵或能思想的东西,便不能有任何存在。"② 他指出,那种离开人的感知和思维而设想有所谓"物质"或"实体"独立存在的观念之所以能产生,乃是因为人类错误地运用了抽象思维。他认为,人们在思考问题时,头脑里并没有一个抽象的观念,而是将一个特殊对象的观念扩展到其他个别事物上去,然后形成一定的普遍观念,像哲学家所说的那种抽象观念如抽象的线条、抽象的三角形等,在现实生活中是不存在的。正是在这样的意义上,贝克莱不仅否定了心外事物的客观存在,而且否定了哲学

① 恩格斯:《路德维希·费尔巴哈和德国古典哲学的终结》,北京:人民出版社,1972年,第9页。
② 乔治·贝克莱:《人类知识原理》,北京:商务印书馆,2010年,第23页。

上的"物质""实体"及其抽象思维的作用。

贝克莱之后的休谟在坚持主观经验论的基础上进一步提出了不可知论。像贝克莱一样，休谟也把一切事物说成是印象的观念的集合，至于"实体"的观念，"正如样态观念一样，只是一些简单观念的集合体，这些简单观念被想象结合了起来，被我们给予一个特殊的名称，借此我们便可以向自己或向他人提到那个集合体。"① 据此，休谟又对因果必然性提出了怀疑。他认为，因果之间并无必然性的联系，至多只是人们根据以往经验所产生的一种习惯性的联想。

从人类认识的发展来看，应该肯定，无论是贝克莱还是休谟，都已认识到了思维与存在、主体与客观之间的不可分割的相互依存性，并已初步意识到所谓事物的终极本质或本体不过是人类抽象思维的产物。由于在那个时代，贝克莱和休谟还未认识到思维与存在、主体与客体之间相互依存的内在机制，因而最终走向不可知论乃是合乎逻辑的必然结局。

康德在调和唯物主义和唯心主义的基础上，一方面承认我们的知识有其经验的客观来源，它源自处在我们之外的"物自体"（尽管这种"物自体"不可认识）；但另一方面又认为这些感性的经验杂多只有与先天的知识形式相结合，才能形成一定的认识。同时，他具体地论证了人类的理性一旦超越知性的范畴，企图去认识"现象世界"的"本体界"即"自在之物"时，就必然产生"幻相"，并陷己于"二律背反"之中难以自拔。

康德的这种观点可以说是对近代以来唯物论和唯心论在本体论问题上两派对立分歧的一个阶段性的总结。在一定程度上，它既克服了唯心主义完全否定经验客观性的错误，也克服了唯物主义割裂存在和意识、主体和客体之间关系的形而上学。但是，由于不懂得辩证法，其怀疑论却完全否定了对无限对象和终极本体研究的合法性。然而，历史的吊诡在于，康德所提出的"二律背反"却为后人唯物辩证地解决"纯粹理性"的矛盾指明了道路。

---

① 休谟:《人性论》，北京：商务印书馆，1980年，第28页。

三、当代哲学对"形而上学"终极本体的重释

在《存在与时间》中，海德格尔在开篇中就指出："'存在着'这个词究竟意指什么？我们今天对这个问题有答案了吗？不。所以现在要重新提出存在的这一意义问题。我们今天之所以茫然失措仅仅是因为不领会'存在'这个词吗？不。所以现在首先要重新唤醒对这个问题的意义之领悟。"① 在他看来，在看似自明的"存在"概念中，却先天地隐含着一个谜，这就是对这一概念的"平常的可理解性，恰恰表明它的不可理解性……我们总已经生活在一种存在的领悟中，但同时存在的意义又归于晦暗，这一事实说明，完全有必要重新追问存在的意义。"②

海德格尔在对古今中外诸家流派进行总结反思的基础上，对于"存在论"进行了当代重建。首先，与历史上的唯心主义的经验论不同，他肯定了人们对于终极本体进行探讨的合理性。他指出，他对传统形而上学的批判并未消解形而上学，只是对形而上学所作的一种新的转向和新的诠释。人是理性的存在物，人的这种本性就先天地决定了人必然要超越有限和相对，而对无限和绝对作终极的追寻。所以，"只要人还是理性的动物，他也就还是形而上学的动物。只要人把他自己理解为理性的动物，像康德曾言，形而上学就仍属人的本性。"③

其次，与传统哲学相区别，他对形而上学的本质内涵做了新的阐释。海德格尔认为，传统的形而上学把存在看作是一个外在于人的实在，这是其根本性的缺陷。而他认为，存在与作为现实的人的此在是内在统一的，而且研究存在必须从此在开始，以此在为出发点和前提。所谓"在"，不过是此在对其所开展的一种"被揭示状态"，"说一陈述'是真的'，意指此陈述如在者自身所是的那样揭示此在者。陈述在在者之被揭示状态中说出、指陈在者，'让'在者'被看见'。陈述的'真在'（真理）必须理解为揭示着的在"④。而"揭示"是人的一种存在方式。

---

① 海德格尔：《存在与时间》，北京：生活·读书·新知三联书店，1987年，第1页。
② 海德格尔：《人，诗意地安居》，桂林：广西师范大学出版社，2000年，第1页。
③ 同上，第25页。
④ 同上，第5页。

"作为揭示着的存在（Being-uncovering）的真在（Being-true），正是此在一种存在方式……揭示，是在世界中存在的一种存在方式……本来是'真'的亦即揭示着的在者，就是此在……此在就在'真理之中'。"① 海德格尔也把在者的这种"被揭示状态"说成是其"敞开性"，正是在这种"敞开性"中，真理得以确立。他说："此一敞开的敞开性，即真理，只能是其所是，即是此一敞开性，当且仅当它在此一敞开中确立自身。"② 在他看来，只有在众多在者的敞开处，才能透进"澄明"和"光亮"，因而使"真在"得以显示。

因此，在与此在是二位一体的。此在即在，在即此在，在是此在的开显、去蔽，随着此在生存活动的开展，在的无蔽状态也不断得到扩充。所以，"惟当此在存在，在者才被揭示。惟当此在存在，牛顿定律、矛盾律以及其他任何什么真理才有真理可言。有此在之前，无真理。此在不在之后，也无真理。那时候，作为展开（disclosedness）、揭示（uncovering）和被揭示状态（uncoveredness）的真理就不可能在……"③

如何看待海德格尔通过上述玄思妙语所阐释的新本体论？它给当代哲学解决存在的终极本体能提供什么样的智慧启迪？这是我们今天在探讨哲学对象及其使命时需要进一步思考的问题。

其一，不管哲学形态如何发展，对存在终极本体的探寻都是其永恒的使命。自古以来，特别是近代以来，对存在终极本体的研索受到太多的批判和责难，现代哲学干脆打出了"拒斥形而上学"的旗号，致使哲学本体论在长达四五个世纪内处于衰落状态。但20世纪中期以后，哲学本体论又呈现出某种复兴的趋势。在经历了本体的长久失落之后，人们开始逐渐认识到，本体论作为哲学之根和哲学之基，是任何哲学赖以成立的前提，因而对此必须作出庄严的"承诺"。那种企图通过"拒斥""否决""批判"而消解"形而上学"的做法，是背离哲学的智慧本性的。

---

①③ 海德格尔：《人，诗意地安居》，桂林：广西师范大学出版社，2000年，第5页。
② 同上，第14页。

其二，无论是作为某一具体的"在者"还是作为世界之"在"的终极本体，它们都不是处在与人相隔绝的一种外在的独存。离开主体的"揭示"和实践的建构，其存在的本质不仅处于黑暗的被遮蔽状态，而且实际上就不能生成。例如，物质世界斑斓缤纷的色彩，就是主客体交互作用的产物。这个世界本来是无所谓色彩的，只有物体在光的作用下所产生的不同频率的光谱，当这种光谱与人的眼睛中的锥体细胞相遇后，就会生成的不同的色彩。事物的其他属性亦复如是，只是其表现形式不同如已。

马克思在实践的基础上，对于现实、对象、感性的本体性质作了深刻的分析。在《关于费尔巴哈的提纲》中，马克思明确指出："从前的一切唯物主义——包括费尔巴哈的唯物主义——的主要缺点是：对对象、现实、感性，只是从客体的或者直观的形式去理解，而不是把它们当作人的感性活动，当作实践去理解，不是从主体方面去理解。"① 这就是说，客体和主体、存在和意识是内在地联系在一起的，彼此相互依赖，相互生成，相互转化，双向建构，耦合互动，如果人为地将其割裂开来，肯定一个方面而否定另一个方面，就会陷入直观唯物主义或唯心主义。在马克思看来，我们所面对的这个物质世界是一个基于人的实践活动的对象化世界，亦即属人的世界，它已被人直接或间接地人化了，那种"被抽象地孤立地理解的、被固定为与人分离的自然界，对人说来是无"②。在《德意志意识形态》中，马克思在批判费尔巴哈直观唯物主义的时候强调，我们"周围的感性世界决不是某种开天辟地以来就直接存在的、始终如一的东西，而是工业和社会状况的产物，是历史的产物，是世世代代活动的结果"③。并且进一步提出，人们所从事的"这种活动、这种连续不断的感性劳动和创造、这种生产，正是整个现存的感性世界的基础"④。马克思作为辩证唯物主义者，他一方面批判了那种完全否定存在、对

---

① 《马克思恩格斯选集》第 1 卷，北京：人民出版社，1995 年，第 58 页。
② 《马克思恩格斯全集》第 42 卷，北京：人民出版社，1979 年，第 178 页。
③ 《马克思恩格斯选集》第 1 卷，第 76 页。
④ 同上，第 77 页。

象、现实的客观性的唯心主义错误，另一方面也批判了包括费尔巴哈在内的旧唯物主义者不懂得存在、对象、现实的主体性的形而上学缺陷，而坚持了实践活动的唯物主义将主体和客体、存在和意识内在统一起来的唯物辩证的态度。

其三，由于终极本体的高度抽象性，使得其在人类的观念中产生了相互对立的二重性和悖反性的矛盾。正如费尔巴哈所指出的，人是一种类存在物，具有"类意识"和"类本质"。而这种"类意识"和"类本质"的形成，是通过人类思维的不断抽象而确立的。人类具有高度抽象思维的能力，这是人区别动物的一个重要特征。但如同任何事物一样，人类抽象思维也难逃辩证矛盾的规约。在人类思维活动中，它一方面引导和推动人们的认识不断向前发展和深化；但另一方面，终极本体作为抽象思维的最一般形式和高度凝结，又会诱使人们的思维跌入纯粹抽象的迷思，使之从认知对象的具体的感性的质态中蜕变成一个脱离人及其物象的绝对主体，反过来将人及其思维变成受其役使的消极的客体性存在。纵观古今中外，形形色色的客观唯心主义及其宗教神学就是通过这样的思维过程及其内在机制而形成的。因此，一部人类哲学史，就始终贯穿着这样一个内在的矛盾运动：人类所追寻的至上的终极本体，又反过来奴役人类；人的抽象思维的对象化产物，结果将人的思维变成了被其对象化工具；一个神圣的终极目标，摇身一变为独立的主体，总之，抽象脱离了抽象过程，将其变成了外在于人的高高在上而又神秘莫测的主体、主宰、绝对乃至幻影和怪物，在这个绝对的主体面前，人类既不愿意放弃和让渡自己的自主性和能动性，又不可抗拒地投入到它的怀抱，心甘情愿地成为它的俘虏和奴仆，也许这就是人类思维和人类认识在其无限的演进过程中无可逃遁的逻辑法则和辩证规律吧。

（责任编辑：赵　敏）

CONTEMPORARY CHINESE LITERATURE AND ART THEORY

中国当代文艺理论建设

关于审美反映论的语言维度

刘 阳*

（华东师范大学中文系）

【内容摘要】

作为我国当代文艺学界最具影响力的学者之一，王元骧教授近年来所持的审美超越论，是其在新时期产生很大学术影响的审美反映论的有机发展。因为他在新时期初将艺术从认识论思路支配中解放出来、赋予其审美性特质时，所持的一个基本理由是艺术家具有"审美心理结构"：不仅能借此在反映中发挥选择作用而"经过作家审美心理结构的分解和筛选"，而且能借此在反映中发挥调节作用而以"自己的审美心理结构去反映现实"。这便区隔了审美心理与一般心理，已孕育了审美超越思想。但区隔根本上仍是认识论思路支配的策略。因为按语言作为符号系统的替代本性，所有领域都建立于"被语言说成"这个共同而唯一的基准，不再有区隔及其超越性后果。晚近国际学界对审美主义的反思对此提供了理据。从理论体系上追溯，这与王元骧教授当时主要吸收的贡布里希预成图式思想有

---

* 刘阳（1979— ），男，浙江杭州人，华东师范大学中文系教授，博士生导师，主要从事文学理论、美学研究。

关，进而与他对语言在审美反映中所处位置的看法有关。在充分肯定这一理论探索取得的成果之际，似乎可以追问这种为艺术家所特有的"审美心理结构"是否存在，其神秘性有否沦入被维特根斯坦论证为不可能存在的私有语言，预成图式作为艺术家观看世界的起点是否足以解释艺术创造，被定位于心理机制的选择与调节作用如何协调于语言。语言论的学理挑战从而可以成为审美反映论进一步发展自身的方向。

【关键词】

审美反映论；语言维度；审美心理结构；预成图式

　　王元骧教授是新时期以来我国文艺学界最具学术影响的大家，也是审美反映论的主要理论代表之一。在笔者看来，王元骧教授的审美反映论客观上代表了审美反映论的最高水平。这不仅是由于他基于一贯的辩证思维而在提出与论证这一理论时所秉持的严谨缜密的学理性，更是由于他早在建构这一理论的20世纪80年代末，便已赋予了这一理论鲜明的现代性特征，即从学理上充分考虑到了语言在审美反映中的重要位置并予以凸显，这在当时仍主要从物化与传达角度看待审美反映中的语言的普遍情况下，是显得很可贵的。王元骧教授建构并形成相对完整、深刻的审美反映论体系的著述，主要是发表于1987—1990年间的《反映论原理与文学本质问题》《艺术的认识性与审美性》与《审美反映与艺术创造》等重要论文，以及完成于1987年、出版于1989年的论著性教材《文学原理》，发表于2015年的《审美反映与艺术形式》一文，也应视为他数十年后对前几篇论文的进一步推进。这其中较为集中地涉及了审美反映论的语言维度的，是《审美反映与艺术创造》一文的第三部分，以及近年新完成的《审美反映与艺术形式》一文，它们应该也是作者自己在理论上相对比较满意的一个总结，其概括性与代表性，可以从作者直接以《审美反映与艺术创造》这一篇名来命名自己的首部学术文集窥见一斑。而且我们注意到，在 1990 年之后，王元骧教授很少再专门就审美反映的语言维度这一理论问题、甚至语言问题本身做进一步阐释 ①。因此，以这几篇代表性论文为对象来探究王元骧教授有关审美反映论中语言维度的思想，应是合适的。

语言问题是审美反映论所面对的重要问题。因为在一般的理解中，反映论所面对的挑战是语言论，后者通过一整套同样严谨缜密的论证，主张"语言的功能是反应而不是反映" ②，提出了能否通过语言实现反映的重要问题。索绪尔最为典型地从语言学上道出了与传统反映论相反的发现及其原因：从能指（音响形象）看，作为发音的 shù 与这棵活生生的树不存在符合关系，我们也可以指着这棵树说"这是一条 yú"，这并没有改变这棵树的存在；从所指（概念意义）看，作为概念意义的"木本植物的通称"也以其抽象概括性，而与这棵具体的树无关。包含了上述两个层面的语言符号，从而确实与事物不具备必然的联系 ③，而是一种自具规则的符号系统，其被理解与得到交流与传承的根据，其实是语言共同体（言语链）中的符号之间基于可区分的差别。这表明了，我们看到的世界如果是有意义的，那即是呈现在语言思维中的、被语言所浸润的世界，"理解是一种语言现象" ④。这样，考虑到反映也总是得通过语言来进行，如果语言论展示出语言不再是一面可以经由它去看到外面世界的透镜，审美反映论如何应对这一学理挑战呢？

王元骧教授对审美反映中语言地位与作用的阐述，不来自对西方现代语言论

---

① 王元骧教授集中探讨文学理论中语言问题的论文主要有两篇。一是发表于 1990 年的《文学与语言》一文（后收入《审美反映与艺术创造》一书，杭州大学出版社，1992、1998 年）；二是发表于 1999 年的《症结与出路：文学语言研究的新视野》一文（后改题为《谈文学语言研究的出路》，收入《文学理论与当今时代》一书，浙江大学出版社，2002 年；又收入《艺术的本性》一书，复旦大学出版社，2016 年）。此外，《文学原理》第一、六章也分别论述了文学语言问题，并出于"角度和分工都不够明确，内容也有些交叉"的考虑，而反复修订过多次（见 2013 年第三次修订版校后记）。

② 陈嘉映：《简明语言哲学》，北京：中国人民大学出版社，2013 年，第 133 页。

③ Ferdinand de Saussure, "Course in General Linguistics", See Robert Dale Parker, *Critical Theory*. Oxford University Press, 2012. pp.38—41.

④ 霍埃：《批评的循环》，兰金仁译，沈阳：辽宁人民出版社，1987 年，第 7 页。

文论的直接吸取与挪移。这固然与 80 年代语言论文论整体上在我国学界尚缺乏足够充分的介绍有关，也是出于一位前辈学者对文论批判继承性的悉心看护。具体而言，他认为语言对审美反映的重要性体现在：

在过去我国流行侧重于从哲学、社会学的角度来研究文学艺术的文艺理论中，对于艺术语言和形式在作家、艺术家审美反映过程中的地位和作用的探讨几乎完全被忽视了，或者，把它们看作只是在传达阶段才去考虑的问题，即当作家、艺术家在意识中完成了审美意象的创造之后，才去寻找表现它的艺术语言与艺术形式。这样，就把本当在审美反映过程中结合在一起的内容与形式这两个方面完全分离开来了。大量的事实向我们表明：在作家、艺术家的创作过程中，构造意象与寻找语言和形式总是同步进行的。这是因为："艺术家的这种构造形象的能力不仅是一种认识性的想象力、幻想力和感觉力，而且还是一种实践性的感觉力，即实际完成作品的能力。这两方面在真正的艺术家身上是结合在一起的。"所以，他们在感知现实、构造意象的过程中，不仅总同时孜孜不倦地在探寻使意象获得整理和定型的艺术语言和形式，而且，这种审美意象也唯有借助于一定的艺术语言和艺术形式，才能存在于他们意识中。离开了旋律、节奏、曲式、调性，作曲家头脑中就无法形成音乐的"形象"；离开了线条、色彩、透视、构图，画家头脑中就无法形成绘画的形象；离开了语言、体裁、情节、场面，作家头脑中也不可能会有文学的形象。正是由于审美意象与艺术语言和艺术形式有着这样一种天然的血肉的联系，所以，一个美妙的姿态和动作可能会顿时激发起画家不可抑制的创作欲望，却未必能唤得起作家的艺术灵感；而一场唇枪舌剑或耐人寻味的对白可能会立刻使剧作家陷入对生活深沉的思考，却未必能勾引起作曲家联翩的乐思。因为这里缺乏他们所掌握的艺术门类所特有的艺术语言和艺术形式。因而鲍桑葵特别强调：对于艺术家来说，"他的受魅力的想象就生活在他的媒介能力里，他靠媒介来思索、来感受；媒介是他审美想象的特殊身体……"

卡西尔在谈到诗的创造时也说："一首诗的内容不可能与它的形式——韵文、音调、韵律——分离开来，这些形式并不是复写一个给予的直观的纯粹外在的或技巧的手段，而是艺术直观本身的基本组成部分。"这些言论都向我们说明：作家、艺术家对于现实生活的审美反映总是以一定的艺术语言和艺术形式为"中介"的，正是由于这些艺术语言和艺术形式参与了审美感知，作家、艺术家才有可能对纷繁杂乱的感性材料作出选择、整理，并把它纳入到一定的艺术形式中去。所以冈布里奇认为：在审美反映过程中，"决没有中立的自然主义。画家在他着手'摹写'现实之前需要有个语汇表，这一点上同作家没有两样。"①

这意味着语言形式绝非只待审美反映到了物化传达阶段中才出现，而从一开始就内在于审美反映的过程中，是审美反映不可或缺、起着重要作用的一个有机组成部分，或者说审美反映是主动介入了语言形式的能动反映活动。不难感受到，被做了这样界定的审美反映论，已是一种具备了相当个性的反映论，或者说在反映论的方向上已经走到了最远，因为它客观上把 20 世纪以后语言论所积极倡导的"语言创造意义"这一点，完全以朴素而明确的方式吸纳于自身理路中了。正因此，王元骧教授所说的审美反映，与艺术创造不是两个具有先后发生序列的割裂环节，而是同时发生、融为一体的，审美反映即（基于了语言形式的）艺术创造，审美反映论已是一种鲜明的艺术创造论。他进一步阐述道：

> 这都说明审美反映是不可能没有预成的艺术语言和艺术形式的参与和介入的。所以，冈布里奇通过对大量绘画作品的分析、研究得出的结论是"摹

---

① 王元骧：《审美反映与艺术创造》，见《审美反映与艺术创造》，杭州大学出版社，1998 年，第 80—81 页。值得注意的是，他特意用黑格尔《美学》第一卷中的这句话来表明现代语言论早有传统植基："艺术家的这种构造形象的能力不仅是一种认识性的想象力、幻想力和感觉力，而且还是一种实践性的感觉力，即实际完成作品的能力。这两方面在真正的艺术家身上是结合在一起的。"体现出了对经典原著的深厚理论功底。

仿是通过预成图式和修正的节律进行的",这种"预成图式"乃是艺术反映的起点。正如任何反映活动都是从主体自己的认知结构出发,并把外界的信息纳入到这种认知结构所作出的那样,在审美反映的过程中,"画家也只是被那些能用他的语言表现的母题所吸引,当他扫视风景时,那些能够成功地和他所学会运用的预成图式相匹配的景象会跳入他的注意中心,样式像媒介一样,创造一种心理定向——它使艺术家去寻找周围风景中那些他所能表现的方面,画画是一种主动的活动,因此艺术家倾向于去看他所画的东西而不是画他所看见的东西"。正是由于这样,所以在审美反映的过程中,要是"没有一些起点,没有一些初始的预成图式,我们就永不能把握变动的经验,没有范型便不能整理我们的印象"。这对画家来说是如此,对其他艺术家也不例外。①

这里明确显示出,王元骧教授探讨与解决这一重要理论问题的一个基本理论依据,是当时(1987年)在国内(湖南人民出版社)翻译出版的贡布里希(中译本译为"冈布里奇")的《艺术与幻觉》一书,以及这部著作中提出的"预成图式"概念。此前不久,王元骧教授已在论述审美反映论的能动环节与主体性原则时,吸收了当时同样已在国内翻译出版的皮亚杰的《发生认识论原理》一书中有关"图式"的思想,但认为"这些心理学的成就所揭示的还只是人的反映活动的一般机制"②。为了将关于一般机制的探讨进一步深入地推进至艺术独特机制层面,他又进一步吸收了贡布里希上述著名的预成图式思想。从积极的方面看,王元骧教授对这一思想的吸取与融合,是充分考虑到了与自身理论体系建构的严密洽适性的。这表现在,预成图式作为艺术创作(其实也包括欣赏)活动中的无法被使用一次后立即抛弃的"审美反映中格式的作用",不是先验存在的,而同样是实践

---

① 王元骧:《审美反映与艺术创造》,见《审美反映与艺术创造》,第83页。
② 王元骧:《反映论原理与文学本质问题》,见《审美反映与艺术创造》,第83页。

的产物，离不开艺术家自身存在的现实关系与历史条件。这就与作为马克思主义文艺学哲学基础的反映论的"社会的、群体的、历史的观点"①，保持了理论上的严格一致，是具有现实意义的。这是王元骧教授审美反映论中最富于理论个性与特色之处，值得我们重视。

但这种吸取是否已足以揭示语言在审美反映中同时内在的地位与作用（或者直接称之为艺术语言），笔者认为尚有进一步探究的必要。这是因为，正如王元骧教授同样准确指出的那样，贡布里希提出预成图式，确立起的乃是艺术活动（王元骧教授称为艺术反映）的起点。起点自然很重要，它在某种程度上甚至相当程度上潜在地规定了艺术活动接下来的方向，对艺术创造的前景作了估计性奠基；但起点本身毕竟不代表终点，这中间还有相当长的、充满了未知因素与风险的路要走，甚至最终都无法走达预期的终点，可以说艺术活动的全部魅力恰恰来自、维系于这个过程的创造性运作。贡布里希预成图式理论的一个主要特点也就在这里：预成图式的存在只是表明了艺术家"可以这样创作"，却并未在对艺术而言更为重要的意义上说明艺术家"必须这样创作""不得不这样创作""非如此创作不可"。也就是说，预成图式提供的是艺术活动的充分条件，却还不是对艺术的优劣成败来说更为关键的、起着先决性作用的必要条件。确实，每种艺术都有自身经过长期历史承传积淀而逐渐形成的定型格式，例如国画创作无论如何就离不开皴、抹、染等必须具备的特殊笔法，否则，一幅国画的可能性也就在普遍意义上无从谈起，皴、抹、染就是国画艺术的预成图式。我们平常所说的画家比一般人多了双慧眼，其慧也正在于预成图式的潜在主动调控。但光有这些预成图式，离决定一幅国画的品质还有多远呢？经过一定训练的国画家都具备皴这一预成图式，何以刘海粟选定而念念不忘的作画对象是黄山，傅抱石却对画华山情有独钟？更重要的是，具备了预成图式，又是否可能并不一定同样具备创作的旺盛动机、活力与激情？傅抱石在成功创作了大量山水画后，仍不时遇到放不开笔、找不着感觉

---

① 王元骧：《七十感怀》，见《在浙之滨》，广西师范大学出版社，2004年，第25页。

的情况（这也是所有艺术家确定无疑都共同具有的境况），而习惯于"借酒之力，开张胆魄"①。按常理，酒力带出的意识模糊性只会干扰对预成图式的提取、调遣、修正与试验（比如说，在"醉眼蒙眬"的情况下误读对象），可画家相反看重的，正是这份意识模糊性将自身置入的物我相契的创作境界。这恐怕不能被简单视为画家的癖性与笑谈，而蕴含有深刻的义理，那就是，尽管有预成图式作为绘画的准备性条件，一幅杰作佳构的真正成就，却不取决于预成图式，而取决于（已将艺术家吸纳于其中了的）生存世界的召唤，后者是一种客体性、本体性的吸引力量，它才是艺术活动的根本动力。虽然贡布里希也强调对预成图式进行不断的修正与试验（这在"醉眼蒙眬"的无意识情况下恐怕无法普遍展开），但这项工作的落脚点是主观因素，他似乎未更多地顾及对艺术更重要的客观因素的一面（审美反映论尤其强调这一面），而在相信"制作仍然先于匹配"的情况下，认定对预成图式的修正与试验"归根结底，它不是决定于刺激怎样，而是决定于态度怎样"②，因此无法回答上述要害的一问：有了它，必然就注定有了艺术尤其是好艺术吗？

如果以上分析不谬，那么审美反映论在考虑语言维度建设时，对预成图式理论的吸收虽具有相当推进意义，却也仍是存在着限度的。这限度体现为，它从根本前提的意义上确保了审美反映在语言介入下进行与展开，但似还缺乏对审美反映过程中语言地位与作用，尤其是如何发挥创造作用的具体阐释，尽管后者对审美反映是更为重要与更有意义的。笔者觉得，贡布里希的预成图式学说，其实可以视为从艺术学的角度道出了 20 世纪以海德格尔等人为理论代表的现代解释学所揭示出的先见这一生存本体根据。但正如海德格尔、伽达默尔的解释学完全是一种本体论哲学，不是方法论更非具体的方法，只是确立起了根本前提，却无法直接从他们的哲学中推出与建构起解释活动的具体机制（比如如何运用于文学解

---

① 朱伯雄、曹成章主编：《中国书画名家精品大典》第四卷，杭州：浙江教育出版社，1997 年，第 1932 页。

② 贡布里希：《艺术与错觉》，林夕、李本正、范景中译，长沙：湖南科学技术出版社，2000 年，第 233、239 页。

释），预成图式作为相当于先见的起点，非常重要却毕竟也还远未囊括艺术创造（观看）活动的具体机制。何况我们还不应忘记，贡布里希讨论预成图式的一个理论归宿正如其书名所示，乃认为艺术由此成了一种因染上了预成图式（包括其修正与试验）而导致的视觉把戏——幻觉（illusion，后出中译本译为"错觉"）。然而艺术难道仅是一种幻觉而不是真实？审美反映论不会认为审美反映得到的成果是幻觉而不是真实。诚然，吸收一种理论时可以取其可取之一点，但对这所取的一点在学理脉络上所可能内在导向的结果方向，似亦应同时有所顾忌，否则可能也难以在理论建构中全然避开埋藏着的理路，而无形中占有了一个自己原先并不想占有的立场。

那么，王元骧教授有否进一步吸收贡布里希有关预成图式在形成后、又须得修正与试验这一理论路线呢？回答是肯定的。他这样指出："只有根据对象实际，拥有对预成形式加以创造性的具体灵活运用的智慧和能力的作家，才能做到'得心应手'"，并由此实现"预成的和生成的"相互转化与有机统一 ①。与贡布里希类似，这里强调的也是对预成图式的修正与试验，尽管"根据对象实际"这六个字似乎给人以母题召唤的印象，但由于这里所说的对象实际显然是先行存在着的、外在自明的实体性现实（因为王元骧教授将语言在审美反映中的作用仍看作是媒介，详下文分析），而非被语言符号所浸透了的符号性现实，因此，起点与创造过程，其实仍是彼此外在的，"生成"的交融性就绽出了疑点。追溯起来，可以发现，王元骧教授在深入、细致探讨审美反映的心理机制时，引人瞩目地提出的审美反映过程中的选择与调节这两个环节及其作用，似乎相当于对预成图式的发展。但细观王元骧教授的论述，他是在心理知觉层次上探讨这两个相互渗透、同时进行的环节的，不仅把两者都视为"心理机制"便已表明了这一初衷，而且他吸收了马斯洛等人的需求理论，强调选择与调节都源于"需要"，需要便只能是心理的、知觉的需要，如王元骧教授所中肯指出的那样，它带出了情感与评价。正

---

① 王元骧：《审美反映与艺术形式》，《杭州师范大学学报》2015 年第 3 期。

是通过对选择作用与调节作用的分析，他提出了"审美心理结构"这个独特概念。这个概念的提出，当然旨在将艺术（尤其是在我国）从过去长期受认识论思路支配的格局中独立出来，赋予其审美性特质。艺术活动的独特性，取决于艺术家的独特心理结构，即他具有一般人没有的"审美心理结构"：不仅能借此在反映中发挥选择作用而"经过作家审美心理结构的分解和筛选"①，而且能借此在反映中发挥调节作用而以"自己的审美心理结构去反映现实"②。至于这两种作用如何落实、协调于语言，则在论述中被回避了。因此综合起来看，尽管确立起了语言论意义上的预成图式作为审美反映的语言起点，但由于具体论述中有意无意仍受到的认识论思维方式的某种影响，使得王元骧教授对审美反映中语言的地位与作用似乎未能贯彻始终，却仍隐隐地流露出将语言视为媒介来达成审美反映的想法，如认为"语言在文学作品中的审美价值主要不是因为它自身，而首先由于它生动地传达了一定的意象和意蕴而产生的"③，这与前面所强调的审美反映构造意象与寻找语言同步发生，便显然存在着某种矛盾。将语言有意无意地每每视为"形式"，恐怕也是这种矛盾的流露。矛盾体现为：一方面，将预成图式所形成的语言形式确立为审美反映的内在环节；另一方面，在从预成图式形成的语言形式这一审美反映的语言起点出发后，又将语言视为传达的媒介。这是否会导致预成图式仍旧成为王元骧教授所试图避免的"僵化模式"与"成法"呢？令人产生这种怀疑的原因并不复杂：媒介是工具，工具是可重复的，可重复的则是容易导致凝固不变的④。如果按照王元骧教授的理解，"审美反映之所以离不开一定的艺术形式与艺术语言的介入，不但只是到了传达阶段为了物化审美意象的需要，同时还因为它是作

---

① 王元骧：《反映论原理与文学本质问题》，见《审美反映与艺术创造》，第 39 页。
② 同上，第 41 页。
③ 王元骧：《文学与语言》，见《审美反映与艺术创造》，第 218 页。
④ 这点正是德里达解构在场形而上学的入口。按德里达，可重复的是不可经验的，超验而无限重复为同一理想对象，必然包含在场的盲点，成为历史上各种形而上学的隐秘而值得被解构。他的原话是："当场而且立即独立于经验主体性事件和活动的——这经验主体是追求理想对象的——理想对象无限地被重复而始终还是同一个对象。"（《声音与现象》，杜小真译，北京：商务印书馆，1999 年，第 95 页。）

家对现实进行审美反映的先决条件和心理中介"①，语言在审美反映中就被切割成了本源性的与媒介性的两个前后阶段（以"不但……同时"句式并列），那么对后一阶段来说，选择与调节作用便都只是存在于心理、知觉与意识中的环节，仍等待着语言去"物化"它们。无论这两个环节如何丰富了审美反映的内涵（这种丰富是客观存在的），便都始终仍然有一个在理论上甚为棘手的、与语言的关系问题。

进一步考察，审美反映中的选择与调节作用根因于也归宿于"审美心理结构"，这应该是王元骧教授比较看重的一个原创概念②。从某种意义上看，这个概念体现出了王元骧教授文学理论研究与美学研究并不截然分家的特色③，以及在美学上同样深厚的研究造诣。它的提出，便区隔开了审美心理与一般心理，孕育了王元骧教授晚年以后逐渐形成的审美超越思想。换言之，王元骧教授近年来所持的审美超越思想，尽管借助实践论探索作为中介而在漫长的研究生涯中逐渐成形，事实上却在其早年的审美反映思想中已有清晰的伏脉与植根，这就是"审美心理结构"概念的提出。超越性观念是区隔的必然产物，而区隔则根本上是认识论思

---

① 王元骧：《对于推进马克思主义文艺学在当代发展的思考》，见《审美反映与艺术创造》，第 509 页。

② 这也可以从他指导杭州大学中文系 1985 届本科生王迅完成以《论美感直觉与审美心理结构》为题的毕业论文见出一斑。该文后被收入周勇胜等编的《八十年代大学生毕业论文选评》一书（福建人民出版社，1986 年）。兹录文末王元骧教授评语如下："过去，由于受机械论的影响，不少人都把审美感知看作是审美主体对于审美对象的直线的反映。本文力求以马克思主义唯物辩证的观点为指导，试图吸取皮亚杰的'图式'学说和乌兹纳捷的'定势'学说，论证主体的审美心理结构是审美感知活动的出发点，一切审美活动都只有从主体的审美心理结构出发对客体进行'同化'才能实现，并进而对审美心理结构的形成和层次作了较深入和细致的探讨。文章论述辩证、逻辑严密、有分析、有说服力。尤其是出于一个 19 岁的青年之手，更是令人可喜。"（第 355 页）

③ 1963 年，受当时国内美学热的影响，在当时主管文科的副校长林淡秋的热情支持下，王元骧教授（时任助教）便为中文系本科生试开过美学课。拨乱反正后，1981—1985 年间王元骧教授在杭州大学中文系承担的课程也是美学。"同年（1981 年），中文系安排他开设新课《美学概论》。为开此课，他花一年时间，涉足于柏拉图、亚里士多德、黑格尔、车尔尼雪夫斯基的书海中。他苦苦耕读、思索、探求，终于创出自己的教学开课体例，高质量地给杭大中文系本科生及夜大 82 年级中文专业生上了《美学概论》。这一年多时间，他一周夜晚六节课给夜大上，白天一周六节课给本科生上，另外，他带几名研究生要上六节。一周要上十八节课，对大学教师来讲是少有的，我初听一惊，再细问，实没听错，我不得不佩服他的'教书育人'的精神。"（郑祖武：《教书育人心血浇灌——记玉环籍杭大教授王林祥先生》，《玉环文史资料》第 5 辑，第 143 页。）

路支配的策略，因为按语言作为符号系统的替代本性，所有领域都建立在"被语言说成"这个共同而唯一的基准上，不再有区隔及其超越性后果。晚近国际学界对审美主义的反思，对此提供了理据。如英国当代马克思主义理论家托尼·本尼特的《文学之外》便分析指出，人们所习惯于采取的总体化方案，倾向于从原则上将所有事件都排列组合进入一个被认为是不断进步着的总体历史，这成了导致"许多成见和程序显而易见已经陷进审美话语中"了的、抑制与限制了社会历史化推动力、从而需要得到重新估量的审美主义的变相演绎，其依赖于精神有效性，持有唯心主义机制基础上的总体化、普遍化观念与术语，与18、19世纪以来的浪漫主义批评相联系，属于一种在许多方面令所想要整合成的目标走向了反面的唯心论残余，主要表现即"说明文学艺术作为超越了其规定条件的实践的前定观念"，即先验地以被区隔出的文学艺术的某种永恒性，来试图从总体上阐明文学艺术的一般特征，由此对"艺术的超历史物质的预先规定"作出默许，但这种默许只能揭示个别艺术品的意义，无法揭示艺术本身的特性，仍在真艺术与伪艺术、伟大艺术与一般艺术之间强化着区隔的"幻象"[①]，即把艺术作品从现实琐事中抽离出来进行普遍构成特性方面的先验分析。循此，本尼特将立论的基点集中为"非审美"，认为比格尔这样的先锋派理论家虽然想对艺术自律的制度化与艺术被用作布道工具这两点进行协调，但两者存在明显冲突，按福柯，尤其是布迪厄的反思社会学看来，艺术自律观念是社会制度复杂建构进程中的一个动态环节，这使审美主义也有个被"组织化"的问题。所谓"非审美"因而不是取消审美，而是将审美得以发生与发展的一系列复杂（符号）建构性条件与因素，全面地视为其组成部分并努力还原出来。这显然是语言论学理的进展使然。以此观照，鉴于构成"审美心理结构"两翼的选择与调节作用主要在心理知觉层面展开，其与语言的关系基本未被论及，这一概念便流露出某种神秘性，让人想到了维特根斯坦在《哲学研究》第243—315节中论证阐明为不可能存在的私有语言，那"是只能被一个

---

① 托尼·本尼特：《文学之外》，强东红等译，北京：人民出版社，2016年，第8、34、154—156页。

人使用和理解的语言"①，有其形而上学空隙。其在理论上形成的区隔后果及其值得反思之处，实皆语言论学理带出的挑战。

其实，王元骧教授并非没有认识到这种挑战的存在。从早在 1990 年前后发表的《文学与语言》《西方三大文学观念批判》等论文中，都可以感觉到他对索绪尔语言学理论的关注（尽管不一定直接引用）。不过，这几篇论文中的思想，与稍后王元骧教授在四度精心修订《文学原理》一书的过程中对语言所持的观念与看法是一致的，即明确表示吸收洪堡而非索绪尔的语言学思想来开展对文学问题的阐述。理由是，洪堡注重语言的交往功能，使"文学语言对于作家创作来说毕竟首先是一种媒介，它的职能主要是为了反映现实生活，表达思想情感"，而索绪尔的理论则流于修辞化思路而"把语言当作一个自足的概念系统，完全离开人的实际生活和交往活动来作封闭的研究"，与维特根斯坦一样都显得"方法仍然是封闭的"②。这里至少有两个问题值得进一步研究。首先是洪堡的语言学思想与索绪尔是否具有这样一种根本的差别，以及洪堡是否直接视语言为媒介。笔者认为，两人的语言学思想在归宿上是具有共性的，对此需另文专题展开论述。但可以肯定的是，在对后世文论发展的影响上，索绪尔的影响客观上远大于洪堡，这恐怕恰恰说明了其具有更大的现实效应。所以，其次是能否以封闭性来看待与批评索绪尔语言学。事实上，索绪尔语言学对符号学的推动，带出了包括后殖民主义、性别理论与各种族裔理论等"理论"在当代的蓬勃发展，它无论如何不是封闭而是积极针对与改变现实的，这些"理论"祛魅所得的成果，无不来自对言语链上符号区分与操作的深层结构奥秘的敏感与发现。例如族裔理论试图揭示，自我与他

---

① 陈嘉映：《简明语言哲学》，第 138 页。笔者还进一步想到，"审美心理结构"这个概念，颇近似于李泽厚先生在上世纪七八十年代的多种哲学、思想史与美学著作中提出的著名概念"文化心理结构"，前者有否受到后者的影响，是个饶具兴味的学术课题。但从维特根斯坦的角度看，"文化心理结构"（Cultural psychological forming）这一自创概念，同样难免于私有语言之嫌。据笔者推测，李先生本人并非对此毫无觉察，其晚年屡屡表示分析哲学"只是一种方法"，不足以动摇与取代康德与马克思等致力于正面建构的哲学，某种意义上似乎流露出了对分析哲学可能构成的理论挑战的防备心理。

② 王元骧：《谈文学语言研究的出路》，见《文学理论与当今时代》，杭州：浙江大学出版社，2002 年，第 380、377、383 页。

者的二元对立实际上来自自我对他者形象的想象，这就需要来分析自我是如何在语言上把他者说成了某个样子的，这个分析过程对准的是"自我—他者"这个被符号区分而成的二元深层结构，表明了看似天经地义的自明现象，实则是符号在言语链上作二元区分与操作的结果。包括族裔理论在内的 20 世纪后期以来蓬勃兴盛的"理论"，虽均不同程度地存在着可圈可点之处，但却都是深受索绪尔、罗兰·巴特（侧重内部符号学诗学路径）与福柯（侧重外部话语权力政治学路径）等思想家的语言论思想影响的成果，整条语言论演进的轨迹，恰恰走在从内向外深刻进展的道路上。我们只要简单想一想，从索绪尔到福柯不正走出一条不仅没有走向封闭、反而走向了广阔社会文化天地的路子吗——语言是不与事物存在必然符合关系的符号系统（替代品），必然始终替代（即重新说出而非传达）着事物，而去替代事物，即在符号区分中创造（建构）新"物"；符号的区分是语言的具体使用——话语，区分则带出位置的差别（不等），说出现实中的等级，此即话语权力（文化政治）；替代的实质因而是使作为深层结构的话语权力不知不觉地实现为自明表象。此即这条学理路径的清晰概貌。所以，关于索绪尔陷入了封闭理论境地的判断是否公允，还是值得再作探讨的。

当然，这一判断本身就审美反映论理论体系的自洽来说无可厚非，因为审美反映论以及与之密切相关的审美意识形态论，坚持存在决定意识这一唯物史观根基，必然将语言视为去传达存在的媒介，存在始终是第一性的。这也就最终需要回到王元骧教授建构审美反映论的历史语境中来。作为传略早已辑入了美国传记学会《500 名有影响的领袖人物》等国际国内书集、被学界推许为"在深度和广度上都代表了新时期马克思主义文艺理论研究的新水平"的著名学者[1]，王元骧教授又是一位充满自觉反思精神与品格的学者，迄今看来，他为文艺学学术史所深深记取的主要成就，仍是审美反映论。这自在情理中，因为审美反映论的提出看似"直接是为了反击'文艺主体论'与'自我表现论'对马克思主义文艺学基本原则

---

[1] 郑小明、郑造桓主编：《杭州大学教授志》，杭州：杭州大学出版社，1997 年，第 2 页。

的歪曲和诋毁而开展"①，但实际上凝聚了王元骧教授自 1958 年大学毕业后从事文学理论教学与研究 30 余年的思考功力②，不是一蹴而就的。尽管他此后的研究重心有相对的嬗变，即从 80 年代的审美反映论逐渐推进至 90 年代的审美实践论，再推进至 2000 年以后的审美本体论与人生论美学。特别是 2000 年至今，王元骧教授在此前研究的基础上自觉走出认识论立场，不仅引入以目的为中介的实践，而且进一步立足于人学本体论提出了审美超越思想，引起了学界关注。正如他多次强调的那样，这些思想嬗变不是突变性的转向与转轨，而是在认真、严肃而艰辛地扬弃先前研究成果基础上的、一以贯之与一脉相承的发展。笔者完全赞成这一说法，认为是符合客观事实的，并从阅读学习王元骧教授的一系列著述中获益良多。富于意味的是，这些后期的研究，在王元骧教授自己看来是不断的深化与推进，但整体学术影响却似乎未超出前期审美反映论。这自然有 90 年代中后期以

---

① 王元骧：《对于推进马克思主义文艺学在当代发展的思考》，见《审美反映与艺术创造》，第 511 页。

② 诚如王元骧教授在 1994 年前后的自述："文学不同于其他意识形态的特点，在我看来，就在于它是通过作家的审美感受和审美体验来反映生活的。……这思想我在写《对于阿 Q 典型研究中一些问题的看法》时就已经萌生了（文中也初步涉及），经过 20 年的思考认识不但没有转变，反而更加坚定"（王林祥：《我的学术生涯》，《玉环文史资料》第 9 辑，第 12 页）事实确实如此："文学作品……就在于它是通过作家的审美情感来反映生活的"（王元骧：《反映论文艺观：我的选择和反思》，《中国文学批评》2017 年第 2 期）。也正因此，在 1995 年由国家教委（今教育部）举行的全国高等学校首届人文社会科学研究优秀成果奖评比中，王元骧教授由 20 篇文学基础理论研究论文组成的、客观上凝聚了自己 30 余年研究心血功力的论文集《审美反映与艺术创造》荣获一等奖。杭州大学中文系同获首届一等奖的其他两部著作——姜亮夫教授的《楚辞通故》与蒋礼鸿教授的《敦煌变文字义通释》，其成书时间也同样都经历了 40 余年。这是良足以垂范与鞭策后学的当代学案。同样，王元骧教授看似"当初也是由于教学任务所逼而不得不写的"《文学原理》一书（见《论美与人的生存》一书校后记，浙江大学出版社，2010 年，第 333 页），实则如学界所中肯评价的那样是他"几十年来从事文艺教学和科研的结晶"（肖荣：《浙江文艺理论研究概述》，《浙江社会科学》1992 年第 2 期），即同样是他 30 悠久岁月沉潜思考的成果，因而一问世即引发了强烈反响，据王元骧教授回忆："这部教材后来以《文学原理》命名，于 1989 年由浙江教育出版社出版，引起了国内同行们的普遍关注。早在本书出版之前，于 1988 年 8 月在北戴河召开的有北京大学，中国人民大学、北京师范大学等 10 所院校的同行专家参加的'全国高校第三届文艺学研讨会筹备会'上，大家看了此书的小样之后，就对它发生很大的兴趣，并列为向研讨会推荐的三部有特色的教材之首向国家教委提出。在本书出版后不久，在国家教委主办的《中国高等教育》杂志上又发表书评，认为本书既坚持马克思主义思想指导，又广泛地吸取新知，对文艺问题作出了科学而系统的论述，是'文学理论教材建设的新成果'，并考虑向全国高校推荐。"（王林祥：《我的学术生涯》，《玉环文史资料》第 9 辑，第 12—13 页）这部教材的初版于 1992 年荣获国家教委第二届全国普通高校优秀教材一等奖。

来社会时代大气候已发生了巨大变化，尤其是各种后现代西学资源纷纷植入我国而转移着学界理论注意力的原因，但在笔者看来，还有一个内在理路上的原因可循。这就是，从反映论转入实践论，从"是什么"转向"应如何"，实则仍然是范式内部的调整，或如王元骧教授近期接受访谈时所深刻自我反思的那般，这些研究"还是没有完全跳出认识论的理论框架"①。其中道理据笔者之见，也有并不难解之处，因为从"知"到"行"，这本身也是一种自然而然的逻辑推导，还属于托马斯·库恩所说的范式内部的维护或辩护。但让反映论与语言论真正融合，在现有基础上进一步考虑审美反映论的语言维度建设，则孕育了库恩所向往的"反常和危机"，进而将有可能"在新的基础上重建该研究领域的过程"②。鉴于这实在是一个极其重要而绕不过去的、带有全局性的基础理论问题，我们期待着有幸看到王元骧教授在这方面的新的理论探索，并衷心祝愿敬爱的王元骧老师体笔双健，杖朝高年！

（责任编辑：廖雨声）

---

① 王元骧：《把理论思辨与现实情怀统一起来》，《中国文艺评论》2018 年第 2 期。
② 托马斯·库恩：《科学革命的结构》，金吾伦、胡新和译，北京：北京大学出版社，2003 年，第 111、78 页。

制度美学概念刍议

程 勇 叶伟斐 *

（浙江工业大学人文学院）

【内容摘要】

制度美学的概念由制度与美学组合而成，体现的问题意识是制度与审美的一体互动性，亦即在制度与审美一体互动视野中思考制度与审美的问题，包括制度之美、审美生活的制度建构、审美制度三个层面。制度美学是从社会生存感觉、人性、真理、正义等维度思考制度本体，认为审美生活的理念与形式都应体现制度建构的要求，审美生活的合法性在于塑造朝向制度认同建构的社会感觉共同体，美学本身也存在制度问题，既指美学思想的制度化，也指借由审美制度，才可能形成对美与审美的理解以及据以开展的审美实践。

---

* 程勇，男，文学博士，浙江工业大学人文学院教授，研究方向为文艺美学、中国古典美学。
叶伟斐，女，浙江工业大学人文学院助教，研究方向为文艺美学。
本文系国家社会科学基金重大招标项目"中国礼乐美学对传统制度文明的创构研究"（17ZDA015）；国家社科基金项目"早期儒家制度美学研究"（15FZW024）阶段性成果；浙江省哲学社会科学重点研究基地浙江工业大学浙江学术文化研究中心成果。

【关键词】

制度美学；制度之美；审美生活的制度建构；审美制度

在某种意义上，制度与审美都是人类社会的本质现象，人是制度性存在，也是审美性存在，人创造了制度与审美，也在制度与审美中生成。可以说，制度与审美都是从人的本性中生长出来，这决定了二者必然是一体互动的关系，这种关系则是理解和阐释制度与审美的必要视野。现代社会凸显了制度与审美的重要性，在此背景下，提出制度美学的概念，以之统摄已有论说，进而在制度与审美一体互动视野中思考制度与审美的问题，就是既合乎学术史脉络也具有现实应对性的思路。

一

"制度美学"系"制度"与"美学"的组合，要讨论制度美学的概念，需先厘定"制度"与"美学"这两个基础性概念，进而分析二者组合形成的新义。但这并非易事，因为这两个概念的内涵与外延都不是单一的，而是共时性地存在着多种理解与界说。我不打算对其进行历史的逻辑的考索与辨析——这是学术史研究的任务，而只是结合已有理解与界说给出自己的解释，以便为后续讨论建立一个可依据的基础。

什么是美学？在我看来，美学有广、狭二义。广义的美学是一种世界观，而且是一种基础性的世界观，亦即一种基础性的看待和理解世界的视野与方法。当我们认为世界是和谐的、有秩序的存在时，就是在运用美学世界观，这观点实是美学的观点。如哲学家赵汀阳所论："用来描写世界的概念体系始终是以'混乱／秩序'作为基本格式的，比如'必然／偶然''因果／自由''普遍／特殊'，都与之同构。这些看起来很科学很逻辑的概念体系在本质上更像是美学观点。"① 而物理学家 A·热所说"终极设计者只会用美的方程来设计这个宇宙","审美事实上已经成了当代物理学的驱动力。物理学家已经发现了某些奇妙的东西：大自然在最基础的水平上是按美来设计的"②，也可以支撑这一理解。

所谓基础性，意谓对于人类生存而言，美学世界观具有时间与逻辑上的优位性，诸如科学世界观、宗教世界观等等都是在这个基础上发展起来的。这是说，美学乃是人看待世界的源初视野，人向来是以审美的眼光建构与想象世界，并将此建构与想象的世界视作世界之本然，由此造成原发性的初始经验，即在揭示世界的同时将人与世界合一，而这个世界乃是充满活力与魅力的初始世界。在世界观的意义上，"美属于真理的自行发生（Sichereignen）。美不仅仅与趣味相关，不只是趣味的对象"③，因而与真和善相比，美更具基础性。这可以解释为什么在似乎更具逻辑严密性的科学世界观发展起来之后，人们还一厢情愿地相信艺术想象、艺术虚构的真实性。

狭义的美学是研究审美生活的知识思想系统，是"审美意识的理论形态"④，而审美意识"是人与世界关系或者说人对世界的态度的最高阶段"，"审美意识中的天人合一是一种高级的万物一体的境界，它不是间接的分析，不是知识的充实，不是功利的缠绕，不是善恶的规范，但它又不是同这些没有任何联系的，就像原始的天人合一阶段尚未发生这些一样，它包含间接性、知识性、功利性和道德性而又超出之"⑤。审美生活是人之本源性 / 理想性的生活方式，意谓为人所必需却未必达成因而始终开放。审美生活的可能性本非艺术活动所能穷尽，但经过了劳动

---

① 赵汀阳：《世界观是美学观点》，《文明》2007 年第 5 期，第 9 页。

② A·热：《可怕的对称——现代物理学中美的探索》，熊昆译，长沙：湖南科学技术出版社，1999 年，第 9 页，第 10 页。

③ 马丁·海德格尔：《艺术作品的本源》，见《林中路》，孙周兴译，上海：上海译文出版社，1997 年，第 65 页。

④ 叶朗：《美在意象》，北京：北京大学出版社版，2010 年，第 3 页。

⑤ 张世英：《进入澄明之境——哲学的新方向》，北京：商务印书馆，1999 年，第 241 页。

分工与文化分立的历史进程后，艺术活动最终被确立为体现人类审美意识的典范形态，美或审美被确立为艺术的第一原理，艺术生活被视为典型的审美生活，因而长久以来美学也被理解为研究艺术与美的理论与学科。不过，在后现代社会，面对社会生活日趋审美化的事实，这种具有历史合理性的理解已显得偏狭，美学存在空间的拓展必然导致美学自我定位与认知的变革。

在已有人类历史开展及自我理解的框架中，审美生活与相应的审美意识的开放性，体现为时代性、地域性、民族性、阶级性等维度，而对审美意识、审美生活的描述与分析，又存在多种视野、路径、方式，如此就形成了不同形态的美学。例如，西方用古典的思维方式和"学"的标准去掌握美学，就形成了"以美的本质为核心的美学""以审美心理为核心的美学""以艺术的共同规律为对象的美学"，而中国"既无美学这个角度，又对美学进行了深刻的研究，因而可以称之为有美无学的美学"①。因而，不仅审美生活空间具有开放性，这从根本上决定于生活空间的开放性，思想审美生活的美学也必然因之具有多样性。甚至可以说，如果说美学是具有普遍性的，则美学必定先行设定了特殊性的加入，非此则其普遍性亦无以确立。

什么是制度？我的看法是，在最一般意义上，制度可以被理解为一些规则或规范，其功能在于规定和协调人们的关系。制度有"正式制度""非正式制度"之别，但二者有内在联系并共同构成制度的整体："构成社会基础的非正式制度产生于自发形成的过程。这些非正式的习俗和准则，通过提供有关社会行为人预期行为的相关信息，稳定了社会预期并且构建了社会生活"，而"正式制度是基于非正式的习俗和准则而设计和创立的"，"随着正式制度的创立，法律和政府一起被引入到了社会生活的体系之中"②。社会生活的空间与复杂性决定了制度安排与结构的空间与复杂性，而"安全和经济是制度安排，从而也是制度结构存在的两个基本

---

① 张法：《中西美学与文化精神》，北京：北京大学出版社，1994年，第5—6页。
② 杰克·奈特：《制度与社会冲突》，周伟林译，上海：上海人民出版社，2009年，第178页。

原因", 在各项制度安排中, 必须要提到意识形态, 因为"意识形态是减少提供其他制度安排的服务费用的最重要的制度安排"①。

制度之存在, 乃是基于人之社会关系, 或者说人之所以发明制度, 乃在于建立适应人之生存需要的社会关系。人与制度共生, 人背负制度而生, 并在制度中生成。而建立何种类型的社会秩序与行为模式, 固化何种形态的社会关系, 建构何种性质的认同与自我认同, 又决定于某种制度所体现的价值观念, 只有这价值观念被内化或者说心灵化, 外在的规范、规定、要求才可能成为人们自觉自愿的选择。人们之所以尊奉某种制度, 反对某种制度, 虽然根本原因是安全与经济的考虑, 具体到个体, 那就是生存的可能与质量如何, 但首先取决于这些价值观念内化的程度, 或者说某种制度被实施的程度。而要使制度成为可能, 亦即使某种规范以及其中蕴含的价值观念被普遍性地接受下来——理想的状况就是心悦诚服的认同, 那就需要作为实体存在的组织、机构、部门、人员等, 其功能就在于使那些规范以及价值观念合法化, 引导制度认同建构的实践, 对那些违反或恪守制度的行为予以制裁与奖掖, 这同时也就是在宣示制度的权威性。

如此可说, 制度可以区分为三个层面, 即制度作为规范、制度作为组织、制度作为价值, 三者构成的整体可称之为制度文明, 而当我们强调其作为规范与价值时, 则可称之为制度文化, 如果特别强调制度蕴含的价值观念, 又可称之为制度精神。进而, 可以说, 如果一种思想, 一种价值观念, 被确立为建构社会秩序、生活形式的规范, 以及建构各种认同(例如国家认同、族群认同、文化认同)的基础, 并由一定的国家机构、社会组织承担传递与维护之责, 因而具有某种程度的强制性时, 这一过程就可称之为思想、观念的制度化, 同时也是社会生活一体化的过程。

---

① 林毅夫:《关于制度变迁的经济学理论:诱致性变迁与强制性变迁》, 见 R. 科斯等:《财产权利与制度变迁——产权学派与新制度学派译文集》, 刘守英等译, 上海:上海三联书店, 1991 年, 第 378—379 页。

二

现在我们可以来讨论制度美学的概念了。

从构词方式说，制度美学是一个偏正式的合成词，"制度"用以限定、修饰"美学"，意谓一种关于制度或与制度相关的美学。这虽有助于确定制度美学的问题域及其思想方向，但还不足以揭示其内涵，确定其研究对象，还需要在"制度""美学"构成的释义网格中，显明其蕴含的多种看待视野与问题意识。在我看来，大致有如下几种可能：

（1）从美学的视野思考制度问题，即将制度确立为一种审美对象，认为完美的制度是体现制度之美的美的制度，并据以思考制度设计、制度安排、制度认同等问题。在此意义上的制度美学视野中，完美的制度不但是符合政治学、经济学原则的制度，能维持与促进社会秩序的稳定、社会运行的效率，而且必定是在价值和形式上都令人心悦诚服的制度，而令人心悦诚服的制度也就是美的制度，这里面有感觉与情感认同的问题。

具体点说，完美的制度以建构和谐有序的社会为内在目的，这是基于美学世界观而展开的想象；制度认同建构需要诉诸国家政治、经济、军事等硬实力，以及人的理性能力，但对于完美的制度而言，其认同的形成却更需要诉诸个体感觉、情感、信仰的力量，实现基于个体之身体存在感的对于制度的认知与认同；制度是人的造物，完美的制度在理念、形式诸层面都不仅要体现安全与经济的考虑，还应体现基础性的世界观，符合人性人情之深层需要，这一意义上的制度同样可以被视作人的艺术作品。如果承认人的生存是制度性的，而制度会造成人的生存感觉，则从审美的角度审视制度问题，即与社会感觉共同体建构相关，与人性相关，与真理和正义相关，如此则制度美学也就是从社会生存感觉、人性、真理、正义来思想制度本体。

（2）从制度的视野思考美学问题，即对审美生活的理解以及审美生活建构问题。制度是规则、价值、组织，其功能是固化社会关系，维护社会秩序，这种关系与秩序涵盖了政治、经济、文化诸层面，体现着其间的互动，而具体表现为社会生活的建构与组织，包括审美生活的建构与组织。在此意义上的制度美学视野中，审美生活固然呈现为个体性品质，固然要基于个体的心性需要与能力并由个体实现，但并不是私己性的，而是具有公共性，即具有表达与分享的普遍性要求。

更重要的是，审美生活是建构制度认同与秩序的重要力量。这既指审美生活的理念与形式都应体现制度建构的要求，审美生活的合法性在于塑造朝向制度认同建构的社会感觉共同体，也意味着审美生活本身即存在秩序，是制度化的，而审美生活秩序不仅是政治和文化秩序的符号表征，本身也是社会生活秩序的构成和表现。因此之故，并非所有类型与品质的审美生活都为某一特定制度所需，因而具有存在的合法性，而特定制度出于建构与维护自身之合法性的需要，也必定会动用其掌控的权力、资源，通过制度安排即将审美生活纳入制度当中的方式，规范与引导审美生活的生产与再生产，这也包括美学知识的生产与传播。

（3）美学本身也存在制度问题，这既指美学思想的制度化，也指借由审美制度，才可能形成对美与审美的理解以及据以开展的审美实践。在此意义上的制度美学视野中，美学被视作意识形态，而意识形态本身就是一种有效的制度安排，因此必定存在美学思想的制度化，或者说意识形态化，用以规范与引导审美生活的建构，这种建构的核心指向是制度之价值及其存在的认同与维护。至于美学意识形态之成型，从根本上决定于某种美学思想与特定制度蕴含的价值观念的适应性，但也体现着思想与权力互动、博弈的一般情形，而制度化了的美学思想也因此获得一般意识形态拥有的权威性与排他性，这种权威性与排他性得到了制度力量（比如国家权力机构）的保证。

至于审美制度，则是文化制度的重要构成部分。作为制度，审美制度包括规范、组织、价值三层面，以引导、规约审美观念、审美趣味、审美选择、审美表达的方向及其实现方式。只有透过审美制度的"滤镜"，审美生活图景才得以建立起来。美学思想的制度化与审美制度存在内在关联，美学思想制度化的成果是审美制度的形成，某种审美制度的存在也同时意味着某种美学思想的制度化，二者都旨在通过审美生活的建制化，以建立模式化的感觉结构、情感结构，进而实现社会生活的一体化、意识形态话语的再生产。

这三种可能情况，可以理解为制度美学概念的三种意义、制度美学研究的三个层面。其间的内在关联，使制度美学的概念具有足够的涵摄性与充分的解释性，不仅可以涵摄与解释审美生活的丰富性，也可以涵摄与解释美学自我理解的丰富性。制度审美，审美生活的制度建构，美学思想的制度化，审美制度，这些问题的展开必然会涉及审美与制度的互动与一体化，可以说，制度美学研究的问题意识就是制度与审美的一体互动性，是在制度与审美的一体互动视野中思考制度与审美的问题。如果我们承认制度、审美与人的共生共存关系，那么，对制度与审美的一体互动关系的描述与阐释，就应是美学研究不可或缺的重要维度，是我们理解美学（特别是如果我们把美学看作是人类自我理解的一种方式）的必要途径，也是作为知识思想系统的美学的有机构成。

三

这大致可以显示制度美学概念的内涵与外延，勾勒制度美学研究的意向与图景。不过，在现代学术体制下，要使制度美学的命名与研究获得合法性，不仅需要在思想空间中通过逻辑的推演与想象呈现其可能性与必要性，还需将其置于美学知识共同体中进行审查，以呈现其历史的必然性。事实是，上述意义的制度美学概念虽不见提倡，但制度美学研究三个层面所涉及的问题，却并不缺少关注。

例如，对于制度之美与制度审美的问题，柏拉图就早有识见。在《会饮篇》中，他说人要把握"美本身"，要"先从人世间个别的美的事物开始，逐渐提升到最高境界的美，好像升梯，逐步上进，从一个美形体到两个美形体，从两个美形体到全体的美形体；再从美的形体到美的行为制度，从美的行为制度到美的学问知识，最后再从各种美的学问知识一直到只以美本身为对象的那种学问，彻悟美的本体"①。美的行为制度虽比美的形体要高，但还低于美本身，是通过爱与回忆而对美的理式的分有，而要把握美的行为制度或行为和制度的美，则需要人的智慧②。他还在《法律篇》中将制度等同于艺术作品："我们的城邦不是别的，它就摹仿了最优美最高尚的生活，这就是我们所理解的真正的悲剧。"③

柏拉图不仅提出制度之美，且将制度之美视为美的理式的具体分有，也给出了制度之所以美的解释。然而，正如陆杨所论，传统美学还是"将美限定在形象上面"，倒是杨振宁谈物理的美、陈省身谈数学的美，"秉承的未必不是柏拉图的美学传统"，而文化研究、日常生活审美化的阐释需要，"在一定程度上正呼应了柏拉图视之为高于美色甚至美德的法律和行为制度的美"④。

近年来，中国学人也有相关思考。例如，李新市就明确提出"中国制度审美"的概念，认为在宏观、中观、微观各个层面的制度设计上都应体现审美要求，要提高人们的制度审美能力、增强人们的制度审美意识⑤。例如，张法论"政治美学"："整个与政治紧密相关的外在形象都是政治美学的领域，比如，建筑上，每一体现政治仪式的公共空间，每一与政治理念相关的纪念场馆；服装上，每一体现政治观念的着装定制、仪式，每一与政治相关的仪式设计，活动上，每一与政治活动相关的会议程序设计；每一与政治相关的仪式结构。总之，政治的每一方面都有其外在体现，这些外在体现都要为政治利益的最大化服务。独有的政治理念，构成了政治美学的核心，政治美学的审美的形式，有助于政治理念的完美实现。"⑥政治制度大概是人类最重要的制度发明之一，而政治理念以及体现政治仪

---

① 柏拉图：《柏拉图文艺对话集》，朱光潜译，北京：人民文学出版社，1963 年，第 273 页。王太庆则将"美的行为制度"译作"各种行动中以及各种风俗习惯中的美"，见其所译《会饮篇》，北京：商务印书馆，2007 年，第 64 页。

② 参看阎国忠：《柏拉图：哲学视野中的爱与美——一种神话学的建构》，《北京大学学报》2012 年第 4 期，第 24 页以下。

③ 柏拉图：《柏拉图文艺对话集》，第 313 页。

④ 陆杨：《日常生活审美化批判》，上海：复旦大学出版社，2012 年，第 120—121 页。

⑤ 李新市：《中国制度审美若干问题初探》，《西北工业大学学报》2012 年第 4 期，第 1—5 页。

⑥ 张法：《政治美学：历史源流与当代理路》，《文艺争鸣》2017 年第 4 期，第 119—120 页。

式、政治观念的建筑、服装、仪式结构诸方面的外在形象，也就是政治制度之美。

虽然如此，在西方型的美学传统中，制度之美与制度审美的问题并未获得充分开展，反倒在深度与广度上都有拓展的可能。这大概与长久以来将美学理解为美的艺术的哲学有关，与康德以来审美静观、审美无功利思想的偏至化发展有关，也与现代社会工具理性化、文化领域的专业分化有关。时至今日，经济与文化的全球化进程，愈来愈普遍化的人类社会由表及里的"审美化过程"①，正在促进美学的变革，经过后现代精神洗礼的人类知识体系，也正在打破学科壁垒的基础上进行重组，这可在知识论上证成制度之美、制度审美的概念及其展开的问题域。

至于审美生活的制度建构，则从来都是美学思考的重要问题。在《理想国》中，柏拉图借苏格拉底之口说：

> 我们要不要监督他们，强迫他们在诗篇里培植良好品格的形象，否则我们宁可不要有什么诗篇？我们要不要同样地监督其他的艺人，阻止他们不论在绘画或雕刻作品里，还是建筑或任何艺术作品里描绘邪恶、放荡、卑鄙、龌龊的坏精神？哪个艺人不肯服从，就不让他在我们中间存在下去，否则我们的护卫者从小就接触罪恶的形象，耳濡目染，犹如牛羊卧毒草中嘴嚼反刍，近墨者黑，不知不觉间心灵上便铸成大错了。因此我们必须寻找一些艺人巨匠，用其大才美德，开辟一条道路，使我们的年轻人由此而进，如入健康之乡；眼睛所看到的，耳朵所听到的，艺术作品，随处都是；使他们如坐春风如沾化雨，潜移默化，不知不觉之间受到熏陶，从童年时，就和优美、理智融合为一。②

审美生活对城邦公民的人格塑造有重大影响，所以必须借助国家体制力量，对其

---

① 沃尔夫冈·韦尔施：《重构美学》，陆扬、张岩冰译，上海：上海译文出版社，2002年，第40页。
② 柏拉图：《理想国》，郭斌和、张竹明译，北京：商务印书馆，1986年，第107页。

类型、品质、题材、形式等进行规范、约束。这是审美教育思想的滥觞，也是审美政治学、审美意识形态思想的肇端。而国家体制力量，则如阿尔都塞所说，包括镇压性国家机器（如政府、军队、监狱）与意识形态国家机器（如教育、政治、文化等制度），"按各自的情况（首要或辅助性地）运用镇压或意识形态的双重方式'发挥功能'"①。柏拉图的上述主张，就体现了这两种国家机器的功能。

柏拉图开辟了西方美学话语建构的一条线索。从希腊化时期到古典主义、文艺复兴、启蒙运动，再到法兰克福学派、阿尔都塞学派，政治与美学上的左派与右派，或者肯定运用制度力量规范审美生活的正当性，或者揭示与批判审美生活制度化对人之自由本性的压制，而这又与对审美与政治、意识形态关系的理解相关。特里·伊格尔顿说：

> 审美从一开始就是个矛盾而且意义双关的概念。一方面，它扮演着真正的解放力量的角色——扮演着主体的统一的角色，这些主体通过感觉冲动和同情而不是通过外在的法律联系在一起，每一主体在达成社会和谐的同时又保持独特的个性……另一方面，审美预示了麦克思·霍克海默尔所称的"内化的压抑"，把社会统治更深地置于被征服者的肉体中，并因此作为一种最有效的政治领导权模式而发挥作用。②

虽是针对 18 世纪以来的现代美学话语，却也恰当地解释了看待审美活动的两种视野。是否认同审美生活的制度化，决定于人们所持的审美看待视野与制度认同的符合程度，亦即某种社会制度需符合预期，且相信对审美生活的制度安排不仅有益于制度认同的塑造，而且能使人们"在达成社会和谐的同时又保持独特的个性"。

---

① 路易·皮埃尔·阿尔都塞：《意识形态和意识形态国家机器》，见陈越编译《哲学与政治：阿尔都塞读本》，长春：吉林人民出版社，2004 年，第 335—337 页。
② 特里·伊格尔顿：《美学意识形态》，王杰等译，桂林：广西师范大学出版社，1997 年，第 16 页。

与此相关的是美学思想的制度化、审美制度问题。人类学家克利福德·格尔兹曾论及美学思想制度化的必要性：

> 宗教思想、道德思想、实践思想、美学思想也必须由强有力的社会集团承载，才能产生强大的社会作用。必须有人尊崇这些思想，鼓吹这些思想，捍卫这些思想，贯彻这些思想。要想在社会中不仅找到其在精神上的存在，而且找到其在物质上的存在，就必须将这些思想制度化。①

美学思想的制度化，亦即通过制度力量的运用，将某种审美理念、审美生活模式、艺术规矩确定为尊奉不移的圭臬。所谓制度力量不一定是政治性的，也可能是经济性的，或者是那些虽有失偏颇却根深蒂固的文化惯例、风俗习惯，它们可能会携手而行，但彼此间也可能存在摩擦和冲突，需要适应和化解。例如，借政治之力推行的美学思想，未必就适合某种文化传统中的审美惯例。

从政治治理的角度思考美学思想的制度化，往往与主张审美生活的制度化是一回事。这是因为，确认某种审美生活在政治、文化上的合法性，主张运用强制性的国家体制力量以维护之，乃是基于与这种审美生活相应的审美理想，因而必须要确立这种审美理想以及相关话语在意识形态领域里的权威性。

在西方美学传统中，这一思想仍可追溯到柏拉图，而 17 世纪法兰西学院制定并强制要求艺术家遵循的新古典主义，则无论在理论还是实践方面都颇具典范性。"高乃依的戏剧《熙德》(1636) 首演所引发的关于古典学说（the doctrine classique）有效性的论争，这是走向确立封建专制主义文学体制的关键一步。构成高乃依这出悲剧批评标准的那些规则，当时既不被大多数剧作家所承认，也不被公众所认可。只是由于黎世留和法兰西学院的干预（两者都赞同高乃依的批评家），这些规则才获得了官方认可的文学信条的地位，获得一种在 19 世纪以前不

---

① 克利福德·格尔兹：《文化的解释》，纳日碧力戈等译，上海：上海人民出版社，1999 年，第 359 页。

容争议的有效性"，"法国古典文学被用来服务于封建专制主义国家的表征要求"①。

至于审美制度，则是在晚近兴起的审美人类学研究中提出的概念。在宽泛的意义上，诸如文学制度、艺术制度的概念也可归诸一类。"审美制度是文化体系中隐在的一套规则和禁忌"②，"审美制度体现在两个层面：一个层面是精神观念的层面，包括习俗、禁忌、信仰、审美传统、意识形态等方面……另一层面是物质层面，包括具体的文化机构、场域、仪式活动及文化媒介等方面"，"体现了文化体系对美和艺术的理解和规定，主要体现在审美主体的塑造、文学艺术等审美客体表达机制、机构和氛围等方面。审美制度直接制约了人的审美观念、审美趣味、审美选择、审美表达和文学艺术的创造等方面"③。在很大程度上，审美制度决定了人们对美、审美、艺术的基本看法，进而规范和引领各种形式的审美实践。例如，彼得·彼格尔就认为："文学体制在一个完整的社会系统中具有一些特殊的目标；它发展形成了一种审美的符号，起到反对其他文学实践的边界功能；它宣称某种无限的有效性（这就是一种体制，它决定了在特定时期什么才被视为文学）。"④

如上引述虽不免挂一漏万，却也不仅能够证明制度美学的概念实有学术史依据，而且还可显示这一概念的涵摄性。以制度美学的概念为关键词，可以梳理、勾勒出一条美学思想史的文脉与轨迹，也可描摹与权力、制度勾连互动的人类审美生活的历史图景，这可以视为提出制度美学概念、从事制度美学研究的一个意义。不仅如此，制度美学的概念其实是提供了一个建构主义的解释维度或思想路径，可借以达成对美学与人类审美生活的一种理解与认同，其核心意指是诸如美、审美、艺术等等都是被建构而非预成的存在与模式，只有将其置于由众多制度因素构成的社会网格、文化脉络中，才能得到恰如其分的理解。

进而，制度美学研究会给我们这样一种启示：既然审美生活与制度是一体互

① 彼得·彼格尔：《现代主义的衰落》，见周宪选译《激进的美学锋芒》，北京：中国人民大学出版社，2003年，第73—74页，第75页。
② 王杰：《审美幻象与审美人类学》，桂林：广西师范大学出版社，2002年，第159页。
③ 张良丛：《审美制度：走出审美的象牙塔》，《文艺理论与批评》2013年第5期，第66页。
④ 彼得·彼格尔：《现代主义的衰落》，见周宪选译《激进的美学锋芒》，第73页。

动、彼此建构的，二者同为人类生存之不可或缺，是从人之为人的根本规定性中生长出来的，那么，如果不能改变这一事实，那就去改变制度，以解决审美生活在理论与实践层面存在的种种危机。这正如杰弗里·J·威廉斯所说："从各种意义上说，制度产生了我们所称的文学，或更恰当地说，文学问题与我们的制度实践和制度定位是密不可分的"，"借用马克思的说法，关键是不仅要将制度理论化，更要将制度加以修改"[①]。

（责任编辑：廖雨声）

[①] 杰弗里·J·威廉斯：《从制度说起》，见其编著《文学制度》，李佳畅、穆雷译，南京：南京大学出版社，2014年，第1、14页。

王元骧文学理论的"风骨"谈片

党圣元 *
（中国社会科学院大学人文学院）

【内容摘要】

王元骧先生既是新时期文学理论的建设者，又是新时期文学理论发展的见证者，他发表的学术论文和出版的专著、教材，展现了新时期 40 年文学理论发展演变和学术深化的历史轨迹。本文尝试以中国文论固有的"风骨"这一关键词，来简要地表达对王元骧先生文学理论的认知。王元骧先生的文学理论是有"风骨"的，刘勰在《文心雕龙·风骨》篇中强调的文章精神，在王元骧先生的文学理论文章中都得到了充分的体现。王元骧文学理论学术论文的"风骨"主要体现为：一、充满文气，有"风力"有"骨鲠"，他的论文总是有"风"通体灌注；二、善于锻炼文骨；三、取熔经典著作、广泛吸收中西文论精华。王元骧的论文有主干骨鲠，有人文情怀，才气锋颖出众，在追求"风骨"方面，给我们树立了一个很好的典范，值得我们学习、领悟。

---

*   党圣元，中国社会科学院大学人文学院教授，中国社会科学院文学与阐释学研究中心研究员，主要从事马列文论、中国古代文论研究。

【关键词】

王元骧；新时期文学理论；风骨；风力与文骨；取熔经典

　　很感谢浙大文艺学研究所给我提供了这么一个前来学习和向王元骧先生表达敬意的机会。王元骧先生是文学理论界的老前辈，我对王先生的人品和学品，以及他在文学理论方面的卓出建树，一直敬仰不已。王元骧先生的文学理论研究，在经过漫长的准备期之后，终于从 1978 年开始如"井喷"般地涌发，到如今整整 40 年了，他以其锐利的理论锋芒和鲜明的学术立场，以及严谨的治学态度，贡献了许多篇足以载入新时期 40 年文学理论发展史的论文大作，有力地推动促进了新时期文学理论的发展与深化。所以，王元骧先生既是新时期文学理论的建设者，又是新时期文学理论的见证者，他在文学理论方面的思考、建构，以及他发表的学术论文和出版的专著、教材，展现了新时期 40 年文学理论发展演变和学术深化的历史轨迹。

　　我本人自 1978 年以来，因对文学理论的强烈兴趣而逐步开始这方面的学习，在学习和成长的过程之中，受益于王元骧先生文学理论论文的启迪很多，深深地被他的问题意识、思想深度、理论风范所折服。总之，就是喜欢读王元骧先生的论文，每读必有所获，必有所开悟和启迪。近些时日，为了参加这个会，我专门又翻阅了他的《审美超越与艺术精神》《审美：向人的回归》这两本大著，感慨不已，收获甚多。王元骧先生在 60 年的学术和执教生涯中，勤于著述，硕果累累，但是我认为，这两本非常厚重的著作中所收的论文，都是他的学术代表作，其所展示的思想之深邃、理论之透彻、逻辑之严谨、学艺之精湛，无不令人叹服。我还认为，王元骧先生的诸如《关于艺术形而上学性的思考》《关于文艺意识形态性的思考》《文艺理论研究中的"文化主义"与"审美主义"》《文学研究的三种模式与理论选择》等许多篇论文，已经成为当代中国文学理论中的名篇，无疑属于传世之作。

全面认识与评价王元骧先生的文论体系及其理论贡献，需要全面、深入细读他的全部论著，需要对中西文论、美学的历史和现状有坚实的学术工夫，这实非我所长，在座的各位在文论方面都中西皆治，通贯中西，肯定能做出中肯的论析。那么，我讲点什么呢？这时我想起了刘勰《文心雕龙》，想到了《文心雕龙》中的《风骨》篇，我尝试以中国文论固有的"风骨"这一关键词，来简要地表达一下我对王元骧先生文学理论的认知。因为我认为，无论是王元骧先生本人，还是他的文学理论，都是有"风骨"的，刘勰在《风骨》篇中所讲的、所呼唤的那些，在王元骧先生身上和他的文章中都得到了充分的体现。

在传统文论中，"风骨"的义界涉及、涵盖了创作论、风格论、作家论、作品论诸多论域，是一个重要范畴。"风骨"作为一个文学理论批评术语，其生成渊源有自，到《文心雕龙》则正式得到确立，并且成为一个标识性的概念。历来对于"风骨"的诠释，歧义较多，这里搁置不论。需要指出的是我们以往对"风骨"的解释，受西方文论中内容与形式关系论的影响，甚至完全套用内容与形式关系，将"风"指认为内容，将"骨"指认为形式，这样的解释不能说完全不着边际，但是毕竟又遮蔽、过滤掉了"风骨"所包含的更多的意涵。刘勰在《文心雕龙·风骨》篇中说："是以怊怅述情，必始乎风；沈吟铺辞，莫先于骨。故辞之待骨，如体之树骸，情之含风，犹形之包气。结言端直，则文骨成焉；意气俊爽，则文风清焉。若丰藻克赡，风骨不飞，则振采失鲜，负声无力。……故练于骨者，析辞必精；深于风者，述情必显。捶字坚而难移，结响凝而不滞，此风骨之力也。若瘠义肥辞，繁杂失统，则无骨之徵也；思不环周，牵课乏气，则无风之验也。"刘勰在这里当然是针对文学创作而言的，但是事实上中国传统文学观念与现代"纯文学"观念在内涵与外延方面存在着明显的差异，我们有充分的理由认为刘勰这里所讲，也包括我们现在所说的学术论文写作在内，或者说刘勰所讲也完全适应于学术论文的写作。

如果按照刘勰所说的这些话来衡量王元骧先生所写的文学理论学术论文，或者说我们带着刘勰对文章"风骨"要求之期待来阅读王元骧先生的论文,我们是不是觉得他的论文很有"风骨"呢?答案是肯定的。任何文学创作论、风格论、作品论都离不开文学主体论,离开文学主体谈创作、谈文本、谈风格,是有违于"知人论世"文评传统的,很可能使我们的理论和言说走向偏窄、极端。因此,谈到王老师文学理论学术论文的"风骨",我们当然要先说,王元骧先生论文的"风骨"是来源于他本人思想、性格的"风骨",他的论文的"风骨"与他身上所焕发出的人格、思想的"风骨"是相互贯通、内外表里的。王元骧先生思想性格和立世为人之"风骨",我相信在座的大家都深有感受,这里无须展开。我所要说的是正是他思想、性格的"风骨"成就了他文章的"风骨",成就了他文学理论的"风骨",从而使他的文论研究焕发出思想的辉光、理论的坚定、文章的飞扬,而这一切都可以以"风骨"来概括之。那么,王元骧先生文学理论的"风骨"到底体现在哪些方面呢?由于时间的原因不可能面面俱到地发长篇议论,所以我在这里只谈如下几点:

一、充满文气,有"风力"有"骨鲠"。我们知道,《诗经》"六义","风"列首位。按照刘勰在《文心雕龙·风骨》篇中所讲的观点来看,"风"是文章产生教化作用与感染力量的最为重要的因素,也可以径曰为本源性力量或前提性条件。在一篇文章中,"风"实际上就是作者所要表现的思想感情和精神风采在文本中的具体展示,并且成功展示后所产生的一种综合审美效应。所以,包括"论"体在内的文章写作,要表达作者心中的思想与感情,事实上理论文章也无可避免地或隐或显地体现着作者的价值情感成分,而且这种价值情感越充沛,理论的穿透力、说服力越强。所以,我们即便是言说文学理论问题,撰述为理论文章,也应该先从注重文章之"风"的教化、感染作用开始;而在具体的表述过程中精心选择推敲文辞,来传递所要表述的思想意涵,这一点也同样重要,因为只有这样,才可以更加有效地增强"风"的力度,使其发挥更大的作用。因此,就文章写作而言,"骨"的作用实际上与"风"同等重要,"风"与"骨"在功能上具有同一性,在文本中它们的关系是一种互相依存关系,各以对方为存在条件。

从中国传统的"人化"批评的角度来看，一篇文章犹如一个活生生的人，人无骨则不立，而文章亦同样如此。所以，刘勰才说"沈吟铺辞，莫先于骨"，言下之意即是说文章依赖于"骨"而后成，犹如人体不能没有躯干；文章是表达作者的情思之具，但是所要表达的情思中不能不包含着"风"，这就像一个人的形体中必须包蕴血气，否则便是一具木偶土俑而已。尤其是对于文学理论批评文章的创作而言，如果词语运用能够做到端正有力，那么文章就有了结实有力的躯干；如果表述的思想和理论观点明快爽朗，并且具有作者自己的鲜明而独到的情思，那么整个文章就有了理论穿透力和思想感染力。刘勰认为，文章写作如果一味地追求辞藻的艳丽丰富，但是缺乏风骨，那么整个文章便不飞扬灵动，文章风格更谈不上鲜明。于此，我们还可以补充而言，就是对于"论"体文章而言，如果缺乏"风骨"，那么其分析阐述就无法有力。因此，即便是文学理论学术文章的写作，在运思作文之时，也需要保持旺盛的志气，以刚健的文辞确切而精准地表述自己的思想见解和人文情怀。如此，所写文学理论批评文章，才能闪耀出思想与人文情怀的光辉。刘勰认为，"风骨"在文章中的作用，就像征鸟远飞要使用它的翅膀一样。

我们认为，文学理论学术文章之有待于"风骨"，情况同样如此。但是，我们看到，随着文学理论越来越呈现出"知识化"的发展趋向，出现了文学理论文章写作越来越脱离作者思想情怀而向着程式化、公式化的发展趋势，许多文学理论文章中的言说，不是出之于作者自己的对于社会、人生、文学的感受、体验，而是完全依靠一套现成的、他人的概念、术语、话语来作业，完全是照着说、跟着说，唯西方文论和文化理论批评之马首是瞻，以西方文论、文化批评之问题为问题，以西方文论、文化批评之概念、术语为组织框架来堆砌成文，而如果我们去掉这些文章中的那些冗长的稀释性的话语，那么可能就仅仅剩下一些孤零零存在的西方文论、文化批评的概念和术语，而这样的文学理论文章是缺乏"风骨"的，这也是现在大量文学理论学术文章不受待见的主要原因之一吧？但是，我们阅读王元骧先生的文学理论文章的感受，与阅读时下流为风气的一些文学理论学术论文的感受大不一样。

我们可以从王元骧先生的论文中感受到一股来之于他思想深处的真力弥满的理论正气，体会到一种发自于他胸怀之间的人文情怀，这种理论真气和人文情怀，便呈现为他文章中之"风"。比如，我们读王元骧先生的《关于文艺意识形态性的思考》《质疑文学评价中的"人性"标准》《文学研究的三种模式与理论的选择——对于文学理论的性质和功能的思考》《文学理论的科学性与人文性》《李泽厚美学思想基础还是历史唯物主义吗》等一系列论文，便可以深深地体会到他对有关文学理论重大问题的思想价值立场和文化情怀。这些文章，都是他在对问题进行长期追踪和深入思考的基础上撰写的，文章的理论观点守正创新，持论务求公允全面，充满了历史理性精神，而不是为了某种偏窄的意识形态主张而曲张其说，更不是为了单纯求"新"而置经验与常识于不顾，体现出强烈的思想担当和理论责任感；敢于亮出自己的观点，不随波逐流，不隐晦自己的见解而吞吐其言，不以满纸时髦的西方文论和文化研究术语来文饰思想之匮乏，体现出了理论文章应该具有的刚勇而又稳健的风格。因此，王元骧先生的文学理论论文，写的总是那么有风力、有气度，通体显示出一种理论的透彻性，焕发出一种人文的忧思情怀，所以才那么有说服力，而究其原委，正在于他的论文总是有"风"通体灌注。

二、善于锻炼文骨。所谓锻炼文骨，就是指能精确地运用词语，包括概念、术语的使用和逻辑的谨严。所以，我认为似乎可以援引索绪尔结构语言学的"意指作用"这一概念来解释《文心雕龙》中的"风骨"这一范畴，如果运用的适度而得法，实际上是有助于解决向来众说纷纭而莫衷一是的对于"风骨"的诠释。我们知道，能指与所指是结构语言学的一对范畴，而在索绪尔的结构语言学中，"意指作用""能指"和"所指"是三个紧密相联的概念，人们用一定的语言符号来表示具体事物或抽象概念，"意指作用"则表示语言符号与所表示的事物或概念两者之间的关系，索绪尔把表示事物或概念的语言符号称为"能指"，把语言符号所表示的事物或概念称为"所指"；"能指"指单个的词语的词形或词音，"所指"指词语所要表示的对象或意义。参照索绪尔的说法，"风"大体上相当于"所指"，

"骨"大体上相当于"能指",而"风"与"骨"合二为一所组成的"风骨"则大体上相当于"意指作用"。我认为"意指作用"这一概念的引入,有利于我们从整体的角度来理解和诠释"风骨"的意涵,而避免割裂彼此,避免在诠释时出现见"风"不见"骨"或见"骨"不见"风"的现象。

按照刘勰在《文心雕龙》中的相关说法,凡是文章高手,都是深明"风骨"之义和擅长锻造文骨之人。"文骨"在文章中的作用,在于可以使所要表达的思想更加鲜明突出。刘勰主张一篇文章的字词,要锤炼得坚实而难于更易,全篇则讲究言语凝练、文脉贯通,而不可敷衍从事,乃至堆砌辞藻而板滞不堪。刘勰认为,锻炼"文骨"是文章具有"风骨"力量的必由途径。事实也是如此,如果一篇文章内容贫乏而辞藻繁复,文理混杂而没有条理,那就是没有"文骨"的典型症状。对于理论文章的写作而言,情况尤其如此,刘勰所提出的文章写作"析辞必精""述情必显"的要求,其实更适应于文学理论批评文章的写作。如果所要讲的道理不通达,理论思辨不周密,只是将一些碎片化的所谓文学理论知识勉勉强强地拼凑在一起,依靠若干个牵强附会挪用来的概念范畴而为之强说,缺乏一以贯之的文意,这就是刘勰所批评的"思不环周",就是"瘠义肥辞,繁杂失统",就是"牵课乏气",从而也就无从谈文章之"风骨"。

王元骧先生的文学理论批评文章则不然,他的论文非常讲究锻炼文骨,在文字锤炼、条理畅达等方面,是非常考究的,这无不增强了他文章的"风骨"。比如,我们读他的《对于文艺研究中"主客二分"思维模式的批判性考察》《认识文艺与政治关系首先须解决的两个问题》等文章,就可以感受到他为更加条畅、更加清晰地阐释自己的理论观点而在遣词用语方面确实非常考究,许之以达到了刘勰所说的"结言端直",我认为并不过分,而这正是他善于锻炼文骨之鲜明的表征。

三、取熔经典著作、广泛吸收中西文论精华。古人作文,讲究取熔经典著作,以经典著作为范式,吸收借鉴经史百家的为文之术,这样方能知晓文情变化,熟悉文体规范,然后在此基础上萌发出新颖的文意,撰写出组织有方、析理透彻、逻辑严谨、意气飞扬的文章。刘勰在《文心雕龙·风骨》篇中云："若夫熔铸经典之范，翔集子史之术，洞晓情变，曲昭文体，然后能孚甲新意，……若骨采未圆，风辞未练，而跨略旧归，驰骛新作，虽获巧意，危败亦多，岂空结奇字，纰谬而成经矣。"指的正是这一点。刘勰当然主要是针对文辞创作而言的，但是他的这些主张其实同样适用于传统诗文评类文章的写作，也适应于当代中国人文类学术论文的写作。

按照文体分类，我们现在的文学理论学术论文，自然属"论"体，其主要功能在叙学。按照文体规范要求，"论"体文章的写作，也有自己的体制要求，也要做到"得体"，也讲究"风力"。在这方面，我认为刘勰所讲的诸如"结言端直""析辞必精"，不可以"瘠义肥辞""繁杂失统"而几成"文滥"。但是，文体意识弱化现象在当代文学理论批评文章写作中一直程度不等地存在着，这无不影响了文学理论功能与作用的发挥。在如何有效地克服这种不足的问题上，王元骧先生的文学理论论文可以给我们提供一些有益的启示和经验。笔者手头还有一本王元骧先生论文集《艺术的本性》，其中收入他的文学理论研究和美学研究方面的论文20篇，他在撰写这些论文时，取熔古今中外经典理论著作而又不拘泥于一家一派，不追逐当下时髦的热点话题，而是充分结合当下的文学发展现实，针对文学理论发展中出现的一些重要的思潮性现象而进行深度研判和精确分析阐释，重在对有关文学理论的基本问题作出深刻的理论辨析，力求对这些基本理论问题的探讨提出具有时代高度的新见，从而推动和深化文学理论基本问题的研究和学科建设。

我们读王元骧先生的这些论文，能充分地感受到他对"论"体文章写作所具有的娴熟学艺，因此文意新颖而不杂乱，不是为了文辞奇巧而任意拼凑，在文章骨力和文采方面确实进入了一种圆熟的境地。当然，王元骧先生能做到如此，确实来之不易，如果没有艰辛的思辨过程，写作时没有对文章的风力和辞藻进行磨炼，是达不到这一点的。这也告诉我们，正如刘勰援引《周书》中所言"辞尚体要，弗惟好异"而告诫人们要慎防"文滥"那样，虽然"文术多变，各适所好"，但是敬畏经典，传承经典精神，注重"论"体文章的文体规范，却是非常必要的。刘勰特意引用《周书》中的这两句话，其用意无非告诉人们，要防止文章过于追新逐异而出现虽"新"而实"讹"的文弊。因为，目无经典，处处要跨过已有的规范，好高骛远地追逐新异，虽然可以获得一时的奇特的言语效果，能博得许多眼球，但最终却会导致文章谬误而轻浮，成为过眼之烟云。理论文章要耐读，耐读的理论文章才有学术生命力，而王元骧先生的文学理论论文正是耐读的文章。多年来，学界一致评价王元骧先生的文学理论学术论文能谨守"论"体文章写作规范，文辞鲜明刚健，使人读来感到风力清新、骨力峻拔，文章中闪耀着一种由"风"与"骨"合力而成的思想、情怀、理论光彩。于此，我认为，"风清骨峻"四字，不仅适应于评价王元骧先生的人格，也适应于评价他的一系列文学理论论文。我们从王元骧先生精神风貌、为人处世、言谈举止和他的一系列文章中，也可以深深地感受到"风清骨峻"这一特点。

总而言之，正如刘勰在《文心雕龙·风骨》中强调的那样，情思与志气相伴，言辞与骨力并存，是文章写作的不二法门。我们认为，即便是纯学术的文学理论论文写作，如果能写得明朗刚健，文章便可具有思想的感染力和理论的穿透力，照样可以达到理想的文章境界，或者说达到理论与文章并臻的"化境"。我们读王元骧先生的论文，感到他的文章有主干骨鲠，再加上他人文情怀饱满，才气锋颖出众，这就使他的文章非常耐读，而这正是他写文章十分注重"风骨"使然。王元骧先生的文学理论文章，在追求"风骨"方面，给我们树立了一个很好的典范，值得我们学习、领悟。

（责任编辑：廖雨声）

论牟宗三"化境"说的美学内涵

余 群*
（浙江越秀外国语学院）

【内容摘要】

牟宗三提出的"化境"，作为一个美学范畴，值得引起特别的重视。
"化境"以"善"为基石，以"即真即美即善"（"合一说"）为内涵，
具有无相之相的特色，即真无真相、美无美相、善无善相。牟宗三
的理论与王国维、冯友兰的学说并不相同，"化境"是艺术（美学）
的，但又不限于艺术（美学），而王国维"境界"主要是艺术（美
学）的；"化境"是人生的，但又不限于人生，而冯友兰的"人生境
界"则主要是人生的。"化境"是人生与艺术的合一，是对王国维
"境界"和冯友兰"人生境界"之理论的发展和提升。

【关键词】

牟宗三；化境；即真即美即善；境界；人生境界

---

* 　余群（1968—　），男，江西樟树人，浙江越秀外国语学院中国语言文化学院副教授，博士，主要从事文艺
学、中国古代文学研究。
　本文系浙江省重点研究基地社科规划立项课题《刘宗周理学美学思想研究》（16JDGH053）阶段性成果之一。

问题的提出

众所周知，牟宗三的美学具有浓厚的民族气息，而且在汲取西方理论基础上对传统美学进行了总结和发展。当前，牟宗三的美学思想引起了越来越广泛的关注，其相关的术语也频频出现于各类著作之中。例如，"化境""即真即美即善""合一说""分别说"①，"圆善""圆教""圆圣"②，"圆境"③等就是这方面的代表。其中，"化境"实际上就是"即真即美即善"或"合一说"的代名词。但是，在学术界，"即真即美即善"或"合一说"之说非常流行，而"化境"理论却少有人给予细致的探讨。这就在某种程度上影响了牟宗三美学思想的传播和推广，也影响了国人对我国传统美学思想的深入理解。因此，对"化境"理论进行探讨是十分必要的。

虽然，"化境"一词古已有之，但牟宗三赋予了它全新的内涵。因此，作为一个具有原创性的美学理论，比"即真即美即善"或"合一说"更有整合性、适用性，而且更适合宣传、流行。这有两个方面的原因：一是，"化境"比"即真即美即善"更具有学术意义，可以成为一个名副其实的审美范畴。所谓美学范畴，是指在美学中用来概括审美对象各种审美属性的基本概念，如美、丑、优美、崇高、气韵、滋味、境界、化境等。"化境"除了包含"即真即美即善"的内涵外，还可以表示一个基于时空而又超越时空的存在、场景。二是，"化境"作为一个美学范畴，比"合一说"包含更丰富更完整的美学内涵。因为，"合一说"的真善美作为一个系统，既可以是三者相加的整体，也可以是彼此相融的整体。相加的整体与"分别说"的真善美没有本质上的区别。康德所说的真善美就属于这个类型。而相融的整体才是"化境"，才是高于"分别说"的一个境界。牟宗三《圆善论》说："康德说的真美善是分别说的。这并不是我们所了解的增减之合一。合一有两个意

---

① 牟宗三：《康德：判断力之批判》，西安：西北大学出版社，2008 年，第 70—73 页。
② 牟宗三：《圆善论》，台北：联经出版有限公司，2003 年，第 324 页。
③ 同上，第 297 页。

义，一是如康德所说把三者合在一起成一大系统，这大系统其实是分别说的。另一意义是中国人所了解的真美善之合一。这是说一物同时即真、即美、即善。这意思是康德所没有说到的；西方哲学没有这了解，没有这境界。但中国人最喜欢谈这问题，即真、即善、即美，合在一起；其中有真的成份、美的成份、也有善的成份。"[1] 这就是说，"化境"中的真善美是你中有我、我中有你的水乳交融、有无相生的整体，具有无限生成的可能。

理解了"化境"的价值以后，我们就可以顺理成章地进行下面的分析论证了。

一、"化境"之基石："善"

众所周知，以"善"作为"美"的基础，作为我国审美的传统，可谓源远流长。许慎《说文解字》解释"美"曰："美，甘也。从羊，从大。羊在六畜主给膳也。美与善同意。"[2] 这里有两点值得特别的注意。第一，从字形的构成来看，"美"由"羊"与"大"构成。而"羊"是用于祭祀或食用之膳食，是"祥"的象征。段玉裁解释此"羊"曰："羊，祥也。"[3] 当然，以"羊"来象征吉祥，还有其他的实例，例如，三羊开泰，就是表明新春吉祥之意。此三羊，原本是"三阳"，而"羊"与"阳"协音，后人就经常绘制"三羊"的图画来象征吉祥。第二，从含义来看，"美"与"善"是相通的。美的，即是善的；善的，即是美的。所以，早在先秦，荀子就已经使用"美善""美德"之类的术语，把"美"与"善"（德）直接结合起来，组成一个常见的词语，流传至今，这也表明"美与善同意"。

所以说，牟宗三"化境"理论以"善"作为其基石，是对于我国传统美学的继承与发展。

---

① 牟宗三：《圆善论》，台北：联经出版有限公司，2003 年，第 334 页。
②③ 许慎著，段玉裁注，《说文解字》，上海：上海古籍出版社，1981 年，第 146 页。

牟宗三作为新儒学的杰出代表，其学术思想深刻地体现了儒家推崇道德的特点。而其美学无疑也属于儒家美学，可以说是道德优先的典范。牟宗三说："人生全体固不只道德，然必以道德为本。如是，若进而再以道德融摄知识，则道问学亦可得其分矣。"①牟宗三认为，人生虽不仅仅包括道德，但应以道德为其根本。所以，牟宗三特别重视"仁""善"等内涵，并认为"善"与"福"合一，就是"圆善"（圆满的善）。

牟宗三"圆善"理论的核心思想就是"性善"论，即认为"善"是一种天理、天性。这也就是西方所谓的"自律的意志"或"意志的自律"。因为，自由自主自律的意志就是本心仁体之本质的功能。也就是说，心灵的激情比理智更有意义，而人性本善保持了心灵中这份向善的激情。牟宗三《圆善论》说："真正的道德，一定是意志的自律，意志本身有自己的立法性……康德认为不可从对象上说善，照无条件而产生的行为才是善的。在西方传统中，康德这种说法，实在是一个大扭转。这种意志之自我立法，就是中国人所谓'心即理'。"②牟宗三认为，"善"只有视为一种天理，才不是他律的，才能成为自身的立法者。换言之，"善"是发自本心的，无条件地产生的，才是真正的"善"。在这一点上，康德的认识与我国古人的理解是相通的。这是他对西方学术的一大贡献。但是，康德却把这种"善"归功于上帝。所以，康德的教义又是不彻底的。因为，上帝安排的"善"是他律的善，而不是完满的善。

对于真善美，牟宗三首先看重的是其中的"善"。可以这么说，牟宗三的美学思想是以"善"为其基石的。牟宗三《圆善论》说："哲学活动的最高峰有两个问题，第一个是圆善问题，另一最高峰是真美善三者合一的问题。"③这就是说，哲学活动的两个最高峰都与"善"有关，而且以"善"为根本和依据。按照这样一个逻辑，牟宗三说："真美善三者虽各有其独立性，然而导致'即真即美即善'之合

---

① 牟宗三：《从陆象山到刘蕺山》，台北：联经出版有限公司，2003 年，第 438 页。
② 牟宗三：《圆善论》，第 352 页。
③ 同上，第 333 页。

一之境者仍在善方面之道德之心，即实践理性之心。此即表示说道德实践的心仍是主导者，是建体立极之纲维者。因为道德实践的心是生命之奋斗之原则，主观地说是'精进不已'（纯亦不已）之原则，客观而绝对地说是'于穆不已'之原则，因此其极境必是'提得起放得下'者。"① 牟宗三认为，真善美各有其独立的价值，但三者合为一体之境，主要还是因为有"善"作为道德之心。这是我们心灵的主导因素，是建体立极的根本。我们每个人都应当为之不断向上、精进不已。这是"尧舜性之"的体现，是"大而化之之谓圣"的要求，也是"天地之常以其心普万物而无心，圣人之常以其情应万事而无情"的教义。在这一点上，虽然道家、佛家也主张人心之"善"，但不以道德之心立教，所以虽然实践之中也含有此义，总不如儒家"以道德心之纯亦不已导致此境"更为精当、专一，而又执着。之所以如此，这是因为人之生命的振拔挺立之际，其最初之根源仍在于道德之心。这种"提得起"的担当，是完全符合康德之"以实践理性居优位"之主张的。

"善"是儒家的核心思想，可谓源远流长。孔子所说的"性相近，习相远"，开创了我国性善论的理论先河。之后，孟子明确提出了"性善"论，扩大了此种理论的规模。后来，《易传》中的"继之者善也，成之者性也"②，视"性善"为天道之准则，而《中庸》中的"天命之谓性，率性之谓道，修道之谓教"③ 云云，则把性善视为上天赋予的使命，进一步增强了性善论的说服力。到了宋明理学家手里，性善理论得到了长足的发展。程朱学派就是这方面的代表，特别是明代晚期的刘宗周以"无善而至善"之说来发展周敦颐的"无极而太极"理论，更是直接把"善"等同于"太极"，从而使之具有了宇宙本原、创生万物的性质。刘宗周《人谱·人极图说》曰："无善而至善，心之体也。即周子所谓太极，'太极本无极也'。统三才而言，谓之极。分人极而言，谓之善。其义一也。"④ 刘宗周认为，天、

---

① 牟宗三：《康德：判断力之批判》，第 69 页。
② 朱熹：《周易本义》，北京：中华书局，2009 年，第 228 页。
③ 朱熹：《四书章句集注》，北京：中华书局，1983 年，第 17 页。
④ 刘宗周：《刘宗周全集》第二册，杭州：浙江古籍出版社，2007 年，第 3—4 页。

地、人都有太极，而人极则是"善"。可见，刘宗周把"善"提升到世界本体的高度了。而在此基础上，刘宗周《读易图说·易衍》又提出"夫性，本天者也"①的理论，使"善"之人性不仅成为可能，而且成了一种必然。杜维明《刘宗周哲学人类学的主体性》说："新儒学思想的所有传统几乎都强调超越意义上的性善说。然而，刘宗周'人性本自于天'的论断超越了程朱在引发人类创造力时'性即理'的信念。说'人性本自于天'意味着，既然人性是由天赋予的，那么也就是有生产能力的，因为它是天的组成部分。天有无限的生产力。尽管就《易经》和《中庸》哲学而言，人类参与天地宇宙转化的观念居于中心地位，不过，刘氏设想天也靠人类活动达到自身圆足，则显得出奇的夺目。所以，就刘宗周而言，止于至善的能力不仅在人性上有可能，而且在道德上也是必须的。"②

牟宗三非常推崇刘宗周，称他为儒学的嫡传。牟宗三把宋明理学分为三系，他们分别是程（颐）朱一系、陆王一系、胡（宏）刘（宗周）一系。胡、刘一系上接周敦颐、程颢之学，最为正宗，是既存在又活动的一系。牟宗三的美学毫无疑问受到了刘宗周的影响，也非常重视"善"，这表现在两个方面：一是把"善"称为"圆善"，即圆满、圆融的善。二是把"善"视为人生的价值和意义。牟宗三说："'善'是生命之奋斗、生命之提得起，是生命之'精进不已之原则'。"③牟宗三认为，"善"是人生奋斗的精神，主观地说是"精进不已"（纯亦不已）的原则，客观而绝对地说是"于穆不已"的原则。因为，在他看来，"人所首先最关心的是自己的德性、自己的人品"④。

当然，"善"具有普世价值，得到了全世界有识之士的认可和推崇。法国思想家史怀泽《敬畏生命》说："善是保存和促进生命，恶是阻碍毁灭生命。如果我们摆脱自己的偏见，抛弃我们对其他生命的疏远性，与我们周围的生命休戚与共，

---

① 刘宗周：《刘宗周全集》第二册，杭州：浙江古籍出版社，2007 年，第 138 页。
② 杜维明：《杜维明文集》第 3 卷，武汉：武汉出版社，2002 年，第 594 页。
③ 牟宗三：《康德：判断力之批判》，第 68 页。
④ 牟宗三：《现象与物自身》，台北：联经出版有限公司，2003 年，第 21 页。

那么我们就是道德的。只有这样，我们才是真正的人；只有这样，我们才会有一种特殊的、不会失去的、不断发展的和方向明确的德性。"① 史怀泽认为，善是保存和促进生命的法宝，而恶则是毁坏人类生命的恶魔。我们人类休戚与共，道德就是我们行动的指南。所以，我们应当努力践行人道，这种真正的善行，不仅是伦理命令的要求，而且还与我们的生命本质若合符契。史怀泽《人道》说："人道促使我们，事无大小都要听从我们心灵的启示。通常，我们更愿意做那些我们的理性认定是善和可行的事。但是，心灵是比理智更高的命令者，它要求我们去做符合我们精神本质的最深刻冲动的事。"② 史怀泽认为，心灵是比理智更高的命令者，所以，"性善"论，也有其心理学的理论依据。依此，牟宗三以"善"为基础的美学思想，无论在理论上，还是在实践上，都是一个在全世界能够广泛通行的理论。

二、"化境"的美学内涵

（一）"即真即美即善"

牟宗三在《以合目的性之原则为审美判断力之超越的原则之疑窦与商榷》③一文中提出的"化境"，就是"化"真善美为"一"之境。所以，严格来说，化境既是真善美的合一，又是真善美的化一。在这一点上，牟宗三非常成功地继承并发展了我们先哲的智慧。因为，我国的儒释道三家自古以来都喜欢讲真善美的合一，而且讲得非常深刻。

牟宗三认为，化境即圣境，"圣境即化境"④。而能够达于圣境，则表明主体完全达到了"即真即美即善"之境界。牟宗三说："故圣心无相是'即善即美'，同

---

① 史怀泽著:《敬畏生命》，陈泽环译，上海：上海社会科学院出版社，1995年，第19页。
② 同上，第107页。
③ 牟宗三:《康德：判断力之批判》，第3—75页。
④ 同上，第70页。

时亦是'即善即真',因而亦即是'即真即美即善'也。王龙溪四无即是此化境。四无者,'无心之心则藏密,无意之意则应圆,无知之知则体寂,无物之物则用神'。"① 这就是说,圣心无相,完全达到了即真即善即美之无相,而王畿所说的"四无"理论就是这种化境的体现。对此,我们可以分两步进行解说。

首先,"化境"达到了真与善的贯通。既然"化境"就是圣境,所以能够达此境者必然是得"道"之真人、圣人。圣人之"道",就是真如、真相、本真。张岱年《道、天道》一文说:"道的本义为路,人行之路为道。《说文》云:'道,所行道也,一达谓之道。'具有一定方向的路叫作道。引申为人或物所必须遵循的轨道,通称为通。日月星辰所遵循的轨道称为天道,人类生活所遵循的轨道称为人道。"② 显然,"道"既指天道,也指人道。而圣人能够以人道贯通天道,使天道落实于人道。所以说,此"真"包括两个层面的内容:天道和人道。如果说"天道"是牟宗三所称的"物之在其自己"(物如),那么,"人道"就是"物之在其自己"的"朗现"。牟宗三认为,"物之在其自己",是最高境界的"真",此"真"就是康德所称的物自体,也就是儒家所谓的"太极"、老子所称的"道",它虽然无法通过感触来直观,但可以通过"智的直觉"来直观。而"物之在其自己"的"朗现",则就是人道之"真"、现象之"真",即客观之真实,它是可以通过五官感知的,是存在的呈现。它相当于庄子《知北游》中所说的"道在稊稗,道在屎尿"③ 之意。可见,圣人之"化境"既是"道"之真如,也是"稊稗"之真实。

其次,"化境"也达到了善与美的融合。牟宗三认为,美主观地说是妙慧心,客观地说是气化之光彩。对此,牟宗三曾以孟子的言论进行了说明。《孟子·尽心下》曰:"可欲之谓善。有诸己之谓信。充实之谓美。充实而有光辉之谓大。大而化之之谓圣。圣而不可知之之谓神。"这就是说,圣人以善为本,然后充而实之,大而化之。其充实之相,可呈现为自然"气化之光彩",而大而化之,则又呈现为

---

① 牟宗三:《康德:判断力之批判》,第 71 页。

② 张岱年:《张岱年全集》第四卷,石家庄:河北人民出版社,1996 年,第 475 页。

③ 郭庆藩撰,王孝鱼点校:《庄子集释》中,北京:中华书局,2006 年,第 750 页。

一种神奇曼妙、高深莫测之相。"气化之光彩"是一种分别之"美"相，而神奇曼妙则是一种"合一"之"美"相。分别之美相，不断精进，不断奋斗，达于"于穆不已"之境，则呈现为合一之美相。而合一之美相，又是至善之相。此相神妙，圣人此时内心排除了各种杂念，因而人与万物处于一个平等、平衡的状态，心灵也归于平静、自由，得到了性善之满足，领悟了大化的生生之机。这也就是儒家所谓的"仁体"流行之际，天人一体，达到了"乐"的境地。徐复观说："虚静之心，对人与物作新发现后，当下皆作平等地承认，平等满足，所以这不是道德性的，而只是艺术性的。在此发现中，安设不上仁义。但由平等观点而来之对人物的平等看待，及在此平等看待中自己与人物皆得到自由，皆得到生的满足，则实又可会归于儒家之所谓仁义，而庄子便称之为'大仁'、'大勇'、'大廉'（《齐物论》）。这正是艺术与道德，在根源地的统一。"① 圣心虚静，以物观物，情顺万物而无情。此虚静之心是艺术性的，但由此而产生的平等观点，以及万物和谐的满足，又可以归功于仁义。所以，艺术的虚静，与道德的仁义，是息息相关的。换言之，艺术之美与道德之善是殊途同归的。

（二）无相性原则

"即真即美即善"的一个显著特征即是它的无相性，因为，这里所说的"即"，就是"诡谲的即""圆说"的"即"，而非分解的"即"，亦非"两物相合""背面翻转"的"即"。牟宗三说："应知今家明'即'永异诸师。以非二物相和，及非背面翻转，直须当体全是，方名为'即'。"② 可见，在真善美之间加一"即"字进行融合，就不是康德所说的真善美组合而成的一个大系统，而是中国人常说的真善美合一、化一。康德所说的这个系统其实就是牟宗三所说的"分别说"，而牟宗三所说的真善美就是"合一说"。此合一即为化一，就是一物无物，此物同时即真、即美、即善，同时具有真、善、美三种成分。这个"同时"，说明了中国人对"共

---

① 徐复观：《中国艺术精神》，武汉：湖北人民出版社，2009 年，第 90 页。
② 牟宗三：《圆善论》，第 266 页。

时性"重视，而与西方人对因果性的重视完全不同。此时，真无真相，善无善相，美无美相，都是有相而无相。之所以如此，是因为真善美显现为太极之真相、道之真如。对此真如、"物自体"，主体只能通过"智的直觉"，即"无执的无限心"来观照。牟宗三《现象与物自身》说："这样的物自身系于无执的无限心这个主体，无限心觉照之即存有论地实现之，此亦可说创造，但不是上帝的创造，因此，物客观地就是如此，就是这样有价值意味的物自身，此就是物之实相：实相一相，所谓无相，即是如相。"①主体以"智的直觉"来觉照之，即是给予物自身以价值，这就是一种有价值有意味的创造。这种创造不是把物自身推出来置于眼前，而是保存了物之实相，即无相之相、如相之相。

可见，"即真即美即善"之化境的产生，完全是依赖于主体创造的无限性。牟宗三说："人生有限而可无限。"②从现实的角度来说，人生是有限的；而从理想的角度来说，人生又是无限的。这种无限性，并不像康德那种"美是道德的象征"之思路那么生硬。因为，"化境"之"真"不知何起，"善"不知何来，而"美"也不知何成，三者圆融无间，无可凑泊，一切呈现一个"无"，成为一个超越有限实体的境界。对此，尤西林先生有非常精当的表述，他说："'境界'又是超越有限性实体及其名言的本体性存在。'境界'体现了本体性存在的矛盾圆融性、终极统一性与无限性。'无'因此成为'境界'恰当的表述。这同时被'我'体验为自由。因而由'我'亲证的主观性境界好像获得了客观存在性质。"③

（三）至此"化境"，实属不易

牟宗三认为，"化境"与圣境，是一而二、二而一的关系。而要达此圣境，殊非易事。牟宗三说："圣境即化境，至此不易。"④按牟宗三的观点来看，历史上，也只有孔子、孟子、颜回之类的人物，才算得上是真正的圣人，而其他儒者还没

① 牟宗三：《现象与物自身》，第 19 页。

② 同上，第 17 页。

③ 尤西林：《心体与时间：二十世纪中国美学与现代性》，北京：人民出版社，2009 年，第 252 页。

④ 牟宗三：《康德：判断力之批判》，第 70 页。

有完全达到理想的状态。牟宗三说："自孔、孟立教即已解行双彰，有本体有工夫，《中庸》自性体言慎独，《大学》自心体言慎独，《易传》穷神知化，穷理尽性以至于命，其教路固一系相承也。"① 这就是说，孔、孟立教，可谓有本体有工夫，没有偏颇之处。但到后来，都不免有歧出之病。牟宗三的这种思想也显然是受到了刘宗周理论的影响。刘宗周曰："夫道，一而已矣。'知''行'分言，自子思子始。'诚''明'分言，亦自子思子始。'已发''未发'分言，亦自子思子始。'仁''义'分言，自孟子始。'心''性'分言，亦自孟子始。'动''静''有''无'分言，自周子始。'气质''义理'分言，自程子始。'存心''致知'分言，自朱子始。'闻见''德性'分言，自阳明子始。'顿''渐'分言，亦自阳明子始。凡此皆夫子所不道也。呜呼！吾舍仲尼奚适乎？"② 刘宗周认为孔子才是真正的圣人，其道"一而已矣"。之后，儒道不断分化，即使那些宋明理学大家也不免有支离之弊。

牟宗三有着与刘宗周相似的论调。所以，他对孔、孟之后的大儒虽然推崇备至，但也难免有一些微词。例如，牟宗三对王阳明和刘宗周评价非常高，但又觉得他们还有不足之处。

对此，我们不妨先来看看牟宗三对王阳明和刘宗周的高度评价。牟宗三《王阳明致良知教》评价王阳明说："故尽心知性知天，此孔孟所传之心要也。宋、明儒者继之而弗替，而阳明尤透彻焉……天地之心，亦所以提挈万物也。……宇宙骨干也。'心无体，以天地万物感应之是非为体。'即此一语，便已说明了'为天地立心，为生民之命'之伟义，便已保住了人文与价值之源于不坠。呜乎伟矣。"③

牟宗三《从陆象山到刘蕺山》评价刘宗周说："明亡，蕺山绝食而死，此学亦随而音歇响绝。此后，中国之民族生命与文化生命即陷于劫运，直劫至今日而犹未已。噫！亦可伤矣！"④

---

① 牟宗三：《从陆象山到刘蕺山》，第 436 页。
② 刘宗周：《刘宗周全集》第六册，第 464—465 页。
③ 牟宗三：《从陆象山到刘蕺山》，第 101 页。
④ 同上，第 438 页。

牟宗三认为，王阳明致良知之教，是中国儒学心性之学的底蕴，"儒者之学大端是以契此为至上了义"①。王阳明对于孔孟所传之心法可谓继承并发展得最为成熟、透彻的大儒。其中"心无体，以天地万物感应之是非为体"，具有"为天地之心，为生民立命"的伟义，并使人的主体价值和天赋使命得以完美地彰显。

对于刘宗周，牟宗三则寄予了深情厚谊，而且颇为自得地提出刘宗周为学性格是"以心着性，归显于密"。他认为刘宗周为宋明理学三系之一，最为正宗，作为宋明理学最后一位理学家，刘宗周"亦是为此学作见证者，殊不易也。不能不令人起钦敬之心"。②牟宗三还认为，刘宗周的舍生取义，表明中国的民族生命与文化生命都陷于劫运之中，至今依然如此。

如上所述可知，牟宗三确实非常钦佩、敬仰王阳明和刘宗周这两位大儒。但是，牟宗三还是认为他们美玉有瑕，那就是，王阳明之学有些疏阔，而刘宗周之学又显得有些紧张。牟宗三说："如若顺蕺山《人谱》作实践，觉得太紧、太清苦，则可参详致良知以稍活之，又可参详象山之明本心以更活之。反之，如若觉得象山之明本心太疏阔，无下手处，则可参之以致良知。如若觉得致良知仍稍疏，则再详之以《人谱》。"③牟宗三认为，真正要入于化境，就应当对王阳明和刘宗周进行调和，相互补充，才能完美无缺。因为，王阳明主张"致良知"，认为天理只在自家体认，所以，发明本心之良知，就是发明流行之天理。此种显教，其积极性是显而易见的，但它又容易为情识所干扰，甚至情肆而荡。相反，刘宗周又显得有些紧张。原因在于，刘宗周主张人性有善而无恶，在实际行动中，又必须投身于对恶的持久的抗争中。事实上，在日常生活之中，刘宗周也确实身体力行、言传身教，其大弟子黄宗羲赞扬他是"从严毅清苦之中发为光风霁月"。④

可见，在牟宗三看来，王阳明、刘宗周都没有完全做到"中庸"，从而成为理

---

① 牟宗三:《从陆象山到刘蕺山》，第102页。

② 同上，第381页。

③ 同上，第437页。

④ 同上，第395页。

想中的圣人。这就是说，王阳明、刘宗周还没有达到化境、至境之地步，那么，其他的儒者所臻之境则更加可想而知了。既然"化境"如此高不可攀，那么，牟宗三的"化境"颇有一种理想主义的色彩。

余论

在理解了上述问题之后，我们就很容易得出这么一个结论：牟宗三"化境"理论，是对王国维"境界"、冯友兰"人生境界"之理论的融合和升华。原因如下：

由于化境是真善美三者的水乳交融，因此，就形成了一个境界。此境界是有超越时空的性质，它是有无相生、虚实相映的，而且具有无限的生成性；它是连续的、整体的、活动的，充实体现了中国精神的特色。杜维明《存有的连续性，中国人的自然观》说："中国人把宇宙看成是有机过程……（这个）有机过程，作为自发的自我生成的生命过程，显示出三个基本特性：连续性、整体性和动态性。"[1] 这其实也是中国美学的特色。而这些特色与"化境"高度吻合。

牟宗三的"化境"与王国维"境界"既有相同，也有不同。相同点表现为：两者都是在消化西方美学理论之基础上的创新，都是一种心灵化的"境界"，是有无相生的。具体来讲，牟宗三的"化境"与王国维"无我之境"有相通之处。"化境"是从"有我之境"往上提升为"无我之境"的，它不仅是提得起，而且也是放得下的。因为，"化境"具有"万物皆备于我"的胸襟。这个"我"，是"有我"，但已经不是一己之私我，所以，这个"有我"之"我"，从提得起又变成为郭然大公、"以物观物"的"无我"了。这就与王国维的"无我之境"颇为相通。王国维的"无我之境"不着"我"之色彩，而且也不知何者为"我"，何者为物，

---

① 杜维明：《杜维明文集》第3卷，第226页。

俨然是物我不分、物我两忘了。两者的不同点是：在外延上，"化境"是一个独立的概念，而王国维"境界"是一个系统，它包括"有我之境"与"无我之境"，"大境"与"小境"，"造境"与"写境"，"情境"与"物境"，"诗人之境"与"常人之境"等方面。在内涵上，"化境"为"即真即美即善"，而"境界"主要化生于"美"。"化境"以"善"为起点，而"境界"以"美"为起点。"化境"的终点是为了真善美的合一，而"境界"则是美的极致。所以，从境界的层次来看，牟宗三之"化境"，是王国维"境界"理论的一种延伸和发展。

牟宗三的"化境"理论与冯友兰的"人生境界"理论也是同中有异的。相同点是：两者都是一种人生境界，是人生的极致，都是无中见有，有中见无的。两者都以"善"为起点。牟宗三的理论基点如前所述，不必赘言。冯友兰先生在《新原人》中主要从善的角度，提出了系统的"人生境界说"。冯友兰"人生境界"包括四个层次，分别是自然境界、功利境界、道德境界和天地境界。前面两个层次属于私利、私欲的阶段，而后面两个层次进入到无私、天理的阶段。不同点是：两者终极目标不尽相同。牟宗三的理论既是人生的，也是艺术的，而冯友兰的理论则是人生的。可见，牟宗三的"化境"从"道德境界"，提得起，最后进入了"天地境界"了，从而可以蕴含冯友兰"人生境界"的理论。而冯友兰"人生境界"的理论，却难以包含牟宗三的"化境"理论。换言之，牟宗三的"化境"理论是冯友兰"人生境界"理论的拓展和提升。所以，牟宗三的"化境"不离"道德境界"，但又不为此为限制，而是上升到"天地与我并生，而万物与我为一"，且同时"游于艺"的境界了。

可见，牟宗三发展了我国"境界"理论，丰富了其内涵。虽然，在一般意义上来说，"化境"一词很难取代"境界"范畴，但在美学界，"化境"具有"境界"所无法包含的内涵，以及无可替代的价值。从这方面来看，"化境"理论当然也是值得学者们广泛关注和重视的。

"化境"一词虽然不是牟宗三首创，但其所具有的"即真即美即善"之美学内涵，其学术之原创性无疑是应当归属于牟宗三的。牟宗三以建立道德的形上学为己任，认为这样才是真正的圆教。所谓道德的形上学，就是即道德即存有的合一，从内在方面来讲，是道德学；从超越层面来讲，则是形上学。依此哲学基础，其"化境"就是道德的形上学的一种体现。换言之，"化境"如果从"善"的角度来看，乃是道德的形上学；从"真"的角度来看，就是智的形上学；而从"美"的角度来看，则是美的形上学。

"化境"作为审美范畴，其内涵反而比"即真即美即善"更具有意义生成的能力。从这个方面来说，"化境"就是"太极"，就是真善美的化而为一。金岳霖《论道》说："太极为至，就其为至而言之，太极至真，至善，至美，至如。"[1]其内涵可谓"此曲只应天上有，人间能得几回闻"；也可谓"大象无形，大音希声"，集中体现了天人合一的传统理念。当然，这种思想的渊源可谓由来已久。张载《正蒙·干称篇》曰："干称父，坤称母。予兹藐焉，乃混然中处。故天地之塞，吾其体；天地之帅，吾其性。民，吾同胞；物，吾与也。"[2]这就是视天下无一物而非我的大心境界，也是程颢"仁者与天地万物浑然一体"的情怀，更是刘宗周"人者与天地万物为一体"的胸襟。刘宗周认为，如果必待"仁者"而后才能与"万物浑然一体"，则物与我毕竟还有些隔膜。只有人者与万物浑然一体，才是真正地泯灭了物我之隔，成为即物即我的天地境界了。

总之，"化境"理论是人生与艺术的合一，是"为人生而艺术"的典范，是对王国维"境界"理论和冯友兰"人生境界"理论的发展和提升。"化境"既是静态的，也是动态的。是静虚动直，是道德而又超道德的世界，是情顺万物而无情的胸襟；是本体与工夫、现在与存在的融合；是向内与向外、内圣与外王的统一，并达到了虚实相生、有无相映的境界，即"物物而不物于物"的圣境。对此至境，我们要以智的直觉来观照、领悟，那就是，不听之以耳，而听之以心；不听之以心，而听之以气，并依此而感受到内在情感与自然节律的一致。这正如杜维明

---

① 金岳霖：《论道》，北京：商务印书馆，1987年，第212页。
② 张载：《张载集》，北京：中华书局，1978年，第62页。

《存有的连续性，中国人的自然观》所说："庄子建议我们不应'听之以耳'，而应'听之以心'，更进一步应'听之以气'。如果'听之以心'包含不受感觉知觉影响的意识，那么，'听之以气'又意味着什么呢？它是否意味着我们是各种生命力内部共鸣的如此息息相关的一部分，因而，我们能听到自然的声音。……结果，人所体验到的美感不再是人体的私我感受，而是如同传统的中国艺术家所说的，'内在情感与外界情景融为一体'。"①

（责任编辑：阳玉平）

---

① 杜维明:《杜维明文集》第 3 卷，第 236 页。

AESTHETICS AND CONTEMPORARY
ARTISTIC CRITICISM
美学与当代艺术批评

现代艺术通感：感觉分离的反抗与救赎

廖雨声 *

（苏州科技大学）

【内容摘要】

与传统的通感修辞相比，现代艺术对通感的使用不仅表现为数量上的增加，更表现出质的不同。它成了艺术创作的基本原则，而且涉及人与社会和世界的根本关系。现代艺术通感因此遭受到争议。从根本上说，现代艺术通感面对的是现代社会中的感觉问题。它是对现代性中感觉分离的一种反抗与救赎。通过艺术中的通感，它重新唤起身体原初的通感能力，从而在身体感知这一层面为人性的救赎奠定基础。

【关键词】

现代艺术；感觉；通感

---

* 廖雨声，文学博士，苏州科技大学文学院讲师，浙江大学中国语言文学博士后，主要从事美学、文艺学基础理论研究。

本文系 2019 年度浙江省哲学社会科学规划课题 "审美通感的现象学研究"（19NDQN344YB）；2018 年度浙江省教育厅一般科研项目 "现象学视域下的文学艺术通感研究"（Y201838982）；苏州科技大学科研基金青年项目 "现代艺术通感的现象学研究"（XKQ201410）阶段性成果之一。

通感自文学艺术产生以来都一直存在。长期以来，它只被看作是一种普通的艺术手法，和其他的艺术手法并无本质的不同。但是，西方象征主义艺术赋予了通感特别的意义。至此，现代艺术通感不仅在数量上广泛使用，而且其性质也发生了根本性的变化。"表达的通感模式甚至有时候被看作是现代文学感觉的标志"①。通感成了艺术创作的基本原则，而且涉及人与社会和世界的根本关系。象征主义艺术在通感的问题上对整个现代艺术产生了重大的影响，普遍继承并发展了其观点。现代艺术对通感的追求是在现代社会中产生的，有着其独特的社会背景，也承担着独特的艺术使命。我们将现代艺术通感置于现代性的背景下，探析现代艺术通感的独特意义。

一、现代艺术通感及其争议

艺术中通感使用的根本转变始于象征主义。波德莱尔的"应和说"把应和看作是人与整个宇宙最深层的联系，认为宇宙是一座"象征的森林"，宇宙中的万事万物都是相互感应的、沟通的，这种沟通包括人的各种感觉之间的相通，也包括万事万物与人的感觉、精神世界与物质世界之间的相通。在艺术领域中，各种艺术之间也是相通的。也就是说，整个宇宙都是一个统一体。嗅觉、味觉和触觉，以及传统艺术中时常出现的视觉和听觉，在波德莱尔的诗歌中都获得了前所未有的关注。而且这些感觉交融在一起，相互应和，形成了丰富的通感意象世界。"在词中，在言语中，有某种神圣的东西，我们不能视之为偶然的结果。巧妙地运用

---

① Glenn O'Malley, *Literary Synesthesia*, *The Journal of Aesthetics and Art Criticism*, Vol.15, No.4（Jun, 1957）.

一种语言，这是施行某种富有启发性的巫术。这时，色彩说话，就像深沉而颤抖的声音；建筑物站立起来，直刺深邃的天空；动物和植物，这些丑和恶的代表，做出一个个毫不含糊的鬼脸；香味激发出彼此应和的思想和回忆；激情低声说出或厉声喊出它的永远相像的话语。"① 通过语言的创造性使用，艺术能够实现一种超乎寻常的能力，让感官之间相互沟通。波德莱尔如此描写一朵花："那时辰到了，花儿在枝头颤振 / 每一朵都似香炉散发着芬芳 / 声音和香气都在晚风中飘荡 / 忧郁的圆舞曲，懒洋洋的眩晕。"(《黄昏的和谐》)颤动、芬芳、声音、眩晕感它们之间都是相互沟通的。波德莱尔之后，象征主义者全面阐释了通感在艺术中的重要性。兰波说："必须使各种感觉经历长期的、广泛的、有意识的错位，这种形式的情爱、痛苦和疯狂，诗人才能成为一个通灵者。"② 通感是我们体验的基础，在感觉的交错中，才能成为通灵者。叶芝认为，所有的声音、颜色、形式都有其固有的力量，但是当它们相互沟通而统一起来时，其所能实现的力量将更为强大。"当声音、颜色、形式之间融为了一体，形成一种互相和谐统一的美妙的关系时，它们似乎变成了同一种声音、同一种颜色、同一种形式，并激起一种情感，这种情感虽由它们各自引起的情感综合而成所产生，但却是同一种感情。"③ 通感让每一种艺术知觉发挥其独特的作用，又将它们综合起来，让每一种声音、颜色和形式中都贯彻通感的效果。因此，他们追求艺术之间的融合，通过艺术之间的融合给人带来完整的感觉体验。克洛岱尔认为："任何艺术的最重要的因素——不管是什么样的艺术——可以说就是相互联系。在诗歌中，它包括思想、形象、感情，特别是受一定韵律统一规范的声音之间的各种相互联系。这也像绘画中的色彩与线条的联系、雕塑与建筑艺术中的体积大小和各部分的比例之间的联系、音乐中音色与节拍的联系一样。"④ 各类艺术之间的联系根本上来说是因为感觉之间的联系，它们能够触

---

① 波德莱尔：《波德莱尔美学论文选》，郭宏安译，北京：人民文学出版社，1987 年，第 73 页。
② 黄晋凯等编：《象征主义·意象派》，北京：中国人民大学出版社，1989 年，第 34 页。
③ 同上，第 86 页。
④ 同上，第 61 页。

发身体不同感知之间的联系。

象征主义艺术理论对后来的艺术产生了重要的影响。对感官之间的内在沟通以及在此基础上的艺术融合追求成为现代艺术（包括当代艺术）的一条重要主线，表现在诗歌、绘画、小说等各种艺术形式中。超现实主义者提出"下意识书写"，要求艺术创作跳出现实理性的束缚，自由地思想与感知。他们利用催眠术以回到人的潜意识领域，在其中获得的意象"具有视幻觉、听幻觉和触幻觉的性质。我们感受到了形象的全部力量。我们无法指挥这些形象，反过来要受它们的支配和奴役"①。在他们的诗歌中，词与词的组合，句子与句子的衔接都是偶然的和随意的。通感的使用则是其中的重要方面。阿拉贡的诗歌最为常见，比如："在清凉的谷中燃烧着/液体而坚强的太阳"（《战时情诗七章》），"我啜饮着蜜酒般的夏日"（《自由区》），前者是触觉与视觉的相通，后者是味觉、触觉与视觉之间的相通。阿尔托的诗歌《树》中也有这样的句子："澄澈的天空在融化/应答着太阳响亮的召唤"，这是视觉与听觉之间的相通。

康定斯基关注的是抽象绘画中的通感语言问题。康定斯基试图建构一套抽象艺术的通感语言体系："现代绘画已经达到了必然要求对服务于绘画目的的绘画手段做一种精确的、纯科学的考察的程度，没有这样一种思考——既不是对艺术家，也不是对公众——就不可能在这方面有所发展。"②在这之前，通感问题围绕着传统具象艺术，从未有艺术家探讨过抽象艺术中的通感问题，这是康定斯基艺术理论的最大成就之一。在绘画中，色彩能够发出自己的"声音"。"心灵与肉体本为一体，心灵的激荡也极有可能通过联想机制引起相应的反应。例如，红色可能会引起类似火焰的感觉，因为火焰本身是红色的。暖红令人兴奋，而暗红则可能令人有隐痛或恶心感，因为暗红能使人联想到血流。在这些例子中，可以断定，色彩的确能唤起相应的物理感觉，并同时对心灵发生强烈的影响。"③在心灵的作用

---

① 柳鸣九编：《未来主义超现实主义魔幻现实主义》，北京：中国社会科学出版社，1987年，第132页。

② 康定斯基：《康定斯基论点线面》，罗世平等译，北京：中国人民大学出版社，2010年，第4页。

③ 康定斯基：《艺术中的精神》，余敏玲译，重庆：重庆大学出版社，2011年，第70页。

下，色彩引起其他的感觉体验。康定斯基试图在色彩与其他感觉体验中建立一个稳定的对应关系，以此构建一门抽象艺术的通感语言。他对各种色彩进行了描述，建立色彩与听觉、运动觉、温度觉、触觉之间的联系。比如，黄色给人带来的是不安，刺激，令人心烦，咄咄逼人，如刺耳的喇叭声；红色给人的感觉则是热情奔放，凝聚于坚定、强烈的向心力，其魅力由内而外释放，圆熟老到，并非随处蔓延；看黄色的圆会导致眼睛出现某种刺蜇感，看蓝圆，则有绵吸感；色彩之间的对比会给人产生分离运动的感觉。每一种艺术都有自己独特的艺术语言，绘画使用色彩与线条等，音乐使用的是声音、旋律和节奏，舞蹈使用的是身体与动作。但是，色彩、声音、线条、触觉等这些因素由于通感的存在而实现相互沟通，因此艺术之间的交融是可能的。而且，"不同艺术所使用的媒介，表面上完全不同，有声音、色彩、字……但最最内在，这些媒介完全一样：最终目标消除了它们外在的差异，并显露内在的同一性"①。从根本上说，它们都是心灵与精神的最纯粹的体现，具有同一性。

现代小说中同样对通感给予了前所未有的关注。福克纳、杜拉斯、曼斯菲尔德、托马斯·曼等现代小说大师在作品都大量描述了通感现象，普鲁斯特的《追忆似水年华》对通感的使用达到了前所未有的高度。《追忆似水年华》描绘了为数众多的通感体验，并肯定了通感在人的知觉经验中的基础地位。普鲁斯特认为，艺术的唯一内容是感觉，智力在艺术中并不是那么重要，只有将我们与对象之间的联系——感觉——呈现出来，艺术才获得了它独特的价值。而且在不同的感觉之间，他总能够将它们沟通起来，形成通感，这种通感体验在生活中扮演了非常重要的角色，整个《追忆似水年华》是从品尝玛德莲娜小点心中开始的。在书中，通感的使用不仅仅只是一种语言的策略，更是一种原初性的体验，这一点可以从他对波德莱尔的评论中体现出来。他极力赞赏波德莱尔诗歌中的通感，认为"显然它们不是偶然的。对我来说，这赋予他们绝对的重要性。再也没有别人能像他

---

① 康定斯基：《康定斯基论点线面》，第28页。

这样以从容不迫的性质，挑剔然而又若无其事地捕捉着内在相关的通感——诸如在一个女人的气息中，在她头发或胸脯的芬芳中——这种通感使他写出了像'蔚蓝的广阔、苍窿的天空'或是'充满桅杆和火焰的港口'这样的句子"①。波德莱尔的诗歌给了他重要的启发，在自己的小说中赋予了通感以"绝对的重要性"。

从上面的描述中我们可以看到，自象征主义以来，通感已成为艺术的一股重要潮流，在现代艺术中扮演着非常独特的角色，成为现代艺术的基本原则。但是，如何认识现代艺术中的通感却成为一个重要问题，原因在于它比传统的通感更加的普遍又难以理解。也正因为如此，现代艺术中的通感在中西方都遭受到了颇多的非议。

白璧德（Irving Babbitt）站在古典的道德标准批判艺术中的通感。浪漫主义②提倡回归自然，标榜人的自然情感的神圣性，强调个人情感扩张的合理性。白璧德认为，正是卢梭开创了这一传统，并由此导致了感性的放纵与理性的放逐、社会道德的崩溃，整个西方文明都走上了堕落的道路。因此，他坚决反对卢梭的哲学，"我相信卢梭式的生活哲学是错误的，如果我的看法是正确的，那么就可以说目前西方的整个趋向是远离而不是趋近文明"③。在艺术中，通感的泛滥就是西方文明堕落的一种体现。白璧德把艺术通感称作"现代唯美主义的幻想"（ modern aesthete dreams ）。白璧德承认声音—听觉体验有着明确的生理基础，因此它也可能与人性自身一样古老。但只是现代印象主义到来之后它才获得文学的重要性④。白璧德关注到的是"颜色—声音"的通感现象，认为它只存在于神经过敏症的流派之中。"我可以说，用颜色来解释声音的习惯可能并不存在任何特殊的感觉过敏

① 本雅明：《波德莱尔的几个问题》，见刘小枫主编：《人类困境中的审美精神》，上海：东方出版社，1994 年，第 604 页。
② 白璧德所谓的浪漫主义并不限于文学史上的浪漫主义文学流派，它包括了后来出现的象征主义、印象主义。在白璧德的论述中，大量分析了波德莱尔、爱伦坡、德彪西等人的作品。因此，此处的浪漫主义指的是提倡自然情感、强调自由想象等基本观点的文学艺术。
③ 白璧德：《卢梭与浪漫主义》，孙宜学译，石家庄：河北人民出版社，2003 年，第 2 页。
④ Irving Babbitt, *The New Laokoon*, Boston And New York：Houghton Mifflin Company, 1910, p.174.

（hyperaesthesia），但是用声音来解释光和颜色的习惯几乎总是神经错乱的显示。"①
当他以此来解释波德莱尔时，认为《应和》并没有给波德莱尔带来气味的感受，
达到的仅仅只是五官的完全混乱。白璧德强烈抨击艺术中对感官的任意混合，认
为颜色—声音和其他类似的现象并没有承担起艺术本应承担的更高更人性的需要，
只是完全成了心理学和医药学的学生②。艺术应该维护古典的传统，建构起感官之
间的稳定的秩序。

文化学者马克思·诺尔道（Max Nordau）认为整个西方文明都处在退化的过
程中，而当时法国的艺术则是这种退化的显著特征。当时法国艺术正处于象征主
义的鼎盛期，诺尔道批评的就是象征主义及其继承者们。"当前正在形成一种退化
的趋势，象征主义者就是这种趋势的典型例子。"③ 他们普遍都表现出了退化和愚蠢
的迹象。象征主义广泛使用通感进行创作，这在他看来只是弱智和情感病态退化
的一种表现形式。"无论如何，如果意识放弃它对现象差别化知觉的优势，粗略地
混淆特殊感官所传达的结果，那么它只是大脑活动病态和衰弱的证据。这是退回
到有机发展的最开始阶段，也是从人类的完善性高度到更低级的水平软体动物的
退化。抬高声音与视觉这些知觉之间的联合、转移、混淆，将它置于艺术的一个
原则，并在这一原则上展望未来，这等于认为将人类意识回归到牡蛎的意识也是
一种进步。"④ 他认为强调人类知觉的无区别状态是对原始动物的回归，象征主义艺
术追求通感则是现代人类退化的一种标志。

在中国，现代艺术通感也没有获得其充分的合法性。研究者大多认为西方现
代艺术中的通感运用过于泛滥，是一种随意的使用，这开始于最先关注到通感现
象的钱锺书。在《通感》一文中，他举了很多中外艺术作品中的通感例子，尤其
是中国古代诗歌中的例子，但对于现代艺术，他则指责说："十九世纪末叶象征主

---

① Irving Babbitt, *The New Laokoon*, pp.174—175.

② Ibid., p.183.

③ Max Nordau, *Degeneration*, London：William heinemann, 1898, p.101.

④ Ibid., p.142.

义诗人大用特用、滥用乱用，几乎使通感成为象征主义诗歌在风格上的标志。"① 通感几乎成了象征主义诗歌的标志，这一点没有问题。尽管使用很多，但它们是否有其独特的价值，则需要特别加以研究。钱锺书之后，很多研究者也表达了类似的观点，刘蕴璇在其《通感说略》中说："十六、十七世纪风靡欧洲的新异诗派曾大量运用通感，十九世纪前期的浪漫主义诗人对通感更是情有独钟。到十九世纪中期和后半叶，唯美主义、象征主义诗人以及后来的其他现代派作家用得相当滥，以至于使通感走入了死胡同，变得荒诞、费解而毫无表达作用。"② 陈育德《灵心妙悟》也说："西方象征派、意象派都很看重通感的作用，甚至把它提到创作原则的高度，他们在艺术实践中也不是没有问题。"③

二、通感与现代性体验中的感觉问题

诺尔道和白璧德对现代艺术通感持否定的态度，但是他们的研究却为通感的思考提示了一条新的路径，那就是艺术通感与时代和社会的联系。现代艺术通感产生于现代社会中，它是对时代的一种回应。"现代结构中的艺术的突变因素值得格外关注的理由是，它反映了在前述制度性变化的社会处境中，个体心性的现代遭遇和精神的品质变化。"④ 通感归根结底是人的感觉问题，现代艺术中的通感则是对现代社会中人的原初性感觉的一种回应。"文学通感或许暗含了对经验基本过程的一种反省，人类领会现象活动中精神与感官的一面镜子或一个回声，那么这种感觉的交叉就不再是那么简单了。"⑤ 因此，要真正理解现代艺术中的通感问题，必须将它置于现代社会中个体的感觉变迁中，由此方能窥见它的独特价值。

---

① 钱锺书：《七缀集》，北京：生活·读书·新知三联书店，2002年，第72页。
② 刘蕴璇：《通感说略》，《内蒙古社会科学》1994年第4期。
③ 陈育德：《灵心妙悟——艺术通感论》，合肥：安徽教育出版社，2005年，第189页。
④ 刘小枫：《现代性社会理论绪论》，上海：上海三联书店，1998年，第145页。
⑤ Glenn O'Malley, *Literary Synesthesia*.

现代性是对现代社会的一种描述，它涉及了社会、政治、思想、文化等方方面面，而我们关注的是现代性中的感觉问题。本雅明关注到了人的感知在这个过程中的变化，他说："在较长的历史时期，随着人类群体的整个生存方式的变化，感知方式也在变化。人的感知的构成方式——即它活动的媒介——不仅取决于历史条件。"① 西美尔关注的是现代性的生活感觉，旨在把握现代性的个体生存感，贝尔则关注到"在日常感觉印象世界里，因为通讯和运输革命，人们对运动和速度、光速和声速有了新的认识，由此发生了时间和空间上的错乱感。"② 但是，感觉不能是抽象的感觉，它必须回归到身体中来，是一种身体—知觉。如果说现代感觉发生了什么变化，那么它意味着身体的某些变化。波德莱尔、本雅明、西美尔、丹尼尔·贝尔等现代思想家站在审美主义的立场上对现代性中的感觉问题进行了深入的研究。但是，"无论波德莱尔、西美尔还是本雅明，在描述现代感觉时，都没有深入到现代感觉的本体论基设——我的身体。"③ 现象学"回到事实本身"让我们回到身体—主体与世界的原初性知觉中，描述现代性中的身体感觉体验，从而使得感觉获得了牢固的基础，感觉于是成了实在的感觉。感觉在现代社会中处于什么样的状况呢？抑或说，现代性中的身体发生了什么变化呢？

按照马克斯·韦伯的观点，现代性的进程是文艺复兴及启蒙运动以来世界的一个理性化、专业化和世俗化的过程，它们之间又相互影响。现代性的这三个方面对整个世界产生了根本性的影响，使得现代社会与"前现代"社会表现出了不同的特征。处于社会中的身体感觉也在这三方面的影响下发生了重大的变化。

首先，现代性的理性化使得感觉变得愚钝。在柏拉图的哲学中，身体与感觉虽然被置于很低的地位，但是在感觉、心灵这些不同的人性之间只是分工的不同，各自都有其独特的领域。整个希腊时代，人们既热爱感性的生活，也追求理性的生活，前者在《荷马史诗》中得到彰显，后者则在哲学家的理论中获得明证，感

① 本雅明：《经验与贫乏》，王炳钧、杨劲译，天津：百花文艺出版社，1999年，第265页。
② 丹尼尔·贝尔：《资本主义文化矛盾》，严蓓雯译，南京：江苏人民出版社，2012年，第48页。
③ 刘小枫：《现代性社会理论绪论》，第335页。

性与理性比较好地结合在一起。现代性的到来，人的理性获得了前所未有的地位，以此来反抗中世纪以来神学的绝对统治地位。认识论的确立导致了感性与理性的二元对立，在这二元中，理性处于压倒性的地位。工具理性和科学理性让人们看到了理性所带来的极大利益：物质获得极大丰富、科学得到长足发展，人成了世界的主人。同时人的身体被工具牢牢地束缚，重复的劳作消磨着人的感官。在认识论上，与理性相对的人的感觉被认为是可有可无的东西，甚至说，感觉导致了认识的谬误，因此必须鄙弃。逐渐地，人们习惯于科学和理性，沉迷于功利的活动中，感觉变得越来越愚钝，丧失了其敏感性。"当文化变得越来越精致，所有感官的敏锐性实际上都被削弱了，相反地，人们此时却更关注自身的好恶。"[1]感觉体验对人们来说越来越不重要，人们变得麻木，陷于无聊的境地。波德莱尔笔下人们则是这种状况的典型体现，他们都处于"无聊"的包围中："有一个更丑陋、更凶恶、更卑鄙 / 它不张牙舞爪，也不大喊大叫 / 却往往把大地化作荒芜不毛 / 还打着哈欠将世界一口吞噬 ‖ 它叫'无聊'！"无聊吞噬着一切。瓦莱里也发现了现代城市中大众感觉的消失："住在大城市中心的居民已经退化到了野蛮状态中去了——就是说，他们都是孤零零的。那种由于生存需要而保存着的赖依他们的感觉逐渐被社会机器主义磨平了。"[2]一个个变得冷漠、麻木。

其次，现代性的专业化使得感觉变得破碎。现代性的出现使得世界的各个地理区域都融合为一个整体，将世界纳入西方的现代性进程中来。但是，在微观的个人上，它却使得感觉变得支离破碎。感觉的破碎根源于现代性所带来的"专业化"。现代社会文化与知识分工日益明确和精细，不同的分工要求其从业者只在感官的某个特定方面得到运作，视觉、听觉、味觉等感觉各自得到强化，行业之外的其他感官则可有可无。"文化扩张得越广，分裂本身可以交织进去的生命变化就越多样化，分裂的力量就越大，分裂的地区性的神圣性就越坚固，对文化的整体

---

① 西美尔：《时尚的哲学》，费勇等译，北京：文化艺术出版社，2001年，第13页。
② 转引自本雅明：《波德莱尔的几个问题》，见刘小枫主编：《人类困境中的审美精神》，第597页。

来说就越陌生，生命的重新分娩自身达到和谐的努力就越无意义。"① 各种感觉在身体中的原初性统一状态被现代社会分割得支离破碎。工厂车间里的工人之间只剩下视觉的注视，没有了言语的交流、身体的接触。在感官因素具有效性的范围内，非言谈性的视觉接近，最有助于对不具特殊性的抽象社会结构形成总体印象。过去的行会之间联系十分紧密，但他们大多依靠个人的言语沟通，没有工厂车间，也没有大规模的集会。在那些地方，个体看到众多的他者，却听不到他们说话，这样，才可能形成概括了他们之间共同性的抽象概念②。工人只是一个概念性的东西，正如波德莱尔笔下的大众，没有具体的名字。艾略特发现了文学中的感觉的分裂，在《玄学派诗人》中，他说："在十七世纪开始出现了感觉（sensibility）分离现象，从那时起我们一直没有恢复到原先的状态。这种分离现象，也是我们可以想到的，被那个世纪两位最强有力的诗人——弥尔顿和德莱顿的影响进一步加深、加重了。"③ 艾略特评价的是 17 世纪玄学派诗歌中存在的感觉之间、感性与理性之间分离的状况，却描绘了现代社会中普遍的感受力的破碎。

第三，现代性的世俗化使得感觉纯粹被欲望化。现代性抑制了身体，但是一旦人们意识到身体的存在，又将身体过度的欲望化，身体的感官知觉只是欲望的体现。这种潮流主要出现在大众文化中的身体美学中，它将身体情欲化、色情化。大众传媒对身体有着浓厚的兴趣，电视、电影、时尚杂志无不充斥着各种性感的身体画面，挑逗着人的情欲。身体既是观看者，也是观看的对象，人们在观看的行为中消费着身体。观看的过度使用必然也会导致一种新的视觉中心主义的产生，从而忽略了别的知觉经验。从思想发展的逻辑来看，这种现象的出现是对传统思想里身体受压抑的一种极力反抗：在流行文化中，身体是第一位的，这对抗着传统的理念优先性；观看身体就是为了欲望的满足，这对抗着精神的崇高性；身体的欲望还需要在时尚与流行的不断更新中获得享受，这对抗着美的理念的永

---

① 刘小枫：《现代性社会理论绪论》，第 144—145 页。

② 西美尔：《时尚的哲学》，第 11 页。

③ 艾略特：《艾略特文学论文集》，李赋宁译，南昌：百花洲文艺出版社，2010 年，第 25 页。

恒性。现代生活本就是暂时、瞬间的，正如波德莱尔所描述的："现代性就是过渡、短暂、偶然。"① 从对理性的反抗角度来说，大众文化的身体美学固然有其重要的价值，但是由于它追求的只是身体的快感，表面上肯定了身体感觉的优先地位，但是纯粹的欲望化最终只是对身体与感觉的一种埋没。与之类似的还有"身体写作"，它要求文学必须将身体当作写作的根本内容，表现身体最真切的力量："所谓下半身写作，指的是一种诗歌写作的贴肉状态，就是你写的诗与你的肉体之间到底是一种什么样的关系？紧贴着的还是隔膜的？紧贴肉体，呈现的将是一种带有原始、野蛮的体质力量的生命状态；而隔膜则往往会带来虚妄。"② 所谓贴肉状态，指的就是诗歌描写身体最本能的欲望。但是，身体并不只是欲望的身体，而是灵与肉的结合，是一个完整的身体—主体。任何生活在世界中的身体都不可能只沉浸在欲望之中，身体还在与世界打交道，通过知觉为生活提供原初的意义，并为情感、科学、伦理、道德等奠基。

三、现代艺术通感对感觉的救赎

现代艺术面对感觉的变化，产生了两种不同的态度：即顺应现代性的潮流，追求纯粹的知觉，和反抗现代性对感觉的分离，追求一种感觉之间的融合。这两种态度构成了现代性内部的一种悖论，后一种通常被称作是审美现代性，它把艺术通感看作是对现代性中感官分离的一种反抗与救赎，希望通过艺术中的通感来重新唤起人们对于身体原初性的通感能力的注意，在身体感知这一最基础的层面上为人性的救赎奠定基础。

艺术通感通过与现存感受力的决裂来建立一种新的感受力。感官知觉受到社

① 波德莱尔：《波德莱尔美学论文选》，第 440 页。
② 沈浩波：《下半身写作及反对上半身》，《诗刊》2002 年第 8 期。

会的影响，被迫与整个社会结构相适应。感官所面临和领悟的对象是一个特定的文明阶段和一个特定的社会产物，而感官反过来则被调整到适应它们的对象。这种历史性的相互关系甚至影响最初的感受：一个既成社会给它的所有成员增加了同样的感受手段；通过个人和阶级的观点、视野、背景的所有差别，社会提供了相同的经验总体。结果，同侵略和剥夺的连续统一体的决裂，也将同适应这个经验总体的感受力相决裂。今天的反抗者要按照新的方式来看、来听、来感觉新的事物：他们把解放同废除普通的、守法的感觉联系起来①。马尔库塞从社会政治的角度来认识感觉，认为历史性的因素影响到了个人的最初的感受。建立一种新的感受力就必须废除旧的普通的、守法的感觉，用新的方式来看，来听，来感觉。这正是新感觉派等现代主义流派所追求的，"艺术的作用是取消理性实施的暴力，其方式是将理性从他在经验生活的约束中解放出来"②。他们认为艺术必须以感性认识论作为出发点，依靠直观来把握事物的表现。因此，他们主张追求新的感觉和对事物的新的感受方法，然后再给现实做精美的加工。通感则是这种新的感觉，它强调感觉之间的沟通以及整个感知经验的完整性。因此，本雅明认为"波德莱尔的'通感'所意味的或许可以描述为一种寻求在证明危机的行驶中把自己建立起来的经验。"③因为通感是现代性感觉体验中所缺乏的，它"记录了一个包含宗教仪式成分在内的经验的概念，只有通过自己同化这些成分，波德莱尔才能探寻他作为一个现代人所目睹的崩溃的全部意义"④。在传统完整性的世界崩溃之后，艺术必须在其中重建起来。现代主义艺术把通感扩展到整个世界，完整的经验在通感这种至高的感知形式中获得⑤。

艺术通感关注身体综合性的感受力，以此来回溯身体与世界尚未分离的亲缘关系。理性的统治使得人与自然的关系对立起来，整个自然都成了人改造的客体，

---

① 马尔库塞等：《现代美学疑析》，绿原译，北京：文化艺术出版社，1987年，第58—59页。

② 卡斯卡迪：《启蒙的结果》，严忠志译，北京：商务印书馆，2006年，第310页。

③④ 本雅明：《波德莱尔的几个问题》，见刘小枫主编：《人类困境中的审美精神》，第604页。

⑤ Kevin T.Dann, *Bright colors falsely seen: Synaesthesia and the search for transcendental knowledge*, New Haven and London: Yale University Press, 1998, p.39.

二者只存在认识论上的关系。现代艺术显然无法赞同人与世界的紧张对立，因此，他们试图回到主客二分之前的状态。普鲁斯特说："对于智力，我越来越觉得没有什么值得重视的了。我认为作家只有摆脱理智，才能在我们获得的种种印象中将事物真正抓住，也就是说，真正达到事物本身，取得艺术的唯一内容。"① 回到事物本身，意味着必须回到身体知觉体验，在那里，人与世界并未分离，它是身体与世界交流的产物。通感则是知觉的最原初形态，知觉的区分都是在统一的基础上产生的。但是，二元论在现代社会中是如此的根深蒂固，以至于艺术家总是很难摆脱它。二元论世界观在象征主义者那里同样明显，如波德莱尔的"巴黎地狱"与"人工天堂"，马拉美的"物质世界"与"绝对世界"，魏尔伦的"噪音世界"与"音乐世界"，爱伦·坡的"现实世界"与"梦幻世界"等等。这种对立都根源于人与世界的二元对立模式。但是，象征主义者们并不满足于这种立场，他们试图克服这种对立，返回到对立之源。象征就是他们的根本途径，叶芝说："象征艺术的基本特征就在于它从来不深入到思想观念的本质。因此，在这种艺术中，自然景色，人类的行为，所有具体的表象都不表现它们自身，这些赋予感受力的表象是要体现它们与初发的思想之间的隐秘的亲缘关系。"② 艺术中的自然与感觉都不只是表现自身，而是隐含着它们与思想之间隐秘的亲缘关系。试看波德莱尔的一首诗："海的涌浪滚动着天上的形象，/ 以隆重的而神秘的方式混合着 / 它们丰富的音乐至上和谐 / 与我眼中反射出的多彩夕阳。"（《从前的生活》）波浪与天空相联系，也凝聚着音乐的旋律和身体的多彩视觉，主观与客观，乃至事物之间都沟通在一起，凝聚着我们最原初的体验。康定斯基的通感也是如此，一方面，他认为通感的产生乃是由于心灵的敏锐。"高度敏感的人与其心灵是如此接近，其心灵自身是如此敏锐，以致任何味觉印象都能立刻传递到心灵，再由心灵传递给其他感官，比如眼睛。……敏感的人就像一把制作精良且究竟演奏的小提琴，其琴弓的

---

① 普鲁斯特：《驳圣伯夫》，王道乾译，上海：上海译文出版社，2007 年，第 1 页。
② 黄晋凯等编：《象征主义·意象派》，第 45 页。

每一次触碰，都能引起心灵的死死触动。"① 另一方面，他又认为"不管怎么说，色彩与身体的关系问题仍有待深入研究，不过有一点是清楚的，那就是，色彩能对身体这一物理机体产生巨大的影响"②。他意识到感觉和通感的问题与身体存在着一些联系，但是却未深入研究。灵与肉的对立让他感到迷惑，但是身体回归到灵与肉的统一时，解释就变得清晰。一方面各种感官实现了沟通，使得通感得以可能，另一方面，身体—主体也不仅仅停留在感官知觉层面而具有超越性、通向精神领域。艺术所关注的就是这种原初性的通感体验，"艺术家与生俱来的感受能力，是《圣经》意义上的那种禀赋"③。他们能够敏锐地感受到时代的变化，精神的内在变革，文学、音乐以及艺术则是艺术家传达他们感受的领域。这也正是康定斯基赞赏梅特林克、勋伯格、毕加索、塞尚等艺术家的原因。康定斯基也在从事着这项事业。正如卡斯比特所说："康定斯基的即兴抽象艺术，其立意在于出世的存在与体验。""康定斯基似乎将自己投入到一种创世般的原初状态。"④ 但是，把这种原初状态仅仅理解为心灵的体验是不够的，因为体验根源于身体—主体与世界的相互交流。

通感语言与艺术形式的创新是艺术对感觉救赎的独特方式。艺术功能的发挥必须借助于艺术语言与艺术形式。在语言上，"长期以来，语言受到来自意识形态、话语时间及自身言意间天然局限的压迫而伤痕累累、受束重重，丧失了表意的原初性和本真性，以至于成为平板的符号仪式。正是出于拯救语言的目的，西方现代派文学及其理论展开了对语言的搜救行动，目的在于重新寻找语言表达的实在性、具像性、立体感。"⑤ 通感语言就是对语言的全新探索，它们试图恢复与知觉体验的原初性关系。在艺术形式上，现代性使得各种艺术分裂开来，在各自的领域内单独发展，要求艺术追求纯粹视觉和纯粹听觉。艺术必须在这种严格的

---

① 康定斯基：《艺术中的精神》，第 70 页。
② 同上，第 72 页。
③ 同上，第 91 页。
④ 同上，第 22 页。
⑤ 李勇：《论文学通感的"哲"性向度》，《社会科学》2007 年第 1 期。

区分中探寻新的综合。现代的整体艺术形式根源于对原初性通感体验的追求。每一种艺术都有自己独特的艺术语言，这一点毋庸置疑。但是，色彩、声音、线条、触觉等这些因素由于通感的存在而实现相互沟通，因此艺术之间的交融是可能的。而且，"不同艺术所使用的媒介，表面上完全不同，有声音、色彩、字……但最最内在，这些媒介完全一样：最终目标消除了它们外在的差异，并显露内在的同一性。"① 从勋伯格、瓦格纳到康定斯基，他们提出并发展了整体艺术的观念和时间。康定斯基认为："在这里，一种不朽的未来艺术成为可能。在这艺术中，艺术手段丰富多样，且可随意组合。其中一种组合，尤其有力量，即以不同艺术手段来表达同一种内在的情调，每一种艺术为该情调带来特有的特性，使之丰盈，胜过任何单一艺术。"② 人类丰富的情感通过不同的艺术手段表达出来，却又融合在一种艺术中，这种艺术将充满无限的表达力，这也就是所谓的"综合艺术"（Synthetische Kunst），它将融合各种艺术元素，并且有机地结合在一起。总体艺术的观念是普通艺术中通感表达的一种发展，它们的基础是一样的，那就是身体体验。身体体验的通感本性导致了单一艺术门类在表达上的不足，所以艺术家们把目光放到了原始人的诗、乐、舞的三位一体，原始艺术的综合性能够充分展现他们尚未分裂的感觉体验。但是现代人的感觉体验显然已经不一样，相反分化是现代性的主流。因此，"当我们讨论整体艺术观念的时候，历史与社会政治的发展必须考虑到。"③ "'艺术综合'观点本身对于他们来说，是在那个世纪之交特殊的世界状态下，那种发生着和酝酿着宏大事件的年代里，要求重新感受世界的统一性，寻找表现这一统一的新方式的标志。"④ 但是他们把这种综合放到了新的技术条件下，在各种艺术门类都得到了充分发展之后，艺术的综合将是艺术新的阶段。在通感的研究中，很多研究者把艺术门类之间的相通直接看作是通感现象，我们难以认同

---

① 康定斯基：《艺术与艺术家论》，第 28 页。

② 同上，第 100 页。

③ Edith Pieperhoff, *The Influence of Synaesthesia on 20th Century Art and Beyond*, Saarbrücken：VDM Verlag Dr. Müller，p.6.

④ 王彦秋：《音乐精神》，北京：北京大学出版社，2008 年，第 99 页。

这种观点。但是，艺术之间相通的基础却是通感体验。

结语

现代艺术通感超越了传统通感只是在语言修辞层面的运用，它与时代和社会的变迁紧密联系。它指向的是现代性体验中人的感觉的破碎问题，是对现代性中感官与感觉分离的一种反抗与救赎。感觉的分裂是现代社会的一个显著问题，艺术通感将分裂的感觉重新联系在一起，试图唤醒人们对原初圆融性体验的意识，是当代美学中感觉救赎的一种重要方案。当然，感觉问题是当代美学中的一个重要问题，针对这一问题，已经有了不同解决思路。卢茨·科普尼克的著作《慢下来——走向当代美学》提出在快速的现代社会中慢下来，以此探寻新的知觉体验的策略。朗西埃则将感觉与政治联系在一起，提出"感觉的重新分配"。这些思路从不同的角度思考现代社会中的感觉问题，如何将这些思路有效地结合起来，深入探析感觉问题的解决策略，是当代美学的一个值得关注的问题。

（责任编辑：连晨炜）

摄影美学如何融入高等教育

——关于高校艺术专业摄影教学课程设置问题的思考

陆佳灵　邵瑜莲*

（上海师范大学　浙江嘉兴学院）

【内容提要】

在教育部关于强化普及艺术教育与提升专业艺术教育的双重要求下，反思当前高校艺术专业摄影教学现状，有一系列问题亟待解决。主要表现为：专业艺术摄影教学的培养目标不明确、摄影理论不健全、摄影课程设置不合理以及摄影工作室课程设置有利有弊等。这些问题只有紧密结合时代要求，正确处理好技术、艺术与审美三者关系，强化人文与审美意识，才能一一加以解决。

【关键词】

摄影美学；艺术教育；摄影教学

* 陆佳灵，原名陆遥，女，1986年生，上海人。文学硕士，上海师范大学谢晋影视艺术学院讲师。主要研究方向为影像视觉艺术。

邵瑜莲，女，1972年生，山东成武人。浙江嘉兴学院教授，主要研究方向为影视艺术与美学。

21 世纪，摄影成为一种越来越普遍的现象。它不再只是工业革命所带来的科技产物，更是技术和艺术相融合的文化结晶，在人们的生活中起到了重要的作用。一时之间，全民都成了摄影爱好者。摄影不仅是一种时尚，更成了一种生活方式。在这种情况下，高校的摄影教育如何跟上社会的进步，推动摄影艺术的发展成了一个迫在眉睫的问题。站在这一现实要求的立场上，反思高校的摄影教育，无论是普通高校还是艺术高校，摄影课程的教学都存在着一系列问题。

一、培养目标不明确

在数字媒体开始成为主流的今天，我国高校摄影教育也逐渐走上了正轨。相关资料显示，全国已有 100 多所高校设有摄影院系，200 多所高校开设了摄影专业[①]。在这种情况下，对摄影专业学科的定位，对其培养目标及其课程设置作一番认真的思考就显得非常必要了。如果考虑到以下事实：当前设有摄影专业的大多数高校都把摄影教学的重点偏向于摄影技能的传授，教学课程都以摄影基础、技巧、特技摄影等摄影的知识性和操作性为主，那么这种思考不仅非常必要，而且显得尤为迫切了。

总体上说，高校摄影专业作为高校"艺术教育"的有机部分，不光要传授摄影技能和知识，还承担着艺术教育和审美教育的功能，努力培养"文化底蕴丰厚、素质全面、专业扎实"[②]的摄影艺术专门人才。教育部 2014（01）号文件指出，艺术教育的功能与目标是"实施美育的最主要的途径和内容。艺术教育能够培养学生感受美、表现美、鉴赏美、创造美的能力，引领学生树立正确的审美观念，陶冶高尚的道德情操，培养深厚的民族情感，激发想象力和创新意

---

① 宿志刚：《中国高校摄影教育概览》，北京：中国文联出版社，2009 年，第 56 页。
② 参见教育部 2019 年 3 月 29 日印发：《关于切实加强新时代高等学校美育工作的意见》。

识，促进学生的全面发展和健康成长。落实立德树人的根本任务，实现改进美育教学，提高学生审美和人文素养的目标，学校艺术教育承担着重要的使命和责任，必须充分发挥自身应有的作用和功能。"①教育部所指出的艺术教育目标，特别强调了艺术教育、审美教育在人的全面发展中的重要作用。这当然不仅是针对摄影专业来说的，但它对摄影专业也具有指导意义，是摄影专业在确定培养目标时的指导原则。这意味着，摄影专业与其他艺术教育的分支学科一样，在培养目标及其具体实施中都必须处理好摄影的技术、艺术与审美三者的关系。在艺术教育中，这三者是围绕共同的目标而相互统一的，但又含义不同，不能互相替代。

摄影无疑对专业技术有很高的要求。自从1822年第一张照片诞生以来，照相技术随着现代科技的发展，有了惊人的进步。它是摄影专业之所以能够成为专业，乃至成为一个学科的基础和前提。没有一系列的摄影技术的发明创造，当然就没有今天的摄影专业。摄影技术是人类认识世界（科学）与表现世界（艺术）的工具，服务于摄影创作的主体。因此，摄影教育绝不是培养只会按快门的人，而是要造就有审美能力和创新意识来驾驭相机的高素质的专业人才。这就意味着要在摄影技术知识传授的同时，增加大量有关摄影艺术的感受、学习和实践的课时，从技术上升到艺术和审美的高度，把专业技术与艺术底蕴和素养结合起来。就此而言，把摄影专业理解为单纯的摄影技术知识传授是片面的。另一方面，摄影专业艺术教育应该与美育教育紧密地统一起来。艺术与审美能否统一？这在过去都是没有疑问的，特别在黑格尔看来，"美在艺术"，美与艺术是等同的。但是随着现代艺术的发展，人们越来越认识到，艺术与美并不是一个概念，艺术除了表现美，也可以表现丑，"自20世纪80年代以来，西方现代艺术潮流强势进入中国，杜尚的小便池、安迪·沃霍尔的汤罐，使美和艺术建立的稳固关联出现崩解。"②这

---

① 参见教育部2014年1月10日印发：《关于推进学校艺术教育发展的若干意见》。
② 刘成纪：《审美教育：现实问题与变革之路》，《中国美术报》2017年9月11日。

种崩解表现在摄影艺术中也出现了像大卫·霍克尼的宝丽来照相拼贴和对于摄影的单点透视的解构。不能不看到，现代先锋艺术对美的疏离是对美育合法性的重大挑战，但是，事实上，这种挑战仅仅是人类审美精神发展过程的一个环节，从总体上说，对美的追求始终是艺术的本质所在。因此把艺术的每一步发展、转型，无疑应该看作是对美的重新认识和理解，而审美意识和精神的扩展反过来进一步激发艺术的创造。由此，艺术教育与美育教育本质上正是在这种充满张力的动态中保持着它的统一性。

由此，摄影艺术教育只有正确处理好技术、艺术与审美三者的关系，才能真正贯彻和达到教育部关于培养目标上的要求。

二、摄影理论不健全

摄影的技术性比较强，但往往在教学中只注重基本的摄影技术训练，而不注重探索摄影的本质、摄影的基本理论是什么。这种教学只能培养一些基本的技能，而不能真正培养出有人文关怀、有眼光的摄影艺术人才。在艺术高校，摄影教学的课程设置一般会有摄影基础、摄影技术、特技摄影，主要强调的是摄影技术本身，对于摄影的历史和摄影理论缺少最基本的关照，缺少相关的摄影批评课，这就使得摄影鉴赏成了一种自说自话神秘莫测的领域，没有摄影批评的标准，就很难建立真正的摄影鉴赏。而没有摄影类型的研究，摄影批评也无从建立。因此，摄影类型、摄影批评、摄影鉴赏应该是艺术高校不可缺少的几门课程。正如北京电影学院唐东平教授所提出的，"摄影究竟是什么？摄影的功能和社会价值何在？摄影的历史和发展趋向如何？须将摄影历史、摄影本体和摄影的批评这三部分研究结合起来，也就是说，必须首先完成摄影的理论建设。"① 然而，对于摄影理论的

---

① 唐东平：《中国摄影教育对应策略探讨》，《北京电影学院学报》2010 年第 8 期。

建设在大学教学中仍然处于相对缺少的情况。

对于摄影理论的建构，有几个重要问题需要讨论：摄影是什么？摄影的培养目标是什么？传统摄影与数字媒体摄影究竟有哪些不同？摄影作为一门学科如何进行科学合理的课程设置？摄影课程的核心问题是什么？如何提高学生们的摄影水平，如何培养学生的摄影能力以及对事物的判断能力和欣赏能力，如何让摄影专业的学生适应社会发展的需求？摄影课程设置中技术与人文之间的关系是什么？如何进行摄影理论的构建？摄影理论在摄影课程设置中的地位和作用是什么等等。只有这些问题考虑清楚了，才可能设置出比较科学合理的摄影教学课程体系。

三、摄影课程设置不合理

我国艺术院校摄影课程的设置远远不能满足于大学生的需求，不能满足于社会的高速发展所提出的问题，当手机已成为普通人的一种摄影工具后，高校的摄影还停留在传统摄影的教学或者数字摄影初步的技术层面上，摄影课程的设置已经远远落后于时代的发展。另一方面，因为很多艺术类高校并没有摄影系的存在。摄影只是作为影视专业、数字媒体专业、动画专业、表演专业等的一门辅助课程。因此很多艺术类院校只能简单地从事摄影技术教学，对于摄影理想、摄影批判、人文思想无从谈起，由此带来重技术轻人文的弊端。比如北京师范大学艺术与传媒学院、上海大学上海电影学院、上海戏剧学院等艺术院校，都没有专门的摄影系，因此摄影课的系统性便无从谈起，只能是一般的摄影技术课。

据不完全统计，中国艺术院校开设摄影系的专业有北京电影学院、中国传媒大学、上海工程大学等，分别隶属于北京电影学院摄影系、中国传媒大学艺术部摄影制作系、上海工程大学艺术学院摄影系。现在分别对这几所高校的摄影系培养目标、专业课程做一对比分析①。

由表 1 可知，北京电影学院摄影偏重传统的电影史＋技术＋艺术分析的培养模式，中国传媒大学摄影系偏重技术＋艺术分析，上海工程大学艺术系偏重一般摄影技术＋摄影类型技术。

参照美国当前艺术教育最流行 DBAE 理论课程设置可以发现我国艺术类高校摄影课程设置所存在的问题。DBAE 全称是以学科为基础的艺术教育（Discipline Based Art Education）简称 DBAE。这种艺术教育观点是一种开放式，融合了人文教育的观点。DBAE 理论提出："普通学校的艺术教育的总体目标是培养健康发展的艺术理解力，主张教学内容应当以人类文化中优秀的视觉艺术作品作为核心，吸取艺术创作、艺术历史、艺术批评和艺术美学四个相关的艺术学科的内容为主要对象。"② 三所大学摄影课程的设置无疑都是以摄影创作为主体，但是对于摄影史和摄影批评则明显不足，北京电影学院以电影史来代替摄影史，其他两所学校则不涉及史类课程；对于摄影批评北京电影学院和中国传媒大学则用影片分析来代替，显然也缺少摄影本身的针对性，而上海工程大学则完全没有涉及摄影批评的内容。

摄影史和摄影批评的不足或者缺失对于摄影课程设置的科学性与合理性来说显然是一个严重的问题，它也会相应地给摄影教学带来一系列问题。比如，学生们因此没有发现问题的眼光，没有历史的视野，更缺少对社会问题关心的人文情怀和人文素养。这些都与课程设置里缺少史与批评紧密相关。如果摄影史是摄影系的基础课程的话，摄影批评则应该与摄影创作一样处于核心地位，一个摄影作品的最终完成不是摄影过程结束就可以了，而是摄影过程结束之后才真正开始，即需要对这部摄影作品进行分析批评：包括技术层面和艺术层面两个方面的批评。

---

① 所有数据来源于北京电影学院、中国传媒大学、上海工程大学。
② 刑莉、常宁生：《DBAE：美国当代艺术教育的主流理论》，《艺术教育》1997 年 6 月 15 日。

表1

高校	北京电影学院摄影系	中国传媒大学艺术部摄影系	上海工程大学艺术学院摄影系
培养目标	为电影、电视部门培养能从事电影摄影、电视摄像创作工作的德才兼备的高级专门人才	本专业设有电影电视剧摄影、图片摄影两个方向。 1.电影电视剧摄影方向面向电影制片厂、电视台、电视剧制作公司、广告公司及影视科研机构、大专院校影视专业等部门，培养具有广博的科学文化知识，熟练掌握影视摄影艺术与技术基本理论和操作技能的电影摄影师、电视剧摄影师以及从事纪录片、专题片等电视节目摄影、广告摄影、平面设计等方面工作的高级摄影专业人才； 2.图片摄影方向是培养图片摄影师及平面设计师的专业方向，根据图片摄影未来发展的需要，培养具备图片摄影艺术与技术基本理论与操作技能，有广博的科学文化知识，能够在本专业领域内从事平面媒体摄影、广告摄影、网络媒体摄影、国家政府部门宣传、企事业单位媒体宣传的、具备较强画面意识、审美意识和较强动手能力的高层次专门的摄影人才	重视知识、能力、素质协调发展，强调理论联系实际和创新能力的教育，将广告、电视、新闻、网络与摄影渗透与整合，传统技术与现代数码技术并重，培养具有在影视业、广告业、出版业及各类新闻媒介从事摄制与应用型创新能力的摄影人才
主要专业课程	绘画、美术作品分析、摄录像基础、文学作品分析、艺术概论、中国电影史、外国电影史、影片分析、计算机基础及平面与三维制作、图片摄影、电影胶片应用原理、摄影照明技术、摄影物镜、电影摄影机、摄录设备应用、非线性编辑及数字影像处理、摄影曝光控制及影调调节、蒙太奇、电影造型、电影声音、摄影造型、光线处理、电影画面处理、故事片、纪录片摄影创作、广告摄影与MTV等	素描、美术鉴赏、影视色彩学、视觉心理学、照相技术、影像记录材料、曝光控制与影调调节、摄像机与镜头、摄影构图、摄影造型基础、照明技术与艺术、影视光线艺术与照明技巧、摄影造型、专题摄影、故事片摄影创作、影片分析等	传统摄影（胶片）、摄影基础实验（一）/（二）/（三）、广告摄影基础、广告摄影创作、摄影表现、摄影表现创作研究、数码摄影基础、数码图像处理、商业广告、人物肖像、风光建筑摄影等

摄影批评课应建立在摄影批评的标准和体系的基础上，既要有技术层面的质量标准，也要有艺术层面的标准。这些批准标准是业界公认的衡量一件摄影作品是否优秀的标准。筍雁在《数码摄影作品评价标准及方法研究》曾提出基本的技术质量评判标准和艺术选题评判标准："首先应该是曝光是否准确、其次是对焦是否正确，第三是色彩还原是否正确（黑白作品除外），第四是主体图像是否清晰（柔焦虚化处理除外），第五是反差是否合理，第六是画面影调丰富程度，第七是被摄对象质感表现程度，第八是拍摄难度大小（拍摄难度相当于其他艺术门类中的创作和表现难度）。""基本的艺术质量评判标准应包括：第一，主题是否明确；第二，用光是否美妙；第三，构图是否完美；第四，色彩是否和谐；第五，艺术创意是否有趣或独特；第六，场景是否精彩；第七，画面情感表现是否具有很强的表现力和视觉冲击力。"[①] 摄影批评的标准究竟应该是什么，不同类型的摄影作品应该有不同的标准。对于摄影批评标准的建立也是摄影课程体系里亟待解决的问题。批评教育在美国 DBAE 理论中占据核心地位，美国阿德里安学院（Adrian College）的加林·霍纳（Garin Horner）教授认为："讲评（critique）是一种批判性质的创造性解决问题的方法，在艺术课堂，其效果非常明显，可以说 critique 教学是美国高 A 等艺术教育实施的基石。"[②] 摄影作品的完成如只是提交给任课老师便画上句号，这样的教学方式限制了艺术领域的交流与互动。如能在每次摄影单元课结束之际来一场师生之间的讲评教学课，学生将能更好地知道他人对自己作品的审视与评价，其自身在讲评教学形式下也逐渐形成真正属于自己的批评眼光，能够在众多的作品中评选出真正的好作品来。因为摄影批评给学生提出的问题与建议，可以使学生在后续的摄影课的学习中有改进的目标和方向，只有这样，才能不断地取得摄影作品的进步和成功。可见，讲评教学是何等的重要。如果没有摄影批评，那么摄影课程的教学是不完整的，也不可能达到培养学生的理想效果。

---

① 筍雁：《数码摄影作品评价标准及方法研究》，《成都大学学报》（社科版）2012 年第 3 期。
② 王彬：《从摄影到屏幕影像——美国高等院校摄影教育研究》，北京电影学院 2017 届博士论文，第 69 页。

四、摄影工作室课程设置的利弊

摄影工作室课程是近几年较为流行的一种教学与企业项目相结合的一种教学模式。工作室实行教师带队,以教师为主,企业支撑,公司制度管理,以教师带领学生团队完成企业项目的形式展开教学,同时完成学分。这种工作室制度适合小班制、小学期教学,时间周期不可以太长,一般4周完成一个项目。

工作室制度极大地调动了学生参与项目化制作的热情,这种教学模式,可以在短时间内集中培训学生的一种技能,并且通过完成项目的形式提高学生的专业水平,越来越多地受到高校的追捧,但同时也有一些问题需要在实际操作中加以注意:

1. 运营复杂,需要老师们投入大量的心血和精力

与教师单独完成一门课程的授课相比,工作室课程需要老师付出很多时间和心血。因为,它不仅涉及教学本身,更涉及教学之外的东西,比如项目的带入、管理、经营、运营、宣传等各个方面。工作室教学打破了教师的基本教学模式,教师不仅要对学生进行理论培训,还要与企业结合,带入项目,这样就会迫使教师一身兼多任,既是学校教师,又是企业项目负责人,极大地增加了教师的教学负担。

2. 项目周期与工作室计划周期难以同步

一般而言,企业项目是不定期的,企业项目的交付周期以及项目都有严格的要求,而学校却是需要按照教学计按部就班地执行教学大纲的,这样工作室难以及时完成企业项目。如果规定好了工作室的教学周期,但没有合适的项目带入,工作室计划就会落空。如果根据企业的项目周期进行运转,则需要学校的其他教学课程必须全部叫停,以配合完成工作室项目,这在高校几乎不可能实现。因此,工作室项目的时间一般放在假期会比较理想,但是在假期里是否能找到合适的企业项目又是另一个问题。

3. 工作室对学生知识面广度的学习有一定限制

企业项目相对单一，不利于学生综合素质和技能的培养。一个项目的完成，需要学生在某一领域相对成熟的技能，工作室对学生的纵向深度学习提高能起到良性作用，对于学生的横向广度学习拓展有一定的局限。商业项目对学生的重复性技术操作方面有益，但对学生主动研发自我学习独立解决问题方面的提高有局限。

4. 企业项目要求工作人员能力较强而学生各种能力偏低的问题

任何项目的运营都是真正的项目化制作生产、销售和传播。因此，项目对于老师和学生的要求是非常高的。然而，一般来说，学生的能力通常还达不到企业的要求。学生需要在项目的学习中不断提高能力，与以商业为目的的企业项目目标相违背。

摄影是一个实践性和应用性非常强的课程体系，摄影工作室在课程的类型化、具体化上无疑会比单一的摄影课程更能锻炼学生的能力。但具体到如何操作，还需要结合学校的相关政策及企业能够提供的优良环境进行，不可一概而论。因此，摄影工作室的课程安排将会更加复杂和困难。课程设计既要符合整个摄影课程体系的课程设置，又要凸显某一工作室具体领域的专业技能，在技术的专业性与知识的广阔性上需要宏观把握、整体调控。

结语

艺术专业摄影教育是一门集理论、实践、人文与艺术为一体的艺术教育，它的课程体系应更具综合性与人文性。摄影工作室也只是摄影课程体系中的一种形式，其他的不管是摄影工作坊、摄影工作室，抑或是摄影史、摄影批评等，这些都需要在整个摄影课程体系里仔细估摸与考量，不能顾此失彼。摄影教学只有响应时代问题，才能作为一门艺术学科而真正建立起来。全面综合地发展将使高校艺术专业的摄影教学包含更为丰富与深刻的内容，使学生能更好地掌握技术层面的技能，也能以更高的艺术人文视角将自身对这个现实世界的理解进行影像信息的传递。

（责任编辑：赵　敏）

肖像凝视的视觉效力

——论南希《肖像画的凝视》中的双重凝视

陆　颖*

（浙江师范大学文化创意与传播学院）

【内容摘要】

《肖像画的凝视》（*Le Regard du Portrait*）是让-吕克·南希（Jean-Luc Nancy）在 2000 年发表的一本画论小册，书中反映了南希本人对肖像画这一艺术形式及肖像画主体的理解。肖像无时无刻不在与个人主体性发生关联与对话，肖像画的凝视是主体性的凝视却又绝非囿于主体性之困。南希凝视理论的核心观点是凝视的"双重性"，其对肖像画凝视的思考大体拆解为以下四个层面：①强调肖像画的自主性，将其视其为主体的出生或再造、缺席或死亡。②肖像画与人物主体之间存在相似性，南希强调正是主体的缺席成全了肖像画的相似性，使画像具有脱离于现实真实的自主性。③肖像画与主体之间的暧昧与张力在于，肖像画的凝视能够唤起读图者对自身"在场"感的回归，即南希所说的由外而内的"回撤"。④肖像画的凝视完成的是一种主体性的打开或延展，是向自身的回返，借由肖像画可以最终解答的问题是：肖像画作为"精神性的生命"如何思考自身和

---

* 　陆颖，女，1989 年生，浙江杭州人，浙江大学文艺学博士，主要从事视觉文化、图像学研究。

检视自身。

【关键词】

肖像画；凝视理论；主体性；双重凝视；让-吕克·南希

1982 年，《艺术家的回撤，二人论》(*Retrait de l'artiste*) 中曾提出，有某种东西隐秘地联结了以下两个问题：绘画身份的问题以及主体身份的问题。绘画中的主体性身份与主体的复杂性如何理解？① 《肖像画的凝视》就是基于这样的主体性问题牵引出来的思考成果。2000 年，让-吕克·南希撰写的关于肖像画的小册子出版，在这本小书中，南希谈到肖像画的凝视是一种"双重凝视"，一只眼睛投射于自身、唤起自身；另一只眼睛投射于他者，觉察自身与他者的共存。就图像与读图者双方主体的关系来看，阅读肖像画时，读图者得以洞悉并深窥自身的主体性外展，同时受到来自图像凝视的"他者的目光"，"看图"的人成为"被看"的对象，读图的过程由此成为自同性与他异性的综合、自我与他者的载体。在这种读图的辩证中，建立起主体与客体、自我与他者、主动与受动的二分体系，图像的双重凝视助力于主体认知制度或价值秩序的推进。

一、肖像画的主体性外展 ②

绘画是形象的模仿，却并不止步于模仿，绘画作为一般艺术，是主体外在性

---

① Philippe Lacoue-Labarthe，Francois Martin，*Retrait de L'artiste*，*En Deux Personnes*，Lyon Edition，MEM/FRAC Rhone-Alpes，1982.

② 南希书中的"主体"(Sujet) 一词有多重含义，但文中并没有细致的区分。笔者认为，"主体"在书中有以下几种理解：①指人物自身（l'auto-），或者人物个体的图像形象，如下文对约翰尼斯·甘普的《自画像》分析。②指绘画的主题，例如书中第 6 页，"对行动所进行的再现同时形成了对自身的回返，而该行动也使得画的主体［主题］双重化"。③指一种"内在性"，与南希所说的"切心的""内在亲密性"相呼应，强调对自身的回返；④不再仅仅指内在性，更指向抽象的、非实体的精神生命，一种对自身存在的明证。

图 1：约翰尼斯·甘普《自画像》，约　图 2：第雅各·委拉斯开兹《宫中侍女》，
1646 年，佛罗伦萨，乌菲兹美术馆　　　1656 年，马德里，普拉多博物馆

与内在性的复合，肖像画更是承载了"精神性的生命"。黑格尔将肖像画视为绘画的真正完成，认为肖像画完成的过程取决于"内在生命"或"精神特质"的表达。肖像画强调内在性的回返，强调"主体"的在场。当然，这也连带出身份的冗杂粘连，在画家、被画者本人以及被画者形象之间形成暧昧的张力。更甚者如自画像，则愈发涉及艺术家本人的"回撤"（retrait）与对图像的自我介入。

以约翰尼斯·甘普（Johannes Gumpp）的《自画像》（图 1）为例进行说明，在这幅约 1646 年完成的绘画中，画家描绘了自己正在对着镜子绘制自画像的场景，这是一场对自身的再现进行再现的艺术活动。艺术家主体性的四个层次由此得以铺展：①现实中的画家本人；②图像中正在进行绘制的画家；③镜子里的画家形象；④图像中的绘画上呈现出来的画家形象。形象与形象之间、主体与主体之间，借由镜子与画板，得到了目光的回返和串联，整个画面充斥着艺术家本人的"在场感"，"整幅画正在看一个场景，对这个场景来说，这幅画本身就是一个场景。注视和被注视的镜子表明了这种纯粹的交互作用"[①]。多元主体之间的粘连，以目光的"凝视"为媒介得以实现。我们可以理解肖像画从画框中走出来的欲望。

与之有异曲同工之妙的，是长期为人津津乐道的第雅各·委拉斯开兹（Diego Velázquez）的名画《宫中侍女》（又译"宫娥"，见图 2）。同样借由镜子与画板，

[①] 米歇尔·福柯：《词与物——人文科学考古学》，莫伟民译，上海：上海三联书店，2002 年，第 17 页。

画家通过目光的注视得以实现自身主体性的在场强调、遮蔽，以及回返。这如同一个回旋球，在不同的击打与反弹之后，回到原初的主体中。在图像的表象与背面，二维绘画与三维空间之间，目光的注视成为艺术家主体探索的利刃，凝视为目光赋予了更多含义。在绘画中，主体从深处消失（"向着自身回返"）；在主体中，绘画生成了表面（超出了面孔）。或如福柯所言，这样的绘画"重构了艺术家正在注视的深层东西中的不可见性"。绘画的深意得到了主体性的外展，在这一层面上，肖像画的凝视问题，直指自我主体对其自身的内在认知与内部逻辑。

即便直言"肖像画的身份全在于肖像画自身中"①，南希在《肖像画的凝视》中同样指出了主体性的双重化（甚至多重化）。主体性的"我"既存在于自身的内部，是自在、自为的自身；同时通过绘画的形式完成形象外展，生产出一个"被外展的主体"②。于是画布，这个薄薄的表面、二维载体③，是一种"向着—自身—存在（être-à-soi）的界面或交换器"。肖像画在主体与形象之间，形成一种自主性，"它是它主体的主体"，就主体而言，肖像画的复杂性是回到自身中的回返、自我反驳又自我浑融的、辩证统一的艺术形式——"它的载体和它的实体，它的主体性和它的载体性（subjectilité），它的深度和它的表面，它的自同性（mêmeté）和它的他异性。所有这些都汇于一个独一无二的'身份'之中，它的名字就叫肖像画。"④

在对肖像画的解读过程中，肖像画的"凝视"扮演了怎样的角色呢？我们知道，"凝视"的概念起于20世纪后半叶，主要是一个文化研究与文论术语；在西方学者的努力下，与"看"相关的哲思被追溯至柏拉图时代，在那个"视觉中心"时代，视觉被冠以某种神圣性，可见美国历史学者马丁·杰（Martin Jay）在著作《低垂之眼》（Downcast Eyes）中直接以"The Noblest of the Senses：Vision from

---

① 让-吕克·南希：《肖像画的凝视》，简燕宽译，桂林：漓江出版社，2015年，第17页。

② 同上，第7页。

③ 事实上，我们可以探讨油画的维度问题，它并不是绝对意义上的二维或平面，油画具有表面上凸起或者凹陷的材料肌理，可以说是二维半。

④ 让-吕克·南希：《肖像画的凝视》，第18页。

Plato to Descartes"作为主体内容开篇，不无道理。他认为，眼睛"是感觉的中心，行为的仲裁者，它是抑制剂，也是刺激剂"①。国内文艺界对"目光""凝视"相关的探讨大抵不超过半个世纪②，对"凝视"概念的界定基本上吸收并沿用了西方学者的话语表述，如《文化理论关键词》中收录的"凝视"阐释：

> 凝视的概念描述了一种与眼睛和视觉有关的权力形式。当我们凝视某人或某事时，我们并不是简单地"在看"。它同时也是在探查和控制。……还有些时候我们是"看一眼"事物：我们的眼睛掠过它们，漫不经心地瞧一下它们的外表。但当我们凝视某些东西时，我们的目的是控制它们。③

在这里，丹尼·卡瓦拉罗（Dani Cavallaro）将凝视整理为一种社会身份行程中的角色，它成为社会动力学，带着强烈的社会性目的，显得直接、凛冽，且一针见血。"凝视"的介入与控制力量，得到了画家的确证，米格尔·巴塞罗（Miquel Barcelo）在谈到肖像画时说：

> 我经常和一个盲人一起工作。……当人们画肖像画时，有一样事情是从来都不能避免的，那就是他的模特的目光。……和盲人在一起时，就有一种不可思议的豁免（impunité merveilleuse），这让人避免了这种对目光的恐惧。④

或许，我们可以用更温和与诗意的美学话语来表述肖像画凝视中的隐性倾向——趋向敞开的主体性、被外展的自我——如梅洛-庞蒂说的那样，个体的宇宙通过视觉开向一个共同的宇宙。画家的视看，就是一个延续的诞生过程⑤。

---

① Martin Jay, *Downcast Eyes: The denigration of vision in twentieth-century French thought*, University of California Press, Berkeley and Los Angeles, California, 1993, p.10.
② 近年更有"目光考古"的历史学视域及其交叉学科研究等。
③ 丹尼·卡瓦拉罗：《文化理论关键词》，张卫东等译，南京：江苏人民出版社，2006 年，第 127 页。
④ Miquel Barcelo, *Éditions du Jeu de Paume/Réunion des Musées Nationaux*, Paris, 1996, p.128.
⑤ 梅洛-庞蒂：《眼与心——梅洛-庞蒂现象学美学文集》，刘韵涵译，北京：中国社会科学出版社，1992 年，第 767 页。

二、肖像画中的双重凝视

图 3：阿诺德·勋伯格《凝视》，1910 年，Arnold Schönberg Center，Vienna

阿诺德·勋伯格（Arnold Schönberg）对凝视表现出非凡的绘画热情，在这位作曲家的创作观中，艺术家在进行绘画创作时首先并最终面对的，正是来自双眸的凝视，而非面庞。正如勋伯格本人在画作《凝视》（图 3）中表现的那般，当肖像的面容完全隐遁入画面背景，唯独睁圆的双眸直勾勾地从画面中直射而出，鲜红的眼睛炽热而诚恳地成为整个画作的中心。凝视，成为画家唯一能够并且真正捕捉到的东西，因为在凝视中"我看到自身的本质，这是与身为画家的本质完全相反的自身本性。我眼中从来没有人的面庞，而是直视对方的双眼，我仅仅捕捉他们的凝视……一位画家可以如实绘制出整个人类的视看——而我绘制人们的灵魂。"① 维特根斯坦在《关于心理学哲学的评述》中也发表过类似言论："我们并不把人眼看做是一个接收器。当你看着眼睛时，你看到某些东西从中走出。你看到的是眼睛的凝视。"②

从肖像画的凝视中，我们究竟可以捕捉到什么呢？南希在《肖像画的凝视》

---

① Cited in Elmar Budde, "'*Ut musica pictura-ut pictura musica*'：*Musik und Bild. Ein Rückblick nach vorn zu Arnold Schönberg*," in Der Maler Arnold Schönberg：*Bericht zum Symposium*, *11—13 September 2003*. Published in 2004 by Universität für Musik und Darstellende Kunst Wien, *Wissenschaftszentrum Arnold Schönberg*.

② 让-吕克·南希：《肖像画的凝视》，第 40 页。

这一小册子中，指出了肖像画与作为主体的"我"之间的辩证回返过程，他认为，这个过程通过三个阶段性的步骤展开："相似性"（基于缺席）——（对内在亲密性的）"唤起"——（对自身与他者的）"凝视"。

这三个阶段都并不如其字面意义那般通达明了，它们涉及了主体性的外展、画作名称的标识、从圣像模仿中的抽离、对自身的窥探、对他者的凝视，以及（正如字面晦涩表达的那般）对"凝视"的凝视。概而言之，我们可以厘清若干必要的理路：

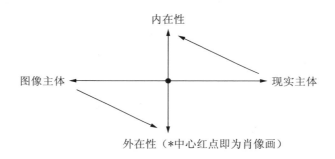

（1）肖像画是人物形象的主体裸露。人物的世俗身份是外在显现在现实世界中的，是画像作为符号的指涉身份。肖像画的形象身份是通过画面图像进行呈现的，是肖像画的图像身份，并不必然与现实发生关联。于是，图像身份与指涉身份之间存在区分，又彼此勾连。通过肖像画的媒介，主体的外在性与内在性辩证统一，如上表所示，多重身份在肖像画中交织错杂。绘画，这个简单的二维平面成为某种交换器，肖像画由此成为主体内在性与外在性的平衡点和联通纽带。

（2）"相似性"在南希这里，并不用于画像对模特的辨认，而指向模特的缺席，因为模特并非本质性的存在。这里的"非本质性"应

图 4：马蒂斯《奥古斯特·佩勒林肖像》，1917 年，蓬皮杜艺术中心

当这样理解：如果肖像画的实用性目的是为了对人物身份进行辨识，那么对肖像艺术而言，由于世俗指涉身份并非艺术追求之本，那么模特就显得不那么重要了。例如，在马蒂斯（Matisse）的作品《奥古斯特·佩勒林肖像》（图4）中，人物形象隐没于黑暗的背景中，面部仅通过粗糙而简约的线条勾勒，人物身份的辨识无法通过画像本身进行推断，而纯然依赖于画作标题的姓名得知——"奥古斯特·佩勒林"。由此推断，肖像画允许模特的缺席，甚至说肖像画的"相似性专有地就是对缺席者的相像（la semblance）以及让缺席（向相似）聚集（l'assemblage）"[1]。

（3）"唤起"，被理解为肖像画从上述主体缺席中无限地回返自身并且将自身唤起。主体在肖像画中的缺席与不可见，将更加吸引目光的聚集，正如圣像绘制出"不可见之物"[2]却聚集凝视的目光并且迸发出精神力量。南希认为，在肖像画中，主体出于无限的内／外在性的激情（对受难的、对欲望的激情）而进行"内掘"，主体自身试图唤起主体。由此，肖像画与其说是对"一种（可记忆的）身份[同一性]的唤起，不如说它不过是对（不可记忆的）内在亲密性的唤起"，是一种召唤（convoquer）。"肖像画唤起了圣像并且相似于它，如同在场的缺席为了相似于缺席的在场而唤起它。肖像画在有限的每一个之中唤起了那个一（I'un）的无限的解开张力（distension）。"[3]

图5：柴姆·苏丁《祈祷的男人》，约1921年，私人收藏

我们可以在犹太裔法国画家柴姆·苏丁（Chaim Soutine）的一组《祈祷的男人》（图5）中洞察肖像画对主体性的召唤与唤起。在这个乐于探索生命之本并表现生存苦难的画家笔下，形容枯槁的祈祷者形象前置于鲜红色的背景之上，在代表着欲望之火与生存血泪的背景色衬托下，主

① 让-吕克·南希：《肖像画的凝视》，第40页。
② "上帝"无法显现其肉身，故无法视觉性地在场或可见。
③ 让-吕克·南希：《肖像画的凝视》，第55—56页。

体形象显得脆弱与单薄，黑色的眼孔凸显在面若
骷髅的人物面庞上，呼唤着读图者的深度凝视，
正如同《奥古斯特·佩勒林肖像》中，人物形象
隐没于黑色的背景而通过胸前一点鲜红色的配饰
呼唤目光的凝视那般。在纯黑色的眼眸中，我们
召唤出自身生存的困顿与受难的激情；在他虔敬
而羸弱的祈祷形象背后，上帝的形象如影随形。
在这个祈祷的男人的在场中，那"不可见者的不

图6：柴姆·苏丁《屠户的男孩》，
1919—1920 年，私人收藏

可见的图像"（即上帝）浮现于表面。一个深不见底的黑色的眼眸，唤起了读图者
对生命现场的自我关心，指向了肖像画不可见的深度。又或者说，在主体性的张
力中，肖像画所唤醒的对象"指涉一个人物，指涉绘画，指涉圣像的形式，指涉
深处在接近表面时的溢出，指涉一个负责操心和聚集他—自身的主体。"①

（4）在完成了"相似"与"唤起"的两个阶段理解后，"凝视"才更切近作为
精神生命回归的艺术使命。肖像画中不可见的深度成为一道凝视之光，它一方面
进行着回撤与内掘，向着自身漫溢；另一方面则通过画像实现自身的外展。在苏
丁的另一系列人物肖像中，肖像的双眼绘制都有特定的处理，《祈祷的男人》中深

不可测的黑色洞孔被保留下来，作
为肖像的自我审视与洞察，展现着
肖像画在平面维度之外的深度。另
一只眼睛，如同《屠户的男孩》中
所展示（图6），却以一种别扭的、
跛脚的、令人不舒服的狰狞的笔触
描绘，眼珠正中的那一点苍白与另
一侧漆黑的深眸呼应，一侧的凝视

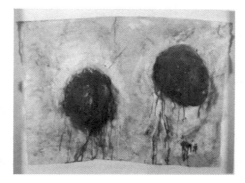

图7：米格尔·巴塞罗《双人肖像》，1994/1995 年，
私人收藏

① 让-吕克·南希：《肖像画的凝视》，第 63 页。

指向他者，另一侧的凝视指向自身。

肖像凝视中的双重性在米格尔·巴塞罗（Miquel Barcelo）的《双人肖像》（图7）中更有视觉冲击，在这幅油画作品中，人像摒除了写实的细节勾画，取而代之的是正面与侧面的两个头颅，它们以深不可测的黑暗笔触在画面中挣扎缱绻，在画面中流溢出的两束黑暗之光，一束目光直射向读图者，另一束目光投射于画框的界外。从这两个深度黑暗的洞孔中，凝视从黑暗深处走向画面，它提取和外展了肖像画深处的永恒和瞬间的在场，"变形为一种独一的肖像外的肖像（outre-portrait），而这张像外之像的两个头颅也许就是两只眼睛"，"从双眼的主体部分，一道凝视被聚集，抛出，拔除，甚至爆裂出来，它任凭黑血从中流淌。这能够而且应该被看做是一道死亡的凝视，被看做是凝视之死以及死亡在凝视"[1]，是目光的凝视在洞察着主体自身的在场与死亡，警觉和自察着主体与他者的共存。由此可见，"绘画的这个凝视使得肖像的凝视双重化了"[2]，在双重凝视中，一只眼睛投射于自身，唤起自身；另一只眼睛投射于他者，审查自我与他者的在场与同在。肖像画的双重凝视本身，兼具内向性与外向性，对主体的"唤起"经历了由外而内的自我回返过程。因此，就肖像画自身而言，肖像画的凝视是双向甚至多向的。与此同时，当读图者站立在肖像画面前，对图像进行凝视和解读的时刻，正是他们被画像中的双目凝视和解读的时刻。就肖像画的读图过程而言，对肖像画凝视的接受呈现出目光的双向性，即，读图者视看肖像画的同时，也被来自肖像画的目光所视看。

在对凝视的总结中，南希的论述显得语焉不详且自相矛盾，他认为肖像画的凝视不再仅仅是简单的自身的唤起或者内部的投射，在明证主体自身的缺席与主体性外展的基础上，图像呈现的是精神生命的在场，一种对自身存在的诱惑与不安，它"表现为一种独一无二的投射（trait）：并不是一种与自身的关系，不是相像于自身，也不是唤起自身，而是那种通过将它转向内部来将其抽取到前面的投

---

[1] 让-吕克·南希：《肖像画的凝视》，第72页。
[2] 同上，第70页。

射，一种切心式分裂的独一投射"①。毋庸置疑的是，肖像画的凝视带着对主体性的内部回返以及对外界的主体性拓展，凝视的外向性，正如荷尔德林在哀歌《乡间漫游》的开头所吟唱的那样，"来到敞开之中……（Komm！Ins Offene…）"②，图像的凝视是一个自由的眨眼，是自由对人们的示意。它示意着："来到外部！……"另一方面，肖像画的光，正是从最黝黑的眼睛的洞孔中投射出来的，"在那肖像画中以可见的方式消失着的东西，那在我们眼皮底下向我们的眼睛掩藏自身的、同时却又无限地投入到我们眼睛中的东西，就是肖像画的凝视"③。

三、双重凝视的溯源及辨析

通过上文对南希《肖像画的凝视》一书的评述，我们大体可以从两个方面归纳双重凝视的视觉效力：一方面凝视洞察自身，成为主体性建构的一维；另一方面，视线投向画框之外，凝视投注于主体外部的世界，构筑起"凝视的王国"（Empire of Gaze）。肖像画的双重凝视在西方文明的凝视理论中多有血脉之源。"西方文明从其一开始就打上了视觉和视觉中心主义（ocularcentrism）的特点。"④柏拉图在《蒂迈欧篇》中借蒂迈欧之口说"诸神最先造的器官是眼睛"⑤；贺拉斯在《诗艺》中谈到舞台和文字叙述时认为心灵受耳朵的激励慢于受眼睛的激励。贡布里希（E.H. Gombrich）虽并不承认视觉图像可以实现信息交流的意图，认为"没有哪幅图能够自我描述"，但他依然明确视觉图像的"影响情感的潜在力"⑥。于是，

---

① 让-吕克·南希：《肖像画的凝视》，第 77 页。
② Günter Wohlfart, *"Das Schweigen des Bildes"* dans *Was ist ein Bild*, hreg. Von Gottfried Brehm, München Fink, 1995, p.181.
③ 让-吕克·南希：《肖像画的凝视》，第 65 页。
④ 阿列西·艾尔雅维奇：《眼睛所遇到的……》，高建平译，《文艺研究》2000 年第 3 期，第 140 页。
⑤ 柏拉图：《蒂迈欧篇》，谢文郁译，上海：上海人民出版社，2005 年，第 30—32 页。
⑥ E.H. 贡布里希：《视觉图像在信息交流中的地位》，见《图像与眼睛——图画再现心理学的再研究》，范景中等译，南宁：广西美术出版社，2016 年，第 134 页。

我们不妨将肖像中的双重凝视进行理论梳理与溯源，从萨特、拉康和梅洛-庞蒂的凝视理论中厘清南希的立论之源。

（1）自我与他者：与萨特、拉康凝视理论交合

当读图者站在肖像画之前，注意到肖像画中的凝视时，萨特语境中的"凝视"就发生了。在萨特对"凝视"的讨论中，他指的并不是我对他人的凝视，而是来自他者的凝视，他揭示了他者的存在可能对自我产生怎样的结构性功能影响，即所谓我的"为他结构"。"他人的注视"是铺展"我与他人"复杂关系的重要因素，萨特以此为契机直言他人的注视使"我与我的世界异化"，即在自我与他者、主体与对象之间形成的由此及彼或由彼及此的关联中，"他人的注视使我在我的在世的存在之外，没于一个同时是自己但又不是自己的世界的存在中"①。"注视"成为了他者的存在并进而成为自我构成的一维，在异化自我的同时，使我"是我所是"。

拉康对萨特并没有十足的信任，但在 20 世纪 50 年代初期的研讨班上，他对萨特的"凝视"讨论做了强调，并对之大加赞赏。值得注意的是，萨特所说的他人对我的凝视，并不必然是真实发生的凝视——

　　　……完全可能的一点就是向我指示某个东西，即那里有他人存在。这扇窗户，如果它比较暗，如果我有理由认为它的背后有人，那它直接地就是一种凝视。从这个凝视存在的那一刻起，我已经是某个他人因为我觉察到自己正在成为他人凝视的对象。②

这意味着，在萨特这里，肖像画的凝视同样具有对自我的构建功能。在读图者开始对肖像画进行阅读时，读图者被暴露于来自肖像画的凝视之下，来自肖像画的凝视即便并不是真实的凝视，也会对读图者造成想象中的"他人的凝视"的施力。

---

① 萨特：《存在与虚无》，陈宣良等译，北京：生活·读书·新知三联书店，1997 年，第 346—347 页。

② Jacques Lacan, *The Seminar of Jacques Lacan*, Book 1: *Freud's Papers on Technique 1953—1954*, ed. Jacques-Alain Miller, trans. John Forrester, Cambridge: Cambridge University Press, 1988, p.215.

与萨特强调他者与外界不同，拉康的重心逐渐倾向自我与内部。拉康的凝视理论逐步成型后①，我们发现他从"想象的凝视"出发谈到了他称之为"凝视的效果"的内化现象，即一种自己对自己的视看。他认为"主体一方面把想象的他者的凝视投射到自我之上，从而造成自我完满性的幻觉效果，另一方面还通过认同他者的目光来把这一凝视内化为自我的理想。"②拉康一方面承认凝视的内化是一种想象与幻觉，这与萨特相同；但另一方面，他承认"那在可见性最为深刻地决定我的东西，就是出于外部的凝视。透过凝视，我进入光亮中，从凝视里，我接受其效果。因此可以说凝视是这样一种工具：透过它，光线被形体化；透过它——如果允许我像往常一样以肢解的方式使用一个词——我'被摄入像中'（photographed）"③。拉康认为虽然我的视看被他人所主宰，但在我的想象和意念、意识中，我的理想自我和自我理想并不为了迎合凝视，由此，我看到"自己在观看自己"，他将之称为想象的凝视的"意识幻觉"④。

由此可见，拉康的凝视理论与南希的思考脉络最为相承，尤其在肖像画的"唤起"与"凝视"两个阶段中，南希说的对自身在场的"唤起""切心性"和"内在亲密性"都正巧在方向上契合拉康所强调的"自己对自己的视看"，两者都是内化的、向心的，都作用于自身内部。另一方面，萨特说的来自他者对我的凝视正吻合了肖像画对读图者的凝视，在这种非真实的凝视之下，读图者的主体性被来自外部的凝视介入并发生影响，这种影响在萨特那里是"他人即地狱"式的主体异化，在南希这里是主体转向对自身的回返。

---

① 拉康对观看行为对自我构成性功能的讨论是基于其引入"镜像阶段"和"想象界"的模式来展开的，所以在他这里，凝视分为两个层面讨论：可能的视看，是"想象的凝视"（gaze of the imaginary）；不可能的视看，是"对象 a 的凝视""实在界的凝视"（gaze of the real）。文中的讨论是就其在"想象的凝视"中所作的论断。

② 吴琼：《他者的凝视——拉康的"凝视"理论》，《文艺研究》2010 年第 4 期。

③ Jacques Lacan, *The Seminar of Jacques Lacan*, *Book 1：Freud's Papers on Technique 1953—1954*, p.106.

④ Ibid, p.83. 拉康并不认为这种视看是可信的，他认为由于"眼睛与凝视之间的分裂"，"在我们与事物的关系中，就这一关系是由视觉方式构成的且在表象形态中被排列得井井有条而言，总是某个东西在滑脱，在穿行，被传送，从一个舞台送到另一个舞台，且在某种程度上总是躲藏在里面——那就是我们所说的凝视"。所以，在一切可见性的情形中，"一切都是陷阱"。

（2）个体存在于世界：与梅洛-庞蒂凝视理论相异

拉康的"凝视"理论在成型过程中更多地受到同时期的现象学者梅洛-庞蒂的影响，但概而言之，梅洛-庞蒂的"不可见的凝视"、萨特的"他人的注视"以及拉康"想象的凝视"（gaze of the imaginary）三方论证，有其共通之处——承认"凝视"对自我的构成性功能。但在梅洛-庞蒂这里，有两点值得特殊注意的相异之处。

首先，梅洛-庞蒂语境中的凝视主体不同。梅洛-庞蒂的凝视立足于全知全能的"全视性"视角，是手段与工具。他认为在我对可见世界的知觉感受中，我的观看不再是对自我主体的知觉建构，而被动地沦为了"共同世界"为了显示自身而施加的手段与利用，因为总是存在着不可见的凝视、一个如同柏拉图式的"全视者"（seer）在对我进行观看。"我的私人世界不再仅是我的世界；此时，我的世界是一个他者所使用的工具，是被引入到我的生活中的一般生活的一个维度。"①

梅洛-庞蒂的理论更便于我们解读"老大哥"的凝视，在乔治·奥威尔（George Orwell）的政治讽喻小说中，作者反复提醒读者一个在场但并不可见的、柏拉图式的全视者："Big Brother is WATCHING you"，这为小说人物建筑起一个建构共同世界的外部推力，主体在他者的凝视介入中，进行了理想自我的建构并产生意识幻觉，凝视成为其生活的一个建构维度。电影《一九八四》剧照（图8）中老大哥的凝视特写与集聚的乌合之众形成鲜明的戏剧性对比，图像的凝视带来直观、凌厉的视觉感知，对被凝视者起到震慑与规训的效力。在《规训与惩罚》中，米歇尔·福柯通过"示众"的古代刑法来谈论借由视觉控制推及政治权利于社会生活各领域的现象。目光之"凝视"成为眼睛与视觉的权利形式，当读图者进行"凝视"时，读图行为的意义远远超过了简单的"在看"，转而成为政治借力的"凝视的王国"。这一点在美国国玺的图像设计中可见一斑。国玺背面（图9）出现了表示"上天之眼"的图像符号，当新大陆对"时代的新秩序"（Novus ordo seclorum）的期许与渴求通过文字与图像进行视觉呈现之时，被置于未完成的金字

---

① 梅洛-庞蒂：《可见的与不可见的》，罗国祥译，北京：商务印书馆，2008年，第20—21页。

图 8：电影《一九八四》剧照，1984 年英国版　　图 9：美国国玺背面

塔顶端、高耸入云的图像，竟是一只来自四千多年前的眼睛。高置的眼睛及其四周光芒的外射，代表着高度与广度上的政治全视———一种梅洛-庞蒂式的全视，它暗示着他者的在场，视察着时代新秩序（"共同世界"）的推进，也介入了所有被视看者个体世界的建构。

　　在这里，图像凝视的视觉效力也可以解释新中国美术初期的视觉艺术形式的接受问题。如斯蒂芬妮·唐纳德（Stephanie Donald）提出的社会主义现实主义"凝视"（Socialist Realist Gaze）① 通过视觉艺术的传播，成为新中国美术的特殊艺术符号。杰森·麦格拉思（Jason Mcgrath）在其论文中反复使用电影版《青春之歌》剧照（图 10），以通过对林道静面部的目光特写分析，强调凝视对文化民族主义（cultural nationalism）的强化与借力②，如此等等。当读图者看着镜子中的、画板上的人物形象时，都可以得到来自对方的目光回应。这解释了肖像图像在功能上的教化、宣传的特殊效用。正如斯蒂芬·班恩（Stephen Bann）说的那样，"我们与图像面对面而立，将会使我们直面历史。在不同的历史时期，图像有各种用途，曾被当作膜拜的对象或宗教崇拜的手段，用来传递信息或赐予喜悦，从而使它们得以见证过去各种形式的宗教、知识、信仰、快乐等等。"③

---

① 陈榕：《凝视》，见赵一凡编：《西方文论关键词》，北京：外语教学与研究出版社，2006 年，第 349 页。

② Stephanie Donald，"Red Aesthetics，Intermediality and the Use of Posters in Chinese Cinema after 1949"，*Asian Studies Review*，vol. 38（September 2014），pp. 658—675.

③ Jason Mcgrath，"*Cultural Revolution Model Opera Films and the Realist Tradition in Chinese Cinema*"，*The Opera Quarterly*，vol. 26（2010），No.2—3，pp.343—376.

图 10:《青春之歌》林道静特写剧照

由此，引出梅洛-庞蒂与南希凝视理论的第二个不同点，即凝视主体与外部世界的交互关系。在梅洛-庞蒂的语境中，凝视在功能上正印证了"凝视（Gaze）"一词的文化理论定义，表现了其"探查和控制"的效用。"凝视是携带着权力运作或者欲望纠结的观看方法。它通常是视觉中心主义的产物。……被观者在沦为'看'的对象的同时，体会到观者眼光带来的权力压力，通过内化观者的价值判断进行自我物化。"[①] 然而，与梅洛-庞蒂不同，南希并不将凝视视作手段或工具，在功能性上，两人存在歧义，而两人对凝视功能的相异源于对以下问题的不同立场：个人主体与外部世界之间的关系如何？

对梅洛-庞蒂来说，凝视是为了使个体性服从整体性，进而抵达"共同世界"的渠道；而南希则认为，个体与外部世界之间是一种混沌的敞开关系，他更强调个体存在于世界的状态，而并不作双方力量的对比或抗衡，甚至南希意在消弭个体与世界的界限，在《肖像画的凝视》这本小书的结尾，他含糊地写道：

　　……绘画诚然没有对此进行再现，然而它就**是**（est）或者说它就在**画着**（peint）这个眼界大开与目眩，既然相比起**存在**的意义，也即存在于世界的意义，**绘画**（peindre）或者**绘肖像画**（portraire）丝毫不会在人们名之为"艺

---

① Stephen Bann, "Face-to-Face with History", *New Literary History*，XXIX（1998），pp.235—246.

术"的事物那里拥有更少的意义。被画出的凝视就投入到这个"**于**"之中。①

译者在这里对最后一句中的"于"（au）做了注解，将其解释为上文"存在于世界"（être au monde）中的介词"于"，它可以显示为一种方向的开启，表示通往、向着。那么，南希的这段话可以概括为：第一，绘画并不着意于对世界的描绘，因为绘画本身就是世界，是眼界的大开；第二，肖像画作为一种艺术形式，本身就拥有了许多存在于世界的意义；第三，肖像画的凝视就投射在这种存在的意义中。

四、对肖像画凝视的延展讨论

至此，"看"的视觉实践变成了复杂的权力的"凝视"，在读肖像画的凝视时，看图的人同时变成了"被看"的对象。来自图像的双重凝视是在建立主体认知制度或价值秩序的进程中，强有力的视觉图像工具，从图像的凝视之下，自我窥察并洞悉自身的主体性外展，同时又借由图像中对自我认知与社会控制的视觉符号，规制了社会文化的建构与权力的分层。于是，让我们重新回到南希对"肖像画的凝视"的最初思考中，对图像凝视的视觉效力可以总结为以下两个方向的延展：

一方面，在图像解读与图像接受方面，南希含糊暧昧的肖像画论分析，可以总结为一个由内而外、复又转向内部的主体性回返过程。在"自主性"—"相似性"—"唤起"—"凝视"的四步走中，对肖像画凝视的感知过程从敞开走向闭合。肖像画创作是一种主体的创作；肖像画具有自主性；肖像画的凝视让读图者在对主体与他者的感知中，重新审查与警醒自身。在"凝视"与"被凝视"的交互过程中涌现出来的，非简单的主体或客体能够总括，而事实上，南希并不意在厘清

---

① 让-吕克·南希：《肖像画的凝视》，第 80 页。

个中关系，肖像画作为精神世界的艺术表现，从读图主体的"感觉"转向消失于主体深处的"超感觉"，在强调个体存在投身于世界意义之余，我们对主体性的思考走向"迷失"的混沌与浑融——"在它的凝视里迷失自身，这不就是（动词意义上的）绘画吗？"①

另一方面，从社会动力学的角度，肖像画的凝视具有视觉推力。美国历史学家马丁·杰（Martin Jay）在视觉中心主义的主体二分基础上，深化了视觉的政治性思维②，对肖像画的凝视分析至此恰如其分地印证了他提出的"视界政体"（Scopic of Visual Regime），其指的是在视觉中心主义的思维下，"视对象的在场与清楚呈现或者说对象的可见性为唯一可靠的参照，以类推的方式将视觉中心的等级二分延伸到认知活动以外的其他领域，从而在可见与不可见，看与被看的辩证法中确立起一个严密的有关主体与客体、自我与他者、主动与受动的二分体系，并以类推的方式将这一二分体系运用于社会和文化实践领域使其建制化"③。图像的凝视由此成为视觉控制的实践或生产系统，或曰社会的动力学。

（责任编辑：石　然）

---

① 让-吕克·南希：《肖像画的凝视》，第 80 页。

② Martin Jay，*Downcast Eyes*：*The denigration of vision in twentieth-century French thought*. Berkeley and Los Angeles：University of California Press，1993.

③ 吴琼：《视觉文化的研究谱系》，见吴琼编：《视觉文化的奇观》，北京：中国人民大学出版社，2005 年，第 6—7 页。

乌托邦：女人的故事
——关于电影《百合》的讨论

王 杰 王 真 肖 琼 等 *

（浙江大学浙江传媒学院）

【内容摘要】

周晓文导演的一系列电影都是以女性为中心的。当代中国，女性问题是其现代化发展过程中不可回避或忽略的视角和重要问题。文章由一次圆桌讨论形成，通过多人讨论的形式，多角度多层面的探讨电影《百合》在多重语境下不断滑动的美学意义和社会意味。通过这种看似随意的漫谈形式以求获得一种人类学的现场感和意义的相对确定性，由此可以不断增强理论把握的精准性。

【关键词】

《百合》；悲剧与现代化；乌托邦；情感结构

* 王杰，教育部长江学者特聘教授，浙江大学传媒与国际文化学院教授。研究方向：马克思主义美学、审美人类学。

肖琼，浙江传媒学院教授。研究方向：悲剧美学、西方马克思主义文艺讨论。

王真，硕士，毕业于上海交通大学，《马克思主义美学研究》编辑。

本文系国家社会科学基金重大项目"当代美学的基本问题及批评形态研究"（15ZDB023）阶段性成果。

王杰（浙江大学教授）：最近我在做一个关于"乌托邦"的系列，已经做了《乌托邦：神的故事——关于〈皮带扣上的魂〉的讨论》，和《乌托邦：男人的故事——关于〈战狼〉的讨论》。今天我们来讨论《百合》。

周晓文导演的一系列电影都是以女性为中心的。对于中国来说，女性的问题是当代中国文学和文化的一个重要问题。影片中有一句台词：我的梦想，就是凭着我自己的手艺和劳动成为一个城里人。我觉得这是中国 30 多年来快速现代化发展的一个具有非常普遍性的、社会群体的共同梦想。如果说这是中国梦的一部分的话，百合的梦想则是整个社会群体在现代化过程中的共同梦想。

许娇娜（韩山师范学院副教授）：影片敏锐地抓住了一个具有普遍性和代表性的现象，并力图表达底层关怀和对生活多种可能性的思考，同时也展示了艺术手法上的创新。但影片的不足还是很明显的。

主人公是个少女，心智也不怎么成熟，在整个故事过程中几乎没发生什么变化。按理说她从农村来到城市，又遭遇了诸多波折，性格、人生观和世界观等都会有所改变；但影片只是一味地强调她的乐观、忍耐和与生俱来的纯朴的人性，赋予她没有任何根据的顽强生命力，说到底还是导演对农村或农业文明的乌托邦想象而已。当然，导演也让百合说出"穷人没时间痛苦""开始不恨，后来恨得厉害，再后来彻底没希望了又不恨了"这些话，企图表现底层人真实的麻木的生存状态，但是这个尽管单纯傻白却思路清晰表达流畅甚至可以说能言善语的女孩又跟这种麻木不仁的人物设定相违背。影片只是描述了一种具有代表性的苦难现象却没有塑造出具有典型性的人物形象来。其次电影某种程度上也是导演自恋的投射。作家刘楠的形象有何意义？从结构上看，她的存在切断了故事的整体感，使故事零散化，观众不会因为它平铺直叙而觉得枯燥沉闷。另外，两个人物本来都生活在很封闭的个人世界，因为有了对话，双方的内在情感都得到表达和宣泄。这原本是很好的设定。但是百合在讲述自己的故事时没有丝毫言说上的困难，导致这里的形式与内容成了两张皮。影片关于最后三种结局的设置也相当草率生硬。具有现代意味的开放性结尾跟整部电影的现实主义风格和叙述手法是不协调的，三个结局之间的切换和转换也非常突兀。相比而言，最后的结局应该是最合理的，也留下了适当的想象空间。

总之，这部电影体现了当前许多底层文学和艺术作品的共同问题，尽管作品中充满了苦难，却成不了悲剧，也产生不了悲剧性的力量。

王杰：我在一定程度上认同许娇娜的观点。我认真分析过它，这部影片的确有种席勒化的色彩，感觉它是一种类型片。关于类型片，我觉得陈凯歌的《黄土地》是一种类型片，周晓文的是另一种类型片，现在的《战狼》《老炮儿》又是一种类型片。艺术型的类型片由于与感觉结构相联系，值得我们去分析。由于每部影片毕竟是这个时代产生出来的，它代表着这个时代的那种信息，它的成功失败也都与这个时代息息相关，都是可以分析的。周晓文一开始就把城市题材拍得非常好。按理说这个起点应该很高，可是周晓文不是个理论修养好的导演，他在面对现代化的众多问题时迷失了。我觉得在当代社会那么复杂的情况下，一定要有清晰的意识才能把握问题所在，而真正深刻的把握只有理论才能够做得到。

向丽（云南大学教授）：电影《百合》力图讲述一个中国式的悲剧，表现边缘弱小群体身上人性的光芒和即使身处角落依然可以弥漫开来的温度。在电影中，周晓文尽力回避传统悲剧的表达方式，不渲染悲剧的悲苦与凄厉，而是以女作家刘楠访谈的方式慢节奏地回放百合所经历的周遭。然而，这种相对静态式平稳的镜头与语言的流动是否能够较好地传达百合人生的况味与对于现实生活的叩问呢？与中国人情感结构相应的是，中国式的悲剧往往指向一种圆融的境界，悲剧与救赎往往会以奇妙的方式叠合和缠绕在一起。在影片中，百合对于悲苦人生的接纳恰恰在另外的意义上使刘楠因家庭创伤造成的封闭世界慢慢敞开了，从而使百合的悲剧以乌托邦的方式释放出其力量。然而，在对于百合悲剧的叙事中，电影仍有诸多粗粝之处，而且这与意识形态的中断以后表征社会关系的某种症候无关。电影作为时间性的艺术，时间的绵延、缠绕而后指向未来，是对于叙事的最好修辞，而对于观者而言，"当代"始终是一个在场的最切实的语境。百合的人生与悲剧并不属于百合一个人，而是一种集体性的在场。电影的艺术感染力在于能够在多大程度上与观者分享同样的情感结构。"当代"本身是多重语境的叠合，具有流动性、滑动性、杂糅性等特征，而人的情感结构本身具有巨大的容纳性和可塑性，两者之间的共振会产生无可估量的艺术效果。然而，影片中百合对于时间和痛苦的经验正是缺乏此种共振而展演出凝固与重复的姿态，不能不说留下了几抹令人遗憾的苍白。

王真（浙江大学《马克思主义美学研究》编辑）：影片有个很有意思的细节，就是那个叫公仔的，在她身上纹了一条龙，他说你记住我啊。这个人其实是一种男性霸权的体现，就是我不但占有了你的身体，你的感情还要永远属于我。在古代，纹身是奴隶的标志。导演用这样的细节，捕捉到当代中国社会的那种资本压迫性。但是这个女孩却还是欣然接受。里面一句台词讲得很好，问她恨不恨他呢？说刚开始不恨，后来就恨，再后来麻木到又不恨了。如果导演能够把这个状态表现出来，那就很好了。可是他并没有表现出那种麻木到没有办法再恨人的地步。影片一开始，百合整天拿个红薯在一辆辆车子中很徒劳的寻找。其实这种情感和场景在好的表达里是可以表达得很悲壮的，但是周晓文却表达得不够充分。我还注意到一个现象很有意思。中国的电影，其中文名和英文名之间的差距很有意思，往往反而是英文名才是真正的把握。

昨天我在想，杭州这地方很特别。我比较关注的中国式的悲剧人物，一是王国维，一是李叔同。李叔同去世前的最后瞬间叫"悲欣交集"，我觉得这是中国现代情感结构的一个表达，悲欣交集的情感在当下仍然在继续发展，包括今天的互联网经济，其实都是悲剧性的，又是很理性的。这个就是要我们有直面现实的勇气。

尹庆红（上海交通大学讲师）：我认为可以从两个方面来理解电影的乌托邦这个主题。第一，是农村人梦想成为城里人，电影的女主人公说她的梦想就是在城里开一家面馆，赚很多钱，成为城里人。现代化的进程也就是城市化的进程，一个国家的农村人变成城市人的比例是衡量这个国家现代化程度的一种标志。中国的城市化进程加速是 20 世纪 80 年代开始的，在过去 40 年里，成为城市人可以说已经成为中国农村人的最大梦想，也是中国人最普遍的情感结构。导演看到了这个问题，但似乎并不着力去表现这个问题，即导演对自己真正要表达什么并不是很清晰，因而在表现上也显得力不从心。虽然电影中着力最多的是表现主人公百合为了救治儿子可能出现的几种情况，但我把它看作是她最终没有成为城里人，也就是她的梦想破灭了，意味着大多数农村人想成为城里人的梦想终究只是个乌托邦。

第二，在社会的现代化进程中，当社会发生急剧变迁时，我们最希望的反而是保持人性中最美好的东西。在当今中国社会，在人们不择手段追逐财富和利益时，人们感受到社会的道德沦丧、人心险恶，人与人之间越来越冷漠时，人们反而越是渴望那种善良真诚的人性和温暖的人际关系，这成为当下中国人普遍的情感结构和梦想。导演非常敏锐地捕捉到了这个问题，也是他在影片想要表达的东西。在电影中，尽管百合被人欺骗、被生活所困，经历痛苦，但她依然对这个社会充满希望、不抱怨、不生气，不麻木、乐观豁达、积极地接受现实，保持农村人的淳朴、善良、真诚、宽容等美好的品质。遗憾的是，整个故事太假，情节设置等完全撑不起这样一个主题。主人公百合在那样一个恶劣的生存环境中，在遭受那么多的欺骗、利用后，她何以还能保持单纯、豁达淡然和不抱怨？这是一种主题先行的"席勒式的"表达，显然是导演一种知识分子式的乌托邦想象。他们把农村人的淳朴、善良、真诚等美好的人性看作是一个固定不变的东西，而对人性的构成性、生成性等一无所知。这是一种高高在上的代言人姿态，他们并不了解大众，不了解底层。如果知识分子能够像人类学家那样深入民众、参与观察，他们对底层人物的想象也许会改变。

强东红（咸阳师范学院文学与传播学院教授）：我同意刚才几位老师的看法，电影中的人物形象有符号化和观念化之嫌。不过，在我看来，这部电影还是有很多可取之处。首先，影片中所反映的底层人物坦然地面对苦难的惊人态度，还是非常真实的。在农村长大的我，深深地感受过普通老百姓那种顽强坚韧的生存意志，不会对生活彻底绝望。影片中处于困境的百合依然有支持自己前行的梦想，开一个小小的拉面馆。也许在观众看来，这只不过是一种卑微平淡的生活图景，但对于百合来说，却是经过努力就可以实现的比当下生活更好的未来。其次，影片通过审美变形巧妙地反映了底层民众真实的辛酸生活。女主人公尽管处境困难，但时不时地还是会遇到一些还有良知的人帮助（尽管她常常不接受这种外来的恩赐），她的好朋友胡金玲更是一位经常无私地援助她的"江湖女侠"，这使得这部沉重的影片还带有不少暖色。同时观众还可以透过影片的叙述裂缝，一瞥当下生活的诸多黑暗面，例如，贩卖人口、欺蒙拐骗等现象，随处可见的污水横流、肮脏不堪的生活区，妇女儿童的正当权益缺乏保障、贫富差距加大、昂贵的医疗费等等。最后，影片在艺术性方面还是比较讲究，如开放式的结尾，不介入的叙事方式，背景音乐的选择，比较到位的演员表演（如演员表情的细腻变化）。影片中也有很多灵光闪现的亮点，如在KTV，还抱着孩子的百合，在金玲出去的短暂时刻，忙里偷闲地抓住话筒，动情地唱了那首《不想长大》的歌曲。歌中的歌词恰与她的命运相契合，而她认真投入的歌声，在此情此境下，似乎溢出了画面，产生了一定的寓意。

肖琼（浙江传媒学院教授）：或许这部影片的重点在于对事件接受效果的强调。悲剧并不在于事件本身，而在于事件的接受效果上。以这个定义来反观影片，我们会发现，导演在影片中要展现的正是一种中国式的悲剧观念，通过讲述悲剧人物百合的悲剧性遭遇，让我们看到并感染到人物身上所呈现出的一种中国式坚韧、乐观和自信。这就是一种中国式的悲剧精神，也是中国语境中能够接受的。所以我感觉导演在影片中特别渲染一个词：张力。影片特别强调一种反讽的效果和心理的落差感，从而让这部影片显得特别有张力。首先是来自名字的张力：故事的主人公叫百合，百年好合。然而现实中百合的遭遇是：未婚先孕，被男朋友抛弃，想变成城里人的梦想破碎。但是女主人公自己觉得所有的遭遇都很正常，并且非常坦然地承受这一切。即使承受到不能承受之重，她仍旧怀着对世界美好的念想，对男朋友、对自己的未来、对所有周遭的人。这一点是非常让人感动。其次是来自他者视角与百合自身的视角之间差异所构成的张力，同时对境遇观测的三种视角构筑出接受上的三重语境：百合自己来看自己的境遇、采访记者对她的境遇的看待、场外的观众对她的境遇的看待。这三种视角相互杂糅，得以化合出影片复杂的表现力量，在此当中也很好地完成对社会的审视和对人性特别是母性的升华。最后是构设的三个结局带给我们思考的张力，让影片的表达效果继续延伸于现实中。其实百合的乌托邦的力量来自哪里？孩子和母性的爱。这是一个刚刚 19 岁的姑娘，她所有的生活动力来自在对这个孩子的孕育、对未来的期盼所激发出来的母性的爱。从为这个孩子奋斗到最后希望孩子不要看到她这样的妈，都是源于对孩子的爱和未来希望。这种爱是非常天然的，不需要努力学习修养而成，它使百合有勇气承受生活中所有的艰难和困顿，始终如一地能够保持人性中的美好、坦然和乐观态度。而这才是女人最本真的情感，也是女人乌托邦力量的根源。

何信玉（上海交通大学博士生）：我认为"乌托邦"与"女人"是这部电影中的两个关键内核。整部电影以倒叙的形式、通过百合的回忆而展开。在城市化浪潮的推动下，大量农村人口向城市转移，城市与乡村两种不同文化之间的断裂往往使空间移动中的主体面临着尴尬的处境与境地。例如影片中这样一个发人深省的背景画面：百合与同乡姐妹在破败的巷口排队洗澡，她们居住的贫民区的背后是高楼林立的都市，十分鲜明地反映出现代化以来隐藏在城市内部的贫富反差与对立。就百合自身而言，她渴望通过自己的努力劳动来赚取足够的钱，以拥有成为一个"城里人"的资本。这无疑是一种合理的情感诉求，并非一个难以企及的梦想。但是在现实生活中，百合最卑微的梦想都未能实现。这个简单而平常的梦想在电影叙述中一直处于被压抑状态，在由道德、法律、爱情、亲情等层层包裹着的社会关系中一步步地被摧毁，最终只能沦为一个"妄想"，她的努力、她的奋斗都难以改变的结局。在影片的最后，导演为我们预设了百合的三种可能性结局——贩毒入狱、嫁入豪门与孩子的死亡。但对于百合来说，故事最终的三种结局都无法取得完满：贩毒入狱触犯了法律的权威，嫁入豪门违背了伦理信条，似乎只有孩子的死亡是唯一合理的结局。当个人理想在悲剧性的现实面前变得疲软，往往会幻化为某种个体"乌托邦冲动"的无力，这种"无力性"同时也是审美的无力性，当独异个体面对惨烈的现实，我们还需要树立起一种悲剧性的警觉与自省。

连晨炜（上海交通大学博士生）：当代学者索亚在研究资本主义大都市时提出了"第三空间"的概念，他非常关注大都市边缘那些各种族裔杂处的中下层聚居区。从这个意义上看，我们不妨把电影主人公所生活的地点也视作一种"第三空间"，在这样一个不同文化并置、变化的空间里，城市的创造力和生命力正蕴于其中。影片的主人公无疑是不幸的，但如果我们能从空间的角度上重新认识当今大城市的边缘地带并引入文化治理的手段和经验，也许可以为更多的"百合们"实现开面馆，成为一名"城里人"的心愿。

谢卓婷（长沙理工大学讲师）：我先讲一个非常有意思的和电影有点类似的场景，影片中这个女孩想开一个面馆。有一次我去一家鱼粉店，就碰到过一个进城打工的乡下小姑娘在那做服务员。那天是午后，外面下起了雨，雨下得太大太久，店铺里的营业都停下来了。小姑娘坐在餐桌边开始和从厨房走出来的掌勺的小伙计打情骂俏。突然，她停下来，说了四个字：倾盆大雨。这四个字非常清脆，非常圆润，空气中似乎有了一种微妙的变化，我觉得这是审美一刻。我当时就想如果是侯孝贤在，一定会把这个年轻女孩的这一瞬间拍成电影，他会怎么拍呢？普通、日常，甚至是无聊庸常的时空里，有那么一刻是不一样的。审美就是日常生活这样一种"脱离"的瞬间，无所事事的一刻，它即是生活的一部分，又是蓦然变形或打断日常的一刻。在这个打断当中，审美其实就是一种无力感。

然而，《百合》显然不是去表现这种"无力气"，而是相反，要表达某种关注或者关怀，主人公百合也从始至终充满了行动力。只是她越想改变自己的处境，就越是受挫，这就是她的悲剧。在我看来，影片至少可以让我们思考三个问题：

其一，我们所关注的"底层"到底是谁的底层？作为知识分子、导演，或者作家，我们和底层到底是一种什么关系。周晓文强调他所采取的"平等"视角，在影片中有没有充分体现？当今"底层"关怀有一种新的提法，叫作"亲人共同体"或"大地共同体"（可参作家黄灯今年的新作《大地上的亲人》），那么，这种共同体形式的本质是什么？

其二，审美以及我们的艺术该如何以"艺术"的方式将底层真正呈现出来，尤其是电影艺术，该如何凭借其艺术的特殊性去担当一种"审美政治"（以审美的方式改变世界）的使命，这是我们应该进一步去好好思考的。

王杰：你讲的那个瞬间其实是很精彩的，说明你还是很敏感的。如果导演既缺生活经验，又缺理论视野，必然会造成其感动力或者说情感震撼的效果不佳。

史晓琳（浙江大学博士生）：在我看来，电影文本其实暗含了三条线索，但它并没有成功地将它呈现出来。影片中有三个女性：一个是百合，一个是她的朋友金玲，最后是作家刘楠。她们在影片中的活动代表了女性的在现代化进程中的三种不同的生存方式。影片告诉我们，无论哪一种，无论女人处于哪个位置，悲剧都会发生。百合的好朋友金玲用人们很不齿的方式去大胆主动地融入大城市一定程度上也具有很大的悲剧色彩；同样，作家刘楠的家庭生活也很悲观。百合更不用说，她坚守着人性的美好去拥抱这个城市，但却被排斥，始终无法融入。在影视文本里，这三种女人其实都是悲剧。她们选三种不同方式去面对这个城市，但是得到的结果都是悲剧，所以从这一点出发，电影具有很强的悲剧色彩。

另外，我想从悲剧出发，拿百合与祥林嫂做个比较。与祥林嫂不同，百合表现得很乐观。其实，对她的乐观，我有一种天然的接受。因为从农村出来，我感觉身边有很多人很像百合，他们在面对那些特别难接受的，我们可能觉得活不下去的事情时，真的是表现得特别淡然。祥林嫂对苦难的表现方式则是絮絮叨叨的，她把所有的苦难全部呈现给你。而百合展现自己苦难的方式则是轻描淡写的。特别让人心酸的是，她会因为刘楠主动和她对话而感到幸福。这是全剧中最打动我的一部分。所以我想，是不是现代悲剧的表现方式已经不同于我们父辈如鲁迅对祥林嫂的书写？祥林嫂的悲剧是传统的、经典的。在面临苦难的时候，人物命运的渲染很悲惨，人物无力反抗。但是现代女性在面对苦难时，不再企图主动表现可怜来博取同情。如果从这一角度出发，是不是一定程度上也展现了现代女性精神上的进步？

格明福（西南大学副教授）：从我的角度来讲，我觉得三种结局是合理的；关键并不在于这三种结局本身是否美好，而是三种结局本身就意味着无数种结局。电影本身想表达的，就是不用去理会多少种结局，反正没有一种是美好的。

在这个时代，传统上一些美好的东西必然要 lost。这个女孩，它代表了一种实际上带着点传统意味的情感，有着传统的生活态度，"美好得令人心碎"（周晓文语）。然而当她要面对现代化的城市，面对这样一个时代必然会面临种种困境，必然 lost。随着这个社会越来越发展，这种传统意义上的美好情感只会越来越少。因为这种情感、甚至这种生存方式，并没有太多存在的空间，而且随着这个社会发展的话，这个空间不会越来越大，只会越来越小。所以我认为这三个结局实际上是一个泛指而已。"百合"暗指的实际上是那种传统意义上美好的、但是不适合现在的东西，这恰恰就把那种悲剧性给表达出来了。就像堂吉诃德似的，无论你怎么反抗怎么抗争，这个结局是改变不了。

周晓文谈到《百合》时说，他思考的是女孩子的问题，是生活的问题，但是现实并不尽人意。他说社会问题有政府去关注，自己关注的是人的问题、人性问题。但是影片毕竟触及社会了，而且悲剧式的结局，并没有给出出路。那农村女孩子的出路在什么地方，难道她们面对现代化的城市和文化，只有像传统情感和生活方式那样败退而无法面对？从这个角度来说，电影其实是失败的。

影片中设置孩子这一环节，是影片另一个有点败笔的地方。生孩子之前，这个女孩子活的就是自己，活的是自我；但是有了孩子以后，她实际上活的是为了孩子。这对女性来说，它的普遍意义就降低了。我们讨论女性或者女孩，到底应该如何界定，怎么建立她的本真，再往前推我们怎么样去谈生命，生命的价值和意义到底在什么地方？我想周晓文可能对这个问题有一定的思考，只不过可能并不清晰，其表达的方式我也不太认同。

王杰：他没有把这个好的题材拍好的原因，就在于导演的悲剧理论或对当代的社会问题的理解中，包括作为艺术家的那种自恋情结的偏重等等，从而造成了他的艺术表达的偏差。但是我觉得通过这个案例分析，仍然是有意义的。

雀宁（清华大学博士生）：当下的艺术批评需关注两个方面：艺术创作者和艺术批评者。就电影而言需要关注导演和影评人，电影的兴盛首先需要在这两者之间形成良性的互动。但这两者之间的关系目前在国内基本上处于无序的状态，即各自并没有履行好自身的使命和职责。导演缺乏人文素养，对电影缺乏敬畏之心；而影评人缺乏严肃的批判精神。导演所处理的有些重要细节显得不尽如人意，导致这一结果的主要原因是什么？我想除了基本的电影语言技巧方面的运用之外，导演的人文素养方面的欠缺可能是主要原因。电影讲述的是当代中国某一类人的悲剧命运。悲剧是艺术殿堂中最重要的艺术形式之一，电影导演只有熟练地掌握了基本的艺术语言技巧并且具备深厚的人文素养以及宏大的历史视野，才能够成功地向观众呈现优秀的悲剧作品。

王杰：我觉得我们这种讨论其实就是一种类型的颠覆，能够获得一种在多重语境下，意义可以不断滑动的效果。我们通过不同人的对话和交流，从而获得一种人类学的现场感和意义的相对确定性。比如我们今天讨论下来，通过整体的不同的意见，还是反映了一个很重大的社会问题。我们为什么同情百合？为什么又觉得这个悲剧形象在现实中不够真实？在这种看似随意的漫谈中，每一个人的这种看法和评价其实都包含着我们自己的情感和视角，就这样不断地来增强理论把握的精准性。

（责任编辑：高晓芳）

反思当代中国的现实主义题材电影
——《江湖儿女》讨论会实录

王　杰　雀　宁　廖雨声　史晓林　卢幸妮　高　琼　王　真　高晓芳　董伟新*
（浙江大学传媒与国际文化学院）

【内容摘要】

本文是一场讨论会的实录。与会者围绕中国电影导演贾樟柯的最新作品《江湖儿女》的叙事特征、情节、主题以及导演的艺术追求等进行了细致、深入的讨论。讨论的内容可以概括为三点：审美人类学的方法有助于认识当代艺术以及当代人的情感结构；《江湖儿女》与《三峡好人》之间具有互文关系，前者塑造的中国妇女形象具有一定的独特性，这是影片的创新之处；导演通过现实主义的艺术手法展现了"义"在不同时代的变迁，怀念过去和反思现实构成了这部电影的主旨。

---

*　王杰，教育部长江学者特聘教授，浙江大学传媒与国际文化学院教授；雀宁、廖雨声，浙江大学传媒与国际文化学院博士后；史晓林、卢幸妮、高琼，浙江大学传媒与国际文化学院博士研究生；高晓芳，浙江大学传媒与国际文化学院硕士研究生；王真，《马克思主义美学研究》编辑，董伟新，浙江大学当代马克思主义美学研究中心助理。
　　本文系国家社科基金重大项目"当代美学的基本问题及批评形态研究"（15ZDB023）阶段性成果。

【关键词】

现实主义电影；贾樟柯；《江湖儿女》；"义"；美学

王杰： 我把电影讨论当作审美人类学的一种民族志，想通过大家对电影的讨论深化对电影的理解，然后基于这些理解写一些文章。带学生的过程中，这种电影讨论方式做了较长的时间。上次我们讨论的是《芳华》。从学术来讲，我想通过这种方式来深化一些学术问题。每个人都有自己的角度和思考方式，每个人对电影也有自己的感受方式。希望这种讨论能够有助于我们课题的研究，不断地激活自己的一些思想。然后将这些思想在今后的研究中进一步展开和深化。所以，在理论上我认为这是当代审美的民族志。我现在越来越感觉到我们的社会是一个多元化的、复杂的社会。艺术作品、文艺现象的意义是多重的，当代人的情感结构也是一种复杂的状态。我们每个人都是当代人，我们可以通过这种讨论来呈现情感结构的复杂性。现在面对新的电影作品时，我们可以跳出过往的观念去解读，由于是新作品所以很少有理论家能够马上对其进行准确完整的解释，相关的研究论作也很少。所以，新作品一出来我们就进行讨论，这样我们的思路可以自由地展开，不会受到其他人的束缚。这种讨论与人类学的现场感和真实性相契合，能够鲜活地呈现我们对它的认识。而且选择讨论的对象时，我会选艺术性强且具有影响力的电影，我不会随便地选一个电影，因为电影实在是太多。到现在为止，我们大概已经讨论了 20 部电影。我们保留每一次现场讨论的录音，然后把讨论的内容用文字整理出来。我想，通过四五年的坚持，我们可以对这个时代的情感结构产生富有意义和鲜活的认识。以上我说的就是电影讨论方面的一个基本的情况和背景。在讨论时，我给自己定了一个规矩，我一般是在最后发言，如果我先发言会约束各位同学的想法，使大家不能充分自由地展开讨论。今天我们要讨论的是贾樟柯导演的新作品《江湖儿女》，贾樟柯是中国第六代导演，获了很多奖，他的作品直面现实，与其他导演的区别还是比较明显的。大家可以提出自己的看法，从观影的感受以及对电影评价、想法、建议等方面都可以谈。最后如果要发表的话，讨论的内容可以整理出来。原原本本整理出来的文字也要保留一份，毕竟这是属于人类学意义上的民族志的东西。我们都是一个研究团队，大家可以充分地发表自己的看法，我建议讨论两个小时，这样我们的讨论基本上可以组成一篇文章。无论如何，每个人都要讲讲自己的看法。

一、《江湖儿女》的叙事特征

廖雨声：我觉得这个电影主要讲的是贾樟柯对社会变化的一种理解，其中就包含了对过去的回忆和怀念。影片中，巧巧和斌哥在 2001 年时是黑社会的老大。在贾樟柯的想象中，那时的社会秩序是稳定的，其基础是道义。所以，影片的前半个小时里经常出现的一个镜头就是关二爷（关羽）的像。一开始，兄弟之间出现了矛盾时就把关二爷请出来；在片名、导演名字等信息出现之后又出现了关二爷的像，而且给了一个很长的镜头；此外，二勇哥死了以后，镜头又给了关二爷；还有一处是，他们在观看周润发的电影时，仪式感特别强，这时斌哥的正上方也有关二爷的像。关羽在江湖中代表的是一种道义。在贾樟柯的想象中，过去是稳定的，是建立在道义之上的稳定。所以，我觉得在影片中关羽这个意象比较重要。里面还有一点我们觉得难以想象的是二勇哥。二勇哥先是出现在迪厅里面，接着被人砍死了。砍死之后有一个情节特别有意思，警察队长——"万队"来了，一边是警察一边是黑社会，而且双方都知道对方的身份。"万队"把外套脱下，佩带的枪也可以看得到，他和黑社会老大斌哥坐在一起非常融洽，没有冲突。这是贾樟柯的想象，过去是非常稳定的。但是电影中，比较早就暗示了社会变化的基调。电影中，一开始巧巧坐在公交车上，接着给了一个全景，大同市的全景。这个全景中，近处有一些相对高的楼房，但是中间很多平房已经搬掉了，远处是高楼。这个镜头描述的就是大同已经处于现代化的历史进程中。我觉得这个镜头相当关键。资本的力量使得贾樟柯所想象的社会的稳定结构开始有了变化。二勇哥在迪厅里说,"我只喜欢两个东西,一个是《动物世界》(电视栏目),一个是国标舞。"他说:看《动物世界》里面的狮子、蚂蚁就想起了人,它们跟人一样看起来特别难受,现在喜欢国标,因为它优雅。所以,电影里面有一个很滑稽的片段:二勇哥死了之后,两个人在跳国标舞。一个本来在江湖里混的人,他渴望浪漫、优雅,但是立马被人砍死了。这些事情究竟是怎么发生的?是不是一个很大的密谋导致他们慢慢地改变了呢。不是,因为是几个小后生想出风头。这对于那些老前辈来说是不可想象的,觉得这些小孩不知道深浅,最可怕。这就意味着,在贾樟柯看来以道义为基础的社会开始发生变化,当巧巧出狱后(她因持枪罪而入狱)这种社会的变化就更明显了。比如,她来到三峡时钱包被偷;她去找原来的手下即潮州商会的经营者,后者说现在一切朝着企业化发展,走的路子跟原来的不一样了。还有一个例子很有意思,斌哥回到大同后,影片给了一个背景图,图上有很多的营业执照,过去的麻将馆后来已经成为一个合法的存在;斌哥腿残了之后回到大同,他原来的手下端面给他吃,他大发脾气,指责对方不懂规矩,认为吃饭应该是先上菜再上主食,而不是先上主食。贾樟柯从斌哥的视角来说明时代变得太快了,变得让人无法接受。所以,整个电影就是对过去的一种怀念,感觉在那个时代是美好的。但是随着工业化的到来,它的变化让人伤感。所以,这里我就想起了王老师的"乡愁乌托邦"。其实这里讲述的就是这种情感倾向,有乡愁这个东西在里面。

王杰:它其实反映的是社会中某一群体的变化。在此之前贾樟柯的电影我们还没有讨论过。像他的电影《三峡好人》有关的研究性文章还是挺多的,《天注定》是我们团队开始进行讨论之后才出来的。我最早讨论电影是在上海的时候,是在重大项目申请到之前。我当时还没有明确的观念,只是大家在一起讨论电影,让学生们有灵感的触发,然后去写文章。讨论几次下来之后,这种形式感觉还是比较有意思。因为每个人看电影,确实感受的重点不同。刚才廖雨声从自己的角度来谈,这确实是一种值得讨论的角度。贾樟柯电影的一个特点就是关注底层社会。当年我去过一次大同，当时马列文论的会议在那里召开。给我的印象很深，大同是我国石窟艺术很重要的一个地方。我去看石窟的时候，石窟旁边就是一个运煤的路，道路比较脏，整个石窟有很多的灰尘。当然，整个城市在现代化的过程中如同其他城市一样，通过绿化带等方面可以明显地呈现出现代城市的特点。但是当时我们确实感受到（不知道大同是否进入了世界文化遗产，可能进入了世界文化遗产，它的石窟是世界有名的几大石窟之一）大同那里显得比较荒芜。旁边有不断运煤的货车，路上有很多的灰。《江湖儿女》没有拍这些镜头，其实这些是很能够反映社会问题的。这些地方原来非常的辉煌，但是现在却受到冷落，游客也很少。

廖雨声：我还想再强调一下，还有一些镜头是比较有意思的。电影一开始的时候，公交车上的人们的表情以及那个小孩给人的印象都很深。其次，就是监狱搬迁的时候那些车上的罪犯的表情。还有一个就是三峡岸边，巧巧去找斌哥没找到，她回到岸边时影片以长镜头的形式呈现了岸边的人们的表情，也就是底层人物的表情，这些表情非常震撼地反映了底层人物的情感。

王杰：熟悉贾樟柯电影的人应该知道，这些都跟《三峡好人》有一个对应，有些场景在《三峡好人》中出现过。

高琼：我想接着之前大家的讨论来谈谈自己的看法。刚才发言的人提到斌哥在怀念过去，更确切地说，斌哥是一个追逐时代而失败的人，而巧巧则是选择去重构过去秩序的人。下面我具体来说自己对这部电影的理解。这部电影展现了飞速发展的时代中为生存而奔波着的群体。影片用主人公一系列的行动把这一群体串联起来了。尤其体现在巧巧跑江湖的过程中。那些江边的杂技团、摩的司机，摩的司机口中在远方打工的老婆，以及三峡移民的群像，他们都是社会急速发展过程中那些为生存、生活而奔波着的人，他们与"江湖"这一生存空间密切关联。这里的"江湖"不同于我们当下熟悉的港片中的"江湖"或是武侠小说中的"江湖"。"江湖"这一词最早出现于《庄子》，"相濡以沫不如相忘于江湖"，大陆为显，江湖为隐。在主流文化之外的广阔空间中，借"江湖"之名，包含着隐士文化、游民文化、民间文化以及侠文化等。主流文化中的生存困境可以被包容于江湖所隐喻的隐形文化中，因此我们也就更能理解"江湖"在传统文化中所独有的诗意。由于生活的艰辛，上述群体更多是一些意义破碎的人，他们需要一个容纳他们的空间和场所，而"江湖"就是这样一个能够达成"儿女们"自我认同的词语。因此我们也能够理解电影中"江湖"对于"儿女们"的抚慰以及对当代社会思考。

江湖对儿女们的抚慰在影片中随处可见。巧巧出狱后不可避免地成了边缘人，在寻找斌哥、被抛弃而后在找工作的旅途中，她真正展现了"大江湖"。《江湖儿女》里面最初的江湖是斌哥未被兄弟背弃前的小城黑社会"小江湖"，而后则是伴随着巧巧展开的广阔的、包容着无数边缘与底层群体的"大江湖"。在这个模糊的大江湖中，巧巧被人骗也学会了骗人，成了流浪者也被流浪者抚慰，其中"生存"成了最根本的力量。江湖之义与生存息息相关。小江湖中或许还有明确的规则秩序，而大江湖中生存是最高之义。当女小偷被人打时，巧巧先喊着"你打女人！打女人！"上去帮助了这个小偷，随即才追着这个小偷要自己被偷的财物；当斌哥中年生病后回大同，巧巧给了他容身之所，如斌哥所说，他觉得只有巧巧不会笑话他。巧巧为了生存，在一家饭店骗人，成功后步伐中还带着侠气；巧巧被抛弃后，路边歌者送给巧巧的假玫瑰在《有多少爱可以重来》中唱出了真情与伤痛。正如影片中徐峥所说"我们都是宇宙的囚徒"，在宇宙面前，失败或者破碎又如何？大江湖中也别有天地。影片的批判性主要呈现在逐利的社会风气与守义的江湖的对立中。斌哥的痛苦最初源于兄弟们的背弃以及他自身对巧巧的背弃，后来则是逐利的失败。在斌哥身上，"义"他未能坚守，利也未曾获得，可以说遭受着彻底的失败。巧巧看似一直遭受着生活的苦难，从斌哥对她的背叛到跑江湖的艰辛，但由于巧巧从始至终对"义"的坚守，她反而在成为"江湖人"的过程中获得了坚韧与平静的力量。可以说面对生活的失败与苦难，斌哥趴下了，而巧巧成功直面了。追逐利益会失败，而坚守道义，只要你不放弃就不会失败。这就是何以巧巧在遭受了一系列苦难后依然可以给观众以力量与勇气。在逐利的社会中，人们面对着成功与失败的高下判断，而在守义的旅途中，你才能真正体会生命自身的幸福与苦难。

影片的性别视角也回应了一个当代女性普遍关注的问题，女性的成长，即自我追寻与建构。在影片中巧巧这样一个女性身份的形象一直经历着破碎然后又重建的过程。开始的时候他跟着斌哥，想跟他结婚，有一个家庭，她的生命秩序看似明确其实未经反思，是被传统观念建构起来的。而她入狱之后，斌哥走了，她的父亲也走了，她曾坚信的由父亲和丈夫代表着的秩序失去了根，出狱之后的她是一个彻底脱离了社会关系的人。因此她急迫地去找斌哥，其实是去找回过去自己不曾反思却坚信着的秩序。但斌哥已经抛弃了他们的情感以及曾经未经反思却坚信着的小江湖中的"义"，转身追逐利益和成功去了。而巧巧的自我经此才真正开始觉醒，最终她选择回到大同，选择重新建构她所认同的"义"，而这也与她最初为了对斌哥的情义放出一枪的选择相一致。最初那声枪响是无意识的，而后面的步步选择则造就了真正的"巧姐"。尽管还是同样的棋牌室，但是巧巧已不是同一个巧巧，在关系的断裂与重建中巧巧实现了自身的成长。从普遍意义上来说，每个人的成长都需要经历这样的过程。生命最初的经历让人们觉得所处的秩序和世界是完整的，但那是混沌中的完整，没有经历过破碎和追寻。可是，当你历经破碎与重新选择，哪怕看起来你的生活方式是一样的，重新做了同样的选择，实质上却不一样了，因为你在选择与反思中完成了自我建构。很多人观影后觉得巧巧很有几分侠气，一方面源于导演对大江湖内在之义的价值肯定，呈现出更多巧巧的守义过程中的潇洒，另一方面则正在于人们对女性价值自我追寻的肯定。同时，巧巧的形象也暗含着在更广泛关系中女性长久所处的破碎状态。影片最后，斌哥还是走了，监控视频里留下了孤独的巧巧，她再次经受破碎，影片结束。这样的一个不断破碎的形象对于女性来说是一直都存在的，换句话说，女性一直与破碎相联系。如同《启蒙辩证法》中，女性与大自然的类比：社会对待自然就如同男性对待女性。我认为这样的类比很具有启发意义。

王杰：江湖确实包含着"义"，"义"这个概念其实我们是可以集中讨论的。之前我们讨论过的影片《老炮儿》，它的主题也是想讲述一种"义"。《江湖儿女》

也是在讲述一种"义"的结构破碎,巧巧在剧中重构"义"。"义"与中国社会的本质确实有很大的关联。我现在思考的一个焦点就是中国审美现代性,其实"义"主要是在传统社会比较明显。我在有关审美人类学的文章中提到,在研究任何问题的时候,马克思注重两种理论方法,一是把古代和现代相比较,也就是前工业化社会和工业化社会相比较,这个方法比较容易理解。还有一个方法是马克思所讲的"人体解剖对于猴体解剖是一把钥匙",如果我们有一个发展和进化的链条的话,那么对当代社会的解剖是解剖过去时代的一把钥匙,即认识当代有助于认识过往的时代。这是马克思的非常重要的一个思想。我认为把这两个理论结合起来就可以构成审美人类学的基本理念。因为人类学关注现在社会和古代社会之间的比较。人类学大师列维施特劳斯强调要倾听遥远的声音。人类学的基本倾向是反现代化的,现代社会是不太好的,比如异化的社会,认为越遥远的声音越美好。马克思不可能完全赞同这一观点,工业化社会之前当然有它的一些特点,不是完全美好,只是形式和矛盾不一样。所以,马克思认为我们不管认识古代社会还是现代社会,一定要强调当代性。我们现在做的当代美学这个项目,当时我还没完全意识到,但我现在越来越觉得它是和马克思主义相联系的。从美学也就是情感的角度讲,现代社会变得太快了,那么在这种情况下人的情感也有复杂的变化。对情感的把握是最难的,别的东西是可以看得见摸得着的,比如建筑、GDP、城市化的过程都是看得见摸得着的,可以用社会学的方法去讨论。而人的内心世界非常复杂。但是艺术,比如当代电影可以在一定程度上展现人的情感,一个好的电影我觉得就是在触摸这些东西。

二、解读《江湖儿女》中的"义"

史晓林:看影片《江湖儿女》,我感受到的更多是一种颠覆感。它关注的是黑社会,但是与其他的黑社会题材的影片是截然不同的。比如我以前看过香港的

《古惑仔》等影片，还有刚才老师提到的大陆影片《老炮儿》，它们都或多或少的关注到江湖义气。但《江湖儿女》是对江湖的一种解构。巧巧出狱前和出狱后讲到自己的兄弟不把自己当回事，斌哥身上有一些"义"，但是他和兄弟之间是没有"义"的，包括斌哥从南方回到大同后，他和兄弟之间的"义"都没有体现出来。看香港的影片，可以看到为兄弟两肋插刀什么的，但是这部电影里面存在一种解构。传统的江湖义气在社会经济发展的过程中是被逐渐抛弃的。他出狱前、出狱后，从南方回来都没有看到兄弟们向他展现出"义"。这部电影是把江湖和"义"都瓦解掉了。看《老炮儿》，我们发现冯小刚对江湖义气还是进行了正面的传播和展现。

王杰：冯小刚借助影片《老炮儿》认为"义"在这个社会当中是可以守得住的，影片的最后他的"儿子"还把那个店改为了"聚义厅"。

史晓林：但是贾樟柯这部电影认为，江湖是守不住的，义气也会随着时代的进步被抛弃。电影的颠覆性是，我们一讲到黑社会，首先想到的是城市，联想到他们活跃的空间是灯红酒绿的都市。但是，贾樟柯一贯以来关注底层、乡村，他把黑社会的空间放置于乡村。所以，很多观众就说这是一部乡村爱情剧。它在一个不发达，也比较闭塞的空间里展现黑帮，这个展现的过程本身就是比较荒诞的，特别是在歌舞厅里，巧巧和斌哥的那段尬舞就很滑稽，这就让人联想到昆丁的电影《低俗小说》里的情节。

贾樟柯有意识地去表现空间——底层的乡村，这里有明确的所指。比如在《三峡好人》《山河故人》《站台》等等里面也都有一个独特的空间。但是我觉得这种坚守和怀旧在这部电影里面是一种硬伤，他把"义"讲出来是比较深刻的，但是没有处理好这种表达。因为你看到所有的场景，但它们都没有变。从2001到2018年之间，看到的场景包括巧巧鸣枪的地方都没有变。后来巧巧回到了麻将馆，它还是原来的那个空间。如果按照我们的传统视野来看，一个乡村或城市的空间一定会发生变化的。但是贾樟柯为了表现怀旧，他把这些地方都保持原样，这让我觉得在逻辑上讲不通。他的怀旧是通过很多歌曲来展现的，听起来还比较伤感，也能把我拉到那个场景里面。但是处在他所拍摄的那个空间，就会觉得 20 年的时间仿佛一切都没变，这个怀旧太过于浓烈了，他没有处理好空间变化。他为了表示怀旧，而把空间视为静止的东西，这并不好。我还想强调的是，影片的前半部分的叙事逻辑是主人公所处的社会从稳定到变化再到瓦解，但是后半部分巧巧回到大同，她成了麻将馆的老板，证明十几年前斌哥认为走不通的路在巧巧那里是走得通的。斌哥走不通，而巧巧走得通这之间究竟是发生了哪一点变化才让后者获得成功？按照我的逻辑来说，斌哥当时的视野也很广阔，也有施展才华的一片天地，他的结果本来应该是很好的。但后来他入狱了，去南方淘金也没有成功，然后巧巧回去后就成功了。我觉得在这里导演没有交代清楚，比较让人费解，为什么巧巧就能成功？而且她接受了斌哥所抛弃的"义"。

王杰：对此，我想提个问题。你觉得导演是过度的怀旧吗？我倒是不这么看。

史晓林：我觉得他可以怀旧，但是他应该把相应的空间、地理等方面的变化处理好。

王杰：我自己的感受就是，从我读大学到今年已经有 40 年，这几天我们同学在杭州聚会，原来班上有 66 个同学，这次来了 40 多个。1976 年我下乡插队，2016 年我回到插队的地方看了一下。我感触很深，在城市我们不会有这样的感受，原来我插队的那个寨子有一条河，现在把它开发为旅游景点，上面修了一个桥。原来只有木桥，有时洪水来的时候桥还会被冲走。现在的桥连车都可以从上面过去。原来的鹅卵石铺成的路现在都变成了水泥路。其他的地方没有发生明显的变化，这让我非常震惊。我大学毕业就去上海出差，我当时是自己要求的，我的目的是去买书。当时的复旦大学是很偏远的，周边连书店都很难找到，但是现在那里已经成为一个繁华的地方。你去北京、上海、杭州等大城市，就会发现这40 年变化很大。但是，大城市之外的人他们的变化不是很大。这是需要我们重点关注的地方。我过去插队的那里是黑衣壮生活的地方，2002 年他们有一个民歌节，后面连续两年都举办了民歌节。当时，县领导告诉我们，那里一年的人均收入是2000 元人民币。那里唯一的一个工厂就是火柴厂。而且上次回去，我还有一点感受，我插队的地方农民都对我很好，他们正好过年，还搞了一台晚会，他们载歌载舞。但是儿童们的表演非常的现代，衣服是从县里面租来的很薄的衣服。他们与城市人有一种反差，他们喜欢现代，城市人喜欢乡愁。年轻的一代非常喜欢现代的东西，比如时髦的歌舞、着装等等。当时我唱了一首《南泥湾》，这也是怀旧的，表达对某个地方的一种赞美。三江县城我插队时全是木楼，后来发生火灾，木楼全被烧了，我还参加了灭火，由于这事我很长一段时间视力都受到了影响。从这些地方来说，我觉得贾樟柯不是为了怀旧，而是为了反思，他是想把这一点呈现出来。当然，我并不是否定你的观点，而是补充一点我的看法。

史晓林： 我也是在想，这么多年过去了，影片里的空间怎么还是和原来的一模一样。我从这里联想到了我们村子，我们村子十年之后的变化都是非常大的。或许这是由不同的地域以及经济等方面的因素造成的。

王杰： 之前，杜克大学的一个学者来这里讲学，也参加了关于乌托邦的会议。这个学者的讲法很能够说明我们讲的叠合性。南宁民歌节可以说明相关问题，它已经不用中国的灯光、烟火方面的技术，而是从韩国等地方请来技术团队和设备。南宁民歌节具有后现代性，然后往外扩展几十公里，大概就到了有古镇的地方，这里的建筑基本是清代时候的，在往外推就可以推到更遥远的过去。比如，那坡县那里被国家自然博物馆的原馆长定位为是新石器时代，这种定位我现在还不是很理解。这些属于不同时代的东西同时并存在同一时空中。这种现象不仅我们国家有，其他国家也是存在的。这是空间意识，它是叠合的，而不是单一的，并不是说进入现代了那么大家都全部进入了现代，它是一个很复杂的有关拓扑学的东西。电影《路边野餐》就很强调这种穿梭感。人虽然在现实里，但是经过了一定路程以后，你仿佛穿越了时空。你们设想一下，如果你们跟着我去那坡县调研，你们会有一种时空穿梭的感觉。

高琼： 我先生是大同人，大同的城市变化其实就是他上大学之后几年才发生的事情。当时，那里来了一个有魄力的市长，把整个城市翻新了一遍。影片的很多场景就是大同的离市中心较远的地方，这些都是真实的面貌。因为没有更多的资金，所以无法进一步修建和翻新。而且我感觉因为周围的很多东西变化太快了，尤其是物理空间，所以会有一种它向来就是如此的感觉。事实上它变化没多长时间，可是一旦习惯了之后就感觉好像它一直都是这个样子。反而把那些陈旧的、没有变的东西跟你自己主观的感觉上的距离拉得特别远。但它其实并没有离你那么远，仅仅是几年甚至是几个月的时间。

雀宁：我想用一种比较朴素的方式来谈谈我对《江湖儿女》这部电影的看法。我发言的主题是："贾樟柯眼中的江湖——影片《江湖儿女》观后"。贾樟柯是中国第六代电影导演的代表人物之一，它的这部电影上映到现在已经快有一个月。它并没有引起很大的轰动，但这并不意味着我们对它的分析和讨论是不必要的。因为很多艺术作品的可分析性和可观赏之间往往是分离的。或许有的研究者，用各种理论来分析它，比如精神分析学、结构主义理论、女性主义批评理论等等，但是我不准备套用西方的某种理论来对它进行分析，因为如果这个作品本身不具备某种理论所预设的结构特征，而我们却用某种理论强行地去解读它，那么很可能显得牵强附会、过度解释，从而导致读者中心化。我还是想回到朴素的轨道上来，我主要关注的问题是：这部影视作品中，贾樟柯向我们讲述的江湖是什么样子？他讲述得好不好？虽然这些问题不一定是分析该影片时需要面对的最主要的问题，但却是不可忽视的问题。

由于有人的地方就有江湖，江湖是人的江湖，人是江湖的必不可少的组成部分，因此揭示和刻画了江湖中人的特征以后，什么是江湖这个问题就基本上有了一个明确的答案。我认为，贾樟柯在《江湖儿女》中刻画的江湖中人主要有四类人：忘恩负义的人；尔虞我诈的人；爱慕虚荣的人；遵守道义的人。当然，这种划分不是绝对的划分，而是从相对的意义上去划分。因为，忘恩负义的人不可能每时每刻都忘恩负义，遵守道义的人也不一定时时刻刻都遵守道义，这里的划分主要是基于程度上的区别。在影片的关键情节中，都可以呈现出以上四类人。我就围绕几个主要的情节来揭示这些人物的特征。情节一：斌哥、巧巧和驾驶员驾着车在行进的过程中被一群混混围追堵截，斌哥和驾驶员差点被打死，在危急关头巧巧鸣枪示警救了这两人。这个情节中巧巧的行为充满道义。但讲道义或讲正义就意味着要作出牺牲，所以巧巧付出了代价，因为犯了持枪罪，使得她不得不面对数年的牢狱之灾。但是在她入狱和出狱的过程中，斌哥都没有去看过她，所以这里体现出了斌哥最主要的一个特征，即忘恩负义。还有一个与此相关的情节，斌哥被几个混混差点把腿打断，后来斌哥的手下抓到了这几个混混，但是斌哥并没有杀他们，而是饶了他们，不杀就是一种恩。因为一般在黑社会里，如果一个老大被打，打人者被抓到后是极有可能被杀的。但后来这些混混没有把斌哥的行为当作一种恩情，而是对斌哥进行报复，之前提到的对斌哥进行围追堵截的那群人就是被他放过的混混所带来的。可见，这些混混也是非常的忘恩负义。这两个情节中，导演把忘恩负义的人揭示了出来。江湖中第二类人就是尔虞我诈的人，江湖中充满了欺骗，甚至讲道义的人有时候为了生存也不得不进行欺骗。比如巧巧在很大程度上是一个讲道义的人，但是从大同去奉节的过程中，她遇到了很多困难和挫折，不得不用某种欺骗的手段来维持生存。影片中还有一个人是轮船上的基督徒，她偷走了巧巧的钱物。实际上她不是基督徒，而是假的基督徒，她之所以在吃饭前进行祷告是为了松懈巧巧的警惕性。真正的基督徒是不可能行骗和偷盗的，因为在相关的教义和教规中都规定不能偷盗。影片中的摩的司机也有欺骗行为，因为不管旅途怎么远，雨多么大，既然收了车费就应该把乘客送到目的地。但他用各种借口进行了敷衍。江湖中的第三种人就是爱慕虚荣的人，这在斌哥身上也是体现得非常的明显。他出狱时没去看巧巧，斌哥的借口是自己出狱时的兄弟们也都没来看他，他想获得地位和名声，想东山再起，他相信"三十年河东三十年河西"。他对名声和地位非常的痴迷。斌哥的爱慕虚荣也是导致他和巧巧不能走到一起的主要因素。江湖中还有一种人是遵守道义的人，影片中导演花了很大的精力来展现两位讲道义的人。第一个当然是巧巧，第二个是斌哥在大同时的驾驶员。这里主要讲后者。当斌哥、巧巧和驾驶员被围追堵截的时候，驾驶员是第一个挺身而出的人。后来斌哥落魄地回到大同的时候他也仍然很尊重斌哥。那么，这四类人当中，他们的结局是怎样的呢？影片告诉我们的是，前三种人可能有时会比较风光或者得到某种好处，但是结局都是比较惨的。而第四种人即遵守道义的人他们的结局不一定非常好，但是不坏也不惨。所以，我觉得贾樟柯通过这部影片向我们讲述了什么是江湖，江湖就是人所组成的社会，在这个社会中充满了忘恩负义、尔虞我诈、爱慕虚荣的人，虽然遵守道义的人也有，但是不多。那么，导演讲述得好不好呢？我认为差强人意。

《环球时报》主编对该影片的评价虽然不是完全有道理，但也不是完全没道理。他想从一个普通的观众的角度来进行评价，这部电影在震撼力、感染力、审美愉悦等方面都是比较欠缺的。当然，有的学者可能认为它很好，很适合分析，但是我认为不能仅仅从学者这个职业去定位这是一部好电影，因为一部电影生产出来应该尽量去面对各个阶层的人，一个真正的艺术作品应该能够最大限度地去征服各个阶层的观众。如果仅仅从学者研究的角度去定位一部电影，那么这种视野是比较狭隘的。王国维说，每一个时代都有每个时代的文学，我们也可以说每个时代都有自己的艺术类型，电影作为工业革命以来才出现的艺术类型现在已有上百年的时间，我认为电影也有它的高峰，但是这个高峰早就已经达到了，现在我们想超越过去的高峰或者树立新的高峰是非常困难的一件事情。当然，这并不是说未来我们不需要拍电影、不需要看电影了。所以，这部电影跟世界级水准的影片相比不能称之为上乘之作，但是在目前中国电影人的创作水平集体性滑坡的情况下，我认为这部电影还是一部不错的电影，我们花一定的时间来对它进行分析和讨论是有意义的。

王杰：除了刻画这几种人物之外，你觉得该影片的艺术价值主要体现在什么地方？

雀宁：我觉得这部影片最吸引人的地方是它所具有的现实主义色彩。拍摄的场景看上去很真实，它追求的就是写实的效果。

王杰：我认为，导演在塑造巧巧这个形象的时候可以体现出创新的一面。以前张艺谋的电影《秋菊打官司》、陈凯歌的电影《黄土地》等等也都刻画过中国妇女的形象。巧巧形象跟其他导演所塑造的形象不同。从传统的观念来讲，巧巧一开始是一个坏女人的形象，因为她跟黑社会老大在一起。看完电影之后感觉该影片还是有一种内在的东西在里面，这是影片成功的地方。像贾樟柯这一级别的导演，是不会随意地去拍一部电影的。像张艺谋的《长城》现在我看来是个失败之作，但是在我看形式创作方面还是有一些创新的。艺术创作的困难在于，理论上谈论好了的东西带入到创作实践的时候有可能遭遇失败。《长城》就比较典型，它想讲述的东西很具有当代性，就是贪欲——饕餮，它想抓住这个东西来进行表达。长城是一个符号，张艺谋原来的想法是要拍成系列电影，像007电影一样，从理论上来讲是可能的。因为关于长城的事情实在是太多了。但总体来讲，他还是没有成功。我分析任何一个导演的电影都从这里切入，即他拍这部电影的创新点在哪里？好的导演如果没有创新点是不会去拍的。当然，也有一些导演是为了赚钱而拍摄电影。

史晓林： 我认为电影《江湖儿女》创新的地方就是它所一直贯穿的宇宙观，比如我们看到影片中有飞碟。如果电影在拍到飞船的时候停下来，我觉得会更好。虽然我认为现实主义很重要，但是他的现实主义里面加入了未来的色彩，这可以给人带来不同的体验。

王杰： 我们还可以结合张艺谋新的影片《影》来进行讨论，因为《影》里面讲到了关于道义的问题。但是从美学的角度来讲，我对这部电影的评价并不高，因为它充满了阴谋。让人感觉到人生和社会的无意义。《江湖儿女》中的巧巧这一形象，如果是有社会根基的话，不管现实社会怎么异化，它都还具有值得生活下去的意义。但看了《影》之后，感觉生活没什么意义了，人时时刻刻都处在别人的圈套和阴谋之中。当然，他揭示了传统文化中的复杂性，阴谋之外有阴谋，阴谋是一层一层套起来的。

高晓芳： 看完这部电影之后，我感觉它不像是一部群戏，而是只看到了巧巧这个人物，不管是斌哥还是其他人都是为了塑造她这个人物而增加上去的。从一个很小的视角来看，这部影片讲述的是一个女性的成长。从大的角度来看，它讲述的是大环境下小人物的命运。结合片名，江湖儿女，自然也应当从江湖的

"情""义"二字来理解。

入狱前巧巧这个人物是以情感为主导，跟孩童一样的状态。她对江湖道义的看法都是懵懂的、小女孩似的感觉。比如，之前她说要和斌哥一起给父母买房。然而出狱之后，之前的情感世界破碎了。她一直在寻找斌哥，这或许具有一种象征意义，她寻找以前赖以生存的感情世界。结果她失败了。后来她碰到了各种人，也发生了各种事情。这其中有两个情节给我的印象比较深。一个是她坐在礼堂里面听别人唱《有多少爱可以重来》，这相当于是给前面的内容定调。一个是碰到了外星人，这也是一个定调。在这里发生了一种转变。她从原来情感性的人变为了一个侠义的人。其中港片和关二爷的像都是一种文化象征。他们身上体现出的"义"更像是一种仪式与游戏，因为里面没有情。巧巧后期的转变恰恰说明了什么样的义才是真正的"义"，"义"是要有情感的，如果没有情感的依托，"义"是脆弱的、虚无的。影片前面部分讲的江湖故事很像是一场小孩玩的游戏。

现代以前的社会是情感式的或者是家长制的社会，所以感觉我们很像孩童性质，以前我们都是用这样的方式来维系社会。但是在现代社会，这种东西被打破了。从情和义的幻化以及斌哥和巧巧的对比，也体现出情感破灭了，维系我们关系的纽带就没有了。人与家族等事物之间的关系都受到了影响。我们老家那边，宗族观念是比较强的，但是可以明显地感觉到，上一辈人和我们这一辈人在情感世界方面有着明显的不同。这种情感纽带不见了之后，现代性更逼迫人从孩童变为大人。我们一直在批判现代性，但事实上我觉得现代性给了我们一个成长的机会。事物的成长不是简单的过程，它毕竟要有一个破灭的过程，然后才能在前面的基础上生长出新的东西。也就是我之前说的情和义之间的关系，首先要有情然后才有义。在这个层次上，情和义之间的关系我觉得还可以继续讨论。之前我看了网上关于导演的采访，上面说这部电影是贾樟柯写给赵涛的情书，我觉得这个说法很有意思。以前讲的江湖中的"义"都是男性之间的关系，比如义薄云天等等。如果"义"放在女性角色身上进行探讨，那其中必然会有情感因素在里面。从时代来讲的话，我们只有以前的温情脉脉是不够的，我们还需要用法律、道理来维系社会。影片的最后,有情有义,情与义两者的贯通使得巧巧真正地走向成熟。如果说社会从原来的情感社会变成现在的异化的社会,那么后者其实缺的就是巧巧身上的这些东西,即以情感作为基础的"义"。

三、比较视野中的《江湖儿女》

王杰:我感觉《江湖儿女》这部电影跟《三峡好人》有一种对称性,《三峡好人》里面也有一个女性形象,也是由赵涛饰演,她去寻找自己的丈夫。所以两部电影之间具有一种对称性,或者说相互之间是有关联的。

王真:这种关联在文学中叫互文。我最近在考虑一个东西,这个东西就是亏欠或者叫人情债,我觉得这在很多文学作品包括电影《芳华》里面都有,比如《芳华》中刘峰为集体和组织做了很多东西,但是集体和组织却没有给他相应的回报。之前我看了心理学有关的一些书籍,其中有一种观点认为人的心里都是有一杆秤的。通过这个秤,我们可以发现在《江湖儿女》中,巧巧为斌哥付出了很多,但是斌哥却没有回报她。类似的例子在文学作品中是非常多的。但是不管在文学艺术作品中还是在现实中,大家想把握这个"秤"是比较困难的,尤其在现实中这是一个任重道远的过程。有些人说,还人情债的最好办法是滴水之恩涌泉相报,但是这个做起来是不容易的。你帮我一次,同等条件下我帮你一次,这样彼此就还清了。但是很多事情有的人斤斤计较,认为你还得不够,我当时付出的东西比你要多。所以,我们心中的"秤"很多时候由于各种原因而导致失衡。我以前看了王尔德的一个童话也发现了类似的一个问题,这是属于情感上的重要的问题,但是它被现代人忽视了。童话讲的是关于夜莺的故事。一只夜莺看到一个大学生遇见了想追求的女生,他想在冬天的时候给那个女生送蔷薇花,但是这种花在冬天时是不开花的,夜莺对着它的刺不断地唱歌,然后它才能开花,这只夜莺因歌唱牺牲了自己,后来在男生的窗户旁开出很漂亮的蔷薇花。男生把这花送给了女生，但是女生把花丢掉了，因为她不喜欢他，觉得他太穷了。但是我们可以看到，夜莺对他是最好的，他对它是有亏欠的，而他却盯着自己力所不能及的东西。我从电影想到了这些。此外，影片中巧巧和斌哥在火山下面的对话挺有意思。这些对话似乎象征某种东西，象征现代人聚集着一种很大的力量，就像一座死火山，我们需要合理地疏通这种力量，不然可能会像火山一样喷发出来，我认为这些对话有这样的隐喻在里面。

王杰：当你们提到这些观点的时候，让我想起了乌托邦的问题。以前我们开了一个与乌托邦相关的会议。阿列西在会上致辞的时候提到，如果大家在30年前开这样的会议那简直是不可思议，因为那时人们对美好的未来没有足够的期盼和热情。然而现在来看，乌托邦确实是值得讨论的。当然，在那次的会议上西方学者不是像我们一样来理解乌托邦。有个学者叫卡特，他提到巴西有个贫民窟居然后来成了旅游景点。主要原因是，那里的居民有共产主义的观念。他们有那样一种文化认同和社会规则。那次会议形成了一种共识，乌托邦并不是那么遥不可及。为什么巴迪欧很想来中国？因为全世界的学者都还没有很好地阐释中国这40年来的发展和变化。从这个角度来讲，中国社会的现代性不是一个社会学的概念，而是跟情感和美学有关的概念。中国从甲午海战之后积攒了巨大的能量，然后在改革开放的过程中释放出来了，成为中国社会发展进步的强大动力。我们值得用美学的维度来讨论现代化的过程。从马克思主义的角度来看，美的规律是人类所有活动的基本规律，美学的原则是社会组织的一种形式，最好的艺术作品也肯定是按照美的规律来进行创作的。个人、团队、社会只要按照美的规律来做，就可以达到我们所向往的乌托邦。你们要多增加一些亲身的社会经历，毛泽东强调文科要以社会为工厂。

卢幸妮：我看这部电影的时候主要是关注里面出现的两种休闲场所，一是迪厅，一是麻将馆。这些场所在电影中出现了很多次。有些影评人认为它主要是为了表现上个时代。但是如果从亚文化包括时尚有关的理论来对其进行解读，我们或许会获得更多的认识。影片一开始就有一大段关于男女主角在迪厅蹦迪的情形。但大家知道，20 世纪 90 年代迪厅在中国非常流行，从这里可以看出迪厅本质上是一种亚文化的产物。按照亚文化的理论，亚文化主要是工人阶级的男性青年面对现实中的挫败时通过商品化的产品（包括舞蹈、服饰、音乐）来象征性地对主流文化表示抵抗的一种方式，他们用这种方式建立一种群体认同。这种抵抗不是一种激烈的政治形式，而是一种温和的通过风格来表达的方式。但是随着全球化的到来，亚文化经历了时尚化这么一个过程。我们可以看到，很多亚文化在全球化背景下逐渐变成可以消费的时尚。所以，我最近也在思考一个问题，对一种具有本身意义的亚文化来说当它以时尚的形式搬到另一个语境中（比如中国到美国）的时候它是怎么生长和变化的？即如何从亚文化变成我们可以消费的时尚？在这个电影里面因为有黑帮这么一个语境，所以，我们看到一个场景：所有人把各种酒倒在一起来表示五湖四海皆兄弟。那么，亚文化提供的是一种认同，在中国的语境中从黑帮的视角来讲也提供了一种认同，但是这种认同是一种耦合的现象。它只是与中国传统文化中的江湖文化形成契合。然后将江湖文化中的这一套叙事挪用了。我在看文献的时候发现，有些国外学者说虽然在中国也流行迪厅文化，但是这种文化与当时原初的亚文化是不同的。它是一种全球性的迪斯科文化，是大众文化的一种方式。他们把这样的文化称为超文化，而不是亚文化。中国人去蹦迪其实更多的并不是像资本主义社会中的亚文化群体一样寻求一种认同，而只是想融入全球化的社会中去。因为迪厅充满很多诱惑，比如舞蹈、灯光等等都是展现全球化魅力的一种方式。所以，迪厅在中国只是青年人象征性地融入全球文化的一种场所。而不是为了抵抗或规避主流文化。除了迪厅之外，影片中还经常出现麻将馆。迪厅文化和麻将文化是不一样的。迪厅是陌生人之间交流的场所，相互之间并不是很熟悉，通过身体语言来展现自己。而麻将是和熟人在一起玩的游戏。理论上，一桌麻将是只需要四个人就可以进行的游戏。往往这些人都是相互熟悉的，这样会形成"麻友"这样的社会关系。它不像在西方完全是一种竞技、赌博类的游戏。它中间有一种凝固的人情关系。影片中比较有趣的是，巧巧入狱之前他们同时经营着麻将馆和迪厅，后来恰恰回到大同建立自己的江湖秩序的时候，迪厅这个因素就没有了，只剩下麻将馆。而且是合法化了的麻将馆，但是内核没有变，是一个很小很闭塞的环境。巧巧为什么不再去建一个迪厅，主要可能是性别上的因素，因为她是女性，而迪厅更适合男性来经营。还有一点是，迪厅在中国只是一个融入全球化浪潮之后的产物，它不具有很深的文化根基。而麻将在中国具有很深的文化根基。

王杰：你的视角很独特，是属于典型的文化研究。把社会联系在一起需要有一些共同体。我在英国的时候感受很深，他们有很多的酒吧，而且不同的酒吧是不同的人聚集的地方。看足球的时候就特别明显，因为大家喜欢和支持不同的球队，所以这个酒吧的人支持某个球队，而另外的酒吧的人群可能是支持其他球队。他们通过这些形式来寻找到情感、文化等方面的认同感。当时，我们住的那栋楼里有一个打扫卫生的老太太，她是某个球队的粉丝，该球队有关的每场比赛的报纸她都会贴出来，不管赢或输她都感觉很幸福。在英国，足球是工人阶级的一种重要的文化形式，现代足球主要是起源于英国的曼彻斯特，它与工业化的起源基本是一致的，当时的贵族有自己的文化，比如高雅音乐等等，而工人阶级就是踢足球。所以，足球是工人阶级的文化认同方式。

董伟新：这部电影使我想到：人对生活的所有感受都来源于生活的经历，包括自然环境和社会环境方面的经历。这部影片的片名使我联想到电影《阳光灿烂的日子》和小品《我不是主角》，给人一种比较朴实的感觉。之前的电影《致青春》《百鸟朝凤》都是用很文艺的名字来吸引人们的眼球。从这里看出，贾樟柯是一个具有中国式人文情感的人。他拍《江湖儿女》就是在思考人、人与自然、人的存在状态、人与社会的关系等。他就像影视里面的姜文、文学里面的梁晓声、音乐里面的窦唯，他们都是殊途同归地想要去思考一些相通的东西。我认识的一个画家，他曾告诉我，他的老师在中央美术学院求学的时候，突然有一天想去山东看日出，于是和舍友们一起商量，立马去买车票，无论如何都想尽快到达那里，不到目的不罢休，为了目标愿意不懈地拼搏。这些都留给我们对人自身的某种思考。在人与时代方面，我们感觉到时代变快了，而且我们失去了一些东西。我认为，贾樟柯的创新之处体现在翻新和复旧方面。他思考的实质就是展现出了人和事物的发展过程。发展过程中既有变又有不变的东西，变的就是"义"，而不变的就是情感——本心。电影中表现中国式的人文情感就是为了表现中国现代人的情感追求。义与利、冷与暖、忧与乐、争与和都是两难的问题。这些都是中国式人文情感里面自发地想要表达的东西。毕竟人是一种群居性的物种，他活着就要追求一种快乐，这是人之为人的一个过程。影片里，中国式的人文情感体现得非常明显。现在谈谈我对江湖的看法，我小时候生活在北方的农村，那里经济不算发达也不算落后。小时候我们的哥们儿义气非常重，从小学四五年级到初中毕业，几十人在一起吃喝玩乐、打群架，两个村子的人相互看不顺眼各自都会召集人打群架。这有不好的地方，就是每个人去打的时候感觉都是为了"义"而打，不然连拳头都举不起来的。综合来看，上面提到的贾樟柯等导演和文学家们就像是汽车界里的某些经典老车一样，他们在这个变化太快的社会可能不容易被人接受，但是他们所展现给这个世界的，不管是翻新和复古，这种独特的继承方式在某种意义上也是一种创新，是中国式人文情感在新的历史条件下的一种自然流露。

廖雨声：我想提一个问题，影片中的巧巧出狱去了南方之后手里一直拿着矿泉水瓶，不知道这其中有什么寓意？

王杰：它是一次性的矿泉水，它和杯子不一样，需要从这种区别中去理解。中国最早的杯子都是祭祀用的，具有神圣性。矿泉水瓶可以用于装水，但不具有神圣性。矿泉水瓶基本上是喝完水就扔了的东西。但是杯子却不是这样，它具有一定的唯一性，具有某种韵，而矿泉水瓶是批量生产的、繁多的东西。或许我们还可以从矿泉水瓶去分析巧巧的内心世界。因为内心世界需要通过表征来呈现，按照马克思的观点来说就是对象化。还有一点，那时巧巧一直在漂泊，如果是在家里，日子比较稳定，那么她不会老是拿着矿泉水瓶，她之所以拿着它是因为导演为了用它来象征她的漂泊的生活或者是生活的贫困。以后继续分析这部电影的时候，我希望大家去看阿尔都塞的一篇文章《我们的米兰》。里面讲的也是一个女性在现实如何从一个浪漫、天真、情感化的人变成面对现实的人。《我们的米兰》

在戏剧史上并不出名，但是因为阿尔都塞的这篇文章使得它后来几乎被西方的从事文艺学研究的学者所熟知。他写过一篇关于抽象画家的文章，这位画家之前也并不出名，但是就因为阿尔都塞的的文章的出现使得该画家被大多数人所认识。所以，理论有时候比艺术走得更远，比艺术更有生命力。当然并不是每个理论家都能够做到这一点。所以，我评论作品的时候，关键不在于作品本身是否伟大，而在于你的分析是否透彻，是否有理论性。而且艺术评论方面，写批判性的文章相对容易，但是写建设性的文章就比较难，比如阐发某个作品的意义和价值并不是很容易的。现在回到我们讨论的电影，《江湖儿女》这部电影我觉得是值得讨论的，它也具有一些艺术性，但是它跟《三峡好人》相比的话，我认为它的经典的场景和镜头并不是很多。

（录音整理：雀　宁

责任编辑：王　真）

ACADEMIC INTERVIEW

学术访谈

悲剧的批评力量：马克思主义与作为一种批评形态的悲剧美学

——长江学者特聘教授王杰教授访谈

王 杰 肖 琼*

（浙江大学、浙江传媒学院）

【内容摘要】

作为研究悲剧理论的专家，王杰教授认为存在一种作为批评形态的悲剧美学。他从马克思主义的批评立场出发，详实地探讨了"审美幻象"与悲剧的关系、悲剧与现代性、马克思主义悲剧理论的不同类型以及中国悲剧批评的建设等方面问题，为我们进一步理解悲剧的现代批评力量以及中国悲剧批评如何建设等提供了重要的理论启迪。

* 王杰（1957— ），江苏无锡人，文学博士。教育部长江学者特聘教授，现为浙江大学传媒与国际文化学院教授，学院教授委员会主任。兼任全国马列文论研究会副会长、中国艺术人类学学会副会长、中国美学学会副会长、《马克思主义美学研究》主编、英国曼彻斯特大学名誉研究员。长期致力于马克思主义美学和审美人类学研究，著有《马克思主义与现代美学问题》《审美幻象研究——现代美学导论》《现代审美问题：人类学的反思》《审美幻象与审美人类学》《寻找乌托邦——现代美学的危机与重构》等，译有《美学意识形态》《本尼特：文化与社会》《批评家的任务》等。
本文系国家社科重点项目"中国现代悲剧观念的形成及其发展研究"（14AZW004）阶段性成果。

【关键词】

悲剧美学；马克思主义悲剧批评；中国悲剧批评

肖琼（浙江传媒学院教授，以下简称肖）：王老师好！时间过得真快，一晃您在马克思主义美学领域耕耘了 40 多年。您还能记得最初决定致力马克思主义美学研究的情景和想法吗？

王杰（教育部长江学者特聘教授、浙江大学求是教授，以下简称王）：好。应该说最初进入马克思主义美学研究有偶然也有必然。我从小学始就是学生干部，属于那种比较听话的好学生。我高考选的专业是哲学。武汉大学的哲学系很有意思，当时我们毕业证上的专业不是哲学，而是辩证唯物主义与历史唯物主义，也就是马克思主义哲学。"辩证唯物主义与历史唯物主义"这个概念，主要来自斯大林在《联共（布）党史》中所提出的概念，和我们今天所理解的马克思主义还是有点区别。读大学的时候发生了对越自卫反击战，我去献血，结果导致身体不好。而后我又闲不下来，一有空就去中文系听课。听完后我觉得文学非常有意思，不论是马列文论、外国文学，还是中国文学。这也决定了我后来报考研究生时对美学专业毫不犹豫的选择。先是考朱光潜老师和宗白华老师，他们最早是合在一起招生，结果没考上。第二年报考刘纲纪老师，当时他的招生方向是毛泽东哲学思想研究，没有美学专业，不过也没成功。第三年本来是报考李泽厚老师，结果就有点偶然了。当时我给李泽厚老师和陆梅林老师同时写了信。李泽厚老师没给我回信，陆梅林老师回了，并且很热情。我那时候想，自己是学马克思主义哲学的，也听了马列文论的课，读了一些这方面的书，对这个专业方向也挺感兴趣，陆梅林老师又给我热情地回了信，所以我就跑到省里修改了志愿，改为报考陆梅林老师。我就这样走上了研究马克思主义文艺理论的道路。

肖：人生中确实充满着很多的偶然。王老师，从您的整个学术发展来看，您最初关注的是文学艺术中的审美幻象问题，最近几年您又对现代悲剧问题表现出极大的兴趣。按理说，悲剧与其他艺术形式不同，其深刻之处就在于对现实幻象的勘破，那么您如何看待这二者之间的联系？或者，您如何将这二者统一在您的学术框架内？

王：这个问题很好。关于审美幻象与悲剧，确实有些人认为在理论上有冲突，但是关键还在于对"审美幻象"如何理解。"审美幻象"这个词其实是我自己创造出来的，应该说到目前为止没有谁和我在同样的意义层面上使用。西方学者用的是"幻觉"，包括精神分析理论。当然也有一些场合用"幻象"。我使用的"审美幻象"其实就是审美意识形态，后来在翻译伊格尔顿的《美学意识形态》时，感觉我的"审美幻象"概念和他的"审美意识形态"概念非常契合。关于"审美幻象"，我用了"审美变形""审美需要""审美交流"三个概念来支撑。如果"审美幻象"只是纯粹的虚幻的像，那还要审美干什么呢？

"审美需要"指的是现实生活关系决定情感的投射方向，而后艺术会对其加以变形，最终产生一个对象。这个对象既可以是现实主义的，也可以是浪漫主义的，在我看来都叫"审美幻象"。它会和"审美需要"构成一种关系，就是"审美意识形态"或者说"审美幻象"。马克思有个很重要的观点，现实生活关系是看不见的，又是物质性存在的。然而审美和艺术通过一定的形式却能够折射出来，通过分析它我们就能够把握它，所以"审美幻象"是变形了的形象，它不是一种纯粹，而是你的情感投进去了，然后有了一种互动，最后形成的那个东西。那个东西，我认为就叫"审美幻象"。

关于悲剧，我比较喜欢鲁迅的作品，我在《审美幻象导论》中也分析了。我还比较喜欢史铁生的《我与地坛》，它们中间都包含了一种辩证。另外，我还特别看重"优美化崇高"这个概念，认为这是中国式的悲剧性体现。回过头来讲，现代化的过程总是避免不了悲剧性，从马克思到雷蒙德·威廉斯再到伊格尔顿已经论述得很清楚了。2008年我到伊格尔顿那里去访学之后，我明确了一个目标就是研究悲剧。伊格尔顿曾经告诉我，当代人文学科的关键在于研究悲剧，因为当代人文学科大量被意识形态化。这个意识形态包括两极：一方面是主流意识形态，就是威廉斯讲的支配性意识形态；另一方面是一种暂时性的意识形态。

去年寒假，我和妻子在斯洛文尼亚时来到一个房间。房间里全是玻璃，通过玻璃可以折射出各种人形，高的人折射成矮的，胖的折射成瘦的，这完全就是一个幻象，通过镜子的不同摆设角度，制造出一个个幻象的世界。而我们许多人其实就处在这样一个封闭的意识形态幻象体系中。艺术的审美幻象就是它能够撕开现实的裂口，是审美变形的结果。如果说现实生活关系变成意识形态已经是一种变形，那么审美变形则是一种再变形。艺术通过变形的方式告诉我们什么才是真正的真实，而悲剧则可能是唯一能够重新矫正现实的扭曲机制，它让你真正地面对现实，思考现实，真正把握住现实。在今天，怎样通过审美的方式唤醒人对自身存在的真实意识，我认为悲剧人文主义非常重要，如果缺了悲剧性的维度，"当代性"无法真正把握。

肖：对。王老师您刚才提到的现实生活的意识形态化，其理论的反思在卢卡奇这里就已经开始了。卢卡奇的《悲剧的形而上学》讲到，现代社会生活处于一种迷失、麻木、混沌的状态，生存与死亡的现象更替，似乎一切都是自然，没有意义，也显现不了本质。卢卡奇最终寄希望于奇迹，认为只有奇迹才能打破这种沉默，这个奇迹指的是悲剧中的死亡。也就是说，只有当人们以悲剧的眼光来看待现代社会和现代生活，才能从那种生存的幻象状态中被突然地唤醒出来。所以接下来的问题，想请您谈谈悲剧与现代性的关系。以前您在一篇文章中也写道："现代社会悲剧是一种十分复杂的文化现象，对它的理论阐释可以成为理解现代性的一个重要角度。"马克思主义悲剧理论有一个内在的逻辑统一性，在探讨现代性问题时总是自觉地将它放置于悲剧框架中，或者将它作为一个观测现代社会的角度。王老师您能结合中国社会语境，具体谈谈您对悲剧与现代性之间的复杂关系的理解吗？

王：其实悲剧与现代性的关系，国内理论界中有些人认为已经解决，即使在中国当代社会语境中，在我看来这个问题也是没有解决的。马克思对悲剧的理解与伊格尔顿是一样的，就是历史的必然要求和这个要求暂时不可实现，就是社会主义的目标暂时不可实现，它必须经过资本主义的充分发展。但是当下我们在理论上存在的极大困惑，认为我们已经到了社会主义阶段，到了那个历史的必然要求和这个目标已经基本实现或者比较接近实现的阶段，已经不再是尖锐的本质对立阶段了。恩格斯和马克思在《致拉萨尔的信》中讲到，历史的必然要求和这个要求暂时不可实现，应该带有点乌托邦成分。乌托邦设置的目标是一个很高很远的目标，不是说可以简单达到。如果我们能够相对清醒地意识到这一点，就会意识到中国的今后还有一个比较长的、痛苦的现代化过程，必然会有牺牲，必然会有痛苦。

伊格尔顿在《美学意识形态》"马克思论崇高"那一章节中比较集中地讨论了这个问题。他说只有马克思在对待历史时是持一种辩证的态度。对待历史一般表现为三种态度：一种是回到过去，无所事事；一种是简单的达尔文主义进化论，就是明天一定比今天好。还有一种是马克思的，既研究古希腊原始神话中所体现出来的人性合理性，又在历史进步的必然性之间看到了一种辩证关系。我在翻译伊格尔顿的这一章节时斟酌了很久，觉得非常难译，但也在翻译过程中认识到伊格尔顿对马克思主义美学把握的准确性。康德理论侧重于强调主体性的重要，主体在人与世界关系中是决定性的，这是康德理论非常重要的贡献。然而世界不是只要主体充分的发展就足够。现代性危机的根源不就是主体的过分发展，从而最终变成自恋吗？其实主体越发展，它就越是交往性的，生产性的。但西方理论后来却只讨论生产性的概念，必须改变这种关系，我觉得马克思讲的正是这一点。从悲剧的角度来看现代性，这是马克思主义的又一个重要贡献。

在我看来，"现代悲剧"的概念是马克思提出来的，就在《致拉萨尔的信》中。马克思批评拉萨尔不能够用席勒、歌德意义上的悲剧来表达社会主义革命的诉求，而要用"现代悲剧"，只有这样，你才能在更高的高度、用更朴素的形式表达出更现代的思想，即社会主义美学的那种思想。我们现在很多人只是停留在启蒙主义阶段，简单地将新的世界等同于西方的现代化。影片《老炮儿》中那首歌《花房姑娘》的歌词写道："你问我要去向何方，我指着大海的方向。"在中国，大海这个地理位置很清楚，大海的彼岸是什么？在中国的现代化语境中，从甲午海战到现在，其语境和语义都是明确的。

马克思认为，掌握世界方式有四种：认识的、实践的、宗教的、艺术的。在我看来，这个思想非常重要，有必要重新阐发。马克思这个思想其实是来自黑格尔，黑格尔是从人与自然的关系即主体和客体的关系来讨论美学问题，也就是审美人类学。现在很多人都混淆了，认为只有一种掌握世界的方式，或认为这四种掌握方式是对立的。每种现象在辩证法的框架中都有两种可能性，这一点很重要。

肖：所以本雅明在他的《德国悲剧的起源》第一章，就是对认识论方法的重新澄清。其实无论是认识论还是反映论，都不能把整体的事物整合起来，都存在它的偏颇性和缺陷。因而马克思主义理论家在对悲剧研究时还是非常强调方法上的更新，同时在马克思主义悲剧理论内部，在对待悲剧与现实生活的关系上，也存在着不同。在我看来，卢卡奇、戈德曼等认为悲剧与现实生活的关系在于它能提供一种超越性，本雅明这里是一个转向，威廉斯、伊格尔顿则注重从人类学的角度研究悲剧。威廉斯对悲剧还进行了重新界定，认为悲剧并不在于事件本身，而在于我们对事件的反应，悲剧与现实的关系不在于超越，而是对现实生活的直接介入。您也是审美人类学的专家，您能从人类学的角度具体谈谈悲剧与现实生活的关系吗？

王杰：我自己觉得从卢卡奇到本雅明到雷蒙德·威廉斯都包含了人类学的视角，马克思的研究方法就是哲学人类学。马克思的《1844年经济学哲学手稿》受费尔巴哈的影响很大。费尔巴哈也是哲学人类学家。费尔巴哈思想带来一种很大的理论冲击力，启发马克思开始转向对物质性的关注。哲学人类学从康德始就有，但他的哲学人类学带有唯心主义立场，马克思则转向从现实关系中来把握人，人是现实的一个存在。从卢卡奇到本雅明到威廉斯，都是在这个框架中讨论悲剧的。

马克思主义的悲剧理论，我认为应该存在三种类型：卢卡奇是一种类型，可概括为一种本质主义的悲剧理论。在古希腊时期，悲剧一定是本质主义的，既存在一种最高的人类存在意义，又存在一种现实的人类存在意义。由于现实的人类存在达不到那个最高的人类存在意义，那么它就必然悲剧了。所以威廉斯指出，悲剧一定出现在社会的转型期。例如古希腊悲剧出现于神话时代，而后古希腊城邦的兴起，市民社会中法律开始形成，人的理性开始发展，于是哲学开始出现。理性和感性，当时表述为诗与哲学，感性具有合理性，理性也具有合理性，在社会转型的过程中，价值必然撕裂，那么就悲剧了。一个人，既要依从感性，又要依从理性，始终处于撕裂的状态，这就是悲剧性冲突。所以悲剧性冲突被解释为不可解决的矛盾，由卢卡奇等一直延续下来。

本雅明的悲剧开始转向现实。本雅明和阿多诺在国外被称为现象学的马克思主义，提出的是现实生活本身是悲剧性的。本质主义强调的是两种理念的撕裂，而不管现实生活怎样。本雅明他们讨论的是哥特式时代也就是资产阶级上升时期的那种悲剧，他把它翻译为"悲悼剧"。悲悼剧就是社会刚刚开始进入现代化所出现的主体和客体、个人与社会的撕裂，然后以一种比较浓缩的形式表达出来。马克思在《共产党宣言》中讲到，人与人之间温情脉脉的面纱被撕破了，暴露了赤裸裸的金钱利益关系。这些都是本雅明讨论悲剧的现实基础。那么雷蒙德·威廉斯呢？

威廉斯是剑桥大学的戏剧学教授，剑桥大学是人类学早期阶段的重镇。借鉴很多的人类学研究，雷蒙德·威廉斯发现戏剧或者说悲剧实际上是根据一定的仪式，跟一种文化结构发生作用的结果，而不是偶然的人类的艺术创作行为。阿尔都塞意识形态理论中的一个核心概念就是没有仪式，就不可实现意识形态化。只有在仪式中，我们才有共同感，否则我们都是个体。通过人类学的方法，威廉斯发现悲剧就是一种仪式。在这个意义上，威廉斯不只是个经验主义者，而是英国经验主义现代性表现的代表。

总之，卢卡奇、本雅明、威廉斯所代表的三种悲剧理论，实际上是马克思主义悲剧理论的不同发展阶段，各有贡献。我们应该把它们统一起来，全面理解马克思主义的悲剧理论。

肖：为此，您提出作为一种批评形态的悲剧美学。那么，这是一种怎样的批评范式，它在批评形态、批评话语、批评功能上与别的批评形态有何异同？中国马克思主义美学是否也存在这样作为一种批评形态的悲剧美学呢？

其实我对这个话题非常感兴趣，也思考过这个问题。我感觉马克思主义悲剧理论家在进行现代社会的批评实践时，还是存在着内在的逻辑性和共同的关注点，或者说共同的方法。首先他们都会自觉地以一种悲剧性的超越眼光来看待文本或者现实，在进行批评实践时，他们都会去关注一种断裂，不管是历史的断裂，还是事件的断裂。这是不是可以说明在马克思主义悲剧理论中，存在着作为一种批评形态的悲剧美学呢？

王杰：这个问题很大，也很重要。首先我认为在马克思主义悲剧理论和批评实践中，是存在着一种作为批评形态的悲剧美学。悲剧批评是一种什么样的批评，我认为就是以一种悲剧模式为基本思维范式，以一种悲剧理论为基本框架的批评范式来分析艺术作品，这样的批评理论，就是悲剧批评，不管是亚里士多德的悲剧理论还是尼采的悲剧理论还是我们刚刚谈到的卢卡奇式的悲剧理论、阿尔都塞的悲剧理论，或者本雅明、伊格尔顿的悲剧理论，它们都是一套话语系统，这套话语系统有一定的共同性。如果从整个悲剧理论讲，他们所持的话语体系都是悲剧理论；从马克思主义悲剧理论话语系统来看，他们依持的都是马克思主义悲剧观。

对于中国有没有自己的当代悲剧批评，在我看来是有，但还没有完全形成。中国应是个特别讲究仪式的国家。在中国，演戏是个非常重要的仪式，皇帝登基要演戏，婚葬嫁娶要演戏，村里发生大事要演戏，很长时间没下雨也要演戏，而平常是不乱演戏的。中国的戏台有两种，一种是公共性的，一种是家里面的私人小戏台。要知道古希腊是没有家里面的那种小戏台，其剧场都是圆形的，公共性的。演戏本来是个比较神圣的仪式，是治国之重器，但是通过家里面的那种小剧台及其演戏活动，演戏的仪式功能被弱化，成了一种娱乐。样板戏也是如此。样板戏如《军民鱼水情》最早执行的也是一种仪式的功能，在人的思想统一方面发挥着重要作用。可是在电视剧《人民的名义》中，侯亮平与高晓琴等一起唱《智斗》就是娱乐了。这种从人类学的角度来研究悲剧的方法，我认为非常好，甚至可以从人类学的角度来提出一种理论的可能性，那就是关于中国悲剧批评的可能性。

然而到目前为止，仍然没有形成中国的悲剧理论。中国悲剧的基本模式到底是什么？从它的仪式到它的功能再到它的文化作用。我们其实发现，悲剧在任何社会结构中都不是无功利的，总是执行着一定的社会作用。在中国，祭祀是一个家族最大的事情，可是鲁迅笔下的祥林嫂却不能也不让她参与祭祀，因为她已经嫁人了，那就是一个属于另外家族的外人，甚至死后都要由两个丈夫争抢让阎王给锯开等等，这些思想与中国的宗教观念、价值信仰连在一起，构成了中国悲剧的现实基础和文化基础。

所以当下最迫切的是要有理论的构想。如果理论建构不起来，当代中国悲剧批评总是无法形成。假设我们用黑格尔的悲剧理论来阐发中国艺术或者文化现象，如莫言的小说、陈忠实的《白鹿原》，或者周晓文的影片《百合》，你就会发现，黑格尔的悲剧观只能分析到一定程度，似乎总是会差那么一口气，这就是马克思所强调的理论彻底性问题。当代中国的悲剧批评，必须把中国的悲剧理论建立起来，然后用中国的悲剧理论、中国的悲剧话语体系去分析中国的艺术作品。

肖：那么，关于中国悲剧批评的形成，您能否提出点学术性的建议以供参考呢？

王：如果想真正用悲剧批评把中国的问题说透，我们现在最缺的还是理论建设。而如果我们的理论建设有若干人能够持之以恒地认真地在进行，达到马克思意义上的理论的彻底性，那么中国悲剧批评有望真正建立起来。理论的建构是一个逐渐接近的过程。首先去讨论一个个现实生活中的事件，研究一个个具体的问题，然后形成一个个核心理念，再通过逻辑的方式把它阐释出来，最终形成范式和体系。当然这也是马克思的研究方法。在我看来，中国悲剧理论的建构还必须注意到两个问题：

一、思考中国悲剧的特殊性。中国有不少关于悲剧的研究，从王国维到鲁迅一直到现在。但是自改革开放以来，大量研究都是依据西方的理论来阐释了悲剧问题。我手上有一本书，作者采用比较文化学的研究方法对基督教文化的悲剧传统和佛教文化的悲剧传统进行研究。西方的悲剧理念主要受基督教文化的影响，从古希腊一直到列维-施特劳斯到拉康，不可否认其内部已经形成了一个悲剧传统。印度文化也有一个悲剧传统，但中国呢？

很多西方学者认为中国没有悲剧传统，悲剧是属于基督教传统领域中的文化，只有基督教传统中才有悲剧。伊格尔顿的《甜蜜的暴力》中也是持这种观点。我认为不对。悲剧存在于任何文明中，特别是进入现代化阶段。现代化是共性的，恩格斯说"历史的必然要求和这个要求暂时不可实现"，这个要求对所有的民族都是共性的，但是在他们的情感表达方式上会有所不同。中国传统哲学中讲究阴阳，没有绝对的对错、祸福等，世间事物或事情都是可以轮流的，可以转动的，因此中国哲学的智慧是"圆通"。既然中国有不同于西方的情感结构，不同于西方基本的文化结构，那么，建构中国的悲剧理论必须牢牢地把握住这些结构基础。

二、要意识到这个理论的建构过程不是一蹴而就，而是逐渐接近的过程。马克思《资本论》也不是一天写出来的，他写了40年。中国的悲剧批评也是需要大量地研究各种材料，不断地讨论，不断地思考，慢慢地形成和归纳，最终形成新的理论，形成一个新学派，形成和别人不同的理论核心概念。我觉得现在需要做个研究，就是对三大文明：古希腊文明、印度文明、中国文明进行比较，对这三大文明在悲剧上的基本理念、人与世界的关系、仪式在其中的作用等等作一个比较研究，这将对中国的悲剧批评会有很大的启发作用。

总之，关于悲剧问题，它是一种理念，是一种精神性的存在。在悲剧作品中，我们能够感受到有种悲剧，但又不能够清晰地说明它是怎么起作用。比如说我很喜欢贾樟柯的《天注定》，我们能够感觉到它里面有一种很强烈的悲剧性，带给我们强烈的情感震撼，但是我们解释不清。我有个毛病，写东西写得很慢，达不到理论的彻底性就不去写。其实有时候不要片面地去追求理论的彻底性，你要让它在路上让它不断地走，我们则由此获得不断地去接近它们的过程。

肖：是的，不要片面地去追求理论的彻底性，要让它在路上让它不断地走，我们则由此获得不断地去接近它们的过程，这句话讲得真好。同时也感谢王老师在百忙之中抽空接受这次访谈，谢谢！

（责任编辑：王　真）

REVIEWS

书评与综述

美学的身体与介入的力量
——中国语言文学专业原典阅读系列教材《美学》述评

向 丽*

（云南大学）

【内容摘要】

在当代社会发展中，美学发挥着愈来愈重要的作用。美学不仅仅是一门学科，而且在很大程度上成为思考与形塑社会与生活的重要方式。如何通过美学通达对社会的洞察，《美学》教材编撰的格局与深度无疑会产生潜在而深远的影响。王杰教授主编的中国语言文学专业原典阅读系列教材《美学》视野宏阔，既展现了美学的经典论域，同时聚焦当代美学前沿议题，并主要以马克思主义美学、当代美学、比较美学为三大架构，构建出一个稳健而富于生长性的美学空间。建构美学的当代性和现实性已经被提到了一个新的高度，而该教材所聚集的诸问题则站在了此种使命敞开的入口。

---

* 向丽，哲学博士，云南大学文学院教授，文艺学专业博士生导师，主要从事审美人类学和马克思主义美学研究。
本文系国家社会科学基金重大项目"当代美学的基本问题及批评形态研究"（15ZDB023）阶段性成果。

【关键词】

当代性；开放性；美学多样性；现实性；实践

在当代社会发展中，美学发挥着愈来愈重要的作用。美学不仅仅是一门学科，而且在很大程度上成为思考与形塑社会与生活的重要方式。如何通过美学通达对社会的洞察，《美学》教材编撰的格局与深度无疑会产生潜在而深远的影响。

王杰教授主编的中国语言文学专业原典阅读系列教材《美学》作为通识课教材，同时面向研究型哲学、艺术、文学等专业本科教学实践，是国内第一部涵盖当代美学理论与艺术批评、比较美学的美学教材，也是第一部通过链接原典阅读材料以纵深拓展的美学教材，其编撰理念和内容具有较强的前瞻性与开放性。

该教材主要由美学基础理论知识和原典选读两部分构成，全书包括绪论和三编十五章：第一编"美学的一般问题"主要对于何为美学／艺术、美学／艺术何为、审美经验、自然美、优美与幽默、隐喻与叙事、悲剧与崇高、艺术与情感、艺术与知识、艺术与伦理、艺术与政治等美学的基本问题、美学的基本范畴以及美学／艺术的存在形态及意义等问题进行了梳理与阐析；第二编"东方美学"涵盖中国美学、印度美学、日本美学的特征和理论形态；第三编"美学与当代艺术批评"在关于先锋派艺术的美学问题、美学与文化研究等问题的观照与阐释中对于美学的当代性及其发展向度等进行了剖析与展望。

该教材视野宏阔，既展现了美学的经典论域，同时聚焦当代美学前沿议题，并主要以马克思主义美学、当代美学、比较美学为三大架构，构建出一个稳健而富于生长性的美学空间。

正如王杰教授在绪论中谈到的，"作为实践性很强的人文学科，美学与社会的关系是十分复杂的，而且这种关系又随历史而发展变化。"① 美学所提出和思考的问题与社会发展中遇到的政治、伦理、经济以及各种危机息息相关。在某种意义上可以说，美学是现实生活关系的某种微妙表征，作为对人与人、人与自然、人与社会之间叠合编织的关系的洞悉与厘清，美学以其批判性和建构性与其他学科相区分，同时也在跨学科的视域中力图充分吸纳诸如社会学、伦理学、人类学、心理学等学科的研究理念与方法，从而从传统的象牙塔中走出来，把握社会发展的脉搏。

对美学的社会性、当代性的观照贯穿于整部教材的编写和原典选读之中，以王杰教授撰写的"绪论"为例，关于"美"的本质主义探讨被悬置起来，而聚焦审美经验、审美关系以及审美意识形态如何成为美学的研究对象、美学的基本问题以及美学在现代人文科学中的地位，将美学置于现代社会的场域中强调美学的批判性与建设性。不仅如此，"绪论"部分所链接的原典阅读材料《马克思主义美学文档》对于艺术与经济、生产、阶级之间的关系以及精神与物质的不平衡性、个体的创造力、异化与批判等马克思主义美学的基本问题及其提出的背景和价值意义进行了聚焦性的呈现，而《审美资本主义·导论》则展现了当代社会最富于时代感与当代感的问题，即审美资本主义作为一种复杂、多维的现象，其世俗性与神圣性何在？审美和艺术如何成为一种特殊的资本从而推动社会的发展？该问题是当代美学的前沿议题，然而在既往的美学教材和美学专著中并未作为一个重要的论题被提出来。无疑地，绪论部分对于美学当代性的强调和热点问题的关注将美学放在一个富于时代性与社会性的语境中进行观照，也奠定了教材的整体架构与生发理念。具体而言，该教材主要具有当代性、开放性、现实性等鲜明的特点，从而充分地展现出美学的历史性与时代感。

首先，该教材的编撰具有鲜明的当代性。长期以来，在传统美学中，美学之所以为美学，就在于要为"美"和"艺术"寻找行之有效的某种界定。然而，随

---

① 王杰主编：《美学》，北京：北京师范大学出版社，2017 年，第 14 页。

着美学研究的深入以及人类学、社会学等学科的介入，一个基本的美学事实变得愈发显见，即，美和艺术不是大写的，而是复数和多元性的；美和艺术并不存在于抽象的概念和体系中，它与人们的经验紧密相关。因此，该教材在专题设置上并未追问"美"是什么的问题，而是力图在当代的语境中从"美"和"艺术"的存在方式和价值意义对该问题做深度的解读。以第一编"美学的一般问题"为例，开篇第一章"审美经验"探讨了审美经验如何能够作为美学的研究对象，审美经验的存在基础，审美经验的身体性与差异性等问题，从而区分于传统美学的提问方式和解答路径；第二章至第十章则涵盖了自然美、艺术美、社会美等"美"的存在形态，但除第二章"自然美"专论自然美的观念史、自然美与艺术美的关系外，第三章至第十章则主要阐发艺术美和社会美的存在网络及其意义。其中，第三章"艺术的定义及其审美价值"从美学历史上关于艺术的定义方式、艺术定义的危机、艺术的终结等方面阐发艺术的审美价值及其实现方式。第四章"优美与幽默"、第五章"隐喻与叙事"以及第六章"悲剧与崇高"主要是探讨美学的基本范畴及其表征方式，第七章"艺术与情感"、第八章"艺术与知识"、第九章"艺术与伦理"、第十章"艺术与伦理"则力图从"美"和"艺术"所置身其中的繁复而精妙的关系网络中揭橥其多重属性叠合的"身体性存在"。"当代"并非单纯的时间概念，它既是过去的某种缠绕抑或积淀，同时也是关于未来的某种开启。因此，面向当代的美学固然要继续关于美学经典问题的追问，但其提问方式和探讨路径应当是可以回答诸如"我们为何需要艺术？""美和艺术如何真正介入生活？"等与人的存在息息相关的问题，并且，在当代多重文化叠合的语境中，当代美学将在面对审美和艺术的新形式、新构型的同时担当其新的使命。该教材第一编则以对美和艺术的"身体性存在"和"感觉结构"及其与现实生活多元关系的深入阐述，为美学的当代建构提供了丰富的理论和实践增长空间。

其次，该教材以比较研究的视野展现了美学的开放性与多样性。对于美学的多样性的发掘与阐释则是拓展美学疆界的一种必然实践，同时也是体现美学研究当代性的一个重要维度。正如国际美学协会前任会长海因斯·佩茨沃德（Heinz Paetzoed）在 2006 年 6 月举办于四川师范大学的"美学与多元文化对话"国际学术研讨会开幕式上所谈到的，在当代哲学中，哲学本身的"文化间性转向"（intercultural turn）已变得愈来愈明显，而他给予国际美学协会的战略性目标，即是将这种哲学上的"文化间性转向"运用于美学之中。他主张必须将普遍性与语境性结合起来，赞同一种文化间的"杂语"（polylogue），强调必须尊重来自不同文化的声音，并努力使之真正发声而非沉默①。四年后，2010 年 8 月，第 18 届世界美学大会在北京大学举办，大会的主题即是"美学的多样性"。此次会议设有"全球与地方：西方与非西方的美学""文化研究与美学的冲突与交融""美学与音乐、绘画、雕塑、建筑、书法、设计等艺术门类的关系"等十个议题，涉及美学的基本理论、中国美学与西方美学的对话、美学理论与艺术门类的关系、民族美学、美学的当代建构、当代美学的一些热点议题，诸如如何重新界定美与艺术，美和艺术与日常生活的关系等等。可见，对于美学多样性的重视与吁请已成为当代美学的迫切需要。

从根本上讲，美学的多样性首先体现在尊重美和艺术的多种存在样态及其价值意义。该教材第二编"东方美学"中分三章阐释中国美学、印度美学和日本美学的特征和理论形态，尽管囿于教材篇幅的限制，并未专列西方美学（毕竟这是一个相当宏阔的领域），但一方面，该编集中展现了中国、印度、日本美学由于历史语境的差异性而呈现出的独特的审美和艺术表达方式及其价值意义；另一方面，第一编和第三编主要基于西方美学所探讨的论域也与东方美学问题形成了潜在的对比。不仅如此，比较研究的视野还贯穿于该教材各章节中，诸如第四章"优美与幽默"、第六章"悲剧与崇高"观照到西方和中国美学史上关于这些范畴和美学形态的探讨方式及其主要见解，展现出中西方美学的共通性与差异

---

① 参见海因斯·佩茨沃德：《当代全球美学的"文化间性"转向》，刘悦笛主编：《美学国际：当代国际美学家访谈录》，北京：中国社会科学出版社，2010 年，"序一"。

性。第八章"艺术与知识"第三节专论艺术知识的地方性，运用审美人类学和艺术人类学的研究理念和方法，对于艺术的地方性与语境性进行了阐发，强调将丰富的具有地方性的美学资源包括全球化背景下边缘少数族群独特的审美经验等都纳入当代美学研究之中，这对于实践美学的多样性与公正性是非常重要的。之所以谈美学的"公正性"，主要是鉴于在意识形态所弥漫的诸多场域，我们常常会自觉抑或不自觉地遭遇由传统美学和精英美学所建构的美和艺术的高级 / 低级、精致 / 粗糙、优美 / 怪诞、文明 / 野蛮等等级序列，甚至会在无意识中再生产和加剧此种等级性。在某种意义上可以说，实践美学的公正性是迈向政治公正的精妙之道，而对"美"和"艺术"多样性的尊重，或"让"其自身如其所是地显现，无疑是我们须迈出的第一步。尽管囿于篇幅，比较美学还有待细化与深究，但此种开放性与多元性的比较视野将为今后美学研究的格局奠定更为坚实的基础。

再次，该教材具有深刻的现实性和社会性。探讨审美和艺术如何介入生活，从而不仅仅是作为上层建筑并且作为基础而发挥作用是体现当代美学的现实性与革命性的一个重要方面，同时也是美学发展的一个重要趋势。该教材以马克思主义美学为基础，强调审美和艺术并非一种形而上的纯粹形式抑或孤立性的存在，而是与政治、伦理、经济等具有紧密的联系。不仅如此，在马克思主义美学视域中，重要的问题不是解释"什么是美"，而在于"如何创造美"。

关于"如何创造美"这是一个具有多重"物质基础"和表现形态的问题。在当代，审美的革命已然成为马克思主义美学的一个经典议题。审美的革命构想较早地由席勒在《审美教育书简》中提出来的，面对法国大革命的失败及其裹挟的恐怖性，席勒呼吁以审美的革命代替政治的革命，亦即，以审美和艺术的完满性弥合被分裂和异化的人性。20世纪后期，法国哲学家雅克·朗西埃对审美的革命的内涵与机制做出了更深入的阐释与延伸。阿列西·艾尔雅维奇在其主编的《审美的革命与二十世纪先锋派艺术运动》中提出，社会未来的变化首先是以审美的革命的形式发生，先锋派艺术有可能成为未来社会的某种预演①。在艺术对现实生活关系的能动变革中，先锋派艺术的政治性被推崇，其根本原因在于，先锋派艺术以对人的感知的全面革新和感觉的重新分配为旨要。于此，艺术不再是生活的冷静旁观者，而是要求重新与生活实践相结合。亦即，艺术的意义不在于对世界的描述，而在于改变世界。审美和艺术的能动性和革命性在该教材第三编"美学与当代艺术批评"的编撰内容中表现得尤为突出。第十四章"先锋派艺术的美学问题"对于先锋派概念、先锋派艺术的流变以及先锋派艺术的美学特征及其价值意义进行了梳理与阐释，有助于读者对审美和艺术的能动性，艺术批评与美学之间的内在关系有更深入的理解。第十五章"美学与文化研究"则充分借鉴文化研究学派和西方马克思主义美学的研究成果，对于"文化主义"、"结构主义"、"情感结构"、霸权理论以及美学与文化研究的内在关系与理路等问题进行了阐发，同时在打破美学传统学科边界的基础上对审美和艺术与日常生活的关系，如何看待精英文化与大众文化等问题进行了新的提问与探讨。

不仅如此，美学的现实性与社会性依然贯穿于该教材各章节中，诸如第三章"艺术的定义及其审美价值"重点考察了关于艺术的定义方式及其危机，从而将研究的论域转向艺术观念的激变和发展及其对于社会的意义。第七章至第十章则重点考察了艺术的"感觉结构"及其与知识、伦理、政治的深层联系，对于艺术的审美反抗与审美修复功能进行了纵深性的探讨，从而呈现出审美和艺术与社会现实生活之间繁复而精妙的多重编织关系。这是一次关于"美"和艺术"身体性"及其对现实的介入性的集结性显现，也为美学立于当代，向未来发问提供了重要的研究视角。

该教材由浙江大学王杰教授、复旦大学陆杨教授、北京大学金永兵教授、华东师范大学朱志荣教授和王峰教授、中南民族大学彭修银教授、华南师范大学段

---

① See Erjavec Ales, *Aesthetic Revolution and Twentieth-Century Avant-Garde Movements*. Duke University Press, 2015.

吉方教授、兰州大学王大桥教授、南京大学汪正龙教授、苏州大学刘锋杰教授和薛雯副教授、云南大学向丽教授、南京师范大学李永新副教授、上海政法学院张永禄教授、上海交通大学孟令兵和尹庆红老师、山东大学曹成竹副教授共同编撰，体现了学者们的学养与对美学学科的热忱，同时也是当代人文学科的一次富于活力与开启性的对话。在这场对话与交流中，诸多与现实碰撞而生的问题仍然在向美学的发展发出叩问。

　　在当代，美学如何作为一门实践性的学科？在这个时代，我们为何急切地需要美学？审美和艺术对我们究竟意味着什么？我们为何需要艺术？我们需要怎样的艺术？人类不平等问题在当代以怎样的形态呈现？美学如何解答现代性的危机问题？这些都是美学在其人类学转向、社会学转向和政治学转向中所必须面临和解答的问题。王杰教授曾指出，"新人文学科研究和当代美学研究应该具有强烈的问题意识和当代意识，对社会转型过程中提出的一系列重大社会问题和文化问题做出及时深入的研究，从学理的层面研究现实的危机以及走出危机的可能性及其途径。"[①] 这无疑将建构美学当代性和现实性提到了一个新的高度，而该教材所聚集的诸问题则站在了此种使命敞开的入口。

（责任编辑：高晓芳）

---

① 王杰：《寻找乌托邦——现代美学的危机与重建》，北京：人民文学出版社，2016年，第213页。

在对话与融通中推进马克思主义文论的当代发展

——读杨建刚新著《马克思主义与形式主义关系史》

李艳丰 *

（华南师范大学）

【内容摘要】

马克思主义与形式主义是 20 世纪以来两大影响力深远的理论流派，其关系史一直是一个高难度的问题。《马克思主义与形式主义关系史》通过对二者复杂关系的历史性梳理，厘清了马克思主义与形式主义在历史性的理论对话中所衍生的诸多新问题、新方法与新价值。对中国当代马克思主义与形式主义理论研究及中国当代文学理论话语范式的建构带来了启示意义。

【关键词】

对话；融通；互文间性；辩证综合

---

* 李艳丰，男，1977 年生，湖北宜昌人，华南师范大学文学院副教授，文学博士，研究方向为文艺学、文化研究。

山东大学文学院青年学者杨建刚的新著《马克思主义与形式主义关系史》于2017 年 11 月由人民出版社出版发行，这部论著是作者耗时十载的研究成果。十年光阴荏苒，作者能始终不渝、静心慎独、潜心为学，专治"马克思主义与形式主义关系史"这一深沉宏阔的理论问题，实属不易。赵宪章教授在序中直陈"马克思主义与形式主义"是一个"高难度的问题"，这个"高难度"一方面表现在新的研究要打破传统二元论所认为的马克思主义与形式主义的简单对抗关系，转而从多个层面考察二者冲突、对话与融通的理论格局；另一方面，要构建马克思主义与形式主义的关系史，又必须对马克思主义的历史发展与理论逻辑，对形式主义的多重话语形态，乃至于对马克思主义与形式主义交错杂糅的复杂关系展开全面、辩证的分析研究，而这又是一项极为浩大而艰辛的理论历险。庆幸的是，作者没有望而却步，反而是迎难而上，以十年之功，写出了 55 万多字的皇皇论著。在《马克思主义与形式主义关系史》中，作者采用以个案分析带动整体阐释，以史与论、逻辑与历史相结合的方法，对马克思主义与形式主义关系史展开了详尽而深刻的理论剖析。下面，我从三个方面简要谈谈阅读《马克思主义与形式主义关系史》的感受。

一、理论与方法：马克思主义与形式主义关系史研究的内在理路

马克思主义与形式主义可谓是 20 世纪以来"持续时间最久、影响力最大、关系最复杂的理论流派"[①]。作者之所以选择研究马克思主义与形式主义的关系史，首先在于这两个理论流派自衍生以来，在"问题意识、研究方法和价值立场"等方面表现出明显的异质性。马克思主义的主要问题意识是，唯物史观、经济基础与上层建筑的辩证法，文学的意识形态属性等。这种问题意识决定了马克思主义文

---

① 杨建刚：《马克思主义与形式主义关系史》，北京：人民出版社，2017 年，第 1 页。

学批评的主导方法是总体性与外部研究、意识形态与政治批评，价值立场则主要表现为用文学的审美形式反映社会历史内容、实现特定的政治与意识形态目的。形式主义的主要问题意识是，构建科学的理论体系、文学性、形式本体、结构的非历史性等，这种问题意识决定了形式主义批评的主导方法是语言哲学方法、本体论与内部研究、审美形式分析，价值立场是追求科学的"文学性"，纯形式的审美价值，超越社会历史的静态结构与语言乌托邦，非政治化的诗性自由等。这种问题意识、研究方法与价值立场层面的异质性，导致马克思主义与形式主义以迥异的范式实现着自身的历史化。其次，马克思主义与形式主义虽有大异其趣的理论内核，却又在漫长的历史进程中，逐步从对抗向对话的方向发展，最终形成了以"对话与融通"为主导范式的关系史。马克思主义何以会同形式主义握手言和，并在对话与融通的历史中相互征用，形成互文间性的理论话语形态？马克思主义又如何在确保其理论主导的前提下，将形式主义的合理内核植入自己的话语范式之中，进而实现其理论的辩证发展？阅读《马克思主义与形式主义关系史》，可以较为清晰地看到作者对这些问题的思考与回答。

如果说马克思主义与形式主义的关系经历了一个由冲突对抗到对话融通的历史发展过程，那么也就意味着，二者在理论意识、研究方法与价值立场等方面就不是绝对的异质绝缘，而是有可以相互通约、彼此征用、互文共谋的理论品格。这也是作者在构建马克思主义与形式主义关系史的过程中始终坚持的理论原则，即通过对二者复杂关系的历史性梳理，厘清马克思主义与形式主义在历史性的理论对话中所衍生的诸多新问题、新方法与新价值。阅读全书可以发现，除了第一章简要论及马克思主义与形式主义的历史与方法，第二章分析苏联马克思主义与形式主义的对抗关系外，其他章节基本上都围绕着二者的对话融通关系展开。如第三章通过巴赫金的理论反思马克思主义与形式主义的早期对话，第四章围绕法兰克福学派的理论反思艺术审美形式与文化政治的辩证关系，第五章以戈德曼、阿尔都塞与沙夫的理论反思马克思主义与结构主义的方法论融合，第六章结合巴特与萨特、马歇雷与詹姆逊的文艺批评理论思考马克思主义与形式主义在文化与诗学研究层面的融通，第七章围绕施特劳斯、巴特、霍尔的文化研究与鲍德里亚的符号学批判理论，反思马克思主义对符号学的征用与对话，第八章回到马克思主义与形式主义共同的语言问题层面，研究马克思主义的语言哲学，第九章对本书未曾论及的问题进行补充说明，并就对话思维在中国的发展、对话思维与理论创新问题展开进一步思考。当然，强调对话与融通的主导范式，并不意味着马克思主义与形式主义就完全消除了各自的异质性与歧见，以及冲突与博弈的理论张力，而是说对话与融通的关系结构，更能反映出二者不断克服自身的理论局限，进而朝着科学合理的方向衍进的辩证发展意识。因此，在马克思主义与形式主义关系史中强调"对话与融通"的关系逻辑，不是对二者复杂关系的简单化处理，而是要在理论求真的历史进程中，更好地推动马克思主义与形式主义与时俱进的发展。

阅读《马克思主义与形式主义关系史》，可以看出，作者始终立足马克思主义的理论视域，以科学方法作为理论指导。具体而言，作者采用的研究方法主要有：①逻辑与历史相结合的方法；作者在导言中指出："本研究必然采用历史与逻辑、历时研究与共时研究相结合的方式，以马克思主义与形式主义的不同方法论特点为逻辑起点，以二者之间在 20 世纪的关系史为经，以不同时间阶段和地域空间上这种对话的不同方式为纬，来展开具体分析和深入阐发。"① 所谓逻辑与历史的结合，指我们在进行理论研究时，既从历史出发，尊重历史的真实，同时又不停留于描述性的表象，而是找出历史发展的逻辑规律，以逻辑真实统摄历史。恩格斯说："历史从哪里开始，思想进程也应当从哪里开始，而思想进程的进一步发展不过是历史过程在抽象的、理论上前后一贯的形式上的反映。"② 作者通过对 20 世纪不同时段、不同语域中马克思主义与形式主义理论的全面考察，得出马克思主义与形式主义的关系表现为从对抗到对话的逻辑发展过程。②史论结合的方法；作者在构建马克思主义与形式主义关系史时，并没有作简单的历史性描述与话语

---

① 杨建刚：《马克思主义与形式主义关系史》，第 6 页。
② 《马克思恩格斯选集》第 2 卷，北京：人民出版社，1972 年，第 122 页。

事件的罗列，而是以论的方式阐发二者在历史进程中的逻辑关联。通过史论结合，不仅告诉读者，马克思主义与形式主义产生了从对抗走向对话的关系，而且要让读者明白，二者究竟是怎样对抗与对话的，从对抗到对话的转向反映出什么问题，对话与融通又形成了哪些新的理论范式。③个案研究与整体阐释的结合；如研究俄苏马克思主义与形式主义的对话，主要以巴赫金为研究对象。马克思主义与结构主义的对话，主要以法国的戈德曼、阿尔都塞、马歇雷，英美的伊格尔顿、詹姆逊、本尼特，东欧的沙夫等为研究对象。马克思主义与符号学理论之间的对话，主要以法国的施特劳斯、巴特，英国伯明翰学派的霍尔，法国的鲍德里亚等为研究对象。这种个案研究的方法，虽然有可能造成一定程度的历史疏漏，但却凸显了马克思主义与形式主义对话融通的主导理论。而且，作者并没有割裂个案研究与整体阐释的关系，而是通过以点带面的方式，实现了个案研究与整体阐释的融合。除了运用这三种基本方法外，作者还坚持将马克思主义的总体性意识、唯物史观、辩证批评的方法与对话性思维熔铸在自己的理论研究之中，让读者认识到，马克思主义与形式主义的关系史，既是两种理论交往对话的历史，同时也是二者在对话与融通中不断突破理论局限、辩证扬弃的历史。

二、对话与融通：马克思主义与形式主义关系史研究的理论主导

在《马克思主义与形式主义关系史》中，作者认为马克思主义与形式主义的关系史主要表现为"对话与融通"，而非传统所认为的冲突和对抗。如果说有对抗的话，也仅仅只是局限于 20 世纪 60 年代以前的苏联马克思主义阵营，由于政治方面的原因，以托洛茨基、卢那察尔斯基、日丹诺夫等为代表的马克思主义者对什克洛夫斯基等人的形式主义理论展开意识形态批判，最终导致形式主义在俄国的破产。但是，从 20 世纪这一历史时段来看，冲突与对抗不过是二者关系史中的一段插曲，对话与融通才是二者关系的理论主导。像早期西方马克思主义者如卢

卡奇、葛兰西，法兰克福学派的阿多诺、马尔库塞与布莱希特，法国马克思主义者戈德曼、阿尔都塞、马歇雷，英美的马克思主义者伊格尔顿、詹姆逊、本尼特，以及结构主义者施特劳斯、巴特，符号学理论家鲍德里亚等，都用自己的理论实践，推动着马克思主义与形式主义的对话。马克思主义与形式主义的关系为何会发生这样的转变，使二者从对抗转向对话的历史动力与理论逻辑究竟是什么？作者对此作出了自己的解释："形式主义与马克思主义由对抗到对话的历史发展的内在逻辑可以从政治、思想和文化三个层面来展开讨论。从政治角度看，'资产阶级美学'同'无产阶级美学'之间的冲突是其对抗的直接原因。从深层思想层面来看，是康德主义和黑格尔主义之间的矛盾。这些矛盾的缓和或消解为二者的对话创造了条件。而从更广阔的文化层面来看，二者从对抗到对话的发展则是人类知识生产由分化到去分化这一演变的结果和表现。"① 政治上对抗的消解，最典型的就是文化马克思主义的诞生。文化马克思主义不再坚持阶级政治的宏大叙事，而是用文化批判取代了政治斗争，如威廉斯的文化革命理论，霍尔的文化研究理论等。康德主义与黑格尔主义之间矛盾的缓和与消解，在法兰克福学派的理论中有深刻体现，如阿多诺、马尔库塞追求形式自律的反艺术理论，既有康德美学的影子，又吸纳了黑格尔内容与形式的辩证法，从而使自律的艺术形式带有了否定与批判资本主义的意识形态属性。需要指出的是，将康德主义与黑格尔主义之间矛盾的缓和与消解视为推动马克思主义与形式主义走向对话的内在逻辑，容易让人产生理论的困惑，即是否在马克思、恩格斯之后的马克思主义，都走向了康德化、黑格尔化？马克思主义与形式主义对话融通之后，是否最终形成的是融康德与黑格尔理论因子的变异的马克思主义？如果是这样的话，那么作者对此秉持怎样的理论姿态与价值立场？另外，去分化的后现代文化逻辑，虽然构成了消解马克思主义与形式主义对抗关系的内在动力，但也需对其展开批判性反思，这涉及是否还要坚持马克思主义的历史观、总体性与辩证法的价值立场问题。从整个文本来看，

---

① 杨建刚：《马克思主义与形式主义关系史》，第 51 页。

作者似乎在有意地对马克思主义与形式主义保持一种客观公正的态度，以防止用马克思主义的理论压制形式主义，从而造成阐释的偏执。但理论的过度谨慎恰恰带来了批判意识的缺席。

反思和论证马克思主义与形式主义在"对话与融通"关系中分娩的理论质态，进而推动马克思主义与形式主义理论的历史化发展，是《马克思主义与形式主义关系史》所要达到的主要理论目的。在二者漫长的关系史之中，作者主要选取了巴赫金，法兰克福学派的阿多诺、布莱希特与马尔库塞，法国结构主义者戈德曼、阿尔都塞、马歇雷、巴特，英美的伊格尔顿、詹姆逊、霍尔、本尼特以及法国的符号学理论家鲍德里亚等人的理论，通过研究这些理论家对马克思主义与形式主义的相互征用、对话融通，来构建马克思主义与形式主义的关系史。巴赫金是"苏联语境中在形式主义和马克思主义之间进行真正对话的第一人"，作者指出，巴赫金站在马克思主义的立场，立足整体性视域，运用对话主义的思维方式，从三个方面推进了马克思主义与形式主义的对话："形式批评与社会学方法的结合、语言符号与意识形态的对接，以及小说形式与社会历史文化的互动。"① 打破了传统马克思主义与形式主义的外部研究与内部研究、意识形态批评与形式批评的二元对立逻辑，形成了辩证综合的社会学诗学、文化诗学理论。法兰克福学派推动了欧洲马克思主义与形式主义的理论接合。作者认为，法兰克福学派的理论家们虽然也像形式主义者一样强调艺术形式的自律性，陌生化与感觉更新的美学关系，但他们在接受康德美学的同时也吸纳了黑格尔的理论元素，从而最终形成自律与他律的辩证法。形式不再如形式主义者所言，是语言与结构的本体，而是变成了蕴藉特定意识形态的审美形式，"西方马克思主义者通过对艺术形式的关注指向的却是社会批判的目的，他们的形式是一种具有革命性的形式，要建立的是一种政治美学"②。20 世纪 60 年代以降，马克思主义与结构主义产生对话融合，"结构主

---

① 杨建刚：《马克思主义与形式主义关系史》，第 75 页。
② 同上，第 160 页。

义和马克思主义都意识到了对方的重要性，因此在二者之间寻求对话，相互借鉴吸收也成为结构主义者和马克思主义者的自觉意识"①。这种自觉的对话融合，产生了一系列新的理论范式，如戈德曼熔发生学结构主义与马克思主义意识形态理论于一炉的文学社会学批评范式，阿尔都塞的结构主义马克思主义、意识形态理论与"症候式"批评模式，马歇雷的文学生产理论以及文本与意识形态的离心结构理论，本尼特对形式主义与马克思主义的理论综合，伊格尔顿与詹姆逊的政治批评与"形式的意识形态"理论等。马克思主义与符号学的相互征用与对话，催生了巴特的大众文化批判理论，伯明翰学派文化研究的符号学范式，鲍德里亚的符号政治经济学批判理论等。关于这些理论范式的内涵特征，作者均已在文中作出了全面深入的论证，所以不再赘述。

诚如作者所言，马克思主义与形式主义通过漫长的"对话融通"、相互征用，形成了诸多新的理论质态，推动了马克思主义与形式主义与时俱进、辩证综合的发展。马克思主义要想摆脱僵化，就必须始终秉持科学的信念，并"按照其创始人奠定的方向发展、扩大和深化"②。形式主义要想避免"语言的牢笼"与"结构的坟墓"，成为真正科学的方法论，就必须同马克思主义结合。但由于作者在反思马克思主义与形式主义关系史时，主要考察的是西方马克思主义理论同形式主义的对话融合问题，而西方马克思主义本身同经典马克思主义已有了很大的差异性。像卢卡奇的马克思主义，显然已经黑格尔化，法兰克福学派则是康德主义与黑格尔主义融合后产生的理论变体，戈德曼、阿尔都塞、马歇雷的马克思主义理论是结构主义与马克思主义的奇妙融合，霍尔继承的是葛兰西式的马克思主义，而且到了后期，霍尔的理论有明显偏离马克思主义主导理论的倾向，甚至成为"不作保证的"马克思主义。巴特前期受萨特存在主义的马克思主义影响，中期走向结构主义，强调结构本体与语言乌托邦，其后又转向解构主义。施特劳斯更多的是

---

① 杨建刚：《马克思主义与形式主义关系史》，第 164 页。
② 卢卡奇：《历史与阶级意识》，杜章智等译，北京：商务印书馆，2004 年版，第 48 页。

一个结构主义者而非马克思主义者，其理论的主导范式是结构人类学。鲍德里亚的符号政治经济学与文化批判理论，拟像、仿真、内爆、超真实等理论，与马克思主义的唯物史观、生产理论原则等产生了明显背离，从而成为典型的后马克思主义者。后马克思主义已经不再被视为真正意义上的马克思主义理论，甚至被视为"反马克思主义"的马克思主义。可以说，马克思主义在20世纪西方社会经历了极为复杂的历史化与语境化，在这个漫长的历史化与语境化进程中，马克思主义理论既有与时俱进的更新，又有不同程度的变异。这就要求我们在研究马克思主义理论时，应始终坚守马克思主义的基本原则、主导范式与辩证批判的问题意识。马克思主义与形式主义的对话融通，确实生成了许多新的理论范式，但对这些新的理论范式，决不能毫无保留的认同与接受，而是应立足马克思主义的理论视域、方法论与价值立场，在确保马克思主义基本原则与主导理论的基础上，对其展开批判性的辨析。就《马克思主义与形式主义关系史》而言，作者似乎更多地偏向于客观性地分析论证马克思主义与形式主义对话融通的理论交往过程，以及化合融生的新理论范式，而相对缺少批判性的理论反思。

三、启示与意义：马克思主义与形式主义关系史研究的理论价值

《马克思主义与形式主义关系史》可以说是中国当代学者最早全面系统考察马克思主义与形式主义关系问题的论著，是中国当代马克思主义文论研究领域一项极为重要的理论成果。作者之所以要研究马克思主义与形式主义的关系史问题，一方面在于，不论是中国还是西方，对这一问题的研究都还处于起步、不成熟阶段，"中国的马克思主义文学理论和文学形式研究基本上还处于相对割裂的状态。……在中国，二者之间的有效对话虽已开始，也取得了一定的成绩，但具有重大影响的学术成果仍然尚未出现。""虽然二者之间的对话实践已经持续了近一个世纪，并且已经成为西方学术研究中的一个重要方向，但是西方学界对这个问题

却重视不够，对它的研究寥寥无几。托尼·本尼特是英语世界中第一个注意到这种对话的理论家，他的《形式主义和马克思主义》也是截至目前研究二者之间关系问题的最重要的文献。……但是仍然不够全面、深入和透彻。"①这种理论研究的滞后，使作者意识到，有必要对这一问题展开持续、全面、深入的研究，以达到补正、推进与深化这一课题的理论目的。另一方面，作者之所以要以十年之功来研究马克思主义与形式主义的关系问题，还在于这一问题牵涉到我们如何科学认识马克思主义与形式主义，如何从辩证综合的理论立场实现这两种理论的历史化，如何科学地认识二者对话融通所形成的理论成果，以及如何通过此研究以促进中国文学理论的未来发展。结合论著来看，虽不敢说作者已完全实现其最初的学术志向与理论目的，但必须肯定其对这一论题所作出的开拓性贡献，对中国当代马克思主义与形式主义理论研究及中国当代文学理论话语范式的建构所带来的启示意义。

　　阅读《马克思主义与形式主义关系史》，首先感受到的是作者对这一理论课题的深化和推进。作者并不仅仅停留于对马克思主义与形式主义文论话语的比较，而是以文学理论为主导，同时兼顾了哲学、美学、文化等多个方面的内容；作者并没有对二者在历史中的对话融通关系做简单的线性描述，而是结合典型案例，从问题意识、研究方法与价值立场等层面展开了详细深入的理论剖析，从而使论著的体例显得博大宏伟，论述的过程显得更加驳杂精微；作者并没有选择面面俱到，而是试图通过对重要人物和重要理论的研究，厘清马克思主义与形式主义关系史的主要逻辑脉络。对于本论著未曾涉猎的一些问题，作者也做了简要交代和说明，希望在今后加以补正和拓展，进而使马克思主义与形式主义的关系史研究朝着更加全面、科学的方向发展。其次，作者通过对马克思主义与形式主义"对话融通"关系的深入研究，为我们展现了马克思主义与形式主义历史化、语境化与科学化发展的内在逻辑。作者认为，不管是马克思主义还是形式主义

① 杨建刚：《马克思主义与形式主义关系史》，第4页。

理论，要想突破自身的理论瓶颈与话语壁垒，就必须始终秉持与时俱进、开放包容、对话融通的理论意识，不断否定、扬弃自身理论的局限。唯有如此，才能实现理论范式的辩证发展。这种与时俱进的历史意识与辩证综合的科学精神，可以说自始至终贯穿于作者的研究之中。最后，作者对马克思主义与形式主义在"对话融通"关系中所形成的诸种理论形态的分析，为我们进一步发展马克思主义文学理论提供了可贵的理论参照。特别是作者对"对话思维"与对话主义方法的强调，为我们反思异质性文学理论的关系，推动文学理论话语之间的交流、对话与融通提供了重要的方法论启示。结合论著可以发现，作者始终将对话思维视为马克思主义与形式主义关系史的主导思维范式，"通过对马克思主义和形式主义文论在 20 世纪的关系史的分析，我们可以清楚地看到，对话思维应该成为理论创新的基础。"① "整体性是巴赫金的方法论，对话则是他的思维方式和学术研究的哲学基础。"② "60 年代之后，随着政治对抗的消解和学术壁垒的打破，马克思主义与形式主义之间的对话已经成为学术发展的必然需求。"③……在第九章中，作者专门谈到了"对话思维与理论创新"问题，并进一步指出："我们可以清楚地看到，20 世纪西方文论正是在马克思主义与形式主义文论的对话与融通中向前推进的，对话思维对于理论创新具有极为重要的理论价值和实践意义。"④ 这也告诉我们，文学理论要想与时俱进，就必须放下固化的理论偏见，在对话融通、辩证扬弃中不断走向创新性发展。

在《马克思主义与形式主义关系史》中，作者虽然主要研究的是西方马克思主义与形式主义"对话融通"关系的历史，但正所谓"他山之石，可以攻玉"，对西方理论问题的研究，最终目的是要通过对他者的理解之同情，进而为本土化的文学理论话语范式的建构提供理论、方法与价值的启示和借鉴。作者在"导言"

---

① 杨建刚：《马克思主义与形式主义关系史》，第 6 页。
② 同上，第 74 页。
③ 同上，第 161 页。
④ 同上，第 473 页。

中指出："研究马克思主义与形式主义从苏联到西方所经历的从对抗到对话的发展过程，探究这一发展的内在原因，并考察他们之间对话的方式和问题，对探索中国马克思主义与形式主义之间对话的可能性，促进中国文学理论的未来发展，具有一定的启示意义。"① 遗憾的是，由于作者主要将研究的重点放在西方马克思主义与形式主义的关系上，未能对中国马克思主义文论话语发展的历史路径与理论逻辑展开详细深入的反思，未能结合中国当代文学理论展开具体的话语分析，从而使这种"启示意义"更多地停留于问题意识和方法论层面。如何将作者对马克思主义与形式主义关系史研究的理论成果，转化为构建中国当代马克思主义文论话语的知识资源？如何合理借鉴、批判继承西方马克思主义与形式主义"对话融通"形成的新的理论范式，推动 21 世纪中国马克思主义文论话语形态与时俱进的发展？如何将对话思维、辩证批评的方法论逻辑贯注到中国当代文学理论建设之中，从而使中国当代文论话语朝着辩证、开放与综合的理论路径生成？……这些问题既是我们在阅读《马克思主义与形式主义关系史》时所生发出的理论之思，也可以说是作者在漫长的理论研究进程中所一直在思考的问题。庆幸的是，不仅是作者，中国当代文学理论界的很多理论家、学者均已开始关注中国马克思主义与形式主义的对话融通问题，并深刻地认识到，只有实现了马克思主义与形式主义的对话融合，文学理论才能彻底消除内部研究与外部研究、共时性与历时性研究、形式与内容的二元对立，进而朝着辩证综合的方向发展。我们相信，有一批像作者这样致力于马克思主义文论研究的学者，中国的文学理论话语一定能走出当前发展的瓶颈，构建有中国特色、中国精神的马克思主义文论话语形态也将指日可待。

（责任编辑：高晓芳）

---

① 杨建刚：《马克思主义与形式主义关系史》，第 3 页。

现代社会系统中的文化经济与文化经济化

——第七届"国际马克思主义美学论坛"综述

赵　敏*

（浙江大学传媒与国际文化学院）

【内容摘要】

2018 年 10 月 12 日至 15 日，由俄罗斯圣彼得堡国立大学与浙江大学联合主办，中国社会科学院、中华美学学会、圣彼得堡国立大学俄—中社会、经济与政治比较中心协办的第七届国际马克思主义美学论坛在俄罗斯圣彼得堡国立大学召开。参会学者分别就马克思主义美学在文化经济时代理论研究与实践应用、文化经济时代的经济、文化经济时代的文化及中俄文化传播与交流四个领域阐述了自己的研究，加深了对文化经济时代这一命题的理解，推进了相关领域的研究。

【关键词】

马克思主义美学；文化经济；文化经济化

---

*　赵敏，哲学博士，浙江大学传媒与国际文化学院博士后。主要研究方向：马克思主义美学、审美人类学。
　　本文系国家社科基金重大项目"当代美学的基本问题及批评形态研究"（15ZDB023）阶段性成果。

在文化经济时代，文化经济的发展与文化的经济化已经成为不可忽视的社会趋势，对这一问题进行全面而深入的思考是社会科学的学者无法回避的问题。在此背景下，俄罗斯圣彼得堡国立大学社会学系与中国浙江大学传媒与国际文化学院联合主办，中国社会科学院、中华美学学会与圣彼得堡国立大学俄—中社会、经济与政治比较中心协办的第七届国际马克思主义美学论坛暨第十五届俄—中社会学国际研讨会在俄罗斯圣彼得堡国立大学召开。来自俄罗斯、中国和英国的数十位学者围绕"现代社会系统中的文化经济与文化的经济化"这一主题展开了热烈而深入的探讨。大会由俄罗斯圣彼得堡国立大学俄—中社会学比较研究中心主任亚历山大·彼得洛夫主持，中国驻俄罗斯领事赵伟、浙江大学"求是"特聘教授、教育部长江学者王杰教授，以及中国社会科学院研究员、文学研究所副所长丁国旗教授分别致辞。在分组讨论中，参会学者分别就马克思主义美学在文化经济时代理论研究与实践应用、文化经济时代的经济、文化经济时代的文化及中俄文化传播与交流四个领域阐述了自己的研究成果。

一、文化经济时代的马克思主义美学

在文化经济与文化经济化的背景下，思考如何评价与引导层出不穷的经济文化现象这一问题时，马克思主义美学是必不可少的重要理论工具。在马克思主义美学的主题中，浙江大学传媒与国际文化学院王杰教授首先作了大会主题发言。他高屋建瓴地提出了文化经济时代当代审美问题的矛盾性与复杂性问题。王杰教授认为，在文化经济时代，审美和艺术从一种异质性的文化存在，转变为社会结构的基本原则之一，美学问题也已经成为整个人文社会科学共同关注的理论焦点。他强调，马克思主义美学理论在这一语境下具有特别重要的理论与实践意义。以马克思提出的人类"按照美的规律构造"的思想为理论旨归,以审美人类学为理论方法的当代美学研究,必然告别精英主义美学。马克思主义美学将文化与社会相互作用的复杂关系作为研究对象,通过当代艺术批评而成为改变社会的重要力量。因此,以当代艺术批评为核心内容的当代美学研究,应当担负起"积极参与并且唤醒大众的文化解放"这一历史使命。

中国社会科学院文学研究所的丁国旗教授认为,"美学的和历史的"标准是恩格斯提出的马克思主义文艺批评的"非常高的、即最高的标准"。从它被提出之后,无数的马克思主义文艺理论家对它进行了不断的阐释。然而,一个无法回避的问题一直困扰着马克思主义文艺批评的理论家、政治家和艺术家,即"美学的"和"历史的"两个标准的不平衡现象。这两个标准很难同时被满足,甚至常常是互相冲突的。马克思主义的文艺家们试图寻求两个标准的平衡,但往往造成表面上统一、实际上分裂的后果。对于如何解决"美学的"和"历史的"标准的不平衡的问题,丁国旗教授提出了三种思路:一是将该问题看作是一个价值问题;二是在强调美学追求的前提下追求"历史的"实现;三是在二者的较量和斗争中寻找统一和发展,将这种不平衡看作是一个动态的发展过程。他认为,这两个标准间的不平衡性,实际上成了一种动力,激励艺术家们为了达到二者的平衡而不断努力,对于"美学的"和"历史的"标准的追求本身,就能够提升整个文艺界的规则和风气,提高文艺作品的品质。

湖南省社会科学院文学研究所的卓今教授认为,马克思主义文艺批评要回到社会现实和文艺现场,解决现实问题,发挥马克思主义文艺批评在新时代文艺中的精神引领、价值引领和审美引领作用。马克思主义文艺理论家如果不能在进行理论研究的同时结合文艺实践和社会现实,就会陷入"理论空转"的困境。中国的马克思主义文艺理论和批评一直有着务实的传统,以解决实际问题为旨归,以社会现实和文艺现场为研究对象。在不同的历史时期,中国马克思主义文艺理论与批评的务"实"特点表现在不同的方面,从早期革命者在文艺批评中对现实问题的关注,到延安期间马克思主义文论的原创性发展,再到20世纪80年代出现的美学热，都是对于当时现实问题的回应。但是，由于受到西方文艺观念的影响，我国的文艺批评方法和导向逐渐与文艺现实脱节，失去了其批判性的力量。因此，马克思主义文艺理论要结合马克思主义哲学、中国传统哲学以及当代各个学科的理论和方法，才能回应当代社会的复杂性。

兰州大学文学院的王大桥教授将马克思主义美学的理论应用于美学现象研究，分析了"丝绸之路"沿线的丝织物及器具纹饰、岩画及石窟艺术、丝路舞蹈及戏剧等审美文化形式，认为各地的图像审美文化都经过了创新、生成、变异、传播和再生。丝路审美的早期图像，经由先进的影视技术和数字技术的演绎、改造和塑形，逐渐从图像过渡到影像、仿像和幻象阶段。通过多种艺术类别的实践活动，丝路沿线的图像艺术已经成为各地文化表达的审美符号和民族归属感的形象符号的复杂体系，蕴含着地方人民的情感和生活意义。王大桥教授试图通过不同历史时期和地域的图像文本，分析其同异性、异质性和相关性。这些被广泛接受的图像符号，可以被用作"文化信码"，通过加强丝路审美文化的中外互通，增加丝路沿线各地的文化认同感。

二、文化经济时代的经济

文化的经济化对于当今社会的社会结构与经济制度也造成了深远的影响。英国卡迪夫大学意识形态与齐泽克研究中心主任海克·菲尔德纳（Heiko Feldner）教授对促进经济发展与繁荣的新自由主义范式的"文化经济"进行了深入的研究，将文化经济看作是资本增值经济制度瓦解的征兆。他将马克思的价值理论应用于当代社会的资本主义社会的经济危机与经济政策，认为当今世界上发生的经济危机，极有可能是资本主义生产方式全面危机的开端，是社会再生产的价值形式的危机。科技的进步使人类劳动力逐渐变得多余，资本主义社会不得不面对缺乏剩余价值的后果。剩余价值的缺乏将会破坏资本的积累，使资本主义生产方式的再生产不可能持续，最终导致资本主义社会的灭亡。不断发展的科技与文化也只能短暂地延长资本主义社会的生命，但最终必然会失败。只有超越和摒弃了价值形式的逻辑，才可能建立一种新的、以"知识共享"为核心的社会秩序。

俄罗斯学者弗拉基米尔·伊林（Valdimir Ilyin）认为俄罗斯的经济正处于一个十字路口。根据消费者在社会经济系统中的作用，他将资本主义形式分为两类：消费资本主义与国家资本主义。消费资本主义的核心是个人消费，由市场调节。消费文化成为一种关键的经济资源。由于消费资本主义的经济增长是由个体消费者的需求所驱动，因而，消费者购买商品的欲望的生产与将其融入生活方式的设计也成为其中不可或缺的一部分。在消费资本主义框架内，消费者欲望得到满足，对政治相对缺少兴趣，信任政治精英。国家资本主义是另一种生产方式，其经济增长的驱动力是政府秩序与国有企业的投资与生产。在这一模型中，消费文化在经济发展诸因素中的地位相对不重要。经济驱动的功能是由国家意志执行的。他认为，俄罗斯的经济体制中，消费资本主义的成分正在逐渐增加，文化经济的力量开始发挥作用。消费者购买商品，不仅是为了满足需求，更是为了表明身份。然而，与此同时，基于发展的逻辑，国家资本主义的力量也在不断发展。尤其是在俄罗斯与西方对抗的情况下，俄罗斯将不可避免地驶入国家资本主义的轨道。

除了对于国际与国家层面上的经济系统的研究之外，多位学者将研究的目光投向了文化经济社会的微观层面，将文化产业和企业文化等纳入研究的范围。浙江大学传媒与文化学院的何扬鸣教授向与会者介绍了他对于浙商与浙江文化关系的研究。浙商是中国很有代表性的企业家群体，其文化基因与发展动力都与浙江地方文化密切相关。今天，浙商的继续发展也不能离开对地方文化和文化产业的重视，加大对文化企业的投资，发展自身的企业文化。在提高商业价值的同时，也增加中国与浙江的"软实力"。

伊万诺瓦·达瑞亚（Ivanova Daria）论述了时尚零售行业中企业社会责任的特点和趋势，认为经济危机和人们对社会、环境问题的关注正在改变时尚零售行业对于企业社会责任的看法。在时尚零售行业中，企业社会责任主要表现在，消费者对于社会责任的关注可以影响到企业行为。通过购买企业的产品，消费者认为自己参与了公司的环境项目。这不仅促使企业关注社会责任，也提高了消费者对品牌的忠诚，塑造公司的有利形象。果里戈娃亚·奥莉加（Gorkovaya Olga）则以俄罗斯农业集团为例，探讨了组织论和企业社会责任相互影响的过程与结果。玛蒂吉娜·维多利亚（Matykina Victoria）讨论了信任技术对企业社会形象产生的影响。

特卡奇·克里斯蒂娜（Tkach Christina）以俄罗斯有机化妆品市场为例，讨论了俄罗斯消费社会中的时尚。在消费社会发展的现阶段，时尚已经成为塑造全球消费主义文化的主要工具之一。全球生态潮流促使人们关注时尚产品的道德问题，导致了有机化妆品市场的发展。然而，在俄罗斯有机化妆品市场却遇到了重重阻力，包括该领域缺少完善的立法、缺少必要的环境意识、消费水平不高等等。卡莎布兹卡亚·玛加丽塔（Kasabutckaia Margarita）探讨了学习组织的概念，认为组织文化是学习组织形成过程中的社会实践基础。

旅俄华人、艺术收藏家范建祥论述了当代俄罗斯艺术作品的社会文化属性与商品属性的转化。在俄罗斯，以前艺术品是没有商业价值的。直到艺术作品逐渐进入人民的社会生活，才获得了商业价值。今天，复制技术及文化市场的发展，艺术品的商品属性继续增加，并且通过电影、电视、邮票、卡片及海报等方式不断被复制。

浙江大学传媒与国际文化学院博士研究生张李锐以中国当前流行的网剧现象为研究对象，分析了中国网剧的内容、技术和产业状况，认为中国的网络电视剧产业还有很大的发展空间，认为中国网剧的黄金时代才正要开始。玛尔夏吉娜·妮娜（Morschagina Nina）分析了 2016—2017 年俄罗斯国内电视频道的放映情况，认为俄罗斯电视产品市场中，对本土产品的态度改变是一个重要的趋势。人们更愿意观看俄罗斯的电影，而不是进口的节目。与此同时，俄罗斯的政策也在限制国外进口电视节目。

三、文化经济时代的文化

在文化经济化的过程中，对于各种文化现象的思考一直是学者们关注的重点。俄罗斯圣彼得堡国立大学社会学系俄—中比较社会、经济、政治研究中心主任亚历山大·彼得洛夫（Alexander Petrov）认为，文化全球化是一个充满矛盾和冲突的过程。马克思主义社会学应该将这些矛盾冲突及其诱引作为研究对象。全球社会经济与政治变迁的进程产生的原因及其后果已经是当代社会科学话语的重要部分。但是，全球变化的研究越多，政客们和媒体对这些变化说得越多，"全球化"这个词的含义却越来越模糊和不确定。全球化是多样化、差异性和模糊性的过程的集合，在现代社会中构成了一个极其复杂的交流体系。现代神话将全球化描述为一种现代社会的乌托邦，然而事实却并非如此。真正的全球变迁表明，全球化的神话话语被设计用来掩饰现代社会系统与资本主义全球经济中的尖锐矛盾，这也是文化全球化被解读为一种社会敌托邦的原因所在。

中国中南民族大学彭修银教授与参会学者探讨了微时代的亚文化生产及其价值悖论。他认为，亚文化的生产既是一种意识形态的精神生产，也是对特定群体的社会交往及日常生活方式的形塑。亚文化是与主流文化相迥异的文化形态，彰显了一种共时性的"参照意义"和历时性的"绝对意义"。对于亚文化的分析和批评同样应该根据"价值"与"意义"、"价值"与"事实"的二分原则。

亚历山大·苏伯托（Alexander Subetto）教授认为，从 20 世纪末开始，人类逐渐从自然的生态圈中脱离，形成了一种新的"人类圈"（Noosphere）。在人类圈的结构中，人类的集体思维被嵌入到系统中，影响生物圈与人类的共同发展。21 世纪人类发展的社群主义逻辑重新回到所有人类的利益，并重视人与自然和谐关系的重要性。文化经济在社群主义的逻辑中着重关注了人类的思想、文化、科学和教育。因而，面对人类精神和心灵的文化经济在 21 世纪初仍处于初级阶段，有待继续发展。

贝可夫·叶夫根尼（Baykov Evgeny）与索维娜·泰西娅（Sorvina Taisiya）关

注并分析国家文化政策形成的地方社会经济因素。在现代语境下，文化被认为是国家最重要的事项之一，也是生活质量和社会关系协调发展的重要因素和经济发展的关键。文化的发展在各地区经济发展中的重要性不言而喻。然而，文化的发展本身也遇到诸多困难：东西方文化的意识形态对立、消费者生活方式和世界观的顽固、社会规范的混乱、价值观的下降以及低俗的大众文化等。俄罗斯政府采取了一系列措施改善这些问题，但是，区域和地方当局、企业、公共组织与民众之间的积极互动也是解决文化发展困境必不可缺的因素。

浙江大学传媒与文化学院博士后赵敏以浙江省乌镇历史文化旅游景区为例，分析了中国当前怀旧思潮的现代化特征。在中国现代化发展的当前阶段，传统文化的复归在教育、旅游、影视、文学、绘画、建筑等多个领域都形成了令人瞩目的潮流。这一潮流是人民的情感需求、国家的政治诉求及资本对利润的追求共同作用的结果。然而，什么是"优秀传统文化"，怎样传播优秀传统文化，以及传统文化现代化的效果如何等都是需在具体语境中回答的问题。历史文化旅游是中国近 20 年来旅游行业的一个热点，经过了简单的观光旅游、大量的粗劣模仿到历史与现代时尚相结合的不同阶段。历史文化旅游的目的地经过了不同的兴衰历程。乌镇在旅游业发展探索的新阶段，对地方特色的文化象征物、来自他处的文化象征物进行有意识地挑选和改造，结合现代化的服务、设备、娱乐等元素，使乌镇在中国旅游市场上获得了巨大的成功。

青年学者索罗夫约娃·达瑞亚（Solovyova Daria）忧虑全球化过程侵蚀了各国的文化边界，随着大众传播的影响力越来越大，国家的文化身份、文化的民族特征都受到了强烈的冲击，西方文化的渗透对国家构成了新的威胁。在外来文化开始影响民族文化根基的情况下，国家就应该采取文化保护措施。维瓦腾科·谢尔盖（Vivatenko Sergey）与斯伏拉普·塔特亚纳（Sivolap Tatyana）同样将保护俄罗斯的文化遗产看作俄罗斯现代化过程中的一个实际问题，认为共同的文化遗产为俄罗斯人民找到了认同的基础，是俄罗斯国家财富最重要的组成部分之一。政府要通过动员公众，使历史文化遗产的保护成为文化生态的一个组成部分，在形成社会舆论的基础上开展保护措施。同时，在保护的过程中，还要考虑到不同民族和群体的偏好。

克拉茨耶夫·维亚切斯拉夫（Kelasev Vyacheslav）与波伏娃·伊丽娜（Pervova Irina）对于俄罗斯文化现象中的生活成功类型学进行了探讨，认为现代俄罗斯社会对于生活成功的认可主要有三种类型：个人成功、公众认可、个人成功与公众认可相结合。在苏联时代，主导的成功类型是公众认可，目前的情况是更注重个人成功。然而，俄罗斯对于社会成员自我表现的抑制和社会认可的缺乏，加剧了许多俄罗斯人的不满。

浙江大学传媒与国际文化学院博士研究生史晓林总结了在我国文学、生态批评及城市形态批评领域对城市的描述与书写。她认为，随着我国城市化进程的不断发展，我国的乡土文学逐渐向城市文学发展，呈现了乡村与城市在不同历史阶段的社会发展中的地位。不仅在文学创作中城市的比重不断加大，在生态批评领域，许多学者也将关注的重点从自然荒野逐渐转向城市，以回应当代城市空间中的现实诉求。城市研究随着城市的发展而崛起，其研究对象也不断细化，将"都市"划分为城市的一个新的阶段。这些对城市的描述与批评，都表达了当下中国对于现代化发展现实的感情反应和理论思考。

萨温·谢尔盖（Savin Sergey）介绍了 2017—2018 年俄罗斯圣彼得堡国立大学的研究团队对俄罗斯人的反腐败意识进行的社会调查研究的结果。研究认为，在俄罗斯职业文化形成的过程中，反腐意识是其中一个重要的因素。为了改变腐败程度较高的社会形势，有必要通过影响广大民众的反腐意识来增强反腐政策。要影响民众的公共意识，就需要思考和创新相关技巧，加强他们对作为社会现象的腐败问题的理解，同时评估公共政府在影响公共意识方面的有效性。

四、中俄文化传播与交流

在文化全球化的语境下，学者们对他国的优秀文化都更加重视，文化间的交流和比较研究也是本次会议的一个重要内容。由于中俄两国的历史渊源，中国学者一直重视对于俄罗斯学者思想的引介。浙江大学传媒与文化学院副院长王建刚教授深入研究了乔治·普列汉诺夫艺术社会学中的人类学思想，论述了他在马克思主义文艺理论方面的主要成就：一是他对于黑格尔思想的研究，他在历史唯物主义的基础上，区分了马克思主义与经典德国哲学；二是通过对艺术起源的研究，升华了艺术与人类历史之间的关系。王建刚教授总结了普列汉诺夫的艺术起源论、康德思想对普列汉诺夫的影响，以及普列汉诺夫艺术人类学的生物学维度。

中国北京大学博士后李一帅阐述了俄罗斯哲学家别尔达耶夫的美学思想在中国的传播情况。别尔达耶夫对俄罗斯的民族精神、历史和哲学现象进行了重要的研究，并深入分析了革命期间及其后俄罗斯知识分子的命运。中国学者主要研究他对宗教、历史哲学和伦理的观点，对他在文化、文学和美学方面观点的研究则不充分。他的许多作品都包含了对美学的思考，值得人们进一步研究。

浙江大学传媒与国际文化学院副院长范志忠教授以侯孝贤电影的叙事策略为例，总结了其对第三世界新电影的影响。作为新电影运动的代表人物，侯孝贤在电影中描述了精英与大众之间的矛盾关系。他对于电影叙事策略的创造性运用，影响了第三世界国家电影的发展。

此外，还有多位俄罗斯学者在自己关注的领域内，就中俄社会中的不同现象进行了比较研究。舍尔申·叶列娜（Shershon Elena）以石油工业企业为例，比较了现代俄罗斯与中国企业劳动文化的异同。阿克妮娜·赖莎（Akinina Raisa）等则分析了俄罗斯与中国公众在使用社交网络时表现出来的相似与差异。圣彼得堡大学中国留学生贾蒙对时尚产业对中国和俄罗斯消费者行为的影响做了细致的分析。玛奇纳·伊丽娜（Makina Irina）比较了俄罗斯与中国青年学生在消费上的异同。芭哲诺娃·丽娜（Bazhenova Lina）关注中国媒体对于俄罗斯社会形象的表现，分析了中国媒体对于俄罗斯社会的看法。达尼里克·达丽娜（Danilik Darina）论述了孔子学院在中俄文化对话发展中的作用。费德洛娃·伊丽娅（Fedorova Irina）向参会者介绍了研究移民融合问题的基本方法。

在本次会议上，参会者对于文化经济时代出现的一系列文化与经济问题进行了深入的交流，既有理论思考，也有实践研究；既有定性分析，也有定量调查。本次会议取得了重要的成果，使我们对文化经济时代诸命题的理解更加全面和深刻。

（责任编辑：王　真）

"共产主义观念及其在当代文艺中的表征"国际学术研讨会综述

史晓林 *

（浙江大学传媒与国际文化学院）

【内容摘要】

共产主义观念依然是当代文艺领域中长盛不衰的理论话题。作为艺术活动中的审美理想，共产主义观念引领着未来文化的先进方向，建构着人类命运共同体。在中国，共产主义观念更是切实地建构着中国的审美现代性。尤其是在延安文艺活动中，由于当时马克思主义思想的强劲注入，共产主义观念有着鲜明而突出的话语实践。对共产主义观念及其在当代文艺活动中的表征的研究，将促进中国当代马克思主义文论的再深化，有助于更好地建构当代中国特色的文艺话语实践。

【关键词】

当代艺术；共产主义；延安文艺；马克思主义；中国话语实践

---

* 史晓林，浙江大学传媒与国际文化学院博士研究生，主要研究方向为西方马克思主义美学、悲剧美学。
本文系国家社科基金重大项目"当代美学的基本问题及批评形态研究"（15ZDB023）阶段性成果。

　　为纪念马克思 200 周年诞辰、《共产党宣言》发表 170 周年，2018 年 12 月 2 日至 6 日，由浙江大学当代马克思主义美学研究中心和延安大学联合主办的"共产主义观念及其在当代文艺中的表征"国际学术研讨会先后在浙江杭州、陕西延安顺利举办。来自英国、俄罗斯、斯洛文尼亚的国外学者和来自浙江大学、陕西师范大学、延安大学、西北大学、中国传媒大学等 15 所国内高校和研究所的近百名学者、研究生齐聚一堂，围绕着"共产主义观念及其在当代艺术中的表征""共产主义观念与延安文艺实践""马克思主义文论与中国话语实践"等议题进行了深入探讨。

一、共产主义观念及其在当代艺术中表征

　　无论是在资本主义国家，还是在社会主义国家，共产主义观念产生与发展都不是空中楼阁般的理念设想，而是深深地根植于现实生活。面对新时代的文化变迁，共产主义观念依然体现的是对当代现实生活的不懈追求。英国卡迪夫大学意识形态与齐泽克研究中心主任海克·菲尔德纳教授在其题为《关于共产主义观念的十二个关键点》的发言中指出，根据共产主义迄今为止的发展历程，共产主义并不简单意指一个没有问题的社会。通过探讨如何在资本主义文明面临着无法遏制的坠落的紧急情况下，寻找到可以取代"资本"的替代物，建立一个全人类可持续发展的自由社会的问题，他展现了自身对共产主义观念的理解。具体到共产主义观念在当代全球化社会中的表征，俄罗斯圣彼得堡国立大学亚历山大·彼得罗夫教授作了题为《作为社会乌托邦的文化全球化》的发言。他指出，全球化是资本主义在全球发展的一个神话，作为乌托邦的文化全球化包含了许多现代神话。他回应了海克教授的发言，并站在马克思主义的立场上提出了"劳动美学"的概

念。他认为劳动美学是社会意识结构的一种表现，这种结构在经济全球化的背景下为现代工业的发展提供了机遇和前景。因此，他期望能通过劳动形式审美化使世界经济的持续发展成为可能。

那么，共产主义观念如何成为艺术活动中的审美理想和引领未来文化的先进方向？针对这一问题，学者们从不同角度出发给出了自己的答案。榆林学院讲师贺舒以《马克思主义视域下的社会公益事业性的艺术扶贫》为题发言。她指出，艺术扶贫是中国共产党实施的精准扶贫政策中不可分割的重要组成部分之一。共产主义理想性质的社会公益事业要实现艺术扶贫——不可忽视马克思主义贫困理论、福利思想及其蕴含的共产主义观念的指导意义——唯有此，才能真正实现艺术在共产主义观念的指导下引领当代文化的前进方向，实现艺术改变社会的可能。斯洛文尼亚普利莫斯卡大学欧内斯特·曾科教授的发言《政治艺术如何可能：自律和批判的艺术》则是通过对美国马克思主义理论家弗雷德里克·詹姆逊的"认知绘图"概念的吸收借鉴——即资本主义"超空间"的最主要问题在于跨国资本全球网络中个体所处空间变得难以描绘——来指出詹姆逊所倡导的是一种能解决当今社会支离破碎本质的新的政治美学形式，一种新的全球社会整体的理论和美学映射，一种认知地图。最终，说明了政治艺术存在的必要性："抵制消费社会物化的力量，重新创造那种被当今生活和社会组织的各个层面存在的分裂所系统性削弱的整体。"延安大学文学院张丹博士回顾了现当代艺术的发展，在发言《从希望到共同体——共产主义与现当代艺术的不谋而合》中指出，构成共产主义核心观念的"希望"与"共同体"同时存在于现当代艺术的表达中，由此证明了共产主义与现当代艺术在基本价值上的契合。从艺术作品的社会功能出发，天津美术学院特聘教授俞建文也指出，艺术审美的转化功能以及创化功能为人类创造了共同的价值空间，有助于建构现实的人类命运共同体。

具体到共产主义观念在特定艺术门类中的表征，在当代的视域范围内，学者们分别从音乐、美术、戏剧、影视、展览展开了更为鲜活的论述。浙江大学当代马克思主义美学研究中心主任王杰教授在《中国审美现代性：问题与理论——以

〈黄河大合唱〉为例》的发言中以中国著名作曲家冼星海创作的《黄河大合唱》为研究对象，说明了充满先锋性、革命性的《黄河大合唱》中所体现的中国审美现代性。他指出，《黄河大合唱》不仅将中国现代化进程中特有的情感结构：乡愁乌托邦和红色乌托邦这两种特有情感的双螺旋式交织缠绕的状态淋漓尽致地表达了出来，更是通过共产党人自觉地、勇敢地投身于民族解放和保卫人类和平、保卫自己家园的斗争中将共产主义观念呈现了出来。俄罗斯列宾美术学院名誉博士范建祥在《长河百年——从民主主义现实主义到社会主义现实主义》的发言中，以苏联时期民主主义社会主义和社会主义现实主义的具体绘画作品为例，指出社会主义现实主义艺术流派虽然已经在历史长河中慢慢淡去，但其作品中所蕴含的精神力量——对共产主义观念孜孜不倦的追求——依然能够打动人心。浙江大学传媒与国际文化学院博士研究生史晓林以《审美乌托邦：共产主义观念的一种表征——以乌镇戏剧节为例》为题发言，她指出，作为审美活动的重要一环，审美乌托邦是当代共产主义观念在审美活动中的变形。进而，点明乌镇戏剧节的成功正得益于它所促发的审美乌托邦，承载着当代的共产主义观念。在共产主义观念的帮助下，它把握了特定群体的审美需求，映照出了当代美学的发展方向，由此获得了成功。涉及当代特有的艺术形式，中国传媒大学副教授杜彩的发言《电视文献纪录片〈国家记忆〉的社会主义意识形态建构》以电视文献纪录片《国家记忆》为主要研究对象，从电视文献纪录片审美意识形态建构的角度来阐释如何用电视的叙事、视听语言等来表达对党史、国史、军史中重大历史事件具有审美意识形态性的影像呈现，从而建构起中华民族民族共同体、中华人民共和国国家共同体乃至中国共产主义社会的观念。浙江大学《马克思主义美学研究》编辑部王真老师将目光投射到了当代动漫影视。他认为，在日本动画作品中存在着共产主义观念。他通过对具体动画作品的分析说明了共产主义观念的深层植根，如《反叛的鲁鲁修》中，主角鲁鲁修的妹妹提出的政治理念："建立一个每一个人都可以被温柔对待的国家"，《七龙珠》中主角聚集了全世界人的元气打败了反派，这些都包含有共产主义观念。此外，他还介绍了《Fate/stay night》《高达OO》和《超时空要塞》等系列作品中的共产主义思想。咸阳师范学院傅美蓉副教授以《性别、艺术与权力——陈列展览中的"妇女"》以妇女主题展览为研究对象指出，妇女主题展览作为一种文化实践在被置入历史文化语境中的同时也为观看展品提供了一个女性主义的视角，使其成了批判性别意识形态、建构性别平等观念的重要工具。因此，一定意义上妇女主题博物馆不仅是女性主义团体或个人对世界的解释，也是实现性别正义、共产主义和改变世界的实践。

二、延安文艺：共产主义观念在中国的艺术实践

延安作为中国共产主义事业的主要战场，共产主义观念在延安文艺活动中有着鲜明而突出的话语实践。谈论延安文艺时，马克思主义是绕不开的话题，正是它为延安文艺注入了共产主义的理想。基于马克思主义文化观对文艺活动的影响，延安大学泽东干部学院高凤林教授在《马克思主义文化观在延安文艺活动中的新起点》的发言中，解答了中共中央来延安的必然性与合理性，并在此基础上，说明了文艺工作者要到延安的主要原因。他指出，中国革命与共产主义观念、共产主义革命紧密关联，延安文艺的生根正是对共产主义革命、中国革命发展的历史呈现。因此，对中国革命史的梳理能够从历史的视角来印证共产主义观念在文艺活动中得以表征的可能性。作为延安文艺的研究专家，陕西师范大学文学院袁盛勇教授在《致力于政策与艺术的结合——重读周立波经典小说〈暴风骤雨〉》中以延安文艺重要作家周立波的经典小说《暴风骤雨》为研究对象，呈现出作品在政策与艺术上的结合。他指出，作为社会主义现实主义的经典著作，《暴风骤雨》的创作完全依循当时党的土改政策、毛泽东的讲话，由此达到了党性和艺术性或政策性和艺术性的高度结合。作为信仰媒介的"党的文学"由此传达着中国共产党的共产主义信仰。西北大学文学院段建军教授在题为《在对象化实践中建构社会主义共同体》的发言中，以延安文艺代表作家柳青的美学观念和创作实践为研

究对象，其间重点解读了柳青《创业史》的创作过程，具体阐释了柳青在创作的过程中如何践行共产主义观念，完成对象化的生活实践向对象化的艺术实践的转化，从而建构起人民群众的社会主义生活共同体、社会主义文学共同体。继续以文学为对象讨论延安文艺，延安大学文学院王俊虎教授以"文学与革命"为主题的发言既回应了大家对延安文学现实性的探讨，又提出了自身对延安文学的独特看法。他指出，延安文学是一种超级文学，它呈现的不仅是对现实主义的坚守，还有突破。同时，延安文学具有文化的大众化、商品化特征，它不排斥流行因素，且以新鲜、灵动的文学形式呈现了共产主义的观念。

与会学者对延安文艺的研究讨论不仅包含延安文学，其研究触角还触碰到了延安各种各样的艺术活动。延安大学文学院李惠副教授在《延安时期文艺理论的现代性诉求》中以延安文艺个案梳理的方式，阐释了延安时期文艺实践的现代性，说明了延安文艺实践的现代性最突出表现为文艺对民族国家想象共同体的建构。延安大学文学院李萍副教授以《抗战时期国家形象的视觉塑造——延安木刻版画的叙述策略及其传播方式》为题发言给出了回应。她指出，随着抗日战争的爆发，广大中国人民面临着如何将中国的发展纳入世界文明轨道、冲破旧制度的层层压迫创建一个全新的民族国家；如何借助文艺的力量探寻对抗外敌的民族精神，增强战时全体民众凝聚力与向心力等一系列的问题。为此，这一时期的艺术家以极大的热情和丰富的想象去重塑中国形象，建构民族认同感，延安木刻版画就是典型个案。延安木版画呈现了一个男女平等，婚姻自由，人人享有土地、享有选举权，读书识字，丰衣足食的新生国家的精神形态。而这无疑是共产主义观念在当时的表征。除了延安木版画，延安时期的戏剧同样也服务于社会集体意识形态的建构。同样地从视觉塑造出发，延安大学文学院讲师宋珊做了题为《形象学视域下的延安时期戏剧》的发言。她指出，延安时期的戏剧紧承社会时代的要求，正如田汉所言"中国自有戏剧以来没有对国家民族起过这样伟大的显著作用"。从形象学角度考察延安时期的戏剧可以发现，延安时期的戏剧的"形象塑造者"自觉地成了文艺大众化道路上的"殉道者"，诉说着一个群体的"社会集体想象"，表现着救亡图存和民族解放。同时，戏剧所包含的众多社会角色的"他者"，也被赋予了形象塑造者的思想和诉求，在遮蔽个性的特征中承载着启蒙和救亡的社会责任。在民族救亡的时代洪流中，一切文艺都是革命的尖刀，歌曲也不例外。延安大学马克思主义学院王东维教授在《延安时期红色歌曲的思想政治教育功能及启示》中指出，作为红色文化资源的红色歌曲，在抗战救亡时期进行政治宣传、建立全民族统一战线、增强人民群众凝聚力、提高劳动热情、加强军队思想作风建设和丰富群众文化生活等方面发挥了重要作用。进而提出当下的文化建设更应该重视优秀文艺作品的价值引领功能，提升文艺作品的品质，实现文艺作品的大众性和艺术性的统一。

延安文艺为中国抗战提供巨大精神支持，究其实质就在于共产主义观念在中国人民心中埋下了对可以为之奋斗的更好社会的憧憬，因此，延安文艺不得不说是共产主义观念成功的建构。关于延安文艺的建构，学者们从不同层面进行了解读。首先是共产主义观念对延安文艺的建构。延安大学马克思主义学院谭虎娃教授在发言《延安时期共产主义在大众文艺中的传播与构建》中对延安时期共产主义观念在大众文艺中的传播以及它对大众文艺的建构进行了分析。他指出，延安时期，实现共产主义观念对大众文艺建构的第一步必须要解决大众文艺如何取代精英文艺这一问题，1942年延安文艺座谈会的召开真正地确立了大众文艺理念的主导作用。他以新秧歌运动为例，点明了共产主义观念对大众文艺从内容到形式的彻底改造。延安大学马克思主义学院刘建华讲师在《人民为中心的创作导向——延安时期鲁艺知识分子文艺创作的现代价值》则重点强调了共产主义理念中的人民观，即以人民为中心的创作导向对鲁艺知识分子的精神建构。其中他讲述了延安时期最初带有自由主义和高调张扬作风的鲁艺知识分子如何接受党和人民的再教育，改变了脱离群众的倾向而主动融入群众中去，实现艺术观的改造，创作出源于群众生活的优秀艺术作品，真正确定了以人民为中心的创作导向。从共产主义观念对整体文艺的建构、到创作者的创作精神建构，一步一步，最终落脚到了对延安文艺的具体建构。陕西师范大学邱跃强博士在题为《延安文艺建构中的陕北民间文艺》的发言中讲述了在民族危亡之时，陕北民间文艺（陕北说书、陕北民歌、陕北剪纸、陕北秧歌、安塞腰鼓）在文艺精神的引导下成为延安抗战文艺的重要组成部分，由民间走向"官方"、由地下走向广场、由边缘走向中心。在这一建构过程中，他点明了两个重要的力量，首先是毛泽东《在延安文艺座谈会上的讲话》，《讲话》的发表为解放区文艺的发展指明了方向，其次是一批知识分子如丁玲、林山等对陕北民间艺人和陕北民间文艺的改造。这两股合力共同建构了延安文艺。

三、马克思主义文论与中国话语实践

对共产主义观念及其在当代文艺活动中的表征的研究，归根到底是对中国当代马克思主义文论的再深化。对此，不少与会学者的发言主题重新回到了以马克思主义思想的基本理论来把握当代中国文艺的话语实践。

延安大学马克思主义学院冯东飞教授《精神动力视域下习近平新时代中国特色社会主义思想探析》的发言对西方哲学史上——特别是马克思与恩格斯共产主义理想作为精神动力的思想观——和中国社会主义革命、建设和改革过程中共产党人精神动力相关问题的探讨进行了梳理，进而过渡到了对习近平新时代中国特色社会主义思想的精神动力的解读。

杭州师范大学马克思主义学院石然讲师以《文艺意识形态理论话语的谱系和当代范式》为题发言。从康德的"审美公共性"谈到马克思主义经典作家对意识形态的科学揭示。他对意识形态理论话语类型做了区分，分别是苏联的意识形态话语、当代西方马克思主义意识形态话语、当代西方非马克思主义的意识形态话语、东欧文艺意识形态话语、中国文艺意识形态话语，将文艺意识形态理论话语的谱系清晰展开，以期为新时期文艺的发展和繁荣作出新贡献。

延安大学红色文艺研究中心惠雁冰教授在《马克思主义历史观在"革命样板

戏"中的表征》的发言中阐释了马克思主义历史观在革命样板戏中的表征。他认为，样板戏的历史观也是马克思主义的唯物史观。马克思主义唯物史观的四要素，不论是历史合力、党的领导、英雄个体还是阶级斗争在样板戏中都有着清晰的表征。借用阿尔都塞的观点，他总结道：不是美学表达政治，而是美学本身就是政治，样板戏正是这样一种将美学与政治高度融合的复杂审美现象。

广西民族大学硕士研究生王晶晶以《马克思的乌托邦与儒家大同社会的对比阐释》为题发言，对马克思共产主义思想与孔子大同思想做了对比分析。她指出，在马克思主义思想中，共产主义是其创建出理想社会制度，实现共产主义社会的乌托邦；在中国传统文化中，儒家以"仁"为核心，积极从内在探求和塑造人的真善美，由此所构想的"大同社会"正是对人类终极美好社会的实践范本。因此，在此基础上反观中国当下发展，她提出在全球化的当下我们既需要乌托邦式的精神冲动来推动文明的发展，又需要再理解、再反思中西方社会语境下的乌托邦精神和实践路径，把马克思主义思想与中国传统文化的优秀思想结合起来。

关于如何实现马克思主义思想与中国优秀传统文化的结合，咸阳师范学院王效峰副教授在题为《儒家文论视野下的党的文艺政策的变迁》的发言中分享了自己的思考。延安大学文学院师瑞博士在《文何以载道——马克思"莎士比亚化"的启示》的发言中，继续探讨了中国传统儒家文论"文以载道"与马克思主义思想的关联。

延安大学文学院任勇胜讲师在《早期全球化浪潮中的东亚文艺：以曲亭马琴〈椿说弓张月〉为例——兼论近期"世界文学"概念的重申》的发言中指出，马克思、恩格斯在《共产党宣言》中具体阐述了共产主义理想和社会运动的国际主义，其中呼应了歌德等德国知识分子提倡的"世界文学"概念及其全球化背景。在此时代背景下，他以日本畅销书作家曲亭马琴的小说《椿说弓张月》为例，详细分析了现代民族国家的兴起对现代文学发展的影响。

此外，围绕着马克思主义基本理论，延安大学文学院魏久尧教授从美的规律具有的显著性与超越性着手，重新对马克思主义美学中的基本概念进行了深入的探讨，认为美的规律应指向理性的超越性，不能缺乏对现实的否定以及对人性异化的否定。陕西科技大学设计与艺术学院孙文刚讲师从哈里斯、威廉斯谈到玛奎特，讲述了"文化唯物主义"这一重要的理论成果在当代西方马克思主义研究中的发展。在对三人研究侧重点进行分析之后，重点肯定了玛奎特在艺术和审美现象研究中对文化唯物主义的再挖掘。围绕艺术与政治的现实关系、艺术的政治性这一论域，延安大学文学院郑守宁博士基于马尔库塞对西方文化革命的反思，重新解析了艺术与生活、艺术与政治之间的关系。广西科技师范学院李婷婷认为，在当代文化语境中，艺术家和批评家不应忘记自身的使命与责任，要坚守艺术信仰和学术立场。延安大学文学院杨绍固副教授以近年来古典小说的影视剧改编为案例，探讨了马克思主义唯物史观与唯物辩证法思想在文艺作品改编中的导向价值。

（责任编辑：王　真）

建设 21 世纪马克思主义文论的路径选择

——国家社科基金重大项目"马克思主义文学理论关键词及当代意义研究"开题会会议综述

苏 展*

（北京大学中文系）

【内容摘要】

2019 年 1 月 16 日，国家社会科学基金重大招标项目"马克思主义文学理论关键词及当代意义研究"开题会在北京大学举行。来自全国十余所高校和研究机构的 20 余名专家和学者参会，就该项目的社会意义及理论价值、课题框架、内在逻辑、研究方法、基本思路、创新之处和研究的重点难点等问题进行了深入的讨论。会议讨论成果丰硕，明确了项目研究要紧密围绕马克思主义的原则性标准，选择马克思主义文论的关键词。"关键词"使理论具有了形体，"关键词研究"是实践本身的需要和理论自身的逻辑共同为马克思主义的文学理论家们提出的时代要求和历史任务；要从点到线、以线带面，准确把握关键词之间的逻辑关系与历史联系，建立马克思主义文论

---

* 苏展（1988— ），女，北京大学中文系博士研究生，研究方向为文艺理论。

关键词的概念群；着力突出"当代性"特色，处理好历史再现与当代中国的关系等具体问题。

【关键词】

马克思主义；文学理论；关键词；概念群；当代意义

2019 年 1 月 16 日，国家社会科学基金重大招标项目"马克思主义文学理论关键词及当代意义研究"开题会在北京大学举行。来自中国社会科学院、北京大学、中国人民大学、浙江大学、南京大学、四川大学等全国十余所高校和研究机构的 20 余名专家学者与会，就议题进行了深入讨论。

开幕式由北京大学中文系副主任张辉教授主持，北京大学中文系主任陈晓明教授致欢迎辞。陈晓明教授首先对与会专家学者表示欢迎，对"马克思主义文学理论关键词及当代意义研究"课题成功申报国家社科基金重大项目表示祝贺，并强调在如今世界理论局势与研究状况下，探索中国在 21 世纪的马克思主义文论路径选择、研究马克思主义文学理论关键词及其当代意义，有助于准确把握马克思主义文论的深刻内涵，促进当代中国马克思主义文论的发展。中国社会科学院张江教授在开幕式致辞中指出，探索建设 21 世纪马克思主义文论的路径选择问题具有重要的理论价值和现实意义，对马克思主义文学理论关键词的研究，要从"当代"出发，着眼讨论当代意义。马克思主义文论研究要摒弃从某种预设的立场出发的路径，回到现象本身，从实际出发，从感觉即文学文本的直接经验出发。

研讨会由陈晓明教授主持，课题首席专家北京大学金永兵教授做主题发言。中国人民大学张永清教授、中国社会科学院吴晓都教授、南京大学汪正龙教授和河南大学张清民教授分别就四个子课题"马克思恩格斯文学理论关键词及当代意义"，"俄苏马克思主义文学理论关键词及当代意义"，"西方马克思主义文学理论关键词及当代意义"，"中国马克思主义文学理论关键词及当代意义"做了专题报告，与会专家学者结合已有的研究成果和当下前沿思考，对各个报告及相关理论问题进行了热烈讨论。会议讨论主要围绕以下几方面内容展开。

一、探讨 21 世纪马克思主义文论的路径选择问题，研究马克思主义文学理论关键词及当代意义，具有重要的社会意义和理论价值

习近平总书记在 2016 年 5 月《在全国哲学社会科学座谈会上的讲话》中指出："要善于提炼标识性概念，打造易于为国际社会所理解和接受的新概念、新范畴、新表述，引导国际学术界展开研究和讨论。这项工作要从学科建设做起，每个学科都要构建成体系的学科理论和概念。"研究马克思主义文学理论，是坚持我国文艺社会主义性质的需要，是重建文学理论实践品格的需要。有利于我们科学地、全面地、准确地掌握马克思主义文学理论，积极应对当代文艺的现实问题，并为中国当代马克思主义文学理论建构提供富有生命力的细胞。金永兵教授在主题发言中全面介绍了本项目的社会意义及理论价值、课题框架、内在逻辑、研究方法、基本思路、创新之处和研究的重点难点等。金永兵教授指出，此项目的研究遵循回归原典的新路径，激活马克思主义的新方法，坚持术语革新，突破线性的历史观，将关键词视为一个动态的、多维的乃至异质的发展过程，发掘和阐释关键词语义在历史进程中丰富的多样性，并进行跨学科的扩展性研究。

二、始终依据马克思主义的原则性标准，选择马克思主义文论的关键词

开展马克思主义文学理论关键词研究的前提是要回答好"什么是马克思主义"和"什么是关键词"两个问题。关键词本身必须是具备强大语义关联能力的词汇，一个关键词不能够是只能阐明单个问题或对象的孤立概念，而是要能够串联起整个概念群的核心词汇，能够"拔出萝卜带出泥"地带出整个话语系或理论主题的

关键词汇。扬州大学姚文放教授提出，参照雷蒙·威廉斯对关键词的定义，要注意到关键词是运动变化发展的过程，是社会历史政治现实的地图，包含着权力与意识形态等因素，不可忽视关键词背后的历史语境的作用。本项目的成果不应当是词典式的、知识性的或是阐释性的，对每个关键词的研究应当形成深入的论文，探讨其中具有扩展性和争议性的部分，要在关键词的研究成果中呈现一定的价值追求和价值指向。

南京大学赵宪章教授则提示了关键词选择的"边界"问题，指出要分清哪些关键词是"文学"的，哪些是"哲学"的。目前的关键词选择侧重广义的"文化"，对当代热词的检索已很充分，而属于文学本身的关键词则较少。浙江大学王杰教授认为，马克思恩格斯大量使用隐喻的方法来建立他们的文学理论。对于这些隐喻化的概念，需要进行学理化的工作，可以从不同的角度对马克思主义文学理论的概念进行分类。针对这一问题，北京大学董学文教授也提示要注意把马克思主义文论的概念和术语，同哲学的、美学的、经济学、社会学等学科的概念、术语区别开来。尽管我们承认它们之间有联系，甚至是密切的联系，但我们还是要写出符合文学理论法则的独立的解释。董学文教授还结合马克思主义文学理论的自身特色为课题研究的开展提出了期望。他希望对马克思主义文学理论关键词（概念、术语）的选取不求多，而能够做到准确和确切，因为它不是繁琐哲学，而是实践性很强的理论。要选取那些符合辩证唯物主义和历史唯物主义精神的文艺学概念，谨慎选择并注意区分体现其他哲学学派意识和概念的术语，对于关键词的阐释也要精炼。

三、准确把握关键词之间的逻辑关系与历史联系，从点到线、以线带面，建立马克思主义文论关键词的概念群，并厘清概念群之间的纵横关系

金永兵教授在主题报告中指出，本项目研究的开展注意到了已有研究的几个

主要问题：一是历史化不足，论者大多停留于对单个词条的解释，而弱于对概念的历史化，即较少将概念充分置于复杂而丰富的思想史中进行定位与阐释，揭示概念何以生成以及如何生成的历史状况；二是实践性和本土意识不足，研究者往往止步于对西方语汇的理论阐发和意义辨析，缺乏对特定范畴在文学、艺术、文化批评实践中的有效性的揭示与论证，以及将理论思考同本土经验和本土问题紧密结合的自觉意识；三是体系化不足，多注重孤立的单个关键词研究，缺乏对概念之间的逻辑关系、概念和马克思主义文学理论整体之间联系的充分关注。本课题所覆盖的概念和范畴十分复杂。在理论史中，具有很强的延续性，不可通过简单的概念罗列，造成概念之间关系的断裂。

本研究以星丛理论、超知识论、谱系学和知识考古学等为基本的理论依据，将马克思主义文艺理论的若干关键词，依据其特点和源流关系，采用以中心词带起概念群，全面发散扩展以阐明核心要素的方法，保证课题研究的深度和广度。董学文教授强调马克思主义文艺理论关键词和基本概念的内涵，是随着历史的演化、变动而演化、变动的，在阐释的时候一定要讲清楚它同以往概念、术语之间的联系，特别是要揭示它是怎么改造、变革成为马克思主义概念、术语的，以及这种改造、变革主要体现在哪些方面、什么地方，总结出这些术语是怎样实现"革命"的。要用马克思主义的观念和方法来阐释说明马克思主义文学理论关键词，同时阐释出来的是马克思主义观点，摆脱所谓知识性的纠缠和束缚。江西师范大学赖大仁教授注意到目前的子课题设置具有板块化的特点，这种划分基于当代中国的视角和符合文学理论研究的需要；同时，要进行这样的分类，也务必要处理好各理论命题之间的贯通性。对关键词的研究不仅要说清最基本的话语，更加重要的是要在概念群之中呈现理论命题。

高建平教授指出，要充分注意到关键词及概念群作为理论命题的意义，还原其背后的认知框架。他具体举例说明了对关键词及其概念群的梳理能够还原其背后的认知框架这一问题，如马克思主义在俄苏和中国作为领导意识形态的特点，而在西方马克思主义处则是发达资本主义社会批判的工具；再如"形象思维"这一关键词，关于形象思维在中国语境下的使用古已有之，如古代文论中的赋比兴手法，同时又指涉了心理学研究的问题，故而具有重要的理论框架的意义。

四、着力突出本课题研究的"当代性"特色，在关键词的研究中处理好历史再现与当代中国的关系

当代与历史的关系也可描述为一种创造性的"回返"。金永兵教授指出，本项目要通过对话语与历史实在之间关联状况的考察，基于当下马克思主义文学理论与文化理论建设与发展的要求和使命，进一步开掘、熔铸，形成关键词研究所蕴含的当代性潜能和动势，立建设与创造之功。

赵宪章教授强调，"历史"是要把四个子课题所涉及的关键概念真实地再现，即表述清楚概念在生发之时是如何说的；"当代"是在研究中要选择当代中国关心的问题。从报告所呈现的准备情况看来，对中国马克思主义文学理论关键词的历史再现做的较细致，而所涉及的问题哪些在当代依然被关注则应进一步凸显。应注意避免落入本本主义的窠臼，着力开掘当代文艺实践、文学研究所关注的问题。中国社会科学院高建平教授进一步提示了要处理好理论还原和当代视角的关系，谈"当代意义"并不局限于今天所常用的，不一定要完全从今日热点问题出发。

山东大学谭好哲教授特别强调了"当代意义"本身的动态性。马克思主义文学理论的关键词、关键概念在各个时代各有其"当代"意义，要清楚、准确地呈现"当代意义"，就要注意到这些关键词、关键概念如何呼应如下两个问题：一是要解决社会问题、呼应社会矛盾，如1848年的欧洲革命；二是回应文学本身的问题，如为什么在马恩的时代要提出现实主义、第二国际批判现代主义艺术等。

五、在把握马克思主义文学理论整体性的基础上，各子课题充分发掘马克思主义文论关键词在不同时代、不同国别、不同文化背景下所表现出的特色

　　张永清教授在其专题报告中说，考察马恩经典的文学理论关键词着重是揭示马克思主义文学理论关键词的理论源泉、文化背景、时代生活和文艺实践的深刻关系，要审慎辨析同一关键词在马恩理论的三大领域，即马克思主义哲学、马克思主义政治经济学和科学社会主义中的不同，从而更加准确地界定文学理论关键词选择的范围。吴晓都教授在其专题报告中，提出俄苏马克思文学理论关键词的选择大体上需要遵循两个原则，一是俄苏独特性的原创；二是马克思经典原创性理论在苏联的发展，如"人民性"等。对俄苏马克思理论关键词的理解也要全面注意到其与经典马克思主义之间的衍生流变关系、俄苏本土特征以及这些关键词在中国的接受历史问题。汪正龙教授特别指出西方马克思主义的特殊之处在于其兴趣点超越了文学本身，更加落实在文化及其他上层建筑领域，如卢卡奇、阿多诺的理论呈现出了极强的思辨性。子课题在关键词选取时要注意其与文学批评相关性。同时，西方马克思主义子课题还将从各种文艺思潮入手考察马克思主义文论当代化的成果及其产生的问题。对于中国马克思主义文论关键词及当代意义的研究，张清民教授指出其着眼点和特色在于总结本土经验、阐释关键词的中国意义，廓清马克思主义文论关键词在中国的吸收与创新之间的关系，由此打开历史与现实的逻辑通道。与会专家学者还针对某些特定的关键词提出了具体的意见。这些问题的提出对于本项目的研究都十分具有启发性。

　　本次会议讨论并初步确定了各子课题选取的关键词，并制定了详细的任务分工。项目组还讨论并制定了项目管理的方案，指出在做好基础研究工作的同时，也要重视项目的管理工作，务必使本课题研究的管理工作科学、合理、可行，为项目扎实有序地开展提供坚实的保障。

（责任编辑：赵　敏）

守正创新是建构当代文艺学话语体系的必由之路

——"我国当代文艺理论建设暨王元骧教授从教 60 周年学术讨论会"会议综述

俞圣杰 *

（浙江大学人文学院）

【内容摘要】

2018 年 11 月 16—18 日，"我国当代文艺理论建设暨王元骧教授从教 60 周年学术讨论会"在杭州举行。学者们对王元骧教授的文艺思想进行了全面回顾和深入探讨，对他为我国当代文艺学建设所作出的贡献给予了充分肯定。同时，与会学者围绕"我国当代文艺理论建设"这一主题，对于马克思主义文论的中国化与当下文艺理论的热点等问题发表了自己的看法，以期为文艺学的未来发展培育出新的学术生长点。

【关键词】

守正创新；王元骧；当代文艺理论建设

---

* 俞圣杰（1993— ），男，浙江新昌人，浙江大学中文系文艺学专业博士生，研究方向为美学和文艺学基础理论。

2018 年 11 月 16—18 日，"我国当代文艺理论建设暨王元骧教授从教 60 周年学术讨论会"在杭州举行。本次会议由中国中外文论学会、浙江大学人文学院、杭州师范大学艺术教育研究院联合主办，浙江大学文艺学研究所承办。来自中国社会科学院、北京大学、复旦大学、南京大学、中国人民大学、山东大学等 40 余所高校和科研院所的专家学者参加了本次会议，对王元骧教授的文艺思想进行了全面回顾和深入探讨，对他为我国当代文艺学建设所作出的贡献给予了充分肯定。同时，与会学者围绕"我国当代文艺理论建设"这一主题，对于马克思主义文论的中国化与当下文艺理论的热点等问题发表了自己的看法，以期为文艺学的未来发展培育出新的学术生长点。

一、王元骧的学术贡献和人格风范

60 年来，王元骧先生一直献身于学术研究和教学工作，为建设具有中国特色的马克思主义文艺学作出了卓越贡献。对于王元骧先生的学术贡献和人格风范，与会学者给予了高度评价，誉之为"中国当代文艺学界的康德"。

对于王元骧教授的治学风格，中国中外文论学会会长高建平教授用"守正创新"四个字来加以概括。他认为，王先生一方面坚持自己的学术观点，随着时代的发展，又研究新问题，既守住学术之正，又能面对新形势、新任务，做出新的应对和新的创造。中国文艺理论学会会长南帆指出，王元骧教授是具有突出成就的老一辈文艺理论家，对马克思主义文艺理论和美学思想有深入研究，在学理基础上阐述的许多真知灼见，给学术界同仁带来了深刻启迪，其学术足迹不断地出现在文艺理论的前沿地带，为改革开放以来的文艺理论建设作出了突出的贡献。中国社会科学院党圣元教授则论述了王元骧文学理论的"风骨"，认为王先生的文章充满文气，文辞刚健，又善于锻炼文骨，文脉贯通不板滞，言语凝练不混杂，同时取纳经典著作，广泛吸收中外文论精华，具备风清骨峻的境界，为当今学术写作树立了一种典范。山东大学曾繁仁教授认为王元骧先生拥有守固创新的学术品格，他一方面始终坚持马克思主义唯物史观，坚持唯物的实践的能动的反映论，另一方面又创新地吸收新世纪以来一切有价值的文学理论成果，走出了一条突破和超越传统的反映论文艺观的理论道路。谭好哲教授认为王元骧先生从文学反映论到审美反映论再到反映论与人生论并举的理论追求与拓展，体现了他对文艺性质与功能理论认识上的深化，是对中国文论界的巨大贡献。

除了高度评价王元骧先生的学术贡献之外，与会学者还对其人格风范赞誉有加。浙江大学副校长何莲珍教授在致辞中指出，王元骧先生是浙江大学广大教师队伍中的杰出代表，他一直潜心学术，心无旁骛，淡泊名利，志存高远，充分彰显了浙江大学所要树立的学术风范。南京大学的赵宪章教授评价王元骧先生是一个真诚和高尚的学者，能够做到不以学术观点差异论亲疏，以超越功利的态度从事学术研究，为当代学人树立了典范。中国人民大学张永清教授指出，王元骧先生无论是在生活方式、道德修养，还是在学术思想等方面都与康德有着高度的相似性，堪称是"中国当代文艺学界的康德"。值得一提的是，这一说法引起了与会学者的强烈共鸣，会后的相关报道也多次加以引用，几可视为学界的定论。与之不同，有的学者则看到了王元骧先生更为生活化的一面，他认为王先生所从事的是一种"快乐学术"，真正地将身心放松和学术追求融为一体，贯彻了"学术人生"的要义，值得每位学者学习。

除此之外，不少学者纷纷回顾了自己与王元骧先生的学术交往经历，讲述王先生对自己的巨大影响。他们一致认为，王元骧先生恪守学人本分，肩负学术责任，开拓思想空间，追求学术真理，这种对学术精神的坚韧据守符合时代需要，对当今社会的精神建设和文化生产具有重要意义。

二、王元骧文艺思想的发展历程与理论建构

王元骧教授成名于 20 世纪 80 年代，他所倡导的审美反映论和审美意识形态论堪称那个时代的主导性理论形态。不过从那以后，王先生并没有故步自封，而是不断进行理论探索，勇于突破自我，又相继提出了艺术实践论、文艺本体论等新的理论主张，直到近年已八十高龄，仍然孜孜于人生论美学的建构。对于王先生文艺思想的发展过程及其内在逻辑，学者们也进行了广泛而深入的探讨。

扬州大学的姚文放教授指出，王先生的文学理论探索显示了从"审美反映论"到"审美意识形态论"，到"文学实践论""文学价值论"，再到"文学本体论"的清晰路径。这"五论"不仅具有内在的逻辑联系，而且呈现出不断深入、不断进取的趋势，体现了一种递进性。中国社科院徐碧辉研究员从文本细读角度对王元骧的审美反映论进行了探讨，认为他在坚持辩证唯物主义的反映论的前提下，强调反映包括了对于世界与人类自身意义的认识与评价，包含着浓重的人文情怀，这也正是王元骧后期转向人生论美学的理论基础。浙江大学苏宏斌教授将王元骧文艺思想的发展过程划分为审美反映论、艺术实践论、文艺本体论和艺术人生论四个阶段，指出每一阶段都是在前一阶段的基础上发展而来，既使其理论体系不断趋于完善，又回应和包容了社会变革向文艺理论提出的各种现实问题。杭州师范大学单小曦教授认为王元骧先生的学术立足点始终是反映，这种反映超越了传统的反映论甚至高于审美，它涵盖了精神实践与生产，能够贯穿起整个文艺活动。

除了梳理王元骧文艺思想的发展脉络之外，不少学者还着力探讨了其内在的维度和张力。浙江大学金健人教授认为，王元骧文艺思想的内在结构可以概括为纵横两轴和虚实八维：横轴左端是"认识"维度，右端是"实践"维度，纵轴上端是"个体"维度，下端是"群体"维度，中心焦点则是"人"。当个体与认识发生关系时就构成了"心理"维度，个体与实践发生关系时构成了"人生"维度；当群体与认识发生关系时构成了"意识"维度，群体与实践发生关系时构成了"社会"维度。这些轴线和维度相互交织，构成了一个严密的逻辑体系。中南民族

大学彭修银教授指出，王元骧文艺思想能不断实现自我超越，就在于王先生始终将学科定位、研究对象、基本规范的学科范畴、必需的入思方法、话语体系的中国化表达等作为一个整体来探讨，呈现出理性与感性形态、理论建构与话语张力、历史与现实、现实与未来之间内在沟通的逻辑极力。东北师范大学王确教授梳理了王元骧先生不同时期文论思想的变化，指出其思想始终贯穿着审美反映论和审美意识形态论的基本根据，这种理论的生命力来自其调试自身并与所处的理论和文化语境保持学理协调的方法和格局。河南大学张清民教授将王元骧教授的学术创新概括为"有限制"的创新，是站在文艺社会学立场，运用马克思主义思想对经典问题进行新的阐释，这是一种需要高度学术素养的治学方法，更是一种学术情怀，值得每一位学者学习。

此外，美学研究与现实人生的结合是王元骧近几年来着力的方向，针对这一话题，学者们也发表了自己的看法，肯定了王元骧人生论美学的理论价值，认为它克服了以往美学研究脱离人生的局限，使之落实到对个人生存的人文关怀上来，把我们对审美价值的理解从情理维度推进到情志维度，并对之作出全面深入的开掘，从而发挥美学引导人生、激励人生的积极价值。

三、王元骧文艺思想的当代意义

王元骧文艺思想的当代意义是本次会议探讨的另一个热门话题。与会学者普遍认为，王元骧先生的理论探索始终充满着强烈的现实关怀，从 80 年代起，他所提出的每一个重要的学术观点，几乎都是为了回答我国当代社会现实的变革所提出的理论问题，这使他的文艺思想始终充满了强烈的现实意义和当代价值。

浙江大学王杰教授称王元骧先生是一位马克思主义美学家，在去马克思主义化、去反映论化思潮流行的今天，王先生以审美反映论独步中国美学界，建设性地发展了中国的马克思主义美学。苏州大学刘锋杰教授将王元骧先生的学术追求定位为马克思主义文论的中国化，通过对现实问题的观照继承发展了马克思主义，使得原有的经典反映论、实践论有了更好的理论周全性。浙江省社会科学院项义华研究员则认为，王元骧先生始终在马克思的基点上进行美学思考，这为学界树立了一个良好的典范。马克思主义文艺学在中国的发展也必须回到马克思，吸收马克思身上的西方人文传统，并结合后马克思时代的思想进展进行反思和深化，为马克思主义文艺美学开辟新的阐释空间。南京大学汪正龙教授指出，王元骧先生始终将马克思主义的唯物、实践、辩证观点作为解决文艺问题的基本指导原则，同时积极创新，以审美情感为心理中介与现实生活建立联系，将马克思主义美学的反映论、实践论与意识形态论统一了起来，实现了新时期马克思主义文论创新。绍兴文理学院范永康教授看到了王元骧与西方马克思主义文论家的不同，认为他从"审美反映论""文学价值论""文学本体论"等多种视角，阐发出了"审美意识形态"的审美性、价值性、实践性、人文性，建构出了具有当代中国特色的马克思主义文学本质观。

在继承王元骧先生文艺思想成果的基础上，如何在现实社会的新变化中反思当下文艺文化现象并进行有效的理论研究与生产？与会者对此进行了深入探讨。江西师范大学陶水平教授有感于时代风气，指出了王元骧先生所推崇的崇高美价值。王先生在人生论美学的基础上，将美学和文艺学融为一体，创造了价值论、实践论和本体论的内在融合，达到了崇高的学术境界和精神境界，这对我国当代社会的精神文明建设作出了重要贡献。吉林大学李龙教授对新时期40年来的文论话语系统进行考察，认为新时期文论的三个逻辑起点人本主义、审美和启蒙共同构成了"人是什么"这个问题，对这一问题进行反思时应将人置于共同体的层面，这样就延续了王元骧先生关于人的解放何以可能这一审美主义思路。杭州师范大学丁峻教授提醒大家要注意当今美学的危机，认为当代美学囿于笛卡尔的主客二元论思想范式而陷入了严重的困境，而王元骧的文艺思想则在一定程度上超越了这种二元论的思维方式，这是对21世纪中国文艺学建设的独特贡献。温州大学傅守祥教授有感于当今文艺乱象，指出其背后是将"艺术与人生"关系剥离、淡化、错位甚至倒置，将"为人生"庸俗化、低俗化甚至恶俗化，鉴于当前的审美乱象和文化迷失，亟须将兼具中华传统美学特色与现代美学精神的"人生论美学"发扬光大，推动重建文艺的"公共性"与审美伦理。杭州师范大学冯学勤教授深受王元骧先生艺术形而上学思想的影响，面对当今泛娱乐化现象导致的新异化，他认为应倡导艺术活动的价值，通过艺术在经验世界和超越世界的沟通来提升人的精神生活，完成人的本体建构。

除了探讨王元骧的文艺思想之外，不少与会学者还发表了自己对于我国当代文艺学发展的看法。江西师范大学赖大仁教授认为，目前文论界出现一种"知识论"转向的趋势，也就是把文艺理论看成某种特定的"知识"形态，从而有意无意地消解了文论作为"理论"形态的特质与功能，对此应该给予足够的重视和关注。温州大学马大康教授主张，审美活动是行为和语言的深度融合，文论的建设要摆脱语言中心主义的牢笼，建构出一个中西互补的新解释学体系。南昌大学刘毅青教授则尝试从古为今用的角度对中国文学批评进行重新阐释，打破中国古代文体论的孤立状态，将文体论与筋骨说、肌理说、体系说等作为一个整体来研究，以此来突破中国古代文体论研究的固有范式。

总的来说，本次会议特色突出，议题集中，讨论深入。中国中外文论学会会长高建平在大会总结中指出，中国中外文论学会自成立以来，以学会的名义为一个学者召开这样的专题会议，可以说是开了先河。这次会议既是向王元骧先生致敬，也是向中国文论致敬。当下，亟须在世界文论界和美学界发出中国声音，这要求学界不断总结像王元骧文艺思想这样的优秀文论成果，在学术讨论和争鸣中追求真理、收获经验，迎来理论的蓬勃发展。期望今后学界同仁们能继续互相扶持，共同努力，坚持守正创新的学术品格，将中国文艺理论的建设与研究工作推向深入，为建构中国当代文艺学话语体系而不懈奋斗。

（责任编辑：廖雨声）

授权书征集

为了进一步推动学界对马克思主义悲剧美学问题的深入研究，浙江大学王杰教授、何信玉博士与上海人民出版社拟定编选《现代悲剧理论研究手册》一书。该书主要选择海外学界有关马克思主义悲剧理论的经典文章而成，书籍出版过程中需要得到诸位译者的授权。截至目前，该书尚未得到授权的著作（文章）和译者名录如下：

1.《普列汉诺夫哲学著作选集》（第四卷）（生活·读书·新知三联书店，1974年版），译者：汝信

2.《普列汉诺夫美学论文集》（人民出版社，1984年版），译者：曹葆华

3.《艺术与现实的审美关系》（中国人民大学出版社，2009年版），译者：周扬

4.《悲剧：秋天的神话》（中国戏剧出版社，1992年版），译者：傅正明

5.《小说理论》（商务印书馆，2012年版），译者：燕宏远、李怀涛

6.《马克思和恩格斯同拉萨尔关于〈济金根〉的论争》（选自《马克思主义文艺理论研究》第11卷，文化艺术出版社，1989年版），译者：杜章智

7.《论文学》（葛兰西著，人民文学出版社，1983年版），译者：吕同六

8.《德意志悲苦剧的起源》（北京师范大学出版社，2013年版），译者：李双志、苏伟

9.《论文学》（卢那察尔斯基著，人民文学出版社，1983年版），译者：蒋路

10.《布莱希特论戏剧》（中国戏剧出版社，1990年版），译者：张黎

11.《萨特文集》（6、7）（人民文学出版社，2005年版），译者：沈志明、艾珉

12.《西西弗斯的神话》（江苏文艺出版社，2012年版），译者：闫正坤、赖丽薇

13.《加缪全集》（戏剧卷）（上海译文出版社，2010年版），译者：李玉民

14.《反抗者》(上海译文出版社，2013 年版)，译者：吕永真

15.《结构人类学》(上海译文出版社，1995 年版)，译者：谢维扬、俞宣孟

16.《隐蔽的上帝》(百花文艺出版社，1998 年版)，译者：蔡鸿滨

17.《保卫马克思》(商务印书馆，2010 年版)，译者：顾良

18.《罗兰巴特文集：文艺批评文集》(中国人民大学出版社，2010 年版)、《显义与晦义——批评文集之三》(百花文艺出版社，2005 年版)，译者：怀宇

19.《神话：大众文化阐释》(上海人民出版社，1999 年版)，译者：许蔷蔷、许绮玲

20.《恋人絮语》(上海人民出版社，2009 年版)，译者：汪耀进、武佩蓉

21.《否定的辩证法》(重庆出版社，1993 年版)，译者：张峰

22.《时间的种子》(江苏教育出版社，2006 年版)，译者：王逢振

23.《伦理学：论恶的理解》(选自《20 世纪西方伦理学经典 IV》，万俊人主编，中国人民大学出版社，2005 年版)，译者：王云萍

24.《敏感的主体：政治本体论的缺席中心》(江苏人民出版社，2006 年版)，译者：应奇

25.《有人说过集权主义吗？》(江苏人民出版社，2005 年版)，译者：宋文伟、侯萍

26.《哲学家和他的穷人们》(南京大学出版社，2014 年版)，译者：蒋海燕

27.《甜蜜的暴力：悲剧的理念》(选自《当代国外马克思主义评论 8》，人民文学出版社 2010 年 12 月)，译者：袁新

烦请以上译者看到此公告后及时与我们取得联系。如蒙惠允，请填写以下授权书(具体内容可与我们沟通填写)，扫描电子版后发送至何信玉博士的电子邮箱 ilaea@163.com，以交付上海人民出版社存档。请在邮件中一并留下您的地址与联系方式，该书出版后我们当奉寄样书两册和稿酬。

联系人：何信玉

联系电话：18166862562、18103652562

浙江大学当代马克思主义美学研究中心

王　杰、何信玉

2019 年 1 月 26 日

授权书

先生 / 女士赐鉴：

　　为纪念马克思 200 周年诞辰，并进一步推动学界对马克思主义美学与审美现代问题的深入研究，王杰教授、何信玉博士与上海人民出版社拟定编选《现代悲剧理论研究手册》一书，本书选择海内外学界有关马克思主义悲剧理论的经典文章而成。您的译作《　　　　　　　　　　》拟编选其中，希望获得您的首肯。如蒙惠允，烦请填写下列授权书，发至何信玉博士的电子邮箱 ilaea@163.com，由上海人民出版社存档。书出版后当奉寄样书两册和稿酬。特致谢忱！

　　专此，敬颂

文安！

王　杰、何信玉

年　月　日

授权书

　　本人同意本人原发表于《　　　　　　　　》的译文《　　　　　　　》收录于由王杰、何信玉编选，上海人民出版社出版的《现代悲剧理论研究手册》一书中，并获得相应的样书和稿酬。

授权人：　　　　　　　　

单　位：　　　　　　　　

　　　　年　　月　　日

第八届国际马克思主义美学论坛公告

（第二号）

　　当代美学研究的诸多新问题和新领域，都与马克思主义的历史唯物主义和雷蒙德·威廉斯的文化唯物主义以及路易·阿尔都塞的意识形态理论直接相关。在当代美学的研究格局中，无论研究的问题领域还是研究的方法和核心理念，马克思主义美学与物质文化研究的关系都是一个十分重要而且引人注目的领域。它广泛地涉及文学研究、文化研究、艺术理论、文化遗产保护与研究、时尚研究、现代设计中的美学观念、审美习性与物质生产方式的关系、当代电影中的思想和技术、艺术创新与美学的革命等等。这些都与物质文化的研究直接相关。

　　由中国浙江大学、中国延安大学、中华美学学会、浙江省美学学会、德国美学学会、英国杜伦大学、比利时安特卫普大学、爱尔兰科克大学、中华美学会马克思主义美学专业委员会、浙江大学当代马克思主义美学研究中心联合发起并主办的"第八届国际马克思主义美学论坛"定于 2019 年 11 月 15—17 日于中国杭州举办。会议由浙江大学当代马克思主义美学研究中心、浙江大学美学与批评研究所、《马克思主义美学研究》编辑部承办。

　　本届论坛拟邀请当代美学研究领域的顶级学者发表主题演讲，并按照专题进行充分的交流和讨论。

　　会议主题："当代美学问题：理论与艺术批评"

　　主要议题包括：

　　一、马克思主义美学方法与当代美学问题

　　二、审美人类学与审美治理研究

　　三、马克思主义美学与艺术批评

　　四、时尚与当代美学的人类学研究

会议工作语言为汉语和英语，会议安排同声传译。

现在向学界征集论文。有意出席会议者，请于 2019 年 10 月 20 日前提交中英文论文摘要发至论坛邮箱 ifmazju@163.com。大会组委会将根据论文的情况确定邀请对象，本届论坛正式通知将于 2019 年 11 月 1 日前发出。

会议不收会务费。住宿费和差旅费等由参会者自理。

会议组委会将从收到的论文全文中评选出两篇青年学者优秀论文（40 周岁及以下），提供优秀论文作者参会的往返路费及住宿费。优秀论文将优先由《浙江大学学报（人文社会科学版）》和《马克思主义美学研究》期刊发表。

其余相关事项敬请关注浙江大学传媒与国际文化学院网站上的后续公告，以及马美研究微信公众号的公告，或发邮件至论坛邮箱咨询。

特此公告。

国际马克思主义美学论坛主席

中国教育部长江学者特聘教授

王　杰

2019 年 3 月 10 日

《马克思主义美学研究》投稿须知

由浙江大学传媒与国际文化学院主办的《马克思主义美学研究》是 CSSCI 来源集刊，本刊热诚欢迎海内外作者投寄稿件或推荐优秀作品。为保证学术研究成果的原创性和严谨性，倡导良好的学术风气，推进学术规范建设，敬请作者赐稿时遵照如下规定：

第一，所投稿件须系作者独立研究完成之作品，对他人知识产权有充分尊重，无任何违法、违纪和违反学术道德的内容。按学术研究规范和《马克思主义美学研究》编辑部的有关规定，认真核对引文、注释和文中使用的其他资料，确保引文、注释和相关资料准确无误。如使用转引资料，应实事求是注明转引出处。本刊采用页下注（脚注）方式，引文出处请遵照《〈马克思主义美学研究〉投稿格式》关于引文注释的规定。

第二，凡向本刊投稿，承诺该文未一稿两投或多投，包括未局部改动后投寄其他报刊，并保证不会将该文主要观点或基本内容先于《马克思主义美学研究》在其他公开或内部出版物（包括期刊、报纸、专著、论文集、学术网站等）上发表。如未注明非专有许可，视为专有许可。

第三，所投稿件应遵守相关的国家标准和法规，如关于标点符号和数字使用的规范等。

第四，本刊整体版权属《马克思主义美学研究》杂志社所有，未经许可，不得以任何方式复制、选编。经我社许可需在其他出版物上发表或转载的，须特别注明"本文首发于《马克思主义美学研究》"。

第五，本刊实施专职编辑三级审稿与社外专家匿名审稿相结合的审稿制度。

第六，来稿论文要求格式规范，项目齐全，包括：文题、英文文题、作者姓名、工作单位、中英文摘要、关键词、正文、页下注；在篇首页地脚标注作者简介，按顺序包括：姓名，工作单位，学位，通信方式及邮编，电子信箱；研究论文需有200—300字的摘要和3—5个关键词，同时请提供中文摘要和关键词的英文译稿。

第七，文稿请参照刊物版式。内文为简体横排，论文为5号宋体通栏，41字×40行；注释采取页下注，注文排小5号宋体。

第八，本社有权对来稿做文字性修改。

第九，本刊已加入"中国知网"（光盘版）电子期刊出版系统，作者的著作权使用费与本刊稿费一次性给付，如作者不同意编入该数据库，请向本刊说明。凡在投稿时未作特别声明的，本刊均认为作者已同意将其论文编入有关的电子出版物。

第十，稿件一经采用，即付稿酬并寄样刊2册。

如违背上述规定，而给《马克思主义美学研究》造成不良影响，作者自行承担全部责任，并接受编辑部采取相应措施予以警示，如停发或追回稿费、书面批评、载名通报、禁止其作品在《马克思主义美学研究》上发表等。

编辑部地址：浙江省杭州市天目山路148号浙江大学西溪校区教学主楼465室

邮政编码：310027

联系电话：0571-87215892

投稿邮箱：mamei5710@163.com

《马克思主义美学研究》投稿格式

为了进一步促进学术交流，便于和国际出版物接轨，以及推进本社期刊编辑工作的规范化，本刊在采用最权威的人文社会科学学术期刊注释规则的基础上，特制定如下规定。

一、注释体例及标注位置

文献引征方式采用注释体例。

注释放置于当页下（脚注）。注释序号用①，②，③……标识，每页单独排序。正文中的注释序号统一置于包含引文的句子（有时候也可能是词或词组）或段落标点符号之后。

二、注释的标注格式

（一）非连续出版物

1. 著作

标注顺序：责任者与责任方式／文献题名／出版地点／出版者／出版时间／页码。

责任方式为著时，"著"可省略，其他责任方式不可省略。

引用翻译著作时，将译者作为第二责任者置于文献题名之后。

引用《马克思恩格斯全集》《列宁全集》等经典著作应使用最新版本。

示例：

赵景深：《文坛忆旧》，上海：北新书局，1948 年，第 43 页。

谢兴尧整理：《荣庆日记》，西安：西北大学出版社，1986 年，第 175 页。

蒋大兴：《公司法的展开与评判——方法·判例·制度》，北京：法律出版社，2001 年，第 3 页。

任继愈主编：《中国哲学发展史（先秦卷）》，北京：人民出版社，1983 年，第 25 页。

实藤惠秀：《中国人留学日本史》，谭汝谦、林启彦译，香港：中文大学出版社，1982 年，第 11—12 页。

金冲及主编：《周恩来传》，北京：人民出版社、中央文献出版社，1989 年，第 9 页。

佚名：《晚清洋务运动事类汇钞五十七种》上册，北京：全国图书馆文献缩微复制中心，1998 年，第 56 页。

狄葆贤：《平等阁笔记》，上海：有正书局［出版时间不详］，第 8 页。

《马克思恩格斯全集》第 31 卷，北京：人民出版社，1998 年，第 46 页。

2. 析出文献

标注顺序：责任者 / 析出文献题名 / 文集责任者与责任方式 / 文集题名 / 出版地点 / 出版者 / 出版时间 / 页码。

文集责任者与析出文献责任者相同时，可省去文集责任者。

示例：

杜威·佛克马：《走向新世界主义》，王宁、薛晓源编：《全球化与后殖民批评》，北京：中央编译出版社，1999 年，第 247—266 页。

鲁迅：《中国小说的历史的变迁》，《鲁迅全集》第 9 册，北京：人民文学出版社，1981 年，第 325 页。

唐振常：《师承与变法》，《识史集》，上海：上海古籍出版社，1997 年，第 65 页。

3. 著作、文集的序言、引论、前言、后记

（1）序言、前言作者与著作、文集责任者相同

示例：

李鹏程：《当代文化哲学沉思》，北京：人民出版社，1994 年，"序言"，第 1 页。

（2）序言有单独的标题，可作为析出文献来标注

示例：

楼适夷：《读家书，想傅雷（代序）》，傅敏编：《傅雷家书》（增补本），北京：三联书店，1988年，第2页。

黄仁宇：《为什么称为"中国大历史"？——中文版自序》，《中国大历史》，北京：三联书店，1997年，第2页。

（3）责任者层次关系复杂时，可以通过叙述表明对序言的引征。为了表述紧凑和语气连贯，责任者与文献题名之间的冒号可省去，出版信息可括注起来

示例：

见戴逸为北京市宣武区档案馆编、王灿炽纂《北京安徽会馆志稿》（北京：北京燕山出版社，2001年）所作的序，第2页。

4. 古籍

（1）刻本

标注顺序：责任者与责任方式／文献题名（卷次、篇名、部类)(选项)／版本、页码。

部类名及篇名用书名号表示，其中不同层次可用中圆点隔开，原序号仍用汉字数字，下同。页码应注明a、b面。

示例：

姚际恒：《古今伪书考》卷3，光绪三年苏州文学山房活字本，第9页a。

（2）点校本、整理本

标注顺序：责任者与责任方式／文献题名／卷次、篇名、部类（选项）／出版地点／出版者／出版时间／页码。可在出版时间后注明"标点本""整理本"。

示例：

毛祥麟：《墨余录》，上海：上海古籍出版社，1985年，第35页。

（3）影印本

标注顺序：责任者与责任方式／文献题名／卷次、篇名、部类（选项）／出

版地点/出版者/出版时间/（影印）页码。可在出版时间后注明"影印本"。为便于读者查找，缩印的古籍，引用页码还可标明上、中、下栏（选项）。

示例：

杨钟羲：《雪桥诗话续集》卷5，沈阳：辽沈书社，1991年影印本，上册，第461页下栏。

《太平御览》卷690《服章部七》引《魏台访议》，北京：中华书局，1985年影印本，第3册，第3080页下栏。

（4）析出文献

标注顺序：责任者/析出文献题名/文集责任者与责任方式/文集题名/卷次/丛书项（选项，丛书名用书名号）/版本或出版信息/页码。

示例：

管志道：《答屠仪部赤水丈书》，《续问辨牍》卷2，《四库全书存目丛书》，济南：齐鲁书社，1997年影印本，子部，第88册，第73页。

（5）地方志

唐宋时期的地方志多系私人著作，可标注作者；明清以后的地方志一般不标注作者，书名其前冠以修纂成书时的年代（年号）；民国地方志，在书名前冠加"民国"二字。新影印（缩印）的地方志可采用新页码。

示例：

乾隆《嘉定县志》卷12《风俗》，第7页b。

民国《上海县续志》卷1《疆域》，第10页b。

万历《广东通志》卷15《郡县志二·广州府·城池》，《稀见中国地方志汇刊》，北京：中国书店，1992年影印本，第42册，第367页。

（6）常用基本典籍，官修大型典籍以及书名中含有作者姓名的文集可不标注作者，如《论语》、二十四史、《资治通鉴》《全唐文》《册府元龟》《清实录》《四库全书总目提要》《陶渊明集》等

示例：

《旧唐书》卷9《玄宗纪下》，北京：中华书局，1975年标点本，第233页。

《方苞集》卷6《答程爂州书》，上海：上海古籍出版社，1983年标点本，上册，第166页。

（7）编年体典籍，如需要，可注出文字所属之年月甲子（日）

示例：

《清德宗实录》卷435，光绪二十四年十二月上，北京：中华书局，1987年影印本，第6册，第727页。

（二）连续出版物

1. 期刊

标注顺序：责任者／文献题名／期刊名／年期（或卷期，出版年月）。

刊名与其他期刊相同，也可括注出版地点，附于刊名后，以示区别；同一种期刊有两个以上的版别时，引用时须注明版别。

示例：

何龄修：《读顾诚〈南明史〉》，《中国史研究》1998年第3期。

汪疑今：《江苏的小农及其副业》，《中国经济》第4卷第6期，1936年6月15日。

魏丽英：《论近代西北人口波动的主要原因》，《社会科学》（兰州）1990年第6期。

费成康：《葡萄牙人如何进入澳门问题辨正》，《社会科学》（上海）1999年第9期。

董一沙：《回忆父亲董希文》，《传记文学》（北京）2001年第3期。

李济：《创办史语所与支持安阳考古工作的贡献》，《传记文学》（台北）第28卷第1期，1976年1月。

黄义豪：《评黄龟年四劾秦桧》，《福建论坛》（文史哲版）1997年第3期。

苏振芳：《新加坡推行儒家伦理道德教育的社会学思考》，《福建论坛》（经济社会版）1996年第3期。

叶明勇：《英国议会圈地及其影响》,《武汉大学学报》(人文科学版) 2001 年第 2 期。

倪素香：《德育学科的比较研究与理论探索》,《武汉大学学报》(社会科学版) 2002 年第 4 期。

2. 报纸

标注顺序：责任者 / 篇名 / 报纸名称 / 出版年月日 / 版次。

早期中文报纸无版次，可标识卷册、时间或栏目及页码（选注项）。同名报纸应标示出版地点以示区别。

示例：

李眉：《李劼人轶事》,《四川工人日报》1986 年 8 月 22 日，第 2 版。

伤心人（麦孟华）：《说奴隶》,《清议报》第 69 册，光绪二十六年十一月二十一日，第 1 页。

《四川会议厅暂行章程》,《广益丛报》第 8 年第 19 期，1910 年 9 月 3 日，"新章"，第 1—2 页。

《上海各路商界总联合会致外交部电》,《民国日报》(上海) 1925 年 8 月 14 日，第 4 版。

《西南中委反对在宁召开五全会》,《民国日报》(广州) 1933 年 8 月 11 日，第 1 张第 4 版。

（三）未刊文献

1. 学位论文、会议论文等

标注顺序：责任者 / 文献标题 / 论文性质 / 地点或学校 / 文献形成时间 / 页码。

示例：

方明东：《罗隆基政治思想研究（1913—1949）》，博士学位论文，北京师范大学历史系，2000 年，第 67 页。

任东来：《对国际体制和国际制度的理解和翻译》，全球化与亚太区域化国际研讨会论文，天津，2000 年 6 月，第 9 页。

2. 手稿、档案文献

标注顺序：文献标题／文献形成时间／卷宗号或其他编号／藏所。

示例：

《傅良佐致国务院电》，1917年9月15日，北洋档案1011-5961，中国第二历史档案馆藏。

《党外人士座谈会记录》，1950年7月，李劼人档案，中共四川省委统战部档案室藏。

（四）转引文献

无法直接引用的文献，转引自他人著作时，须标明。标注顺序：责任者／原文献题名／原文献版本信息／原页码（或卷期）／转引文献责任者／转引文献题名／版本信息／页码。

示例：

章太炎：《在长沙晨光学校演说》，1925年10月，转引自汤志钧：《章太炎年谱长编》下册，北京：中华书局，1979年，第823页。

（五）电子文献

电子文献包括以数码方式记录的所有文献（含以胶片、磁带等介质记录的电影、录影、录音等音像文献）。

标注项目与顺序：责任者／电子文献题名／更新或修改日期／获取和访问路径／引用日期。

示例：

王明亮：《关于中国学术期刊标准化数据库系统工程的进展》，1998年8月16日，http://www.cajcd.cn/pub/wml.txt/980810-2.html，1998年10月4日。

扬之水：《两宋茶诗与茶事》，《文学遗产通讯》（网络版试刊）2006年第1期，http://www.literature.org.cn/Article.asp?ID=199，2007年9月13日。

（六）外文文献

1. 引征外文文献，原则上使用该语种通行的引征标注方式。

2. 本规范仅列举英文文献的标注方式如下：

（1）专著

标注顺序：责任者与责任方式 / 文献题名 / 出版地点 / 出版者 / 出版时间 / 页码。文献题名用斜体，出版地点后用英文冒号，其余各标注项目之间，用英文逗点隔开，下同。

示例：

Peter Brooks, *Troubling Confessions*：*Speaking Guilt in Law and Literature*, Chicago：University of Chicago Press，2000，p.48.

Randolph Starn and Loren Partridge, *The Arts of Power*：*Three Halls of State in Italy*，*1300—1600*，Berkeley：California University Press，1992，pp.19—28.

（2）译著

标注顺序：责任者 / 文献题名 / 译者 / 出版地点 / 出版者 / 出版时间 / 页码。

示例：

M. Polo, *The Travels of Marco Polo*，trans. by William Marsden，Hertfordshire：Cumberland House，1997，pp.55，88.

（3）期刊析出文献

标注顺序：责任者 / 析出文献题名 / 期刊名 / 卷册及出版时间 / 页码。析出文献题名用英文引号标识，期刊名用斜体，下同。

示例：

Heath B.Chamberlain，"On the Search for Civil Society in China," *Modern China*，vol.19，no.2（April 1993），pp.199—215.

（4）文集析出文献

标注顺序：责任者 / 析出文献题名 / 文集题名 / 编者 / 出版地点 / 出版者 / 出版时间 / 页码。

示例：

R.S.Schfield，"The Impact of Scarcity and Plenty on Population Change in

England," in R.I.Rotberg and T.K.Rabb，eds.，*Hunger and History*：*The Impact of Changing Food Production and Consumption Pattern on Society*，Cambridge，Mass：Cambridge University Press，1983，p.79.

（5）档案文献

标注顺序：文献标题／文献形成时间／卷宗号或其他编号／藏所。

Nixon to Kissinger，February 1，1969，Box 1032，NSC Files，Nixon Presidential Material Project（NPMP），National Archives II，College Park，MD.

三、其他

（一）再次引征时的项目简化

同一文献再次引征时只需标注责任者、题名、页码，出版信息可以省略。

示例：

赵景深：《文坛忆旧》，第 24 页。

鲁迅：《中国小说的历史的变迁》，《鲁迅全集》第 9 册，第 326 页。

（二）间接引文的标注

间接引文通常以"参见"或"详见"等引领词引导，反映出与正文行文的呼应，标注时应注出具体参考引征的起止页码或章节。标注项目、顺序与格式同直接引文。

示例：

参见邱陵编著：《书籍装帧艺术简史》，哈尔滨：黑龙江人民出版社，1984 年，第 28—29 页。

详见张树年主编：《张元济年谱》，北京：商务印书馆，1991 年，第 6 章。

（三）引用先秦诸子等常用经典古籍，可使用夹注，夹注应使用不同于正文的字体

示例 1：

庄子说惠子非常博学，"惠施多方，其书五车。"（《庄子·天下》）

示例 2：

天神所具有道德，也就是"保民""裕民"的道德；天神所具有的道德意志，代表的是人民的意志。这也就是所谓"天聪明自我民聪明，天明畏自我民明畏"（《尚书·皋陶谟》），"民之所欲，天必从之"（《尚书·泰誓》）。

Abstracts

Russia Communal Forms as the "Point of Departure for a Communist Development": Marx's Late Writings on Russia

Kevin B.Anderson

(University of California)

Abstract:

Marx's late writings about Russia constituted an important part of his ideological genealogy. Kevin B.Anderson focused on these writings which including a draft debated with Mikhailovskii, a letter reply with Zasulich and the preface of *The Communist Manifesto*. These notes discussed about Russian communal forms as the "point of departure for a communist development". Through studying Marx's late notes on Russia, Kevin B.Anderson tries to clarify Marx's tendency of non-eurocentrism, and to indicate the multilinear perspective and anthropological turn in his study of noncapitalist societies and non-Western societies.

Key words:

Marx; Russian revolution; communal forms; communism

The Valorisation of Cultural Creativity Cultural economy between digital capitalism and creative commons

Heiko Feldner

(Cardiff University)

Abstract:

From the end of the 20th century to the present, the development of capitalism is facing the cycle of economic crisis. Against this background, This paper takes a closer look at "Cultural Economy" (CE) as aneoliberal paradigm of economic development, prosperity and growth. What part, if any, did it play in the history that connects the stagflation crisis of the 1970s with the economic slump of 2008? Can it contribute to alternative forms of social synthesis beyond the valorisation of human labour, collaborative forms that are practically conceivable and, indeed, necessary to overcome the crisis of capitalist work society without sliding inadvertently into the abyss of de-civilisation, as political philosopher Hannah Arendt predicted we most probably would? The paper explores these and other questions through the conceptual lens of *Wertkritik* (value criticism), i. e. a contemporary re-articulation of Marx's critique of the value-form of labour as the unconscious matrix of capitalist work societies.

Key words:

Marx; Cultural economy; Capitalism; The economic crisis

Christopher Caudwell and *Illusion and Reality*

David Margolies

(University of London)

Abstract:

Christopher Caudwell is an authentic Marxist and the founder of the theory of

Marxist literacy in Great Britain. *Illusion and Reality* is Caudwell's representative work. In this book, Caudwell discusses the essential characteristics and functions of poetry from the perspective of historical materialism. On the basis of a brief review of Caudwell's life and his relationship with Marxism, this paper introduces the creation process of *Illusion and Reality* and the main ideas of the book, clarifying the meanings of some confusing terms used by Caudwell.

Key words:

Illusion and reality; Marxism; Caudwell

What Does it Mean to be Human in a Time of Rapid Technological Change?
Questions and Provocations

Georges Van Den Abbeele

(University of California)

Abstract:

The fate of the human species in a world increasingly shaped by the technological advances humans have themselves unleashed appears to have become recently a topic of significant concern, even anxiety. The border between human and machine has increasingly dimed. The basis on which human being's feeling superiority rests has been challenged accordingly. It may be, then, and by way of provisional conclusion that the real answer to the question of what it means to be human in a time of rapid technological change may have more to do with the altered state of our social being as humans, zoon politikon, than with our perennial and co-evolutionary relation to technology per se, from the first homo habilis through the varieties of homo faber to whatever awaits homo sapiens.

Key words:

Human being; technology; revolution; relationship

Culture in Modern Society and the Mythological Discourse of Globalization

Alexander V.Petrov

(St. Petersburg State University)

Abstract:

As a natural result of the modern society, culture be considered as a representative of global. Globalization can be viewed as such a mythological discourse that was created as a beautiful social utopia. But real global changes indicate that the mythological discourse of globalization disguised the real social contradictions in the modern societies system and capitalist global economy. This article wants to reveal this contradictory phenomenon and reconsider the real meaning of modern culture.

Key Words:

globalization; culture; discourse; mythological discourse

Utopian Tradition between Iconoclasm and Iconophilia

Ernest Ženko

(University of Primorska)

Abstract:

The 500th anniversary of the first edition of Thomas More's Utopia was accompanied by a seemingly inexhaustible wave of discussions, conferences, and publications on utopianism and its innumerable well- and less- known forms. However, when it comes to utopia and utopianism, very little is straightforward and almost nothing is devoid of paradox. Prof. Ernest Ženko points out that the correct understanding of utopia is of great significance to the past, present and future, by sorting out the origin and historical tradition of utopia, the utopian ideals in different periods, he argues in this paper that utopia and utopianism as such can be, at best, grasped through a series of dichotomies, contradictions, or paradoxes. In Ernest Ženko'view, the most challenging problem of contemporary utopianism is the contradiction between a positive attitude toward the future (hope) and a negative attitude toward the future (fear), the key of the utopian spirit lies in bringing hope to mankind.

Key words:

Thomas More's; Utopias of escape; Utopias of reconstruction

Fashion Memories and Ideologies

Aleš Erjavec

(Research Centre of the Slovenian Academy of Sciences and Arts)

Abstract:

This article is a speech made by Professor Aleš Erjavec at the International Symposium on "Contemporary Aesthetics and Anthropology; Fashion Studies" jointly organized by the College of Media and International Culture of Zhejiang University and Zhejiang University of Media and Communications in September 2017. The full text is divided into three parts. The first part is the memory of daily life in the sixties and seventies in Eastern Europe (mainly Yugoslavia) and the United States. It mainly includes jeans, bell-bottoms, and tie with floral patterns. Finally, it is pointed out that the democratization of daily life makes fashion and luxury goods difficult to appear; the second part is the combing of the diachronic development of fashion, which illustrates the difference between modern fashion and ancient fashion, and points out the special cases (including political information) of modern fashion; overalls. It leads to the third part of the discussion; the third part mainly analyzes the fashion of the trousers with political ideology, explores the overalls in different historical contexts. Under the ideology, the design of the overalls is associated with the avant-garde, Italian futurism, and Russian constructivism.

Key words:

Fashion; overalls; ideology; avant-garde

Genesis and structure of the conflict over the value of luxury

Olivier Assouly

(Institut Français de la Mode)

Abstract:

The conception of luxury that exceeds utilitarian and market values, of luxury that mobilises the values of prestige, gift giving and prodigality (values that cannot be assigned to economic categories), has several further consequences. Luxury can exist only on the fringes of the market and of social conceptions. Luxury, necessarily accompanied by excessive spending, should defy traditional economic categories and the norms of utility. It is this conflict between a conception of sociology and a conception of economics that our conference seeks to highlight.

Key words:

Luxury; Sociology; Economics; Reproductive

Dancing Tragedy: Alexander McQueen's Aesthetics of Spectacle

German Gil-Curiel

(University College Cork)

Abstract:

The fashion designer Alexander McQueen's work has had a huge impact on the fashion industry, whose shows were frequently inspired by cinema, as well as literature, theatre, dance and music, and even the circus and other forms of spectacle. Based on McQueen's collection of *Deliverance* of Spring/Summer 2004, in the light of Friedrich Nietzsche's concept of tragic art and Peter Greenaway's ideas of total cinema, this paper argues that the designer's work creates a post-modern artistic practice in fashion, which converges upon an art that conforms an eclectic spectacle of the Tragic.

Key words:

Tragic Art; Total Cinema; McQueen

Auditory Politics and Its Expression Mechanism

Wang Daqiao, Liu Can

(Lanzhou University)

Abstract:

As an important part of body perception, auditory sense participates in the concrete construction of modern power during its symbolization. The operational mechanism of auditory expression contains the power of auditory symbols. Under the manipulation of the modern mass media, ideological discourse influenced the shaping and rewriting of auditory sense. In the political practice of the auditory community, auditory sense is intrinsically linked to cultural memory and identity issues. It is worth noting that in the expression mechanism of auditory politics implicitly lies a radical discourse of anti-representationism, which is related to the issue of free listening. This is the resistance politics of subjects of auditory sense.

Key words:

Auditory politics; ideology; auditory community; anti-representation

Aesthetics as the Theory of Sensibility Generation: A New Discussion of the Aesthetic Thinking in *Economic and Philosophic Manuscripts of 1844*

Zhang Zhen

(Yunnan University)

Abstract:

In *The Economic and Philosophic Manuscripts of 1844*, Marx introduced the thinking mode of theory of generation into the discussion of sensibility, constructing an aesthetics of sensibility generation theory. Generation of sensibility is the unification of practice generation, social generation and historical generation. It is closely related to beauty and arts. Beauty is generated in sensory activity. Sensibility generates beauty in the process. Furthermore, this process is also the application or generation of "law of beauty". Art is a special way of beauty being generated in sensory activity and a historical stage in the generation process from sensibility to beauty. Aesthetics as a theory of sensibility generation has similarities with Welsh's idea of "aesthetics beyond aesthetics". But it surpasses Welsh's idea in the scope, depth, authenticity and richness. The theory of sensibility generation shows the aesthetic significance of *Economic and Philosophic Manuscripts of 1844* for contemporary society.

Key words:

Marx; *Economic and Philosophic Manuscripts of 1844*; theory of sensibility generation; aesthetics

Visibility of Power: Visual Politics and Image Production

Qi Fei

(Lanzhou University)

Abstract:

As an important aspect of contemporary sensory politics, visual politics, such as structure of subjective perception and expression of perception mechanism, highlights social factors of generation and political operation mechanism. Especially when aesthetic consumption becomes an important driving force in society of cultural economy, the symbolic cultural economy era becomes possible. The aestheticization of capital and the capitalization of aesthetics constitute the two-way logic of contemporary society. Capital has become a key factor to measure and dominate aesthetic acquisition. The process of visual modernization with technology has given birth to a new image production paradigm. New media and vision machines continuously produce and reproduce images with fresh ways of expressions and production. The representation system of visual politics is composed of multiple visual symbols, such as images, verbal icon, spectacles and simulacra. Visual technology has evolved into a key element in controlling the aesthetic characteristics of the image and the ways of watching. With the influence of aesthetic capital and visual techniques, expression mechanism of visual politics and image production focus on the visibility of power. Thus the perceptual experience and emotional structure of contemporary people are substantially rewritten and reshaped.

Key words:

Visual politics; image production; French Left-wing; contemporary aesthetics

Technology and Sensation: Aesthetic Issues in Post-human Condition

Yao Furui

(Lanzhou University)

Abstract:

As a response to cybernetics and information rebirth, the concept of "post human" attempts to describe and re-conceptualize the relationships between fast-changing technologies and the situation which is being embedded in human beings. With development, technology begins to embed in, imitate and then separate from the human body, resulting in externalization and even epiphylogenesis of human memory. In other words, it is not the humanization of technology but the "technicalization" of human beings, which eventually develops into the "technicalization" of human society. From writing to digital technology, development of information forms a new cardinal system, reshaping the social structure of feeling and feeling community, as well as other impacts on people's sensory memory. The ideological invasion and the penetration of power embodied in the expansion of emerging enhancement technique rewrites people's sensation and brings about new class distinctions and identity issues, leading to new social inequality. To some extent, these phenomena represent the ethical and political issues in aesthetics under the post-human condition.

Key words:

Technology; sensation; posthuman; aesthetic issues

Does Advocacy of the Importance of Art Conflict with Marxist Historical Materialism?

Lu Kaihua

(Fudan University)

Abstract:

In Marxist historical materialism art is usually considered to play only a subordinate role in the process of social change. However, close analysis of Marx's Preface to "A Contribution to 'The Critique of Political Economy'" can support a different view. Historical materialism emphasizes economic structures and practices as the primary social determinants, which is not disputed, but Marx says that ideological forms (which includes art) shape consciousness, which is a vital element in social change. Marx's understanding of art is based on the tradition of philosophy of history of Hegel rather than pure aesthetics. Such a Hegelian standpoint has never been in conflict with historical materialism but has transcended Hegel's idealism. Exploring the question of the value of art as a social force can demonstrate the scientific basis and complexity of Marxist historical materialism.

Key words:

Marx; historical materialism; art; ideology

Geneology and Contemporary Paradigms of Theoretical Discourse of on Literary Ideology

Shi Ran

(Hangzhou Normal University)

Abstract:

Theoretical discourse of literary ideology has gone through several stages from functional theory in the past, ontological interpretation in modern times, especially the scientific exposition of classical Marxist writers, to a wide range of theoretical arguments in the contemporary era. The discussions of early Western thinking on the social functions of literature and art basically revealed the functional aspects of ideology in literature and art. Kant's theory of the public nature of aesthetic lays a theoretical foundation for the theory of literary ideology. Classical Marxist writers scientifically explained the ideology and the theory of literary ideology. Lenin developed the theory of Marxist ideology and literary ideology. After the Proletarian Cultural Association, Russian Association for Proletarian Writers ("РАПП"), Vulgar Sociology, Formalism and other relevant ideological trends, five theoretical positions developed in the Soviet Union; the school of artistic society, the school of natural aesthetics, the school of social aesthetics, the school of comprehensive system and the school of linguistic symbols. After Lukács and Gramsci, Marxist literary ideology in the contemporary western world developed a general discourse of social ideology, relevant discourse of political ideology, radical aesthetic ideology discourse with a political turn, aesthetic humanist ideological discourse of and utopian (illusory) ideological discourse. Contemporary western non-Marxist literary theory also has ideological discourse. Eastern European literary ideological discourse can be categorized as either traditional Marxist discourse or neo-Marxist discourse that believes art to be the ideology of human liberation. Talks at the Yenan Forum, *On Literature and Art* of Mao Zedong, initiated Chinese literary theoretical discourse. Since the reform and opening up, there are new categories in Chinese literary theory; "quasi-ideological discourse", "partly ideological discourse", "general social ideological discourse", "aesthetic social ideology discourse", "generic or dissolved discourse of aesthetic ideology", and "social ideology with aesthetic implications".

Key words:

Ideology; aesthetic ideology; discourse geneology

The Rise, Decline and Possible Revival of Socialism Humanism

Barbara Epstein

(University of California)

Abstract:

Socialist humanism, in form of international Marxist movement and intellectual groups, has been rising since the middle and late 20th century. This article, from three historical stages of its rising, declining, and reviving, presents a summary of main ideas and contributions of important theorists such as Fromm, Thompson, Dunayevskaya, Lukács, Merleau-Ponty, Kolakowski, Goldmann, examining at a historical level the different trajectories of socialist humanism in Eastern Europe, Western Europe, Britain and America, and exploring their unique ideological motifs and social motivations.

Key words:

Socialist humanism, international Marxist movement, theoretical development, ideological motif, social motivation

Diffusion of Distance: Space-time Syntax of Aesthetic Capitalism

Wu Hongtao

(Shangrao Normal University)

Abstract:

Aesthetic Capitalism means that capitalism uses aesthetics as a discourse tool to shape itself. The inherent space-time syntax of aesthetic capitalism not only advocates the fast-changing philosophy of time in the name of fashion, but also creates spatial landscapes based on visual stimulation. The fundamental intention of this kind of space-time syntax is to disperse the distance between aesthetic subject and the aesthetic object. Space-time barriers are cleared; it provides instant pleasure that is available anytime and anywhere. Aesthetic conditions are also simplified, as aesthetic capitalism promised consumers experience called "buying is beauty-appreciating". Then people are encouraged to immerse themselves in aesthetic illusions created by aesthetically transformed goods. The diffusion of distance determines that aesthetic capitalism focuses more on making aesthetic activities superficial. It emphasizes speed rather than depth.

Key words:

Aesthetic Capitalism; space-time; aesthetic distance; fashion

How to Express China In Post-colonial Theory: From *Third World National Allegory* to *Can the Subaltern Speak*

Wu Yuyu

(East China Normal University)

Abstract:

In the field of Post-Colonial theory, Jameson thinks that the Third World expresses itself by National Allegory, especially evident in Chinese literature. He opens up an area with a resistant attitude under the cultural logic of the late capitalism. But Spivak, a post-colonial theorist, queried whether the voice of Third World is shadowed and repressed. The real Subaltern, Chinese women living in marginal countryside, are at the bottom of the Third World and oppressed by the West, elites and patriarchy. Without an independent consciousness and speech platform, they are not even subjects who can speech. Then how can they speak? We must follow the logic of dialogue and inquiry to compare their speech context, theoretical background and the problem consciousness hidden behind and discuss how China expresses itself in the context of post-colonial theory.

Key words:

Post-colonial theory; China; Jameson; Spivak

On the Language Dimension of Aesthetic Reflectionism

Liu Yang

(East China Normal University)

Abstract:

One of the most influential scholars in contemporary China is Professor Wang Yuanxiang whose recent theory of aesthetic transcendence is a development of his aesthetic reflectionism, a theory which has been very influential. When he liberated art from the domination of epistemology and endowed it with aesthetic characteristics at the beginning of the new period, he argued that artists had the "aesthetic structure of psychology". "Aesthetic structure" is what divides aesthetic psychology from general psychology, and generates the idea of aesthetic transcendence. But partition is essentially a strategy dominated by epistemology. Because according to the substitutional nature of the language symbol system, all fields share the unique benchmark of "being made by language", without any division and transcendental consequences. Recently, the reflection of aestheticism has provided a basis for this idea. While fully affirming the achievements of this theoretical exploration, it seems reasonable to ask whether this artist-specific "aesthetic psychological structure" exists. The theoretical challenge of linguistic aesthetics can be seen as a direction of further development of aesthetic reflectionism.

Key words:

Aesthetic reflectionism; language dimension; aesthetic psychological structure; schema

On the Concept of Institutional Aesthetics

Cheng Yong, Ye Weifei

(Zhejiang University of Technology)

Abstract:

The concept of institutional aesthetics is a combination of "institution" and "aesthetics". It deals with the unity and interactivity between institution and aesthetics, including the beauty of institution, institutional construction of aesthetic life and aesthetic institution. Institutional aesthetics examines the noumenon of institution from various perspectives, such as social cenesthesia, human nature, truth and justice. In the light of institutional aesthetics, idea and form of aesthetic life should embody the requirements of institutional construction. The legitimacy of aesthetic life lies in shaping community of social cenesthesia that directs the construction of institutional identity. However, there are institutional problems in aesthetics itself, including not only the institutionalization of aesthetics, but also that comprehension about beauty and aesthetics and aesthetic practice can be conducted only on the basis of aesthetic institution.

Key words:

institutional aesthetics; beauty of institution; institutional construction of aesthetic life; aesthetic institution

On the Aesthetic Connotation of Mou Chung-san's "Realm of Transcendence"

Yu Qun

(Zhejiang Yuexiu Institute of Foreign Languages)

Abstract:

Mou Chung-san's aesthetic category "realm of transcendence" deserves the particular attention of academic research. "Realm of transcendence" is built on the basis of "goodness", demanding the unity of "truth, beauty and goodness" ("unity theory"). The theory of Mou Chung-san is different from that of Wang Guo-wei and Feng You-lan. The term "realm of transcendence" is artistic (aesthetic) but beyond art (aesthetic), while Wang Guo-wei's "realm" is mainly artistic (aesthetic). "Realm of transcendence" refers to life, but is not limited to life, while Feng You-lan's "realm of life" deals mainly with life directly. "Realm of transcendence" unifies life and art. It is the development and promotion of Wang Guo-wei's "realm" and Feng You-lan's "realm of life" theory.

Keywords:

Mou Chung-san; "realm of transcendence"; "truth, and beauty, goodness"; "realm"; "realm of life"

Modern Artistic Synaesthesia: Resistance and Redemption for Sensory Dissociation

Liao Yusheng

(Suzhou University of Science and Technology)

Abstract:

Synesthesia in modern art is different from traditional synesthesia not only in prevalence but also in its qualities. It has become a basic principle in artistic creation, referring to the fundamental relationship between human beings and the world. Consequently it has been controversial. Basically, what modern artistic synaesthesia confronts is the sensory issue in modern society. It is defiance and redemption for separated sensory responses in modern society. By means of synesthesia, art recalls the primordial synaesthetic ability of the human body to lay a foundation for the salvation of humanity at the level of body perception.

Key words:

Modern art, sensory, synesthesia

Study on the Integration of Photography Aesthetics into Higher Education —Reflections on the Course Design of Photography for College Art Majors

Lu Jialing, Shao Yulian

(Shanghai Normal University, Jiaxing University)

Abstract:

In order to meet the requirements of Ministry of Education of China that art education should popularize art education and enhance professional art education as well, a series of problems in current photography course of college art students need to be solved, including ambiguous goals of course, incomplete photography theory, improper curriculum and controversial photography workshop. To deal with those problems, contemporary social context must be taken into consideration. Relationship among technique, art and aesthetics should be reconsidered to strengthen people's humane and aesthetic consciousness.

Key words:

Photography Aesthetics, Art Education, Photography Teaching

Visual Effects of Gaze in Portraiture: On the Dual-Gaze of *Le Regard du Portrait*

Lu Ying

(Zhejiang Normal University)

Abstract:

Le Regard *du Portrait*, written by Jean-Luc Nancy in 2000, reflects Nancy's understanding of portraiture and the subjectivity of the portrait. Portraiture has been connected to and communicated with subjectivities constantly, which means the gaze of the portrait is the gaze of subjectivities but much more than that. This paper summarizes the gaze theory of Nancy and compares it with ideas of Lacan, Sartre and Merleau-Ponty; it then analyzes the relationship among those theories. Based on the gaze theory of Nancy, there are four levels of thinking in *Le Regard du Portrait*; a) Nancy emphasizes the autonomy of portraiture and regards it as the rebirth, absence or death of subjectivity; b) there is similarity between the portraiture and the subject that is being painted. However, what Nancy has paid attention to is that, it is the absence of subjectivity that leads to the similarity of the portrait and makes the portrait independent of the reality; c) the ambiguity and tension between portraiture and the subjectivity lies in the fact that, even though the portrait can be independent of the subject being painted, the gaze of portrait is able to arouse readers' sense of presence during image reading, which was termed "retrait" by Nancy; d) the gaze of portrait is an extension and also a turning back of subject. As a reflection of spiritual life, the primary issue that portraiture has to respond to is how to reflect on and gaze at oneself.

Key words:

Portraiture; Gaze theories; Subjectivity; Dual-gaze; Jean-Luc Nancy

图书在版编目(CIP)数据

马克思主义美学研究. 第 22 卷. 第 1 期/王杰主编
. —上海:上海人民出版社,2019
ISBN 978 - 7 - 208 - 16034 - 7

Ⅰ. ①马…　Ⅱ. ①王…　Ⅲ. ①马克思主义美学-研究
Ⅳ. ①B83

中国版本图书馆 CIP 数据核字(2019)第 178410 号

责任编辑　舒光浩　屠毅力
封面设计　胡　斌　刘健敏

马克思主义美学研究(第 22 卷第 1 期)
王　杰　主编

出　　版　上海人民出版社
　　　　　(200001　上海福建中路 193 号)
发　　行　上海人民出版社发行中心
印　　刷　上海商务联西印刷有限公司
开　　本　720×1000　1/16
印　　张　36.5
插　　页　8
字　　数　519,000
版　　次　2019 年 9 月第 1 版
印　　次　2019 年 9 月第 1 次印刷
ISBN 978 - 7 - 208 - 16034 - 7/A • 138
定　　价　138.00 元